JURISDIÇÃO CONSTITUCIONAL NO BRASIL

*Livros publicados nesta Coleção sob os auspícios da
Sociedade Brasileira de Direito Público – sbdp*

Jurisdição Constitucional no Brasil (*sbdp*/Malheiros Editores, São Paulo, 2012) – Orgs. ADRIANA VOJVODIC, HENRIQUE MOTTA PINTO, PAULA GORZONI e RODRIGO PAGANI DE SOUZA

Direito Administrativo para Céticos (*sbdp*/Direito GV/Malheiros Editores, São Paulo, 2012) – CARLOS ARI SUNDFELD

Parcerias Público-Privadas (*sbdp*/Direito GV/Malheiros Editores, 2ª ed., São Paulo, 2011) – Coord. CARLOS ARI SUNDFELD

Direito das Concessões de Serviço Público – Inteligência da Lei 8.987/1995 (Parte Geral) (*sbdp*/Malheiros Editores, São Paulo, 2010) – EGON BOCKMANN MOREIRA

Concessão (*sbdp*/Malheiros Editores, São Paulo, 2010) – VERA MONTEIRO

Comentários à Lei de PPP – Parceria Público-Privada (Fundamentos Econômicos-Jurídicos) (*sbdp*/Malheiros Editores, 1ª ed., 2ª tir., São Paulo, 2010) – MAURÍCIO PORTUGAL RIBEIRO e LUCAS NAVARRO PRADO

Estatuto da Cidade (*sbdp*/Malheiros Editores, 3ª ed., São Paulo, 2010) – Coords. ADILSON ABREU DALLARI e SÉRGIO FERRAZ

Jurisprudência Constitucional: Como Decide o STF? (*sbdp*/Malheiros Editores, São Paulo, 2009) – Orgs. DIOGO R. COUTINHO e ADRIANA VOJVODIC

Direito Administrativo Econômico (*sbdp*/Malheiros Editores, 1ª ed., 3ª tir., São Paulo, 2006) – Coord. CARLOS ARI SUNDFELD

As Leis de Processo Administrativo – Lei Federal 9.784/1999 e Lei Paulista 10.177/1998 (*sbdp*/Malheiros Editores, 1ª ed., 2ª tir., São Paulo, 2006) – Coords. CARLOS ARI SUNDFELD e GUILLERMO ANDRÉS MUÑOZ

Direito Processual Público – A Fazenda Pública em Juízo (*sbdp*/Malheiros Editores, 1ª ed., 2ª tir., São Paulo, 2003) – Coords. CARLOS ARI SUNDFELD e CASSIO SCARPINELLA BUENO

Improbidade Administrativa – Questões Polêmicas e Atuais (*sbdp*/Malheiros Editores, 2ª ed., São Paulo, 2003) – Coords. CASSIO SCARPINELLA BUENO e PEDRO PAULO DE REZENDE PORTO FILHO

Comunidades Quilombolas: Direito à Terra (Artigo 68 do ADCT) (*sbdp*/Centro de Pesquisas Aplicadas/Fundação Cultural Palmares/Ministério da Cultura/Editora Abaré, Brasília, 2002) – Coord. CARLOS ARI SUNDFELD

Direito Global (*sbdp*/School of Global Law/Max Limonad, São Paulo, 1999) – Coords. CARLOS ARI SUNDFELD e OSCAR VILHENA VIEIRA

**ADRIANA VOJVODIC
HENRIQUE MOTTA PINTO
PAULA GORZONI
RODRIGO PAGANI DE SOUZA**

(Organizadores))

JURISDIÇÃO CONSTITUCIONAL NO BRASIL

André Janjácomo Rosilho • Andressa Lin Fidelis
Bruna de Bem Esteves • Camila Batista Pinto • Carlos Ari Sundfeld
Carolina Ignácio Ponce • Conrado Hübner Mendes • Felipe de Paula
Felipe Duarte Gonçalves Ventura de Paula • Felipe Kazuo Tateno
Felipe Penteado Balera • Fillipi Marques Borges • Flávia Annenberg
Flávio Beicker • Gabriela Rocha • Guilherme Martins Pellegrini
Isadora Brandão • Lívia Gil Guimarães
Luís Fernando Matricardi Rodrigues • Luíza Andrade Corrêa
Maria Olívia Pessoni Junqueira • Mariana Ferreira Cardoso da Silva
Mariana M. C. Chaimovich • Marina Cardoso de Freitas
Natália Lopes Costa • Paulo Massi Dallari
Pedro Guilherme Lindenberg Schoueri • Rafael Bellem de Lima
Rodrigo Sarmento Barata • Veridiana Alimonti

JURISDIÇÃO CONSTITUCIONAL NO BRASIL
© sbdp 2012

ISBN: 978-85-392-0145-7

Direitos reservados desta edição por
MALHEIROS EDITORES LTDA.
Rua Paes de Araújo, 29, conjunto 171
CEP 04531-940 — São Paulo — SP
Tel.: (11) 3078-7205
Fax: (11) 3168-5495
URL: www.malheiroseditores.com.br
e-mail: malheiroseditores@terra.com.br

Composição
Acqua Estúdio Gráfico Ltda.

Capa
Criação: Vânia Lúcia Amato
Arte: PC Editorial Ltda.

Impresso no Brasil
Printed in Brazil
08.2012

SUMÁRIO

Apresentação 9
– VIRGÍLIO AFONSO DA SILVA

Investigando a Jurisdição Constitucional Brasileira: o Ambiente de Pesquisas da sbdp 11
– ADRIANA VOJVODIC, HENRIQUE MOTTA PINTO, PAULA GORZONI E RODRIGO PAGANI DE SOUZA

PARTE 1 – **OLHANDO PARA FRENTE: COMO DESENVOLVER A JURISDIÇÃO CONSTITUCIONAL BRASILEIRA?**

Três Desafios para Melhorar a Jurisdição Constitucional Brasileira 19
– CARLOS ARI SUNDFELD E HENRIQUE MOTTA PINTO

O Projeto de uma Corte Deliberativa 53
– CONRADO HÜBNER MENDES

Accountability *e Jurisprudência do STF: Estudo Empírico de Variáveis Institucionais e Estrutura das Decisões* 75
– CARLOS ARI SUNDFELD E RODRIGO PAGANI DE SOUZA

PARTE 2 – **COMO VEM SENDO EXERCIDA A JURISDIÇÃO CONSTITUCIONAL BRASILEIRA?**

2.1 CONTROLE DE CONSTITUCIONALIDADE

A Participação das Associações de Classe no Controle de Emendas Constitucionais: um Sintoma do Constitucionalismo Brasileiro? ... 121
– ANDRÉ JANJÁCOMO ROSILHO

*O que Mudou no Entendimento do STF sobre os Efeitos do
Mandado de Injunção?* 141
– BRUNA DE BEM ESTEVES

*Definição de Pauta no STF no Controle de Constitucionalidade de
Emendas Constitucionais nos Governos FHC e Lula* 158
– CAROLINA IGNÁCIO PONCE

A Arguição de Descumprimento de Preceito Fundamental no STF 175
– FELIPE DUARTE GONÇALVES VENTURA DE PAULA

Direito das Mulheres no STF: Possibilidades de Litígio Estratégico? ... 196
– LÍVIA GIL GUIMARÃES

*A Construção da Súmula Vinculante pelo STF: Impressões sobre as
Primeiras Experiências* 210
– MARIA OLÍVIA PESSONI JUNQUEIRA

*A Repercussão Geral nos Recursos Extraordinários – Como o STF
tem Aplicado esse Instituto?* 228
– MARINA CARDOSO DE FREITAS

*Audiências Públicas no Controle de Constitucionalidade – A
Representação Técnica das Partes no Caso das Pesquisas com
Células-Tronco* 245
– RAFAEL BELLEM DE LIMA

2.2 MÉTODOS DECISÓRIOS DO STF

*A Posição do STF nos Casos da Pesquisa com Células-Tronco
Embrionárias e da Interrupção da Gravidez do Feto Anencéfalo
– Existe Relação de Precedente entre Eles?* 263
– FLÁVIA ANNENBERG

*O STF e a Dimensão Temporal de suas Decisões – A Modulação de
Efeitos e a Tese da Nulidade dos Atos Normativos
Inconstitucionais* 283
– FLÁVIO BEICKER

*Motivos que Levam ao Uso da Interpretação Conforme a Constituição
pelo STF* 303
– GUILHERME MARTINS PELLEGRINI

SUMÁRIO

O STF às Voltas com a "Navalha de Ockham": uma "Proibição de Insuficiência" como Controle de Proporcionalidade das Omissões? 317
– Luís Fernando Matricardi Rodrigues

A Utilização da Jurisprudência Estrangeira pelo STF 335
– Mariana M. C. Chaimovich

Medidas Utilizadas pelo STF para Acelerar um Julgamento Político – Algumas Mudanças Introduzidas pela Corte no "Caso do Mensalão" (Inq 2.245 e AP 470) 353
– Natália Lopes Costa

A Argumentação do STF ao Alterar Normas Via Interpretação Conforme a Constituição 369
– Pedro Guilherme Lindenberg Schoueri

A Mutação Constitucional e o STF: sua Utilização e Algumas Perspectivas 386
– Rodrigo Sarmento Barata

O Controle de Constitucionalidade das Privatizações: o Contexto Político e o Tempo nos Votos do STF 405
– Veridiana Alimonti

2.3 LIBERDADES

Ditadura Militar e STF: a Aposentadoria Compulsória da Defesa da Liberdade 423
– Felipe de Paula

A Regulamentação das Profissões e o Princípio da Liberdade Profissional no STF 441
– Felipe Kazuo Tateno

O STF e o Direito ao Silêncio para Prestar Depoimento na CPMI dos Correios 455
– Felipe Penteado Balera

Por que o STF "Manda Soltar"? Como Chegam e como São Tratados os Decretos de Prisão Preventiva Afastados pelo STF 471
– Fillipi Marques Borges

O STF e a Jurisprudência da Vedação à Progressão de Regime de Pena 487
– Gabriela Rocha

Quanto Vale o Estupro? O Entendimento do STF sobre a Hediondez do Crime de Estupro 505
– Isadora Brandão

2.4 CONTROLE JUDICIAL DO LEGISLATIVO E DO EXECUTIVO

O Controle de Atos Administrativos Discricionários na Jurisprudência do STF 527
– Andressa Lin Fidelis

Direito e Política: o STF no Controle dos Atos do Conselho de Ética e Decoro Parlamentar 545
– Camila Batista Pinto

Comunidades Quilombolas no Judiciário Brasileiro 562
– Luiza Andrade Corrêa

O Papel Contramajoritário do STF: a Mudança Recente em Matéria de Direito Eleitoral 578
– Mariana Ferreira Cardoso da Silva

Imunidade de Jurisdição de Estados Estrangeiros no STF 594
– Paulo Massi Dallari

APRESENTAÇÃO

Virgílio Afonso da Silva

Hoje em dia, quase todo novo livro jurídico, especialmente nos casos de teses de Doutorado e dissertações de Mestrado, tem que ter alguém para apresentá-lo. As editoras, que temem não conseguir vender o livro sem um nome conhecido para ajudá-las, têm uma enorme parcela de responsabilidade nesse fenômeno, que em alguns momentos chega à beira do absurdo, com livros que têm prefácio de um autor, apresentação de outro, orelha escrita por outro e, em alguns casos, uma quarta capa escrita, ainda, por outro autor. E toca aos novos Mestres e Doutores saírem à caça de professores renomados para ajudá-los nessa árdua tarefa de convencer a editora (e o público) de que seu trabalho é bom.

De certo modo, isso combina bem com uma forma muito frequente de se argumentar no mundo jurídico. Com frequência o argumento de autoridade vale mais que a autoridade do argumento. Algo só é bom ou correto se alguém importante assim o tiver dito.

Por essas e outras razões nunca escrevo prefácios e apresentações para livros alheios. Nem mesmo para meus mestrandos e doutorandos – o que, eu sei, muitas vezes torna suas negociações com editoras um pouco mais difíceis.

Por que, então, escrever a apresentação deste livro? Por que abrir essa exceção? São duas as razões principais, uma intimamente ligada à outra.

Em primeiro lugar, porque este é um livro com trabalhos de alunos da Escola de Formação da *sbdp* e esses trabalhos são o fruto de um ano de atividades no qual todo argumento é bem-vindo, menos o argumento de autoridade. Não seria agora que eles precisariam do nome de alguém, de um professor titular da USP, para atestar a qualidade de seu trabalho final.

Em segundo lugar, porque, embora as organizadoras e os organizadores deste livro tenham me pedido uma apresentação, esta não é, de fato, uma apresentação. Não pretendo, aqui, por meio de uma enxurrada de adjetivos, convencer o leitor de que o livro é bom e de que seus autores e autoras são fantásticos. Tampouco pretendo me alongar discorrendo sobre a importância da Escola de Formação na qualificação de jovens e talentosas juristas ou de jovens e talentosos pesquisadores. Quem ainda não sabe disso, que leia os trabalhos deste livro, não esta apresentação. Só assim será possível descobrir que há jovens pesquisadores que já fazem trabalhos que são melhores que muitos mestrados por aí.

Não, isto não é uma apresentação, é um *testemunho*. Não quero, aqui, apresentar a Escola de Formação e dizer o quanto ela é importante para os alunos que por lá passaram e ainda vão passar. Quero, aqui, dar meu testemunho e dizer o quanto ela é importante *para os professores* que passaram e continuam passando por lá. Também os professores precisam ser confrontados com a crítica, com o desrespeito ao argumento de autoridade. E a Escola de Formação oferece ambiente propício para isso, seja porque os alunos são treinados, desde o primeiro dia, a não se conformar com o argumento de autoridade, seja porque lá não existe a hierarquia professor/aluno, típica de uma faculdade de Direito. Desde que também o professor deixe em casa seu apego à hierarquia e à autoridade, ele vai aproveitar, e muito, uma tarde de aula – na verdade, uma tarde de debate – na Escola de Formação.[1]

Ao contrário do que ocorre com todos os cursos de extensão e de especialização, os professores que aceitam participar da Escola de Formação não são remunerados por isso. Apesar disso, eles continuam aceitando os convites, ano após ano. Deve haver alguma explicação. Se você um dia for convidado, você vai descobrir a razão. Deixe suas pré-compreensões sobre hierarquia e autoridade em casa. E prepare-se para aprender.

1. Para quem pensa que esse é um elogio *ad hoc*, inventado apenas para esta ocasião, sugiro a leitura da primeira nota de rodapé do meu texto "Interpretação constitucional e sincretismo metodológico", in Virgílio Afonso da Silva (org.), *Interpretação Constitucional*, 1ª ed., 3ª tir., São Paulo, Malheiros Editores, 2010, p. 115.

INVESTIGANDO A JURISDIÇÃO CONSTITUCIONAL BRASILEIRA: O AMBIENTE DE PESQUISAS DA sbdp

ADRIANA VOJVODIC
HENRIQUE MOTTA PINTO
PAULA GORZONI
RODRIGO PAGANI DE SOUZA

Nas últimas décadas os estudos jurídicos vêm passando por um processo de abertura para novos temas e diferentes abordagens, num movimento de ampliação dos seus limites e de aproximação com a realidade brasileira. Formatos inovadores são cada vez mais testados para responder ao desafio de produzir pesquisas capazes de refletir sobre as transformações recentes e de oferecer contribuições efetivas à sociedade e ao pensamento jurídico.[1] Nesse contexto, a *sbdp* vem promovendo um esforço constante para cada vez mais pensar e experimentar a pesquisa em Direito em sua função, suas possibilidades e seus métodos.

Este livro é um dos resultados desse trabalho. Sua proposta é a de divulgar a produção científica da Escola de Formação da *sbdp* num formato simples e ágil. Daí a opção por uma coletânea de artigos sobre variados problemas da jurisdição constitucional brasileira. Cada um deles sintetiza o estado da arte e produz uma reflexão sobre a jurisprudência do STF, com o objetivo de contribuir para a discussão pública da atuação do Judiciário na defesa da Constituição. A obra é uma sequência do ótimo trabalho feito pelo livro *Jurisprudência*

---

1. José Eduardo Faria explica esse processo no "Prefácio" ao livro *Direito e Crédito Bancário no Brasil*, de Emerson Ribeiro Fabiani (São Paulo, Saraiva, 2011, pp. 9 e ss.).

Constitucional: Como Decide o STF?, organizado pelos professores DIOGO R. COUTINHO e ADRIANA VOJVODIC e publicado pela Malheiros Editores em 2009.

Desde sua origem em 1993, a *sbdp* se dedica à promoção do ensino e da pesquisa em direito público. Estruturada na forma de entidade não governamental sem fins lucrativos, a *sbdp* funciona como ambiente criativo de colaboração, valorizando a diversidade, o debate e a criação coletiva para pesquisar, propiciar e ensinar inovações no direito público, na didática e na cultura jurídica. O *site www.sbdp.org.br* contém a história da Instituição, as atividades realizadas, suas publicações, as informações sobre seus cursos e seminários e suas notícias, além de direcionar o visitante para as plataformas mantidas nas mídias e redes sociais.

Por se caracterizar como um centro para a inovação jurídica, a *sbdp* direciona esforços significativos para a produção de pesquisas. Atua com ênfase em dois focos: *Direito Público e Desenvolvimento*, dentro do qual foram publicados livros sobre direito administrativo econômico, processo administrativo, parcerias público-privadas, concessões, revisão judicial das decisões do CADE, Estatuto da Cidade, direito processual público e improbidade administrativa; e *Justiça Constitucional*, em que se encontram as monografias da Escola de Formação da *sbdp*, as coletâneas sobre jurisprudência constitucional e direito global, as pesquisas coletivas do Núcleo de Pesquisas da *sbdp* e a pesquisa sobre o direito à terra das comunidades quilombolas.

A produção científica da Escola de Formação da *sbdp* investiga a jurisdição constitucional brasileira a partir da pesquisa da jurisprudência constitucional e do modo de atuação do STF. Para elaborar as monografias, os alunos são levados a descrever e a pensar criticamente a postura do STF na interpretação da Constituição. A jurisprudência e a prática do STF, tal como aparecem, são o foco prioritário de atenção dos alunos, que as tomam como fontes primárias para sua pesquisa. Assim, as monografias são um produto da observação, compreensão e avaliação desse objeto.

Para lidar com os dados de maneira adequada e consistente, é essencial usar critérios científicos para a delimitação do objeto, a seleção do material a ser analisado, sua descrição e análise. Por isso, o processo de pesquisa é cercado de um constante trabalho metodológico, que pode ser percebido nas monografias e é revelado não só pela presença de um capítulo específico sobre o método, mas também pela explicitação, ao longo do texto, das opções metodológicas tomadas para a construção da pesquisa. Esse trabalho tem uma influência decisiva da professora ANA LÚCIA PASTORE SCHRITZMEYER, que conduz o curso de Metodologia de Pesquisa Científica para todos os alunos da Escola de Formação da *sbdp* desde 2006.

Com o passar dos anos, um fenômeno interessante passou a ocorrer: como os novos alunos foram estimulados a ler as monografias em geral e estudar especialmente as que tivessem abordado tema de interesse para seu projeto, as novas monografias passaram a lidar com as constatações e análises precedentes e a dialogar com os resultados daquelas pesquisas elaboradas em anos anteriores. Vem se formando, assim, uma rede de pesquisas, cujos dados e análises colaboram para impulsionar investigações sobre problemas surgidos nas pesquisas anteriores, que até então não podiam ser cogitados. Deste modo, ao longo dos anos a produção científica da Escola de Formação da *sbdp* vem tendo seu campo de investigação ampliado, para abordar novos problemas e temas da jurisdição constitucional brasileira, e aprofundado no tratamento de questões centrais e recorrentes. Ela também vem sendo constantemente atualizada, já que seu objeto é dinâmico.

Foi essa produção científica autêntica, original e frutífera que motivou a elaboração dos artigos do presente livro. O trabalho de pesquisa que embasa os textos, incomum na elaboração doutrinária em Direito, permitiu que os autores produzissem análises ricas em dados da jurisprudência constitucional e da prática do STF. Esse contato com a atuação concreta do Tribunal e o uso de métodos consistentes viabilizaram a identificação segura da orientação jurisprudencial e a avaliação do pesquisador sobre a atuação da Corte. Os artigos abordam não só o conteúdo de sua jurisprudência e a forma de argumentação dos ministros, mas também aspectos institucionais do STF, como o uso dos seus instrumentos processuais, as estratégias e técnicas decisórias usadas pelos ministros e o comportamento dos atores que acessam o Tribunal. Obtém-se, dessa forma, um diagnóstico de como o STF desempenha suas atribuições em relação aos problemas investigados.

Os artigos que compõem este livro estão agrupados em quatro categorias: *controle de constitucionalidade*, *métodos decisórios do STF*, *liberdades* e *controle judicial do Legislativo e do Executivo*. A organização foi feita em função do conjunto de artigos elaborados para o livro, que não tem a proposta de oferecer tratamento exaustivo para tais categorias, mas apresentar artigos específicos que ajudam a repensá-las. Por isso, a organização tem o efeito de apontar a localização do artigo dentro de um grande temário do estudo da jurisdição constitucional. Cada artigo contém uma proposta própria de abordagem do problema pesquisado, devidamente explicada por seu autor.

Na organização desta coletânea contamos com o ótimo trabalho do pesquisador FILLIPI MARQUES BORGES, ex-aluno (2009) e pesquisador-júnior (2010) da Escola de Formação da *sbdp*, a quem registramos nosso especial agradecimento.

Uma parcela significativa dos autores deste livro também participou de projetos desenvolvidos pelo Núcleo de Pesquisas da *sbdp*. Formado por antigos alunos da Escola de Formação, o Núcleo de Pesquisas desenvolveu recentemente as pesquisas coletivas "Controle de constitucionalidade dos atos do Poder Executivo", "Repercussão geral e o sistema brasileiro de precedentes", ambas para a Secretaria de Assuntos Legislativos/SAL do Ministério da Justiça; "Judicialização da política e demandas por juridificação: o Judiciário frente aos outros Poderes e frente à sociedade", para o Observatório da Justiça Brasileira da Universidade Federal de Minas Gerais; "*Accountability* e jurisprudência do STF: estudo empírico de variáveis institucionais e estrutura das decisões", com o apoio do Conselho Nacional de Desenvolvimento Científico e Tecnológico/CNPq. Esta última tem seu relatório final publicado na Parte 1 deste livro. Tais pesquisas mostram que vem sendo bem sucedido o esforço de implementação de um espaço dedicado à pesquisa coletiva em Direito.

A Escola de Formação da *sbdp* é um projeto viabilizado com a dedicação e o trabalho de um amplo conjunto de colaboradores, sem os quais seria impensável a elaboração de uma obra coletiva como esta. Concebida, tutorada e cuidada com enorme carinho pela ROBERTA ALEXANDR SUNDFELD e pelo professor CARLOS ARI SUNDFELD, a Escola de Formação da *sbdp* é uma experiência inesquecível na vida dos seus alunos, professores, orientadores, pesquisadores e coordenadores. Quem passa por ali encontra ambiente acadêmico de excelência para conceber, desenvolver e dialogar sobre ideias: a liberdade para pensar traz uma grande responsabilidade, e todos aprendem o valor do trabalho e da dedicação na vida acadêmica.

Desde o segundo semestre de 2009 ela está sob a coordenação de HENRIQUE MOTTA PINTO. Também são responsáveis imediatos pela Escola de Formação da sbdp todos os seus ex-coordenadores, em nome dos quais fazemos uma referência indireta a todos os envolvidos – alunos, pesquisadores, pesquisadores-juniores, orientadores, professores e funcionários da sbdp – em cada ano do programa: JOÃO PAULO FAGUNDES (1998); LUCIANA TEMER CASTELO BRANCO (1999); MAURÍCIO PORTUGAL RIBEIRO, VERA MONTEIRO e LUCÉIA MARTINS SOARES (2000 e 2001); CONRADO HÜBNER MENDES (2002, 2003 e 2004); BRUNO RAMOS PEREIRA (2005); DIOGO R. COUTINHO (2006, 2007 e primeiro semestre de 2008); e EVORAH CARDOSO (segundo semestre de 2008 e primeiro semestre de 2009). Sem o excelente trabalho e o notável empenho de todos eles, nós, que fomos alunos da Escola de Formação da sbdp, não teríamos tido essa oportunidade única.

PARTE 1
OLHANDO PARA FRENTE: COMO DESENVOLVER A JURISDIÇÃO CONSTITUCIONAL BRASILEIRA?*

- Três Desafios para Melhorar a Jurisdição Constitucional Brasileira – CARLOS ARI SUNDFELD e Henrique Motta Pinto
- O Projeto de uma Corte Deliberativa – CONRADO HÜBNER MENDES
- *Accountability* e Jurisprudência do STF: Estudo Empírico de Variáveis Institucionais e Estrutura das Decisões – CARLOS ARI SUNDFELD e RODRIGO PAGANI DE SOUZA

* Neste primeiro momento do livro são apresentados estudos que procuram lançar um olhar prospectivo para a jurisdição constitucional brasileira, com a constatação de alguns dos seus atuais problemas e a proposição de caminhos para seu enfrentamento.

TRÊS DESAFIOS PARA MELHORAR A JURISDIÇÃO CONSTITUCIONAL BRASILEIRA*

CARLOS ARI SUNDFELD
HENRIQUE MOTTA PINTO

1. Introdução. 2. O STF precisa valorizar a jurisprudência constitucional brasileira: 2.1 A fundamentação personalista – 2.2 A ausência da síntese do estado da jurisprudência – 2.3 A ausência de posicionamento expresso sobre o impacto da nova decisão na jurisprudência anterior – 2.4 A urgência na valorização da jurisprudência constitucional brasileira pelo STF. 3. A jurisdição constitucional brasileira precisa reconhecer sua competência regulatória e aceitar os ônus respectivos. 4. Nas disputas constitucionais, é preciso cuidado para não confundir questões fundamentais com interesses setoriais e corporativos. 5. Conclusão.

1. Introdução

Uma forma de conhecer a jurisdição constitucional é investigar, com métodos e rigor, o produto do trabalho dos tribunais na interpretação da Constituição. Apesar de pouco praticada no Brasil, essa forma de pesquisa é fundamental para compreender a prática constitucional brasileira. Assim como a leitura seca do texto normativo constitucional pode ser enganosa ou insuficiente para descobrir a prática social e institucional, ela também pode conduzir a equívocos quando não se

---

* *Resumo*: O presente artigo, procurando contribuir com o desenvolvimento da jurisdição constitucional brasileira, sustenta que: a) o Supremo Tribunal Federal não valoriza o bastante a jurisprudência constitucional brasileira; b) a jurisdição constitucional brasileira exerce competência regulatória, apesar de não reconhecê-la e de não assumir os seus ônus; c) a experiência constitucional brasileira é fortemente determinada pelos interesses setoriais e corporativos.
Palavras-chave: Constitucionalismo brasileiro; Jurisdição constitucional; STF.

olha para como o dispositivo vem sendo interpretado pelos órgãos estatais incumbidos de sua guarda.

A jurisprudência é uma fonte do Direito reconhecida tradicionalmente, mas o estudo do Direito no Brasil costuma menosprezá-la, em ao menos dois sentidos. Em um, sua capacidade criativa de direitos e deveres é formalmente negada, em nome de uma visão liberal ortodoxa da separação de Poderes. Em outro, sua investigação sistemática é deixada de lado, para enfatizar a leitura de manuais com comentários das grandes leis, em geral distanciados da sua aplicação concreta.

Mas o que se observa, cada vez mais, é uma postura desinibida do Poder Judiciário para normatizar novas situações, mesmo que ainda não decididas pelo Poder Legislativo, inclusive para implementar direitos sociais previstos constitucionalmente. O estudo da jurisprudência mostra que tais decisões judiciais estão longe de ser uma revelação da resposta constitucionalmente correta a uma questão, assemelhando-se mais a uma construção cotidiana e coletiva da Constituição.

Com essa preocupação, a proposta deste livro é a de conhecer a jurisdição constitucional brasileira através da observação imediata da sua prática. Procurou-se conhecer a experiência brasileira de aplicação da Constituição pelo Poder Judiciário, com ênfase no STF, por meio do estudo da sua atividade, especialmente da jurisprudência. Respeitando as peculiaridades desse objeto e adotando rigor nos métodos de pesquisa, os artigos que compõem este trabalho realizam análises pontuais e bem recortadas.

Propositalmente, essa estratégia é muito distinta do olhar universalizante e das grandes respostas geralmente encontradas em torno do tema. Quer-se, assim, que melhores respostas sejam construídas para questões importantes, a partir de produtos de pesquisa lastreados e focados na prática dos tribunais. Como se trata de olhar prioritariamente para a jurisprudência, as referências doutrinárias têm, nos artigos, papel apenas subsidiário.

Há um longo e importante debate teórico e doutrinário sobre o papel dos tribunais na defesa da Constituição, muito em função da peculiaridade do objeto, dos seus instrumentos e do seu processo. Este artigo e o presente livro não o negam, nem o desprezam.

Parte-se, aqui, da ideia de que também é essencial investigar o desempenho dos tribunais no cumprimento dessa tarefa imposta pelo ordenamento jurídico. No caso do STF, a quem a Constituição incumbiu sua guarda precípua, essa investigação tem uma importância social ainda mais acentuada.

Este artigo insere-se no grande esforço coletivo que gerou o presente livro, procurando levantar e discutir três questões críticas sobre a prática recente da jurisdição constitucional brasileira, com ênfase na atividade desenvolvida pelo STF. Muitas das conclusões e ideias aqui sustentadas amparam-se em dados e análises que resultaram de pesquisas sobre a jurisdição constitucional brasileira realizadas nos programas da *sbdp*, como se verá a seguir. Pretende-se, assim, contribuir para o debate constitucional e, simultaneamente, ressaltar o valor das pesquisas que investigam a prática da jurisdição constitucional brasileira.

2. O STF precisa valorizar a jurisprudência constitucional brasileira

Um primeiro senso comum que pode surgir no estudo da experiência constitucional brasileira é o de que os tribunais necessariamente valorizam a jurisprudência por eles produzida ao decidir com base na Constituição. Essa ideia intuitiva pode decorrer da premissa segundo a qual, ao construir gradativamente um conjunto de decisões tomadas a partir das normas constitucionais, os tribunais tendem a reconhecer e cultivar seu valor normativo e seus fundamentos.

Aplicada ao STF, essa ideia ainda poderia se apoiar em outras premissas:

(a) Tratando-se do órgão judicial a quem compete a guarda precípua da Constituição Federal (art. 102, *caput*), a valorização da jurisprudência constitucional poderia ser vista pelo Tribunal como um importante fator para a defesa permanente das normas positivadas no texto constitucional.

(b) Sobrepondo funções de Tribunal recursal em matéria constitucional e de Corte constitucional (CF, art. 102, I e III e § 1º), o STF é o principal agente da jurisdição constitucional brasileira. Por concentrar sua atuação em matéria constitucional, seria muito natural que o STF estivesse muito preocupado em dar força especialmente à sua jurisprudência nesse campo.

(c) Como suas decisões em controle abstrato de constitucionalidade têm eficácia contra todos e efeitos vinculantes em relação aos demais órgãos judiciários e ao Poder Executivo (CF, art. 102, § 2º), a postura de valorização da jurisprudência constitucional pelo STF colaboraria com a necessidade de seu cumprimento e adequada compreensão.

(d) Nas decisões envolvendo inconstitucionalidade por omissão (CF, arts. 5º, LXXI e 103, § 2º) o fortalecimento da jurisprudência é condição essencial para que o Poder Legislativo regulamente o exercício de direitos, liberdades e prerrogativas constitucionais e torne efetivas normas constitucionais, independentemente do estabelecimento de efeitos constitutivos ou meramente declaratórios.

(e) Também em relação às decisões do STF sobre inconstitucionalidade por omissão haveria uma tendência de afirmação jurisprudencial crescente com a fixação de efeitos constitutivos. Ao definir as regras aplicáveis para suprir a omissão legislativa o STF daria peso às decisões que atingirão tanto os particulares quanto o Estado, inclusive outros órgãos judiciais.

(f) Como a aprovação de súmulas vinculantes ocorre a partir de reiteradas decisões sobre matéria constitucional (CF, art. 103-A), a valorização da jurisprudência é um passo importante para bem entendê-las e, assim, compreender adequadamente o sentido dos verbetes. Além disso, a deferência à própria jurisprudência pelo Tribunal seria um fator relevante para o correto atendimento das súmulas pelos demais órgãos do Poder Judiciário e pela Administração Pública, sobre os quais emanam os efeitos vinculantes respectivos.

(g) Com significativa atuação em sede recursal para matérias constitucionais (CF, art. 102, III e § 3º), o STF exerce controle sobre a jurisprudência constitucional produzida por outros tribunais, motivo que levaria ao fortalecimento da sua jurisprudência, como a palavra final do Poder Judiciário na resolução de disputas com base na Constituição Federal.

(h) Como órgão de cúpula do Poder Judiciário brasileiro (CF, art. 92, I), o tratamento destacado pelo STF de sua jurisprudência seria um modelo de trabalho para os outros tribunais.

(i) Sendo o STF um colegiado (CF, art. 101), a argumentação nos votos tenderia a prestigiar a jurisprudência construída colegiadamente.

(j) Como Corte suprema e Tribunal constitucional (CF, art. 102), o STF tenderia a valorizar sua própria jurisprudência, seguindo tendência perceptível na jurisdição constitucional de outros Países. É típico dos tribunais constitucionais e cortes supremas em todo o mundo prestigiar o resultado do seu trabalho, seja pelo uso intenso dos seus precedentes para a resolução de novas demandas, seja pela ênfase na divulgação, sistemática e organizada, das suas decisões.[1]

Contudo, o que se percebe na prática institucional é que o STF, em verdade, não valoriza a jurisprudência constitucional brasileira, inclusive a que o próprio Tribunal produz. Pesquisas recentes demonstram que uma série de características relacionadas ao modo de delibe-

---

1. Michele Taruffo, professor da Universidade de Pávia, na Itália, fornece um panorama de como os tribunais constitucionais e supremas cortes costumam realizar a divulgação de suas decisões, contrapondo diferentes modelos de divulgação oficial, semioficial e privado: "As decisões proferidas pelos tribunais constitucionais são divulgadas regularmente em veículos oficiais, com exceção da Alemanha, onde apenas as decisões que declaram uma lei inconstitucional são registradas oficialmente. As decisões das supremas cortes também são geralmente divulgadas de maneira oficial". Ao apontar como os julgamentos são divulgados, Taruffo relata: "Em regra, todas as decisões dos tribunais constitucionais são divulgadas (na íntegra, mesmo na Itália). O mesmo ocorre com as decisões das cortes da Comunidade Europeia. Há diferentes sistemas para as decisões proferidas por supremas cortes. Em alguns Países, todas as decisões das supremas cortes são divulgadas: isto é verdade, por exemplo, nos casos da Espanha e da Noruega (onde todo o julgamento é divulgado) e da Itália (onde apenas é divulgada a *massime* de quase todos os julgados). O método mais interessante de divulgação de precedentes ocorre quando apenas uma seleção é divulgada, especialmente quando a própria corte faz a escolha. (...). Entre esses sistemas, os padrões de seleção podem variar, por exemplo, da ampla seleção da França e da Alemanha à rigorosa seleção da Finlândia. Os métodos de seleção são diferentes também. Em todos os sistemas onde os julgados são selecionados para publicação, o dado relevante é, de qualquer modo, o papel exclusivo ou proeminente desempenhado pelos juízes da própria corte que profere os julgamentos. Sua seleção é obviamente orientada para a formação do precedente: os juízes selecionam para publicação apenas os casos que, na opinião deles, são relevantes e que valem a pena ser seguidos em julgamentos posteriores. Em uma palavra: as cortes selecionam os precedentes de maneira prospectiva, enfatizando em alguns casos o valor dos precedentes selecionados, ou usando critérios rigorosos de seleção, como na Finlândia, ou então usando métodos especiais de seleção, como na Polônia" ("Institutional factors influencing precedents", in D. Neil MacCormick e Robert S. Summers (eds.), *Interpreting Precedents: a Comparative Study*, Aldershot, Ashgate Dartmouth, 1997, pp. 451, 453 e 454 – traduzimos).

rar e decidir do Tribunal acabam por prejudicar a força normativa da sua jurisprudência, assim como dificultam a elaboração e a comunicação de razões colegiadas para sustentar suas decisões. A própria maneira pela qual os ministros argumentam e lidam com os precedentes é representativa da pouca atenção dada à jurisprudência constitucional produzida pela Corte e pelos demais tribunais e juízes brasileiros.

2.1 A fundamentação personalista

Uma característica presente na prática do STF é a de decidir por meio de votos que se limitam a expor o resultado e os fundamentos individuais de cada julgador. Não se percebe nos acórdãos do Tribunal uma preocupação de proferir resultado acompanhado de razões colegiadas que o embasem. Antes, o que há são peças argumentativas individuais, com frequentes variações na fundamentação, que não costumam tratar dos mesmos pontos, especialmente quando divergem.[2] É comum que a leitura dos acórdãos revele arrazoados argumentativos construídos a partir de premissas diferentes e independentes, com trajetos apartados e baixo grau de interação entre os votos.

A prevalência da argumentação individual sobre a coletiva pode ser notada não só no estilo dos votos, mas também por seus elementos. Os ministros do STF costumam priorizar a citação de referências que mais se afinam à sua linha argumentativa, como textos doutrinários de sua preferência, sobre aquelas que dizem respeito a processos coletivos e de acesso imediato, como os debates da Assembleia Nacional Constituinte, projetos de lei e o próprio histórico legislativo de tramitação da norma cuja constitucionalidade é analisada.[3] Mesmo

---

2. Analisando decisões de controle concentrado de constitucionalidade julgadas pelo Plenário do STF entre junho/2006 e agosto/2010 quando o resultado continha declaração de interpretação conforme a Constituição em conflitos envolvendo matérias relativas à Administração Pública e à ordem econômica, Guilherme Forma Klafke captou a tendência de o processo decisório do STF produzir acórdãos caracterizados pela ausência de racionalidade comum, para os quais é difícil a identificação da *ratio decidendi*. V. a monografia da Escola de Formação da *sbdp*, "Vícios no processo decisório do STF", elaborada em 2010 e publicada em http://www.sbdp.org.br/ver_monografia.php?idMono=164.

3. O Núcleo de Pesquisas da *sbdp*, em análise de 267 acórdãos do STF proferidos em controle concentrado de constitucionalidade, entre junho/2006 e janeiro/2010, constatou que é rara a menção ao histórico legislativo para interpretar os dispositivos

quando citam jurisprudência do STF, os ministros têm por hábito mencionar os julgados em que eles próprios atuaram como relatores. Ao assim procederem, reforçam a tendência de que tais casos sejam lidos e compreendidos dentro da sua própria linha individual de pensamento.

Esse personalismo manifestado na construção dos votos e na citação dos precedentes gera sério problema de formação na jurisprudência do STF. Apesar de colegiadas, as decisões tomadas pelo Plenário e por suas duas Turmas tendem a refletir a individualidade do ministro que se destacou na determinação do resultado e da sua fundamentação, o que acaba por desvalorizar o sentido coletivo da jurisprudência. Na quase totalidade dos casos há um papel proeminente do ministro condutor (isto é, o relator ou aquele que assumiu a posição de proferir os fundamentos centrais da decisão, designado como redator para o acórdão).[4] Mesmo sendo formadas em órgãos colegiados, as decisões não se tornam propriamente coletivas.

Isso acontece porque na formatação atual do processo decisório do STF não há condições de saber se os demais ministros que concordam com o resultado dado pelo condutor o fazem com base na fundamentação dele. O acórdão não fornece elementos suficientes para a compreensão das razões dos votos que seguem o condutor da decisão, sem apresentar fundamentação própria. Ainda que se tome a ausência de manifestação quanto aos fundamentos do voto que acompanha o vencedor como aceitação tácita das suas razões, não é possível conhecer a extensão da eventual concordância. Mesmo em relação aos votos que apresentam fundamentação própria, a extensão da concordância só poderá ser conhecida se houver manifestação específica sobre o ponto, o que nem sempre acontece.

legais impugnados. De 2.510 votos analisados, apenas 50 deles continham referências do histórico legislativo das normas legais contestadas, o que significa cerca de 2% deles. V. Carlos Ari Sundfeld e Rodrigo Pagani de Souza (coords.), "*Accountability* e jurisprudência do STF: estudo empírico de variáveis institucionais e estrutura das decisões" (publicado na Parte 1 deste livro).
4. Na pesquisa da *sbdp* (ob. cit.; v. Parte 1 deste livro) constatou-se que os ministros do STF costumam manifestar-se por adesão ao voto e à fundamentação do ministro-relator, que se torna a voz do colegiado. Do universo de 267 acórdãos pesquisados, em 242 bastaram para a formação da maioria vencedora o voto e a fundamentação do ministro-relator, acompanhados dos votos que o seguem sem acrescer novas razões.

E tal problema não está relacionado à qualidade do voto do ministro condutor. Por melhor estruturado e coeso que seja o voto condutor, não há condições de saber se os demais que a ele aderiram de fato concordam com os fundamentos expostos, e em que extensão o fazem. Falta, atualmente, um trabalho mais intenso de deliberação colegiada, que permita a formação e a comunicação aos jurisdicionados das *razões da Corte* que informam suas decisões.

A dificuldade não é pontual, mas de ordem estrutural, em função do modo pelo qual está configurado o processo decisório do STF. Nele, falta espaço para que os ministros formem sua convicção de maneira efetivamente colegiada e em interação com seus pares. Ao contrário, os incentivos são todos voltados para a preparação em isolamento entre os julgadores, desde a condução do processo pelo ministro-relator, passando pela formulação final do voto no seu gabinete, antes de apresentá-lo para votação em sessões plenárias ou de turma, pelos eventuais pedidos de vistas do processo pelos demais ministros e até o encerramento da votação.[5] Em todas essas etapas a rotina de trabalho apresenta baixo grau de interação entre os ministros, que tendem a se isolar dos demais nos seus gabinetes, para ali formarem sua convicção.

As eventuais deliberações colegiadas só ocorrem quando os posicionamentos dos ministros já estão formados por esse trabalho de preparação anterior às sessões de julgamento.[6] Mesmo os pedidos de

---

5. Guilherme Forma Klafke (ob. cit.) constatou a ausência de interação útil entre os ministros para a formação da opinião da Corte, problema que foi diagnosticado como o isolamento entre os ministros para a elaboração dos seus votos.
 6. Ao discutir a possibilidade de alguém demandar intervenção como *amicus curiae* após a data em que o ministro-relator libera o processo para a pauta, o Min. Lewandowski, votando pela impossibilidade, afirmou: "Sr. Presidente, a partir dos debates, firmo a convicção de que o *amicus curiae*, antes de ser amigo da Corte, é amigo do próprio relator. *Este, quando encaminha o processo à Mesa ou ao Plenário, já firmou a convicção*. Então, de pouco aproveitarão os memoriais e a sustentação oral ao relator. *Ele terá de rever, se for o caso, o seu voto, ou retirar de pauta*" (Plenário, ADI/AgR 4.071-DF, rel. Min. Menezes Direito, j. 22.4.2009, p. 417 – grifos nossos). Na ocasião, o STF rejeitou os pedidos que solicitavam a admissão como *amici curiae*. Ainda que a intervenção de terceiros como *amici curiae* represente situação distinta da própria votação colegiada, ambas as situações envolvem o problema da consideração de novos argumentos pelos ministros, trazidos pelos *amici curiae* ou pelos demais ministros. Nelas há forte ônus para a mudança da convicção do ministro-relator, já formada previamente à sessão de julgamento, momento em que os demais ministros têm oportunidade de conhecer o voto do relator.

vista não resolvem esse problema, na medida em que apenas uma parcela reduzida deles gera mais interação entre os ministros.[7] O essencial é que, dentro da estruturação atual do processo decisório do STF, eles não interferem na dinâmica de trabalho personalista dos ministros. A mesma lógica da elaboração do voto do relator de maneira isolada dos demais ministros é reproduzida na concepção do voto-vista, em que o ministro carrega os autos para seu gabinete e ali firma sua convicção sobre o julgamento.

Outra característica do processo decisório do STF é a tendência prática de adesão ao voto condutor pelos demais ministros vencedores. Considerada a vultosa demanda de trabalho do Plenário e das Turmas, tanto em número de processos quanto na variedade de questões submetidas, a necessidade de atender a ela frequentemente importa adesão ao voto condutor somente em função do seu resultado, independentemente de concordância com sua fundamentação. Assim, a unanimidade ou a maioria se formam não necessariamente em função das razões dadas pelo ministro-relator, mas sobretudo pelo resultado que propõe.[8] É plausível cogitar que os demais ministros vencedores, entendendo que o relator deu razões suficientes para a solução do caso, ainda que não concordem com elas e vejam outros fundamentos para o mesmo resultado, simplesmente sigam seu voto, sem manifestar discordância quanto aos motivos, como estratégia de viabilização dos trabalhos da Corte.

7. Cf. Caio Gentil Ribeiro, "Voto-vista e deliberação no STF", monografia da Escola de Formação da *sbdp* elaborada em 2011 e disponível em *http://www.sbdp. org.br/monografia.php*.
8. Essa interpretação tem apoio no dado obtido pelo Núcleo de Pesquisas da *sbdp* de que, em 91,35% dos 267 acórdãos do STF proferidos em controle concentrado de constitucionalidade entre junho/2006 e janeiro/2010, bastaram para a formação da maioria vencedora o voto e a fundamentação do ministro-relator, acompanhados dos votos que o seguem sem acrescer novas razões (cf. o Gráfico 10.3 – "Percentual de ações em que o voto do relator foi acompanhado por metade ou mais dos demais ministros com votos registrados em ata", constante do *Banco de Ações* elaborado no âmbito da pesquisa "*Accountability* e jurisprudência do STF: estudo empírico de variáveis institucionais e estrutura das decisões", disponível em *http://www.observa toriodostf.org.br/tabelas-e-graficos/9*. O alto percentual de demandas resolvidas pela simples adesão dos demais ministros ao voto e à fundamentação do ministro-relator é mais um elemento para afirmar que o resultado por ele proposto, mais que sua fundamentação, é decisivo para o convencimento dos demais ministros que o seguem sem explicitar suas razões, na medida em que é explicado pela tendência prática de adesão. Ampliar no relatório final da pesquisa, publicado na Parte 1 deste livro.

Essa tendência prática de adesão agrava o problema do personalismo, na medida em que oculta os motivos reais para a formação do resultado e os pontos de convergência e divergência entre os julgadores, substituindo-se à atividade de construção colegiada da convicção. É possível, nesse cenário, que, no limite, nenhum dos ministros que acompanharam o voto do relator concorde efetivamente com sua fundamentação, mas todos aceitem seu resultado por outras razões, não explicitadas na ocasião. Neste caso, haverá um acórdão cujas razões refletem o entendimento de somente um dos ministros que determinou o resultado da ação. Em um novo julgamento, sua invocação como precedente poderá ser inadequada, na medida em que as razões constitucionais ali expressas não são compartilhadas pela maioria dos ministros, apesar de ele parecer, num primeiro momento, relevante para a decisão.

Os incentivos à fundamentação personalista nos acórdãos representam uma das muitas características que definem o processo decisório do STF, que precisa ser repensado. Moldado a partir de normas positivadas e práticas institucionais, o processo decisório está em descompasso com as atribuições atualmente detidas pelo STF. Ao menos desde a Constituição de 1988 as competências desse Tribunal foram significativamente alteradas, com a previsão de processamento de novas ações e classes processuais. Esse processo intensificou-se com a evolução jurisprudencial e a disciplina legal, no final da década de 1990, do processo constitucional e também com as normas constitucionais e legais introduzidas pela Reforma do Judiciário e a prática jurisprudencial daí decorrente, a partir de 2004.

Se a tendência é a de que o STF julgue cada vez um número menor de ações, mas que tenham impacto maior na sociedade, como buscou fazer a Reforma do Judiciário, é preciso repensar também a maneira pela qual o Tribunal se organiza para decidi-las. A organização de um processo decisório eficiente, compatível e ajustado com as atribuições do STF, é tão importante quanto a própria fixação de tais competências.

De uma perspectiva mais ampla, o processo decisório precisa ser repensado em razão do papel proeminente que o STF vem assumindo na democracia brasileira no pós-1988.[9] Na medida em que as decisões

---

9. Para um rico panorama da atuação do STF na democracia brasileira contemporânea e o apontamento das suas principais razões, v. o artigo do professor Oscar Vilhe-

do Tribunal têm seu impacto e sua abrangência maximizados, em razão de uma série de fatores, é preciso garantir que seus comandos e sentidos sejam claros e adequadamente comunicados à sociedade. Para tanto, é essencial que o processo decisório seja remodelado, de forma a produzir decisões que expressem genuinamente a posição e os argumentos *do Tribunal*, e não somente os dos seus ministros, formulados isoladamente. Esse é o caminho para que o Tribunal dê respostas colegiadamente consistentes às demandas que lhe são apresentadas, de modo a garantir à sociedade a certeza e o peso de suas decisões.

2.2 A ausência da síntese do estado da jurisprudência

Outra característica do modo de deliberar e decidir do STF é a de tratar inadequadamente a jurisprudência, inclusive a concebida pelo próprio Tribunal. É verdade que os votos citam decisões anteriores da Corte. Mas eles, em regra, não trazem informações completas, isto é, sobre o real estado da jurisprudência constitucional existente na matéria em apreciação. Não se percebe, pela leitura dos acórdãos, maior esforço dos ministros em descrever e analisar de modo sistemático a situação da jurisprudência previamente formada pelos tribunais e pelo próprio STF em torno do problema analisado. Os ministros costumam se contentar com a invocação e a transcrição de alguns casos.

A ausência do relato sistemático da jurisprudência impede que ela seja conhecida tanto em relação ao que nela se contém de decisão quanto de fundamentação já usadas pelo STF. Dessa forma, a própria jurisprudência da Corte (isto é, o conjunto integral de suas decisões) não é fator influente na determinação do resultado e das razões respectivas do novo julgamento. A globalidade do trabalho desenvolvido pelo Tribunal nas ocasiões anteriores não é realmente aproveitada para o desenvolvimento de uma interpretação judicial contínua da Constituição.

Também a jurisprudência constitucional produzida pelos demais tribunais e juízes brasileiros recebe pouca atenção do STF. Dados mostram que, quando os votos citam precedentes judiciais, a enorme

na Vieira, "STF: o novo poder moderador", in Mota, Carlos Guilherme Mota e Natasha Schimitt Caccia Salinas (coords.), *Os Juristas na Formação do Estado-Nação Brasileiro: de 1930 aos Dias Atuais*, São Paulo, Saraiva/Direito GV, 2010, pp. 509-533.

maioria deles é do próprio STF. Até os precedentes dos órgãos jurisdicionais estrangeiros são mais citados que os dos demais órgãos jurisdicionais brasileiros.[10] A consequência é que a jurisprudência do STF perde a oportunidade de considerar, para sua interpretação, a argumentação constitucional feita por outros órgãos do Judiciário. Assim, uma das facetas da desvalorização da jurisprudência constitucional brasileira pelo STF é a do baixo grau de consideração para com a interpretação constitucional realizada pelos demais órgãos do Poder Judiciário.

É importante esclarecer que a crítica aqui realizada não deixa de observar que os ministros lidam, de alguma maneira, com a jurisprudência do STF e usam precedentes da própria Corte em sua argumentação.[11] São comuns citações de acórdãos do repertório do STF; o que falta, atualmente, é o tratamento sistemático, orgânico, completo, da jurisprudência na fundamentação de novas decisões.

Também é preciso ponderar que a narrativa da jurisprudência do Tribunal sobre determinado tema pode ser bastante detalhada, e sua interpretação uma tarefa complexa, de difícil operacionalização dentro dos limites da atividade decisional do STF. Contudo, o que se mostra imprescindível para um tratamento adequado da jurisprudência é uma *síntese confiável* do seu estado atual. Para implementá-la, talvez não haja necessidade de um relato e de uma análise que contenham uma infinidade de detalhes, mas, sim, do que se mostra como essencial para conhecer a jurisprudência envolvida.

10. O Núcleo de Pesquisas da *sbdp* constatou que, nos 267 acórdãos do STF proferidos em controle concentrado de constitucionalidade entre junho/2006 e janeiro/2010, 93,29% dos precedentes citados pelos ministros eram do próprio STF, enquanto 3,63% tinham por origem órgãos jurisdicionais estrangeiros e somente 2,92% eram originários de demais órgãos jurisdicionais brasileiros. Cf. o Gráfico 15.2 – "Origem dos precedentes citados pelos ministros do STF, por tipo de órgão julgador", constante do *Banco de Ações* elaborado no âmbito da pesquisa "*Accountability* e jurisprudência do STF: estudo empírico de variáveis institucionais e estrutura das decisões", disponível em *http://www.observatoriodostf.org.br/tabelas-e-graficos/19*. Ampliar no Relatório Final da pesquisa, publicado na Parte 1 deste livro.

11. Nos 267 acórdãos do STF proferidos em controle concentrado de constitucionalidade entre junho/2006 e janeiro/2010, analisados pelo Núcleo de Pesquisas da *sbdp*, foram observadas, "no total, 3.290 citações de legislação, *1.990 citações de precedentes*, 45 citações de súmulas, 1.123 de literatura, 189 de pareceres e 21 de manifestações em audiências públicas" (ob. cit.; v. Parte 1 deste livro).

TRÊS DESAFIOS PARA MELHORAR A JURISDIÇÃO CONSTITUCIONAL BRASILEIRA   31

A ausência, muitas vezes, de síntese orgânica do estado da jurisprudência nos acórdãos do STF parece ter ligação com certa característica quanto ao uso dos precedentes pelos seus ministros. A leitura dos votos dos ministros do STF mostra que a invocação de precedentes judiciais não costuma ser feita com o objetivo de avaliar a ação em julgamento dentro de uma corrente jurisprudencial, mas, sim, de utilizá-los como elementos de reforço argumentativo dentro da estratégia de decisão escolhida pelo voto. O conjunto da jurisprudência não é tomado como dado a ser necessariamente considerado independentemente do resultado que o voto venha a defender, inclusive para eventualmente superá-lo, mas como um dos vários elementos que podem ser utilizados para a defesa de um resultado, a depender da sua conveniência.

Um dado que aponta nesse sentido diz que na quase totalidade de julgados analisados os precedentes são citados pelos ministros do STF com a finalidade de confirmá-los perante o resultado alcançado pelo voto. Apenas um ínfimo percentual representa as citações realizadas para superar o precedente, e numa parcela também residual as citações foram efetuadas com o propósito de afastar a aplicação dos precedentes.[12] O altíssimo percentual de citação dos precedentes para confirmá-los com o voto pode indicar que eles são empregados para cumprir papel de mero reforço argumentativo, e não o de contextualização da jurisprudência do Tribunal para a apreciação do caso.

Essa forma de utilização dos precedentes do STF pelos seus ministros é inadequada, na medida em que relega a jurisprudência à condição de mero argumento a serviço da tese sustentada pelo voto. A jurisprudência não é tratada nem como um conjunto normativo produzido pelo Tribunal e nem como fundamento para sustentar nova deci-

12. O Núcleo de Pesquisas da *sbdp* descobriu que 94,48% das citações tinham por objetivo confirmar o precedente mencionado com o voto, apenas 1,52% delas buscaram superá-lo e somente 3,65% procuraram afastá-lo. Tais informações apontam que a citação de precedentes tem por objetivo principal endossar a argumentação do ministro, e não atestar a posição do Tribunal, cenário em que seriam mais recorrentes as citações de superação e afastamento dos precedentes. Cf. o Gráfico 17.1 – "Confirmação, superação ou afastamento dos precedentes citados pelos ministros do STF", disponível em *http://www.observatoriodostf.com.br/tabelas-e-graficos/21* e constante do *Banco de Ações* (ob. cit.). Ampliar no Relatório Final da pesquisa, publicado na Parte 1 deste livro.

são colegiada, mas empregada para servir à formulação individual do voto. Sua invocação não é feita de maneira sistemática e organizada, mas realizada conforme a flutuação das conveniências de cada voto.

Ao assim procederem, os ministros deixam de demonstrar que decidem de forma a que o STF produza normas. Quando a jurisprudência do próprio Tribunal não é tratada como um conjunto normativo, não se pode pretender produzir novas decisões com essa característica. Trata-se de demonstração que deve ser feita pelos ministros, porque diz respeito a uma característica quanto ao manejo da jurisprudência do STF durante o julgamento de novas demandas.

Outro problema decorrente da desatenção à jurisprudência diz respeito à operacionalização de instrumentos e à implementação de decisões que dependem de clareza sobre a posição do STF. Na experiência recente da jurisdição constitucional brasileira há um conjunto de novos instrumentos (como a repercussão geral e a súmula vinculante) e de técnicas decisórias (como a interpretação conforme a Constituição, as decisões aditivas em casos de omissão inconstitucional ou que estabeleçam condições para sua implementação e a modulação de efeitos no tempo) que demandam o conhecimento preciso do que foi decidido pelo Tribunal e das suas razões justificadoras.[13] A própria viabilidade do uso desses instrumentos e o cumprimento adequado das decisões que empregam tais técnicas estão atrelados à correta compreensão, pelos demais atores que operam os instrumentos e destinatários das decisões, da jurisprudência do STF.

13. Sobre esses instrumentos e técnicas decisórias, cf. as seguintes monografias da Escola de Formação da *sbdp*, disponíveis em *http://www.sbdp.org.br/monografia. php*: Freitas, Marina Cardoso de Freitas, "Análise do julgamento da repercussão geral nos recursos extraordinários"; Otávio Fantoni Constantino, "O papel da questão discutida na aplicação do instituto da repercussão geral"; Maria Olívia Pessoni Junqueira, "A construção da súmula vinculante pelo STF: observação dos 16 primeiros enunciados de súmula vinculante editados"; Letícia Oliveira Lins de Alencar, "Desmistificando o instituto: a súmula vinculante é eficaz?"; Guilherme Martins de Pellegrini, "Os motivos que levam ao uso da interpretação conforme a Constituição pelo STF"; Leonardo de Aguiar Silveira, "A interpretação conforme a Constituição permite a alteração de normas?"; Pedro Guilherme Lindenberg Schoueri, "A argumentação do STF ao alterar normas: uma análise da argumentação fundamentadora de modificações normativas feitas via interpretação conforme a Constituição"; Alexandre Antonucci Bonsaglia, "Sentenças aditivas na jurisprudência do STF"; Flávio Beicker Barbosa de Oliveira, "O STF e a dimensão temporal de suas decisões: a modulação de efeitos em vista do princípio da nulidade dos atos normativos inconstitucionais".

Esse problema pode ser visto com nitidez ao observamos o funcionamento da repercussão geral. Esse requisito de admissibilidade do recurso extraordinário intensifica as interações entre o STF e os tribunais inferiores ao exigir que (i) o tribunal de origem selecione os recursos representativos da controvérsia e (ii) sobreste os demais recursos até que (iii) o STF decida sobre a existência de repercussão geral para a questão constitucional discutida; (iv) quando negada, o tribunal de origem deve inadmitir os recursos sobrestados; (v) o STF decidirá sobre o mérito dos recursos extraordinários com repercussão geral reconhecida e (vi) o tribunal de origem apreciará os demais recursos em função do resultado proferido pelo STF nos recursos representativos da controvérsia.

Para que o "ciclo de vida da repercussão geral"[14] funcione adequadamente, é preciso que as manifestações do STF sejam claras ao longo de todo o processo. Seja na decisão sobre a existência da repercussão geral para a questão constitucional versada no recurso extraordinário, seja na que trata do seu mérito, a clareza dos precedentes formados é essencial para viabilizar o trabalho do tribunal de origem, tanto para identificar os demais recursos que serão sobrestados quanto para apreciá-los em seu mérito. Para tanto, é preciso que o STF atue de modo a produzir precedentes em que a questão constitucional esteja definida claramente e em que o julgamento quanto ao mérito do recurso extraordinário possa ser compreendido em seu resultado e seus fundamentos.[15]

Na medida em que a jurisprudência do STF é usada e, portanto, entendida pelos ministros como mero argumento, a ser empregado conforme a conveniência da posição que se assume, sua característica normativa fica mitigada. A incerteza sobre qual é o comando emanado da jurisprudência do STF e quais são suas razões justificadoras difi-

---

14. A expressão é da pesquisa "Repercussão geral e o sistema brasileiro de precedentes", elaborada pelo Núcleo de Pesquisas da *sbdp*, onde está detalhado o funcionamento do instrumento. V. Carlos Ari Sundfeld e Rodrigo Pagani de Souza (coords.), *Relatório Final de Pesquisa Apresentada pela sbdp à Secretaria de Assuntos Legislativos do Ministério da Justiça (SAL/MJ)*, Brasília, SAL/MJ e *sbdp*, 2010. A pesquisa está publicada no *site* do Ministério da Justiça: *http://portal.mj.gov.br/ main.asp?Team={DFCCBE36-4D36-4650-B6DA-E68546FD1E4E}*.
15. Sobre os desafios trazidos pela repercussão geral, remetemos às conclusões da pesquisa "Repercussão geral e o sistema brasileiro de precedentes" (ob. cit.).

culta sobremaneira a utilização de tais instrumentos e a implementação de decisões que se valem dessas técnicas. Assim, a desvalorização da jurisprudência pelos ministros acaba por impactar negativamente na própria viabilização de instrumentos e técnicas elaborados para enfrentar os problemas do Judiciário brasileiro e permitir que o STF lide com o complexo de competências que a Constituição lhe atribuiu.

2.3 A ausência de posicionamento expresso sobre o impacto da nova decisão na jurisprudência anterior

A ausência de síntese orgânica do estado da jurisprudência do STF ainda gera outros dois efeitos negativos: inicialmente, inviabiliza sua análise adequada pelos ministros, com a finalidade de compará-la com a ação que se encontra em julgamento, de forma a que essa seja decidida em contexto; e, tomada a decisão, impede que se declare seu impacto sobre a jurisprudência anterior. Sem o mapeamento das posições assumidas previamente pela Corte não é possível avaliar apropriadamente o quanto o novo problema em julgamento se assemelha ou se diferencia das situações anteriores; e, consequentemente, quão mais próxima ou afastada estará a nova decisão da orientação até então adotada. São dois efeitos perniciosos, na medida em que obstaculizam a que a criação da jurisprudência pelos ministros seja feita dentro de uma linha de continuidade, resultando concebida de maneira fragmentada.

Em relação a esse primeiro efeito, o prejuízo está na subutilização da jurisprudência na produção de novas decisões. A jurisprudência não é devidamente analisada e tem pouca influência no momento em que são formuladas as decisões.

Para perceber esse déficit é interessante olhar para a maneira pela qual os ministros do STF tratam os precedentes e os utilizam para fundamentar suas posições.

Quando os ministros do STF citam precedentes, é possível medir o grau da comparação que é feita com o caso em julgamento. A mera menção ao precedente com a referência à decisão e à questão jurídica envolvida pode ser considerada como uma comparação de baixo grau, porque não fornece outros parâmetros capazes de delinear a situação anteriormente apreciada pelo Tribunal. Já, a comparação que, além de tais aspectos, avalie a fundamentação, os fatos envolvidos, as características das partes, a existência e os fundamentos dos votos divergentes, o histórico e outros elementos processuais pode ser tida como de alto grau, porque leva em conta aspectos que permitem aos magistrados analisar de modo refinado o que foi decidido, como o foi, em que circunstâncias e por quais razões o Tribunal alcançou aquele resultado.

Usando essa distinção, dados mostram que, em um conjunto de acórdãos representativos do controle concentrado de constitucionalidade, a enorme maioria das citações de precedentes feitas pelos ministros do STF apresentou baixo grau de comparação com o caso que estava em julgamento.[16] Assim, a prática que foi constatada como a regra em relação à citação de precedentes é a de somente mencionar a decisão, somada ou não à identificação da questão jurídica, sem se aprofundar em seus demais aspectos.[17] Trata-se de postura judicial que atribui pouca importância à jurisprudência e ao trabalho prévio do Tribunal quando resolve novas demandas.

Quanto ao segundo efeito, o prejuízo é o da falta de posicionamento expresso do STF sobre o impacto da nova decisão na jurispru-

16. A distinção foi concebida pelo Núcleo de Pesquisas da *sbdp* e aplicada a um conjunto de acórdãos, o que resultou em um baixo grau de comparação em 88,70% das citações realizadas em tais julgados, ao passo que em 10,94% desse universo houve alto grau de comparação entre o precedente citado e o caso em análise. Cf. o Gráfico 18.4.1 – "Grau de comparação entre o precedente citado e o caso sob julgamento, nas citações de precedente feitas pelos ministros do STF", disponível em *http://www.ob servatoriodostf.org.br/tabelas-e-graficos/34* e constante do *Banco de Ações* (ob. cit.).
17. O baixo grau de comparação entre o precedente citado e o caso em julgamento explica o uso indevido de precedentes pelo STF constatado por Luciana de Oliveira Ramos no artigo "O uso dos precedentes pelo STF em casos de fornecimento de medicamentos", in Diogo R. Coutinho e Adriana M. Vojvodic (orgs.), *Jurisprudência Constitucional: como Decide o STF?*, São Paulo, Malheiros Editores/*sbdp*, 2009, pp. 351-365. Analisando a fundamentação dos julgados que determinavam o fornecimento de medicamentos pelo Poder Público, a pesquisadora descobriu alta incidência de referências a determinados precedentes, do próprio STF, que tinham por origem o Estado do Rio Grande do Sul, inclusive na apreciação de demandas originárias de outros entes federativos, como o Estado de São Paulo. Como a fundamentação dos precedentes surgidos no Rio Grande do Sul considerava a existência de uma política pública própria, criada por lei estadual, de distribuição gratuita de medicamentos, a pesquisadora considerou inadequada sua aplicação no julgamento de casos vindos de outros entes federativos que não possuem norma semelhante. Trata-se de uma demonstração do uso dos precedentes como meras referências, limitadas à decisão e à questão jurídica envolvida, numa análise comparativa superficial.

dência anterior. O Tribunal deixa de se manifestar sobre o alcance do julgado em relação ao conjunto mais amplo de decisões em torno de determinado tema e suas consequências sobre a posição institucional e pública mantida pela Corte.

Essa falta de posicionamento expresso ocorre tanto em relação às decisões em si quanto aos fundamentos utilizados para decidir. Não é possível saber o que o STF entendeu sobre se sua nova decisão representou uma mudança ou a continuidade da jurisprudência, e em que grau esses fenômenos antagônicos ocorreram. Assim como também não é viável conhecer o que o Tribunal considerou sobre as razões justificadoras que empregou, sobre se representaram câmbio na maneira de visualizar o problema apreciado ou se mantiveram um mesmo modo de pensar já praticado em decisões anteriores.

Dessa forma, não se tem, quando do julgamento, uma declaração sobre o sentido e o significado da decisão tomada dentro do contexto jurisprudencial previamente formatado pela Corte. Além de decidir sem apresentar o estado da sua jurisprudência, o STF também não mostra à sociedade e aos demais Poderes como sua decisão se ajusta dentro do seu repertório de julgados sobre o tema.

Essa deficiência é agravada nas situações em que ocorre reversão na jurisprudência. Ao decidir sobre questão acerca da qual existe jurisprudência firmada, o STF pode realizar modificações no sentido e na fundamentação previamente estabelecidos. Quando isso ocorre, o Tribunal altera sua postura diante de certo problema para o qual havia determinado solução distinta em momento anterior. Esses julgados, que representam uma mudança de rumo decisório, em situações de viragem jurisprudencial, são comuns na história das cortes supremas e têm influência acentuada no comportamento de outras instituições estatais e da sociedade diante de questões polêmicas.

Nessas situações, a ausência de posicionamento expresso sobre o impacto da nova decisão na jurisprudência anterior é agravada pela circunstância de estar envolvida uma mudança de posicionamento institucional do STF. Os jurisdicionados que se guiaram pela fixação do entendimento anterior deverão reajustar sua conduta perante a nova postura do Tribunal, e para que isso ocorra satisfatoriamente é necessário que estejam explícitos e claros não só a nova decisão e as suas razões respectivas, mas também a mudança em si e o afastamento dos argumentos antigos pelos novos. É preciso que os ministros expliquem aos jurisdicionados e à sociedade o que mudou na posição do STF e as razões que os convenceram a isso, mostrando por que os argumentos novos prevalecem sobre os que foram afastados. Desse modo o Tribunal poderá atender aos requisitos de previsibilidade e segurança jurídica na sua atuação.

Mas a ausência de síntese do estado da jurisprudência e do impacto nela causado pela nova decisão impede, por insuficiência de informações, que essa tarefa seja desempenhada. Pesquisas sobre a forma pela qual o STF trata seus precedentes mostram que há menção esporádica a julgados representativos da posição anterior da Corte em situações de reversão de jurisprudência, mas não o enfrentamento do ônus argumentativo criado pela jurisprudência revertida por meio do afastamento integral das razões até então prevalecentes.[18-19-20] Esses dados reiteram a constatação de que os ministros tratam de maneira inadequada a própria jurisprudência do STF, descrevendo-a insuficientemente, sem a apresentação da corrente jurisprudencial envolvida, mas apenas com referências isoladas a alguns de seus fragmentos.

18. Segundo o Núcleo de Pesquisas da *sbdp*, as citações para superar expressamente um precedente são de apenas 1,52% da amostra de acórdãos considerada. Cf. nota de rodapé 12.

19. Bruna de Bem Esteves demonstra que, ao alterar seu entendimento sobre os efeitos do mandado de injunção em 2007, o STF revisitou apenas um dos três fundamentos que havia usado para afirmar, em 1989, que o papel da decisão judicial seria somente o de comunicar o estado de mora ao órgão competente para elaboração da norma. Ao decidir que poderia haver efeitos constitutivos no mandado de injunção, o Tribunal modificou expressamente seu entendimento quanto ao fundamento da separação de Poderes, mas não reanalisou os fundamentos da segurança jurídica e da democracia. A pesquisadora considera que as situações enfrentadas em 2007 – aposentadoria especial e direito de greve dos servidores públicos – não suscitaram o problema da segurança jurídica, que não precisaria, desse modo, ser discutido. Contudo, o fundamento da democracia, pelo qual o Judiciário não poderia organizar serviços e alocar recursos, deveria ter sido enfrentado, para explicar por que esse não mais seria um impeditivo ao uso do mandado de injunção com efeitos constitutivos. Cf. "O que mudou no entendimento do STF sobre os efeitos do mandado de injunção?", publicado neste livro.

20. Cf. Tamiris Carvalho Veiga Guimarães, "Reversão de jurisprudência no STF: um olhar sobre a sua coerência decisória", monografia da Escola de Formação da *sbdp* elaborada em 2010 e publicada em http://www.sbdp.org.br/ver_monografia.php?idMono=165.

De um modo geral, é possível afirmar que o STF não dialoga de maneira sincera com seus precedentes. Ao lidar com os acórdãos anteriormente proferidos pela Corte, os ministros não o fazem de modo a descrever francamente a corrente jurisprudencial envolvida, apresentando suas características, peculiaridades e vicissitudes. Em postura contrária a essa, são pinçados os precedentes que mais se ajustam à tese sustentada no voto, numa tentativa de demonstrar que a jurisprudência do Tribunal endossa tal argumentação.²¹ E há uma diferença importante entre argumentar diante da jurisprudência do Tribunal e argumentar com o uso estratégico de alguns dos precedentes da Corte, na medida em que naquele cenário não deixam de ser considerados os julgados inconvenientes ao resultado e à tese do voto.

A insinceridade no tratamento dos precedentes produz decisões que não se explicam e não colaboram para a compreensão da jurisprudência do STF. Para julgar e fundamentar suas decisões, os ministros têm diante de si não apenas a demanda apresentada e as normas constitucionais, mas também a jurisprudência constitucional previamente produzida pelo STF e pelos demais tribunais brasileiros. Sem considerar sinceramente a jurisprudência constitucional, os ministros criam decisões que não demonstram como elas se inserem na jurisprudência do STF e que, por consequência, não colaboram para sua compreensão. Trata-se de problema por si só relevante, mas que se agrava quando há reversão jurisprudencial, em face da necessidade de explicitação das razões da mudança do posicionamento institucional do STF, para a garantia da segurança jurídica.

2.4 A urgência na valorização da jurisprudência constitucional brasileira pelo STF

Tais dados da prática institucional mostram que o STF não valoriza a jurisprudência constitucional brasileira, inclusive a produzida pela própria Instituição. Essa postura é prejudicial à democracia brasileira, na medida em que o Tribunal relega a segundo plano o resultado do trabalho do Judiciário, inclusive o seu, de julgar demandas

---

21. Indicativos dessa postura são os baixíssimos índices de citações de precedentes, para afastá-los (3,65%) ou superá-los (1,52%), captados pelo Núcleo de Pesquisas da *sbdp* na pesquisa citada. Cf. nota de rodapé 12.

com o parâmetro da Constituição, a qual foi incumbido de guardar. Ao assim proceder, a Corte diminui a importância da sua atuação institucional no exercício de defesa das normas constitucionais. Em outras palavras: ao desvalorizar a jurisprudência constitucional, o STF sabota sua própria função.

A desvalorização da jurisprudência constitucional ainda alimenta uma lógica prejudicial ao controle da atuação do STF: se não há razões claras para suas decisões, os tribunais em geral e a própria Corte não estão adstritos a segui-las em futuros casos semelhantes, e quando ela decidir revertê-la não ficará, na prática, sujeita ao ônus argumentativo próprio. A falta de clareza na jurisprudência do STF é um defeito grave, produzido por problemas na forma de decidir por ele praticada atualmente. De um modo geral, as características do processo decisório exercido pela Corte conduzem a decisões com falhas na formação e na comunicação das *razões colegiadas* que as embasam.

Essa falta de clareza nas decisões do STF, por sua vez, representa um déficit na sua atuação em ao menos três sentidos. Inicialmente, a qualidade da deliberação colegiada do Tribunal resulta prejudicada, com decisões formadas a partir de votos elaborados com premissas diferentes e interpretações apartadas, que não interagem e nem alcançam uma fundamentação comum. Em um segundo sentido, o valor normativo da jurisprudência é afetado, na medida em que fica obstaculizado o entendimento das decisões do STF que produzem Direito vigente. Em um terceiro sentido, é dificultada a operacionalidade de instrumentos concebidos para enfrentar os problemas do Judiciário brasileiro, como a repercussão geral no recurso extraordinário e as súmulas vinculantes, que dependem da identificação precisa do que foi decidido pelo STF e das razões utilizadas para tanto.

Essas constatações levam a uma conclusão geral: é urgente a valorização da jurisprudência constitucional brasileira pelo STF. Há razões constitucionais relevantes, ligadas à atuação recente do Tribunal na democracia brasileira e às competências a ele atribuídas pela Constituição de 1988 e por suas reformas posteriores, que apontam para a necessidade de a jurisprudência, sua própria e de outros tribunais quando decidam em sede constitucional, ser tratada com o valor normativo que possui e receber análise judicial refinada em função da decisão que representa e dos argumentos que contém. Para isso, também é preciso repensar o próprio modo de decidir do STF. Reformas devem ocorrer no processo decisório para que o tratamento adequado de precedentes seja viabilizado.

3. A jurisdição constitucional brasileira precisa reconhecer sua competência regulatória e aceitar os ônus respectivos

Um segundo mito que precisa ser afastado para o desenvolvimento da jurisdição constitucional brasileira é o de que o STF não exerce função regulatória. Existe uma percepção, bastante difundida, de que seu papel se limita à dedução de soluções previamente concebidas pelo legislador constituinte. Ao Tribunal não caberia inovar originariamente na seara constitucional, pois essa atividade seria reservada ao Congresso Nacional.

Porém, a observação da prática institucional mostra que, no exercício de suas competências, o STF vem exercendo ampla função judicante, a qual tem envolvido a apreciação de normas e situações complexas diante da Constituição, sem se limitar à aplicação de normas precisas às demandas que lhe são apresentadas. Para tanto, a Corte pratica intensa atividade criativa, concebendo e escolhendo soluções a partir de uma variada gama de interpretações, possíveis e excludentes, da Constituição. Desse modo, o STF exerce função regulatória ao manejar as normas constitucionais, particularmente aquelas que possuem alto grau de indeterminação, atribuindo sentido à Constituição para a solução de demandas.

Dois acórdãos que ilustram bem a atuação regulatória do STF são o caso da "farra do boi" e a ação direta de inconstitucionalidade da "briga de galo". No primeiro o STF decidiu que a farra do boi é vedada pela Constituição Federal, que proíbe práticas que submetam os animais a crueldade, ainda que possuam caráter cultural (art. 225, § 1º, VII).[22] No único voto vencido, o Min. Maurício Corrêa sustentou não ser possível coibir uma prática folclórica regional, a qual o Estado tem por obrigação garantir e proteger (art. 215, *caput* e § 1º), caracterizada como patrimônio cultural brasileiro portador de referência dos açoria-

22. STF, 2ª Turma, RE 153.531-SC, para o acórdão Min. Marco Aurélio, j. 3.6/1997.

nos, um dos grupos formadores da sociedade brasileira (art. 216). No segundo acórdão o STF declarou unanimemente a inconstitucionalidade de lei estadual do Rio de Janeiro que autorizava e regulava a criação de aves de raças combatentes e não pertencentes à fauna silvestre, incluída a realização de exposições e competições entre elas, com a finalidade de preservar e defender o patrimônio genético da espécie *gallus-gallus*.[23] Prevaleceu o entendimento de que a briga de galo é prática criminosa tipificada na legislação ambiental, sem valor cultural, e também inconstitucional, por submeter os animais a crueldade (art. 225, § 1º, VII). Ainda que tenha retificado seu voto, para acompanhar os demais ministros, o Min. Dias Toffoli inicialmente anunciou voto divergente, pelo qual julgava improcedente a ação, por atribuir ao legislador ordinário, e não ao Judiciário, a competência para definir a forma de proteção da fauna, uma vez que a Constituição usa a locução "vedadas, na forma da lei, as práticas que (...) submetam os animais a crueldade".

Esses julgados são dois exemplos de exercício, pelo STF, de função regulatória. Neles, o Tribunal concebeu soluções – a de que a farra do boi e a briga de galo são inconstitucionais, por submeterem os animais a crueldade, independentemente do envolvimento de aspectos culturais – a partir de atividade criativa no manejo de normas com alto grau de indeterminação – as normas constitucionais de proteção ambiental e cultural. O que prova isso é justamente a existência do voto vencido no caso da "farra do boi" e do voto inicialmente divergente na ação direta de inconstitucionalidade da "briga de galo", os quais mostram que os resultados das ações poderiam ter sido radicalmente diferentes, com o uso de bons argumentos para sustentá-los.

Essa forma de atuação do STF é difícil de ser percebida imediatamente, especialmente em razão de uma forte tendência de seus ministros de afirmarem que suas decisões são consequências necessárias e imediatas da Constituição. A maneira pela qual argumentam induz os leitores dos seus votos a acreditarem que estão diante de uma *revelação* do sentido da Constituição, previamente definido pelo legislador constituinte. Ao STF apenas caberia descobrir a norma aplicável, já contida nas entrelinhas do texto constitucional, para decidir a demanda. Trata-se de característica argumentativa que esconde o fator

23. STF, Plenário, ADI 1.856-RJ, rel. Min. Celso de Mello, j. 26.5.2011.

criativo e a necessidade de tomada de opções pelo magistrado, impede que os jurisdicionados conheçam as razões que o levaram à decisão e gera dificuldades para alteração das normas judiciais assim formadas.[24]

Apesar de os ministros não reconhecerem a competência regulatória da jurisdição constitucional, o STF já a vem exercendo por meio de decisões que criam regras concretas a partir de normas constitucionais com alto grau de indeterminação. Mesmo que a motivação presente em seus acórdãos recuse essa função regulatória, ainda que de modo implícito, ela já vem sendo praticada. Isso significa que, na prática, o Tribunal já arrogou para si a competência regulatória sempre que decidiu criar normas concretas com base em preceitos abstratos ligados à Constituição. Apesar da retórica frequentemente empregada nos votos do STF, não faz sentido acreditar que os ministros apenas revelem verdades constitucionais; a observação dos acórdãos mostra que as decisões do Tribunal constroem, criam e elaboram soluções para buscar resolver demandas a partir das normas constitucionais.

O problema dessa postura adotada pela Corte é o de não cumprir os ônus envolvidos na tarefa de construir soluções a partir de normas constitucionais com alto grau de indeterminação: o de justificar sua intervenção regulatória na situação específica (ônus da competência) e o de defender a adequação da regra geral adotada, com a análise profunda das alternativas, custos e possíveis efeitos positivos e negativos (ônus do regulador).[25] O STF não cumpre nem o ônus da competência nem o ônus do regulador, mas pratica a competência regulatória da jurisdição constitucional sempre que seus ministros intuem a conveniência de exercê-la.

Ao deixar de demonstrar que sua atuação regulatória é justificada por fatores institucionais relevantes, assim como que a norma produzida é fundamentada em uma análise aprofundada tanto do cenário atual como do cenário futuro (com a norma que se irá instituir), o STF

---

24. Sobre esse problema, v. Carlos Ari Sundfeld, *Direito Administrativo para Céticos*, São Paulo, Malheiros Editores, 2012, Capítulo 3 – "Princípio é Preguiça?", pp. 77-79. A ação direta de inconstitucionalidade do amianto (ADI/MC 3.937-SP) e a Súmula Vinculante 13, com regra antinepotismo, são usadas para ilustrar as dificuldades trazidas pela postura do STF de afirmar que suas decisões são descobertas, e não criadas, a partir da Constituição.
25. Para esse argumento, v. Carlos Ari Sundfeld, *Direito Administrativo para Céticos*, cit., pp. 60-84.

produz decisões com déficit de informações e sem motivação suficiente acerca dos seus propósitos. Em outras palavras: o Tribunal acaba por decidir sem explicar sua atuação e mapear as alternativas, produzindo decisões mal-informadas e que não mostram seu próprio significado.

A dificuldade do STF em cumprir os ônus da competência e do regulador pode ser observada na forma pela qual usa a modulação de efeitos. Trata-se da possibilidade que o Tribunal tem de condicionar a eficácia de suas decisões a determinados parâmetros temporais e balizas, de forma a contemplar dificuldades práticas decorrentes da sua implementação.[26] O mecanismo faz com que o STF lide com variadas possibilidades de determinação da eficácia de suas decisões, permite a criação de soluções específicas e demanda a realização de escolhas pelos ministros. Assim, o uso da modulação de efeitos envolve a escolha entre várias possíveis opções e a demonstração de que certa forma de limitação temporal resolve melhor que outras os desafios trazidos pela situação concreta. Não há somente uma maneira de modular, mas muitas, que podem ser construídas caso a caso.

A legislação diz que para usar a modulação de efeitos o STF deve considerar "razões de segurança jurídica ou de excepcional interesse social".[27] Mas a segurança jurídica pode ser satisfeita com mais de uma opção para a modulação de efeitos, assim como podem existir múltiplas e opostas razões de interesse social incidentes numa mesma situação. Tais valores, portanto, podem ser atendidos de variadas formas, em opções excludentes. Por isso, não bastará ao STF recorrer abstratamente a esses valores, e nem mesmo só fundamentar que a modulação de efeitos realizada é apta para satisfazê-los; mas precisará demonstrar que a opção tomada contempla as dificuldades trazidas pela situação concreta e é a preferencial perante outras. Assim, fará demonstração e fundamentação suficientes para a opção que decidiu realizar.

---

26. Flávio Beicker constata que o STF usa a modulação de efeitos em ao menos quatro maneiras: modulação intermitente, modulação *ex nunc*, modulação *pro futuro* e restrição material (cf. "O STF e a dimensão temporal de suas decisões – A modulação de efeitos e a tese da nulidade dos atos normativos inconstitucionais", publicado neste livro).
27. Cf. art. 27 da Lei 9.868/1999 e art. 11 da Lei 9.882/1999.

Um exemplo de uso atabalhoado da modulação de efeitos, que deixou de considerar todo o cenário decisório envolvido, ocorreu na ação direta de inconstitucionalidade do Instituto Chico Mendes de Conservação da Biodiversidade/ICMBio.[28] Em uma primeira decisão, de 7.3.2012, o Plenário seguiu, por maioria, o voto do Relator, Min. Luiz Fux, para julgar a ação direta parcialmente procedente, com modulação de efeitos para que a declaração de inconstitucionalidade operasse a nulidade da Lei 11.516/2007 somente após o prazo de dois anos. O STF considerou existir inconstitucionalidade formal na lei que criou o ICMBio, por surgir de tramitação legislativa que não atendeu à obrigação constitucional de emissão de parecer por comissão mista de deputados e senadores (CF, art. 62, § 9º). Considerando nociva ao meio ambiente a pronúncia de nulidade com efeitos retroativos, por permitir o questionamento dos atos do ICMBio, e temerária a hipótese de eliminação retroativa de todas as outras leis que surgiram da conversão de medida provisória sem observar o trâmite do § 9º do art. 62, o Min. Fux atribuiu efeitos prospectivos após o referido prazo, dentro do qual o Congresso Nacional poderia aprovar nova lei para o ICMBio.

A decisão do STF gerou forte e imediato impacto não só na interpretação constitucional sobre a tramitação de medidas provisórias no Congresso Nacional, mas também pelo estrondoso "efeito cascata" que se poderia ter a partir de então. Desde 2002 o Congresso Nacional, por meio da Resolução 1/2002, considerava cumprir o § 9º do art. 62 por meio de votação direta em Plenário, quando se esgotasse o prazo da comissão mista para emitir seu parecer. Como essa interpretação foi considerada inconstitucional pelo STF, abriu-se amplo caminho para a contestação de centenas de leis que surgiram a partir dessa forma de tramitação de medidas provisórias. Além disso, o Congresso Nacional poderia ter que rediscuti-las caso declaradas inconstitucionais por vício formal, o que impactaria fortemente a agenda do Poder Legislativo.

No dia seguinte, em decisão de 8.3.2012, após alerta do Advogado-Geral da União sobre os riscos desse amplíssimo questionamento nas relações jurídicas estabelecidas com base nessas leis, o Plenário do STF, novamente por proposta do Ministro-Relator Luiz Fux, acolheu questão de ordem para alterar o dispositivo do acórdão, passando

---

28. STF, Plenário, ADI 4.029-DF, rel. Min. Luiz Fux, j. 7.3.2012.

a julgar improcedente a ação direta de inconstitucionalidade do ICM-Bio, com declaração incidental de inconstitucionalidade de dispositivos da Resolução 1/2002 do Congresso Nacional, com eficácia prospectiva.

Essa situação mostra que faltou ao Tribunal a análise completa das alternativas que tinha para decidir. Na sessão de 7 de março o STF já possuía a opção de julgar improcedente a ação direta de inconstitucionalidade do ICMBio e ainda assim declarar sua interpretação sobre o § 9º do art. 62 da CF. Mas aparentemente não a considerou como uma das suas alternativas, fixando a procedência parcial com modulação de efeitos. Imediatamente após perceber o forte e indesejado impacto de sua decisão, alterou o resultado para improcedência da ação, com a declaração incidental de inconstitucionalidade da resolução legislativa, melhor ajustado aos seus reais propósitos de intervenção no processo de tramitação das medidas provisórias no Congresso Nacional. Assim, mudou de opção de um dia para o outro, sem ter mapeado previamente as alternativas e analisado seus custos e respectivas vantagens e desvantagens.

A própria maneira pela qual o STF justifica suas decisões, cada vez mais assemelhada à construção de "teorias" sobre os problemas abstratos envolvendo sua própria legitimidade e capacidade de atuação e sobre o plano geral dos temas constitucionais envolvidos, não é suficiente para cumprir os ônus da competência e do regulador. E isto porque tais justificativas "teóricas" praticadas pelos ministros permanecem no plano das generalidades e abstrações, sem investigar as dificuldades concretas trazidas pelas demandas e situações perante as quais irá decidir. São razões insuficientes para a formulação consistente de conclusões concretas em contextos de divergências fundamentadas sobre o sentido das normas constitucionais, porque não alcançam o cerne do problema levado à apreciação do Tribunal. Ao mesmo tempo, são razões escoradas em ideias de certa forma incontestáveis em si mesmas, sobre as quais não há discordâncias plausíveis, dado seu grau de abstração.

Os ônus da competência e do regulador demandam a abordagem aplicada e aprofundada dos problemas reais existentes nas demandas levadas ao STF. Para realizá-la, os ministros devem investigar a realidade diante da qual o Tribunal intervirá, assim como realizar estudo sério e focado sobre a conveniência e impactos da regra a ser proferida, que permita justificar sua própria atuação naquele contexto. E tais razões devem ser explicitadas de maneira clara, coerente e consistente quando a decisão for proferida.

É preciso perceber que o uso de justificativas "teóricas", além de insuficiente para dar solução consistente às dificuldades práticas, também é um convite à arbitrariedade e ao voluntarismo na tomada da decisão. Sob fórmulas impregnadas de bons propósitos e citações de altos valores constitucionais podem se esconder motivos meramente intuitivos, vagos, aleatórios ou arbitrários. A reiteração dessa maneira de decidir conduz à formação de uma jurisprudência vacilante e permeável ao voluntarismo, ainda que de aparência justa.

Para corrigir esse desvio, é preciso que o STF reconheça a competência regulatória que já pratica e aceite os ônus dela decorrentes. Como os ministros não cumprem o ônus da competência, é de se cogitar que não se sintam legitimados a motivar seus votos com explícito intuito criativo, a partir de uma estrutura expressa de tomada de opções dentro de um quadro que considera outras possibilidades plausíveis.[29] Esse pode ser um fator que os impeça de assumir o ônus do regulador.

Contudo, ao assumir os ônus da competência e do regulador e exercê-los consistentemente, o STF não deixará de poder afirmar a convicção na sua interpretação constitucional e seus argumentos não deixarão de ter força por isso. A diferença, que consiste numa mudança de postura necessária e premente, é que o STF passará a responder pelos ônus próprios da criação de soluções concretas a partir de normas constitucionais com alto grau de indeterminação.

29. Flávio Beicker mostra que não há fundamentação clara na jurisprudência do STF sobre a necessidade e as razões para a utilização da modulação de efeitos, apesar de os ministros declararem que se trata de imposição constitucional, a ser estabelecida após rigoroso juízo de proporcionalidade, e não ato de política judiciária (cf. "O STF e a dimensão temporal de suas decisões – A modulação de efeitos e a tese da nulidade dos atos normativos inconstitucionais", cit., publicado neste livro). Apesar de exercerem competência regulatória por meio da modulação de efeitos, os ministros a usam sem cumprir o ônus da competência, que pede a explicitação dos motivos pelos quais a atuação judicial foi vista como cabível naquele contexto. Há uma contradição entre o discurso e a prática do STF quanto à modulação de efeitos, que pode ser explicada por um desconforto dos ministros em assumir uma postura abertamente política no uso do instrumento.

4. Nas disputas constitucionais, é preciso cuidado para não confundir questões fundamentais com interesses setoriais e corporativos

Um terceiro mito que deve ser afastado para o desenvolvimento da jurisdição constitucional brasileira é o de que ela se exerce essencialmente sobre os direitos fundamentais e a estrutura básica do Estado, chamados aqui de *questões fundamentais*. Ao contrário, a atividade jurisdicional de resolução de demandas perante as normas constitucionais vem sendo praticada mais em torno de *questões funcionais*, ligadas às políticas cotidianas e à disputa por espaços de poder entre grupos estatais ou paraestatais.[30]

Essa é uma característica do constitucionalismo brasileiro sob a Constituição de 1988. Para percebê-la é preciso, mais que conhecer o

---

30. Analisando as 831 ações de controle concentrado de constitucionalidade (ação direta de inconstitucionalidade, ação declaratória de constitucionalidade e arguição de descumprimento de preceito fundamental) propostas contra os atos normativos originários do Poder Executivo Federal (emendas constitucionais, leis, medidas provisórias e regulamentos) de outubro/1988 a julho/2009, o Núcleo de Pesquisas da *sbdp* descobriu que em 80% dessas demandas o STF é chamado a se manifestar em temas que classificamos aqui como *questões funcionais* – quais sejam, na classificação da pesquisa: servidor público (14%), econômico (12%), seguridade social (12%), tributário (11%), trabalho (7%), organização institucional (6%), financeiro/orçamento (4%), serviço público (4%), ambiental (4%), educação (2%), outras políticas públicas (2%), civil/comercial (1%) e índios/quilombolas (1%). Somente 18% de tal universo se encaixam no que foi designado neste artigo como *questões fundamentais*, que são, na classificação da pesquisa: processo (8%), penal (3%), processo legislativo (3%), direitos fundamentais (3%) e eleitoral (1%). Desse universo, 48 acórdãos tiveram julgamento de mérito e 21 continham alguma forma de revisão dos atos normativos, dos quais 19 envolviam questões funcionais (seguridade social, servidor público, tributário, econômico, trabalho e financeiro) e apenas 2 diziam respeito a questões fundamentais (eleitoral e direitos fundamentais). Dos casos de controle difuso de constitucionalidade em que houve revisão do ato normativo, 83% envolviam questões funcionais (tributário, servidor público, programas governamentais/políticas públicas/reforma agrária, organização institucional, econômico/regulação e seguridade social/previdência), ao passo que 17% envolviam questões fundamentais (processo civil). Tais dados mostram que o grande volume de demandas e julgamentos do STF se dá em torno das questões funcionais, e somente um montante minoritário sobre questões fundamentais. V. Carlos Ari Sundfeld, Adriana M. Vojvodic e Evorah Cardoso (coords.), *Controle de Constitucionalidade dos Atos do Poder Executivo*, Relatório Final de pesquisa apresentado pela *sbdp* à Secretaria de Assuntos Legislativos do Ministério da Justiça (SAL/MJ), Brasília, SAL/MJ e *sbdp*, 2010. A pesquisa está publicada no *site* do Ministério da Justiça: *http://portal.mj.gov.br/sal/main.asp?Team =%7BDFCCBE36%2D4D36%2D4650%2DB6DA%2DE68546FD1E4E%7D*.

conteúdo das normas constitucionais, observar e entender como efetivamente ocorre o *fenômeno constitucional* e como suas forças motrizes operam.[31] E para isso deve ser investigada a prática, das instituições e da sociedade, na implementação concreta da Constituição, num movimento de aproximação dos estudos jurídicos da realidade que produz e condiciona o Direito.

Trata-se de postura necessária a quem se propuser conhecer o constitucionalismo brasileiro, especialmente porque a Constituição de 1988 não contém somente as normas que disciplinam as questões fundamentais, mas, analítica, prescreve detalhadas regras sobre questões funcionais. O fato em si de uma norma ter sido veiculada pela Constituição não a torna um direito fundamental ou uma regra estruturante do Estado; basta percorrer os olhos em seu texto para perceber a alta frequência de disposições sobre políticas cotidianas.

Essa característica da Constituição propicia sua utilização para buscar assegurar posições de poder a corporações e organismos estatais ou paraestatais, de forma a limitar as iniciativas governamentais e as deliberações do Legislativo.[32] O constitucionalismo "chapa-branca" faz prevalecer na jurisdição constitucional o debate em torno de temas ligados a interesses setoriais e corporativos específicos, que muitas vezes permanecem disfarçados numa retórica difusa de defesa dos direitos de cidadania, ainda quando eles não estejam em questão. Essa força do fenômeno constitucional brasileiro molda a discussão

31. O argumento está desenvolvido em Carlos Ari Sundfeld, *Direito Administrativo para Céticos*, cit., Capítulo 2 – "Que Constituição?", pp. 49-59.
32. Analisando o universo de ações diretas de inconstitucionalidade propostas contra emendas constitucionais para conhecer a atuação das associações de classe, André Janjácomo Rosilho demonstra que tais legitimados para o controle de constitucionalidade atuam de modo a proteger as normas constitucionais originárias contra as modificações introduzidas por reformas constitucionais, em benefício de interesses de seus grupos. Enquanto que as ações diretas de inconstitucionalidade propostas por associações de grupos ligados à iniciativa privada tiveram baixo grau de receptividade no STF, que chancela reformas do constituinte derivado, as ações diretas de inconstitucionalidade propostas por associações de grupos ligados a corporações estatais tiveram maior receptividade, com baixo índice de rejeição pelo STF e a obtenção de consequências positivas aos grupos respectivos. Para o pesquisador, isso indica que o Tribunal pode estar inserindo interesses de corporações estatais no núcleo intangível da Constituição Federal e bloqueando reformas constitucionais que a eles são contrários (cf. "A participação das associações de classe no controle de emendas constitucionais: um sintoma do constitucionalismo brasileiro?", publicado neste livro).

judicial de tal modo, que não é possível ignorá-la sem que isso implique distorção da análise da jurisprudência e, num sentido mais amplo, da atuação do Poder Judiciário na construção cotidiana do sentido da Constituição.

É muito fácil se equivocar na avaliação da jurisprudência constitucional brasileira, porque o discurso constitucional, em termos gerais, é bastante impregnado por altos valores. E, realmente, o mais fascinante da jurisprudência, dos debates e dos estudos constitucionais são os temas que envolvem as questões fundamentais, ligados aos direitos fundamentais e à estrutura básica do Estado. É notável como boa parte das teorias constitucionais se ocupa de discussões nesse temário.

Mas a experiência constitucional brasileira no pós-1988 é mais um reflexo da forte influência dos interesses setoriais e corporativos contra as deliberações governamentais e legislativas que da proteção do cidadão frente ao Estado. Muito frequentemente as motivações centrais da jurisdição constitucional são de política cotidiana.

Por exemplo, é comum ver sob um pedido de realização do direito à educação ou à saúde uma demanda corporativista de aumento de vencimentos dos profissionais da Educação ou da Saúde.[33] Saber qual é a remuneração adequada e justa a esses servidores públicos implica avaliar uma questão de política ordinária educacional ou de saúde pública no contexto de uma discussão própria de gestão pública. Trata-se de uma questão funcional, e não fundamental.

Por envolverem problemas ligados a normas constitucionais, a discussão em torno das questões funcionais pode ser constitucionalizada no Poder Judiciário, que possui instrumentos para interferir em políticas públicas e atos de governo valendo-se da Constituição. Tra-

33. É o que parece buscar a Confederação Nacional dos Trabalhadores em Educação/CNTE com a ADPF 71, que contesta os decretos que realizam o cálculo do valor mínimo por aluno referente ao Fundo de Manutenção e Desenvolvimento do Ensino Fundamental e da Valorização do Magistério/FUNDEF e aponta a omissão do Poder Executivo na fixação do padrão mínimo de qualidade do ensino fundamental, previsto no art. 60, § 1º, do ADCT e regulado pela Lei 9.424/1996. A argumentação pautada em altos valores constitucionais parece ter motivações centrais de política cotidiana, na medida em que a aceitação judicial da fórmula defendida pela CNTE como apta a cumprir o dispositivo constitucional teria por impacto direto o aumento do salário dos professores, questão de gestão pública e de política educacional (cf. a petição inicial na ADPF 71, disponível no *site* do STF).

ta-se de uma consequência previsível, compreensível e até certo ponto legítima do processo constituinte de 1986-1988, caracterizado por um governo fraco e o intenso *lobby* de corporações estatais e paraestatais. E, se há normas constitucionais envolvidas em debates travados em torno de questões funcionais, o STF pode ser provocado para realizá-los ou neles interferir.

Contudo, ao lidar com questões funcionais, o STF não pode dar a elas o peso das questões fundamentais. É indevida a transposição do conteúdo normativo de proteção a direitos fundamentais e de instituição da estrutura básica do Estado para interpretar normas que disciplinam, por exemplo, organização administrativa, diretrizes orçamentárias e vantagens de servidores públicos.

E isto porque tais questões não envolvem direitos fundamentais e de cidadania, mas, sim, políticas cotidianas, e não propriamente constitucionais. Ainda que tais normas estejam inseridas na Constituição, suas funções são distintas das normas que envolvem questões fundamentais. A interpretação de norma que trata de questão funcional deve levar em conta seu objeto e sua função, sem confundi-los com os das normas que envolvem questões fundamentais. A transposição entre elas gera consequências institucionais não desprezíveis, como o deslocamento para a seara constitucional de matérias propriamente ordinárias, a compressão do campo de atuação dos Poderes Legislativo e Executivo, o aumento de poder do STF e o incremento da proteção de interesses de determinadas corporações e organismos estatais ou paraestatais.

Por isso, ao lidar com a linguagem constitucional é preciso atenção, para não confundir as diferentes categorias representadas pelas questões fundamentais e pelas questões funcionais. Mas tal mistura é comum em decisões do STF. Um voto que ilustra bem essa amálgama foi dado pelo Min. Carlos Britto no julgamento em que o STF afirmou a constitucionalidade parcial da reforma da Previdência.[34] Vencido, o Ministro concluiu pela inconstitucionalidade integral da Emenda Constitucional 41/2003, que instituiu a contribuição previdenciária dos servidores públicos aposentados. Em sua argumentação, as novas normas constitucionais que introduziram o caráter solidário do regime

---

34. STF, Plenário, ADI 3.105-DF, rel. para o acórdão Min. Cézar Peluso, j. 18.8.2004.

de previdência foram consideradas inconstitucionais diante de uma interpretação bastante ampliativa das cláusulas pétreas relativas ao direito adquirido e ao ato jurídico perfeito. Com uma retórica camuflada de questões fundamentais, foi defendida a inconstitucionalidade de normas constitucionais que lidam com uma questão funcional, o financiamento do sistema previdenciário do setor público. Por meio dessa estratégia, foram distorcidas, ou não foram devidamente compreendidas, as razões da reforma, ligadas à viabilidade e ao equilíbrio do sistema previdenciário, especialmente quanto ao caráter da solidariedade, que assume em seu voto um sentido totalmente oposto ao dado pelo poder constituinte derivado.

Ao atribuir às questões funcionais o peso das questões fundamentais, o STF incorre no risco de reduzir a importância de sua própria atuação. Grande parte da relevância institucional dos tribunais constitucionais e cortes supremas está na qualidade do seu trabalho sobre as questões fundamentais. Tratando-as em seu contexto e distanciando-se das disputas cotidianas em torno das questões funcionais, esses órgãos se preservam para decidir bem conflitos e problemas de alta complexidade, que envolvem escolhas difíceis e rearranjos institucionais em torno das questões fundamentais. Ajustando o tratamento das questões funcionais ao seu âmbito, o STF preserva a relevância do seu papel institucional.

Em suma, pelas características concretas do constitucionalismo brasileiro no pós-1988, é preciso cuidado ao se analisar a jurisdição constitucional brasileira e o resultado do seu trabalho. Não se pode esquecer que na Constituição há normas que envolvem questões fundamentais e normas que tratam de questões funcionais. Ao se imaginar que a jurisdição constitucional se exerce essencialmente sobre as questões fundamentais incorre-se no equívoco de transpor, inadvertidamente, a importância e o peso de tais deliberações para as questões funcionais. Esse erro conduz a que, sob a retórica de defesa da Constituição-cidadã, sejam, na realidade, preservados os interesses de organismos e corporações determinados.

5. Conclusão

As ideias sustentadas no artigo procuram chamar a atenção para três desafios trazidos pela prática da jurisdição constitucional brasileira: (i) o STF não trata adequadamente a jurisprudência constitucional brasileira, apesar de existirem fortes motivos que apontam para a necessidade de sua valorização; (ii) já há atividade regulatória sendo exercida por meio da jurisdição constitucional, apesar de o Judiciário não reconhecê-la e não assumir seus ônus próprios; (iii) muito da atividade da jurisdição constitucional brasileira não se exerce sobre questões fundamentais, mas envolve questões funcionais, permeadas por interesses setoriais e corporativos.

Como lidar com tais problemas? Se, de um lado, a ideia de reforma parece inevitável para o enfrentamento dessas dificuldades, por outro, não é preciso imaginar que seriam necessárias grandes modificações estruturais na jurisdição constitucional brasileira. Na verdade, esses três problemas têm em sua raiz práticas institucionais marcadas pela tradição. Enfrentar tais desafios significa especialmente, então, mudar aspectos da cultura jurídica envolvida na experiência constitucional brasileira, de forma a potencializar seu papel na democracia contemporânea.

O PROJETO DE UMA CORTE DELIBERATIVA*⁻¹

CONRADO HÜBNER MENDES

1. Introdução. 2. Cortes constitucionais no imaginário político. 3. As tarefas de uma corte deliberativa: 3.1 Contestação pública – 3.2 Interação colegiada – 3.3 Decisão escrita deliberativa. 4. Transformando solistas em deliberadores: um projeto para o STF.

1. Introdução

A boa pergunta é a mola propulsora de investigações intelectuais produtivas. Ela facilita um recorte de estudo, determina um foco e inspira um método de pesquisa. A história da teoria constitucional, como a de qualquer outra área do pensamento, é a história das respostas dadas a um conjunto limitado de perguntas. O que é, para quê serve e

* *Resumo*: O texto parte da suposição teórica, comum na teoria constitucional contemporânea, de que cortes constitucionais são fóruns deliberativos especiais, e, portanto, desejáveis dentro de um regime democrático. A partir dessa premissa, procuro apresentar um resumo de como se pode traduzir, na prática da adjudicação constitucional, tal ideal deliberativo. Em seguida, tento examinar o STF através dessas lentes e vislumbro um potencial caminho de aperfeiçoamento, o qual decorreria da transformação de *juízes solistas*, como entendo serem os juízes do STF, em *juízes deliberadores*.

Palavras-chave: Cortes Constitucionais; Deliberação; Democracia e Controle de Constitucionalidade; Supremo Tribunal Federal.

1. Este texto busca brevemente apresentar partes do argumento de minha tese de Doutorado em Filosofia do Direito, defendida no ano de 2011 na Escola de Direito da Universidade de Edimburgo sob o título *Deliberative Performance of Constitutional Courts*, e aplicar tais argumentos ao estilo decisório do STF. Pelas inúmeras conversas que me fizeram pensar nas ideias da tese, agradeço a Neil MacCormick, Neil Walker, Zenon Bankowski, Virgílio Afonso da Silva, Cláudio Michelon, Mattias Kumm, Gianluigi Palombella, Stephen Tierney, Lewis Kornhauser Francisco Saffie e Harris Psarras.

por que ter uma Constituição? O que é, para quê serve e por que ter o controle de constitucionalidade? As variadas respostas a essas duas linhas abrangentes de indagação, que historicamente se desdobraram em outras mais precisas, formam o núcleo do saber do constitucionalista.

Um desses desdobramentos ou, mais precisamente, uma das perguntas que mobilizaram intensamente os constitucionalistas nos últimos 50 anos quis saber se o controle judicial de constitucionalidade, por meio do qual juízes não eleitos controlam os atos do legislador eleito, seria compatível com a democracia. Este ensaio parte de uma resposta específica a essa pergunta: o controle de constitucionalidade seria desejável porque cortes configurariam *fóruns deliberativos singulares*. Seriam, em outras palavras, espaços que privilegiam o argumento à contagem de votos, foros decisórios que se caracterizam, essencialmente, pelo esforço de persuadir e a abertura a ser persuadido por meio de razões imparciais.

Supondo que essa resposta é promissora e capta uma virtude mais provável de florescer em cortes constitucionais, busco traduzi-la para a prática da adjudicação constitucional e examinar como o STF pode se aperfeiçoar nessa direção. O texto organiza-se em três tópicos: primeiro, para que tenhamos um mapa da discussão, enumero algumas imagens comumente associadas a cortes constitucionais, por trás das quais se encontram influentes justificativas do controle de constitucionalidade;[2] segundo, considero as tarefas específicas de uma corte constitucional deliberativa; por fim, aponto para uma característica do estilo decisório do STF – a predominância de um *ethos* de "juízes solistas" – que o impede de ser um espaço deliberativo relevante na democracia brasileira.

2. Para os propósitos desse artigo, a expressão "corte constitucional" é usada no seu sentido lato – quer dizer, abrangendo a distinção convencional entre *supremas cortes* e *cortes constitucionais* em sentido estrito. As diferenças relativas ao tipo de controle de constitucionalidade (abstrato, concreto – e assim por diante), a como tais cortes se situam no sistema político, entre outras, não são triviais. No entanto, suponho que a função central desses dois tipos de corte é coincidente, e, portanto, com as devidas adaptações, o argumento do texto se aplica aos dois tipos. Ou seja: importa, aqui, apenas o denominador comum entre as duas espécies de corte: o poder de declarar a inconstitucionalidade de leis.

2. Cortes constitucionais no imaginário político

A cultura política das democracias contemporâneas legou-nos uma série de imagens (laudatórias ou críticas) sobre juízes e cortes. Tais representações metafóricas são raramente mundanas e carregam um revelador simbolismo visual. Não surpreende, talvez, que seja assim. Diferentemente de legisladores, que desempenham a tarefa bem humana de negociar acordos mútuos em nome do autogoverno coletivo, carregamos os ombros judiciais com um ideal político mais misterioso, se não sobre-humano – o ideal do "governo das leis, não dos homens".

Quando se trata de cortes constitucionais o fardo torna-se ainda mais pesado e as respectivas imagens mais hiperbólicas. Como instituição encarregada de avaliar a constitucionalidade das escolhas políticas ordinárias, a corte constitucional é vista como o bastião da defesa de direitos, uma salvaguarda contra os perigos da opressão majoritária. Isso nem sempre aconteceu em virtude do que as cortes historicamente fizeram, mas, sim, pela expectativa do que devam fazer.

Imagens não são apenas fugas retóricas que confundem o grande público sobre os aspectos intangíveis da adjudicação. Há, frequentemente, conceitos, expectativas e argumentos por trás delas. Tais conceitos prescrevem funções e delimitam o raio de ação de um tribunal. Cinco dessas influentes imagens me interessam neste trabalho: veto, guardião, fórum do princípio, interlocutor institucional e deliberador. Não são necessariamente excludentes, mas cada uma coloca ênfase num aspecto específico da atividade de uma corte constitucional. Esboço cada uma delas.

Veto é um dispositivo mecânico para conter as ações de uma força contrária. É parte da lógica formal da separação dos Poderes e de sua dinâmica interna de "freios e contrapesos" a serviço da liberdade.[3] Constituições modernas atribuiriam a cortes a função de contrapeso às decisões do Parlamento ou do Poder Executivo. Este seria um dos instrumentos por meio dos quais o constitucionalismo institucionaliza o ideal do poder moderado e da prevenção da tirania. Parla-

---

3. A referência clássica é encontrada nos *Federalistas* 51. Sobre a distinção entre duas concepções de Constituição – como máquina e como norma –, v. também Troper (1999).

mentos e governos, sob essa maquinaria decisória, estariam sujeitos a limites. Cortes, por sua vez, seriam um anteparo último, cujo assentimento é exigido para que decisões legislativas sejam válidas e efetivas.[4] O não veto judicial, em suma, é condição de subsistência de medidas políticas ordinárias.

Uma imagem mais colorida das cortes constitucionais as concebe como guardiões da Constituição. Guardião seria um julgador apolítico, com a tarefa de aferir a validade constitucional de decisões legislativas ordinárias. Não haveria um elemento criativo ou volitivo nessa operação, mas uma aplicação burocrática e desinteressada do Direito. Diferentemente da primeira imagem, que salienta o equilíbrio físico entre vetores e contravetores, esta se concentra no conteúdo da norma. A corte é um agente subordinado à vontade dos "pais fundadores" da Constituição. Essa ideia básica, de alguma forma, evoca a clássica caracterização de juízes como "bocas da lei" (*bouche de la loi*).[5] O guardião seria um delegatário daquela decisão política original que funda a comunidade política, um mensageiro que nos lembra cotidianamente dos princípios de fundo que nos identificam e disciplinam coletivamente.

As imagens remanescentes são intimamente relacionadas, partes de um único movimento de esforços teóricos que buscam justificar o controle de constitucionalidade com base na sua suposta capacidade argumentativa. Cada uma delas, entretanto, enfatiza uma nuance diversa. Uma terceira maneira de encapsular o papel de cortes constitucionais é defini-las como veiculadoras da razão pública, como "fóruns do princípio".[6] Graças ao seu ambiente institucional relativamente insulado e aos ônus argumentativos que lhes são impostos, cortes constitucionais seriam capazes de decidir através de um tipo superior de razão. Essa linha teórica defende que o controle judicial de consti-

---

4. V. Tsebellis (2002:328).
5. *Bouche de la loi* ou *pouvoir nul* são as conhecidas expressões de Montesquieu para referir-se à adjudicação meramente subordinada à lei.
6. Dworkin (1985) visualiza a corte como um "fórum do princípio"; Rawls (1997), como "exemplo de razão pública" – entre outros autores americanos que se valem de argumentos similares. Esta não é, entretanto, uma característica exclusivamente americana. Essa maneira de enxergar e defender o papel de cortes constitucionais está espalhada nos discursos constitucionais de diversos outros Países, tais como Alemanha, África do Sul, Espanha, Colômbia – entre outros.

tucionalidade habilita as democracias a construir um discurso baseado em princípios, onde se origina a autoridade da Constituição. Essa contribuição singular asseguraria que direitos sejam exercidos dentro de uma "cultura de justificação".[7]

As imagens anteriores compartilham da suposição de supremacia judicial. Dessa maneira, no que se refere à interpretação constitucional, cortes teriam a última palavra. A quarta imagem, entretanto, rejeita essa premissa tradicional e retrata as cortes como interlocutores institucionais. O controle de constitucionalidade seria um estágio dentro de uma conversa de longo prazo entre a corte, o legislador e a esfera pública genericamente considerada. Entendê-lo como última palavra seria falso do ponto de vista empírico e indesejável do ponto de vista normativo: falso porque essa abordagem perderia de vista o fato de que, se olharmos através de lentes temporais mais expansivas, há contínua interação ao longo do tempo; indesejável porque a corte deveria trabalhar, segundo essa posição, como um parceiro dialógico que desafia os outros Poderes a responder às razões que ela apresenta, não alguém que define, de cima para baixo, o significado da Constituição. Assim, não haveria autoridade última para tanto, e sim uma interação permanente. A corte, aqui, não deixa de ser um "fórum do princípio". Entretanto, ela não fala sozinha, e busca ser responsiva aos argumentos que escuta.[8]

Por último, a corte é também retratada como um deliberador. Essa imagem captaria um aspecto interno das cortes que as outras, e mesmo a anterior, ignoram: cortes são compostas por um grupo pequeno de juízes que interagem entre si por meio do argumento e da persuasão até alcançar uma decisão final. Esse processo interno constituiria uma vantagem comparativa das cortes em relação a instituições estruturadas de maneira diversa (como, por exemplo, a simples agregação de votos segundo a regra de maioria). Cortes beneficiar-se-iam da deliberação colegiada e, graças às suas peculiares condições decisionais, teriam maior probabilidade de alcançar boas respostas na interpretação constitucional. Por isso, além de catalisadoras de deliberação

---

7. Isso é moeda corrente, por exemplo, no discurso constitucional sul-africano. Albie Sachs (2009:33) resume essa tendência: "We had moved from a culture of submission to the law, to one of justification and rights under the law".
8. Para um mapa da literatura, v. Mendes (2009) e Bateup (2006).

interinstitucional e social, tal como a imagem anterior sugeria, cortes também promoveriam uma boa deliberação intrainstitucional.[9]

Todas as imagens acima lançam luzes relativamente otimistas sobre o que cortes constitucionais fazem ou deveriam fazer. Detratores do controle de constitucionalidade, é verdade, responderam na mesma voz metafórica e construíram, para cada uma daquelas imagens, uma antípoda correspondente. Mais que simples veto, cortes seriam animais políticos com uma agenda ideológica; mais que guardiões, cortes se assemelhariam a um oráculo, detentor de uma *expertise* inacessível e obscura; em vez de veiculadoras da razão pública, cortes seriam maquiadoras retóricas de posições escondidas; em vez de parceiras dialógicas, ou mesmo deliberadoras, cortes seriam atores estratégicos que tentam maximizar preferências políticas predefinidas. Essas são as contrapartidas cínicas que confrontam as alegorias normativas esboçadas acima. Juntas, elas resumem o variegado imaginário que a teoria constitucional delineou para defender ou condenar a legitimidade do controle de constitucionalidade.

Dentro desse quadro geral, dedico-me, neste texto, ao debate especificamente normativo, que reflete sobre o que cortes constitucionais deveriam ser. Das imagens mencionadas acima, a última permanece uma das mais atraentes e completas. No entanto, não deixa de ser enigmática. Cortes constitucionais são celebradas como fóruns deliberativos singulares, mas permanecemos carentes de uma investigação mais meticulosa sobre o que essa suposta qualidade institucional significa. Ainda não sabemos exatamente o que reivindicar ou o que esperar de uma corte constitucional. Pelo menos não muito mais que certa expectativa superficial de justificação pública baseada em princípios constitucionais. Pouco é dito sobre as práticas que deveriam preceder ou sobre os valores que deveriam guiar a deliberação.

Tal literatura supõe que, graças a seu insulamento contra a ciclotimia eleitoral e à expectativa de que decisões judiciais sejam baseadas em razões públicas, cortes constitucionais teriam melhores condições para proteger a Constituição. Ainda que relevantes para delinear o contexto decisório de uma corte constitucional, esses atributos do

---

9. Há variados artigos sobre colegialidade judicial, usualmente escritos por juízes . Um bom ponto de partida seria Edwards (2003). Especificamente sobre cortes constitucionais, v. Ferejohn e Pasquino (2002).

contexto institucional, por si sós, não conseguem indicar qual poderia ou deveria ser a contribuição judicial específica ao processo constitucional (para além do truísmo genérico de "proteger a Constituição" com base na razão pública). Essa zona de conforto teórica consolida-se gradativamente na filosofia de base das Constituições contemporâneas, ao passo que o conteúdo de tal teoria, curiosamente, permanece subdeterminado.

3. As tarefas de uma Corte deliberativa

Fases deliberativas	Tarefas deliberativas
1. Pré-decisional	Contestação pública
2. Decisional	Interação colegiada
3. Pós-decisional	Decisão escrita deliberativa

Como se comporta, efetivamente, uma corte deliberativa? O que significa esse ideal na prática da adjudicação constitucional? A resposta depende de duas distinções prévias. A primeira, entre as fases deliberativas – pré-decisional, decisional e pós-decisional. Fases deliberativas correspondem aos três momentos em que a deliberação pode ser observada e avaliada, três fatias de uma empreitada contínua. Uma corte deliberativa, nesse sentido, manifesta-se em três momentos consecutivos. Pode ser deliberativa em um, mas pouco ou mesmo antideliberativa em outro. Uma corte deliberativa de tipo ideal, como veremos, persegue a tarefa correspondente a cada uma das três fases.

Num sentido mais informal, a fase pós-decisional pode ser vista como a pré-decisional do próximo caso. Para maior clareza analítica, estipulo que a fase pré-decisional começa com a existência de um caso formal, ou seja, é iniciada por um litígio concreto. Esta fase congrega todos os atos por meio dos quais as partes interagem, oralmente ou por escrito, com a corte. A fase decisional, por sua vez, corresponde ao momento em que juízes interagem entre si em busca de uma decisão. A fase pós-decisional, por fim, abarca primeiramente a redação da decisão colegiada, e então toda a sorte de debates que sucede na esfera pública informal em reação à decisão. Essa distinção, é verdade, pode mostrar-se mais ou menos artificial se olharmos para o funcionamento de cortes reais, nas quais as três fases se interpenetram em diversos graus (tal como no STF, em que as fases 2 e 3 praticamente se sobrepõem, pois as decisões escritas já costumam estar prontas antes mesmo da deliberação). Da mesma maneira, não se podem entender essas três fases como uma sequência linear, com fronteiras claras entre o começo e o término de cada uma. Ainda que estilizada, a distinção permanece útil para o propósito teórico, pois nos torna sensíveis a tarefas diversas. Apesar de mutuamente permeáveis, cada fase nos mostra algo diverso em operação.

A segunda distinção preliminar se dá entre dois atores que participam da deliberação. Os decisores (juízes) e os interlocutores são os dois tipos relevantes de deliberadores. A comunidade de interlocutores compreende todos os que, formal ou informalmente, remetem argumentos em direção à corte ou expressam posições públicas em relação ao caso judicial respectivo. Interlocutores fornecem subsídios argumentativos à decisão da corte. Eles podem influenciar ou persuadir, mas não decidir. Interlocutores formais envolvem todas as partes qualificadas ou legitimadas a participar do caso constitucional específico (os litigantes, *amici curiae* etc.). Interlocutores informais são aqueles que, na tentativa de contribuir ou exercer influência indireta na corte, se engajam em debates através de outros veículos comunicativos que a esfera pública oferece (jornais, revistas acadêmicas etc.).

Deliberação é uma forma exigente de interação no processo de tomada de decisão, por meio do qual razões de um tipo específico são trocadas na tentativa de persuadir e alcançar o consenso. Contudo, a troca de razões em cada fase não é feita entre os mesmos personagens, pois interlocutores e juízes assumem papéis diversos a depender do momento.

Com essas duas distinções esclarecidas, uma corte genuinamente deliberativa, de maneira curta e direta, é aquela que maximiza o raio de argumentos dos interlocutores ao promover contestação pública na fase pré-decisional; que estimula os juízes numa prática sincera de interação colegiada na fase decisional; e que redige uma decisão deliberativa na fase pós-decisional. Em outras palavras: quando alguém se propõe a verificar se uma corte constitucional está cumprindo com seus deveres deliberativos, deve voltar sua atenção para as interações escrita e face a face entre juízes e interlocutores, em seguida para a troca argumentativa entre juízes e, finalmente, para a decisão escrita entregue ao público. Cada fase merece exame próprio, a partir dos parâmetros apropriados.

Uma corte constitucional, em suma, molda três espaços de deliberação. Cada um deles deve estar sujeito a padrões deliberativos exigentes. Nas fases pré e pós-decisionais a instituição interage com a esfera pública. Espera-se que interlocutores sejam participantes ativos nessas fases, apresentando suas reivindicações e argumentos e, mais tarde, submetendo a decisão final a um escrutínio rigoroso. Na fase decisional, por sua vez, há uma deliberação intramuros entre juízes, e interlocutores tornam-se espectadores. A conformação exata de cada um desses espaços dependerá, em última análise, dos detalhes de desenho institucional de cada corte, mas todo processo de tomada de decisão pode se encaixar nessas três categorias elementares. O modelo aqui proposto, portanto, é trifásico, e decompõe a deliberação em três práticas, cada qual avaliada conforme um índice qualitativo: *contestação pública*, *interação colegiada* e *decisão escrita deliberativa*. Passo a explicar esses índices.

3.1 Contestação pública

A contestação pública é inaugurada por algum ator político que tenha poder formal de submeter um caso à Corte constitucional, e se encerra quando se esgotam as oportunidades formais para que interlocutores argumentem.[10] O intervalo entre esses dois marcos temporais tem potencialidades deliberativas relevantes. Na prática, a qualidade da contestação pública, previsivelmente, irá variar conforme a saliência do caso e a maneira como a comunidade política se mobiliza a respeito. Interlocutores compartilham, portanto, de responsabilidade pela qualidade da deliberação nessa fase.

Uma contestação pública de tipo ideal requer, por um lado, o envolvimento efetivo de todos os atores interessados em apresentar argumentos para a corte e, por outro, a dedicada atenção da corte em

---

10. É claro que, se esse caso constitucional chegar à corte por meio de recurso, a deliberação terá começado antes, nas instâncias inferiores. A discussão dessas variações institucionais, porém, não cabe aqui.

receber tais argumentos e testá-los publicamente. Interlocutores falam, enquanto juízes ouvem e questionam ativamente.

Uma corte constitucional pode ter fortes dispositivos institucionais para canalizar essas vozes. Na falta de mecanismos formais, no entanto, nada impede que esteja alerta para a pluralidade de posições que são ventiladas na esfera pública informal.[11] Interlocutores, portanto, podem ser incluídos pelos canais argumentativos tanto institucionais quanto extrainstitucionais que a comunidade política oferece.

A partir desse enfoque, a corte deve liderar a fase pré-decisional com uma série de propósitos em mente: coletar, tanto quanto possível, argumentos dos interlocutores; desafiar publicamente esses argumentos, de modo que interlocutores tenham oportunidade de refiná-los ou depurá-los; e, acima de tudo, mostrar abertura aos atores que podem ter algo a acrescentar ao estoque de argumentos de cada caso. O desempenho deliberativo da corte, nesse momento, pode ser aferido por esses três padrões genéricos.

3.2 Interação colegiada

A interação colegiada é a aspiração de uma corte deliberativa no que diz respeito à sua fase decisional. É o parâmetro apropriado para disciplinar e avaliar o processo intramuros que ocorre entre os juízes. Nesse momento, mais que olhar para fora com o objetivo de coletar os argumentos oferecidos pelos interlocutores, juízes interagem para tomar uma decisão.

Deliberação não é um duelo verbal. Não é conduzida, por isso, no mesmo espírito de uma competição.[12] O parâmetro da interação colegiada requer que juízes escutem e incorporem as razões dos seus pares, seja para aderir ou para dissentir. Não são obrigados a esconder ou

---

11. Os mecanismos formais podem ser escritos, albergando diferentes tipos de petições, ou face a face, que podem incluir audiências públicas de diferentes tipos. Dependendo do quão flexíveis são esses mecanismos para capturar cada tipo de argumento e atores variados expor suas posições, a *contestação pública* pode ser concebida – por que não? – como um veículo de democracia participativa.

12. Tal como Shapiro (2002:197) crê que fazem juízes americanos: "Rather they try to show that they have the most cogently reasoned view, the best argument. This is a competitive justificatory enterprise, not a cooperative one. Argument is about winning, which is what lawyers are trained to do. Deliberation is about getting the right answer".

suprimir desacordos, mas comprometidos com uma argumentação franca em busca da melhor resposta. É relevante que a corte "tente arduamente alcançar opiniões comuns", como Ferejohn e Pasquino gostariam que fizesse a Suprema Corte americana.[13] Quando o acordo substantivo se mostra impossível, os predicados formais do Estado de Direito – tais como a certeza, a previsibilidade e a segurança jurídicas – podem ser razões de segunda ordem a estimular concessões mútuas.

A deliberação, de qualquer modo, não é apenas um instrumento para a produção de consenso, mas também para a produção de uma boa decisão, independentemente da unanimidade. Uma corte deliberativa espera alcançar a boa decisão por ser permeável a um amplo espectro de argumentos expostos por variadas fontes. Deve assimilar, como dito, não apenas os argumentos razoáveis oficialmente apresentados pelos interlocutores formais, mas também por outros que permeiam o debate público. Os ocasionais déficits procedimentais que impedem interlocutores interessados de invocar formalmente suas razões, e que, portanto, restringem a capacidade da corte de alargar seu repositório argumentativo na fase anterior, podem ser compensados pela habilidade da corte de escutar a esfera pública ou, mesmo, imaginar, vicariamente, outros pontos de vista. Essa é a única maneira de contrabalançar ou, mesmo, neutralizar um ocasional pobre desempenho da fase anterior.

A força motora da interação colegiada, dessa maneira, tem três facetas: o esforço de levar em conta todas as posições que a corte foi capaz de coletar; a busca da melhor resposta jurídica; a busca do consenso, ou, caso não esteja ao seu alcance, do mínimo dissenso. Cabe a cada corte balancear essas demandas quando elas apontam para direções diferentes e entram em tensão, como é tão comum numa deliberação.[14]

3.3 Decisão escrita deliberativa

Uma decisão escrita deliberativa é aquela que traduz os compromissos éticos da deliberação para o texto da decisão. Além de bem

---

13. Ferejohn e Pasquino (2004:1.702).
14. Conforme Sachs (2009:243) sintetiza: "The goal is to reach a principled consensus wherever possible".

argumentada, ela tem o ônus de ser responsiva e inteligível para o público em geral. Avaliar se uma decisão escrita é deliberativa, conforme aqui definido, exige mais que o exercício prosaico de examinar se a corte abordou os argumentos apresentados pelos litigantes. Esse tipo de decisão é marcado, antes de tudo, por certo estilo literário.

Ao contrário das duas fases anteriores, nas quais a corte se concentrou em coletar, digerir e imaginar diversos pontos de vista até tomar a decisão, o foco, aqui, é comunicar, de maneira palatável e ponderada, a decisão já tomada. Uma decisão deliberativa, portanto, não é o anúncio cifrado e convoluto da resposta supostamente correta, alcançada somente por aqueles que dominam os arcanos do Direito. Tampouco é uma afirmação apodítica, em virtude dos superpoderes interpretativos que a corte supostamente teria, do que a Constituição significa. É, em vez disso, o produto de um esforço sincero de lidar com todos os pontos de vista da maneira mais rigorosa e empática possível.

Uma corte deliberativa é consciente de sua falibilidade e da inevitável continuidade da deliberação na esfera pública. Sabe que casos futuros podem reacender as mesmas questões e problemas jurídicos, que eventualmente aparecerão novos argumentos que a constrangerão a admitir o erro passado. A decisão escrita precisa transmitir essa atitude por meio de uma retórica cuidadosa. Apesar de inevitavelmente consumar certos efeitos concretos, a decisão também convida a novas rodadas deliberativas em casos futuros. Albie Sachs, por exemplo, expressou com sensibilidade como ele mesmo tenta lidar com tal desafio. A decisão, para ele, em vez de dividir a Nação entre os "ilustrados" e os "ignorantes", deveria demonstrar respeito especial por aqueles que têm seus profundos sentimentos afetados por ela. Em outras palavras, tem que perseguir um estilo literário que evita tratar as partes como vencedoras ou perdedoras de uma competição interpretativa. Interlocutores devem ser considerados como colegas ou concidadãos de uma comunidade que continuará a conversar a respeito da controvérsia enquanto o desacordo persistir.[15]

---

15. Sachs (2009:7 e 254) exemplifica esse desafio por meio da decisão da Corte sul-africana que reconheceu o casamento de homossexuais: "While unequivocally upholding the right of same sex couples to be treated with the same respect given to heterosexual couples, it would at the same time acknowledge and give constitutional recognition to the depths of conscience belief held by members of faiths that took a

O texto de uma decisão deliberativa será usualmente uma rearticulação mais bem-estruturada da interação colegiada. Ele precisa tornar um processo, às vezes caótico, de argumentação interpessoal que ocorre no momento decisional, num discurso concatenado e inteligível. O estilo redacional de uma decisão cumpre uma função quase tão fundamental quanto seu próprio conteúdo.[16]

O estágio redacional deve, portanto, tentar converter a interação colegiada numa decisão supraindividual, produzir um tipo especial de despersonificação que somente um processo deliberativo é capaz de fazer. Uma corte deliberativa, nessa fase, precisa balancear a necessidade de construir uma identidade institucional com o dever de respeitar o lugar e o valor de opiniões dissidentes. Ela atribui peso especial à autoria institucional mas não se furta, a depender da circunstância, de exibir eventual desacordo interno. Uma corte deliberativa não exibe publicamente um tipo qualquer de desacordo, mas somente aqueles que resistiram à interação colegiada. As divisões, quando persistem, são sérias e respeitáveis, não frívolas e caprichosas.

Do ponto de vista formal, uma decisão deliberativa pode se manifestar tanto como uma voz única (*single voice*) quanto num formato de múltiplas vozes (*multiple voice*). Ela pode ser uma pura *seriatim*, uma *per curiam* ou ficar em algum ponto intermediário entre os dois extremos, no qual se pode encontrar uma decisão colegiada com votos concorrentes e dissidentes ao lado da opinião da corte.[17]

different view"; "Courts should seek wherever possible to engage with the whole nation. It's not for court judgments to divide the nation between progressives and reactionaries (...)".
16. Sachs (2009: 270) percebe essa relação com bastante sutileza: "We work with words, and become amongst the most influential story-tellers of our age. How we tell a story is often as important as what we say. The voice we use cannot be that of a depersonalized and divine oracle that declares solutions to the problems of human life through the enunciation of pure and detached wisdom".
17. Há diferenças autênticas entre a *seriatim* tradicional *common law* e o estilo da Suprema Corte americana. Na primeira as opiniões tanto da maioria quanto da minoria são quase sempre independentes e separadas. Na segunda, a não ser que a opinião majoritária seja diluída numa série de votos concorrentes (o que dificilmente acontece), há geralmente uma única *opinion of the court*", à qual se juntam ocasionais votos concorrentes e votos dissidentes. Conforme Kornhauser e Sager argumentam (1993:13), a passagem do estilo inglês para o americano "entails more than the mechanical fact of an economy in the number of opinions (...). It involves a commitment to, and a demand for, collegial deliberation, and supports an ideal of a multi-judge

A permutação entre essas variáveis oferece-nos uma tipologia das decisões escritas. Quer dizer: a partir do contraste das dicotomias entre *per curiam* e *seriatim* e entre deliberativo e não deliberativo, surgem quatro tipos de decisão, que podem ser graficamente representados da seguinte maneira:

Formato escrito Estilo argumentativo	*Seriatim*	*Per curiam*
Não deliberativa	1	2
Deliberativa	3	4

Uma *seriatim* não deliberativa pode simbolizar não somente a falha mas, provavelmente, a simples ausência de algum esforço de convergência que deve permear a interação colegiada. Mesmo que antecedida por alguma troca informacional, que é requisito de qualquer agregação de votos (afinal, essa agregação precisa alcançar uma solução para o caso concreto), tal comunicação permanece aquém do parâmetro normativo de interação colegiada brevemente delineado acima. Ela deixa a instituição à sombra dos seus membros individuais, que, por isso mesmo, tendem a se tornar personalidades públicas, a ser percebidos pelo que pensam individualmente, não pelo que são capazes de produzir em conjunto, quando interagem num foro colegiado. Essa indolência institucional é problemática, porque indica o descaso com qualquer promessa da deliberação (mesmo que cada opinião individual tente argumentar da melhor maneira possível). Ao abrir mão de deliberar, o tribunal trivializa o significado de seu caráter colegiado, se não a própria dignidade dos dilemas constitucionais.

Uma *seriatim* não deliberativa, nessa perspectiva, assemelha-se a uma colcha de retalhos – decisões individuais coladas lado a lado, que não conversam entre si. A falta de comunicação entre as opiniões dificulta, ademais, a realização das promessas formais do Estado de Direito, pois sequer consegue fornecer uma *ratio decidendi* compartilhada, um precedente que de fato oriente casos futuros.

court acting as an entity, not merely an aggregation of individual judges". Em relação ao formato, portanto, há uma diferença de grau dentro do contínuo existente entre os polos da *seriatim* e da *per curiam*.

Uma decisão *per curiam* não deliberativa, por sua vez, corresponde a uma decisão unitária que não atende ao estilo eticamente exigente descrito anteriormente. Mesmo que seja capaz de despersonificar e dar conta de certas demandas formais do Estado de Direito, ela não passa no teste da deliberação. Ela permanece mais próxima de uma exposição hermética e obscurantista das diretivas jurídicas. Empiricamente, ela pode até ser precedida por interação colegiada, e então ser adotada por alguma consideração de ordem pragmática. Na tipologia comparada ela estaria mais próxima do estilo francês, geralmente seco, sinótico e formulaico, de argumentação judicial.[18]

Quanto aos dois tipos restantes, tanto a *per curiam* deliberativa quanto a *seriatim* deliberativa atendem ao estilo literário acima estabelecido.[19] Aquela, contudo, é despersonificada num sentido mais forte, enquanto esta contém múltiplas vozes que, diferentemente da sua versão não deliberativa, ao menos conversam entre si.[20] Em vez de uma colcha de retalhos esgarçada, as opiniões individuais são costuradas de maneira mais explícita. Argumentos mútuos são enfrentados, objeções são respondidas e posições são assumidas.

O formato de decisões escritas reais, por certo, poderá ocupar algum ponto intermediário do contínuo entre os tipos puros *per curiam* e *seriatim*, assim como o estilo argumentativo poderá combinar ingredientes mais próximos ou distantes do ideal deliberativo.[21] Essas quatro categorias, de qualquer modo, preparam-nos para a análise e a

18. Lasser (2004).
19. MacCormick (1978:10) considera que a tradição de *seriatim* do sistema britânico é o melhor meio de comunicar todo o espectro de argumentos e contra-argumentos: "One strong reason for clearly articulating these counter-arguments is that a dissenting judge may have articulated in a strong form the very reasons which need to be countered for the justification of the majority view to stand up. (...). Certainly, it is a consequence of the dialectical setting of the British appellate judgment that, characteristically, a much more thorough exploration of arguments one way and the other is set forth than in those systems which in effect express only a set of sufficient justifying reasons for what may be only a majority decision, and which need neither rehearse nor counter any possible opposed arguments".
20. Algumas variáveis de desenho institucional, tais como a opção de anonimidade, podem conferir à decisão *seriatim* deliberativa certo grau de despersonificação.
21. É bem verdade que a grande maioria das cortes constitucionais reais oscila entre decisões *per curiam* puras e decisões intermediárias que mesclam opiniões da corte com votos concorrentes e dissidentes. Raras são as cortes que optam por uma *seriatim* pura (tal como o STF).

crítica das decisões escritas produzidas por uma corte colegiada. Uma corte deliberativa, em princípio, favorece o terceiro e o quarto tipos, os quais compartilham do mesmo estilo literário. Isso não significa, contudo, que a escolha entre uma ou outra seja um dilema periférico, ou que uma corte deliberativa deva ser indiferente a tal dilema. Diferentes contextos podem demandar considerações que apoiam uma ou outra opção. Enquanto permanecemos no plano do argumento abstrato, sem entrar nas variáveis do contexto político de cada caso constitucional, ambos os formatos são, em princípio, compatíveis com o ideal deliberativo.

Provavelmente, com a exceção de uma *seriatim* não deliberativa, a escolha entre as outras três opções formais pode se tornar bastante complexa, devido à variação de voltagem política dos casos constitucionais. Mesmo uma *per curiam* não deliberativa, apesar de certas características não ideais já comentadas, pode ser recomendável quando circunstâncias políticas recomendam certa prudência.

Em síntese, provocar a contestação pública, promover a interação colegiada e redigir uma decisão deliberativa (seja *seriatim* ou *per curiam*) são as três tarefas básicas de uma corte deliberativa. Essas não são categorias, de fato, para se determinar, do ponto de vista substantivo, a correção jurídica, moral ou política de uma decisão judicial. A Teoria do Direito nos oferece abundantes métodos de interpretação e critérios de justiça para tanto. Minha tentativa, neste ensaio, é fornecer critérios valorativos que, independentemente do desacordo substantivo sobre a decisão correta, nos orientem a mensurar a qualidade e, portanto, a legitimidade de um processo decisional nas suas três fases.

Teorias normativas da adjudicação permanecem quase indiferentes a essa vital característica institucional das cortes constitucionais: são órgãos colegiados. Não se podem subestimar as implicações de tal predicado. O modelo normativo aqui proposto não garante nem promete, claro, que a corte deliberativa alcançará decisões substantivamente melhores do que a corte não deliberativa. Ele se pauta, sem dúvida, na plausibilidade de que a decisão tomada por meio de deliberação gere melhor resultado, mas não se esgota aqui. Por trás de uma corte constitucional deliberativa há mais que isso: está comprometida com a boa decisão substantiva que se expressa, quando possível e desejável, por meio de uma única voz ou, quando justificável, em múltiplas vozes, conquanto sejam responsivas e precedidas por contestação pública e interação colegiada.

O "como" das decisões coletivas legítimas é uma das principais perguntas da teoria democrática. Daí resultaram variadas discussões sobre métodos de representação política e separação de Poderes, sistemas eleitorais e partidários, mecanismos da regra de maioria, do processo legislativo – e assim por diante. Surpreendentemente, de outro lado, o "como" da adjudicação colegiada tem sido deixado ao gosto das preferências e tradições de cada tribunal (ou, no máximo, das preocupações limitadas do direito processual), como se este fosse um traço de menor importância. Talvez tenha permanecido subteorizado porque, quando pensamos numa corte constitucional, pensamos principalmente na proteção da Constituição em face das ameaças majoritárias (em outras palavras, no *output*). Pouco importariam, nessa linha, os "meios" e "modos" comunicativos dessa corte. Perde-se, assim, a oportunidade de enxergar um fenômeno mais multifacetado, a partir do qual a reflexão sobre o papel e o significado da corte constitucional poderia se enriquecer.

Uma corte deliberativa, como vimos, tem três tarefas. Classificar cortes reais à luz desses três parâmetros requer pesquisa empírica rigorosa. Explicar o porquê de certa corte ter determinado perfil deliberativo, mapeando as variáveis causais de seu comportamento, é trabalho empírico ainda mais exigente. No tópico conclusivo esboço algumas direções que a pesquisa sobre o STF poderia assumir, tendo em vista sua prática ou potencialidade deliberativa.

4. *Transformando solistas em deliberadores: um projeto para o STF*

Deveria preocupar aos observadores da jurisdição constitucional brasileira não somente o que o STF decide (ou o significado que dá ao texto constitucional em cada caso concreto), mas também como ele decide. Na medida em que nos omitimos ou falhamos em fazer essa pergunta, deixamos o STF imune ao acompanhamento crítico de seu estilo decisório. Abrimos mão, assim, da possibilidade de interpelá-lo pelos seus eventuais vícios e de ajudá-lo a reconhecê-los.

Dedicar-se a esse tipo de investigação requer que se elabore um diagnóstico, primeiro, do perfil deliberativo do STF e, segundo, das consequências desse perfil. Requer também que se discutam, a partir de certo parâmetro normativo, as possíveis vias de aperfeiçoamento. Nesses parágrafos finais ensaio algumas hipóteses empíricas. Ainda que não possa, nesse texto, confirmá-las ou falseá-las por meio das evidências apropriadas, suponho que sejam verossímeis e que possam inspirar uma avaliação abrangente dos usos e costumes decisórios do STF.[22]

Uma avaliação detalhada de certos aspectos do perfil deliberativo do STF foi feita por Virgílio Afonso da Silva. Para ele, o STF é uma corte "não cooperativa e individualista",[23] traços que se expressam e se reforçam, entre outras coisas, por meio da ampla publicidade e da engessada estrutura procedimental das sessões de julgamento (as quais consistem, fundamentalmente, na leitura de votos individuais, não na interação interpessoal[24]). Decorrem também do particular estilo de suas decisões *seriatim*, nas quais cada voto escrito, frequentemente, já está pronto antes mesmo de o ministro conhecer os votos dos seus pares. Essa dinâmica impede, por exemplo, que surjam "votos dissidentes" genuínos, ou seja, que "conversem" com os votos majoritários por meio de argumentos e contra-argumentos.[25] Há apenas um emaranhado de votos individuais que se classificam, após comparação entre todos os votos, como majoritários ou minoritários, posição que cada ministro não tinha como saber no momento em que redigiu seu voto.[26]

22. A literatura brasileira a esse respeito ainda é pequena. V. Silva (2009 e 2011) e Mendes (2011b). V. também artigos de opinião, publicados no jornal *Folha de S. Paulo*, de Silva e Mendes (2009) e Mendes (2010a e 2010b).
23. Tradução livre da versão original em Inglês: "The brazilian Supreme Court is an extremely uncooperative and individualistic Court" (Silva 2011:29).
24. Mendes (2010b).
25. Virgílio Afonso da Silva (2011:36-37) descreve tal característica: "Therefore, just as there is no real (oral) deliberation, there is no dialogue, no exchange of arguments among the written opinions. In other words, in a 6 to 5 decision, the written opinions of the five justices who do not share the opinion of the majority are not dissenting opinions, at least not in the sense that this term is used in the debate on judicial decision-making. They are mere defeated opinions".
26. Silva (2011:28) também descreve o estilo advocatício de argumentação dos votos no STF, por meio se ignoram as evidências, argumentos ou precedentes contrários: "Just as lawyers often cite only academic works and judicial precedents that corroborate their interests, the justices in the Brazilian Supreme Court frequently do the same".

Usando da nomenclatura definida no tópico anterior, e acompanhando a percepção de Silva, podemos dizer que as decisões do STF permanecem distantes do ideal de uma "decisão escrita deliberativa" no momento pós-decisional, assim como as sessões de julgamento não corresponderiam a uma "interação colegiada". A esse diagnóstico seria possível acrescentar que no momento pré-decisional, apesar da possibilidade de convocar audiências públicas e de receber petições de "amigos da causa" (*amici curiae*), a prática recente do STF com esses valiosos instrumentos tem cumprido papel modesto. Embora diferentes atores sociais recebam a oportunidade de manifestar oficialmente suas posições, estas ainda repercutem pouco nas fases decisional e pós-decisional.[27] Quer dizer: o Tribunal já permite que alguns desses atores falem, mas ainda não demonstra interesse em escutar, e muito menos em responder (seja para concordar ou para discordar).[28]

Explicar ou apontar as causas do caráter individualista do STF demandaria uma análise minuciosa da interação entre seus elementos procedimentais e culturais, uma combinação sempre intrincada e dinâmica. Entre os elementos do primeiro tipo, Silva aponta para os mais importantes.[29] Em relação aos elementos do segundo tipo – a saber, os traços da cultura decisória do STF –, resta ainda indagar se haveria, ali, as "condições comportamentais para a deliberação bem-sucedida".[30]

As sessões de julgamento do STF sugerem certa inclinação ao que Hirschman chamou, em outro contexto, de "superprodução de opiniões teimosas".[31] Para este autor o remédio contra tal tipo de costume individual ou institucional seria incutir, ao lado do "deleite de ganhar um debate", o "prazer de ser um bom ouvinte".[32] O individualismo

27. Para uma crítica à prática das audiências públicas, v. Vestena (2010) e o artigo de Rafael Bellem de Lima no presente livro.
28. Em texto anterior (Mendes 2011b) fiz avaliação semelhante do STF, um tribunal com caráter predominantemente agregativo e com excessivo apego à autoria individual em lugar da autoria institucional.
29. Silva (2011).
30. Gambetta (1998:20).
31. Na expressão de Hirschman (1989:77): "overproduction of opinionated opinions".
32. Na passagem completa de Hirschman (1989:77-78): "The most straightforward way of avoiding this overproduction would be for individuals to change the value system under which they operate: might they learn to value both having opinions and keeping an open mind, to mix the delights of winning an argument with the pleasures of being good listeners?".

predominante no STF, porém, não tem muito a ver com "ganhar o debate". Ganhar ou perder, no ambiente do Tribunal, importam menos que marcar publicamente a opinião individual, especialmente nos casos de maior saliência pública. O STF cultiva e premia a emissão de "opiniões fortes", que resistem, por princípio, ao contra-argumento para evitar qualquer sinal de fraqueza moral e intelectual.[33] O STF seria, nos termos de uma recorrente metáfora musical invocada para ilustrar empreitadas cooperativas, não uma "orquestra", onde o todo é maior que a soma das partes, mas um "tribunal de solistas", no qual o virtuosismo individual prevalece – em vez de se subordinar – sobre o ideal de um concerto.

Mapear o processo histórico por meio do qual essa tradição decisória se formou seria importante para desnaturalizar costumes que, atualmente, se encontram consolidados. Sobrevivem por inércia, pois não há bom argumento que sustente essa tradição. Superá-la seria uma conquista de maturidade política pelo STF.

Os prejuízos institucionais da mentalidade solista e antideliberativa já deveriam ser evidentes. Do ponto de vista formal, tal patologia restringe significativamente a capacidade do STF de produzir precedentes a partir dos quais se construa autêntica jurisprudência constitucional. Se é verdade que o significado de uma Constituição está menos em seu texto que na jurisprudência que a interpreta e aplica, o significado da Constituição brasileira permanece fragmentado e instável. Continua refém das idiossincrasias de cada ministro do STF. Quando decisões se resumem, em última análise, a nada mais que a soma das partes, precedentes não são firmados e nenhuma jurisprudência finca raízes no ordenamento constitucional brasileiro.

Do ponto de vista substantivo, por sua vez, a falta de deliberação impede que o STF produza melhores soluções para os casos concretos. O Tribunal abre mão, em outras palavras, do benefício epistêmico que decorreria, conforme ampla literatura defende e demonstra, da deliberação.[34]

33. A cultura das opiniões fortes seria, segundo Gambetta (1998:20), característica fundamental do "machismo discursivo".
34. Entre os benefícios epistêmicos da deliberação não há apenas o mais ambicioso e controverso, segundo o qual a deliberação se aproximaria da resposta "correta" (*truth-seeking*). Há benefícios epistêmicos que, embora mais modestos, contribuem para uma decisão melhor em pelo menos três outros sentidos – clareza

Quais seriam os caminhos para aperfeiçoar as capacidades deliberativas do STF? Deste Tribunal emanam hoje, sem dúvida, algumas decisões cruciais da democracia brasileira. Ele não tem sido, entretanto, o espaço do argumento ou da persuasão. Recusa-se, por temperamento, a falar na primeira pessoa do plural. Sob a perspectiva deliberativa, continua a ser um ente periférico e inexpressivo. Transformar um "tribunal de solistas" num tribunal deliberativo requer mais que rearranjos procedimentais. Exige que juízes, pessoalmente, entendam e valorizem o espírito da deliberação. Que se tornem, enfim, deliberadores.

Bibliografia

BATEUP, Christine (2006). "The dialogic promise: assessing the normative potential of theories of constitutional dialogue". *Brooklyn Law Review* 71.

DWORKIN, Ronald (1985). *A Matter of Principle*. Cambridge, Harvard University Press.

EDWARDS, Harry T. (2003). "The effects of collegiality on judicial decision making". *University of Pennsylvania Law Review* 151, 5.

FEREJOHN, John, e PASQUINO, Pasquale (2002). "Constitutional courts as deliberative institutions: towards an institutional theory of constitutional justice". In: SADURSKI, Wojciech (ed.). *Constitutional Justice, East and West*. The Hague, Kluwer Law International, 21-36.

——————— (2004). "Constitutional adjudication: lessons from Europe". *Texas Law Review* 82/1671-1704.

GAMBETTA, Diego (1998). "'Claro!' An essay on discursive machismo". In: ELSTER, John (ed.). *Deliberative Democracy*. Cambridge, Cambridge University Press.

HIRSCHMAN, Albert (1989). "Having opinions – One of the elements of well-being?". *The American Economic Review* 79, 2.

KORNHAUSER, Lewis, e SAGER, Lawrence (1993). "The one and the many: adjudication in collegial courts". *Carlifornia Law Review* 81, 1.

(*premise-unveiling*), qualidade informativa (*information-gatherering*) e criatividade (*creativity-sparkling*). Para uma revisão da literatura, cf. Mendes (2011). Para uma demonstração mais precisa sobre certos benefícios epistêmicos que uma decisão do STF poderia ter se passasse pela disciplina deliberativa, cf. Silva (2011).

LASSER, Mitchell (2004). *Judicial Deliberations*. Oxford, Oxford University Press.

MACCORMICK, Neil (1978). *Legal Theory and Legal Reasoning*. Oxford, Oxford University Press (reimpresso em 2003).

MENDES, Conrado Hübner (2009). "Not the last word, but dialogue". *Legisprudence* 3, 2/191-246.

_____ (2010a). "Onze ilhas". *Folha de S. Paulo* 1.2.2010 (p. 3).

_____ (2010b). "Sessão de leitura no STF". *Folha de S. Paulo* 5.10.2010 (p. 3).

_____ (2011a). *Direitos Fundamentais, Separação de Poderes e Deliberação*. São Paulo, Saraiva.

_____ (2011b). "Desempenho deliberativo de cortes constitucionais e o STF". In: MACEDO, Ronaldo Porto, e BARBIERI, Catarina (eds.). *Direito e Interpretação: Racionalidade e Instituições*. São Paulo, Saraiva.

_____ (2011). *Deliberative Performance of Constitutional Courts*. Tese de Doutorado apresentada à Escola de Direito da Universidade de Edimburgo.

RAWLS, John (1997). "The idea of public reason". In: BOHMAN, James, e REHG, William (eds.). *Deliberative Democracy: Essays on Reason and Politics*. Cambridge, MIT Press.

SACHS, Albie (2009). *The Strange Alchemy of Life and Law*. Oxford, Oxford University Press.

SHAPIRO, Ian (2002). "Optimal deliberation?". *The Journal of Political Philosophy* 10, 2/196-211.

SILVA, Virgílio Afonso da (2009). "O STF e o controle de constitucionalidade: deliberação, diálogo e razão pública". *RDA* 250.

_____ (2011). "Deciding without deliberating". Artigo ainda não publicado.

SILVA, Virgílio Afonso da, e MENDES, Conrado Hübner (2009). "Entre a transparência e o populismo judicial". *Folha de S. Paulo* 11.5.2009 (p. 3).

TROPER, Michel (1999). "La máquina y la norma. Dos modelos de Constitución". *Doxa* 22/330-347.

TSEBELLIS, George (2002). *Veto Players: how Political Institutions Work*. Princeton, Princeton University Press.

VESTENA, Carolina (2010). *Participação ou Formalismo? O Impacto das Audiências Públicas no STF*. Dissertação apresentada à Escola de Direito do Rio de Janeiro da FGV para obtenção do grau de Mestre.

"ACCOUNTABILITY" E JURISPRUDÊNCIA DO STF: ESTUDO EMPÍRICO DE VARIÁVEIS INSTITUCIONAIS E ESTRUTURA DAS DECISÕES[*,1]

COORDENAÇÃO: CARLOS ARI SUNDFELD E RODRIGO PAGANI DE SOUZA

Assistentes de coordenação: Adriana de Moraes Vojvodic, Bruna Romano Pretzel, Evorah Lusci Costa Cardoso, Luiza Andrade Corrêa, Paula Fernanda Alves da Cunha Gorzoni e Victor Marcel Pinheiro

Pesquisadores: Bruna de Bem Esteves, Bruno Müller Silva, Estevam Palazzi Sartal, Fernanda Elias Zaccarelli Salgueiro, Fillipi Marques Borges, Flávia Xavier Annenberg, Flávio Beicker Barbosa de Oliveira, Guilherme Forma Klafke, Hilem Estefânia Cosme de Oliveira, João Bosco Leite dos Santos Júnior, Laura Sarti Côrtes, Lívia Gil Guimarães, Natalia Langenegger, Natália Luchini, Natália Pires de Vasconcelos, Priscila Aki Hoga, Rodrigo Sarmento Barata, Saylon Alves Pereira, Vinícius Anauê Rodrigues Pinto

Programador: Eduardo Rosa

* *Resumo*: Sob o título "*Accountability* e jurisprudência do STF", a presente pesquisa foi motivada pela necessidade de maior acompanhamento e controle social da argumentação empreendida pelos ministros do STF em suas decisões. Com foco nas decisões proferidas em sede de controle concentrado de constitucionalidade, a pesquisa teve dois objetivos: (i) mapear a estrutura das decisões das ações diretas de inconstitucionalidade (ADIs), ações diretas de constitucionalidade (ADCs) e arguições de descumprimento de preceito fundamental (ADPFs) proferidas no período de 21.6.2006 a 10.1.2010, disponibilizando as informações mapeadas no *site* de acesso público; e (ii) apresentar um diagnóstico do perfil decisório do STF, em sua composição no período pesquisado, e de cada ministro, individualmente.

Palavras-chave: Argumentação; Controle Social; Deliberação; Perfil Decisório; Supremo Tribunal.

1. Relatório Final da Pesquisa "*Accountability* e jurisprudência do STF: estudo empírico de variáveis institucionais e estrutura das decisões", elaborada pelo Núcleo de Pesquisas da sbdp e apresentada em 17.6.2011 para o Conselho Nacional de Desenvolvimento Científico e Tecnológico/CNPq, instituição financiadora do projeto.

1. Introdução: 1.1 Objetivos: mapear "como decide" e "com base no quê decide" o STF – 1.2 O Banco de Ações – 1.3 O relatório de pesquisa: perfis argumentativo e deliberativo do STF e de seus integrantes – 1.4 Amostra selecionada e metodologia de análise: 1.4.1 A construção do Banco de Ações: amostra de 267 acórdãos, mais aspectos dos respectivos processos – 1.4.2 Critérios de seleção da amostra – 1.4.3 Metodologia de análise da amostra. 1.4.4 Resultados examinados no presente relatório. 2. Perfis deliberativo e argumentativo do STF: 2.1 De que modo os ministros do STF costumam se pronunciar nos julgamentos? – 2.2 Os ministros do STF costumam concordar ou discordar do conteúdo das citações que fazem? E quais as citações que fazem com maior frequência? – 2.3 O STF faz referência à história legislativa de dispositivos impugnados e citados para interpretá-los? – 2.4 O STF cita o Direito estrangeiro?. 3. Perfis deliberativo e argumentativo de cada ministro: 3.1 Min. Cézar Peluso: 3.1.1 Síntese – 3.1.2 Veja mais – 3.2 Min. Marco Aurélio: 3.2.1 Síntese – 3.2.2 Veja mais – 3.3 Min. Celso de Mello: 3.3.1 Síntese – 3.3.2 Veja mais – 3.4 Min. Ayres Britto: 3.4.1 Síntese – 3.4.2 Veja mais – 3.5 Min. Ellen Gracie: 3.5.1 Síntese – 3.5.2 Veja mais – 3.6 Min. Gilmar Mendes: 3.6.1 Síntese – 3.6.2 Veja mais – 3.7 Min. Joaquim Barbosa: 3.7.1 Síntese – 3.7.2 Veja mais – 3.8 Min. Ricardo Lewandowski: 3.8.1 Síntese – 3.8.2 Veja mais – 3.9 Min. Carmen Lúcia: 3.9.1 Síntese – 3.9.2 Veja mais – 3.10 Min. Eros Grau: 3.10.1 Síntese – 3.10.2 Veja mais – 3.11 Min. Menezes Direito: 3.11.1 Síntese – 3.11.2 Veja mais – 3.12 Min. Sepúlveda Pertence: 3.12.1 Síntese – 3.12.2 Veja mais. 4. Conclusão.

1. Introdução

1.1 Objetivos: mapear "como decide" e "com base no quê decide" o STF

O STF exerce atribuições relevantes ao bom funcionamento do Estado Brasileiro. Entre elas figura a de exercer, precipuamente, a "guarda da Constituição Federal".[2] No exercício dessa tarefa, o Tribunal está constrangido pela própria Constituição, que lhe exige – tal como dos demais tribunais do País – a realização de "julgamentos públicos" e a tomada de "decisões fundamentadas".[3] Isso implica a explicitação das decisões que toma, dos seus fundamentos e do processo que conduziu a cada uma delas. Dito de outro modo: quem

2. CF, art. 102, *caput*.
3. CF, art. 93, IX.

quiser pode acessar *o quê decide, com base no quê decide e como decide* a Suprema Corte do Brasil.

O acesso a essas informações por quaisquer interessados é ponto de partida para o desenvolvimento de um *controle social* sobre a atuação do STF. Controle social exercitável sob as formas de acompanhamento, análises, críticas e sugestões, especialmente pela comunidade jurídica, capacitada que está para tratar dos temas de Direito; mas também por toda a população brasileira, sujeita que está às decisões do Tribunal. Um controle social feito não em substituição ao STF, mas de caráter opinativo e crítico, atento à sua jurisprudência e à sua forma de atuação. Enfim, capaz de analisar criticamente a atuação do Tribunal, mas sempre respeitando sua legítima função, constitucionalmente prevista, de interpretar o significado dos direitos, deveres, competências e aspirações encartados na Constituição da República.

E por que desenvolver o controle social, no sentido assinalado, sobre as decisões do STF? Ou, na consagrada expressão da língua inglesa, por que desenvolver a *accountability* do STF, entendida esta, a um só tempo, como sua sujeição a controle, sua transparência e sua responsividade à sociedade brasileira, em nome da qual a defesa da Constituição deve ser exercida? O objetivo é grandioso e possivelmente complexo, mas a justificativa para persegui-lo é simples. De um lado, o controle social da atuação do STF é necessário em razão da importância que têm as decisões por ele tomadas, todas relacionadas a valores caros ao Povo e ao Estado Brasileiros. Afinal, a cidadania, a democracia e o Estado de Direito – para citar apenas alguns dos valores estampados na Constituição – têm seu sentido prático cotidianamente interpretado e reinterpretado pelo STF. Em suma, é preciso aprimorar o controle social sobre o Supremo porque são importantes para a sociedade as decisões que ele toma. De outro lado, esse controle social é necessário porque o STF dá a última palavra em litígios nos quais se discute o sentido da Constituição. Não há autoridade superior a ele quando se trata de interpretar o texto constitucional e definir seu real impacto na vida das pessoas. Daí a necessidade de que o guardião da Constituição, nalguma medida, também seja "guardado" – isto é, seja fiscalizado, acompanhado, criticado. Importa sujeitá-lo a controle por seus beneficiários últimos, ou seja, os brasileiros.

Com vistas a contribuir para o desenvolvimento desse controle social, a presente pesquisa atentou para as duas últimas das três faces supradestacadas da atuação do STF – *com base no quê decide* e *como decide*. Deixou de atentar, propositadamente, para a substância de seus posicionamentos (*o quê decide*), para que assim se tornasse possível uma atenção especial àquilo que mais raramente é enfocado nos estudos brasileiros: as práticas e os eventuais padrões de argumentação e deliberação da Corte.

É possível estudar a prática de argumentação do STF (com base no quê decide o Tribunal) a partir de alguma questão jurídica, de modo a se descobrir quais os argumentos invocados num caso, ou num conjunto de casos, para solucioná-la. Assim, linhas de pesquisa comuns são as que pretendem identificar quais os argumentos adotados pelo STF na tomada de decisões atinentes à questão da constitucionalidade de uma norma (sobre a prática do aborto, da meia-entrada em espetáculos culturais, da proteção aos índios etc.). Parte-se, então, para a análise da suficiência desses argumentos, da sua clareza, da coerência entre eles no âmbito da jurisprudência atinente à questão, entre outros possíveis aspectos. Mas na presente pesquisa a opção foi outra; pretendeu-se estudar a argumentação independentemente da questão substantiva que lhe tenha servido de fio condutor. E decidiu-se acessá-la por uma de suas formas particulares de expressão: as citações. Noutras palavras: buscou-se acessar a argumentação da Corte (com base no quê ela decide) a partir da indagação: *o que citam os ministros do STF?*.

A partir dessa indagação central seguiram-se outras nesta pesquisa, feitas como seus desdobramentos: *Os ministros citam precedentes? Citam legislação? Citam súmulas? Citam literatura? Citam pareceres? Citam manifestações feitas em audiências públicas?*. E de cada uma dessas questões sobre a existência, ou não, desses seis tipos de citação seguiram-se outras, voltadas a refinar as informações obtidas, tais como: *Se citam literatura, quais os autores e obras mais citados? Se citam legislação, as leis citadas são sempre brasileiras, ou também há menção a leis estrangeiras? Nesse último caso, com que frequência? E os precedentes citados, como aparecem nas citações? São descritos com algum detalhamento, reconstruindo-se pela citação as partes, os fatos, a questão jurídica, a fundamentação e a deci-*

são que encerraram, ou são meramente identificados, sem qualquer detalhamento maior?.

Algumas dessas questões foram objeto da pesquisa na parte em que se debruçou sobre *o quê citam os ministros do STF*. O resultado foi um traçado do "perfil argumentativo" de cada ministro do STF e da Corte como um todo.

A prática de deliberação do STF (como decide) também pode ser estudada. Uma das características marcantes do processo pelo qual a Corte delibera é a de traduzir-se tal processo numa somatória de votos. É da soma de 11 votos, proferidos pelos seus 11 ministros integrantes, cada qual subscrito por um ministro individualmente, que sai o resultado da deliberação – por maioria de votos –, sendo este proclamado pela presidência em nome do colegiado. A respeito dessa característica do processo deliberativo da instituição – realizar-se por uma somatória de votos –, muitas indagações são possíveis: *Como se articula cada um desses votos? Quanto tempo cada ministro leva, em média, para proferir seu voto? Quem aciona o STF com mais frequência, para desencadear o seu processo deliberativo? Quais os temas que mais frequentam este processo?*.

Indagações do gênero, atinentes ao processo deliberativo do STF, constituíram uma segunda parte do objeto de investigação da presente pesquisa. O resultado foi o traçado de um "perfil deliberativo" de cada ministro do STF e da Corte como um todo.

1.2 O Banco de Ações

Criou-se, então, um banco de dados – o chamado *Banco de Ações* –, cujo conteúdo é composto por fichamentos de aspectos da argumentação e da deliberação do STF e de seus ministros em um conjunto de acórdãos selecionados. O *Banco de Ações* tem acoplada, ainda, uma ferramenta de busca de informações, que facilita a pesquisa de dados específicos e sistematizados e está disponível para acesso público no portal do *Observatório do STF* na Internet – www.observatoriodostf.org.br –, ligado ao portal da *sbdp* – www.sbdp.org.br. Apresenta-se, assim, como uma ferramenta de utilidade pública, acessível gratuitamente por qualquer interessado.

1.3 O relatório de pesquisa: perfis argumentativo e deliberativo do STF e de seus integrantes

A partir do *Banco de Ações* construiu-se o presente relatório. Seu objetivo é descrever aspectos selecionados dos perfis "argumentativo" e "deliberativo" do STF e de seus ministros. A descrição, como está baseada em apenas alguns dos resultados passíveis de extração do *Banco de Ações*, tem caráter ilustrativo das potencialidades dessa ferramenta de pesquisa. Ou seja: quem quiser poderá extrair do *Banco de Ações* muito mais.

E a sbdp, por meio de seu *Observatório do STF*, poderá atualizar esse *Banco de Ações* periodicamente, alimentando-o a partir de novos acórdãos, sempre com vistas a mapear *como tem decidido* e *com base no quê tem decidido* a Suprema Corte do País.

Ressalte-se que este relatório se baseia numa pequena parcela de dados colhidos, examinados e armazenados no *Banco de Ações*. Mas a partir do *Banco* outras pesquisas, mediante recortes mais específicos, podem ser feitas pelos interessados. Por exemplo, o *Banco de Ações* poderá servir a pesquisas de ações nas quais houve tipos específicos de requerente, tipos específicos de "placares" de votação, aspectos específicos de citações de literatura, de citação de precedentes, entre outros. Ou seja: o *Banco de Ações* é ferramenta útil para pesquisas ainda mais "refinadas", com recortes específicos de amostras de julgados, sempre conduzindo o pesquisador diretamente àqueles julgados em que determinado elemento tenha aparecido.

O potencial de uso do *Banco de Ações* como ferramenta de pesquisa é, portanto, bem mais amplo que o ilustrado pelo presente relatório.

1.4 Amostra selecionada e metodologia de análise

1.4.1 A construção do Banco de Ações: *amostra de 267 acórdãos, mais aspectos dos respectivos processos*

Foram selecionados para análise, ao todo, 267 acórdãos do STF em inteiro teor, bem como aspectos específicos dos processos nos quais proferidos. Tais aspectos não estavam expressos nos acórdãos nem eram deles extraíveis, mas estavam disponibilizados para consulta na seção "Acompanhamento Processual" de Ações do *site* do STF. Foram eles: (i) *datas* de distribuição das respectivas ações, de julgamento dos respectivos pedidos de liminar (ou de sua conversão em julgamentos de mérito), de publicação dos julgamentos liminares, de julgamentos finais, de publicação das atas das sessões de julgamentos finais e de publicação dos acórdãos; (ii) *temas* tratados nas respectivas ações, segundo classificação temática do próprio STF; e (iii) *resultados e placares de votação* dos julgamentos liminares.

1.4.2 Critérios de seleção da amostra

Os critérios adotados para a seleção desses acórdãos foram os seguintes: (i) seleção apenas de acórdãos "finais", ou seja, que apreciaram o mérito da respectiva ação ou a extinguiram sem julgamento de mérito; (ii) proferidos em sede de controle concentrado de constitucionalidade, ou seja, nas ações diretas de inconstitucionalidade (ADIs), ações declaratórias de constitucionalidade (ADCs) e nas arguições de descumprimento de preceito fundamental (ADPFs), todas julgadas necessariamente pelo Pleno do STF; e (iii) no período de 21.6.2006 a 10.1.2010, ou seja, entre a data de posse da Min. Carmen Lúcia (21.6.2006) e a data de 10.1.2010, arbitrariamente fixada, com vistas apenas a delimitar o período coberto pela pesquisa em cerca de dois anos e meio.

Os acórdãos foram selecionados a partir do *site* do STF, por meio da utilização das ferramentas de busca disponíveis na seção "Pesquisa de Jurisprudência".[4] Foram utilizadas as seguintes palavras-chave, sucessivamente (uma palavra-chave por pesquisa): (i) "ação direta de inconstitucionalidade", (ii) "ação declaratória de constitucionalidade" e (iii) "arguição de descumprimento de preceito fundamental". Assinalou-se também, como filtro temporal em cada busca, o período de 21.6.2006 até 10.1.2010.

A partir desses dois filtros – palavras-chave e delimitação temporal – fez-se uma busca no *site* do Tribunal no dia 21.1.2011. O seguinte resultado foi encontrado:

4. Este é o endereço eletrônico da seção: *http://www.stf.jus.br/portal/jurisprudencia/pesquisarJurisprudencia.asp*.

Total de ocorrências para a expressão "ação direta de inconstitucionalidade"	413
Total de ocorrências para a expressão "ação declaratória de constitucionalidade"	024
Total de ocorrências para a expressão "arguição de descumprimento de preceito fundamental"	023

Ao todo foram encontradas, portanto, 460 ocorrências. Contudo, tendo em vista o objetivo de seleção apenas de acórdãos "finais" (acórdãos que apreciaram o mérito da respectiva ação ou a extinguiram sem julgamento de mérito), foi utilizado um filtro adicional, relacionado ao órgão decisório. Desse modo, foram selecionados apenas os acórdãos proferidos pelo Pleno do STF e, desses, colhidos os que eram acórdãos "finais". O resultado final, então, foi um total de 267 ocorrências, ou seja, 267 acórdãos "finais", distribuídos da seguinte maneira:

Total de ADIs selecionadas	260
Total de ADCs selecionadas	002
Total de ADPFs selecionadas	005

1.4.3 Metodologia de análise da amostra

As decisões cautelares (monocráticas ou colegiadas) que antecederam os 267 acórdãos "finais" não foram analisadas para os fins do presente relatório. Também foram desconsideradas as eventuais decisões proferidas em sede de agravos regimentais e embargos de declaração que tenham sido interpostos após os acórdãos "finais". Já, os acórdãos "finais" selecionados foram – estes, sim – analisados dos pontos de vista "deliberativo" e "argumentativo".

Importa, aqui, um esclarecimento acerca do preciso significado desses dois tipos de análise empreendidos – do ponto de vista "deliberativo" e do ponto de vista "argumentativo".

Aspectos indicativos do perfil de deliberação da Corte foram preestabelecidos. Elaboraram-se, assim, formulários específicos – os chamados "Formulários 1 e 2" – acerca desses aspectos, para aplicação na análise de cada ação. Os aspectos da deliberação do Tribunal captados por meio desses formulários foram, entre outros: datas, temas, placares de votação e resultados de julgamento das ações ("Formulário 1"). Ainda em matéria de deliberações, foram identificados os atores nelas envolvidos – a saber: requerentes, requeridos e eventuais intervenientes como *amici curiae* ou como participantes de audiências públicas ("Formulário 2").

Já, os aspectos indicativos do perfil de argumentação da Corte, em cada uma das ações selecionadas, foram captados por meio de outro formulário – o chamado "Formulário 3". Por meio dele foram mapeados aspectos gerais dos votos proferidos nos acórdãos e, em específico, as citações contidas em cada voto – de legislação, de precedentes, de súmulas, de literatura, de pareceres e de manifestações em audiências públicas.

Com a aplicação dos três formulários às ações, produziram-se fichas de análise de cada uma. São essas fichas que estão disponibilidades no *Banco de Ações* – 267 ao todo, sendo uma para cada ação. Podem ser consultadas uma a uma ou, então, podem ser objeto de investigação por meio da ferramenta de busca acoplada ao *Banco*, que fornece como resultados alguns dados já consolidados sobre campos específicos dos formulários.

Alguns dos resultados desse mapeamento são a seguir examinados, com vistas à apresentação dos perfis "deliberativo" e "argumentativo" do STF e dos ministros integrantes da Corte durante os dois anos e meio cobertos pela pesquisa.

1.4.4 *Resultados examinados no presente relatório*

Para a apresentação dos citados perfis, foram colhidos cinco resultados no *Banco de Ações*. Dois deles estão mais relacionados ao perfil "deliberativo" do STF e de seus ministros; os outros três, ao perfil "argumentativo".

O primeiro resultado extraído do *Banco de Ações* diz respeito ao modo de expressão de voto dos ministros nos textos dos acórdãos de que participaram. Relativamente a cada voto, verificou-se: (i) se houve manifestação do ministro "em debates"; (ii) se houve manifestação do ministro "por declaração de voto", escrita ou transcrita em separado, identificada formalmente como um voto no texto do acórdão; (iii) se houve manifestação do ministro "sem declaração de voto", isto é, tão somente registrada no extrato da ata de julgamento; ou (iv) se houve manifestação do ministro "tanto por declaração de voto quanto em debates".

O segundo resultado extraído do *Banco de Ações* refere-se a uma comparação entre a posição defendida pelo ministro e a defendida pela corrente vencedora quanto ao mérito de cada ação. Nesse sentido, procurou-se identificar se cada voto foi: (i) vencedor; (ii) parcialmente vencido; ou (iii) totalmente vencido.[5]

O terceiro resultado utilizado no presente relatório é o que aponta para a menção, ou não, do histórico legislativo dos dispositivos normativos impugnados pela ação ou simplesmente mencionados nos votos dos ministros. Analisou-se, primeiro, se houve, ou não, em cada voto, menção a documentos apresentados no processo de elaboração desses dispositivos (a exemplo de projetos de lei, exposições de motivos, pareceres de comissões legislativas, manifestações parlamentares em debates – entre outros). Em seguida analisou-se se houve, ou não, em cada acórdão como um todo, pelo menos uma menção a documentos do gênero, ainda que somente por parte de um dos ministros.

O quarto resultado relevante para o relatório é a frequência com que os ministros citam os Direitos estrangeiro e internacional para construir seus votos. Cada uma das citações feitas pelos ministros à legislação e a precedentes de outros Países ou de Direito Internacional foi identificada.

Por fim, o quinto resultado extraído do *Banco de Ações* e utilizado para a construção do presente relatório refere-se à função desempenhada por uma citação na argumentação do ministro. Nesse sentido, as citações de literatura, pareceres e manifestações em audiências

---

5. São importantes duas observações a respeito dessas categorias. A primeira refere-se ao fato de que, para avaliar se o ministro foi vencedor ou não, somente foram examinados seus posicionamentos relativos a questões de mérito – no caso de ações de controle concentrado, a constitucionalidade dos dispositivos impugnados. A segunda é a de que a comparação do posicionamento do ministro com a corrente vencedora foi feita somente em relação ao dispositivo da decisão, e não à sua fundamentação. Nesse sentido, um ministro foi considerado vencedor no caso de concordar com o resultado do julgamento, ainda que tenha discordado da fundamentação apresentada por outros integrantes da maioria.

públicas foram analisadas para aferir se o ministro que as fazia: (i) concordava com a citação; (ii) dela discordava; ou, ainda, (iii) se não apresentava qualquer juízo de concordância ou discordância sobre ela, por impraticável ou impertinente.[6] Já, as citações de precedentes foram analisadas para identificar a ocorrência de uma das três hipóteses seguintes: (i) confirmação da tese fixada no precedente; (ii) superação da tese fixada no precedente; e (iii) afastamento da incidência do precedente pelo ministro (nesse último caso, pelo fato de o precedente versar sobre questão estranha ao caso em julgamento ou, por qualquer outra razão, não se aplicar ao caso).

2. Perfis deliberativo e argumentativo do STF

Busca-se, aqui, identificar quais os perfis "deliberativo" e "argumentativo" do STF enquanto órgão colegiado. Não se trata do exame da soma de perfis individuais, mas da interação entre os vários perfis num só órgão colegiado.

2.1 De que modo os ministros do STF costumam se pronunciar nos julgamentos?

O STF profere decisões em controle abstrato de constitucionalidade que têm eficácia vinculante e efeitos contra todos. Por isso, é muito importante que seja possível identificar as razões de decidir da Corte como um todo. Na maioria dos acórdãos pesquisados foi possível identificar uma voz comum aos integrantes do Tribunal sobre o tema em julgamento, seja em relação à denominada "parte dispositiva" dos votos (a conclusão dos votos, noutras palavras), seja em relação à fundamentação adotada. A seguir apresenta-se uma série de indicativos que corroboram essa afirmação.

Primeiramente, detectou-se que 181 decisões foram unânimes quanto ao resultado final, contra apenas 86 que não o foram. Ou seja: em mais de dois terços dos acórdãos analisados houve unanimidade.

---

6. Essa última alternativa foi assinalada nos casos em que a citação dizia respeito, por exemplo, a dados estatístico-populacionais, a índices de inflação, entre outros tomados pelo ministro como fatos incontroversos.

Isto significa que os ministros chegaram aos mesmos dispositivos decisórios (às mesmas conclusões) com grande frequência.

Porém, não são apenas as conclusões dos votos que importam para fins de verificação do posicionamento do STF em relação à questão tratada. A fundamentação de cada voto também importa para que a sociedade possa compreender as decisões e se pautar por elas em casos semelhantes no futuro. Além disso, a *ratio decidendi* (conjunto de razões determinantes para a decisão) ganha cada vez mais destaque no Direito Brasileiro, pela necessidade de se aplicar ou se afastar um precedente quando da incidência, nos julgamentos, de institutos como a súmula vinculante, a repercussão geral e a reclamação constitucional.

Não é algo trivial identificar qual a fundamentação de uma decisão do Supremo. Isso porque a Corte é composta por 11 ministros, cada qual se manifestando individualmente sobre a questão controvertida – ou seja, por meio de voto individual. Há, em tese, a possibilidade de 11 votos, tendo cada qual uma fundamentação própria. Ainda que um único resultado deva ser ao final proclamado (as decisões são por maioria de votos), as fundamentações de cada voto podem não coincidir. Sendo assim, a identificação das razões que se mostraram determinantes para o resultado é tarefa que exige análise comparativa de múltiplos votos e, potencialmente, de múltiplas fundamentações. Trata-se de análise que pode revelar-se complexa.

Mas por vezes os ministros aderem não apenas às conclusões já manifestadas por seus pares (os que já votaram na sessão de julgamento), mas também aos fundamentos por eles expressos. É o que se supõe tenha ocorrido quando, no acórdão, o voto de ministro fica apenas registrado em ata de julgamento. Sabe-se, então, que esse ministro aderiu à manifestação de alguém que o antecedeu.

A possibilidade de adesão a uma manifestação antecedente na sessão de julgamento existe apenas quando o ministro não tenha sido o relator do julgamento. É que o relator cumpre a função de, justamente, relatar o caso aos seus pares, por meio de "relatório" formalmente apresentado. Em seguida apresenta seu voto, necessariamente fundamentado. Os demais ministros manifestam-se, então, sucessivamente, e estes são quem têm a possibilidade de aderir à manifestação do relator, sempre a primeira de todas.

A manifestação dos ministros pode realizar-se *com ou sem declaração de voto*, ou seja, com ou sem manifestação (escrita ou transcrita) que conste formalmente como voto no acórdão; caso seja uma manifestação *sem declaração de voto*, ela simplesmente é registrada na ata de julgamento, sem que um texto formal de voto exista no acórdão.

Considerada toda essa dinâmica de julgamento, uma pergunta foi feita acerca dos 267 acórdãos pesquisados, para identificar em quantos deles uma maioria formou-se apenas a partir do voto do ministro-relator e de manifestações subsequentes *sem declaração de voto*. Precisamente, indagou-se: *Qual a quantidade de acórdãos em que, se houve 8 ou 9 votos proferidos no total, 4 ou mais deles foram "sem declaração de voto" e, se houve 10 ou 11 votos proferidos no total, 5 ou mais deles foram "sem declaração de voto"?*.

Apurou-se que em 242 acórdãos as manifestações *sem declaração de voto* e o voto do relator já seriam suficientes para formar a maioria. Ao contrário, em apenas 25 acórdãos isso não ocorreu. Isso significa que 9 de cada 10 acórdãos da amostra pesquisada foram fundamentados a partir das razões apresentadas pelo ministro-relator.

Detectou-se, assim, que o relator tem, na maioria das vezes, a importante função de fixar a decisão e sua respectiva fundamentação. Com isso, ele desempenha papel de significativa influência no julgamento. Seu voto condutor passa a ser o entendimento do Tribunal, como se pôde observar.

Outra constatação foi a de um grande número de manifestações *sem declaração de voto* – dos 2.242 votos de ministros não relatores mapeados na pesquisa,[7] 1.338, ou cerca de 60%, foram dados por manifestações *sem declaração de voto* (apenas registradas em ata de julgamento). Pode-se discutir quais os motivos desse fato. De quê decorre essa aparente "completude" ou "suficiência" da manifestação do relator, à qual os demais ministros aderem sem adicionar elemento novo à deliberação?

Uma primeira hipótese é o volume excessivo de trabalho. Por falta de tempo, os ministros não conseguiriam elaborar votos para

---

7. Computados, nesse total de 2.242 votos, os votos proferidos por ministros na condição de *relatores para o acórdão*. Ou seja: desse total de 2.242 votos estão excluídos apenas os votos proferidos por ministros na condição de *relatores*.

todos os casos a serem julgados e, de maneira pragmática, escolheriam alguns casos aos quais se dedicariam mais, e nos demais simplesmente adotariam a fundamentação do relator. Não havendo o que acrescentar, os outros ministros se limitariam a votar no mesmo sentido do primeiro voto.

Outra hipótese seria a existência de maior familiaridade do relator com o caso em julgamento. Caberia a ele, que acessou diretamente os autos do processo, apresentar um voto mais profundo, mais minucioso, ao qual aderiram os outros ministros. Estes confiariam nos fundamentos e nos aspectos ressaltados pelo primeiro.[8]

A pesquisa não investigou nenhuma dessas hipóteses atinentes aos motivos que levam a tal "suficiência" do voto do relator. O fato, contudo, ficou constatado: na amostra de 267 acórdãos examinada prevalecem as manifestações feitas *sem declaração de voto*.

2.2 Os ministros do STF costumam concordar ou discordar do conteúdo das citações que fazem? E quais as citações que fazem com maior frequência?

Há um grande número de citações nos acórdãos do STF. Nos 267 pesquisados foram encontradas e mapeadas, no total, 3.290 citações de legislação, 1.990 citações de precedentes, 45 citações de súmulas, 1.123 de literatura, 189 de pareceres e 21 de manifestações em audiências públicas.

Consideradas apenas as citações de fontes desprovidas de efeitos normativos – ou seja, de literatura, de pareceres e de manifestações

8. Uma terceira possível explicação para que os ministros deixem de proferir voto escrito para apenas registrar seu voto em ata é a de que eles já teriam proferido suas opiniões na apreciação do pedido de liminar, e, portanto, abdicariam de repeti-las no momento de julgar o mérito. De fato, na maioria das vezes o Tribunal costuma votar no mesmo sentido na liminar e no mérito. Contudo, essa hipótese não pôde ser provada pela presente pesquisa, já que os acórdãos em medidas cautelares não fizeram parte da amostra analisada. Ademais, a partir da implementação da Lei 9.868/1999 (Lei da Ação Direta de Inconstitucionalidade), seu art. 12 passou a ser aplicado na maioria das vezes em que há pedido de liminar, para transformar o julgamento cautelar em julgamento definitivo. Isso reduz a chance de a falta de argumentação específica nos votos proferidos em julgamento definitivo ser uma decorrência da presença de fundamentação específica já em votos anteriores em medida cautelar.

feitas em audiências públicas –, observou-se que o STF as faz geralmente para concordar com o posicionamento ou o argumento citado. Nesse sentido, apurou-se que, do total de 1.123 citações de literatura mapeadas, cerca de 3% apenas foram acompanhadas de discordância; das 189 citações de pareceres mapeadas, cerca de 13% foram acompanhadas de discordância; e das 21 citações de manifestações em audiências públicas identificadas, 5 delas, ou 23% do total, foram acompanhadas de discordância.

Consideradas as citações de precedentes, observou-se que o STF também as faz geralmente para confirmar a vigência e a aplicação do precedente. É o que se verificou em cerca de 94% das citações mapeadas. Raramente o STF afasta ou supera *expressamente* um precedente citado – citações para afastamento não chegaram a 4%, e as feitas para superação de precedente não chegaram a 2% do total.

Os números sugerem que as citações são inseridas nos votos para corroborar os pontos de vista defendidos pelos ministros. A fundamentação de cada voto é estruturada para persuadir a partir de manifestações no mesmo sentido, isto é, para convencer sobre o acerto da posição sustentada a partir dessas manifestações.[9] Esse perfil de argumentação demonstrado pela Corte no período analisado – um perfil, em suma, de pouco diálogo com manifestações divergentes – pode ser comparado à maneira pela qual o advogado costuma construir sua argumentação, qual seja, sobrevalorizando citações favoráveis ao ponto de vista defendido (e às vezes desvalorizando ou até omitindo citações desfavoráveis).

Outra maneira de fazer citações seria o STF dialogar, com maior frequência, com ângulos de visão distintos e até divergentes entre si acerca da questão tratada, explicitando a razão pela qual refutaria ou afastaria entendimentos diversos do seu. Esse outro perfil de argumentação seria marcado, em suma, por bastante diálogo com manifestações divergentes. Seria, talvez, um perfil de argumentação mais

---

9. Poder-se-ia questionar quem os ministros pretendem convencer. Seria um esforço de convencimento dirigido aos demais ministros? Seria dirigido à sociedade no geral? Seria mais voltado à comunidade jurídica? Seja qual for a resposta a essas perguntas, o fato é que o STF demonstra buscar o convencimento, entre outras formas, por meio de citações de argumentos ou posicionamentos consentâneos com os que termina por expressar nos seus julgamentos.

adequado ao magistrado, ao exercício da jurisdição. Não é, todavia, o que se apurou no STF no período analisado.[10]

A constatação desse perfil argumentativo do STF, *de pouco diálogo com manifestações divergentes*, todavia, deve ser matizada. Em primeiro lugar porque o diálogo com a divergência pode realizar-se não apenas com manifestações de fontes externas às partes (colhidas pelo ministro para citação), mas também é realizado com os pontos de vista divergentes das próprias partes em litígio. É possível, então, que o STF dialogue, sim, com a divergência, embora não o faça sempre com a oriunda de fontes externas às partes em litígio (ou seja, com a divergência encontrada na literatura, em pareceres, em manifestações em audiências públicas e nos precedentes do próprio Supremo). Em segundo lugar, é necessário considerar que a citação de posicionamentos divergentes não parece ser usual na própria tradição jurídica brasileira (não apenas no STF, portanto). Se a tradição é realmente de pouco diálogo com fontes para divergir, então, a eventual crítica ao perfil constatado não caberá apenas ao STF, mas à própria tradição em que está inserido.

2.3 O STF faz referência à história legislativa de dispositivos impugnados e citados para interpretá-los?

São muito raras as vezes em que o STF utilizou elementos provenientes do processo legislativo para interpretar os dispositivos legais

---

10. As razões para a adoção desse tipo de argumentação pelo STF podem ser variadas. Caberia suscitar a hipótese, por exemplo, de que essa argumentação "persuasiva" decorreria do modelo deliberativo do STF, em que os ministros só tomam contato com o caso e com a decisão dos outros ministros no momento da deliberação em plenário (ou, quando muito, conhecem o caso por meio da leitura do relatório previamente circulado pelo ministro-relator). Nesse modelo, um ministro tentaria convencer o outro de que sua posição estaria "bem-estruturada". Outra hipótese seria a de que a deliberação pública e divulgada pela *TV Justiça* fomentaria esse tipo de argumentação, cujo objetivo seria mostrar à sociedade que o ministro tomaria decisões "consistentes", baseadas em múltiplas outras manifestações no mesmo sentido. Uma terceira hipótese seria a de que esse tipo de argumentação decorreria da maneira pela qual o ensino jurídico é feito no Brasil, sem ênfase na divergência e discussão, mas com apoio excessivo em manuais cuja característica marcante é a simplificação do Direito apresentado. Todas essas hipóteses poderiam ser testadas por nova agenda de pesquisas.

impugnados pela ação ou, ainda, para interpretar quaisquer outros dispositivos legais que tenha citado. Deveras, do total de 2.510 votos analisados, apenas 50 deles (cerca de 2%) fizeram menção ao histórico legislativo dos dispositivos impugnados. E, do total de citações de outros dispositivos legais (que não os impugnados) encontradas nos votos, cerca de 3% fizeram menção a acontecimentos, debates ou documentos havidos no processo legislativo.

As explicações para esse fato podem variar. Uma hipótese seria a de que a Corte tem preferência por outras técnicas interpretativas em lugar da que recorre à história legislativa. O baixo número de vezes em que os ministros recorreram ao histórico de produção das leis pode caracterizar uma visão que se afasta da *mens legislatoris* ("vontade do legislador") para se aproximar da *mens legis* ("vontade objetiva da lei"). Em outras palavras: o STF não seria uma Corte marcada por deferência à intenção do legislador que criou a lei, ao contrário do que defendem correntes originalistas norte-americanas, por exemplo.

Outra hipótese seria a de que a Corte não entende os debates havidos em processo legislativo como possíveis argumentos "jurídicos", mas, talvez, como argumentos "políticos", os quais não caberia ao Judiciário avaliar. Nesse caso, haveria distinção bem marcada entre a esfera política, abrangente do processo de elaboração da norma, e a esfera judicial, abrangente do processo de aplicação e controle de constitucionalidade das normas.

O fato constatado por meio do mapeamento de citações nesta pesquisa é apenas o de que há pouco recurso, na argumentação dos ministros do STF, aos debates, documentos e acontecimentos havidos durante o processo de elaboração de normas. Trata-se de ponto de partida, a partir do qual pesquisas futuras podem investigar as razões desse fenômeno.

2.4 O STF cita o Direito estrangeiro?

Observou-se que o STF citou o Direito estrangeiro na fundamentação de algumas de suas decisões. Nesse sentido, identificaram-se 66 citações de precedentes de órgãos jurisdicionais estrangeiros, o que corresponde a cerca de 4% do total de 1.819 citações de precedentes mapeadas. Constataram-se, ainda, 135 citações de legislação estrangeira, o que corresponde a cerca de 4% do total de 3.290 citações de legislação identificadas.

O Direito estrangeiro está presente, portanto, na fundamentação de determinadas decisões do STF. As explicações para tal fato podem variar.

O Direito estrangeiro pode vir servindo de inspiração em julgados nos quais, em virtude da natureza da questão, a comparação do Direito pátrio com soluções encontradas noutros Países seja bem-vinda. É possível, ainda, que, independentemente de se afigurar oportuna a comparação do Direito Brasileiro com o de outros Países na visão dos ministros do STF, nalguns julgados as próprias partes tenham suscitado debates de Direito Comparado, instando, assim, os ministros a incursionar nessa seara.

Quais os Países cujos ordenamentos jurídicos – legislação e precedentes – são mais citados pelo STF? Analisando-se as 135 citações de legislação estrangeira encontradas, verificou-se que as leis de Países da Europa (como Alemanha, Espanha, França, Portugal e Reino Unido) e dos Estados Unidos da América são, no geral, mais citadas que as de Países latino-americanos (como Uruguai, Chile, Peru e México). A respeito, confira-se a tabela abaixo:

Tabela 1 – Citações de legislação estrangeira pelos ministros do STF, por país

País de origem	Número de citações	Percentual
Alemanha	36	26,67%
Espanha	22	16,30%
França	19	14,07%
Portugal	14	10,37%
Reino Unido	11	8,15%
Estados Unidos da América	8	5,93%
Austrália	6	4,44%
Itália	4	2,96%

▶

País de origem	Número de citações	Percentual
Bélgica	3	2,22%
México	3	2,22%
Suíça	3	2,22%
Chile	1	0,74%
Peru	1	0,74%
Inglaterra	1	0,74%
Canadá	1	0,74%
Áustria	1	0,74%
Uruguai	1	0,74%

Estará o STF indevidamente mais atento à legislação de Países mais distantes do que à de Países vizinhos do Brasil? Estará, por outro lado, devidamente atento à legislação de Países considerados mais "desenvolvidos" que a média dos Países latino-americanos?[11]

3. Perfis deliberativo e argumentativo de cada ministro

3.1 Min. Cézar Peluso

3.1.1 Síntese

O Min. Cézar Peluso apresentou, de um modo geral, padrões deliberativo e argumentativo semelhantes aos dos demais ministros da Corte. Na maior parte dos acórdãos analisados sua manifestação foi *sem declaração de voto*. Integrou, geralmente, a corrente vencedora. Fez poucas citações à história legislativa dos dispositivos impugnados e citados, assim como poucas referências ao Direito estrangeiro. Confirmou a grande maioria dos precedentes que citou.

11. O Min. Gilmar Mendes cita precedentes e legislação estrangeira com frequência significativamente maior que os demais ministros; e, portanto, exerce influência decisiva no perfil da Corte. Cf., mais adiante, o perfil individual do Ministro.

3.1.2 Veja mais

Seguindo a tendência geral da Corte, o Min. Cézar Peluso participou dos julgamentos analisados principalmente por manifestações *sem declaração de voto*, que tão somente ficaram registradas em ata. Deveras, cerca de 63% de suas manifestações foram desse tipo, como se vê na tabela abaixo.

Tabela 2 – Tipos de manifestação do Min. Cézar Peluso nos julgados em que participou

Tipo de manifestação	Número de votos	Percentual
Apenas por voto registrado em ata	144	62,88%
Tanto por declaração de voto quanto em debates	33	14,41%
Por declaração de voto (escrito ou transcrito)	28	12,33%
Em debates	24	10,48%

O Min. Cézar Peluso também fez parte, geralmente, da corrente vencedora nos julgamentos de que participou. Ficou vencido em cerca de 2% de seus votos.

Os números também revelam a pouca frequência com que o Ministro fez referência a documentos e eventos havidos durante o processo de elaboração de normas (exposições de motivos, discursos parlamentares – entre outros) para fins de interpretação da legislação impugnada ou citada. Em apenas 2 votos, correspondentes a menos de 1% do total de 231 votos que proferiu no período examinado, fez referência ao histórico legislativo dos dispositivos impugnados na ação. E também em menos de 1% do total de citações que fez de dispositivos normativos que não os impugnados o Ministro referiu os respectivos históricos legislativos.

Em nenhuma ocasião mapeada citou precedente estrangeiro; apenas em uma ocasião citou legislação estrangeira.

Quanto à confirmação ou negação dos argumentos ou posicionamentos presentes naquilo que é citado, as citações do Min. Cézar

Peluso seguem a tendência geral das citações de todos os integrantes da Corte. Raramente o Ministro apresenta uma citação para discordar de seu conteúdo. Nesse sentido, observou-se que ele discordou de cerca de 3% das citações de literatura que fez. E, dentre suas citações de precedentes, cerca de 95% delas foram para confirmá-los, enquanto apenas 5% foram para afastá-los. Nenhuma foi para superar o precedente citado.

3.2 Min. Marco Aurélio

3.2.1 Síntese

O Min. Marco Aurélio diferenciou-se claramente da maioria dos outros ministros do STF pelo modo de participação nos julgamentos: participou da maior parte dos julgamentos por meio de manifestações *com declaração de voto*, *em debates*, ou de ambos os modos. Diferenciou-se, ainda, por apresentar um percentual de votos vencidos (dentre todos os votos que proferiu nos acórdãos examinados) superior aos percentuais de votos vencidos apresentados por cada um de seus pares. Além disso, discordou de quase 50% dos pareceres que citou.

Não obstante, o Ministro seguiu o padrão da Corte quanto aos seguintes aspectos: fez poucas referências ao histórico legislativo de dispositivos impugnados ou citados, poucas alusões ao Direito estrangeiro e, no geral (exceto quanto às citações de pareceres), pouco discordou das citações que fez.

3.2.2 Veja mais

Quanto ao modo de participação nos julgamentos, o perfil do Min. Marco Aurélio apresenta pequeno desvio relativamente ao perfil geral da Corte. Considerados os 231 votos que proferiu sem ser na condição de relator do processo, cerca de 32% deles (ou 75) foram *com declaração de voto*. O percentual é alto se comparado aos percentuais de votos do mesmo tipo proferidos por seus pares. Seu percentual de participações *tanto por declaração de voto quanto em debates* também é relativamente alto em comparação com o dos demais ministros. As participações do tipo corresponderam a cerca de 20% dos votos que proferiu sem ser na condição de relator do processo (ou a 47 votos, em números absolutos). Teve, ainda, cerca de 5% de participações *em debates* (ou 12, em números absolutos).

Por outro lado, suas participações *sem declaração de voto* foram menos frequentes se comparadas às dos demais ministros: corresponderam a cerca de 42% dos votos que proferiu sem ser na condição de relator do processo (ou a 97 votos, em números absolutos). Veja-se a tabela:

Tabela 3 – Tipos de manifestação do Min. Marco Aurélio nos julgados em que participou

Tipo de manifestação	Número de votos	Percentual
Apenas por voto registrado em ata	97	41,99%
Por declaração de voto (escrito ou transcrito)	75	32,47%
Tanto por declaração de voto quanto em debates	47	20,35%
Em debates	12	5,19%

Assim, as participações *com declaração de voto* somadas às do tipo *tanto por declaração de voto quanto em debates* e, ainda, às havidas simplesmente *em debates* perfizeram, juntas, o correspondente a 58% do total de votos proferidos pelo Ministro sem ser na condição de relator do processo. Isso significa, portanto, que, na maioria desses votos (proferidos sem ser na condição de relator) o Min. Marco Aurélio teve participação mais *ativa*, pela qual eventualmente agregou novos fundamentos à decisão do relator ou proferiu votos dissidentes, não se limitando a simplesmente seguir seus pares por manifestação que tenha ficado exclusivamente registrada em ata.[12]

Ademais, o Min. Marco Aurélio ficou vencido em cerca de 23% dos votos que proferiu no período, além de ter ficado parcialmente

---

12. Ressalte-se que não necessariamente o Ministro contribuiu com votos dissidentes ou com novos fundamentos na maioria dos casos; trata-se apenas de reconhecer que outros tipos de participação, além da realizada *sem declaração de voto*, são oportunidades para a divergência ou para a apresentação de novos argumentos. O Min. Marco Aurélio distinguiu-se de seus pares no sentido de que buscou, relativamente, mais oportunidades desse gênero nos julgados analisados.

vencido em cerca de 5% deles. Esses percentuais são significativamente superiores aos dos demais ministros.[13]

Tabela 4 – Tipos de voto do Min. Marco Aurélio, em relação ao resultado do julgamento

Tipo de voto	Número de votos	Percentual
Vencedor	172	71,67%
Vencido	55	22,92%
Parcialmente vencido	13	5,42%

Conforme padrão apresentado pelos demais ministros, a referência ao histórico legislativo de dispositivos normativos foi pouco frequente nos votos do Min. Marco Aurélio. Em apenas 3, num total de 240 votos analisados, o Ministro fez referência ao histórico legislativo dos dispositivos impugnados na ação.

Citou precedente estrangeiro em apenas 1 das 51 citações de precedentes que fez, assim como referiu a legislação estrangeira em apenas 2 das 284 citações de legislação que efetuou.

Quanto à confirmação ou negação dos argumentos ou posicionamentos presentes nas citações, o Min. Marco Aurélio segue a tendência apresentada pelos outros ministros do STF: a discordância quanto ao conteúdo das citações é rara. Assim, cerca de 89% dos precedentes citados pelo Ministro foram confirmados, enquanto 9% foram afastados e apenas 1 foi considerado superado (cerca de 2% das citações). Excluídas as citações em que não se aplicava a questão sobre concordância ou discordância, o Ministro concordou com a totalidade das citações de literatura, mas endossou apenas a metade dos pareceres citados, apresentando, neste último dado, maior percentual de discordâncias que aquele verificado, em média, na Corte.

13. Alude-se aqui aos Mins. Sepúlveda Pertence, Gilmar Mendes, Ricardo Lewandowski, Ayres Britto, Joaquim Barbosa, Eros Grau, Cézar Peluso, Celso de Mello, Ellen Gracie, Carmen Lúcia e ao próprio Min. Marco Aurélio – todos estes, dentro do recorte temporal da pesquisa, proferiram mais de 100 votos no total (em ações diretas de inconstitucionalidade, ações declaratórias de constitucionalidade e arguições de descumprimento de preceito fundamental).

3.3 Min. Celso de Mello

3.3.1 Síntese

O Min. Celso de Mello seguiu, de modo geral, os padrões deliberativo e argumentativo da Corte. Nesse sentido, foi vencido em poucos julgados e fez pouco uso, ainda que em grau superior ao dos demais ministros estudados, do histórico legislativo dos dispositivos impugnados e citados. Concordou com a grande maioria das citações que fez.

Diferenciou-se do perfil da Corte, por outro lado, por ser aquele que mais participou de julgamentos por manifestações *sem declaração de voto* e por ter sido um dos que mais citaram normas de Direito Internacional (ainda que não tenha se destacado, por outro lado, dentre os maiores citadores de legislação estrangeira).

3.3.2 Veja mais

Seguindo o padrão da Corte, o Min. Celso de Mello participou dos julgamentos analisados principalmente por manifestações *sem declaração de voto*. Foram cerca de 82% de votos desse tipo, dentre os que proferiu sem ser na condição de relator, no período. Foi o maior percentual de votos desse tipo na amostra estudada, comparativamente aos dos demais ministros.

Tabela 5 – Tipos de manifestação do Min. Celso de Mello nos julgados em que participou

Tipo de manifestação	Número de votos	Percentual
Apenas por voto registrado em ata	152	82,16%
Por declaração de voto (escrito ou transcrito)	16	8,65%
Em debates	12	6,49%
Tanto por declaração de voto quanto em debates	5	2,70%

Observou-se, ademais, que o Min. Celso de Mello ficou vencido ou parcialmente vencido em cerca de 4%, apenas, dos votos que proferiu no período.

Percebeu-se, ainda, que o Ministro citou o histórico legislativo dos dispositivos normativos impugnados na ação em cerca de 3% dos votos que proferiu no período. Com relação aos outros dispositivos normativos (que não os impugnados) que citou em seus votos, apresentou percentual significativo de citações nas quais aludiu, sim, aos respectivos históricos normativos: 11% das citações. Foi o Ministro que apresentou o maior percentual de citações do histórico legislativo dos dispositivos citados, entre todos os estudados.

Foi alto o percentual de citações de legislação internacional feitas pelo Min. Celso de Mello – corresponderam a cerca de 12% de suas citações de legislação. O percentual é um dos mais altos da Corte, ao lado do apresentado pelo Min. Lewandowski (cerca de 10%), se comparado aos percentuais de citações de legislação internacional feitas pelos demais ministros.

Quanto à confirmação ou negação dos argumentos ou posicionamentos presentes naquilo que é citado, o Min. Celso de Mello seguiu o perfil geral da Corte. Raramente apresentou uma citação para discordar de seu conteúdo. Nesse sentido, cerca de 97% das citações de precedentes que fez foi para confirmá-los, cerca de 2% para superá-los e menos de 1% para afastá-los. Discordou do posicionamento citado em cerca de 6%, apenas, de suas citações de literatura. E concordou com o conteúdo citado em 100% das citações de pareceres que apresentou.

3.4 Min. Ayres Britto

3.4.1 Síntese

O perfil do Min. Ayres Britto seguiu o padrão da Corte, destacando-se apenas por, ao lado dos perfis dos Mins. Marco Aurélio e Sepúlveda Pertence, mostrar-se como um dos que menos se manifestaram nos julgamentos *sem declaração de voto*. O Min. Ayres Britto demonstrou, assim, intervir mais *ativamente* nos julgamentos, mediante manifestações *por declaração de voto*, *tanto por declaração de voto quanto em debates* ou simplesmente *em debates*. Buscou, assim, mais possibilidades de acrescentar novos argumentos à deliberação do Tribunal.

3.4.2 Veja mais

Em cerca de 46% dos votos que proferiu na amostra de acórdãos examinada o Min. Ayres Britto manifestou-se *sem declaração de voto*. Seu alto índice de manifestações *com declaração de voto*, tanto com declaração de voto quanto em debates e em debates – cerca de 53% do total de votos que proferiu – indica, realmente, que teve um perfil mais *participativo* nos momentos de deliberação do Tribunal.

Tabela 6 – Tipos de manifestação do Min. Ayres Britto nos julgados de que participou

Tipo de manifestação	Número de votos	Percentual
Apenas por voto registrado em ata	103	45,58%
Por declaração de voto (escrito ou transcrito)	53	23,45%
Tanto por declaração de voto quanto em debates	51	22,57%
Em debates	19	8,41%

Observou-se, ainda, que o Min. Ayres Britto raramente fez referência ao histórico legislativo dos dispositivos impugnados nas ações do período. Deveras, essa referência apareceu em cerca de 1% de seus votos, apenas. Também foram raras suas referências ao Direito estrangeiro; citou precedente estrangeiro numa só ocasião, e 1%, apenas, de suas citações de legislação foi de atos normativos estrangeiros.

Quanto à confirmação ou negação dos argumentos ou posicionamentos presentes naquilo que é citado, as citações do Min. Ayres Britto também seguiram o perfil geral das citações dos demais integrantes da Corte. Raramente apresentou uma citação para discordar de seu conteúdo. Nesse sentido, cerca de 2% de suas citações de literatura, apenas, foram acompanhados de discordância do conteúdo citado. Ademais, do total de citações de precedentes que fez, cerca de 2%, apenas, foram para afastá-los, e aproximadamente 4% para superá-los.

3.5 Min. Ellen Gracie

3.5.1 Síntese

A pesquisa identificou que a Min. Ellen Gracie seguiu os padrões deliberativo e argumentativo da Corte. Participou da maioria dos julgamentos por meio de manifestações *sem declaração de voto* e raramente foi voto vencido. Utilizou-se em raras oportunidades do histórico legislativo dos dispositivos impugnados e citados e manifestou concordância com o conteúdo da grande maioria das citações que fez. Praticamente não fez alusão ao Direito estrangeiro.

Destacou-se, todavia, comparativamente a seus pares, como a integrante da Corte que fez menos citações de literatura para fundamentar seus votos.

3.5.2 Veja mais

Seguindo a postura predominante na Corte, a Min. Ellen Gracie participou da maioria dos julgamentos *sem fazer declaração de voto* – cerca de 71% de suas manifestações foram desse tipo. Assim, em menos de 30% dos votos que proferiu no período colaborou com a construção da divergência ou com a adição de novos fundamentos à decisão do relator.

A Ministra raramente foi voto vencido; isto ocorreu em cerca de 2% de seus votos, apenas.

Além disso, quase nunca mencionou o histórico legislativo para fins de interpretação da legislação impugnada ou citada. Em aproximadamente 2% apenas dos votos que proferiu fez referência ao histórico legislativo dos dispositivos impugnados na ação.

Aludiu apenas a precedentes provenientes do STF (cerca de 98% dos precedentes que citou), e numa só oportunidade a precedentes de outros órgãos jurisdicionais brasileiros. Não citou precedentes estrangeiros. Ademais, fez apenas uma citação de legislação estrangeira.

Quanto à confirmação ou negação dos argumentos ou posicionamentos presentes naquilo que é citado, as citações da Min. Ellen Gracie seguiram o perfil das citações realizadas pelos demais integrantes da Corte. Raramente apresentou uma citação para discordar de seu conteúdo. Por exemplo, cerca de 95% dos precedentes citados pela

Min. Ellen Gracie foram por ela confirmados, enquanto apenas 5% de suas citações de precedentes foram para afastá-los ou superá-los.

A Ministra destacou-se pelo baixo número de citações de literatura, quando comparada a seus colegas.

Foram 6 citações apenas, num total de 192 votos proferidos no período examinado – ou seja, média de 0,03 citações por voto, ou quase nenhuma. Seu perfil em matéria de citações de literatura contrasta fortemente com o do Min. Gilmar Mendes, que foi o integrante da Corte que mais citou literatura no período – 215 citações, em 221 votos proferidos. Ou seja: a média do Ministro foi de 0,97 citações por voto, ou praticamente uma a cada voto.

3.6 Min. Gilmar Mendes

3.6.1 Síntese

O Min. Gilmar Mendes, diante dos resultados encontrados, pode ser considerado o integrante da Corte com maior abertura para o Direito estrangeiro, pois foi o Ministro que mais realizou citações de precedentes estrangeiros. Foi também aquele que mais se valeu de legislação estrangeira para fundamentar seus votos. Em ambos os casos o Ministro privilegiou precedentes e legislação provenientes da Alemanha, sendo aquele que mais se referiu ao Direito desse País em meio a todos os demais ministros. Ademais, destacou-se como aquele que mais recorreu a citações de literatura para fundamentar seus votos (fez 228 citações do gênero), sendo que estas, em mais de 18% dos casos, não foram feitas em Português.

No restante aproximou-se do perfil identificado dos demais ministros. Participou da maior parte dos julgamentos *sem fazer declaração de voto*, ficou vencido em poucas oportunidades e geralmente concordou com os argumentos das fontes que citou.

3.6.2 Veja mais

O Min. Gilmar Mendes, de modo semelhante aos demais ministros, participou dos julgamentos geralmente por meio de manifestações *sem declaração de voto*. Isso ocorreu em mais de 59% dos votos que proferiu sem ser na condição de relator do processo. Ainda de acordo com o perfil da Corte, pouco recorreu ao histórico legislativo dos dispositivos impugnados pela ação ou citados para fundamentar seus votos.

Quando proferiu voto com fundamentação diversa da presente no voto do relator, o Ministro foi responsável, sozinho, por quase 23% das citações de precedentes realizadas por todos os ministros estudados. No caso de citações de precedentes estrangeiros, das 66 citações contabilizadas para todos os ministros analisados, o Min. Gilmar Mendes realizou 45 delas. Também é marcante sua preferência pelo Direito Alemão em meio a essas citações – 34 delas.

Tabela 7 – Origem dos precedentes citados pelo Min. Gilmar Mendes, por tipo de órgão julgador

Órgão de origem	Número de citações	Percentual
Supremo Tribunal Federal	399	83,50%
Órgãos jurisdicionais estrangeiros	45	11,08%
Demais órgãos jurisdicionais brasileiros	22	5,42%

Tabela 8 – Países de origem dos precedentes estrangeiros citados pelo Min. Gilmar Mendes

País de origem	Número de citações	Percentual
Alemanha	34	75,56%
Estados Unidos da América	8	17,78%
Espanha	3	6,67%

O Ministro também é aquele que mais recorre à legislação estrangeira. De todas as 135 citações de legislação estrangeira realizadas pelos ministros, cerca de 50% delas (72 citações) foram realizadas apenas pelo Min. Gilmar Mendes, nas quais o País mais citado também foi a Alemanha (com 24 citações), seguido pela Espanha (com 14 citações).

Outro aspecto importante em sua argumentação refere-se à função que as citações de precedentes, pareceres e doutrina nela desempenham. Seguindo o perfil dos demais, o Ministro se valeu destas citações, na maior parte dos casos, para fundamentar seu voto e confirmar o posicionamento citado, escolhendo aquelas que fortaleciam seu ponto de vista. Nesse sentido, o Ministro confirmou mais de 96% dos precedentes citados, bem como concordou com mais de 87% das citações de literatura e 86% das citações de pareceres feitas.

3.7 Min. Joaquim Barbosa

3.7.1 Síntese

O Min. Joaquim Barbosa, em consonância com o perfil apresentado pela maioria dos demais ministros, faz poucas referências ao histórico legislativo dos dispositivos legais questionados e citados. Ainda seguindo o perfil da Corte, concordou com a grande maioria das citações de literatura e pareceres que fez.

Sua atuação destacou-se pela grande quantidade de manifestações *sem declaração de voto*, tendo sido o integrante da Corte com maior percentual de votos do gênero.

3.7.2 Veja mais

O Min. Joaquim Barbosa destacou-se, realmente, pela participação com votos que possivelmente aderiram integralmente ao do relator. Deveras, em mais de 74% dos casos de que participou o Ministro manifestou-se *sem declaração de voto*.

Tabela 9 – Tipos de manifestação do Min. Joaquim Barbosa nos julgados de que participou

Tipo de manifestação	Número de votos	Percentual
Apenas por voto registrado em ata	135	74,18%
Por declaração de voto (escrito ou transcrito)	25	13,74%
Tanto por declaração de voto quanto em debates	15	8,24%
Em debates	7	3,85%

Os demais traços de seu perfil assemelham-se ao geral da Corte. Ficou vencido em pouco mais de 6% dos votos que proferiu. Referiu o histórico legislativo dos dispositivos impugnados pela ação em menos de 1% dos votos que proferiu. Fez algumas citações de precedentes estrangeiros (correspondentes a apenas 2% de suas citações de precedentes), todas de um único País – os Estado Unidos da América. E fez algumas de referências à legislação estrangeira (correspondentes a 3% de suas citações de legislação), sendo estas, porém, de normas oriundas de Países variados – Bélgica, França, Espanha, Reino Unido, Suíça e Estados Unidos da América.

A finalidade das citações feitas por esse Ministro também seguiu o padrão observado no Tribunal. Com relação aos precedentes que citou, em cerca de 92% dos casos o Ministro os confirmou, afastando-os em apenas 4% dos casos e superando-os somente em cerca de 3%. De modo semelhante, em 81% dos casos concordou com os pareceres que citou e em 91% das citações o Ministro concordou com a literatura que expôs e utilizou para fundamentar seus votos.

3.8 Min. Ricardo Lewandowski

3.8.1 Síntese

O perfil do Min. Ricardo Lewandowski mostrou-se, de um modo geral, consentâneo com os padrões deliberativo e argumentativo da Corte. O Ministro participou da maioria dos julgamentos por manifestações *sem declaração de voto* e ficou vencido em poucos deles. Utilizou-se pouco, em sua argumentação, do histórico legislativo dos dispositivos impugnados pela ação e dos demais dispositivos normativos citados. Concordou, ainda, com o posicionamento encontrado na grande maioria das citações que fez.

Afastou-se, todavia, do perfil dos demais no que se refere a uma maior utilização da legislação internacional e estrangeira.

3.8.2 Veja mais

Seguindo a tendência geral da Corte, o Min. Ricardo Lewandowski participou dos julgamentos analisados principalmente por manifestações *sem declaração de voto* (cerca de 64% dos votos que proferiu no período sem ser na condição de relator). Ficou vencido em cerca de 2%, apenas, do total de votos que proferiu. Aludiu pouco à história legislativa dos dispositivos impugnados na ação (o fez em cerca de 2% de seus votos).

Destacou-se, relativamente aos demais ministros, pelo seu alto percentual de citações de legislação estrangeira e internacional (correspondentes, respectivamente, a 6% e 8% do total de citações de legislação que fez). Nas suas citações da legislação estrangeira, por exemplo, sobressaíram-se em quantidade as legislações da Espanha, França e Alemanha.

Tabela 10 – Citações de legislação estrangeira feitas pelo Min. Lewandowski, por País

País de origem	Número de citações	Percentual
Espanha	6	31,58%
França	5	26,32%
Alemanha	3	15,79%
Estados Unidos da América	2	10,53%
Suíça	2	10,53%
Reino Unido	1	5,26%

O alto índice de citações de legislação estrangeira e internacional, todavia, não se refletiu em matéria de citações de precedentes estrangeiros ou de Cortes internacionais. Todas as suas 94 citações de precedentes referiram-se a precedentes do próprio STF.

Quanto à confirmação ou negação dos argumentos ou posicionamentos presentes naquilo que é citado, as citações do Min. Ricardo Lewandowski destacam-se pelo fato de que todas as relacionadas à literatura (65 citações mapeadas) foram acompanhadas de concordância com os argumentos citados, bem como todas as de precedente feitas (105 citações) foram para confirmá-las. Resultado semelhante se observa em relação aos pareceres: das 21 citações de pareceres que efetuou, somente 1 foi para discordar de seu teor.

Esse padrão não se confirmou, entretanto, em relação às citações de audiências públicas. Das 4 citações de argumentos produzidos em audiência pública, o Ministro discordou de 2. Tendo em vista o número muito pequeno de citações de argumentos produzidos em audiências públicas, não é possível extrair uma conclusão sólida a respeito do perfil do Min. Lewandowski quanto a este ponto. Pode-se apenas afirmar que uma boa hipótese, a ser confirmada em outros estudos, aponta para a maior abertura do Ministro em discutir posições antagônicas expressadas em audiências públicas do que posições divergentes de outras fontes.

3.9 Min. Carmen Lúcia

3.9.1 Síntese

A Min. Carmen Lúcia apresentou padrões deliberativos e argumentativos pouco distantes dos padrões gerais identificados no STF.

Nos julgamentos de que participou, geralmente a Ministra manifestou-se *sem declaração de voto*. Utilizou-se muito pouco do histórico legislativo dos dispositivos impugnados como fonte de fundamentação. Raramente compôs a minoria vencida, e empregou essencialmente precedentes do próprio STF, conferindo pouco espaço às normas de Direito Internacional e estrangeiro. Ademais, raramente citou literatura e pareceres de que discordasse.

Destacou-se por não ter utilizado, em nenhum de seus votos, precedentes estrangeiros ou internacionais. Nesse mesmo sentido, somente em um voto a Ministra citou legislação internacional, e em nenhum fez remissão à legislação estrangeira.

3.9.2 *Veja mais*

Em relação à participação em Plenário no período pesquisado, em 32% dos julgamentos a Min. Carmen Lúcia eventualmente colaborou mediante acréscimo de fundamentos por meio de *declaração de voto* ou *debates*, ao passo que em 60% dos casos a Ministra filiou-se integralmente a uma corrente *sem declaração de voto*.

Os documentos e eventos referentes ao processo legislativo dos dispositivos impugnados raramente constituíram fontes a que a Ministra recorreu para formar seu juízo de constitucionalidade ou inconstitucionalidade. Verificou-se que em aproximadamente 3% dos votos que proferiu – ou 6 dentre 231 votos – a Ministra se valeu dessas fontes.

Em relação aos elementos empregados na fundamentação de suas decisões, especialmente no que concerne ao apelo à jurisprudência, constatou-se absoluta primazia dos precedentes do próprio STF: aproximadamente 90% dos julgados em que se amparou a Ministra para fixar suas teses são provenientes do STF. Ademais, percebeu-se a pouca frequência de citação de precedentes das Cortes internacionais e estrangeiras. De modo semelhante, a Ministra, no período analisado, nunca se utilizou de precedentes alheios aos tribunais brasileiros.

No que diz respeito à citação de legislação para formar seu posicionamento, verificou-se, novamente, a baixa permeabilidade aos Direitos Internacional e estrangeiro. Apenas cerca de 2% das normas citadas pela Min. Carmen Lúcia em seus votos têm origem no Direito Internacional, ao passo que não se verificou qualquer remissão a regimes jurídicos de outros Países.

Por fim, constatou-se que a Ministra raramente trouxe, em suas manifestações em Plenário, elementos de cognição dos quais discordasse. Em relação aos precedentes, em mais de 99% dos casos a citação endossava a posição defendida pela Ministra, não tendo sido apresentado qualquer precedente com finalidade de superação, ou seja, de explícita mudança de jurisprudência.

No que concerne às citações de literatura e pareceres a mesma tendência foi verificada. Na primeira hipótese, em menos de 7% dos casos as opiniões doutrinárias foram apresentadas com finalidade de refutação da tese. Ao contrário, em aproximadamente 91% das ocorrências a literatura foi trazida como reforço à posição adotada pela Ministra. O panorama pouco se alterou nas citações de pareceres, com os quais a Min. Carmen Lúcia concordou em quase 82% dos casos, ao passo que houve refutação em pouco mais de 18%.

3.10 Min. Eros Grau

3.10.1 Síntese

O Min. Eros Grau costumeiramente manifestou-se em consonância com os padrões deliberativo e argumentativo da Corte. O Ministro participou da maioria dos julgamentos por manifestações *sem declaração de voto* e raramente ficou vencido. De acordo com amostra de acórdãos analisada, o Ministro não fez referência ao histórico legislativo dos dispositivos impugnados pela ação em seus votos.

Fixou seu entendimento baseando-se na legislação doméstica e em precedentes nacionais, principalmente naqueles provenientes do próprio STF.

3.10.2 Veja mais

Assim como a maior parte dos integrantes da Corte, o Min. Eros Grau participou dos julgamentos filiando-se integralmente a uma corrente através de manifestações *sem declaração de voto* – foi o que fez em mais de 60% dos votos que proferiu sem ser na condição de relator.

Pouco mencionou os documentos e eventos que dizem respeito à elaboração de normas (exposições de motivos, discursos parlamentares, entre outros) para fins de interpretação da legislação impugnada ou citada. Em apenas 1% dos votos o Min. Eros Grau fez referência ao histórico legislativo dos dispositivos impugnados na ação.

O Ministro não citou precedentes estrangeiros em nenhuma das ações analisadas. A grande maioria dos precedentes citados tem origem no próprio STF (94%) e uma pequena parcela é originária de demais órgãos jurisdicionais brasileiros (3% dos precedentes citados). Os dados revelam que os Direitos estrangeiro e Internacional não frequentaram de modo significativo as manifestações do Ministro.

O Min. Eros Grau teve por costume concordar com as citações que reforçavam o entendimento que pretendia explanar nos seus votos. Se tomadas como exemplo as referências à literatura, em 91% das ações o Ministro concordou com o que citou, e em apenas 2% delas discordou do entendimento nelas explanado. Essa percepção também é válida para suas citações de precedentes, das quais 94% foram acompanhadas de confirmação da aplicação do precedente ao caso e cerca de 5%, apenas, de posicionamento no sentido do afastamento da sua aplicabilidade ao caso. É válida ainda para suas citações de pareceres, vez que em 78% delas concordou com o posicionamento citado.

3.11 Min. Menezes Direito

3.11.1 Síntese

O Min. Menezes Direito aproximou-se do perfil mais frequente entre os seus pares, na medida em que, dentre as citações de literatura, pareceres e manifestações em audiências públicas acerca das quais manifestou algum juízo, geralmente o fez para concordar com os respectivos conteúdos. De forma semelhante, citou precedentes geralmente para confirmar sua aplicação ao caso.

Destacou-se como um dos ministros que mais referência fizeram à história legislativa dos dispositivos normativos citados para argumentar (ainda que pouco tenha referido a história legislativa dos dispositivos impugnados nas ações).

3.11.2 Veja mais

Em relação ao perfil geral da Corte, o Min. Menezes Direito mostrou-se mais *participativo* que a maioria. Durante seu curto período de atuação no STF (de 5.9.2007 a 1.7.2009) o Ministro teve um percentual significativo de manifestações *com declaração de voto*, em *debates* e *tanto por declaração de voto quanto em debates* – foram mais de 60% manifestações desses tipos.

Tabela 11 – Tipos de manifestação do Min. Menezes Direito nos julgados em que participou

Tipo de manifestação	Número de votos	Percentual
Apenas por voto registrado em ata	30	38,96%
Por declaração de voto (escrito ou transcrito)	26	33,77%
Tanto por declaração de voto quanto em debates	19	24,68%
Em debates	2	2,60%

Isso pode ter ocorrido pelo fato de o Min. Menezes Direito ter sido o Ministro de nomeação mais recente na Corte durante todo seu período no STF e pelas regras de deliberação presentes: na ordem de votação nos julgamentos, após o voto do relator segue o do ministro com nomeação mais recente até o decano, há mais tempo na Corte.

Existe a hipótese de que o primeiro a votar nas sessões de julgamento seja o ministro que tenha maior probabilidade de acrescentar argumentos adicionais ao posicionamento que o antecedeu – o de apenas um ministro, ou seja, o do relator. Já, o decano votará somente após a manifestação dos outros 10 ministros. Por ter sido sempre o segundo a votar, isso talvez explique o fato de o Min. Menezes Direito ter sido mais *participante* que os demais, manifestando-se no mais das vezes *com declaração de voto*.

Além disso, o Min. Menezes Direito, embora não tenha feito muitas referências ao histórico legislativo dos dispositivos impugnados nas ações, apresentou o percentual mais significativo de referências à história legislativa dos dispositivos citados: cerca de 10% do total de citações do gênero que fez.

Foi, ademais, o Ministro com maior percentual de citações de precedentes estrangeiros comparativamente aos demais ministros – cerca de 16% dos que citou eram estrangeiros. Isto é, 7 dos 43 precedentes que citou eram de órgãos jurisdicionais de outros Países. Em números absolutos foi superado pelo Min. Gilmar Mendes, que citou 45 precedentes estrangeiros, mas esses representaram apenas 11% do expressivo número total de 406 precedentes citados pelo Min. Gilmar Mendes na amostra analisada.

De suas sete citações de precedentes de tribunais de outros Países, seis foram dos Estados Unidos e uma da França.

3.12 Min. Sepúlveda Pertence

3.12.1 *Síntese*

O perfil argumentativo do Min. Sepúlveda Pertence assemelha-se ao de seus pares, na medida em que pouco aludiu ao histórico legislativo dos dispositivos impugnados ou citados. Também se aproximou do perfil dos demais integrantes da Corte pelo fato de que, no geral, citou literatura e pareceres para concordar com os argumentos neles presentes, assim como citou precedentes apenas para confirmá-los. Sua estrutura argumentativa revelou, ainda, poucas referências ao Direito estrangeiro.

Destacou-se, tal como os Mins. Marco Aurélio e Ayres Britto, por ter um percentual baixo de manifestações *sem declaração de voto* relativamente aos percentuais de manifestações do gênero dos demais integrantes da Corte. O dado sugere que tenha tido participação mais *ativa* nos julgamentos, com acréscimo de novos argumentos e outras considerações.

3.12.2 Veja mais

Deveras, ao lado dos Mins. Marco Aurélio e Ayres Britto, o Min. Sepúlveda Pertence foi um dos mais *participativos* nas deliberações do Tribunal, ao apresentar cerca de 57% de suas manifestações *com declaração de voto*, em debates ou *tanto com declaração de voto quanto em debates*, e somente 43% *sem declaração de voto*.

Ficou vencido ou parcialmente vencido em cerca de 5% dos votos que proferiu, nisso não se diferenciando significativamente dos percentuais dos demais ministros da Corte – exceto o Min. Marco Aurélio, vencido ou parcialmente vencido em cerca de 28% dos seus votos.

Quanto ao seu padrão argumentativo, o Min. Sepúlveda Pertence realmente apresentou o mesmo de seus pares, não aludindo ao histórico legislativo dos dispositivos impugnados nas ações, tampouco dos dispositivos normativos citados na sua argumentação. Nos 145 votos que proferiu no conjunto amostral, em 5 apenas (cerca de 3%) fez referência a esse histórico.

Ademais, o Min. Sepúlveda Pertence mostrou-se pouco adepto da invocação do Direito estrangeiro (precedentes ou legislação estrangeiros). De suas citações de precedentes, menos de 1% foram de precedentes estrangeiros – foram duas citações, ambas de precedentes dos Estados Unidos da América.

Cerca de 80% de suas citações de precedentes foram para confirmá-los, outros 12% para afastá-los e cerca de 3%, apenas, para superá-los.

4. Conclusão

O mapa de como decidem e com base no quê decidem os ministros do STF, apresentado nesse relatório, teve por base um conjunto de 267 acórdãos, além de aspectos dos respectivos processos, todos proferidos em ações de controle concentrado de constitucionalidade no período de 21.6.2006 a 10.1.2010. Os fichamentos desses acórdãos e respectivos aspectos processuais estão disponíveis para consulta pública no *Banco de Ações*, do *site* do *Observatório do STF* (www.observatoriodostf.org.br) da *sbdp*.

O *Banco de Ações* oferece infinitas outras possibilidades de pesquisa, que alcançam muitos outros resultados além dos aqui relatados. Noutras palavras: os resultados colhidos para destaque aqui são uma parcela pequena do que se pode extrair do *Banco* – uma ferramenta de pesquisa de grande potencial para a análise da argumentação e da deliberação empreendidas pelo STF, agora disponibilizada ao público.

Ainda que representem pequena ilustração desse potencial da ferramenta, os dados coligidos no presente relatório já revelam algo de importante sobre os perfis deliberativo e argumentativo do STF.

Sobre o perfil deliberativo, revelam que a manifestação dos ministros do STF, na maioria dos acórdãos examinados, realizou-se por adesão ao voto e à fundamentação do ministro-relator. O voto do relator, com sua fundamentação, foi, então, a "voz" do órgão colegiado. A maioria das decisões também foi unânime, sendo raros os votos vencidos. São traços encontrados do perfil deliberativo da Corte.

Em matéria de citações, a Corte fez poucas referências à história legislativa de dispositivos normativos impugnados e citados, e por vezes aludiu ao Direito estrangeiro. Estes foram os traços que marcaram o perfil argumentativo da Corte.

Em suma, portanto, o STF demonstrou decidir geralmente por conclusão e fundamentação únicas – as expressas pelo relator e avalizadas pelos demais ministros. E mostrou argumentar sem recorrer à história legislativa, trazendo citações para concordar com o posicionamento citado.

O que esses traços sugerem?

Tais perfis deliberativo e argumentativo do STF sugerem, primeiro, que possíveis impressões de que as decisões do Tribunal sejam sempre de intrincada fundamentação, fruto de múltiplas manifestações um tanto desconexas e que não formam um conjunto harmônico, devem ser cautelosamente estudadas, pois podem não ter base na maior parte dos julgamentos. Na maioria dos julgados examinados a fundamentação do posicionamento majoritário foi única – contrariando essa possível impressão. Ainda que formadas a partir de uma só "voz", às quais outras aderiram, as decisões tiveram fundamentação majoritária única. Ainda que porventura questionável (ou não) a qualidade dessa fundamentação, ela foi, na maior parte dos julgados, única.

Os dados demonstram, ainda, que a menção à história legislativa tem sido um recurso de argumentação pouco utilizado no Supremo, talvez em grau menor que em noutros tribunais constitucionais. Deveria ser uma técnica mais empregada? Há vasto debate teórico sobre o tema, apontando para os benefícios ou malefícios de seu uso para a democracia ou o Estado de Direito. A constatação feita, todavia – a do pouco uso da argumentação baseada na história legislativa –, é dado que merece ser levado em conta em debates sobre os tipos de argumentação e interpretação normativa desejáveis na prática da jurisdição constitucional.

O outro traço argumentativo encontrado do uso de citações – de literatura, de pareceres, de manifestações em audiências públicas –, quase sempre acompanhadas de concordância com os posicionamentos e argumentos nelas previstos ou, no caso de citações de precedentes, acompanhadas quase invariavelmente da sua reafirmação para o caso sob julgamento, sugere que o STF esteja estabelecendo pouco *diálogo* com manifestações divergentes. Ainda que se admitam múltiplas razões para que a argumentação feita pelos ministros do STF (e pelos magistrados de outros tribunais) envolva citações que corroborem os posicionamentos sustentados, é possível refletir sobre os possíveis benefícios que o diálogo com a citação da divergência traria para a jurisdição.

Em matéria de citações de Direito estrangeiro, um perfil preciso do Tribunal não ficou claro, exceto a circunstância de que no conjunto amostral houve um número não desprezível de citações do gênero. E a circunstância de que, em sua maioria, foram citações de leis e precedentes de ordenamentos jurídicos de Países da Europa e dos Estados Unidos da América. Uma reflexão sugerida por essa constatação diz respeito ao que estaria motivando a Corte brasileira a inspirar-se noutros ordenamentos, nas ocasiões em que o fez. Outra reflexão sugerida pelo dado diz respeito ao porquê desse olhar fixado em ordenamentos de Países *desenvolvidos*, em lugar de países *em desenvolvimento*, com características sociais, políticas e econômicas mais semelhantes às do Brasil.

Todos esses traços dos perfis deliberativo e argumentativo do órgão colegiado, contudo, não correspondem necessariamente aos perfis individuais de seus integrantes. Cada ministro, apesar das semelhanças com os perfis de seus pares, geralmente apresentou ao menos uma característica própria, marcante, destoante das mais recorrentes entre seus colegas. Marcando o modo de argumentar e deliberar de cada ministro, os perfis individuais por vezes também se revelaram potentes, forjando em boa medida o perfil do órgão colegiado.

Os Mins. Marco Aurélio, Ayres Britto e Sepúlveda Pertence, por exemplo, destacaram-se por uma participação *ativa* nos julgamentos, mediante manifestações que envolveram frequentemente declarações de votos e debates, buscando, assim, oportunidades de acréscimo de pontos de vista, de argumentos ou de eventual discordância.

O Min. Marco Aurélio, em específico, destacou-se, ainda, por apresentar, nas deliberações do Tribunal, um percentual de votos vencidos bastante superior aos percentuais de seus pares.

Ainda em matéria de perfis deliberativos, o do Min. Celso de Mello contrastou significativamente com os dos Mins. Ayres Britto, Pertence e Marco Aurélio. É que o Min. Celso de Mello destacou-se como o de maior percentual de participações *sem declaração de voto*, o que sugere que tenha, em muito mais oportunidades que os demais, apenas aderido a manifestações que o antecederam.

Entrando nos perfis argumentativos individuais, é o Min. Celso de Mello quem se destacou por ainda outra nota: foi um dos ministros que mais citaram legislação internacional, superando, nesse quesito, até mesmo o Min. Gilmar Mendes, maior citador de legislação estrangeira (não de legislação internacional, portanto) do Tribunal.

Verificou-se, aliás, que nesse quesito de citação de legislação e precedentes estrangeiros o perfil do Min. Gilmar Mendes contrastou fortemente com os de todos os seus pares, pelo alto percentual de citações do gênero que fez. Só foi equiparado em percentual de citações de precedentes estrangeiros pelo Min. Menezes Direito. E mostrou-se bastante nítida a influência do Direito Alemão na argumentação do Min. Gilmar Mendes.

No perfil argumentativo do Min. Gilmar Mendes teve grande destaque, ainda, a expressiva quantidade de citações de precedentes que fez, muito superior às de cada um de seus colegas. Todavia, exatamente como seus colegas de Tribunal, invocou precedentes geralmente para confirmá-los e raramente para declarar a superação do precedente citado ou, ainda, afastá-lo do caso sob julgamento.

Os Mins. Menezes Direito e Celso de Mello destacaram-se por seus altos percentuais de citação da história legislativa dos dispositivos impugnados nas ações, superando com largueza os demonstrados por seus pares.

A Min. Ellen Gracie destacou-se por utilizar-se pouco de citações de literatura – foi a que menos o fez. Nisso contrastou fortemente com os Mins. Gilmar Mendes e Celso de Mello, que citaram literatura com muito mais frequência que seus pares na amostra de acórdãos mapeada.

Todos os dados quantitativos acima merecem atenção pelo que sugerem acerca do modo de decidir e de argumentar de cada ministro do STF e, assim, do colegiado. Entendê-los, eventualmente identificando-se padrões de deliberação e argumentação em cada aspecto, é um passo importante, ainda que inicial, para o exame crítico da atuação do Tribunal.

Muito mais pode ser extraído do *Banco de Ações*, a partir de diferentes recortes atinentes a aspectos da deliberação e argumentação havidas no STF. Fica o convite para seu uso pelos interessados.

PARTE 2
COMO VEM SENDO EXERCIDA A JURISDIÇÃO CONSTITUCIONAL BRASILEIRA?*

2.1 Controle de Constitucionalidade
2.2 Métodos Decisórios do STF
2.3 Liberdades
2.4 Controle Judicial do Legislativo e do Executivo

---

* Neste segundo momento do livro são apresentados estudos que mostram como vem ocorrendo a prática recente da jurisdição constitucional brasileira, com a descrição e a análise da jurisprudência do STF em quatro grandes áreas: *Controle de constitucionalidade, Métodos decisórios do STF, Liberdades e Controle judicial do Legislativo e do Executivo.*

2.1 CONTROLE DE CONSTITUCIONALIDADE

- A Participação das Associações de Classe no Controle de Emendas Constitucionais: um Sintoma do Constitucionalismo Brasileiro?
  – André Janjácomo Rosilho
- O que Mudou no Entendimento do STF sobre os Efeitos do Mandado de Injunção? – Bruna de Bem Esteves
- Definição de Pauta no STF no Controle de Constitucionalidade de Emendas Constitucionais nos Governos FHC e Lula – Carolina Ignácio Ponce
- A Arguição de Descumprimento de Preceito Fundamental no STF
  – Felipe Duarte Gonçalves Ventura de Paula
- Direito das Mulheres no STF: Possibilidades de Litígio Estratégico?
  – Lívia Gil Guimarães
- A Construção da Súmula Vinculante pelo STF: Impressões sobre as Primeiras Experiências – Maria Olívia Pessoni Junqueira
- A Repercussão Geral nos Recursos Extraordinários – Como o STF tem Aplicado esse Instituto? – Marina Cardoso de Freitas
- Audiências Públicas no Controle de Constitucionalidade – A Representação Técnica das Partes no Caso das Pesquisas com Células-Tronco
  – Rafael Bellem de Lima

A PARTICIPAÇÃO DAS ASSOCIAÇÕES DE CLASSE NO CONTROLE DE EMENDAS CONSTITUCIONAIS: UM SINTOMA DO CONSTITUCIONALISMO BRASILEIRO?*-1

ANDRÉ JANJÁCOMO ROSILHO

1. Introdução. 2. Método da pesquisa. 3. Panorama do controle constitucional de emendas constitucionais. 4. O perfil das associações de classe no controle de constitucionalidade de emendas constitucionais e o posicionamento do STF: 4.1 Associações de grupos ligados à iniciativa privada – 4.2 Associações de grupos ligados a corporações estatais. 5. Estudo de caso: comparações entre as associações ligadas ao Ministério Público e ao Procurador-Geral da República. 6. Conclusão.

1. Introdução

Ao longo da década de 1980 o Brasil passou por importantes transformações nos planos político e econômico. O regime militar,

---

* *Resumo*: Trata-se de um mapeamento de todas as ações diretas de inconstitucionalidade já propostas no STF contra emendas constitucionais, com o foco voltado para as associações de classe. Este artigo busca, de um lado, identificar o perfil das associações de classe e as razões que as impulsionam a participar no controle de constitucionalidade de emendas constitucionais e, do outro, a forma pela qual o STF responde às provocações que lhe são feitas. O trabalho resultou na construção de um panorama geral do diálogo travado entre o STF e as associações de classe e das possíveis implicações que dele resultam.

Palavras-chave: Ações Diretas de Inconstitucionalidade, Associações de Classe; Controle de Constitucionalidade; Emendas Constitucionais; Reformas Constitucionais.

1. O presente artigo foi desenvolvido a partir da monografia apresentada à *sbdp* como trabalho de conclusão de curso da Escola de Formação do ano de 2007, sob a orientação de Flávia Scabin. A versão original encontra-se disponível em *http://www.sbdp.org.br/ver_monografia.php?idMono=108.*

que desde março/1964 ocupava o poder, foi substituído por um sistema de governo democrático, e o Estado, pouco a pouco, transformou sua maneira de intervir na economia, abrindo mais espaço para a atuação das forças de mercado. Viveu-se, portanto, um período de transição, marcado pela redemocratização da política e por um processo gradual de liberalização da economia – mais visível a partir da década de 1990.

O Brasil daquele tempo estava em ebulição e ansiava por retomar sua trajetória democrática. O sonho desta geração, frustrado pelo fracasso da campanha popular pelas "Diretas Já!", finalmente se transformaria em realidade com a convocação, em 1986, da Assembleia Nacional Constituinte/ANC. O constituinte originário, muito influenciado pelo repúdio generalizado ao regime militar, elaborou a nova Constituição Federal "sob a égide da 'remoção do entulho autoritário'".[2] Predominava, portanto, a ideia de que era preciso retirar do plano constitucional qualquer resquício de autoritarismo; algo que se refletiu até mesmo no formato assumido pela ANC.

Na configuração da Assembleia prevaleceu um modelo descentralizado em subcomissões, organizado de modo a que o quórum de maioria simples pudesse aprovar o texto constitucional. Estes dois fatores, unidos à ausência de um projeto-base, foram decisivos, no caso brasileiro, para que fosse inserida na Constituição Federal uma enorme gama de dispositivos – desde que contassem com o apoio de grupos de pressão ou da bancada parlamentar e que não ferissem interesses da maioria congressual. A permeabilidade da ANC a interesses e sugestões da sociedade foi enorme – veja-se o fato de terem sido instaladas 24 subcomissões temáticas encarregadas de colher opiniões, de fazer audiências públicas e de formular estudos parciais.[3]

Pela reunião dos elementos ressaltados acima – processo descentralizado da ANC, quórum de maioria simples e ausência de um pro-

---

2. Rogério Bastos Arantes e Cláudio Gonçalves Couto, "Constituição ou políticas públicas? Uma avaliação dos anos FHC", in Fernando Luís Abrucio e Maria Rita Loureiro Durand, *O Estado numa Era de Reformas: os Anos FHC*, Brasília, Enap, 2002, p. 76 (disponível para consulta em *http://www.planejamento.gov.br/secretarias/upload/Arquivos/seges/PMPEF/publicacoes/manuais_doc/081016_PUB_Man Doc_estado1.pdf*).

3. Cf. Rogério Bastos Arantes e Cláudio Gonçalves Couto, ob. cit., p. 78.

jeto-base –, é possível inferir que o processo pelo qual a Constituição Federal foi elaborada e aprovada permitiu que fossem introduzidos em seu bojo dispositivos de cunho fortemente particularista. Tem-se que os mais variados setores da sociedade, impulsionados pelo período de redemocratização que o País vivia e pela alta permeabilidade da ANC a sugestões externas, conseguiram aprovar dispositivos que se aproximam, em grande medida, de políticas públicas – as quais poderiam, sem prejudicar a integridade da Constituição Federal, ter surgido diretamente no plano infraconstitucional.[4]

As corporações e organismos estatais ou paraestatais, por exemplo, foram capazes, por meio de um intenso *lobby* junto à ANC, de introduzir na Constituição Federal uma série de garantias, direitos e prerrogativas. Seus objetivos eram claros: impedir futuras deliberações governamentais e legislativas contrárias a seus interesses. Segundo Carlos Ari Sundfeld, teria havido, à época da ANC, "um arranjo político que dividiu o poder e os recursos públicos entre organizações concretas, com interesses concretos: órgãos de ensino público básico, universidades públicas, órgãos e entes estatais de saúde, INSS, FUNAI, INCRA, Administração Fazendária, Banco Central, órgãos e entes ambientais, Ministério e Secretaria da Cultura, Forças Armadas, Tribunais de Contas, dezenas de tribunais, procuradorias, defensorias, empresas estatais da época (...), OAB, CBF, Sistema S, sindicatos etc." – transformando a Constituição em verdadeira Lei Maior de Organização Administrativa. Neste sentido, a Constituição Federal seria menos cidadã e mais "chapa-branca". Esta peculiaridade do processo de confecção da Constituição de 1988 impactou substancialmente no *modus operandi* do sistema político brasileiro, "engessando" a agenda governamental e, consequentemente, fazendo com que os governos posteriores à sua promulgação se vissem de mãos atadas, incapazes de alterar políticas públicas e de enfrentar crises – já que a Constituição Federal havia vinculado recursos orçamentários, impedido privatizações, enrijecido o sistema tributário etc.[5]

---

4. Deve-se compreender a expressão "política pública" em sentido mais amplo, abrangendo toda espécie de decisão tipicamente governamental – seja ela do Executivo ou do Legislativo.
5. Carlos Ari Sundfeld, "O fenômeno constitucional e suas três forças", *Revista de Direito do Estado/RDE* 11/209-216, Rio de Janeiro, Renovar, julho-setembro/2008.

Sendo boa parte dos dispositivos da Constituição de cunho particularista e bastante controversos, criou-se uma espécie de agenda constituinte permanente voltada a modificar a Constituição Federal por meio de emendas constitucionais – processo extremamente complexo, em razão da necessidade de obter amplas maiorias legislativas para alterar o texto constitucional.[6] Este quadro foi, em boa medida, comprovado pela pesquisa "Constituição ou políticas públicas? Uma avaliação dos anos FHC", de Cláudio Couto e Rogério Arantes. Este trabalho teve como objeto as 34 emendas constitucionais propostas durante o governo do Presidente Fernando Henrique Cardoso, as quais, juntas, reúnem 495 dispositivos constitucionais. Uma das conclusões de Couto e Arantes aponta para o fato de que, dos 303 novos dispositivos somados ao texto original da Constituição, 82,2% dispunham sobre políticas governamentais que poderiam ter sido elaboradas diretamente em nível infraconstitucional.

Dessa forma, partindo-se da premissa de que a Constituição Federal efetivamente abarque interesses de cunho particularista e de que a maior parte das emendas constitucionais já editadas neles esbarra, é de se esperar que os grupos prejudicados pelas reformas constitucionais também estejam presentes no controle de constitucionalidade de emendas constitucionais, principalmente por meio das associações de classe,[7] com o objetivo de fazer com que o STF mantenha suas

---

6. A CF, em seu art. 60, dispõe:
"Art. 60. A Constituição poderá ser emendada mediante proposta: I – de um terço, no mínimo, dos membros da Câmara dos Deputados ou do Senado Federal; II – do Presidente da República; III – de mais da metade das Assembleias Legislativas das unidades da Federação, manifestando-se, cada uma delas, pela maioria relativa de seus membros.
"(...).
"§ 2º. A proposta será discutida e votada em cada Casa do Congresso Nacional, em 2 (dois) turnos, considerando-se aprovada se obtiver, em ambos, três quintos dos votos dos respectivos membros.
"(...)."
7. Esta afirmação calca-se no fato de o próprio STF ter imposto às associações de classe – um dos legitimados pela Constituição Federal de 1988 a propor ações diretas de inconstitucionalidade (art. 103, IX) – a cláusula de pertinência temática. Assim, em nítida tentativa de atenuar a onda de expansão do acesso à Justiça impulsionada pela Constituição de 1988 – a qual ampliou sensivelmente o rol de legitimados a ingressar com ações diretas de inconstitucionalidade, antes restrito ao Procura-

prerrogativas.[8] Nesta hipótese, o STF, ao analisar seus pleitos, teria a possibilidade de, a um só tempo, reverter decisões tomadas pelo Congresso Nacional com quórum qualificado e inserir ou resguardar interesses de setores específicos da sociedade no núcleo materialmente intangível da Constituição Federal, impondo limites à ação do poder constituinte reformador.

Estas são, em linhas gerais, as preocupações que guiaram a elaboração deste artigo. Assim, com o objetivo de fornecer elementos mais concretos para o debate, proponho-me, nas páginas seguintes, a responder às seguintes indagações: (i) Quais entes participam do controle constitucional de emendas constitucionais? (ii) As associações de classe são atores importantes? (iii) Em caso de resposta positiva à última questão, é possível identificar o perfil das associações de classe e o tipo de interesse ligado às suas demandas? (iv) Como o STF tem se manifestado nestes casos?

Para dar conta desta tarefa, o artigo encontra-se estruturado em cinco tópicos. No primeiro deles traçarei breves considerações metodológicas e conceituais. A seguir, farei um panorama do controle constitucional de emendas constitucionais, identificando seus atores e as características dos dispositivos contestados. A terceira parte do artigo terá o objetivo de detalhar o perfil das associações de classe e de compreender a postura do STF frente às suas demandas. No quarto tópico farei breve estudo de caso, com a intenção de ilustrar os interesses envolvidos no controle constitucional de emendas constitucionais. Por fim, em tópico conclusivo, farei uma síntese das ideias desenvolvidas neste artigo.

dor-Geral da República –, o STF limitou a atuação das associações no controle concentrado de constitucionalidade às causas que interessassem aos seus próprios membros. Alerto que a expressão "associações de classe" englobará, neste artigo, as associações, federações e confederações. Apesar de possuírem distinções entre si, as considerarei como um único tipo de proponente, visto que todas são voltadas à defesa de interesses de cunho corporativista.

8. O STF, na posição de guardião da Constituição, é competente para bloquear decisões tomadas pelo poder constituinte derivado com o objetivo de proteger "o núcleo temático intangível e imune à ação revisora da instituição parlamentar", consubstanciado no art. 60, § 4º, da CF. É o que ficou decidido na ADI 466, julgada em 3.4.1991 (a primeira tentativa de invalidar uma emenda constitucional após a Constituição de 1988).

2. Método da pesquisa

Procurei respostas para as indagações levantadas por meio de uma pesquisa eminentemente quantitativa das ações diretas de inconstitucionalidade que impugnaram, no STF, dispositivos de emendas à Constituição Federal de 1988, desde sua promulgação até 26.9.2010.[9]

Com o objetivo de traçar um panorama do controle constitucional de emendas constitucionais e de identificar o perfil das associações de classe que ingressaram no STF para reverter iniciativas de reformas da Constituição Federal, extraí, de cada uma das 89 ações diretas de inconstitucionalidade analisadas, a matéria sobre a qual versavam[10] e o tipo de dispositivo constitucional impugnado – *polity* ou *policy*.

A categorização das normas constitucionais em *polity* e *policy* permite que sejam identificados os interesses em jogo em cada uma das

---

9. O sítio eletrônico do STF – *www.stf.jus.br* – foi meu principal instrumento de pesquisa. As ações diretas de inconstitucionalidade que interessavam ao objeto deste artigo foram encontradas no índice de ações diretas de inconstitucionalidade, por meio da ferramenta de busca lá disponível. Ao digitar a expressão "emenda adj. constitucional", encontrei 554 documentos (apenas 89 referiam-se a ações diretas de inconstitucionalidade propostas contra emendas à Constituição Federal).

10. Utilizei, com as devidas adaptações, os critérios classificatórios elaborados por Luiz Werneck Vianna e outros autores em *A Judicialização da Política e das Relações Sociais no Brasil* (Rio de Janeiro, Revan, 1999, pp. 63-64) – os cinco primeiros – e por Marcus Faro de Castro em "O STF e a judicialização da política" (*RBCS* 12-34/152, junho/1997) – os dois últimos. Transcrevo os critérios a que fiz referência: "*Administração Pública*: reuniu a legislação que versa sobre carreiras, remuneração e organização do serviço público, no âmbito dos três Poderes. Também foram incluídos nessa categoria os casos relativos à divisão de unidades político-administrativas, como a criação de Municípios e Regiões Administrativas, e conflitos de atribuições entre os Poderes quando referentes a procedimentos de administração pública; *Política Social*: incluiu as normas que tratam dos sistemas de seguridade social não afetos ao funcionalismo público, bem como a legislação reguladora do acesso a diferentes benefícios sociais; *Política Tributária*: reuniu normas que tratam da definição da base de arrecadação e da alíquota dos impostos, também tendo sido classificadas nessa categoria aquelas referentes à concessão de incentivos fiscais e à regulação das zonas de tributação especial; *Competição Política*: reuniu normas relativas às eleições e aos partidos políticos; *Relações de Trabalho*: incluiu as normas que regulam o mundo do trabalho, tais como direitos do trabalhador e organização sindical, com exceção das relativas às políticas salariais e das afetas ao exercício do direito to de greve; *Política Penal*: decisões que tocam em assuntos de direito penal; *Matéria Exclusivamente Processual*".

ações diretas de inconstitucionalidade e a racionalidade por trás da atuação das associações de classe.[11] Dessa forma, os dispositivos classificados como *polity* referiam-se, em essência, às regras que estruturam o Estado, estabelecendo as condições gerais e os limites do funcionamento do sistema político. Em razão disso, costumam ser mais genéricos, e espera-se que não sejam alvo de constantes disputas entre os atores políticos. Em oposição, os dispositivos classificados como *policy* refletiam políticas públicas conjunturais. A controvérsia e a especificidade costumam estar na natureza das políticas públicas, as quais refletem posições governamentais e de setores específicos da sociedade – algo que, ao menos em princípio, não se esperaria encontrar em textos constitucionais. É comum, portanto, que sejam objeto de disputas políticas e que haja pouco consenso acerca de seu conteúdo. Assim, foram inseridos na categoria *polity* dispositivos constitucionais que dispunham sobre definições de Estado e Nação, direitos individuais fundamentais, regras do jogo e direitos materiais; os demais tipos de dispositivos – inclusive aqueles que desceram a minúcias e que foram alvo de controvérsias – foram inseridos na categoria *policy*.

3. Panorama do controle constitucional de emendas constitucionais

A sistematização dos dados obtidos através da pesquisa possibilitou a construção de um quadro geral do funcionamento do controle concentrado de emendas no STF. Será a partir desse banco de dados que avaliarei a participação das associações de classe no controle de constitucionalidade de emendas constitucionais, a resposta que o STF tem dado às suas demandas e as implicações decorrentes do diálogo travado entre a Corte e as associações de classe. O gráfico abaixo aponta quais atores têm acessado a Corte para impugnar dispositivos de emendas constitucionais.[12] Confira-se:

---

11. Este modelo classificatório foi extraído, em sua integralidade, da pesquisa de Cláudio Couto e Rogério Arantes, "Constituição ou políticas públicas? Uma avaliação dos anos FHC", cit., pp. 83-92.
12. A referência das ações diretas de inconstitucionalidade que compuseram o material de análise da pesquisa consta ao final do artigo.

PGR, 2,2%

Partidos, 22, 25%

Associações
de classe, 47, 53%

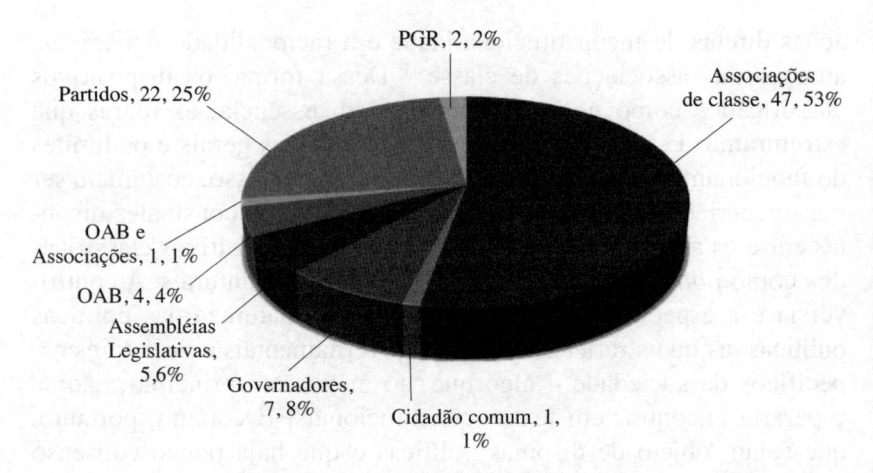

OAB e
Associações, 1, 1%
OAB, 4, 4%
Assembléias
Legislativas,
5,6%
Governadores,
7, 8%
Cidadão comum, 1,
1%

O gráfico acima revela que os principais atores do controle de constitucionalidade de emendas constitucionais são as associações de classe, respondendo por cerca de 53% das ações diretas de inconstitucionalidade propostas no STF (47 ações). Os partidos políticos – o segundo proponente mais ativo – respondem por apenas 25% das ações diretas de inconstitucionalidade já propostas (22 ações).

Este fato parece confirmar a suspeita inicial de que as associações de classe teriam participação significativa no controle de constitucionalidade de emendas constitucionais. Entretanto, o curioso – e surpreendente – é que as associações, ao que tudo indica, têm atuação mais intensa no controle de constitucionalidade de emendas constitucionais que no controle de constitucionalidade de atos normativos infraconstitucionais. É o que se conclui a partir da comparação entre o percentual de ações diretas de inconstitucionalidade propostas pelas associações de classe contra emendas de 1988 a 2010 – 53% – com o percentual de ações diretas de inconstitucionalidade propostas contra todos os tipos de diplomas normativos (englobando os atos normativos infraconstitucionais e as emendas constitucionais) de 1988 a 2010 – 24%.[13]

Esta constatação parece demonstrar dois pontos importantes: que os direitos de setores sociais específicos, tais como o dos servidores

---

13. O dado foi extraído do sítio eletrônico do STF (acesso em 2.2.2011).

públicos, por exemplo, são minuciosamente regulados pela Constituição Federal – do contrário o debate judicial se daria, forçosamente, no âmbito infraconstitucional; e que o governo tem se empenhado em fazer reformas constitucionais que impactam negativamente em direitos atribuídos pelo texto constitucional a grupos sociais específicos. Estas evidências são reforçadas pelo fato de 84% das ações diretas de inconstitucionalidade terem impugnado dispositivos constitucionais do tipo *policy*, levando a crer que estavam em jogo interesses de cunho particularista.

Por fim, é importante destacar as matérias sobre as quais versaram as ações diretas de inconstitucionalidade que impugnaram emendas constitucionais: 62% trataram de temas ligados à Administração Pública; 27% à política tributária; 7% à competição política; e 1% às relações de trabalho, à política social, à política penal e a matérias exclusivamente processuais.

4. O perfil das associações de classe no controle de constitucionalidade de emendas constitucionais e o posicionamento do STF

O objetivo deste tópico será, por meio da identificação das matérias das ações diretas de inconstitucionalidade e do tipo de dispositivo contestado – *polity* ou *policy* –, traçar o perfil das associações de classe que acessaram o STF para bloquear alterações constitucionais e verificar o comportamento da Corte ao analisar seus pleitos. Para tanto, subdividi as associações em dois grupos, os quais, em tese, possuiriam interesses muito distintos um do outro: associações de grupos ligados à iniciativa privada[14] e associações de grupos ligados a corporações estatais.[15] O gráfico abaixo indica a participação destas categorias de associações no controle de constitucionalidade de emendas constitucionais. Veja-se:

14. Foram inseridas neste grupo, por exemplo, a Confederação Geral dos Trabalhadores (ADI 928) e a Confederação Nacional dos Trabalhadores no Comércio (ADI 939).
15. Foram inseridas neste grupo, por exemplo, a Associação Nacional dos Membros do Ministério Público (ADI 3.104, 3.105, 3.472 e 3.686) e a Associação dos Magistrados Brasileiros (ADI 913, 3.138, 3.184, 3.297, 3.367, 3.486 e 3.758).

Iniciativa privada, 19, 40%

Corporações estatais, 47, 60%

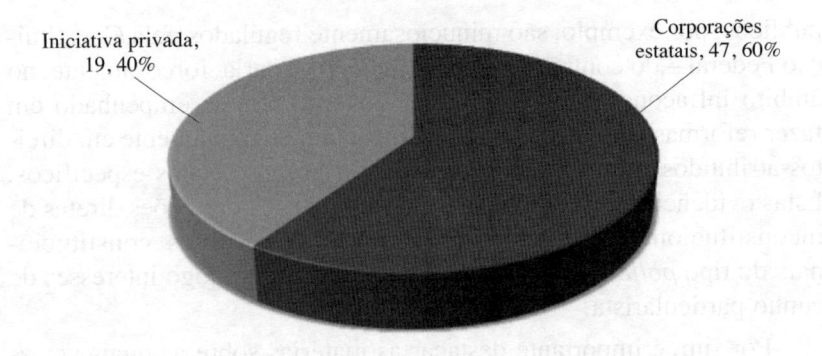

4.1 Associações de grupos ligados à iniciativa privada

Estas associações, embora tenham tido uma participação inferior à das associações ligadas a corporações estatais, propuseram uma parcela significativa das ações diretas de inconstitucionalidade do universo pesquisado – 19 ações, o que corresponde a cerca de 21% do total de 89 ações diretas de inconstitucionalidade.[16] Os gráficos abaixo consolidam os dados sobre o perfil e os interesses desta espécie de associação.

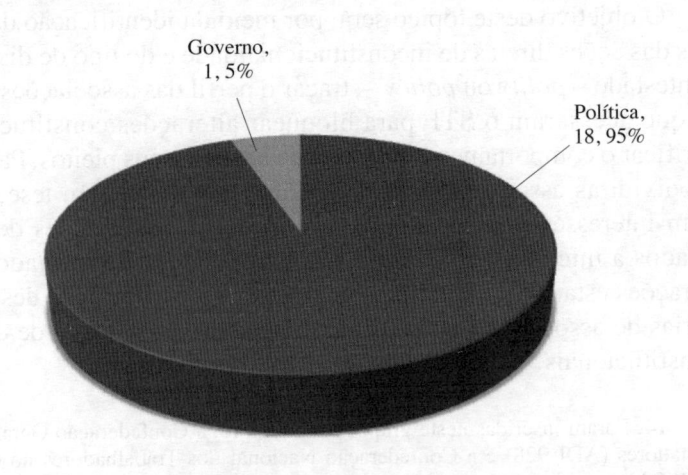

Governo, 1, 5%

Política, 18, 95%

16. Estas foram as ações diretas de inconstitucionalidade propostas pelas associações de grupos ligados à iniciativa privada: 928, 935, 939, 941, 947, 1.497, 1.501, 2.025, 2.027, 2.051, 2.096, 2.356, 2.732, 3.392, 3.423, 3.431, 3.432, 3.520 e 4.425.

Política tributária, 12, 63%
Relações de trabalho, 1, 5%
Administração pública, 6, 32%

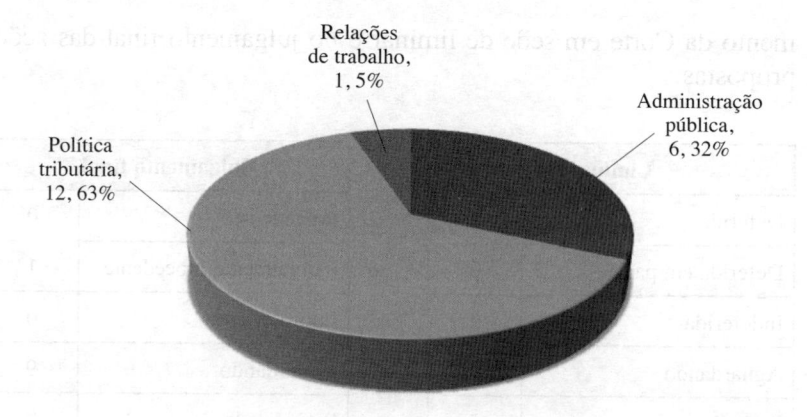

A partir destas informações, é possível inferir que o tema de maior interesse das associações de grupos ligados à iniciativa privada diz respeito à política tributária – que foi diversas vezes modificada por meio da alteração de dispositivos da Constituição Federal. Percebe-se, portanto, que a constitucionalização de temas ligados ao direito tributário transfere para o âmbito do controle constitucional de emendas constitucionais os litígios acerca das características e diretrizes da política tributária brasileira.

Dessa forma, o setor privado, organizado na forma de associações de classe, tem ingressado no STF para bloquear decisões do constituinte derivado que lhe importem algum tipo de prejuízo. Exemplifico citando as ADI 928, 935, 939, 941 e 947, propostas, respectivamente, pela Confederação Geral dos Trabalhadores, pela Federação Nacional das Secretárias e Secretários, pela Confederação Nacional dos Trabalhadores no Comércio, pela Confederação das Associações Comerciais do Brasil e pela Confederação Nacional dos Diretores Lojistas. Estas ações impugnaram o art. 2º da EC 3/1993, que permitiu que a União, nos termos de lei complementar, pudesse instituir "imposto sobre a movimentação ou transmissão de valores e de créditos e direitos de natureza financeira", excepcionando, por exemplo, a regra do art. 150, III, da CF (vedação da cobrança de tributos no mesmo exercício financeiro em que haja sido publicada a lei que os instituiu ou aumentou).

Resta, agora, verificar qual tem sido o grau de receptividade de suas demandas junto ao STF. As tabelas abaixo ilustram o posicionamento da Corte em sede de liminar e no julgamento final das ações propostas.[17]

Liminar	
Deferida	1
Deferida em parte	0
Indeferida	2
Aguardando	9
Prejudicada	5
Não conhecida	0

Julgamento final	
Procedente	0
Parcialmente procedente	1
Improcedente	0
Aguardando	9
Prejudicada	2
Não conhecida	7

Estes dados revelam que as ações diretas de inconstitucionalidade propostas pelas associações de grupos ligados à iniciativa privada têm tido baixo grau de receptividade no STF. Das 19 ações diretas de inconstitucionalidade, 7 não foram conhecidas[18] e 9 ainda aguardam o julgamento do pedido de liminar.[19] Vale ressaltar que, dentre estas últimas, apenas uma foi distribuída recentemente – a ADI 4.425, em 9.6.2010. As demais aguardam julgamento há, no mínimo, cinco anos – a liminar da ADI 2.096 está pendente desde 11.5.1999. A ADI 939, que impugnou o art. 2º da EC 3/1993, foi a única em que a Corte deferiu o pedido de liminar e julgou o mérito parcialmente procedente. O dispositivo da Emenda autorizou a União a instituir o Imposto Provisório sobre a Movimentação ou Transmissão de Valores e de Créditos e de Direitos de Natureza Financeira violando, segundo o STF, princípios e normas imutáveis, dentre eles o da anterioridade e o da imunidade de tributação.

Conclui-se, portanto, que o STF, de um modo geral, não tem inserido interesses desta espécie de associação no núcleo intangível da Constituição Federal, apoiando iniciativas de reformas provenientes do constituinte derivado.

---

17. As ADI 935 e 2.051 não continham pedido de liminar.
18. ADI 928, 935, 941, 947, 1.501, 2.025 e 2.027.
19. ADI 2.096, 2.356, 2.732, 3.392, 3.423, 3.431, 3.432, 3.520 e 4.425.

4.2 Associações de grupos ligados a corporações estatais

As associações de grupos ligados a corporações estatais têm sido responsáveis pela maior parte das ações diretas de inconstitucionalidade propostas no STF – 28 ações, o que corresponde a aproximadamente 31% do total de 89 ações diretas de inconstitucionalidade.[20] Os gráficos abaixo consolidam as informações sobre o perfil e os interesses das associações de grupos ligados a corporações estatais.

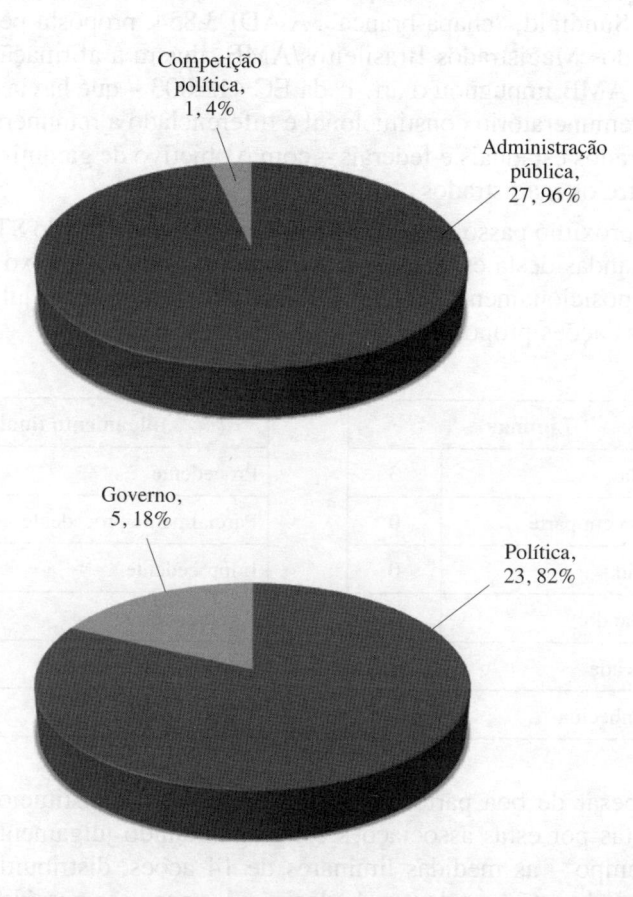

Competição política, 1,4%
Administração pública, 27,96%

Governo, 5,18%
Política, 23,82%

20. Referência das ações diretas de inconstitucionalidade propostas pelas associações de grupos ligados a corporações estatais: 913, 2.445, 3.104, 3.105, 3.128, 3.138, 3.143, 3.172, 3.184, 3.291, 3.297, 3.308, 3.363, 3.367, 3.395, 3.472, 3.486, 3.493, 3.529, 3.686, 3.843, 3.854, 3.855, 3.998, 4.014, 4.282, 4.372 e 4.400.

A partir dos gráficos acima, pode-se observar que as associações de grupos ligados a corporações estatais praticamente possuem uma única pauta temática, voltada à reversão de mudanças em políticas públicas relativas à Administração Pública. Há indícios, portanto, de que setores sociais ligados à máquina estatal estejam se valendo do controle constitucional de emendas constitucionais para assegurar direitos e garantias previstos no texto original da Constituição Federal – reforçando o indicativo de que a Constituição de 1988 seja, tal como afirma Sundfeld, "chapa-branca". A ADI 3.854, proposta pela Associação dos Magistrados Brasileiros/AMB, ilustra a afirmação. Nesta ação, a AMB impugnou o art. 1º da EC 41/2003 – que havia definido o teto remuneratório constitucional e diferenciado a remuneração dos magistrados estaduais e federais – com o objetivo de garantir a isonomia entre os magistrados.

O próximo passo será identificar o posicionamento do STF frente às demandas desta espécie de associação. As tabelas abaixo consolidam o posicionamento da Corte em sede de liminar e no julgamento final das ações propostas.[21]

Liminar	
Deferida	3
Deferida em parte	0
Indeferida	0
Aguardando	14
Prejudicada	9
Não conhecida	0

Julgamento final	
Procedente	0
Parcialmente procedente	2
Improcedente	2
Aguardando	18
Prejudicada	3
Não conhecida	3

Apesar de boa parte das ações diretas de inconstitucionalidade propostas por estas associações estar aguardando julgamento há um bom tempo – as medidas liminares de 14 ações, distribuídas desde 2004, ainda estão pendentes de decisão –, penso ser possível afirmar que as associações de grupos ligados a corporações estatais tenham

---

21. As ADI 2.445 e 3.529 não continham pedido de liminar.

um grau de receptividade maior junto ao STF que as associações de grupos ligados à iniciativa privada. Esta conclusão baseia-se em dois elementos. O primeiro deles diz respeito ao baixo índice de rejeição das ações diretas de inconstitucionalidade. Conforme pode ser observado, apenas três ações não foram conhecidas pela Corte (ADI 913, 3.683 e 3.843). O segundo deles refere-se ao fato de o STF ter deferido pedidos de liminar em três casos (ADI 3.395, 3.472 e 3.854) e de ter julgado parcialmente procedentes duas ações (ADI 3.105 e 3.128). É importante observar que duas das três liminares concedidas conservam seus efeitos até o momento, já que ainda não foram julgadas em definitivo pela Corte (ADI 3.395 e 3.854), e que as duas ações diretas de inconstitucionalidade parcialmente providas ficaram com seus pedidos de liminar prejudicados. Assim, percebe-se que cinco ações diretas de inconstitucionalidade trouxeram consequências positivas às associações de classe.

No tópico seguinte serão analisadas algumas das ações propostas por associações de grupos ligados a corporações estatais, o que facilitará a visualização dos conflitos e problemas nelas envolvidos. Por ora, penso ser plausível admitir que o STF, em um número considerável de casos, esteja inserindo interesses de corporações estatais no núcleo intangível da Constituição Federal, bloqueando reformas constitucionais que neles esbarram. Dessa forma, há indícios de que, na visão da Corte, as demandas destas associações sejam mais legítimas que as de outras.

5. *Estudo de caso: comparações entre as associações ligadas ao Ministério Público e ao Procurador-Geral da República*

O estudo de caso, ao comparar a atuação das associações de classe ligadas ao Ministério Público com as ligadas ao Procurador-Geral da República, procurará colocar em evidência o fato de que a Constituição Federal de 1988 possui em seu bojo normas que dizem respeito a características gerais do Estado – *polity* – e normas ligadas a interesses de setores específicos da sociedade – *policy* –, as quais, quando modificadas, geram reações de diferentes atores.

Neste quadro comparativo, o primeiro elemento que salta aos olhos é o fato de que há uma diferença substancial entre a atuação do Procurador-Geral da República – representante da instituição Ministério Público no controle concentrado de constitucionalidade – e a das associações ligadas ao Ministério Público – Associação dos Membros do Ministério Público e Associação Nacional dos Procuradores da República. Ao passo que o Procurador-Geral da República propôs apenas duas ações diretas de inconstitucionalidade contra emendas constitucionais (3.684 e 4.307), a Associação dos Membros do Ministério Público propôs quatro ações e a Associação Nacional dos Procuradores da República propôs uma ação. Ou seja: cinco ações diretas de inconstitucionalidade foram propostas por associações de classe ligadas ao Ministério Público.

Afinal de contas, por que o Procurador-Geral da República estaria sendo um ator tão discreto no controle de constitucionalidade de emendas constitucionais, sendo que entre 1988 e 2010 o Ministério Público, por meio do Procurador-Geral da República, configurou-se como um dos mais ativos membros da comunidade de intérpretes da Constituição Federal, apresentando 929 ações diretas de inconstitucionalidade no STF?[22] Por outro lado, o que estaria levando o Ministério Público participar do controle de constitucionalidade de emendas constitucionais não institucionalmente, mas através de seus membros?

A meu ver, duas possibilidades justificariam a postura omissiva do Ministério Público no controle concentrado de emendas constitucionais. A primeira – e mais improvável – é que o Ministério Público esteja sendo negligente para com sua função institucional, sendo omisso na proteção do interesse público. Esta hipótese, no entanto, é rechaçada pelo próprio fato de esta Instituição ser uma das mais representativas na proposição de ações diretas de inconstitucionalidade no STF, tal como dito anteriormente. A segunda e mais provável hipótese diz respeito à possibilidade de as emendas constitucionais não estarem, de modo geral, alterando normas tipicamente constitucionais, mas dispositivos que despertam o interesse de grupos específicos da sociedade – no caso, os servidores públicos membros do Ministério Público. Com o objetivo de testar esta suposição, analisarei as ações diretas de

22. Dado extraído do sítio eletrônico do STF (acesso em 2.2.2011).

inconstitucionalidade propostas pelas associações de classe ligadas ao Ministério Público, para, então, descrever as ações diretas de inconstitucionalidade de autoria do Procurador-Geral da República.

A ADI 3.104 contestou dispositivos da EC 41/2003 que dispunham sobre o sistema de aposentadoria do servidor público, impondo limites e condições de contribuição previdenciária para a aposentadoria. É importante observar que o texto da Emenda fez menção expressa ao Ministério Público, buscando, com isso, garantir, de maneira cabal, a aplicabilidade dos dispositivos constitucionais aos seus servidores. A Corte julgou o pedido de liminar prejudicado e o mérito da ação improcedente.

A ADI 3.105 contestou dispositivo da Emenda Constitucional 41/2003 responsável pela instituição da contribuição previdenciária dos servidores públicos inativos. Por meio de norma constitucional predominantemente do tipo *policy*, decidiu-se que os servidores públicos em geral deveriam continuar contribuindo para o regime de previdência de forma diferenciada mesmo após a aposentadoria. O STF julgou esta ação direta de inconstitucionalidade parcialmente procedente no mérito, restando sua liminar prejudicada.

A ADI 3.472 voltou-se contra elementos pontuais da Emenda Constitucional 45/2004. A Associação de Membros do Ministério Público, por meio dessa ação, opôs-se à indicação e à escolha, pelo Ministério Público da União, de membros para o Conselho Nacional do Ministério Público. O STF deferiu o pedido de liminar, mas a ação ficou prejudicada, por perda de seu objeto.

O caso da ADI 3.686 difere em grande medida das ações até aqui mencionadas. A Associação dos Membros do Ministério Público contestou dispositivos da Emenda Constitucional 52/2006. O objetivo era a declaração de inconstitucionalidade da liberdade de coligação partidária, dispensando a obrigatoriedade de vinculação entre as candidaturas de âmbito nacional, estadual, distrital e municipal. Como pode ser observado, o objeto dessa ação direta de inconstitucionalidade fugiu completamente do contexto de defesa de interesses dos membros do Ministério Público. Em decorrência disso, o STF, seguindo o entendimento de que as associações devam guardar pertinência temática com a ação, julgou a liminar prejudicada e não conheceu da ação, por ilegitimidade ativa.

A única ação direta de inconstitucionalidade impetrada pela Associação Nacional dos Procuradores da República contestou o art. 4º da EC 41/2003 com o objetivo de declarar a inconstitucionalidade do mesmo dispositivo constitucional impugnado na ADI 3.105. O STF julgou a liminar prejudicada e proveu parcialmente a ação no mérito.

As ações diretas de inconstitucionalidade propostas pelo Procurador-Geral da República possuem, tal como se verá adiante, natureza distinta daquelas expostas até o momento. Na primeira delas, a ADI 3.684, o autor contestou pontos específicos da Emenda Constitucional 45/2004. Esses dispositivos constitucionais versavam, basicamente, sobre a estrutura e a competência da Justiça do Trabalho, determinando, por exemplo, que compete à Justiça do Trabalho processar e julgar os mandados de segurança, *habeas corpus* e *habeas data* quando o ato questionado envolver matéria sujeita à sua jurisdição. O STF, ao analisar a referida ação, deferiu o pedido de liminar – o mérito ainda não foi decidido.

A segunda das ações diretas de inconstitucionalidade propostas pelo Procurador-Geral da República, a ADI 4.307, impugnou dispositivos da Emenda Constitucional 58/2009 que dispunham sobre a alteração dos limites máximos das Câmaras Municipais e sobre a retroação de efeitos à eleição anterior. A Corte deferiu o pedido de liminar, suspendendo, até o julgamento de mérito, as normas atacadas pela ação.

Verifica-se que os dispositivos questionados nestes dois últimos casos versam, nitidamente, sobre *polities* – responsáveis pelo estabelecimento das regras do jogo, pela divisão de prerrogativas e funções entre os atores institucionais. O desenho institucional do Estado e a distribuição de competências são, *a priori*, algo desvinculado de interesses de cunho particularista, o que, em tese, justificaria a atuação do Ministério Público.

Percebe-se, portanto, que a dinâmica das reformas constitucionais – alterando dispositivos do tipo *polity* ou *policy* – impacta diferentemente os atores sociais, os quais, a depender dos interesses envolvidos nas mudanças, acionam, ou não, o STF com o objetivo de barrá-las.

6. Conclusão

Este artigo estruturou-se ao redor de quatro questões centrais: (i) Quais entes participam do controle de constitucionalidade de emendas constitucionais? (ii) As associações de classe são atores importantes? (iii) Em caso de resposta positiva à última questão, é possível identificar o perfil das associações de classe e o tipo de interesse ligado às suas demandas? (iv) Como o STF tem se manifestado nestes casos? As respostas a estas indagações foram buscadas em uma pesquisa eminentemente quantitativa envolvendo todas as ações diretas de inconstitucionalidade já propostas no STF contra emendas constitucionais.

Chegou-se à conclusão de que as associações de classe são os principais atores no controle de constitucionalidade de emendas constitucionais, sendo este um reflexo direto da constitucionalização, pela Constituição Federal de 1988, de temas tipicamente regulados no plano infraconstitucional.

Notou-se também que as associações de classe não compõem um todo uniforme; pelo contrário, é possível apartá-las entre aquelas ligadas à iniciativa privada e aquelas conectadas às corporações estatais. Há indícios contundentes de que estas últimas gozem de mais prestígio junto ao STF que as primeiras.

Por fim, deve-se anotar que a Corte Suprema em alguns casos tem inserido no rol das cláusulas pétreas direitos e prerrogativas das associações de grupos ligados às corporações estatais, impedindo iniciativas de reformas constitucionais advindas do poder constituinte derivado.

Bibliografia

ARANTES, Rogério Bastos, e COUTO, Cláudio Gonçalves. "Constituição ou políticas públicas?: Uma avaliação dos anos FHC". In: ABRUCIO, Fernando Luís, e DURAND, Maria Rita Loureiro. *O Estado numa Era de Reformas: os Anos FHC*. Brasília, Enap, 2002 (disponível para consulta em *http://www. planejamento.gov.br/secretarias/upload/Arquivos/seges/PMPEF/publicacoes/manuais_doc/081016_PUB_ManDoc_estado1.pdf*).

ABRUCIO, Fernando Luís, e DURAND, Maria Rita Loureiro. *O Estado numa Era de Reformas: os Anos FHC*. Brasília, Enap, 2002.

CASTRO, Marcus Faro de. "O STF e a judicialização da política". *RBCS* 12-34. Junho de 1997.

SUNDFELD, Carlos Ari. "O fenômeno constitucional e suas três forças". *Revista de Direito do Estado/RDE* 11/209-216. Rio de Janeiro, Renovar, julho-setembro/2008.

VIANNA, Luiz Werneck, *et alii*. *A Judicialização da Política e das Relações Sociais no Brasil*. Rio de Janeiro, Revan, 1999.

Acórdãos citados: ADI 466, 829, 830, 833, 913, 926, 928, 935, 937, 939, 941, 947, 949, 1.420, 1.497, 1.501, 1.749, 1.805, 1.946, 2.009, 2.024, 2.025, 2.027, 2.031, 2.033, 2.046, 2.047, 2.051, 2.055, 2.096, 2.135, 2.199, 2.242, 2.356, 2.362, 2.388, 2.395, 2.445, 2.563, 2.666, 2.673, 2.732, 2.760, 2.883, 3.099, 3.104, 3.105, 3.128, 3.133, 3.138, 3.143, 3.172, 3.184, 3.291, 3.297, 3.308, 3.363, 3.367, 3.392, 3.395, 3.423, 3.431, 3.432, 3.472, 3.486, 3.493, 3.520, 3.529, 3.653, 3.682, 3.684, 3.685, 3.686, 3.800, 3.843, 3.854, 3.855, 3.867, 3.872, 3.998, 4.014, 4.165, 4.282, 4.307, 4.310, 4.357, 4.372, 4.400 e 4.425.

O QUE MUDOU NO ENTENDIMENTO DO STF SOBRE OS EFEITOS DO MANDADO DE INJUNÇÃO?[*-1]

Bruna de Bem Esteves

1. Introdução e delimitação do tema. 2. Rationes da Questão de Ordem no MI 107: 2.1 Defesa da separação de Poderes – 2.2 Defesa da segurança jurídica – 2.3 Defesa do princípio democrático. 3. Mudou o entendimento do STF em relação ao que foi definido no MI/QO 107?: 3.1 O caso da aposentadoria especial – 3.2 O caso do direito de greve dos servidores públicos – 3.3 A alteração verificada. 4. Como os ministros fundamentaram a adoção do novo entendimento frente aos impedimentos apresentados no MI/QO 107?: 4.1 Com relação à separação de Poderes – 4.2 Por que os demais impedimentos apresentados no MI/QO 107 não foram afastados?. 5. Quais outras justificativas os ministros utilizaram para a adoção do novo entendimento?. 6. Conclusões.

* *Resumo*: Após considerar, na Questão de Ordem do MI 107, que o dispositivo constitucional que regula o mandado de injunção era autoaplicável, os ministros do STF tiveram o esforço argumentativo de apresentar que motivos levaram ao entendimento de que o papel da sentença do mandado de injunção seria comunicar o estado de mora ao órgão competente pela elaboração da norma faltante. No entanto, quase 18 anos depois do *leading case* da matéria, nos casos que tratam da aposentadoria especial e da greve dos servidores públicos, o Tribunal resolveu conceder outros efeitos ao instituto. Nesse contexto, este artigo pretende analisar se isso representou uma mudança no entendimento do STF a respeito dos efeitos do mandado de injunção e, em caso afirmativo, identificar como foi justificada pelos ministros da Corte, diante do que havia sido exposto na Questão de Ordem do MI 107.

Palavras-chave: Alteração Jurisprudencial; Mandado de injunção; Precedente; *Ratio decidendi*; Supremo Tribunal Federal.

1. O presente artigo foi desenvolvido a partir de monografia apresentada à *sbdp* como trabalho de conclusão do curso da Escola de Formação do ano de 2009, sob a orientação de Carla Osmo. A versão original encontra-se em *http://www.sbdp.org.br/ver_monografia.php?idMono=141*. Agradeço a Carla Osmo pelas importantes contribuições para o desenvolvimento da monografia e deste artigo.

1. Introdução e delimitação do tema

O mandado de injunção, novidade prevista no art. 5º, LXXI, da CF de 1988, é ação que possibilita a impugnação, no Judiciário, de omissões legislativas inconstitucionais. A partir da leitura de seu dispositivo, sabe-se que o remédio processual deve ser utilizado quando o exercício de direitos, liberdades e prerrogativas constitucionais for inviabilizado pela falta de norma regulamentadora. Entretanto, não é possível identificar que medidas devem ser tomadas pelo Judiciário quando a omissão for identificada.

Diante disso, logo que a Constituição foi promulgada passou-se a discutir se o mandado de injunção seria autoaplicável ou precisaria de norma regulamentadora para ser utilizado. Tal controvérsia foi levada à apreciação do Plenário do STF em Questão de Ordem no MI 107,[2] cujo julgamento foi realizado no dia 23.11.1989.

A questão de ordem desse caso é considerada, inclusive em decisões posteriores do próprio STF, o *leading case* quanto à definição dos aspectos conceituais desse instrumento processual. Diante da discussão sobre a autoaplicabilidade da norma constitucional que trata do instituto, o Tribunal decidiu pela aplicabilidade imediata, afirmando, portanto, que existiam na Constituição elementos necessários para sua incidência direta.[3]

Quanto aos efeitos do mandado de injunção, todos os ministros acompanharam o Relator, concordando que se tratava de ação destinada a comunicar a omissão inconstitucional ao órgão responsável pelo preenchimento da norma inviabilizada e a exigir que as medidas necessárias para eliminar essa inconstitucionalidade fossem tomadas. Dessa forma, o que se estabeleceu quanto aos efeitos desse instituto

2. O MI 107 foi impetrado por oficial do Exército com mais de nove anos de serviço e pedia que se exigisse do Presidente da República a edição da norma regulamentadora do art. 42, § 9º, da CF, pois sem ela a legislação pré-constitucional seria aplicada e o requerente iria para a reserva quando completasse 10 anos de atividade no Exército. O julgamento desse mandado de injunção terminou no dia 21.11.1990 e a decisão, da maioria, foi pelo não conhecimento do pedido, porque não havia legitimidade *ad causam* do impetrante.

3. Segundo José Afonso da Silva (2007:101), as normas de eficácia plena são "aquelas que, desde a entrada em vigor da Constituição, produzem, ou têm possibilidade de produzir, todos os efeitos essenciais, relativamente aos interesses, comportamentos e situações que o legislador constituinte, direta e normativamente, quis regular".

processual ficou aquém do que grande parte da doutrina dizia caber ao Judiciário nos julgamentos de mandados de injunção: viabilizar ao impetrante o imediato exercício do direito constitucional.[4]

Quase 18 anos depois do julgamento da Questão de Ordem do MI 107, o Tribunal resolveu conceder outros efeitos ao mandado de injunção. Nesse contexto, este artigo pretende analisar se isso representou mudança no entendimento do STF e, em caso afirmativo, identificar como foi justificada pelos ministros da Corte, diante do que havia sido exposto na Questão de Ordem do MI 107.

O MI 107/QO foi um dos casos estudados no trabalho que deu origem a este artigo. Além dele, também foram analisados, dentre os 3.270 mandados de injunção que haviam entrado no STF até o dia 5.9.2010, todos os julgados procedentes ou procedentes em parte[5] pelo Plenário, desde que por meio da definição da regra que possibilitaria a imediata fruição do direito, anteriormente inviabilizada pela ausência de norma regulamentadora.[6-7]

Nos demais mandados de injunção julgados procedentes ou procedentes em parte pelo Plenário houve a declaração de mora ao órgão competente para elaboração da norma faltante ou a garantia de

4. Dentre os doutrinadores que defendem a viabilização imediata do exercício do direito constitucional há os que acreditam caber ao Judiciário a elaboração, na própria sentença do mandado de injunção, de uma norma reguladora que teria eficácia apenas para aquele caso concreto (Celso Agrícola Barbi, Sérgio Bermudes e Carlos Ari Sundfeld); os que acreditam caber ao Judiciário a outorga do direito reclamado sem, entretanto, que, para isso, seja editada norma regulamentadora (Michel Temer, José Afonso da Silva e Aricê Moacyr Amaral Santos); e, por fim, os que acreditam caber ao Judiciário a elaboração de norma reguladora com eficácia *erga omnes* (José Ignácio Botelho de Mesquita e Luiz Flávio Gomes). Os trabalhos em que tais autores defendem essas ideias constam da bibliografia deste artigo.
5. O fato de o STF ter considerado um mandado de injunção procedente ou procedente em parte não se relaciona com a viabilização do direito constitucional reclamado. Essa classificação é uma representação de quanto do pedido feito pelo impetrante foi atendido pela Corte.
6. São os MI 670, 708, 712, 721, 758, 788, 795, 796, 797, 808, 809, 815, 825, 828, 841, 850, 857, 879, 905, 927, 938, 962, 998, 1.083, 1.660, 1.682, 1.797 e 1.835.
7. Esses critérios foram escolhidos para a delimitação do universo de casos tanto porque os mandados de injunção apreciados por decisão monocrática tratam de questões já abordadas pelo Pleno quanto porque nos casos julgados improcedentes provavelmente os efeitos dados pelos ministros a esse instrumento processual não estariam presentes nos votos.

que os impetrados poderiam passar a exercer seus direitos, imediatamente ou após recorrerem ao juízo comum, caso o Congresso não editasse a norma faltante no prazo estabelecido. Apesar de a última solução ter se afastado do que havia sido estabelecido no MI 107/QO, ela não foi objeto de análise deste trabalho, uma vez que o STF não definiu uma norma para suprir a omissão legislativa.

A escolha do tema abordado neste artigo justifica-se pela preocupação com o dever que o STF tem de justificar uma mudança de entendimento em sua jurisprudência. Acredita-se que, por uma questão de coerência, a Corte tenha que levar em consideração, inclusive, o que já decidiu em julgamentos anteriores sobre o mesmo assunto, dialogando com os fundamentos apresentados nessas decisões.

2. Rationes *da Questão de Ordem no MI 107*

Para identificar as *rationes decidendi*[8] do entendimento adotado no MI 107/QO, pareceu relevante a declaração do Ministro-Relator, Moreira Alves, às pp. 40-41 dessa questão de ordem: "Essa solução, acolhida pela Constituição atual, é (...) a que se compatibiliza com o sistema constitucional vigente, que deu particular relevo à *separação de Poderes* (arts. 2º e 60, § 4º, III), que continuou a inserir entre os direitos fundamentais o de que *ninguém é obrigado a fazer ou deixar de fazer alguma coisa senão em virtude de lei* (art. 5º, II), e que, também, atento ao *princípio democrático*, estabeleceu um processo legislativo em que o Poder Judiciário só tem iniciativa legislativa nos casos expressos na própria Constituição e com relação a matérias a ele estritamente vinculadas (...)" (grifei).

Nessa afirmação o Ministro apresentou os motivos pelos quais considerou que a Constituição Federal de 1988 não permitiu a elaboração da norma reguladora faltante pelo STF na ação direta de inconstitucionalidade por omissão – separação de Poderes, segurança jurídica

---

8. A definição de *ratio decidendi* é controversa. Com o intuito de deixar mais claro seu significado, os autores costumam contrapor esse termo à expressão *obiter dictum*. Enquanto a *ratio decidendi* seria um fundamento essencial para escolha de uma decisão e poderia ser utilizada em casos futuros sobre o mesmo tema, o *obiter dictum* diria respeito a um fundamento dispensável, referente, por exemplo, a circunstâncias de um caso específico ou a uma opinião de um ministro.

e princípio democrático –, sendo que, para ele, tais justificativas também impediriam que o mandado de injunção tivesse outros efeitos.

2.1 Defesa da separação de Poderes

Para o Min. Moreira Alves, relator do MI 107/QO, considerando o princípio da separação dos Poderes, a definição na própria sentença do mandado de injunção de uma norma que tornasse possível o exercício do direito constitucional, anteriormente inviabilizado, e sua extensão a casos análogos[9] corresponderia a uma atividade legislativa cuja competência não seria do Judiciário, e estaria, portanto, desautorizada pela Constituição.

Segundo o Ministro, o Judiciário só teria iniciativa legislativa nas situações expressamente definidas pela Carta Constitucional, e o mandado de injunção não corresponderia a nenhum desses casos, pois, tanto com uma regulamentação do texto constitucional com eficácia *inter partes* como com uma regulamentação *erga omnes*, o Judiciário exerceria função que não foi atribuída sequer no âmbito da ação direta de inconstitucionalidade por omissão.[10]

2.2 Defesa da segurança jurídica

O Min. Moreira Alves também sustentou que, caso a decisão do Tribunal no mandado de injunção viabilizasse, por meio de regulamentação do Tribunal, o exercício do direito, liberdade ou prerrogativa prejudicados por omissão do Estado, em diversos momentos os particulares seriam responsabilizados. Nessas situações, o Tribunal criaria deveres que os particulares não tinham anteriormente, uma vez que não havia lei, mas tão somente um direito constitucional, sem a definição dos correspondentes deveres.[11-12]

---

9. O Min. Moreira Alves, nessa explicação, vincula a *ratio* da defesa da separação dos Poderes apenas à sentença constitutiva com eficácia *erga omnes* (MI 107/QO, p. 39 do acórdão).
10. MI 107/QO, pp. 39-41 do acórdão. O Min. Celso de Mello reforçou essa ideia (MI 107/QO, pp. 58-59 do acórdão).
11. MI 107/QO, p. 35 do acórdão.
12. Para o Ministro, os efeitos da ação direta de inconstitucionalidade por omissão – declaração ao Legislativo – eram os que se compatibilizavam com o direito

Caso a decisão viabilizasse, por regulamentação do Tribunal, a fruição do direito ofendido e tivesse efeito *inter partes*,[13] a sentença faria coisa julgada e não poderia ser modificada caso a norma legislativa fosse editada posteriormente ao julgamento. Além disso, haveria a possibilidade de serem conferidas soluções diversas a mandados de injunção semelhantes,[14] o que revela uma preocupação com a preservação do princípio da isonomia, embora o Ministro não tenha se referido expressamente a ele.

2.3 Defesa do princípio democrático

Por fim, o Relator se utilizou das palavras de Calmon de Passos para transmitir seu posicionamento de que o Tribunal não poderia proferir sentença na qual definisse uma norma para viabilizar o direito ofendido nos casos que envolvessem alocação de recursos ou organização de serviços, uma vez que tais questões dependeriam de decisões políticas, que deveriam ser feitas pelos Poderes Legislativo e Executivo, cujos membros são eleitos pela população.[15-16]

Dessa forma, caso o STF decidisse que o Tribunal poderia, nas sentenças de mandado de injunção, regulamentar a norma constitucional, a maioria das omissões não poderia ser objeto de análise do Tribunal, pois cada decisão teria que ser estendida a todos que estivessem na mesma situação, e o Poder Judiciário não estaria legitimado a realocar recursos e serviços a fim de atender a tais demandas.

fundamental de que "ninguém é obrigado a fazer ou deixar de fazer alguma coisa senão em virtude de lei"; logo, deveriam ser os mesmos do mandado de injunção (MI 107/QO, pp. 40-41 do acórdão).
   13. O Min. Moreira Alves, nessa explicação, vincula a *ratio* da defesa da segurança jurídica apenas à sentença constitutiva com eficácia *inter partes* (MI 107/QO, p. 38 do acórdão).
   14. MI 107/QO, pp. 37, 38 e 41 do acórdão.
   15. MI 107/QO, pp. 36- 37 do acórdão.
   16. O Min. Sepúlveda Pertence concordou com o Relator (MI 107/QO, pp. 72-74 do acórdão).

ENTENDIMENTO DO STF SOBRE OS EFEITOS DO MANDADO DE INJUNÇÃO 147

3. Mudou o entendimento do STF em relação ao que foi definido no MI/QO 107?

3.1 O caso da aposentadoria especial

No MI 721[17] a impetrante alegava que a falta da norma regulamentadora à qual se refere o art. 4º, § 4º, da CF impedia o recebimento de aposentadoria especial a que tinha direito por ter exercido durante mais de 25 anos atividade considerada insalubre. Pedia que a lacuna normativa fosse suprida, para que pudesse obter sua aposentadoria.

O Relator desse mandado de injunção foi o Min. Marco Aurélio, que sempre defendeu o entendimento de que a Corte deveria estabelecer as balizas necessárias para viabilizar o exercício do direito constitucional. No seu voto o Ministro convocou o STF a rever seu posicionamento quanto aos efeitos do mandado de injunção, uma vez que a inércia legislativa vinha provocando consequências indesejáveis.[18] Propôs que se aplicasse o art. 57 da Lei 8.213/1991, que regula o Regime Geral de Previdência Social, para os casos de aposentadoria especial por insalubridade dos servidores públicos. Todos os demais ministros concordaram com a solução proposta pelo Relator. Nos casos seguintes sobre o mesmo assunto o Tribunal decidiu do mesmo modo.

Às decisões desse conjunto de mandados de injunção foi atribuída eficácia *inter partes*, sendo que os ministros não chegaram a discutir a possibilidade de efeitos *erga omnes* serem determinados. No entanto, na Questão de Ordem no MI 795 o Min. Joaquim Barbosa sugeriu que o julgamento dos mandados de injunção que tratassem de aposentadoria especial fosse monocrático, tendo em vista que o Tribunal já havia consolidado seu entendimento na matéria.[19] Apesar do obstáculo, apresentado pelo Min. Marco Aurélio, de que não haveria

---

17. J. 30.8.2007.
18. MI 721, pp. 9-10 do acórdão.
19. Seria aplicado o regime da previdência social e os requerentes deveriam sempre se submeter às instâncias administrativas competentes para comprovar a insalubridade que garantiria o direito à aposentadoria especial.

autorização regimental para esses julgamentos, a sugestão foi acatada pela Corte.[20]

3.2 O caso do direito de greve dos servidores públicos

O MI 712[21] foi impetrado pelo Sindicato dos Trabalhadores do Poder Judiciário do Estado do Pará com o objetivo de que fosse concedida efetividade ao direito de greve dos servidores públicos (art. 37, VII, da CF). Para isso, o requerente exigia que a Lei 7.783/1989, regulamentadora do direito de greve na iniciativa privada, pudesse ser utilizada até a edição da norma regulamentadora a que se refere o artigo citado.

A decisão da maioria acompanhou o desfecho sugerido pelo Min. Gilmar Mendes,[22-23] com a determinação de que a lei do setor privado fosse aplicada, no que coubesse, ao âmbito público, facultando ao juízo competente a imposição de regime mais severo, de acordo com o caso concreto. Nesse contexto, é interessante atentar para a definição da extensão dos efeitos da sentença – se *inter partes* ou *erga omnes* –, pois a questão parece não ter sido resolvida pelos ministros.

Isso porque, apesar de nas atas de julgamento dos MI 670, 708 e 712 haver registro de que, por maioria, o efeito concedido às sentenças que estendiam a aplicação da lei do setor privado para o regime público não se limitaria à categoria representada pelos sindicatos, os ministros também estabeleceram que as instâncias inferiores poderiam avaliar cada caso concreto e estabelecer disciplina mais rígida, conforme fosse necessário.

20. MI 795, pp. 100-102 do acórdão.
21. J. 25.10.2007. Nesse dia também foram julgados os MI 670 e 708.
22. O Min. Eros Grau, Relator desse caso, ponderou que os regimes público e privado eram diferentes e que, portanto, a lei do setor privado não poderia ser aplicada aos servidores públicos sem algumas alterações, que seriam estabelecidas pelo próprio STF, de maneira a garantir, entre outras coisas, que a coesão e a interdependência social, decorrentes da prestação continuada dos serviços públicos, fossem preservadas (MI 712, pp. 395-402 do acórdão). Posteriormente, entretanto, alterou seu posicionamento e concordou com o que havia sido estabelecido pelo Min. Gilmar Mendes (MI 712, p. 462 do acórdão).
23. MI 712, p. 438 do acórdão.

Nesse sentido, vale atentar para o entendimento do Min. Gilmar Mendes no sentido de que a decisão seria *erga omnes*[24] e observar que, apesar de os Mins. Carlos Britto, Carmen Lúcia e Cézar Peluso terem acompanhado o estabelecido por esse Ministro,[25] sustentaram que as decisões dos mandados de injunção deveriam ser restringir ao caso concreto.[26-27] Talvez o que foi considerado *erga omnes* para o Min. Gilmar Mendes pode ter sido considerado *inter partes* para os Mins. Carlos Britto, Carmen Lúcia e Cézar Peluso.[28-29]

3.3 A alteração verificada

Algumas passagens dos julgamentos dos mandados de injunção que tratam da aposentadoria especial e da greve dos servidores públicos revelam que, nesses casos, os ministros acreditavam estar alterando a jurisprudência do Tribunal a respeito dos efeitos do mandado de injunção.[30] Realmente, o Tribunal resolveu ampliar os efeitos do instituto, pois, em vez de declarar a mora ao órgão competente ou garantir que os impetrados pudessem passar a exercer seus direitos imediatamente ou após recorrerem ao juízo comum, o STF definiu quais regras possibilitariam o imediato exercício do direito constitucional que, anteriormente, estava obstado.

24. Para ele, até as decisões proferidas nos casos de reparação econômica aos impedidos de exercer profissão (que visavam à regulamentação do art. 8º, § 3º, do ADCT) seriam *erga omnes*, e, portanto, o posicionamento da Corte com relação à extensão dos efeitos do mandado de injunção não estava sendo alterado (MI 712, pp. 454-455 do acórdão).
25. Respectivamente, pp. 533, 543 e 566 do MI 712.
26. Respectivamente, pp. 531, 543 e 548 do MI 712.
27. Nos Extratos de Ata, inclusive, os votos desses Ministros não são considerados vencidos, apesar de os votos dos Mins. Ricardo Lewandowski, Joaquim Barbosa e Marco Aurélio serem assim identificados justamente por terem criado parâmetros que se limitavam ao caso concreto.
28. É nesse sentido a afirmação do Min. Carlos Britto: "Essa proposta do Min. Gilmar é conciliatória: o Judiciário julga para o caso concreto, indo buscar os seus parâmetros maiores na própria atividade legislativa" (MI 708, pp. 342-343 do acórdão).
29. O próprio Min. Gilmar Mendes considerou que a dúvida sobre quais seriam os efeitos concedidos à sentença ainda não precisaria ser resolvida (MI 708, p. 306 do acórdão).
30. Por exemplo, pp. 461-462 do MI 712.

Dessa forma, o Tribunal adotou posicionamento mais interventivo em relação aos anteriores, uma vez que determinou qual seria a regulamentação das regras constitucionais que eram objeto dos mandados de injunção, até que fosse suprida a omissão pelo Legislativo. Entretanto, a utilização das regras para o setor privado na resolução dos mandados de injunção, em ambos os casos, ainda não representou o alinhamento do STF ao entendimento de parte da doutrina que defende a criação dos termos de uma nova norma pelo próprio Tribunal, pois foi determinada a aplicação de uma norma já existente, embora pertinente a outra categoria de sujeitos.

4. Como os ministros fundamentaram a adoção do novo entendimento frente aos impedimentos apresentados no MI/QO 107?

Tendo em vista que nos mandados de injunção que tratam da greve dos servidores públicos e nos que cuidam da aposentadoria especial por insalubridade houve a definição da norma que permitiria a imediata fruição dos direitos prejudicados, verificar-se-á como os ministros justificaram essa solução diante dos impedimentos colocados à sua adoção na Questão de Ordem no MI 107.

4.1 Com relação à separação de Poderes

Pela leitura dos acórdãos selecionados percebe-se que a única *ratio* do MI 107/QO afastada pelos ministros nos casos posteriores, aqui analisados, é a da defesa ao princípio da separação dos Poderes. A seguir serão apresentadas as justificativas dadas pelos ministros para o entendimento de que a nova solução não contraria esse princípio.

O Min. Eros Grau defendeu que, ao proferir uma sentença na qual o próprio STF definisse a norma que possibilitaria o exercício do direito inviabilizado, os ministros não estariam desempenhando função legislativa, mas normativa.[31] Na sua concepção, a última compreende-

---

31. A função legislativa seria, de acordo com o Ministro, maior e menor que a normativa: maior porque abrangeria a elaboração de atos administrativos sob forma de leis; e menor porque só abrangeria normas jurídicas contidas em lei, excluindo, assim, regimentos publicados pelo Judiciário e regulamentos expedidos pelo Executivo (MI 721, pp. 24-28 do acórdão).

ria tanto a função legislativa quanto a regimental e a regulamentar, sendo que a Constituição autorizava o Judiciário, no exercício dessa função, a desempenhar, dentre outras atividades, a elaboração da norma regulamentadora reclamada por meio de mandado de injunção.

Entretanto, como já visto, o dispositivo constitucional relativo ao mandado de injunção não revela expressamente que medidas devem ser tomadas pelo Judiciário quando o mandado de injunção for considerado procedente. Foi exatamente essa falta de regulação expressa, combinada com o entendimento de que o mandado de injunção seria autoaplicável, que fez com que duas orientações, quanto aos efeitos do mandado de injunção, pudessem ser expostas pelo Min. Moreira Alves no MI 107/QO. Sendo assim, a explicação utilizada pelo Min. Eros Grau não se mostra suficiente para afastar o argumento utilizado no precedente.

Outro fundamento que o Min. Eros Grau utilizou para afastar o argumento da separação dos Poderes foi o de que não poderia haver agressão a esse princípio, pois a própria Constituição instituiu o mandado de injunção.[32]

No entanto, novamente, embora a Constituição Federal tenha instituído o mandado de injunção, ela não prevê de maneira expressa as medidas que o Judiciário deve tomar quando um mandado de injunção seja julgado procedente; e, portanto, não decorre diretamente do dispositivo constitucional relativo ao mandado de injunção a não agressão ao princípio da separação dos Poderes.

O Min. Carlos Britto, por sua vez, defendeu que a utilização para os servidores públicos da lei que regula a greve no setor privado seria provisória, ou seja, duraria até que o Legislativo elaborasse lei sobre o assunto.[33] Desse modo, conforme o raciocínio exposto, não haveria ofensa à separação dos Poderes enquanto o Legislativo ainda pudesse editar lei sobre o assunto e, assim, modificar a regulamentação estabelecida pelo Poder Judiciário.

Outra justificativa, apresentada pelo Min. Ricardo Lewandowski, foi que, se o Supremo proferisse sentença, viabilizadora do exercício do direito constitucional, com efeitos *inter partes*, não interferiria na

32. MI 721, p. 29 do acórdão.
33. MI 708, p. 341 do acórdão, e MI 712, p. 462 do acórdão.

esfera de competência do Legislativo. Apenas atuaria como legislador se proferisse sentença *erga omnes*, com caráter geral e abstrato.[34] Nesse sentido, o Min. Marco Aurélio também diferenciou as atividades do Judiciário e do Legislativo, afirmando que o primeiro Poder não estabelece preceito abstrato, característico da atividade legislativa, mas viabiliza o exercício de um direito com relação a um caso concreto.[35] O Min. Carlos Britto, nos mandados de injunção que tratavam da greve dos servidores públicos, sustentou a mesma ideia.[36]

Por sua vez, o Min. Gilmar Mendes, fazendo referência a Rui Medeiros, desenvolveu a ideia de que o STF não estaria agindo como legislador ao definir a norma regulamentadora para a greve dos servidores públicos porque a edição de norma, nesse caso, não seria uma possibilidade, colocada diante do Legislativo, mas um dever a ser cumprido por desse Poder.[37]

Entretanto, a criação de uma regulamentação para a norma constitucional de eficácia limitada seria responsabilidade do Poder Legislativo em todos os mandados de injunção conhecidos pelo STF, e dessa obrigatoriedade não seria possível extrair soluções específicas obrigatórias para cada mandado de injunção julgado procedente.

Ainda com apoio nas ideias de Rui Medeiros, o Min. Gilmar Mendes manifestou o entendimento de que o Tribunal não estaria legislando a adotar para os servidores públicos a lei que regula a greve no âmbito privado, pois estaria se utilizando texto editado pelo próprio Poder Legislativo, e, assim, a regulamentação criada se basearia na vontade hipotética desse Poder.[38-39]

Nesse sentido, é interessante observar que, enquanto os Mins. Sepúlveda Pertence e Ellen Gracie consideraram a solução escolhida pelo Tribunal como atividade legiferante, o Min. Carlos Britto entendeu que não, pois o Tribunal apenas tomava de empréstimo aquilo que havia sido estipulado pelo próprio Poder Legislativo. O Min. Cézar

---

34. MI 712, pp. 479, 483 e 484 do acórdão.
35. MI 721, p. 9 do acórdão.
36. MI 712, pp. 530-531 do acórdão.
37. MI 712, pp. 434-436 do acórdão.
38. MI 712, pp. 434-438 do acórdão.
39. Apesar de não se referir a Rui Medeiros, o Min. Carlos Britto desenvolveu ideia muito próxima da dele (MI 712, p. 460 do acórdão).

Peluso, por sua vez, sustentou que a aplicação da lei privada ao caso público seria feita por meio de analogia.[40]

Já, o Min. Lewandowski defendeu que a analogia seria inaplicável a esse caso, uma vez que as diferenças entre a greve na esfera pública e a greve no âmbito privado impediriam seu uso.[41] Além disso, citou um trecho do MI 438[42] no qual o Min. Sepúlveda Pertence sustentou que, se os mandados de injunção pudessem ser resolvidos pelo uso de analogia, não haveria interesse na impetração da ação, que, portanto, não deveria ser conhecida.[43]

Apesar de a Corte não ter chegado a um consenso sobre se a utilização de normas já existentes consistiria em aplicação por analogia, a justificativa que com ela se relaciona parece diminuir a dificuldade de os ministros contestarem os fundamentos apresentados no MI 107/QO. Nesse sentido, cabe questionar se o STF em casos futuros elaboraria os termos de uma lei caso não existisse nenhuma que pudesse ser aplicada por analogia.

4.2 Por que os demais impedimentos apresentados no MI/QO 107 não foram afastados?[44]

Nos casos da aposentadoria especial e da greve dos servidores públicos os ministros não precisavam ter afastado a *ratio* relacionada à segurança jurídica, uma vez que não enfrentaram, no julgamento desses mandados de injunção, os óbices de ninguém ser obrigado a fazer ou deixar de fazer alguma coisa senão em virtude de lei (art. 5º, II, da CF de 1988) e de não ser possível que a lei prejudique direito

---

40. MI 712, pp. 460-461 do acórdão.
41. MI 712, pp. 479-481 do acórdão.
42. MI 712, p. 476 do acórdão.
43. Discordando do posicionamento do Min. Sepúlveda, o Min. Menezes Direito defendeu que não haveria nada que impedisse que o preenchimento de lacunas, na omissão, fosse feito com base nos mecanismos já existentes no direito positivo (MI 708, pp. 294-295 do acórdão).
44. Talvez o princípio da separação de Poderes tenha sido a única *ratio* do MI 107/QO identificada pelos ministros que julgaram os casos analisados. No entanto, também é possível que os ministros tenham identificado outras *rationes*, sem se preocupar em afastá-las. Sendo assim, neste tópico procurarei levantar hipóteses sobre possíveis razões pelas quais as outras *ratios* podem não ter sido afastadas.

adquirido, ato jurídico perfeito e coisa julgada (art. 5º, XXXVI, da CF de 1988).

Com relação ao primeiro impedimento, quem arcaria com as despesas criadas pelas sentenças viabilizadoras dos arts. 40, § 4º, e 37, VII, da CF seria o Estado;[45] portanto não existiria o problema, levantado no MI 107/QO, de um particular ser constrangido a fazer algo a que nunca foi obrigado por lei.[46] Quanto ao segundo, desde o MI 283 o STF formou o entendimento – mantido pelas decisões posteriores – de que nos mandados de injunção a superveniência de lei não prejudicaria a coisa julgada, mas o impetrante poderia obter os benefícios da lei, naquilo que lhe fosse mais favorável.

Por outro lado, a *ratio* que envolve o princípio democrático deveria ter sido discutida, uma vez que, de acordo com esse princípio, o Poder Judiciário não poderia organizar serviços e alocar recursos. Desse modo, os ministros deveriam ter explicado que razões autorizariam o Judiciário a ordenar os serviços e recursos do Estado nos casos estudados.

5. Quais outras justificativas os ministros utilizaram para a adoção do novo entendimento?[47]

Os Mins. Gilmar Mendes, Celso de Mello e Sepúlveda Pertence, apesar de compartilharem das preocupações com relação à configuração de um "protagonismo legislativo"[48] por parte do Tribunal, ponderaram que, diante de uma omissão legislativa[49] de mais de 18

---

45. As despesas com a greve dos servidores públicos envolveriam a contratação de pessoal para a realização de atividades inadiáveis caso os grevistas paralisassem esses serviços.
46. Pode ser que mandados de injunção que exijam a responsabilização de particulares venham a ser julgados pelo Tribunal. Nesses casos, a *ratio* da segurança jurídica deverá ser debatida pelos ministros.
47. Neste tópico serão analisadas as justificativas que, diferentemente das apresentadas no item anterior, não procuravam afastar os obstáculos colocados no MI 107/QO com relação à fixação de normas pelo STF para resolução dos mandados de injunção. Considerar-se-ão, portanto, outras razões que foram oferecidas para justificar a concessão de um efeito diferente ao instituto.
48. Nas palavras do Min. Gilmar Mendes (MI 712, p. 492 do acórdão).
49. Nas palavras do Ministro Celso de Mello, "omissão abusiva", "retardamento abusivo", "prolongada inércia", "arbitrária omissão".

anos – na época do julgamento do MI 712 –, a manutenção do posicionamento do STF quanto aos mandados de injunção seria prejudicial.[50]

Ao que parece, com a análise desse argumento, o Judiciário só poderia determinar a regulamentação da norma constitucional no caso de a inércia do Legislativo ter se estendido por tanto tempo que a própria Constituição Federal correria o risco de ter sido alterada, já que os direitos constitucionais que ela havia instituído anteriormente teriam sido retirados de seus titulares.[51]

Por outro lado, o Min. Gilmar Mendes afirmou que a falta de norma regulamentadora, com relação à greve dos servidores públicos, não impediu que os servidores exercessem seu direito, mas deixou essa situação sob regulação da "lei da selva". Diante disso, a Corte deveria deixar de emitir decisões que seguiam a antiga orientação do Tribunal.[52]

Dessa argumentação, aparentemente, pode-se extrair que, se as greves não tivessem acontecido e, dessa forma, não tivesse sido criado esse "quadro de selvageria", não haveria necessidade de o Judiciário determinar a regulamentação da norma constitucional, pois nenhuma outra norma da Constituição Federal – como, por exemplo, a continuidade dos serviços públicos – correria o risco de ser afetada.

6. Conclusões

Quase 18 anos depois do julgamento do MI 107/QO o STF passou a definir, em mandados de injunção, as regras que permitiriam o imediato exercício dos direitos constitucionais, desafiando os argu-

---

50. Espécie de "omissão judicial" para o Min. Gilmar Mendes (MI 712, p. 431 do acórdão); esterilização da função político-jurídica do mandado de injunção, de impedir o desprestígio da Constituição, para o Min. Celso de Mello (MI 712, pp. 504-508 do acórdão).
51. Assim sendo, após a identificação de uma inércia abusiva por parte do Legislativo, a sentença do mandado de injunção que somente declarasse a situação de mora ao órgão responsável pela elaboração da norma faltante poderia ser considerada ineficaz, como ponderaram os Mins. Eros Grau (MI 721, p. 18 do acórdão), Carlos Britto (MI 712, pp. 462, 463, 485 e 533 do acórdão, e MI 721, p. 33 do acórdão) e Menezes Direito (MI 708, p. 293 do acórdão), ou desinteressante para o cidadão, como sustentou o Min. Marco Aurélio (MI 721, pp. 9-10 do acórdão).
52. MI 712, pp. 430-431 do acórdão.

mentos levantados naquela questão de ordem – separação dos Poderes, segurança jurídica e princípio democrático –, para que se escolhesse, em detrimento de outras soluções, o entendimento de que o mandado de injunção deveria ser proposto com o objetivo de declarar a omissão às autoridades competentes e exigir que as providências necessárias fossem tomadas.

Nos mandados de injunção analisados algumas justificativas foram apresentadas pelos ministros para demonstrar que a nova solução concedida ao instituto não consistia em atividade legislativa. Dentre esses motivos estava o fato de o Tribunal se utilizar de uma norma elaborada pelo próprio Legislativo. Apesar de a Corte não ter chegado a consenso sobre se essa utilização consistiria em aplicação de analogia, percebeu-se que essa justificativa diminuía a dificuldade dos ministros de contestar os argumentos do MI 107/QO, ao contrário do que aconteceria se o próprio STF tivesse resolvido determinar os dispositivos de uma norma, para solucionar um mandado de injunção.

No entanto, constatou-se que o que havia sido alegado naquela questão de ordem com relação à segurança jurídica e ao princípio democrático não foi expressamente afastado nos casos analisados. Com relação ao primeiro obstáculo, percebeu-se que o problema não atingia os mandados de injunção estudados, pois seria o Estado, e não um particular, o responsável por arcar com as despesas criadas pela decisão. Contudo, os ministros deveriam ter se manifestado sobre o princípio democrático, explicitando o que autorizaria o Judiciário a organizar os serviços e a alocar os recursos do Estado por meio da definição da norma que possibilitaria a imediata fruição do direito constitucional.

Por fim, notou-se que a solução adotada nos casos analisados permaneceu aquém do que parte da doutrina considera ser competência do STF em mandados de injunção – a criação dos termos de uma nova norma pelo próprio Tribunal –, uma vez que neles se decidiu pela aplicação de uma lei já existente. Caso o STF venha a criar os termos da norma regulamentadora nos julgamentos de futuros mandados de injunção, talvez os ministros tenham maiores dificuldades para afastar os óbices apresentados no MI 107/QO.

Bibliografia citada

BARBI, Celso Agrícola (1988). "Mandado de injunção". *RT* 637/7-12. São Paulo, Ed. RT.

BERMUDES, Sérgio (1989). "O mandado de injunção". *RT* 642/21-25. São Paulo, Ed. RT.

GOMES, Luiz Flávio (1989). "Anotações sobre o mandado de injunção". *RT* 647/39-44. São Paulo, Ed. RT.

MESQUITA, Ignácio Botelho de (1989). "Anteprojeto de Lei sobre o Mandado de Injunção". *O Estado de S. Paulo* 26.8.1989 (pp. 34-35).

SANTOS, Aricê Moacyr Amaral (1989). *O Mandado de Injunção*. São Paulo, Ed. RT.

SILVA, José Afonso da (1989). *Mandado de Injunção e "Habeas Data"*. São Paulo, Ed. RT.

_____ (2007). *Aplicabilidade das Normas Constitucionais*. São Paulo, Malheiros Editores.

SUNDFELD, Carlos Ari (1990). "Mandado de injunção". *RDP* 94/146-151. São Paulo, Ed. RT.

TEMER, Michel (1988). "Algumas notas sobre o mandado de segurança coletivo, o mandado de injunção e o *habeas data*". *Revista da PGE-SP* 30/11-15.

Acórdãos citados: MI 107, 107/QO, 438, 670, 708, 712, 721, 758, 788, 795, 796, 797, 808, 809, 815, 825, 828, 841, 850, 857, 879, 905, 927, 938, 962, 998, 1.083, 1.660, 1.682, 1.797 e 1.835.

DEFINIÇÃO DE PAUTA NO STF NO CONTROLE DE CONSTITUCIONALIDADE DE EMENDAS CONSTITUCIONAIS NOS GOVERNOS FHC E LULA[*-1]

CAROLINA IGNÁCIO PONCE

1. Introdução. 2. Argumentação dos ministros no julgamento das ações diretas de inconstitucionalidade. 3. Variáveis influenciadoras da definição de pauta. 4. Conclusão.

1. Introdução

O presente trabalho tem por objetivo estabelecer um mapeamento de ações diretas de inconstitucionalidade propostas no STF com o escopo de questionar a constitucionalidade de emendas à Constituição Federal de 1988 durante os Governos FHC e Lula, com o enfoque na formação da pauta do Tribunal no julgamento desses casos. O interesse por essa temática tem fundamento na observação de que desde a

* *Resumo*: O objetivo da análise dos casos que questionavam a constitucionalidade de emendas constitucionais consistiu em mapear o processo de definição de pauta de julgamento desses casos pelo STF, com o intuito de identificar quais os critérios utilizados pelos ministros para julgar alguns casos de forma célere e outros de forma mais lenta. A partir disso, tornou-se possível verificar a transposição do debate político e democrático estabelecido no Legislativo para o âmbito do STF e a consequente utilização, pelo Tribunal, do tempo e da definição de pauta de julgamento como importante estratégia na hora de se posicionar sobre a constitucionalidade das emendas.
Palavras-chave: Cláusulas Pétreas; Data de Julgamento; Definição de Pauta; Emendas Constitucionais; Legitimidade.

1. O presente artigo foi desenvolvido a partir de monografia apresentada à *sbdp* como trabalho de conclusão do curso da Escola de Formação do ano de 2009, sob a orientação de Luciana Oliveira Ramos. A versão original encontra-se em *http://www.sbdp.org.br/ver_monografia.php?idMono=140*.

promulgação da Constituição de 1988 a reforma constitucional ocorreu de forma constante e em maior escala durante o período recortado. Tal assertiva se justifica se considerarmos que foram promulgadas 6 emendas de revisão em 1994 e mais 65 emendas constitucionais até setembro/2010, momento em a pesquisa foi encerrada, sendo que, destas últimas, 62 foram promulgadas durante os Governos FHC e Lula.

Ao contrário do que se previa com a Constituição Federal de 1988, que, por conter preceitos liberais e democráticos, habilitaria o desenvolvimento desse novo estágio de maturidade política, passada a euforia inicial, nossa atual Constituição cedeu aos embalos da instabilidade e da reforma, tão latentes à história constitucional brasileira, e, ao invés de se tornar durável, foi frequentemente modificada. A Constituição Federal de 1988 continha dispositivos de cunho particularista que seguramente poderiam integrar o nível infraconstitucional. Mais que direitos e garantias fundamentais, limitação dos Poderes da República e sua organização institucional, muitos desses dispositivos assemelhavam-se a políticas públicas. Por conta disso, pode-se afirmar que os Governos FHC e Lula teriam recorrido constantemente à via de emendas como forma de implantar seus programas de governo, por conta de haver políticas públicas constitucionalizadas que emperravam o desenvolvimento desses programas.[2]

Todavia, o que salta aos olhos é que esse fenômeno não ficou circunscrito ao âmbito dos Poderes Legislativo e Executivo, sendo trazido também ao Judiciário, notadamente ao STF, em grande escala, por meio de 67 ações diretas de inconstitucionalidade[3] propostas com o escopo de impugnar dispositivos de emendas constitucionais desse período. O Judiciário passa, então, a ser o ponto último das discussões

2. Rogério Bastos Arantes e Cláudio Gonçalves Couto, "Constituição ou políticas públicas?: Uma avaliação dos anos FHC", in Fernando Luís Abrucio e Maria Rita Loureiro Durand, *O Estado numa Era de Reforma: os Anos FHC*, Brasília, Enap, 2002.
3. As buscas no *site* em relação à interposição de ações diretas de inconstitucionalidade nessa temática foram encerradas no dia 20.9.2010. As 67 ações diretas de inconstitucionalidade mencionadas correspondem às ações de ns.: 1.420, 1.497, 1.501, 1.749, 1.805, 1.946, 1.967, 2.024, 2.025, 2.027, 2.031, 2.033, 2.046, 2.047, 2.055, 2.096, 2.135, 2.199, 2.242, 2.356, 2.362, 2.395, 2.666, 2.673, 2.732, 2.760, 2.883, 3.099, 3.104, 3.105, 3.128, 3.133, 3.138, 3.143, 3.172, 3.184, 3.297, 3.308, 3.363, 3.367, 3.392, 3.395, 3.431, 3.432, 3.472, 3.486, 3.493, 3.520, 3.653, 3.684, 3.685, 3.800, 3.854, 3.855, 3.872, 3.998, 4.014, 4.282, 4.307, 4.308, 4.310, 4.357, 4.372, 4.374, 4.400, 4.425 e 4.463.

políticas já debatidas em suas sedes "naturais". Ou seja: o tema de conformação de políticas públicas passa a estar presente na agenda dos ministros do STF, o que faz com que o Tribunal participe ativamente dessa agenda constituinte que não parece em vias de terminar.

Dentro desse universo de ações diretas de inconstitucionalidade selecionadas nota-se, ainda, outro fenômeno: o de que 54% (36 ações diretas de inconstitucionalidade) dessas ações não foram ainda decididas, bem como dentro do conjunto das 31 ações decididas (46%) – 25 decididas em sede definitiva e 6 somente em sede cautelar – existe uma grande variação, de uma ação para outra, no intervalo de tempo entre a proposição da ação junto ao STF e seu efetivo julgamento.[4] Tendo em vista a grande carga de ações que permeiam a pauta do STF, que recebe centenas de milhares de ações ao ano, poder-se-ia justificar a ausência de decisão em grande parte das ações analisadas como uma consequência dessa sobrecarga. Contudo, algumas dessas ações foram decididas, mesmo em sede definitiva, de forma surpreendentemente rápida, como se houvesse um "furo" de pauta para alguns casos e outros ficassem esquecidos no tempo, esperando, talvez, o melhor momento para serem decididos. Tal constatação nos levaria a perguntar: como é definida a pauta do STF? E com base em quais critérios se dá essa definição?

Essa reflexão é de suma importância para um diagnóstico do real papel que o STF vem desempenhando acerca do controle de constitucionalidade de emendas constitucionais, uma vez que a revogação de determinada emenda pode influir decisivamente na definição da vida econômica e política.[5]

4. Os dados utilizados para a construção desse percentual e dos distanciamentos temporais entre as datas dos julgamentos das diferentes ações diretas de inconstitucionalidade foram extraídos do *site* oficial do STF: *www.stf.jus.br*.
5. Como asseveram Dimitri Dimoulis e Soraia Lunardi em "O poder de definição da pauta no STF. Reflexões sobre um caso de configuração autocriativa do processo objetivo" (*RT* 878/11-28, São Paulo, Ed. RT, 2008): "A reflexão sobre o exercício do poder de determinar a pauta possui uma evidente dimensão política no âmbito do processo constitucional. Quem exerce, *de iure* ou *de facto*, o poder de determinar a ordem de julgamento de ações, cujo resultado pode ser o afastamento de atos normativos, influencia, de maneira decisiva, a vida econômica e política. Uma célere declaração de inconstitucionalidade pode inviabilizar um projeto político, sendo que a mesma decisão ocorrida anos ou décadas depois normalmente tem efeitos muito mais limitados".

Para melhor compreensão da questão apresentada, cabe destacar que a definição da ordem de julgamento das ações diretas de inconstitucionalidade é regida pelo Regimento Interno do STF/RISTF, sendo que este diploma é a única referência normativa nesse âmbito. O RISTF dispõe que cabe ao relator pedir dia para julgamento dos feitos "nos quais estiver habilitado a proferir voto" (art. 21, X); estipula prazo de 30 dias "para o visto do relator", não se aplicando essa limitação em caso de "acúmulo de serviço "(art. 111, *caput* e inciso III); e que as ações diretas de inconstitucionalidade encontram-se entre as classes processuais que têm "prioridade" para julgamento no Plenário (art. 145, *caput* e inciso VIII).

Dessa maneira, fica evidenciado o importante papel do relator para a definição da pauta do Tribunal. Da mesma forma, nota-se que não há efetiva limitação quanto à possibilidade de este definir o tempo de apresentação de seu relatório e de seu voto. Ademais, como já mencionado, o STF parece apresentar cotidianamente "acúmulo de serviço", devido ao grande volume de ações propostas anualmente, de modo que sempre podem ser apresentados motivos para que o prazo de 30 dias não seja observado.

2. Argumentação dos ministros no julgamento das ações diretas de inconstitucionalidade

A proposição e a aprovação de emendas constitucionais por parte do Executivo e do Legislativo envolvem altos custos políticos, se consideradas as alianças que diferentes frentes político-partidárias têm de selar para a obtenção do quórum qualificado. Dessa forma, não bastam as coalizões já formadas dentro do Congresso entre partidos que se identificam, tornando-se necessária a formação de alianças com a Oposição, de forma a balizar a aprovação dos projetos das emendas. Nesse sentido, a emenda aprovada carrega em si grande teor democrático, pois tem grande parte do Legislativo favorável à sua promulgação e à consequente implantação de determinada política ou modificação em política vigente.

Nesse contexto, seria lógico supor que o STF, ao apreciar questões dessa natureza, teria seu ônus argumentativo aumentado, bem como sua responsabilidade democrática dentro da esfera de conformação de políticas de governo. Isso se daria pelo fato de que, ao revogar emendas constitucionais, ou parte delas, em sede de controle abstrato de constitucionalidade, na verdade, estaria contrariando decisões políticas que foram tomadas num *locus* dos Poderes, tocando a separação dos Poderes. Isto é: o processo decisório dos ministros passaria a apresentar custos e riscos maiores, uma vez que a decisão do STF para determinada opção política estaria restrita à impugnação, ou não, desta opção, considerando que o Tribunal não possui a prerrogativa de instituir medida melhor que substitua o dispositivo revogado.

É nesse sentido que se observa o esforço argumentativo dos ministros, nas ações diretas de inconstitucionalidade julgadas até hoje, em conceituar e delimitar ao máximo o conceito de "cláusulas pétreas" e sua abrangência, na tentativa de não adotar decisão que impugne uma medida política importante, por conta de incongruências de interpretação jurídica. A preocupação que se torna mais evidente dentre os argumentos remonta à responsabilidade do Tribunal em identificar e impedir lesões aos direitos fundamentais contidos no art. 5º e dispersos em outros dispositivos da CF de 1988 sem, todavia, "engessar" o texto constitucional a ponto de inviabilizar mudanças estruturais necessárias ao desenvolvimento da República e à atualização da Carta em relação às mudanças advindas de modificações históricas ao longo do tempo.

Contudo, o que se percebe da análise argumentativa das decisões é que a conceituação da amplitude dessas cláusulas será definida pelo contexto do caso concreto, do processo de aprovação das emendas e, principalmente, pelas implicações fáticas que a possível revogação dos dispositivos trará para a sociedade e para o ordenamento. É o que se nota no voto do Min. Eros Grau no julgamento da ADI 3.367, que tratava da impugnação do então recém-criado Conselho Nacional de Justiça, sob a alegação de que este órgão (criado via Emenda Constitucional 45) lesaria a separação dos Poderes por conta da inserção, nele, de membros alheios ao Judiciário.[6]

6. Trecho do voto do Min. Eros Grau na ADI 3.367: "É que esta Corte é um Tribunal político. Político, sim, no sentido de que provê a viabilidade da *polis*. Cumpre-nos compreender a singularidade de cada situação no âmbito da *polis*, isto é, do Estado. Por isso não estamos aqui para sacrificar a realidade em benefício de doutrinas. Não interpretamos apenas textos normativos, mas também a realidade, de modo que o significado da Constituição é produzido, pelo intérprete, contemporaneamente à realidade" (ADI 3.367, rel. Min. Cézar Peluso, j. 13.4.2005, p. 80 do acórdão).

O que este Ministro deixa claro em seu voto é que não seria possível interpretar a Constituição Federal de 1988 em favor da Magistratura (tendo em vista que essa ação direta de inconstitucionalidade foi proposta pela Associação Nacional dos Magistrados) e em desfavor da sociedade e do interesse geral.

No julgamento das ADI 3.105 e 3.128, apreciadas conjuntamente, por impugnarem os mesmos dispositivos, fica evidenciada a relevância das consequências práticas dos efeitos da emenda para a decisão final da Corte. Essas ações impugnavam parte da Emenda Constitucional 41, através da qual foi realizada a segunda "Reforma Previdenciária" pós-Constituição Federal de 1988, na parte em que estipulava a criação de contribuição previdenciária para servidores públicos inativos. O que é interessante observar em relação a este julgamento é que o Tribunal entendeu, por maioria, que não houve lesão a direitos adquiridos pela contribuição e que, portanto, a parte impugnada da emenda não é inconstitucional. Mas o próprio Tribunal já havia se manifestado de forma diversa na ADI 2.024 (referente à primeira "Reforma Previdenciária" – Emenda Constitucional 20), alegando expressamente que, caso passassem a ser tributados os benefícios dos aposentados, haveria flagrante lesão a direitos adquiridos e cláusulas pétreas, uma vez que já teriam sido preenchidos todos os requisitos para a concretização do direito à aposentadoria.

Dessa forma, o que levou o Tribunal a alterar seu posicionamento foi a complexa situação de iminente crise do sistema previdenciário, que poderia trazer prejuízos aos futuros aposentados. Nesse diapasão, o STF reconheceu interesses e direitos de ambos os lados (Estado e inativos), mas parece ter se visto em uma situação desconfortável para decidir de maneira inteiramente contrária ao Congresso, que aprovou a emenda, e ao Executivo, que a havia proposto, talvez por não ter a exata dimensão dos efeitos que, a longo prazo, poderiam ser gerados por uma decisão que contrariasse a opção política adotada. Concluiu que o interesse da sociedade civil, compreendido na manutenção da totalidade dos servidores públicos, hoje contribuintes, não pode ser sacrificado em favor de apenas uma parcela de pessoas.[7]

---

7. Este texto contém apenas alguns exemplos acerca da consideração dos efeitos fáticos das emendas e das decisões do STF frente a determinada situação. Contudo,

3. Variáveis influenciadoras da definição de pauta

Levando em consideração as questões abordadas até aqui, é numa junção de todos os fatores apresentados que foram analisadas as ações já decididas, para que ficassem mais claros os motivos que levaram os ministros a incluí-las na pauta. As decisões foram organizadas, a princípio, de acordo com o tempo que demoraram para receber decisão, tendo a divisão ocorrido por três modos: (i) decisões que foram proferidas em tempo muito menor que a média de tempo do total de ações diretas de inconstitucionalidades; (ii) decisões com tempo próximo à média; e (iii) decisões proferidas com tempo muito maior que a média. Essas categorias comportam dois níveis: o que considerou a demora para proferir decisões em sede cautelar e o que considerou o tempo gasto em sede definitiva.[8]

Desse modo, o quadro formado foi o seguinte:

---

em outras ações diretas de inconstitucionalidade, como as de ns. 1.946, 1.805, 2.395, 3.104, 1.420 e 1.497, dentre outras, é possível observar a mesma construção argumentativa em relação à relativização da amplitude das cláusulas pétreas frente às consequências fáticas da hipotética revogação do dispositivo pelo Tribunal.

8. Para as ações diretas de inconstitucionalidade decididas definitivamente a média de tempo para que seja proferida decisão é de 2,76 anos, aproximadamente, se contarmos com as 25 ações em que este tipo de decisão foi proferido. Entretanto, há um paradoxo latente, já que uma das ações desse grupo obteve decisão em tempo recorde no STF, sendo decidida em apenas 14 dias (ADI 3.685), bem como outra (ADI 2.024) demorou muito para ser julgada, esperando 7 anos e 10 meses para receber decisão definitiva. Tais casos não representam os únicos em que se podem contrapor tempos tão divergentes para que o Tribunal profira decisão. Para as decisões de medidas cautelares a lógica é um pouco diferente. Uma vez que não há análise do mérito em sua totalidade, trata-se de um tipo de decisão provisória. A média de tempo para proferir decisão cautelar é de 9,60 meses, aproximadamente. Contudo, ao compararmos o tempo real de julgamento desse grupo de ações diretas de inconstitucionalidade, notamos que a ADI 1.805 teve sua medida cautelar decidida em apenas 8 dias, enquanto a ADI 2.135 somente recebeu decisão cautelar 7 anos e 6 meses após ter sido proposta. Esta é a única ação direta de inconstitucionalidade em que há uma distância temporal tão grande, tanto que, se excluirmos esta ação do cômputo da média de tempo das cautelares, nos deparamos com uma demora de 2,90 meses, aproximadamente, para que fosse proferida decisão. O método utilizado para a obtenção desta média consistiu na somatória das distâncias temporais entre a proposição e o julgamento definitivo da ação, de forma que o valor obtido neste cômputo foi dividido pelo total de ações inseridas na categoria de decisões definitivas.

Tempo de julgamento cautelar (ADIs)

Abaixo da média	Próximo da média	Acima da média
1.420, 1.497, 1.501, 1.805, 2.025, 3.854	1.946, 2.024, 2.031	2.135, 3.395, 3.472, 3.684

*A média considerada é de 2,90 meses.

Tempo de julgamento definitivo (ADIs)

Abaixo da média	Próximo da média	Acima da média
2.666, 2.673, 3.105, 3.128, 3.367, 3.685	2.031, 3.104	1.420, 1.497, 1.501, 1.946, 2.024, 2.395

*A média considerada é de 2,76 anos.

A partir dessa divisão, o que se percebe é que, tanto em sede cautelar quanto em definitiva, poucas decisões se enquadram na média obtida, de forma que a maioria das ações julgadas termina por se posicionar abaixo ou acima da média de tempo. Nota-se, ainda, que existe uma longa distância temporal, nas duas sedes de decisão, entre as ações que se posicionam abaixo e acima da média. Isso mostra que a média construída não representa o tempo de julgamento da maioria das ações analisadas. O que se tem, na verdade, é um leque de ações que são decididas ou de forma muito célere ou muito lenta. Entretanto, esta conclusão deve ser relativizada diante do fato de que a maioria das ações diretas de inconstitucionalidade que integram o rol de decisões definitivas também foi decidida cautelarmente e em pouco tempo.[9]

O que há de especial nas ações diretas de inconstitucionalidade decididas de forma célere, que as diferencia das que não foram julgadas ou das que o foram muitos anos depois de propostas? Começando pelas ações diretas de inconstitucionalidade que obtiveram tempo recorde de julgamento em sede cautelar e definitiva, destacam-se as

---

9. Sob essa lógica, somente três decisões ficam fora do enquadramento de um julgamento mais célere, que são as ADI 2.135, 2.395 e 3.104, considerando-se como demora para proferir decisão cautelar ou definitiva aquela que é muito maior que a média, ou seja, a que é realmente expressiva.

ADI 2.025[10] (1 dia para cautelar), 1.805 (8 dias para a cautelar) e 3.685 (14 dias para decisão definitiva), as duas últimas correspondentes à impugnação de emendas que modificaram parcialmente o processo eleitoral. Um dos fatores que podem ter levado os ministros a apressar o julgamento das ações é o de que as emendas constitucionais impugnadas foram promulgadas pouco tempo antes do período eleitoral, de modo que, se a decisão não saísse rapidamente, as eleições poderiam ocorrer de acordo com o disposto nas emendas, o que prejudicaria a eficácia de decisões que porventura viessem a deferir o pedido dos autores. Além da iminência das eleições, o que pode ter levado o STF a decidir rapidamente foi a intenção de que fosse extirpada a dúvida suscitada pelos autores e de que a decisão produzisse seus efeitos já nas eleições que viriam a ocorrer. Na ADI 3.685 a questão da iminência das eleições se mostra latente, inclusive no que tange ao direito fundamental tido por lesado pelos autores, contido no art. 16 da CF.[11] Por conta disso, essa decisão foi proferida em tempo recorde, pois, além de o Tribunal ter certeza da inconstitucionalidade, diante do desrespeito à cláusula pétrea, também observou a necessidade de barrar medidas legislativas incoerentes com a Constituição Federal e com o esperado pela sociedade civil, no sentido de que, caso a emenda viesse a ser aplicada para o pleito eleitoral que se avizinhava, ocorreriam sérios danos tanto para a organização dos partidos políticos quanto para a sociedade civil, que seria surpreendida pelas novas regras.

Nas ações diretas de inconstitucionalidade que tratavam da criação e da prorrogação da CPMF, as de ns. 1.497, 1.501, 2.031, 2.666 e 2.673, as quais também foram julgadas em pouco tempo, um dos motivos que podem ter levado o Tribunal a colocá-las na pauta corresponde ao caráter controverso do tributo, pois se alegava que a contribuição não possuía fato gerador consistente em geração de riqueza, de modo que não existiriam em movimentações bancárias fatos econô-

---

10. Dentro do conjunto formado por essas três ações, a ADI 2.025 não será considerada nesta análise, devido ao fato de que, após ter tido sua cautelar indeferida por decisão da Presidência, não foi conhecida pelo Pleno.
11. Assim redigido: "A lei que alterar o processo eleitoral entrará em vigor na data de sua publicação, não se aplicando à eleição que ocorra até 1 (um) ano da data de sua vigência".

micos ou jurídicos relevantes para a instituição de tributo. O outro fator é que o tributo estava sendo sucessivamente prorrogado, de forma que a provisoriedade da contribuição teria sido descaracterizada. Assim, o Tribunal teria optado por colocar estas questões em pauta e analisá-las, extirpando dúvidas quanto à validade do tributo antes que ele incidisse por muito tempo e, consequentemente, gerasse danos à sociedade civil. Os ministros também sopesaram o papel do Tribunal na separação de Poderes ao considerarem sua legitimidade e a responsabilidade para intervir em determinadas decisões políticas, em contraposição aos interesses da sociedade civil, que passava a ter sua carga tributária aumentada. Assim, entendeu o Tribunal que não cabia a ele intervir, devendo respeitar a decisão legislativa ou a proposição executiva em política tributária. Uma das razões desse resultado poderia estar no fato de que a Corte não teria a real dimensão dos impactos na economia que a revogação da contribuição poderia gerar. A CPMF tinha seus recursos alocados para custeio da saúde. Desse modo, a impossibilidade de impor solução alternativa em contraposição ao tributo, ao invés de simplesmente revogá-lo, pode ter trazido hesitação por parte dos ministros em invalidar a política.

    Nos casos que impugnam partes das Emendas 20 e 41, da chamada "Reforma Previdenciária", a lógica de sopesamento das decisões políticas em confronto com os interesses da sociedade e a defesa de direitos fundamentais mostra-se semelhante à dos casos da CPMF. Havia grande clamor social, importantes direitos envolvidos e prejuízo de setores significativos da sociedade, devido ao fato de terem sido promulgadas mudanças significativas na Previdência Social, que, por alterarem os benefícios dos aposentados e dos que viriam a se aposentar – ou seja, a renda das pessoas –, faziam com que estes estivessem mais sensíveis e incomodados com a questão. Atrelado à insatisfação da sociedade civil, era latente para os ministros o fato de haver uma crise instaurada no sistema de seguridade social, que, no futuro, poderia entrar em colapso, por falta de recursos. Dessa forma, levando em consideração os fatores acima apresentados, o Tribunal optou por não intervir nesta política pública, pois, do mesmo modo como que se posicionou em relação à CPMF, também não parecia ter a dimensão real dos impactos que causaria uma decisão que contrariasse a implementação das mudanças realizadas.

Entretanto, o que se nota é que, apesar de 36% do total de ações[12] se referir às matérias das Emendas 20 e 41, apenas 10 casos foram decididos, sendo que, destes, apenas 5 tiveram apreciação de mérito (ADI 1.946, 2.024, 3.104, 3.105 e 3.128). Frente à avalanche de ações impugnando as mesmas emendas constitucionais, mas não necessariamente os mesmos dispositivos, o que se depreende é que a Corte teria escolhido pronunciar-se de maneira mais ágil em alguns casos, talvez os mais relevantes e controversos no debate na sociedade civil, com a intenção de barrar a proposição de ações nesse sentido.

Outra emenda constitucional que também apresentou uma avalanche de ações foi a de n. 45, que trata da chamada "Reforma do Judiciário". Referentes a partes dessa emenda foram propostas 16 ações, das quais 5 foram decididas em sede cautelar ou definitiva (ADI 3.367, 3.395, 3.472, 3.684 e 3.854). Também no caso dessa Emenda é possível identificar o conteúdo de políticas públicas, tendo em vista a intenção dos Poderes Legislativo e Executivo de conter a grave crise do sistema judiciário, o qual estava trazendo danos à sociedade civil. Trata-se de fator relevante, pois a partir deste fato cresce o ônus decisório do STF em proferir uma decisão que possua a menor possibilidade de erro possível, já que, caso contrário, ao invés de proteger a separação dos Poderes, ela poderia agravar a crise ou impor barreiras ao constituinte reformador para revertê-la. Em relação a essas cinco ações diretas de inconstitucionalidade nota-se que nenhuma apresentou tempo exorbitante de espera para ser julgada. Muito embora três delas tenham sido julgadas com margem de tempo maior que a média extraída para o julgamento cautelar, estes períodos são pequenos e se aproximam de um ano cada. A única ação direta de inconstitucionalidade decidida em sede definitiva, deste rol, foi decidida em quatro meses e quatro dias após sua proposição (ADI 3.367), tempo muito aquém da média encontrada para decisões definitivas.

Já, quanto às ADI 3.395, 3.472 e 3.684, que foram julgadas em 1 ano e 2 meses, 10 meses e 23 dias e 1 ano e 20 dias, respectivamente, pode-se justificar a rapidez das decisões devido a dois fatores. Primeiro, no caso da ADI 3.395 e 3.684, por conta de conflitos interpretativos em relação à delimitação de competências da Justiça do Trabalho,

12. Que correspondem a 22 ações, quando computadas também as que não foram julgadas.

questões que estavam gerando problemas na prática forense. Possivelmente por tal motivo, o STF decidiu por expurgar rapidamente a dúvida, de forma a possibilitar o andamento da máquina judiciária sem maiores entraves. Segundo, a ADI 3.472 trouxe clara inconstitucionalidade no processo de aprovação da emenda constitucional impugnada, revelada por vícios formais, no que toca à criação do Conselho Nacional do Ministério Público. Assim, o STF parece ter buscado expurgar a dúvida quanto a esta questão antes que o Conselho começasse a atuar, pois, caso fosse desmembrado posteriormente à sua formação e atuação, surgiria um grande problema, na prática, para a anulação das decisões tomadas.

Na ADI 3.854, que também possui decisão cautelar proferida em tempo (21 dias) bem abaixo da média respectiva, a definição da amplitude das cláusulas pétreas novamente é levantada. A questão que se discute nessa ação direta de inconstitucionalidade refere-se ao estabelecimento de um subteto de remuneração aos magistrados estaduais que é menor que o subteto dos magistrados federais. Neste caso, o princípio da isonomia foi tido por lesado topicamente, por haver sido estabelecida discriminação injustificada entre os diferentes âmbitos da Magistratura. Desta vez o problema de lesão ao princípio da igualdade é mais impactante que a intromissão do STF em política definida pelos Poderes Executivo e Legislativo, demandando um sopesamento que ensejou a intervenção para se declarar em sede cautelar, muito rapidamente, a inconstitucionalidade da emenda.

Para complementar a análise dos pontos que levam à definição da pauta no STF, é necessário olhar para as ações que demoraram mais para obter decisão, considerados os tempos tanto das decisões cautelares quanto das definitivas. As ações que mostraram distância temporal maior em relação às outras foram as ADI 2.135, 2.395 e 3.104.

A ADI 2.135 demorou sete anos e seis meses para ser decidida cautelarmente. Este dado é estranho, já que um dos requisitos para a admissão das medidas cautelares é o *periculum in mora*, o qual estaria desconfigurado após a espera de tanto tempo. Esta ação trata da impugnação da Emenda Constitucional 19, que modificou o regime de servidores públicos e supostamente teria tido vício formal em sua aprovação. A decisão foi favorável aos autores, declarada a inconstitucionalidade formal da emenda. A demora no julgamento provavelmente ocorreu devido ao fato de que o Tribunal, frente aos impactos que sua decisão poderia gerar ao impugnar emenda que trazia mudança estrutural na Administração Pública durante o Governo FHC, na chamada "Reforma Gerencial", hesitou em impugnar a medida. A demora pode ser justificada pelo grande risco contido na retirada da emenda do ordenamento, pois caso isso ocorresse uma política essencial para o programa do Governo FHC seria inviabilizada, fato que trazia grande responsabilidade ao Tribunal.

O que se vê no julgamento dessa ação direta de inconstitucionalidade é que houve clara utilização do tempo como estratégia decisória, já que a emenda somente foi declarada como inconstitucional em 2007, no Governo Lula, mais de sete anos depois de proposta a ação, produzindo efeitos durante este período, de forma que se deixou que o Governo FHC atingisse seus objetivos com a mudança para depois revogá-la, sem prejudicar o curso das mudanças políticas. Essa estratégia simboliza que o Tribunal, em tese, já conhecia o conteúdo dos votos dos ministros, ou por haver jurisprudência consolidada que endossasse a ideia, ou por trocarem experiências mutuamente. A Corte, então, preferiu julgar a questão de maneira mais cautelosa, com o intuito de amadurecer a modificação no plano dos fatos e minimizar a dimensão dos prejuízos. A intenção do Tribunal seria sinalizar o resultado do julgamento e, assim, dar espaço e tempo para que o Estado e a sociedade se enquadrassem à modificação necessária, evitando possíveis colapsos.[13]

Na ADI 2.395, que trata da transposição de competência dos Estados para a União no que tange a fusão, incorporação, desmembramento e extinção de Municípios, nota-se que o Tribunal demorou para julgar a causa possivelmente por entender que haveria risco de violação ao pacto federativo, mas que as implicações fáticas da promulgação da emenda eram benéficas para a sociedade, no sentido de evitar a proliferação de Municípios por interesses eleitoreiros. Essas implicações foram essenciais para que a decisão do Tribunal mantivesse a política estabelecida. Dessa forma, o STF estava ciente de que

---

13. Henrique Motta Pinto, Guilherme Jardim Jurksaitis, André J. Rosilho e Bruna Pretzel, *O Tempo nos Julgamentos do STF*, Nota do *Observatório do STF* do site da sbdp, abril/2008 (disponível em http://www.sbdp.org.br/observatorio_ver.php?idConteudo=9).

poderia ter ocorrido violação a cláusula pétrea, mas estava confiante de que a emenda havia mudado a Constituição Federal para melhor, na defesa da democracia e da sociedade, sendo interessante ao STF se a emenda pudesse viger por algum tempo.

Já, na ADI 3.104, que tratava da mudança do regime previdenciário para servidores públicos ativos, por conta de o STF não possuir real dimensão do impacto que poderia gerar a revogação de parte da Emenda Constitucional 41 para os cofres da Previdência Social, provavelmente optou por não se manifestar, em tão relevante política pública, de forma imediata. Assim, preferiram os ministros esperar a aplicação da emenda constitucional no mundo fático, para somente então formar ou manifestar seu convencimento.

4. Conclusão

Do exposto até aqui, percebe-se que o STF passou a representar o papel de um dos protagonistas do processo político brasileiro, uma vez que houve um deslocamento da autoridade do sistema representativo para o Judiciário no que toca à análise de políticas públicas introduzidas via emendas constitucionais. Como consequência de uma Constituição detalhista e em constante mudança, o STF passou a realizar o controle dessa imensa gama de políticas públicas constitucionalizadas que estavam sendo transformadas. Nas palavras de Oscar Vilhena Vieira, "a equação é simples: se tudo é matéria constitucional, o campo de liberdade dado ao corpo político é muito pequeno. Qualquer movimento mais brusco dos administradores ou dos legisladores gera um incidente de constitucionalidade, que, por regra, deságua no Supremo".[14]

Somado a essas questões, também se nota que o STF passou a ser o local de mais fácil acesso da sociedade civil para a contestação dessas mudanças políticas na Constituição Federal. Isso ocorre devido à amplitude do rol de legitimados para propor ações diretas de inconstitucionalidades, os quais enxergam no Judiciário um meio mais propício para a rediscussão das medidas legislativas e executivas. Essa

---

14. Oscar Vilhena Vieira, "Supremocracia", *Revista de Direito GV* 8, São Paulo, FGV, 2008 (disponível em *http://www.scielo.br/scielo.php?pid=S1808-243220080002 00005&script=sci_arttext&tlng=pt*).

abertura do Tribunal a outros atores políticos o tem transformado em uma câmara de revisão de decisões majoritárias. Devido à totalidade desses fatores, o Tribunal passou de mero espectador do desenvolvimento democrático a partícipe da conformação de decisões políticas, atuando como uma espécie de Poder Moderador da República.

Contudo, como elucidado no trabalho, não há clareza na argumentação dos ministros sobre a melhor maneira de se interpretar a Constituição ou sobre os motivos de validação de algumas emendas. Entretanto, essas dificuldades transcendem os problemas hermenêuticos derivados da aplicação da Constituição Federal, passando a atingir a dimensão da autoridade que se entende adequada de ser exercida por um tribunal dentro de um regime que se pretenda democrático. Nessa situação, aliadas ao problema de legitimidade do STF para intervir na conformação de políticas delimitadas no Legislativo e Executivo, surgem implicações fáticas intrínsecas à aprovação de emendas constitucionais. Essas consequências de ordem fática afetam diretamente o posicionamento dos ministros nos casos que chegam para sua apreciação, de forma que o STF se vê no papel de avaliar determinada política, conjuntamente com a interpretação da Constituição Federal.

É nesse momento que o Tribunal utiliza o tempo como importante arma de estratégia decisória, escolhendo o melhor momento para intervir e, assim, podendo controlar o *timing* do impacto judicial na implementação da política, seja acelerando uma decisão, através do julgamento rápido da causa, seja protelando o julgamento, com o intuito de encontrar o melhor instante para decidir. Também existe a possibilidade de o Tribunal indeferir a cautelar para apreciar a questão novamente no mérito, deixando a norma viger por longo tempo até que a causa perca o objeto (caso das ADI 1.420 e 1.497).

Enfim, denota-se que o Tribunal, ao decidir casos sobre emendas constitucionais, considera principalmente os custos fáticos de sua decisão, sendo decorrência dessa assimilação os argumentos responsáveis pela formação do convencimento dos ministros. A partir da análise destes custos é que o Tribunal decide se tem, ou não, legitimidade para intervir, sendo que, nos casos em que não possui a possibilidade de oferecer melhor solução ao problema que se avizinha, opta por manter a política promulgada, entendendo ser melhor assim para a sociedade e evitando assumir os riscos de outra decisão. *A contrario sensu*, quando os custos fáticos da implantação da política delimitada pela emenda afetam a sociedade de forma prejudicial, sem que haja razões de ordem fática suficientes para tal, entende o Tribunal ter legitimidade para intervir, e o faz de maneira mais célere. Desse modo, o STF parece deixar que as consequências de determinadas decisões políticas primeiramente se desenvolvam no plano fático, para depois tocar na discussão jurídica do caso, estando mais seguro para intervir depois que o clamor público se acalme. A partir destes usos estratégicos do tempo, o Tribunal parece ter a possibilidade de trazer para si o debate democrático das emendas constitucionais somente quando julgue necessária sua intervenção e em momento propício, de forma a poder escolher por quanto tempo deixa a política viger.

Bibliografia

ARANTES, Rogério B., e COUTO, Cláudio C. "Constituição, governo e democracia no Brasil". *Revista Brasileira de Ciências Sociais* 21. 2006 (disponível em *http://www.scielo.br/scielo.php?pid=S0102-69092006000200003&script =sci_abstract&tlng=pt*).

_____. "Constituição ou políticas públicas?: Uma avaliação dos anos FHC". In: ABRUCIO, Fernando Luís, e DURAND, Maria Rita Loureiro. *O Estado numa Era de Reforma: os Anos FHC*. Brasília, Enap, 2002.

BUCCI, Maria Paula D. *Políticas Públicas e Direito Administrativo*. São Paulo, Saraiva, 2002.

COUTO, Cláudio C. "O avesso do avesso – Conjuntura e estrutura na recente agenda política brasileira". *São Paulo em Perspectiva* 15. Rio de Janeiro, Revista Brasileira de Ciências Sociais, 2001.

DIMOULIS, Dimitri, e LUNARDI, Soraia. "O poder de definição da pauta no STF. Reflexões sobre um caso de configuração autocriativa do processo objetivo". *RT* 878/11-28. São Paulo, Ed. RT, 2008.

MENDES, Conrado H. *Direitos Fundamentais, Separação dos Poderes e Deliberação*. Tese de Doutorado apresentada ao Departamento de Ciência Política da USP em 2008.

PERTENCE, Sepúlveda. "O controle de constitucionalidade de emendas constitucionais: crônica de jurisprudência". *Revista Eletrônica de Direito do Estado* 9. Salvador, IBDP, 2007.

PINTO, Henrique M., JURKSAITIS, Guilherme J., ROSILHO, André J., e PRETZEL, Bruna. *O Tempo nos Julgamentos do STF*. Nota do Observatório do STF no *site* da *sbdp*, abril/2008 (disponível em *http://www.sbdp.org.br/ observatorio_ver.php?idConteudo=9*).

ROSILHO, André J. *O Perfil das Associações de Classe no Controle Constitucional de Emendas Constitucionais*. Monografia da Escola de Formação da *sbdp*, 2007 (disponível em *http://www.sbdp.org.br/ver_monografia.php?id Mono=108*).

TAYLOR, Mathew M. "O Judiciário e as Políticas Públicas no Brasil". *Revista de Ciências Sociais – DADOS* 50-2. Rio de Janeiro, 2007 (disponível em *http://www.scielo.br/scielo.php?pid=S0011-52582007000200001&script= sci_arttext&tlng=in*).

_____, e DA ROS, Luciano. "Os partidos dentro e fora do poder: a judicialização como resultado contingente da estratégia política". *Revista de Ciências Sociais – DADOS* 51-4. Rio de Janeiro, 2008 (disponível em *http://www. scielo.br/scielo.php?pid=S0011-52582008000400002&script=sci_arttext &tlng=]*).

VIANNA, Luiz W., *et alli*. *Judicialização da Política e das Relações Sociais no Brasil*. Rio de Janeiro, Revan, 1999.

VIEIRA, Oscar Vilhena. "Fraude constitucional". In: *O Neófito – Informativo Jurídico* (artigo retirado do *site www.neofito.com.br*).

_____. "Supremocracia". *Revista de Direito GV* 8. São Paulo, FGV, 2008 (disponível em *http://www.scielo.br/scielo.php?pid=S1808-2432200800020 0005& script=sci_arttext&tlng=pt*).

Acórdãos citados: ADI 1.420, 1.497, 1.501, 1.805, 1.946, 2.024, 2.025, 2.031, 2.135, 2.395, 2.666, 2.673, 3.104, 3.105, 3.128, 3.367, 3.395, 3.472, 3.684, 3.685.

A ARGUIÇÃO DE DESCUMPRIMENTO DE PRECEITO FUNDAMENTAL NO STF *-1

FELIPE DUARTE GONÇALVES VENTURA DE PAULA

1. Introdução. 2. A arguição de descumprimento de preceito fundamental no plano constitucional. 3. A arguição de descumprimento de preceito fundamental no plano legal. 4. A arguição de descumprimento de preceito fundamental na jurisprudência do STF: 4.1 Legitimação ativa para propositura da arguição de descumprimento de preceito fundamental – 4.2 Preceitos fundamentais – 4.3 Cláusula da subsidiariedade – 4.4 Objeto. 5. Conclusão.

* *Resumo*: A arguição de descumprimento de preceito fundamental (ADPF) é um mecanismo de controle de constitucionalidade, criado originalmente pela Constituição Federal de 1988. Inédito no Direito Brasileiro, o instrumento foi previsto de forma lacônica no texto constitucional; sua disciplina legal, por sua vez, caracterizou-se pela vagueza e ambiguidade. Nesse cenário, coube ao STF, órgão competente para o processamento e o julgamento da arguição de descumprimento de preceito fundamental, o desenho definitivo da medida. A partir da análise das decisões proferidas pela Corte na via dessa ação constitucional, o presente artigo busca traçar o perfil jurisprudencial da arguição de descumprimento. Pelas razões que serão expostas, é possível concluir que o STF maneja a arguição de descumprimento de preceito fundamental como uma ação direta de inconstitucionalidade subsidiária.

Palavras-chave: Arguição de Descumprimento de Preceito Fundamental; Cláusula da Subsidiariedade; Objeto da Arguição de Descumprimento de Preceito Fundamental; Preceito Fundamental; Supremo Tribunal Federal.

1. O presente artigo foi desenvolvido a partir de dois trabalhos anteriores realizados pelo autor. O primeiro, intitulado "O sentido de 'ato do Poder Público' e de 'preceito fundamental' na arguição de descumprimento de preceito fundamental: uma análise da jurisprudência do STF", consistiu em monografia apresentada à *sbdp* como trabalho de conclusão de curso da Escola de Formação do ano de 2008, sob a orientação de Marcos Paulo Veríssimo. A versão original encontra-se disponível em http:// www.sbdp.org.br/monografias_ver.php?idConteudo=115. O segundo, intitulado "Parâmetro de controle, cláusula da subsidiariedade e objeto na arguição de descumprimento de preceito fundamental", consistiu em trabalho de conclusão de graduação (Tese de Láurea) apresentado à Faculdade de Direito da USP no ano de 2010, sob a orientação de Elival da Silva Ramos.

1. Introdução

A Constituição Federal de 1988 previu, entre os mecanismos de controle de constitucionalidade de competência originária do STF, a arguição de descumprimento de preceito fundamental/ADPF. Inserta no art. 102, § 1º, da CF, a medida, sem precedentes no Direito Brasileiro, gerou dúvidas e debates entre os estudiosos, que buscaram desde logo compreender o lugar ocupado pelo instituto no sistema de controle pátrio, reconhecidamente complexo e já guarnecido, àquela altura, de diferentes instrumentos de provocação.

A norma constitucional de regência, além de extremamente vaga, condicionou a eficácia plena da arguição de descumprimento de preceito fundamental a futura integração legislativa. Assim, os esforços doutrinários de delimitação da arguição não avançaram substancialmente antes do advento da referida lei. Apenas 11 anos após a introdução da arguição de descumprimento de preceito fundamental no País, veio a lume a Lei federal 9.882, de 3.12.1999, que dispôs sobre o processo e julgamento da medida perante o STF.

Embora a lei regulamentadora tenha lançado as bases mínimas necessárias para a operacionalização da arguição de descumprimento de preceito fundamental, trouxe dispositivos vagos e ambíguos, os quais suscitaram mais dúvidas que respostas. Assim, as controvérsias doutrinárias em torno do instituto continuaram a existir, e até proliferaram. Avulta, nesse sentido, a impugnação que a íntegra da Lei 9.882/1999 sofreu, pouco tempo depois de sua edição, por meio de ação direta de inconstitucionalidade, cujo mérito ainda não foi julgado pelo STF.[2]

Diante do laconismo da Constituição e das imprecisões da lei, transferiu-se para o STF a tarefa de delimitar as balizas definitivas da arguição de descumprimento. Por essa razão, é importante debruçar-se sobre o delineamento jurisprudencial da arguição de descumprimento de preceito fundamental, como pretende fazer o presente artigo. Antes, porém, de apresentar os contornos atribuídos pelo Supremo à arguição, é preciso, para compreender melhor o tema, expor brevemente a moldura constitucional e a modelagem legal da arguição de descumprimento de preceito fundamental.

2. Trata-se da ADI 2.231-DF, proposta pelo Conselho Federal da OAB e distribuída no STF em 27.6.2000. É possível acompanhar o andamento dessa ação direta por meio do *site* do STF (*http://www.stf.jus.br*).

2. A arguição de descumprimento de preceito fundamental no plano constitucional

Prevista no texto original da Constituição Federal de 1988, a arguição de descumprimento encontrava-se inicialmente no parágrafo único do art. 102, mais tarde transformado em § 1º pela Emenda Constitucional 3/1993, sem que a redação do dispositivo fosse alterada. A CF de 1988 não se refere à arguição de descumprimento de preceito fundamental em nenhum outro momento além do § 1º do art. 102.

A vagueza do dispositivo constitucional em foco demonstra a flagrante indeterminação do fundamento constitucional da arguição de descumprimento, o que dificultou, desde o início do debate acerca do tema, a indicação dos limites precisos da arguição.[3] Além disso, a inexistência de qualquer parâmetro histórico anterior tornou ainda mais difícil a compreensão do instituto, visto que a arguição foi criação original do constituinte de 1988, sem precedentes em nosso direito positivo.

Do plano constitucional somente é possível extrair que (i) a arguição de descumprimento de preceito fundamental é medida judicial, (ii) de competência originária do STF, (iii) voltada à proteção da Constituição, (iv) adotando como parâmetro, para a realização dessa proteção, os preceitos fundamentais da Constituição.[4]

No entanto, essas balizas não bastam para delinear de forma completa o perfil do instrumento, uma vez que certos aspectos nucleares não foram definidos pela Constituição Federal de 1988, como, por

---

3. Para uma análise acerca da baixa densidade normativa do art. 102, § 1º, da CF de 1988, v. Dimitri Dimoulis, "Arguição de descumprimento de preceito fundamental: problemas de concretização e limitação", *RT* 832/12-16, Ano 94, São Paulo, Ed. RT, fevereiro/2005.

4. Quanto ao segundo e ao quarto aspectos indicados, trata-se de texto expresso da Constituição. Quanto ao primeiro, a Constituição estabelece que a arguição "*será apreciada* pelo Supremo Tribunal Federal", ou seja, será julgada, decidida, pelo Supremo; ademais, a previsão da arguição de descumprimento de preceito fundamental encontra-se no art. 102 da CF de 1988, o qual trata das competências jurisdicionais do STF. E, quanto ao terceiro atributo, observa-se que o texto constitucional prevê a arguição de descumprimento de preceito fundamental como forma de averiguar o descumprimento de um preceito fundamental; portanto, instrumento que permite a fiscalização da conformidade entre determinado ato jurídico infraconstitucional e o comando das normas fundamentais da Constituição, a fim de apurar se aquele descumpriu este.

exemplo, a natureza jurídica da arguição de descumprimento de preceito fundamental (ou seja, sua conformação como ação autônoma, recurso ou incidente processual), o tipo de controle de constitucionalidade a ser exercido na via do instituto (abstrato ou concreto, objetivo ou subjetivo), a legitimação ativa para propositura da medida, bem como os objetos sindicáveis e os efeitos da decisão em sede de arguição de descumprimento.

Não obstante a indefinição da moldura constitucional da arguição de descumprimento de preceito fundamental, alguns autores tentaram esboçar um perfil para a medida, antes do advento da Lei 9.882/1999. Dentre as teses produzidas, aquela que ganhou maior destaque foi a defendida por José Afonso da Silva. Este constitucionalista sustentou a possibilidade de o legislador, ao regulamentar o art. 102, § 1º, da CF, imprimir à arguição de descumprimento feições semelhantes às do recurso constitucional alemão.[5] Referido instituto germânico é uma medida judicial que permite o acesso direto do cidadão ao Tribunal Constitucional Federal, pois qualquer pessoa física detém legitimidade para seu ajuizamento; por meio dessa medida o recorrente busca a tutela jurisdicional de seus direitos fundamentais violados por atos de titulares do Poder Público (o que engloba os Poderes Executivo, Legislativo e Judiciário). Além dessa função de proteção de posições subjetivas, o recurso constitucional também pode ser utilizado para a realização de controle em tese de lei ou ato normativo, podendo resultar em declaração de inconstitucionalidade com efeitos gerais e retroativos.[6]

A aproximação entre a arguição de descumprimento de preceito fundamental e o recurso constitucional alemão recebeu adesões da doutrina.[7] Alguns chegaram a expandir a tese inicial de José Afonso

---

5. José Afonso da Silva, *Curso de Direito Constitucional Positivo*, 9ª ed., 3ª tir., São Paulo, Malheiros Editores, abril/1993, pp. 487-488.
6. Sobre as características do recurso constitucional alemão, v. Luís Afonso Heck, "O recurso constitucional na sistemática jurisdicional-constitucional alemã", *Revista de Informação Legislativa* 124, Ano 31, Brasília, outubro-dezembro/1994, especialmente pp. 117-119 e 129-132.
7. V., por exemplo, Clèmerson Merlin Clève, *A Fiscalização Abstrata da Constitucionalidade no Direito Brasileiro*, 2ª ed., São Paulo, Ed. RT, 2000, pp. 408-409. Contudo, este autor assinala que a arguição de descumprimento de preceito fundamental teria alcance menor que o do recurso constitucional, pois parte das funções da medida alemã seriam cobertas pelo nosso recurso extraordinário.

da Silva e estabeleceram comparações entre a arguição de descumprimento, em sua base constitucional, e outros institutos jurídicos estrangeiros, como o recurso de amparo espanhol.[8] Todavia, a versão final da Lei 9.882/1999, como sancionada pelo Presidente da República, afastou-se completamente dos prognósticos aqui aludidos.

3. A arguição de descumprimento de preceito fundamental no plano legal

A disciplina legal da arguição de descumprimento de preceito fundamental não foi pensada no sentido de moldar o instrumento como uma medida de proteção dos direitos fundamentais do cidadão. Diferentemente, desde o início de sua gestação o desenho legislativo da arguição de descumprimento esteve sob a influência de dois projetos: (i) a inserção, no Brasil, de um mecanismo de uniformização da jurisprudência, nos moldes do incidente de inconstitucionalidade típico dos sistemas de controle de constitucionalidade europeus;[9] e (ii) a ampliação do rol de competências do STF, mediante a previsão de novas matérias a serem diretamente conhecidas pela Corte, no âmbito do controle principal-abstrato, notadamente o direito municipal em face da Constituição Federal e o direito pré-constitucional (os quais estão expressamente previstos no art. 1º, parágrafo único, I, da Lei

---

8. Para um estudo aprofundado de Direito Comparado, v. André Ramos Tavares, *Tratado da Arguição de Preceito Fundamental: Lei 9.868/1999 e Lei 9.882/1999*, São Paulo, Saraiva, 2001, pp. 35-68.

9. A Comissão de Juristas responsável por pensar a disciplina legal da arguição de descumprimento de preceito fundamental foi composta por Celso Ribeiro Bastos (Presidente da Comissão), Gilmar Ferreira Mendes, Arnoldo Wald, Ives Gandra da Silva Martins e Oscar Dias Corrêa. Gilmar Mendes teve atuação bastante destacada na Comissão; o autor relata que a Lei 9.882/1999 deu os primeiros passos quando ele e Celso Bastos começaram a debater a possibilidade de introduzir no Direito Brasileiro "um instrumento adequado a combater a chamada 'guerra de liminares'", e concluíram que a arguição de descumprimento de preceito fundamental, prevista no art. 102, § 1º, da CF de 1988, poderia ser esse instrumento, uma vez que "poderia contemplar, adequadamente, o incidente de inconstitucionalidade". Essas são palavras de Gilmar Mendes, no artigo "Arguição de descumprimento de preceito fundamental (I) (§ 1º do art. 102 da CF)", *Revista Jurídica Virtual* 1-7, Brasília, dezembro/1999 (disponível em *http://www.planalto.gov.br/ccivil_03/revista/Rev_07/arguicao.htm*). Nesse texto o Min. Gilmar Mendes oferece um histórico completo da elaboração da lei.

9.882/1999).[10] Não é difícil perceber que as duas diretrizes convergem, na medida em que ambas atribuem grande relevo à atuação do Supremo, destacando ainda mais o Tribunal no cenário jurisdicional brasileiro.[11]

É verdade que o projeto da Lei 9.882/1999, como apresentado para a sanção presidencial, previa, em seu art. 2º, II, a legitimação ativa de "qualquer pessoa lesada ou ameaçada por ato do Poder Público". Com isso, abria um canal de acesso direto do indivíduo ao STF, aproximando a arguição de descumprimento de preceito fundamental do recurso constitucional alemão, mas sem igualar os institutos. No entanto, esse dispositivo foi vetado pelo Presidente da República, sob a alegação de que o acesso individual, sem a exigência de qualquer requisito específico, sobrecarregaria o STF, inviabilizando seu funcionamento.[12-13]

10. Gilmar Mendes informa que, quando ele e Celso Bastos começaram a debater o regramento legal da arguição de descumprimento de preceito fundamental, ambos pensaram que a medida poderia ter "o escopo de colmatar importantes lacunas identificadas no quadro de competências do STF"; na mesma obra em que registra esse relevante dado histórico, o autor, ao analisar a versão final da Lei 9.882/1999, como atualmente vigente, sustenta que "o novo instituto vem completar o sistema de controle de constitucionalidade de perfil relativamente concentrado no STF, uma vez que as questões, até então excluídas de apreciação no âmbito do controle abstrato de normas, serão objeto de exame no âmbito do novo procedimento" (v., do autor, *Arguição de Descumprimento de Preceito Fundamental: Comentários à Lei 9.882, de 3.12.1999*, São Paulo, Saraiva, 2007, pp. 1 e 19).
11. Vale observar que na petição inicial da ADI 2.231-DF (disponível no *site* do STF) a OAB demonstrou a preocupação de que a Lei 9.882/1999 ampliasse o leque de competências do Supremo em detrimento do sistema de controle difuso existente em nosso País. Com efeito, parece-me que a arguição de descumprimento de preceito fundamental se insere no movimento progressivo que o sistema de controle de constitucionalidade brasileiro tem feito, sob a Constituição Federal de 1988, em direção ao padrão europeu de controle (concentrado, principal e abstrato), com a consequente perda de importância do controle de influência norte-americana (difuso, incidental e concreto). Essa tendência do sistema é notada, entre outros, por Clèmerson Merlin Clève (*A Fiscalização Abstrata da Constitucionalidade no Direito Brasileiro*, cit., 2ª ed., pp. 140-141).
12. Cf. Mensagem de Veto 1.807 (disponível em *http://www.planalto.gov.br/ ccivil_03/Leis/Mensagem_Veto/1999/Mv1807-99.htm*).
13. Alguns criticaram duramente o veto, sob o argumento de que ele teria obstado ao potencial da arguição de descumprimento de preceito fundamental de democratizar o acesso à jurisdição constitucional. Nesse sentido, por exemplo, Lenio Luiz Streck ("Os meios de acesso do cidadão à jurisdição constitucional, a arguição de

O veto em questão restringiu o rol de legitimados ativos para a propositura da arguição de descumprimento de preceito fundamental aos entes legitimados para a ação direta de inconstitucionalidade, nos termos do art. 2º, I, da Lei 9.882/1999, afastando completamente a arguição de descumprimento de preceito fundamental do recurso constitucional e *reforçando* a índole objetiva do instituto. Isso significa que a arguição de descumprimento, como disciplinada pela lei, constitui ação constitucional inserida em um contencioso objetivo. Nesse sentido, a arguição não se presta para a defesa direta de interesses ou posições subjetivas dos arguentes, mas volta-se para a proteção da integridade constitucional da ordem jurídica.[14]

Esse delineamento da arguição de descumprimento de preceito fundamental como ação de controle objetivo de constitucionalidade não decorre unicamente do veto presidencial ao art. 2º, II, da Lei 9.882/1999. Na verdade, o veto apenas intensificou o perfil objetivo que já decorria da modelagem legal como um todo, sobretudo em razão do regramento conferido aos efeitos e ao alcance da decisão na via da arguição de descumprimento.

De fato, a Lei 9.882/1999 não prevê nenhuma providência que possa satisfazer imediatamente eventual pretensão subjetiva do arguente. Basta observar as regras contidas nos arts. 10 e 11 da lei sob enfoque, as quais, à evidência, não estão voltadas especificamente para a tutela de interesses particulares.

Ademais, a Lei 9.882/1999 conferiu à arguição de descumprimento de preceito fundamental disciplina muito semelhante (e, em alguns pontos, idêntica) ao regramento estabelecido pela Lei 9.868/1999 para a ação direta de inconstitucionalidade e para a ação declaratória de constitucionalidade, as quais também são ações de controle

descumprimento de preceito fundamental e a crise de eficácia da Constituição", *Revista da Ajuris* 81-I, Ano XXVI, Porto Alegre, março/2001, especialmente pp. 107 e 111-112). Vale observar que em 2006 a Comissão Especial Mista para Regulamentação da Emenda 45/2004 propôs o Projeto de Lei 6.543/2006, o qual visa a reinserir a legitimação ativa popular na Lei 9.882/1999. Esse projeto encontra-se sob apreciação da Câmara dos Deputados, e é possível acompanhar seu trâmite por meio do *site* http://www.camara.gov.br/sileg/Prop_Detalhe.asp?id=312308.
14. Sobre as características do controle objetivo, v. Clèmerson Merlin Clève, *A Fiscalização Abstrata da Constitucionalidade no Direito Brasileiro*, cit., 2ª ed., pp. 142-147 e 159.

que se desenvolvem por meio de processo objetivo. Além da legitimação ativa e dos efeitos *erga omnes* da decisão de mérito, iguais nos três casos, podem ser destacados também os efeitos da decisão em liminar, bem como a irrescindibilidade e a irrecorribilidade dos acórdãos, entre outros aspectos. Essa forte proximidade entre as ações é outra evidência do perfil objetivo que o legislador quis atribuir à arguição de descumprimento de preceito fundamental, o que, evidentemente, influenciou muito a forma como o STF delineou a ação de arguição de descumprimento.

4. A arguição de descumprimento de preceito fundamental na jurisprudência do STF

Durante 11 anos a arguição de descumprimento de preceito fundamental permaneceu inerte em nosso ordenamento jurídico. De fato, o STF reconheceu a não autoaplicabilidade do § 1º do art. 102 da CF de 1988, e, invocando a ausência de disciplina legislativa, indeferiu pedidos de arguição de descumprimento ajuizados antes da edição da Lei 9.882/1999.[15]

Nas pesquisas anteriormente realizadas, que serviram de substrato para a confecção deste artigo,[16] foram analisadas todas as decisões proferidas pelo STF, na via da arguição, até 31.12.2009, incluindo tanto os pronunciamentos monocráticos quanto os plenários. Portanto, considerando que a vida útil da arguição de descumprimento de preceito fundamental teve seu marco inicial em 3.12.1999, data de promulgação da Lei 9.882, e tendo em vista o limite temporal final estipulado para a pesquisa (31.12.2009), o retrato da jurisprudência aqui traçado engloba 10 anos de decisões do Supremo em sede de arguição de descumprimento.

Ao longo desse tempo a jurisprudência do Tribunal não atingiu a expressividade que se poderia esperar: foram ajuizadas apenas 204 arguições de descumprimento, e o Supremo pronunciou-se sobre o mérito somente de 6.[17] Além disso, as interpretações adotadas pelos

---

15. Entre os quais AgR na Pet 1.140-7 (*DJU* 31.5.1996) e a Petição 1.369-8 (*DJU* 8.10.1997).
16. Cf. referências na nota de rodapé 1.
17. ADPF 33-PA, 46-DF, 47-PA, 101-DF, 130-DF e 144-DF. Na seção de estatísticas do *site* do STF (acesso em 23.9.2010) consta que a ADPF 171-MA foi julgada

ministros relativamente aos diferentes aspectos da arguição nem sempre convergem. Essa fragmentação dificulta os esforços de sistematização da jurisprudência e parece indicar, à primeira vista, a ausência de qualquer delineamento preciso do instituto por parte do órgão responsável por seu desenho definitivo.

Não obstante, o STF já ofereceu elementos importantes e suficientes para a compreensão do lugar da arguição de descumprimento de preceito fundamental no sistema brasileiro de controle de constitucionalidade. O conjunto das decisões analisadas nos trabalhos anteriores permite apontar com segurança que a Corte tem manejado a arguição de descumprimento como uma ação direta de inconstitucionalidade subsidiária.[18] Tudo indica, caso não ocorra mudança radical dos rumos jurisprudenciais, que essa orientação se consolidará progressivamente, à medida que novas decisões esposem os entendimentos já manifestados na Corte.

Cumpre sublinhar, ainda, que essa postura do STF se deve, em grande parte, ao Min. Gilmar Mendes. Membro ativo da Comissão de Juristas que elaborou o anteprojeto da Lei 9.882/1999, o Ministro foi também responsável pela defesa das balizas que fazem da arguição de descumprimento de preceito fundamental uma ação direta de inconstitucionalidade subsidiária. Essa atuação pode ser observada tanto em obras doutrinárias escritas pelo Ministro[19] quanto nas decisões e votos que ele proferiu no Supremo, com destaque para o *leading case* ADPF 33-PA.

Feitas estas observações, passa-se a expor as bases de apoio que sustentam o atual perfil da arguição de descumprimento de preceito fundamental na jurisprudência do STF.

parcialmente procedente. Contudo, o mérito dessa arguição ainda não foi julgado. Ocorre que essa ação impugna uma lei pré-constitucional, e parte dessa lei, relativa a servidores estatutários, já foi declarada inconstitucional pelo Supremo, em representação de inconstitucionalidade decidida antes mesmo da Constituição Federal de 1988 (a Rp 716-DF).
18. Nesse sentido, profética a afirmação do Min. Sepúlveda Pertence na ADPF/QO 3-CE: *"[a ADPF]* Vai ser a ação direta de inconstitucionalidade onde não cabe ação direta de inconstitucionalidade" (p. 52 do acórdão).
19. V. referências nas notas de rodapé 9 e 10.

4.1 Legitimação ativa para propositura da arguição de descumprimento de preceito fundamental

Não obstante o veto ao art. 2º, II, da Lei 9.882/1999, alguns autores sustentaram que a legitimação ativa popular teria restado intacta, ao menos no que toca à arguição de descumprimento de preceito fundamental incidental.[20] Outros afirmaram que o veto não restringiu a legitimação ativa aos entes legitimados para a ação direta de inconstitucionalidade, permanecendo em aberto a questão da legitimação para a propositura da arguição de descumprimento de preceito fundamental incidental e cabendo ao STF definir tal questão.[21]

Desde as primeiras decisões que proferiu em sede de arguição de descumprimento, o Supremo afastou essas teses e se posicionou no sentido de que apenas os legitimados para a ação direta de inconstitucionalidade podem ajuizar arguição de descumprimento de preceito fundamental. Inúmeras arguições não foram conhecidas porque propostas por entes alheios ao elenco do art. 103 da CF de 1988. Assim, a Corte não conheceu de arguições propostas por pessoas físicas,[22] por prefeitos municipais,[23] por sindicatos,[24] por sociedades anônimas[25] e pela 3ª Subseção da OAB.[26]

O Tribunal também considerou aplicáveis à legitimação ativa para a arguição de descumprimento regras que desenvolveu, em sua jurisprudência, relativamente à legitimação ativa para a ação direta de inconstitucionalidade. Com isso, o STF: (i) não conheceu arguições ajuizadas por diretórios municipais ou regionais de partidos, sob o argumento de que apenas o diretório nacional das agremiações parti-

20. Nesse sentido, cf. André Ramos Tavares, *Tratado da Arguição de Preceito Fundamental: Lei 9.868/1999 e Lei 9.882/1999*, cit., pp. 404-406. Sobre a existência de uma modalidade incidental de arguição de descumprimento de preceito fundamental, ao lado da modalidade autônoma, v. idem, pp. 281-286 e 293-297.
21. Nesse sentido, cf. Dimitri Dimoulis, "Arguição de descumprimento de preceito fundamental: problemas de concretização e limitação", cit., *RT* 832/21 e 29-30.
22. ADPF 11-SP, 19-DF, 20-DF, 22-DF, 23-RJ, 25-DF, 27-RJ, 28-DF, 29-MG, 30-DF, 31-DF, 35-DF, 38-DF, 48-SP, 57-SP, 103-DF, 107-SP, 122-DF, 135-DF, 138-SP, 146-SP, 163-DF e 166-DF.
23. ADPF 44-PR, 91-RO, 92-RO, 124-SP e 148-SP.
24. ADPF 42-RJ e 106-SP.
25. ADPF 69-RJ.
26. ADPF 75-SP.

dárias pode propor arguição de descumprimento de preceito fundamental;[27] (ii) não admitiu arguição proposta por uma associação de associações, cuja composição era, ademais, híbrida;[28] (iii) não conheceu de arguições ajuizadas por entidades cuja atuação não abrangia pelo menos nove Estados-membros da Federação Brasileira;[29] e (iv) considerou aplicável à arguição de descumprimento de preceito fundamental a regra da pertinência temática exigida dos legitimados não universais para a ação direta de inconstitucionalidade.[30]

Vê-se, portanto, que o tratamento dado pelo STF à legitimação ativa para a arguição de descumprimento de preceito fundamental confirmou a aproximação entre essa ação e a ação direta de inconstitucionalidade – aproximação que, quanto ao ponto ora referido, já decorre da Lei 9.882/1999.

4.2 Preceitos fundamentais

Tanto a Constituição Federal de 1988 quanto a Lei 9.882/1999 estabelecem que a arguição de descumprimento de preceito fundamental tutela os preceitos constitucionais fundamentais. Todavia, nenhum dos planos normativos aponta quais são esses preceitos, transferindo para o STF a tarefa de concretizar o específico parâmetro de controle da ação.

No universo de arguições de descumprimento analisadas nas pesquisas anteriores não houve nenhuma que deixou de ser conhecida porque o dispositivo tido por lesado não foi considerado um preceito fundamental. Em algumas decisões a Corte sequer chegou a examinar a fundamentalidade, ou não, do preceito constitucional alegadamente ofendido. Em outros casos o Tribunal afirmou expressamente que determinadas normas da Constituição constituem preceito fundamental, a saber:

27. ADPF 58-DF, 60-DF, 61-DF, 62-DF, 104-SE, 136-DF, 159-SP e 184-DF.
28. ADPF 34-DF.
29. ADPF 120-MG, 140-DF e 168-DF.
30. ADPF 144-DF.

ADPF	Preceito fundamental da Constituição Federal/1988
ADPF 4-DF	art. 1º, II, III e IV; art. 7º, IV
ADPF 33-PA	art. 60, § 4º, I; art. 7º, IV
ADPF 46-DF	art. 1º, IV; art. 5º, XIII; art. 170, *caput*, inciso IV e parágrafo único
ADPF 47-PA	art. 7º, IV
ADPF 53-PI	art. 7º, IV
ADPF 54-DF	art. 1º, IV; art. 5º, II; art. 6º, *caput*; art. 196
ADPF 79-PE	art. 1º; art. 2º; art. 5º, II; art. 7º, IV; art. 18; art. 37; art. 60, § 4º, I e III
ADPF 83-ES	art. 60, § 4º, I
ADPF 114-PI	art. 37; art. 71, VI; arts. 157 a 162
ADPF 126-DF	art. 5º, XX; art. 8º, V
ADPF 130-DF	art. 1º, parágrafo único; art. 5º, IV, V, IX, XIII, XIV e XXXIII; arts. 220 a 224 (Capítulo V do Título VIII)
ADPF 144-DF	probidade administrativa e moralidade para o exercício do mandato, regras constantes no art. 14, § 9º
ADPF 155-PB	art. 1º, *caput*, inciso I e parágrafo único; art. 77, §§ 2º e 3º
ADPF 167-DF	art. 5º, LIII, LIV e LV; art. 121, § 4º, III e IV

Na ADPF 33-PA, cujo julgamento teve importância paradigmática para o delineamento jurisprudencial da arguição de descumprimento,[31] foi lançada tese importante a respeito dos preceitos fundamentais. Segundo referida tese, defendida pelo Min. Gilmar Mendes, embora seja difícil apontar *a priori* os preceitos fundamentais da Constituição,

---

31. Além de ter sido a primeira arguição a ter seu mérito apreciado pelo STF, a ADPF 33-PA ganhou relevo também devido à atuação do Min. Gilmar Mendes na relatoria da ação. Na decisão monocrática em que deferiu liminar, assim como nos votos proferidos perante o Pleno, por ocasião do referendo da liminar e do julgamento do mérito, o Ministro levou ao Supremo uma série de posicionamentos importantes acerca do perfil da medida, os quais desde o advento da Lei 9.882/1999 vinha defendendo em sede doutrinária. As teses defendidas por Gilmar Mendes foram abraçadas por outros ministros em decisões posteriores e contribuíram decisivamente para o delineamento da arguição de descumprimento de preceito fundamental como uma ação direta de inconstitucionalidade subsidiária.

há três grupos de normas que são claramente fundamentais, por sua própria natureza e importância na estrutura de nosso sistema constitucional: (i) os direitos e garantias individuais (como os consignados no art. 5º da CF de 1988); (ii) as cláusulas pétreas (art. 60, § 4º); e (iii) os princípios sensíveis (art. 34, VII).

Não obstante, segundo o Ministro, a categoria dos preceitos fundamentais não se restringe a esses grupos normativos, mas inclui todas as demais normas que dão suporte aos dispositivos contidos nos três conjuntos supracitados e mantêm com eles "relações de interdependência" e "conexões de sentido".[32] Dessa forma, para efeitos de admissão de uma arguição de descumprimento de preceito fundamental deve-se considerar que a lesão a preceito fundamental resta configurada pela violação de quaisquer das normas apontadas (tanto as normas pertencentes aos três conjuntos citados quanto aquelas conexas a esses conjuntos).

Essa orientação foi posteriormente *mencionada* na ADPF 76-TO e efetivamente *aplicada* nas ADPF 114-PI e 167-DF.[33]

A identificação do parâmetro de controle da arguição de descumprimento, como realizada nas arguições de descumprimento de preceito fundamental supracitadas, possibilita ao intérprete incluir todas as normas constitucionais na categoria dos preceitos fundamentais. Para isso, deve-se empreender o esforço argumentativo de estabelecer relações de sentido entre os diferentes dispositivos do texto constitucional, o que não é algo propriamente difícil, em vista do caráter fortemente analítico da Constituição Federal de 1988.

Como resultado, um dos critérios diferenciadores entre arguição de descumprimento de preceito fundamental e ação direta de inconstitucionalidade (o parâmetro de controle de cada ação) perde seu

---

32. Expressões utilizadas pelo Min. Gilmar Mendes em seu voto na ADPF 33-PA (p. 15 do acórdão de mérito).
33. Na ADPF 167-DF a decisão foi tomada por maioria: os Mins. Carlos Britto e Cézar Peluso discordaram da corrente majoritária e entenderam que os incisos III e IV do § 4º do art. 121 da CF de 1988 contêm apenas regra de competência, despida de qualquer fundamentalidade. Os dois Ministros controverteram a tese acerca dos preceitos fundamentais apresentada na ADPF 33-PA, afirmando que dita interpretação alarga em excesso a categoria dos preceitos fundamentais e permite incluir nessa classe qualquer norma constitucional. De qualquer forma, a objeção foi vencida, e não voltou a ser apresentada em outros casos.

conteúdo. Referido esvaziamento contribui para o delineamento da arguição de descumprimento como ação direta subsidiária: em decorrência da leitura ampliativa dos preceitos fundamentais, tanto a arguição de descumprimento de preceito fundamental quanto a ação direta de inconstitucionalidade passam a tutelar o mesmo objeto: todas as normas da Constituição Federal de 1988.

4.3 Cláusula da subsidiariedade

A Lei 9.882/1999 estabeleceu, no § 1º de seu art. 4º, um requisito de admissibilidade que se convencionou chamar de *cláusula da subsidiariedade*. Referida norma determina que "não será admitida arguição de descumprimento de preceito fundamental quando houver qualquer outro meio eficaz de sanar a lesividade".

Nos primeiros anos em que a arguição de descumprimento de preceito fundamental foi manejada perante o STF a Corte interpretou o dispositivo de forma genérica, considerando que a simples possibilidade de uso de outros instrumentos constituía óbice ao processamento da ação de arguição. Esse entendimento foi adotado nas ADPF 3-CE, 12-DF e 13-SP, entre outras.

Na ADPF 33-PA foi defendida uma importante interpretação da cláusula da subsidiariedade, a qual repercutiu em decisões posteriores do Supremo. Preconizada pelo Min. Gilmar Mendes, essa interpretação tem como fundamento o caráter objetivo da arguição de descumprimento de preceito fundamental, já explicado anteriormente.

Considerando que a arguição de descumprimento está voltada à proteção da ordem constitucional objetiva, essa leitura propõe que, a fim de avaliar o requisito da subsidiariedade, a arguição de descumprimento de preceito fundamental seja comparada apenas com outros instrumentos que tenham a mesma finalidade e o mesmo perfil, ou seja, com instrumentos de controle que se desenvolvam por meio de processo objetivo e que sejam hábeis a produzir decisões *erga omnes* – essencialmente a ação direta de inconstitucionalidade e a ação declaratória de constitucionalidade. Isso porque a *eficácia* do *outro meio* é encarada como a chave de interpretação do art. 4º, § 1º, da lei, e a eficácia geral (*erga omnes*) é própria do processo objetivo.

A interpretação da cláusula da subsidiariedade acima descrita foi adotada pelo Pleno do STF, pela primeira vez, quando do referendo da liminar da ADPF 33-PA, em 29.10.2003. Após esse marco temporal a interpretação voltou a ser aplicada em 28 decisões,[34] ao passo que em 14 decisões[35] a tese não foi adotada. Esses números demonstram que a leitura da subsidiariedade proposta pelo Min. Gilmar Mendes é hoje prevalecente no STF.

Dentre as decisões que abraçaram a leitura do art. 4º, § 1º, da Lei 9.882/1999 à luz do perfil objetivo da arguição, em seis[36] o STF exigiu um específico requisito de admissibilidade, consistente na importância do caso para a ordem jurídica geral. Assim, a Corte não admitiu essas seis arguições de descumprimento, sob a alegação de que o debate jurídico nelas travado não era relevante.

A exigência da relevância complementa a interpretação da cláusula da subsidiariedade proposta na ADPF 33-PA, na medida em que reafirma a índole objetiva e abstrata da arguição de descumprimento. Nesse sentido, como instrumento destinado à proteção da ordem jurídica objetiva, a arguição de descumprimento de preceito fundamental não pode ser manejada para a defesa de interesses subjetivos; e a relevância geral da questão levada ao STF na via da arguição expressa a importância que a solução do caso terá para o sistema jurídico como um todo, o que ultrapassa a repercussão restrita que a solução de um problema particular pontual geraria.

---

34. Decisões proferidas nas ADPF 41-SP, 46-DF, 47-PA, 54-DF, 76-TO, 78-RJ, 79-PE, 87-SP, 89-DF, 96-DF, 100-TO, 111-SC, 114-PI, 117-DF, 126-DF, 129-DF, 130-DF, 144-DF, 145-DF, 150-DF, 155-PB, 157-DF, 172-RJ, 176-RS, 183-DF, 191-GO, 202-PR e 203-SC.
35. Decisões proferidas nas ADPF 15-PA, 56-DF, 58-DF, 60-DF, 61-DF, 62-DF, 65-DF, 66-DF, 74-DF, 85-CE, 94-DF, 110-RJ, 134-CE e 142-PI. Nesse universo de decisões, em sete (ADPF 56-DF, 58-DF, 60-DF, 61-DF, 62-DF, 65-DF e 66-DF) – ou seja, metade do conjunto – o STF decidiu que o outro meio eficaz existente era a ação direta de inconstitucionalidade. Sublinhe-se que nessas sete decisões não foi aplicada a tese da ADPF 33-PA, mas houve interpretação ampla da cláusula da subsidiariedade, e a ação direta de inconstitucionalidade foi considerada o outro meio eficaz de sanar a lesividade. De qualquer modo, essa proporção parece ser sintomática da proximidade existente entre a arguição de descumprimento de preceito fundamental e a ação direta de inconstitucionalidade.
36. ADPF 76-TO, 96-DF, 117-DF, 157-DF, 176-RS e 202-PR.

No que tange ao delineamento da arguição de descumprimento de preceito fundamental, a adoção reiterada da leitura da subsidiariedade, como defendida na ADPF 33-PA, leva à redução das hipóteses de cabimento da ação de arguição aos casos em que a ação direta de inconstitucionalidade e a ação declaratória de constitucionalidade não podem ser manejadas. Afinal, tendo em vista que o art. 4º, § 1º, da lei é interpretado levando em conta a possibilidade de uso das ações de controle objetivo e considerando que a posição da arguição de descumprimento de preceito fundamental é subsidiária em relação a essas ações, tem-se que, em geral, as arguições de descumprimento de preceito fundamental admitidas e processadas pelo STF versam sobre objetos não sindicáveis na via da ação direta de inconstitucionalidade e da ação declaratória de constitucionalidade. De fato, dentre as arguições de descumprimento de preceito fundamental que passaram pelo crivo do art. 4º, § 1º, da lei e foram admitidas pelo Supremo observa-se que a grande maioria tratou de matérias cujo controle não é aceito na via da ação direta de inconstitucionalidade, com destaque para o direito pré-constitucional.

Nesse cenário, portanto, a arguição de descumprimento de preceito fundamental é diretamente tratada como uma ação direta de inconstitucionalidade subsidiária. Quanto a isso, e ainda no que toca à cláusula da subsidiariedade, cumpre registrar que a partir de 2005 o STF passou a aplicar o princípio da fungibilidade entre a arguição de descumprimento de preceito fundamental e a ação direta de inconstitucionalidade, e desde então já recebeu cinco arguições de descumprimento de preceito fundamental como ações diretas de inconstitucionalidade.[37] Tal postura parece consagrar os laços estreitos existentes entre as duas ações constitucionais, reforçando a proximidade entre elas.

4.4 Objeto

A redação do art. 1º da Lei 9.882/1999 indica expressiva abertura do rol de objetos impugnáveis na via da arguição de descumprimento de preceito fundamental. Contudo, a jurisprudência do STF é restritiva quanto ao campo de incidência da arguição: a Corte já assentou a

37. ADPF 72-PA, 121-DF, 143-DF, 178-DF e 180-SP.

inidoneidade da medida para a realização do controle de diferentes atos jurídicos, a saber:

ADPF	Objeto insuscetível de controle mediante ADPF
ADPF 1-RJ e 73-DF	veto
ADPF 80-DF e 152-DF	súmula
ADPF 128-DF e 147-DF	súmula vinculante
ADPF 43-DF	proposta de emenda à Constituição (PEC)
ADPF 93-DF e 169-DF	norma regulamentar secundária*
ADPF 4-DF, 8-DF, 50-SP, 86-ES e 134-CE	lei ou ato normativo revogado (revogação antes ou depois da propositura da ação)*
ADPF 49-PI e 64-AP	norma orçamentária*

* Nesses casos o STF aplicou à arguição de descumprimento de preceito fundamental o entendimento restritivo já adotado quanto ao cabimento da ação direta de inconstitucionalidade.

Essa orientação restritiva, associada à interpretação da cláusula da subsidiariedade atualmente adotada pelo STF (leitura à luz do perfil objetivo da arguição), reduz sensivelmente as hipóteses de cabimento da arguição de descumprimento de preceito fundamental. Nesse cenário, e considerando a jurisprudência do STF, os objetos mais significativos da medida são: (i) decisões judiciais (orientação jurisprudencial de tribunais infraconstitucionais); e (ii) leis ou atos normativos pré-constitucionais.

Quanto ao primeiro, o STF já conheceu de algumas arguições de descumprimento ajuizadas em face de um conjunto de decisões judiciais.[38] Em alguns casos o Tribunal chegou a deferir as liminares pleiteadas nessas arguições.[39] De qualquer forma, merece destaque maior o fato de que, dentre as seis decisões de mérito já proferidas pela Corte em sede de arguição de descumprimento de preceito fundamental, duas versaram sobre a inconstitucionalidade de um conjun-

---

38. ADPF 79-PE, 167-DF e 174-RN. Até a conclusão deste artigo todas estavam aguardando julgamento de mérito.
39. ADPF 79-PE e 114-PI.

to de decisões judiciais: a ADPF 101-DF (julgada parcialmente procedente) e a ADPF 144-DF (julgada improcedente).

Não obstante o baixo número de decisões de mérito prolatadas quanto a esse possível objeto, é certo que o STF vai se deparar com mais arguições voltadas contra conjuntos de decisões judiciais, tendo em vista que o Tribunal já conheceu de arguições de descumprimento de preceito fundamental nesse sentido, as quais estão aguardando julgamento. Portanto, é interessante registrar que esse manejo da arguição de descumprimento atribui ao instrumento um papel destacado em termos de uniformização da jurisprudência e de centralização jurisdicional. Isso porque, nesses casos, a arguição de descumprimento de preceito fundamental leva ao STF o conhecimento direto acerca da constitucionalidade de decisões dos tribunais e órgãos jurisdicionais infraconstitucionais, permitindo que o Supremo reforme ou casse referidas decisões, determinando os rumos da interpretação judicial do Direito Brasileiro.

No que concerne ao segundo objeto (lei ou ato normativo pré-constitucional), trata-se da espécie de ato jurídico que mais aparece na jurisprudência do STF. Esse fato expressa uma provável demanda reprimida do nosso sistema de controle, uma vez que antes da edição da Lei 9.882/1999 não havia em nosso Direito nenhum instrumento de fiscalização principal-abstrata da constitucionalidade de normas anteriores à Constituição vigente.[40]

O STF já admitiu várias arguições de descumprimento em que foi questionado direito anterior à Constituição atual[41] e já deferiu algumas liminares em arguições voltadas contra esse objeto.[42] Ademais, a maioria das decisões de mérito proferidas pela Corte em sede de arguição de descumprimento de preceito fundamental tratou de normas pré-constitucionais: dentre as seis decisões de mérito prolatadas, cinco se debruçaram sobre esse objeto.[43] E nas únicas três arguições de

---

40. Não é possível realizar esse tipo de controle por meio de ação direta de inconstitucionalidade, conforme entendimento antigo do STF, o qual sob a égide da Constituição Federal de 1988 foi reafirmado no julgamento da ADI 02-DF.
41. Por exemplo, as ADPF 90-ES, 155-PB e 183-DF, as quais até a conclusão deste artigo estavam aguardando julgamento de mérito.
42. Por exemplo, nas ADPF 10-AL e 53-PI.
43. ADPF 33-PA, 46-DF, 47-PA, 130-DF e 144-DF. Observe-se que na ADPF 144-DF foram impugnados dois objetos: (i) um ato normativo pré-constitucional e (ii)

descumprimento de preceito fundamental até hoje julgadas procedentes[44] o STF declarou a inconstitucionalidade, a partir da Constituição de 1988, dos diplomas pré-constitucionais impugnados.

5. Conclusão

Tomando como base o texto constitucional, não é possível compreender o que o constituinte originário pretendeu exatamente ao instituir a arguição de descumprimento de preceito fundamental. A partir da redação fluida do art. 102, § 1º, da CF de 1988, o legislador utilizou a arguição de descumprimento para elaborar um projeto de ampliação das competências do STF, com o consequente aumento da influência do Tribunal no cenário jurisdicional brasileiro. Uma das expressões desse projeto foi a ampliação das fronteiras do controle principal-abstrato existente no Brasil, mediante a previsão de novas matérias a serem submetidas, na via da arguição de descumprimento de preceito fundamental, a essa modalidade de controle de constitucionalidade.

Ao longo de 10 anos de decisões em arguições de descumprimento, o STF gradativamente superou as imprecisões e ambiguidades da Lei 9.882/1999 e foi parcialmente ao encontro do que pretendeu o legislador. De fato, a Corte delineou a ação de arguição como uma ação direta de inconstitucionalidade subsidiária, cuja aplicação, na prática, ocorre principalmente em casos envolvendo direito pré-constitucional.

Debates jurídicos relevantes já foram travados em algumas das arguições de descumprimento de preceito fundamental processadas pelo STF.[45] Esse fato, de qualquer modo, não altera a constatação de que a arguição de descumprimento tem sido aplicada como uma ação

---

a interpretação dada pelo TSE ao art. 14, § 9º, da CF de 1988. No que tange ao primeiro objeto, interessa registrar que o ato normativo atacado foi editado após a Constituição de 1988; contudo, com a aprovação de uma emenda constitucional, tornou-se pré-constitucional em relação ao texto constitucional reformado.
    44. ADPF 33-PA, 47-PA e 130-DF.
    45. Mencione-se, por exemplo, a discussão acerca do monopólio postal da União (ADPF 46-DF), da antecipação terapêutica do parto de fetos anencefálicos (ADPF 54-DF) e da constitucionalidade da Lei de Imprensa (ADPF 130-DF). Em todas essas ações – sublinhe-se – foram questionados leis ou atos normativos pré-constitucionais.

meramente suplementar, cabível nas hipóteses em que a ação direta de inconstitucionalidade não pode ser manejada (seja por expressa determinação constitucional, seja por entendimento restritivo da jurisprudência do Supremo). O tratamento dado à legitimação ativa para a propositura da ação de arguição, a forma de identificação dos preceitos constitucionais fundamentais, a interpretação dominante da cláusula da subsidiariedade e a abordagem do objeto da arguição de descumprimento de preceito fundamental – todos esses fatores evidenciam o perfil conferido pelo STF à arguição de descumprimento de preceito fundamental.

Referências bibliográficas

CLÈVE, Clèmerson Merlin. *A Fiscalização Abstrata da Constitucionalidade no Direito Brasileiro.* 2ª ed. São Paulo, Ed. RT, 2000.

DIMOULIS, Dimitri. "Arguição de descumprimento de preceito fundamental: problemas de concretização e limitação". *RT* 832. Ano 94. São Paulo, Ed. RT, fevereiro/2005.

HECK, Luís Afonso. "O recurso constitucional na sistemática jurisdicional-constitucional alemã". *Revista de Informação Legislativa* 124. Ano 31. Brasília, outubro-dezembro/1994.

MENDES, Gilmar Ferreira. *Arguição de Descumprimento de Preceito Fundamental: Comentários à Lei 9.882, de 3.12.1999.* São Paulo, Saraiva, 2007.

_____. "Arguição de descumprimento de preceito fundamental (I) (§ 1º do art. 102 da CF)". *Revista Jurídica Virtual* 1-7. Brasília, dezembro/1999 (disponível em *http://www.planalto.gov.br/ccivil_03/revista/Rev_07/arguicao.htm*).

SILVA, José Afonso da. *Curso de Direito Constitucional Positivo.* 9ª ed., 3ª tir. São Paulo, Malheiros Editores, abril/1993.

STRECK, Lenio Luiz. "Os meios de acesso do cidadão à jurisdição constitucional, a arguição de descumprimento de preceito fundamental e a crise de eficácia da Constituição". *Revista da Ajuris* 81-I. Ano XXVI. Porto Alegre, março/2001.

TAVARES, André Ramos. *Tratado da Arguição de Preceito Fundamental: Lei 9.868/1999 e Lei 9.882/1999.* São Paulo, Saraiva, 2001.

Acórdãos e decisões monocráticas citados: ADI 02-DF, 2.231-DF; ADPF 1-RJ, 3-CE, 4-DF, 8-DF, 10-AL, 11-SP, 12-DF, 13-SP, 15-PA, 19-DF, 20-DF, 22-DF, 23-RJ, 25-DF, 27-RJ, 28-DF, 29-MG, 30-DF, 31-DF, 33-PA, 34-DF, 35-DF, 38-RJ, 41-SP, 42-RJ, 43-DF, 44-PR, 46-DF, 47-PA, 48-SP, 49-PI, 50-SP, 53-PI, 54-DF, 56-DF, 57-SP, 58-DF, 60-DF, 61-DF, 62-DF, 64-AP, 65-DF, 66-DF, 69-RJ, 72-PA, 73-DF, 74-DF, 75-SP, 76-TO, 78-RJ, 79-PE, 80-DF, 83-ES, 85-CE, 86-ES, 87-SP, 89-DF, 90-ES, 91-RO, 92-RO, 93-DF, 94-DF, 96-DF, 100-TO, 101-DF, 103-DF, 104-SE, 106-SP, 107-SP, 110-RJ, 111-SC, 114-PI, 117-DF, 120-MG, 121-DF, 122-DF, 124-SP, 126-DF, 128-DF, 129-DF, 130-DF, 134-CE, 135-DF, 136-DF, 138-SP, 140-DF, 142-PI, 143-DF, 144-DF, 145-DF, 146-SP, 147-DF, 148-SP, 150-DF, 152-DF, 155-PB, 157-DF, 159-SP, 163-DF, 166-DF, 167-DF, 168-DF, 169-DF, 171-MA, 172-RJ, 174-RN, 176-RS, 178-DF, 180-SP, 183-DF, 184-DF, 191-GO, 202-PR e 203-SC; Pet/AgR 1.140-7; Pet. 1.369-8; Rp 716-DF.

DIREITO DAS MULHERES NO STF: POSSIBILIDADES DE LITÍGIO ESTRATÉGICO?[*,1]

LÍVIA GIL GUIMARÃES

1. Introdução. 2. Delimitação temática. 3. Método de entrevistas. 4. Casos estudados: ADPF 54 e ADC 19. 5. Movimento das mulheres e mecanismos de participação no STF. 6. O litígio estratégico do movimento das mulheres e das ONGs de direitos humanos. 7. Litígio estratégico em si. 8. Conclusões.

1. Introdução

A Constituição Federal de 1988 trouxe uma carga bastante significativa de direitos sociais a serem protegidos, e dentro desse amplo espectro de direitos é preciso entender como o Judiciário vem atuando para sua efetiva concretização. Seria possível perceber o STF como uma Corte constitucional capaz de provocar transformações sociais?

* *Resumo*: Foi possível observar que o movimento das mulheres não é hegemônico quanto à prática de litígio estratégico no STF. Algumas ONGs ainda não possuem uma relação muito próxima ao Poder Judiciário e dão preferência ao debate legislativo. A maior parte das ONGs estudadas, no entanto, começa a praticar o litígio estratégico; e veem o STF como um possível palco para a concreção dos direitos das mulheres. O litígio estratégico desse movimento social, portanto, ainda se encontra em uma fase incipiente e, por isso, adquire características peculiares. Entender o papel do Judiciário, e mais especificamente do STF, para essas mulheres implica, necessariamente, conhecer antes a engrenagem democrática brasileira.

Palavras-chave: Direitos das Mulheres; Litígio Estratégico; ONGs; Participação da Sociedade Civil; Supremo Tribunal Federal.

1. O presente artigo foi desenvolvido a partir de monografia apresentada à *sbdp* como trabalho de conclusão do curso da Escola de Formação do ano de 2009, sob a orientação de Evorah Lusci Costa Cardoso. A versão original encontra-se em *http://www.sbdp.org.br/ver_monografia.php?idMono=146.*

Ou seria ainda visto como uma Corte retrógrada, kafkiana e inapta para solucionar os problemas pungentes da sociedade brasileira?

O tema do *litígio estratégico* é interessante quando se analisa qual a relação que a sociedade pode ter diretamente com o Poder Judiciário a fim de buscar a concretização desses direitos. Pode o STF se transformar em um *locus* para conquistas de direitos sociais? Qual é o papel do Poder Judiciário frente aos novos anseios que despontam na sociedade? O STF seria capaz de decidir além do caso concreto e da análise da constitucionalidade das leis?

Ao se fazer um estudo sobre o comportamento das ONGs feministas e de ONGs de direitos humanos que trabalham com direitos das mulheres frente ao STF, pôde-se observar que este setor da sociedade ainda vê o Judiciário como lento e demasiadamente burocrático, mas com fortes tendências a mudar. O Poder Judiciário ainda não é visto como um espaço aberto e democrático, onde correntes sociais que lutam historicamente por direitos conseguiriam concretizar e solidificar direitos. No entanto, ao entrevistar entidades ligadas à luta pelas questões de gênero, pode-se perceber que aos poucos essa visão está se alterando.

Destarte, o presente artigo traz a tentativa de reflexão sobre as novas maneiras de se pensar a função do Judiciário, e mais precisamente do STF, frente às lutas por direitos sociais.

2. Delimitação temática

O presente artigo é uma tentativa de debater o potencial de transformação social do Poder Judiciário sob a ótica do movimento social das mulheres quando da prática do litígio estratégico.

O *litígio estratégico*, também conhecido como *litígio de impacto* ou *litígio paradigmático*, ainda não foi bastante trabalhado na doutrina jurídica, daí a importância de descrever, em breves linhas, a concepção aqui abordada.[2] Para efeitos desse trabalho, considera-se *litígio de impacto* aquele que procura produzir efeitos duradouros que ultrapas-

---

2. "Não há um conceito definido sobre o que é litígio estratégico, por isso designá-lo como um *discurso-prática*" (Evorah Lusci Costa Cardoso, *Litígio Estratégico e Sistema Interamericano de Direitos Humanos: Análise de Casos da Corte Interamericana*, dissertação de Mestrado em Filosofia e Teoria Geral do Direito na Faculdade de Direito da USP, São Paulo, 2008, p. 42).

sem os limites do caso concreto, ou seja, que procura provocar mudanças em políticas públicas, na jurisprudência, na legislação, promover debates na sociedade de uma forma geral, fortalecer grupos vulneráveis, além de, claro, por vezes, também obter o ganho do caso concreto.

Pode-se perceber, então, que esse tipo de litígio é muito diferente da forma mais usual da Advocacia, pois todos os esforços e o somatório de ganhos não se concentram tão somente na solução do caso concreto e na consequente pacificação social como fim último do processo judicial.

Destarte, pode-se dizer que o litígio de impacto faz parte da Advocacia *policy-oriented*, a qual é temática, já que busca, através da escolha de *casos paradigmáticos*, a defesa e a promoção de direitos relacionados a determinados grupos ou áreas, como discriminação racial, mulheres, homossexuais, meio ambiente e outras tantas. Dentro desta esfera de compreensão, faz-se necessário dizer que a escolha dos casos paradigmáticos é de extrema relevância para os objetivos que se quer alcançar com determinado litígio, sendo parte essencial da estratégia a ser montada.

Nesse tipo de litígio os recursos disponíveis são escassos e, portanto, figura-se importante fazer um planejamento dos recursos a serem alocados, uma verdadeira análise do custo/benefício, a fim de aproveitá-los da melhor maneira possível, com vistas às mudanças sociais que se almeja alcançar.

Cabe dizer, todavia, que o litígio estratégico não é a única maneira pela qual os atores sociais podem se relacionar com o Direito com o fim de provocar transformações sociais. Estes atores podem também fazer uso de campanhas de mobilização em torno dos direitos humanos, *lobby* legislativo, campanhas educacionais, pesquisas e documentação em direitos humanos etc. No entanto, o meio mais eficiente para alcançar um objetivo colimado no *locus* judiciário é o do litígio estratégico, pois por vezes, depois de feitos estudos e levantamentos, percebe-se que ele é a única forma pela qual se pode alcançar o maior impacto[3] dentro de uma determinada perspectiva desenhada *a priori* pelas entidades litigantes.

---

3. "*Impact* can be defined in the regular sense of the term as 'the force of impression of one thing on another, a: the notable ability to arouse and hold attention and interest: the power of impression, b: a concentrated force producing change: an

3. Método de entrevistas

Como já dito anteriormente, o conceito de *litígio paradigmático* não é algo absolutamente fechado e discutido. Diante disso, surge a necessidade de dialogar com os atores sociais envolvidos para se descobrir e entender sua dinâmica no campo do discurso e no campo da práxis.[4]

Assim sendo, foram realizadas entrevistas, no período de setembro a novembro/2009, com representantes das ONGs: Themis – Assessoria Jurídica e Estudos de Gênero; Anis: Instituto de Bioética Direitos Humanos e Gênero; CLADEM (Comitê Latino-Americano e do Caribe para a Defesa dos Direitos da Mulher); Católicas pelo Direito de Decidir (CDD); Rede Nacional Feminista de Saúde, Direitos Sexuais e Direitos Reprodutivos; Instituto Antígona; IPÊ (Instituto para a Promoção da Equidade); CDH (Centro de Direitos Humanos); e Conectas Direitos Humanos. Tais entrevistas foram essenciais para a compreensão de inúmeros fatores sobre o litígio de impacto que essas ONGs vêm praticando frente ao STF.

4. Casos estudados: ADPF 54 e ADC 19

A escolha dos casos e seu estudo são importantes marcos para se entender a leitura que as entidades supramencionadas fazem do Poder Judiciário. O tema concernente aos litígios estratégicos perpassa necessariamente pela escolha de *casos paradigmáticos*[5] a serem levados ao Judiciário. Assim, mostrou-se imprescindível a identificação de

---

[especially] forceful effect checking or forcing change: an impelling or compelling effect'. This 'impression' focuses on decision makers, policy makers, jurisdictional bodies, and society at large" (v. Washington College of Law at American University, *Impact Litigation Project. Best Practices Report 2007*, disponível em *http://www.wcl. american.edu/ilp/*, acesso em 23.10.2009).

4. "Na falta de outras fontes de dados (...) o entrevistado é visto como um informante-chave, capaz precisamente de 'informar' não só sobre as suas próprias práticas e as suas próprias maneiras de pensar, mas também – na medida em que ele é considerado como 'representativo' de seu grupo ou de uma fração dele – sobre os diversos componentes de sua sociedade e sobre seus diferentes meios de pertencimento" (Jean Poupart *et alii*, "A entrevista de tipo qualitativo: considerações epistemológicas, teóricas e metodológicas", in *A Pesquisa Qualitativa: Enfoques Epistemológicos e Metodológicos*, 1ª ed., Petrópolis, Vozes, 2008, p. 222).

5. *Casos paradigmáticos* são casos-chave, escolhidos estrategicamente, devido ao seu potencial de impacto e repercussão dentro de dada temática.

quais foram os casos paradigmáticos levados ao STF em que essas atrizes sociais tiveram algum tipo de participação.

Para a seleção desses casos, palavras-chave foram colocadas no *site* de busca do STF,[6] mas não foi obtido êxito. Destarte, foi usado um material requisitado à Professora e então Advogada da ONG Conectas Direitos Humanos,[7] Eloísa Machado. Nesse material existia uma lista de casos em que a Conectas Direitos Humanos havia entrado como *amicus curiae* em processos envolvendo direitos humanos que fazem parte da agenda da entidade. Desta lista foi selecionado o caso da ADPF 54, que versa sobre a antecipação terapêutica do parto de fetos anencéfalos.

O segundo e último caso selecionado foi a ADC 19, a qual se refere à constitucionalidade da Lei Maria da Penha (Lei 11.340/2006). A seleção do caso se deu quando da realização do *role play* sobre a Lei Maria da Penha em um encontro da Escola de Formação na *sbdp*. A partir da leitura do *amicus curiae* enviado pelas organizações CLADEM, Themis, IPÊ e Instituto Antígona ao STF, foi constatado que essas ONGs se tratavam de "amigas da Corte"; logo, se estava diante de um caso paradigmático e, então, de um litígio estratégico.

Cabe ressaltar que todas as entrevistadas comprovaram a existência de apenas dois casos paradigmáticos em litígio no STF: ADPF 54 e ADC 19.

5. Movimento das mulheres e mecanismos de participação no STF

Este trabalho, por ser baseado em monografia de igual título entregue para a conclusão do curso da Escola de Formação da *sbdp*,

---

6. Em *www.stf.jus.br* e *www.stf.jus.br/portal/jurisprudencia/pesquisarJurisprudencia.asp*. Usando a ferramenta de pesquisa jurisprudencial oferecida no próprio *site* em comento, foram colocadas algumas palavras-chave e expressões-chave, como: "direito mulheres", "mulheres", "feministas", "feminismo", "femini$", "movimento social mulheres" e "movimento e mulheres". Nenhum desses termos, no entanto, apresentou casos paradigmáticos que envolvessem direitos das mulheres.

7. A Conectas Direitos Humanos é uma ONG que trabalha sistematicamente junto ao STF fazendo uso de instrumentos como *amicus curiae* e audiências públicas. Nesse sentido, essa ONG mantém um *site* de acompanhamento do funcionamento do STF chamado *STF em Foco*: http://www.conectas.org/stfemfoco/. Cabe lembrar que a Conectas é a organização que mais possui *amicus curiae* na Suprema Corte brasileira.

parte da constatação de que as ONGs feministas e de que as ONGs que trabalham com os direitos humanos das mulheres praticam o litígio estratégico. Assim sendo, mister se faz discutir como se dá esse litígio estratégico frente ao STF e como é a participação dessas ONGs na Suprema Corte brasileira.

Os dois casos selecionados para estudo são ações de controle abstrato de constitucionalidade. Tanto a ADC 19 quanto a ADPF 54, por trazerem em seu bojo controvérsia constitucional, concentram no STF a competência para julgá-las e processá-las.[8] O rol de legitimados[9] para propor essas duas ações (ação declaratória de constitucionalidade e arguição de descumprimento de preceito fundamental), apesar de ser aparentemente amplo, não inclui ONGs e entidades da sociedade civil. Sendo essa a razão pela qual as atrizes sociais entrevistadas fizeram menção, como formas de participação no STF, apenas a *amicus curiae*, audiências públicas, memoriais/pareceres e possíveis reuniões com ministros. E, de fato, conforme a legislação vigente, a participação dessas entidades só pode se dar, no controle abstrato do STF, mediante os mecanismos do *amicus curiae*, pela apresentação de *memoriais e pareceres* aos ministros do STF e pela manifestação em *audiências públicas* convocadas pelos ministros do STF.

O instrumento do *amicus curiae* permite um diálogo quase que direto com a Suprema Corte, estabelecendo uma participação da sociedade civil em um espaço que antes era mais fechado, no sentido de só permitir a atuação das partes processuais legitimadas. Assim, essa ferramenta de acesso ao Judiciário tem como ideia fulcral a pluraliza-

8. "A Constituição Federal de 1988 prevê (art. 103), como ações típicas do controle abstrato de constitucionalidade, a ação direta de inconstitucionalidade (ADI), a ação declaratória de constitucionalidade (ADC), a ação direta de inconstitucionalidade por omissão (ADO) e a arguição de descumprimento de preceito fundamental (ADPF)" (v. Gilmar Ferreira Mendes, *O Controle de Constitucionalidade no Brasil*, Palestra na *Harvard Law School* em 27.10.2008, disponível no *site* do STF, em *http://www.stf.jus.br/arquivo/cms/noticiaArtigoDiscurso/anexo/Controle_de_ Constitucionalidade_v__Port.pdf*).
9. Todas as ações de controle concentrado apresentam o mesmo rol de legitimados, previsto no art. 103 da CF. O rol de legitimados originalmente previsto para as ações diretas de inconstitucionalidade foi posteriormente ampliado para as ações declaratórias de constitucionalidade com a Emenda Constitucional 45. O mesmo rol foi ampliado para as arguições de descumprimento de preceito fundamental (ADPF), por meio da Lei 9.882/1999. Aplica-se também às ações diretas de inconstitucionalidade por omissão, com regulamentação recente dada pela Lei 12.063/2009.

ção do debate constitucional no STF, de forma a levar as vozes da sociedade civil até esse espaço.

Destarte, como observado na pesquisa, os *amici curiae* tornam-se elementos fundamentais, capazes de conduzir a voz das amigas da Corte ao Poder Judiciário e de permitir uma atuação do movimento em decisões que podem vir a afetar diretamente seus direitos, principalmente no que tange aos direitos sexuais e reprodutivos, hoje a maior pauta dentro dos movimentos feministas.

Nas duas ações mencionadas (ADPF 54 e ADC 19) as protetoras dos direitos das mulheres apresentaram aos ministros do STF *amici curiae*, levando muitas vezes informações suplementares em torno dos casos discutidos ou, mesmo, adicionando argumentos que futuramente servirão para demandar um ônus argumentativo dos ministros, quando da publicação das decisões.

A experiência das audiências públicas do STF é extremamente nova. A lógica da necessidade de convocação dessas audiências é a mesma que fundamenta a participação de entidades sob a forma de *amicus curiae*, justamente o imperativo de se tentar ampliar a participação de alguns setores sociais, aqueles que possuam fundados conhecimentos a respeito de dada temática, a fim de melhor informar o Tribunal, dando-lhe bases outras, que não somente as jurídicas, para decidir um caso concreto. Logo, a convocação de audiências públicas também pode ser vista sob a ótica da tentativa de pluralizar o debate constitucional e de dar maior legitimidade às decisões dos ministros, na medida em que atua como fator de estabilização do próprio sistema democrático.

Ambas as ferramentas, *amicus curiae* e audiências públicas, possuem uma utilização benéfica tanto para o movimento das mulheres, que encontraram uma forma de dialogar com a Corte e de participar de reivindicações paradigmáticas para seu movimento, como para a Corte, a qual pode ter acesso a informações que são resultados de anos de pesquisa desse movimento.

No que concerne à audiência pública realizada para a ADPF 54,[10] as ONGs que tiveram a oportunidade de participar levaram aos minis-

---

10. Participaram da audiência pública a Anis, a Rede Feminista e a Católicas pelo Direito de Decidir.

tros do STF informações bastante interessantes, inclusive de cunho biológico, já que tratou do tema da antecipação terapêutica do parto de fetos anencéfalos. Nos *amici curiae*[11] dessa mesma ação as ONGs apresentaram estudos sobre o conceito biológico de vida, bem como uma análise penal da tipificação do aborto, além de trazerem jurisprudência internacional sobre caso semelhante. Já, no *amicus curiae* levado à Corte no caso da ADC 19[12] importantes resultados de pesquisas sobre a legislação internacional em violência contra a mulher foram conduzidos ao STF e postos em discussão por meio do mencionado instrumento.

6. O litígio estratégico do movimento das mulheres e das ONGs de direitos humanos

Como já dito anteriormente, o movimentos das mulheres e as ONGs de direitos humanos que trabalham com o direito das mulheres praticam o litígio estratégico no STF. Contudo, é possível dizer que essas mulheres não trabalham ainda com uma compreensão ampla de litígio estratégico,[13] pois uma das principais características do litígio de impacto é "ignorada", qual seja: a não necessidade de se ganhar o caso em concreto como único fim almejado.

Como já esclarecido, os objetivos do litígio estratégico vão além de ganhar o caso em concreto: a tematização da matéria do litígio e a pluralização do debate na sociedade, a promoção de mudanças na legislação e em políticas públicas, a informação da população sobre os direitos em tela, e assim por diante. No entanto, as ONGs envolvidas nesses dois casos têm como principal objetivo o ganho do caso em concreto.

O fato de o movimento em torno dos direitos das mulheres ter como primeiro alvo o ganho do caso em concreto não descaracteriza essa movimentação em torno do STF como litígio estratégico. Ganhar

11. Apresentaram manifestações ao STF as ONGs CDD, Anis, Conectas e CDH.
12. A manifestação foi apresentada pelas ONGs CLADEM, IPÊ, Instituto Antígona e Themis.
13. Com exceção das ONGs de direitos humanos estudadas, mais precisamente a Conectas e o CDH. Ambas praticam o litígio estratégico exatamente como explicado no início do artigo.

o direito em disputa é uma questão de quão maduro está o movimento e, ainda, em que nível de fragilidade se encontram os direitos que defende nas ordens democráticas.

O movimento feminista é um movimento político-ideológico; e, assim sendo, fica difícil para estas mulheres abrirem mão da conquista de direitos que são suas bandeiras de lutas há anos. Essa questão é agravada quando se leva em consideração que no âmbito do litígio no STF esse receio é ainda maior, segundo as entrevistadas, pois decisões proferidas em ação declaratória de constitucionalidade e arguição de descumprimento de preceito fundamental são vinculantes e com efeitos *erga omnes*. Logo, a perda de casos paradigmáticos em direitos das mulheres no STF tende a significar uma ruptura muito grande com as conquistas dos direitos sexuais e reprodutivos no âmbito nacional, e, por conseguinte, um retrocesso dentro das agendas dessas entidades.

Dessa forma, pode-se analisar que o litígio de impacto praticado pelo movimento de mulheres ainda é incipiente e, portanto, ainda está em fase de delineamento de suas estratégias e de suas pautas frente ao Poder Judiciário, e inclusive frente ao STF. Essa é uma das possíveis explicações para o fato de essas mulheres ainda terem receio de utilizar o STF como um *locus* de disputas. Não sabem como os ministros lidarão com as questões de gênero no que toca aos direitos sexuais e reprodutivos.

A conjunção desses dois fatores (maturidade da relação do movimento com o Poder Judiciário e nível de amadurecimento desses direitos no Estado Democrático Brasileiro) é que leva essas mulheres a possuírem um tipo de litígio estratégico adaptado ao contexto brasileiro atual. Destarte, é possível imaginar por que essas atrizes sociais não atuam em casos paradigmáticos com vistas a obter tão somente os outros objetivos do litígio de impacto (tematização, pluralização do debate, alteração e formulação de políticas públicas etc.). Há certo receio de que todas as suas conquistas obtidas nas esferas dos Poderes Legislativo e Executivo sejam perdidas se levadas a um Judiciário que ainda não possui uma dada relação com os direitos sociais circunscritos no âmbito dos direitos das mulheres.

Assim, cabe ressaltar que para algumas dessas ONGs feministas[14] há uma explicação para esse relacionamento de laços ainda fracos

---

14. Mais especificamente, as ONGs CDD e Rede Feminista.

com o Judiciário, e mais especificamente com o STF: essas entidades têm boa parte do histórico das suas atividades voltada ao Poder Legislativo. Na fase anterior em que se encontrava a luta por direitos das mulheres a relação se dava primordialmente na esfera legislativa. Era necessário firmar em leis aquilo que o movimento havia conquistado.

A fase atual, contudo, aponta invariavelmente para o Judiciário, uma vez que, após conquistar direitos "no papel", é importante fazer valer esses direitos, ou seja, garantir a prática e a aplicação efetiva desses direitos.

Diferentemente das entidades CDD e Rede Feminista, as ONGs CLADEM, Themis, Instituto IPÊ, Instituto Antígona e Anis vêm praticando o litígio estratégico no STF. Essa conclusão pode ser tirada tanto da análise dos documentos apresentados à Corte e dos argumentos neles utilizados como das próprias entrevistas. O uso do Judiciário como instituição política é estratégico. Tais ONGs já enxergam o STF, e o Judiciário como um todo, como uma nova fase de atuação dos direitos das mulheres. A atuação junto ao Judiciário é pauta da agenda dessas entidades.

Essas ONGs analisam o Judiciário como novo espaço para a concretização de direitos das mulheres. Para elas, o Poder Legislativo deixou de ser o principal foco de concentração para as disputas de direitos, seja pela dificuldade de lidar com essas instâncias, devido à falta de razão pública, seja pela sua morosidade (justamente pelo latente conflito entre ideologias de vários setores da sociedade dentro do Poder Legislativo).

7. Litígio estratégico em si

O movimento das mulheres ainda usa o Judiciário de forma muito incipiente. Através dos mecanismos de acesso ao STF disponíveis à sociedade civil, essas mulheres vêm tentando se engendrar na forma de decidir da Corte. No entanto, devido a esse contexto muito novo para o movimento das mulheres, há algumas especificidades no litígio estratégico desse movimento social. Porém, essas especificidades não tiram o caráter de litígio estratégico praticado pelo movimento.

O Judiciário é procurado para que os direitos inscritos nas leis possuam uma interpretação consoante aos direitos das mulheres. Assim sendo, a busca do STF como palco concretizador de direitos se dá de forma a se intencionar que haja uma decisão *erga omnes* e vinculante positiva em relação a esses direitos.

Os objetivos, de uma forma geral, além do ganho do caso em disputa, são as possibilidades de se pluralizar o debate público, de se colocar em debate temas relevantes para os direitos das mulheres, de se informar os mais diversos setores da sociedade sobre os direitos sexuais e reprodutivos, de provocar alterações de políticas públicas, de provocar o Legislativo, de demarcar o campo dos direitos das mulheres e de usar o STF como um espaço educativo. As vantagens e desvantagens do litígio no STF são levantadas de forma estratégica, para avaliar se se deve, ou não, seguir adiante no litígio.

Cabe citar que a busca pelo Judiciário como um novo *locus* para alcançar a concreção dos direitos humanos das mulheres se dá, para grande parte do movimento, pela avaliação de que pode o Judiciário, e mais especificamente o STF, funcionar como espaço para o verdadeiro exercício da *razão pública*.[15] Seguindo essa linha de raciocínio, para as mulheres praticantes de litígio estratégico os congressistas e os ministros do STF desempenham papéis diferentes no jogo democrático, pois exercem a razão pública de uma forma muito diferente.

Logo, a razão pública funciona, na concepção dessas atrizes, como um instrumento de controle democrático dos posicionamentos dos ministros do STF. Este fato, para o movimento das mulheres, é que torna o STF tão mais atrativo, nessa nova fase, que qualquer outra esfera do Poder Legislativo. É por isso que entender o litígio estratégico dos direitos das mulheres no Brasil implica entender a estrutura democrática brasileira e o funcionamento de cada um dos três Poderes.

---

15. Segundo John Rawls: "Public reason, then, is public in three ways: as the reason of citizens as such, it is the reason of the public; its subject is the good of the public and matters of fundamental justice; and its nature and content is public; being given by the ideals and principles expressed by society's conception of political justice, and conducted open to view on that basis" (*Political Liberalism*, 4ª ed., Nova York, Columbia University Press, 1996, p. 213).

8. Conclusões

O presente estudo teve por objetivo discutir a possibilidade de se praticar o litígio estratégico para a promoção dos direitos das mulheres no STF. Olhando essa questão por outra lente, significa dizer que se procurou discutir se o STF pode ser visto como um *locus* para a concretização dos direitos das mulheres.

No palco do STF começam a atuar, então, essas atrizes sociais através de duas ações importantes e paradigmáticas: a ADC 19 (Lei Maria da Penha) e a ADPF 54 (antecipação terapêutica do parto de fetos anencefálicos). Essas duas ações são paradigmáticas, pois envolvem duas temáticas de extrema relevância para o movimento de mulheres: a violência contra a mulher e a autonomia da mulher, no sentido de que ela seja livre para decidir. Essas duas ações ainda não foram julgadas. Então, não se pode saber qual a postura do STF em relação a esses direitos. Por isso, a presente pesquisa tratou de observar o outro lado da questão, ou seja, tratou de analisar como e se essas atrizes sociais viam no STF alguma potencialidade transformadora e garantidora frente aos seus anseios, no que toca aos seus direitos (elencados em grande parte entre os direitos sexuais e reprodutivos).

As litigantes brasileiras esperam, em linhas gerais, por meio do litígio estratégico, tematizar a matéria da disputa, pluralizar o debate constitucional, estimular uma atuação mais célere do Legislativo, promover o debate público, informar a sociedade da existência dessas demandas, instigar a alteração e a formulação de políticas públicas e, principalmente, o *ganho do caso concreto*.

Foi constatado que essa característica atípica do litígio estratégico, mas muito fortemente presente na disputa da ADC 19 e da ADPF 54 no Supremo, é fruto do estado atual de amadurecimento dos direitos dessas mulheres na democracia brasileira.

É nesse contexto que desponta o litígio estratégico no seio desse movimento, como ferramenta capaz, sob os olhos dessas atrizes sociais, de garantir seus direitos na esfera do Judiciário. Sendo o STF a última instância decisória do Poder Judiciário, é nele que haverá uma possível homogeneização de interpretações e entendimentos de leis que versam sobre os direitos femininos.

É diante da insuficiência da funcionalidade do Poder Legislativo (a crise do Legislativo, onde não tem operacionalidade o conceito de razão pública, mas sim de moralidades privadas, o que torna o diálogo com essa esfera árduo e inócuo), e da politização do Poder Judiciário que essas mulheres acabam buscando este último para praticar o litígio de impacto.

É importante relembrar que os dois casos estudados são de controle concentrado de constitucionalidade, o que influi diretamente na maneira como essas entidades praticaram o litígio estratégico.

Por terem efeito *erga omnes*, o cuidado com esses casos tende a ser diferente. As estratégias escolhidas e os argumentos apresentados, bem como a forma pela qual foram apresentados, denotam preocupação especial destas ONGs para com esses dois casos (ADPF 54 e ADC 19) no STF. Possivelmente as estratégias seriam diferentes na hipótese de se tratar de controle de constitucionalidade difuso, pois os casos seriam trabalhados a cada instância, de forma a procurar uma estratégia mais exitosa. Em outras palavras: o medo de perder o caso concreto no STF exige estratégias mais zelosas e menos arriscadas para essas ONGs.

Neste sentido, fica pendente a questão, que figura-se também como uma crítica à atuação dessas ONGs: será que se temas concernentes aos direitos das mulheres fossem tratados desde o início, ou seja, desde as instâncias iniciais judiciárias, por meio do litígio estratégico o movimento das mulheres não teria mais chances de êxito e o canal comunicativo com o Poder Judiciário não restaria mais aberto aos propósitos de concretização de direitos?

Ainda não se sabe como o STF responderá às questões de gênero postas em sua pauta de decisões, uma vez que as ações trabalhadas nesse artigo ainda não foram julgadas. Não se sabe se a participação das atrizes sociais por meio de *amici curiae*, audiências públicas e outros mecanismos surtirão algum efeito positivo para as necessidades desse grupo social. Contudo, há uma grande expectativa por parte das litigantes de que o STF seja um *locus* para o bom funcionamento da razão pública e, consequentemente, para a boa frutificação dos seus litígios estratégicos ainda incipientes. Acredita-se que o STF poderá vir a ser, por todas as razões apresentadas anteriormente, um espaço para a formação e consolidação de jurisprudência constitucional em prol dos direitos das mulheres.

Bibliografia

CARDOSO, Evorah Lusci Costa. *Litígio Estratégico e Sistema Interamericano de Direitos Humanos: Análise de Casos da Corte Interamericana*. Dissertação de Mestrado em Filosofia e Teoria Geral do Direito na Faculdade de Direito da USP. São Paulo, 2008.

MENDES, Gilmar Ferreira. *O Controle de Constitucionalidade no Brasil*. Palestra na *Harvard Law School* em 27.10.2008 (disponível, no *site* do STF, em *http://www.stf.jus.br/arquivo/cms/noticiaArtigoDiscurso/anexo/Controle_de_Constitucionalidade_v__Port.pdf*).

POUPART, Jean, *et alii*. "A entrevista de tipo qualitativo: considerações epistemológicas, teóricas e metodológicas". In: *A Pesquisa Qualitativa: Enfoques Epistemológicos e Metodológicos*. 1ª ed. Petrópolis, Vozes, 2008.

RAWLS, John. *Political Liberalism*. 4ª ed. Nova York, Columbia University Press, 1996.

WASHINGTON COLLEGE OF LAW AT AMERICAN UNIVERSITY. *Impact Litigation Project. Best Practices Report 2007*. Disponível em *http://www.wcl.american.edu/ilp/* (acesso em 23.10.2009).

Acórdãos citados: ADC 19; ADPF 54.

A CONSTRUÇÃO DA SÚMULA VINCULANTE PELO STF: IMPRESSÕES SOBRE AS PRIMEIRAS EXPERIÊNCIAS[*,1]

MARIA OLÍVIA PESSONI JUNQUEIRA

1. Introdução e metodologia. 2. A construção da súmula vinculante: como o STF entende os requisitos do art. 103-A da CF?: 2.1 O que se entendeu por "reiteradas decisões sobre matéria constitucional"? – 2.2 Houve considerações sobre a súmula ter por objetivo a validade, a interpretação e a eficácia de normas determinadas? – 2.3 Houve considerações sobre controvérsia atual entre órgãos judiciários e entre estes e a Administração Pública? – 2.4 Como se lidou com a necessidade de haver controvérsia que acarrete grave insegurança jurídica e relevante multiplicação de processos sobre questão idêntica? – 2.5 Quais razões são apresentadas pelos ministros para a aprovação dos enunciados de súmula vinculante?. 3. Considerações finais: primeiras impressões sobre a construção da súmula vinculante pelo STF.

1. Introdução e metodologia

A *súmula vinculante*, instituto legitimamente estabelecido no ordenamento jurídico brasileiro pela Emenda Constitucional 45, de

* *Resumo*: A partir da análise dos precedentes e debates dos 30 primeiros enunciados de súmula vinculante editados pelo STF (Súmulas 1 a 29 e 31), buscou-se identificar de que forma o Tribunal entendeu e construiu os requisitos traçados a partir de conceitos abertos do art. 103-A, *caput* e § 1º, da CF. Nesse sentido, puderam ser identificados diferentes modelos de construção dos requisitos constitucionais e o gradativo amadurecimento do Tribunal em relação ao instituto.
Palavras-chave: Requisitos Constitucionais; Súmula Vinculante; Supremo Tribunal Federal.

1. O presente artigo foi desenvolvido a partir de monografia apresentada à *sbdp* como trabalho de conclusão do curso da Escola de Formação do ano de 2009, sob a orientação de Adriana Moraes Vojvodic. A versão original encontra-se em *http://www.sbdp.org.br/ver_monografia.php?idMono=149.*

8.12.2004, foi pensada por muitos como instrumento poderoso e perigoso, que concentraria poderes nas mãos do STF; que se aproximaria de um poder de criação de normas, violando a separação de Poderes; que "engessaria" a jurisprudência e mitigaria a livre convicção do juiz. A despeito dessas e outras críticas, foi entendida como instrumento necessário para operacionalizar as atividades do STF, que se mostrava extremamente sobrecarregado, e para contribuir para a promoção da segurança jurídica, ao unificar a jurisprudência sobre matéria constitucional. O instituto contribuiria, assim, para uma alteração na conformação institucional do Tribunal, que paulatinamente deixaria de ser apenas mais uma instância a que a parte recorre para ganhar sua própria causa, para definir, de forma impositiva, intrincados debates jurídicos e políticos que repercutem na vida da sociedade brasileira.

A súmula vinculante consiste em enunciado que resume o entendimento do STF sobre determinada matéria constitucional e que tem efeito vinculante em relação aos demais órgãos do Poder Judiciário e à Administração Pública direta e indireta, nas esferas federal, estadual e municipal. Diante do impacto significativo nas decisões em todas estas esferas e, portanto, na vida dos cidadãos, considerei necessário averiguar de que forma o STF estava construindo as súmulas vinculantes.

O questionamento partiu da premissa de que o Supremo tem que atuar estritamente nos limites estabelecidos pela Constituição Federal para a aprovação dos enunciados. Isso porque é ela que determina o arranjo político de Estado, fixando as fórmulas para exercício de funções de cada órgão e para o controle de um Poder pelos outros. Observados os requisitos constitucionais, não haveria extrapolação das funções próprias do STF e ingerência em competências de outros Poderes. Em seu art. 103-A, *caput* e § 1º, a CF trouxe os pressupostos que limitam a atuação do STF: decisão de dois terços dos membros do Tribunal; reiteradas decisões sobre matéria constitucional; objetivo de validade, interpretação e eficácia de normas determinadas; existência de controvérsia atual entre órgãos judiciários ou entre estes e a Administração Pública, que acarrete grave insegurança jurídica e relevante multiplicação de processos sobre questão idêntica. A Lei 11.417/2006, que regulou aspectos procedimentais referentes à súmula vinculante, limitou-se a repetir o que a Constituição já havia determinado quanto àqueles requisitos.

Em razão da abertura conceitual das normas referentes à súmula vinculante, a observância dos pressupostos constitucionais pelos ministros do STF passaria, inevitavelmente, por delimitar o que entenderiam por eles. O trabalho buscou aferir, portanto, *como o STF está construindo os pressupostos constitucionais e, por consequência, como está construindo a súmula vinculante*, principalmente por meio da própria prática da elaboração das súmulas. Assim, procedeu-se à análise das primeiras 30 súmulas vinculantes editadas[2] bem como dos precedentes[3] indicados nas referências oficiais como fundamentos para as súmulas e, ainda, os debates perpetrados para sua conformação final, para a verificação de como tais pressupostos estavam sendo construídos pelo STF.[4]

2. A construção da súmula vinculante: como o STF entende os requisitos do art. 103-A da CF?

2.1 O que se entendeu por "reiteradas decisões sobre matéria constitucional"?

O primeiro dos pressupostos formais previstos pela Constituição em seu art. 103-A, afora o quórum de aprovação, é que a súmula vinculante seja aprovada "após reiteradas decisões sobre matéria constitucional". Algumas questões puderam ser formuladas. *Quantas*

---

2. Em 26.9.2010 havia 30 enunciados de súmula vinculante editados indicados no *site* do Tribunal. Não havia indicação dos precedentes para a Súmula 30, razão pela qual não se fez a análise dessa súmula (cf. *Súmulas Vinculantes 1 a 29 e 31. Versão em PDF*, documento disponível em *http://www.stf.jus.br/arquivo/cms/juris prudenciaSumulaVinculante/anexo/Enunciados_1_a_29_e_31_da_Sumula_Vincu lante.pdf*, acesso em 26.9.2009).
3. Neste trabalho o termo "precedentes" foi utilizado para denotar as decisões indicadas como base material para a súmula vinculante, que são as "reiteradas decisões".
4. A verificação do entendimento sobre os requisitos constitucionais com base em concepções próprias ou de outros doutrinadores não levaria a um resultado legítimo ou científico, uma vez que os ministros do STF não necessariamente têm que seguir o modelo construído por outrem que não o constituinte ou o legislador. Assim, foi analisado o que ficou registrado nos materiais oficiais referentes à produção das súmulas vinculantes (debates, precedentes e outras informações do próprio *site* do STF), levando-se em conta a premissa de que a legitimidade do STF advém do cumprimento de seu ônus argumentativo. Ademais, não se buscou conferir exaustivamente, por exemplo, se havia efetivamente controvérsia sobre o tema. Nem sempre, no entanto, havia entendimentos explícitos dos ministros sobre os pressupostos.

decisões seriam necessárias? Este pressuposto teria um sentido meramente numérico, ou deveria indicar a estabilidade da jurisprudência? Houve súmulas editadas sem base em decisões reiteradas ou sem refleti-las? O STF apresentou algumas possibilidades de entendimento do requisito, sendo este aquele sobre o qual houve maiores preocupações expressas.

Entre as 13 primeiras súmulas vinculantes editadas, algumas surgiram a partir de decisões do STF que se fundaram em um caso paradigmático, em que a questão havia sido discutida largamente em Plenário. Nas decisões seguintes os ministros limitavam-se a citar aquela decisão, aderindo ao entendimento fixado no *leading case*, sem que houvesse, necessariamente, novas discussões sobre o tema.[5]

Após a edição da Resolução 388, de 5.12.2008, esse padrão foi aquele que mais se repetiu entre as 17 súmulas seguintes. Foram 8 em que houve um *leading case* seguido de diversas decisões das Turmas ou monocráticas que o aplicaram.[6]

A mencionada resolução disciplinou o procedimento interno para as propostas de edição, revisão e cancelamento da súmula vinculante, atribuindo à Comissão de Jurisprudência[7] a análise da adequação formal da proposta.[8] Nesse momento o órgão verifica a existência de

---

5. Esse modelo leva em conta a estabilidade da jurisprudência e esteve presente nas Súmulas Vinculantes 1, 2 e 7, cujos precedentes foram, respectivamente, o RE 418.918, a ADI 2.847 e a ADI 4.
6. Foram as Súmulas 17 (RE 298.616), 19 (RE 206.777, que não foi mencionado em todos os precedentes, mas na maioria, razão pela qual a súmula foi enquadrada nessa categoria), 20 (RE 476.279), 21 (RE 388.359), 22 (CComp 7.204), 24 (HC 81.611), 25 (RE 466.343) e 26 (HC 82.959).
7. A Comissão de Jurisprudência é comissão permanente do STF, composta por três membros (Regimento Interno do STF/RISTF, art. 27, §§ 2º, II, e 3º).
8. Importante registrar que, na apreciação da adequação formal das propostas de súmulas vinculantes, a Comissão de Jurisprudência assim se manifesta: "Impõe-se ressaltar, preliminarmente, que não cabe a esta Comissão emitir juízo sobre o mérito do pedido de edição, revisão ou cancelamento de enunciado de súmula vinculante, pois essa atividade foi expressamente atribuída, pela Lei n. 11.417/2006, ao Plenário desta Suprema Corte. É este órgão do Tribunal que deverá deliberar, soberanamente, sobre o atendimento das condições previstas no art. 103-A, § 1º, da CF e no art. 2º, § 1º, da Lei n. 11.417/2006. O papel da Comissão de Jurisprudência, portanto, fica restrito, nos termos do art. 1º da Resolução STF n. 388, de 5.12.2009, à verificação da adequação formal das propostas de súmula vinculante, como a existência (a) de suficiente fundamentação, (b) da devida instrução do pedido, (c) de legitimidade ativa do proponente, (d) de norma cuja validade, interpretação e eficácia possam ser

reiteradas decisões do Tribunal sobre a matéria constitucional em discussão, o que pode ter justificado o fato de a maioria das súmulas vinculantes posteriores ter se fundado em julgamento consolidado em *leading case*: há nesses casos, de forma mais evidente, uma jurisprudência consolidada e madura sobre o tema.

No Brasil é bastante questionável a existência de uma cultura de respeito aos precedentes judiciais. É possível observar que os tribunais brasileiros muitas vezes não levam em conta, de forma metódica, a decisão já proferida no mesmo órgão para tomarem uma nova decisão, e não buscam empenhar um esforço argumentativo para dialogar com um entendimento já fixado. Um sistema de diálogo com precedentes, no entanto, contribui largamente para a segurança jurídica, estabelecendo certeza maior quanto ao que se pode esperar da decisão do tribunal. Parece salutar que nesses casos tenha havido adesão firme a um precedente principal, que se traduz em uma maior operacionalização dos trabalhos, à medida que não se utilizará o tempo escasso para se lidar com questão que já foi largamente discutida no tribunal.

Por outro lado, houve várias súmulas vinculantes cujas "decisões reiteradas" eram decisões esparsas, assim entendidas como um conjunto de julgamentos em um mesmo sentido em causas semelhantes mas que se deram a partir de novas discussões acerca do tema em diversas oportunidades. As decisões não se basearam em um só pronunciamento, não se podendo falar em um *leading case*. Para estas súmulas o fato de ter havido diversas decisões, em diferentes ocasiões, poderia indicar que houve ao menos a oportunidade de que os ministros debatessem a questão mais de uma vez. Isto contribuiria, em tese, para maior maturação da discussão e da decisão da matéria.[9]

As Súmulas Vinculantes 5 e 11, apesar de se fundarem em decisões esparsas, trouxeram outros aspectos que evidenciam haver uma busca para se aprovar aquelas súmulas independentemente da existên-

---

o objeto da súmula pretendida e (e) de reiteradas decisões desta Casa sobre a matéria constitucional em jogo".

9. Foram as seguintes Súmulas Vinculantes: 3, 4, 5, 8, 9, 10, 11, 13, 14, 15, 16, 18, 27 e 29. Nas Súmulas 3, 8, 9, 10, 13, 14, 15, 18 e 27 a estabilidade da jurisprudência pode ser percebida. Na Súmula 10, por exemplo, os precedentes são acórdãos com decisões em um mesmo sentido de diferentes épocas, desde 1999, o que deixa claro que a jurisprudência quanto ao tema era realmente pacífica.

cia de decisões reiteradas sobre um mesmo tema. Na Súmula 5, cujo objeto é a falta de defesa técnica por advogado no processo administrativo disciplinar, houve proposta de edição imediata, ainda que não se tivesse conhecimento sobre reiteradas decisões sobre o tema. Entendeu-se que a existência de súmula do STJ em sentido contrário justificaria a edição de uma súmula vinculante "em caráter excepcional".[10] No caso, não havia uma multiplicidade de julgamentos no STF, de forma que há indícios de que os ministros tenham procurado precedentes apenas para justificar a súmula já decidida. Já, na Súmula 11, cujo tema é a excepcionalidade do uso de algemas, há algumas decisões que convergem no sentido da tese fixada na súmula vinculante.[11] O principal elemento, no entanto, que se usa para justificar a súmula são as diversas disposições no ordenamento jurídico das quais seu teor poderia ser deduzido, e não, fundamentalmente, as reiteradas manifestações do Supremo sobre aquela questão.

Já, as Súmulas Vinculantes 6 e 12 basearam-se em um pronunciamento único do Tribunal em diversos recursos extraordinários, o que é decorrência da "objetivação do controle difuso de constitucionalidade".[12] Logo, não se considerou a estabilidade da jurisprudência, mas se interpretou a expressão "reiteradas decisões" com uma conotação numérica, sendo a manifestação do Plenário suficiente para a edição da súmula. Nesses casos não se considerou que a exigência de reiteração de decisões revelaria uma busca de amadurecimento da decisão através da discussão em mais de uma oportunidade ou de sua manutenção ao longo do tempo.[13] Isso se deu sem prejuízo de algumas

---

10. RE 434.059, p. 760.
11. É interessante observar que em algumas destas súmulas, construídas considerando-se como reiteradas decisões algumas decisões esparsas, nem sempre havia uma identidade ou semelhança fática das causas entre si. As súmulas em que isto fica mais evidente são as de ns. 11 (uso de algemas), 13 (nepotismo) e 29 (cálculo do valor de taxa). Os ministros consideraram que havia reiteradas decisões a partir de uma tese extraída de decisões.
12. A partir desta ideia, o Tribunal não fica mais adstrito à causa de pedir da demanda, fixando uma tese para todos, e tem a possibilidade de modular os efeitos da decisão. Há possibilidade de intervenção de *amicus curiae* e de realização de audiência pública. De se destacar, também, a alteração que tal entendimento causa no papel do Senado de suspender leis declaradas inconstitucionais pelo STF em controle de constitucionalidade difuso (art. 52, X).
13. Este entendimento é defendido por alguns autores que tratam dos pressupostos da súmula vinculante. Gilmar Mendes e Samantha Pflug assim se manifestam:

manifestações de preocupação dos ministros, que foram explicitadas especialmente naquelas circunstâncias isoladas em que se depararam com situações que entenderam como dissonantes com o disposto no art. 103-A da CF. No entanto, limitaram-se a registrar seu entendimento, havendo pouca oposição à edição do verbete.[14]

Por fim, duas súmulas apresentaram peculiaridades em relação a esses modelos. A Súmula 28 tomou por precedente apenas uma ação direta de inconstitucionalidade (ADI 1.074), dotada, por si só, de eficácia *erga omnes*. Entretanto, o enunciado foi mais abrangente que o determinado naquele julgamento, para abarcar situações que ali não estariam inseridas. Já, a Súmula Vinculante 23 baseou-se em precedentes bastante distintos, sem que houvesse novas discussões sobre o tema, e são as decisões monocráticas, e não os julgamentos colegiados, que mais se aproximam do disposto na súmula.

Do exposto, pode-se concluir que o STF entendeu o requisito "reiteradas decisões" ao menos de algumas formas distintas: (i) como decisões que representam um *número* de julgamentos sobre um caso, e não diversas decisões decorrentes de discussões distintas;[15] (ii) como decisões que representam uma estabilidade em sua jurisprudência ou, ao menos, um longo debate realizado no Tribunal, seja porque se estabeleceu um *leading case*,[16] seja porque houve diversos precedentes em que se discutiu a questão.[17] Nesta última forma, em duas

"Outro requisito para edição da súmula vinculante diz respeito à preexistência de reiteradas decisões sobre matéria constitucional. Exige-se aqui que a matéria a ser versada na súmula tenha sido objeto de debate e discussão no STF. Busca-se obter a maturação da questão controvertida com a reiteração de decisões. Veda-se, deste modo, a possibilidade de edição de súmula vinculante com fundamento em decisão judicial isolada. É necessário que ela reflita uma jurisprudência do Tribunal, ou seja, reiterados julgados no mesmo sentido; é dizer, com a mesma interpretação" ("Passado e futuro da súmula vinculante: considerações à luz da Emenda Constitucional 45/2004", in P. Bottini e S. Renault (coords.), *Reforma do Judiciário – Comentários à Emenda Constitucional 45/2004*, São Paulo, Saraiva, 2005).
14. O Min. Marco Aurélio manteve-se firme quando não concordava com o teor do enunciado ou quando entendia haver desconformidade quanto aos requisitos, especialmente quando entendia que a matéria mereceria maior reflexão e maturação no Tribunal.
15. Enunciados de Súmula Vinculante 6 e 12.
16. Enunciados de Súmula Vinculante 1, 2, 7, 17, 19, 20, 21, 22, 24, 25 e 26.
17. Enunciados de Súmula Vinculante 3, 4, 5, 8, 9, 10, 12, 13, 14, 15, 16, 18 (nesse, a maioria dos precedentes é do TSE), 27 e 29.

das súmulas houve uma atuação dos ministros no sentido de buscarem e escolherem precedentes apenas para que pudessem justificar a edição das súmulas.[18] Há ainda os modelos das Súmulas 23 e 28.

Considerando-se as primeiras súmulas vinculantes editadas pelo STF, em princípio revelou-se preocupante que duas já tivessem sido editadas com base apenas em um pronunciamento para diversas causas idênticas. Por meio da "objetivação do controle difuso", bastaria que os recursos chegassem ao STF para que em apenas um pronunciamento, aplicando-se o procedimento previsto para a repercussão geral do recurso extraordinário, o Tribunal fixasse uma tese que vincularia todo o Judiciário e também a Administração Pública por meio da súmula vinculante.[19] Entretanto, após a edição da Resolução 388/2008 as súmulas foram editadas mais frequentemente a partir de jurisprudência já consolidada, em comparação com as primeiras 13 súmulas.

O que se deve considerar, diante da abertura conceitual do ordenamento jurídico, é que a disposição constitucional acerca das "reiteradas decisões" só faz sentido se a súmula refletir exatamente o que foi decidido nos precedentes, uma vez que consistem na base material para limitar o alcance do disposto no enunciado. Se não ficar adstrito a este limite, o STF estará a legislar. Na maioria das súmulas vinculantes, comparando-se os enunciados e o decidido nos precedentes, pode-se observar esta equivalência, havendo, inclusive, ponderações dos ministros quanto a essa necessidade.[20]

A exatidão não parece estar presente, entretanto, nas Súmulas 2, 11, 13, 23, 27 e 28. A Súmula Vinculante 11[21] é a mais represen-

18. Enunciados de Súmula Vinculante 5 e 11.
19. Outras alterações institucionais parecem ter tornado inevitável aquela situação verificada nas Súmulas Vinculantes 6 e 12. Com os procedimentos estabelecidos para a repercussão geral no Código de Processo Civil (arts. 543-A e 543-B), toda a estrutura do sistema passou a permitir que, reconhecida a repercussão geral sobre um tema constitucional e julgado seu mérito pelo STF, o entendimento seja aplicado a todos os recursos extraordinários e seus respectivos agravos que versarem sobre o mesmo tema, sem que o Tribunal tenha que analisar causa por causa.
20. Houve preocupações, por exemplo, na edição das Súmulas 1, 6, 8, 12, 14, 17, 20, 23, 24, 26 e 31.
21. "Só é lícito o uso de algemas em casos de resistência e de fundado receio de fuga ou de perigo à integridade física própria ou alheia, por parte do preso ou de terceiros, justificada a excepcionalidade por escrito, sob pena de responsabilidade disci-

tativa dessa situação. Ainda que o enunciado diga respeito à responsabilização do agente público e haja menção a esse aspecto nos julgamentos do HC 91.952 e do HC 89.429, não se aplicou essa responsabilização nos casos concretos em qualquer dos precedentes mencionados como referências da súmula. A menção à responsabilização parece ter sido feita para se buscar a efetividade da decisão do Tribunal.[22]

Por fim, quanto à Súmula Vinculante 13,[23] sobre a vedação ao nepotismo nos três Poderes do Estado, apenas no julgamento da ADC 12/MC houve discussão sobre a extensão do conceito de parentesco até terceiro grau, e o âmbito de aplicação da norma cuja constitucionalidade se buscava declarar era somente o Poder Judiciário. Os debates acerca desse enunciado guardaram grande fidelidade ao que foi decidido quanto à Resolução 7/2005 do Conselho Nacional de Justiça nessa oportunidade. O que questiono é se com base em uma resolução do CNJ, que se destina ao Poder Judiciário, poderia o STF descer a tantos detalhes no enunciado, fixando o parentesco "até terceiro grau" não só para o Judiciário, mas também para os Poderes Executivo e Legislativo. Entendo que não havia base material para tanto, uma vez que não havia reiteradas decisões que dispusessem no sentido do es-

plinar, civil e penal do agente ou da autoridade e de nulidade da prisão ou do ato processual a que se refere, sem prejuízo da responsabilidade civil do Estado."
22. Posteriormente à edição da súmula o Min. Marco Aurélio externou preocupação quanto à inserção da responsabilização no enunciado da súmula no julgamento do AI 698.626/AgR/QO, ao se manifestar sobre o problema de editar súmulas vinculantes no "calor das discussões": "Agora mesmo, o Tribunal está com um problema, a meu ver, muito sério – e vou registrar para refletirmos –, que diz respeito ao verbete das algemas. Se formos aos precedentes, não vamos encontrar um único sequer quanto à controvérsia quanto à responsabilidade civil, à responsabilidade administrativa, à responsabilidade penal do agente, muito menos sobre a responsabilidade do Estado. Será que fizemos bem editando-o com abrangência maior? Será que isso não trará desgaste, como já está havendo, para a Corte? A meu ver, trará" (rela. Min. Ellen Gracie, *DJe* 5.12.2008, p. 1.267).
23. "A nomeação de cônjuge, companheiro ou parente em linha reta, colateral ou por afinidade, até o terceiro grau, inclusive, da autoridade nomeante ou de servidor da mesma pessoa jurídica investido em cargo de direção, chefia ou assessoramento para o exercício de cargo em comissão ou de confiança ou, ainda, de função gratificada na Administração Pública direta e indireta em qualquer dos Poderes da União, dos Estados, do Distrito Federal e dos Municípios, compreendido o ajuste mediante designações recíprocas, viola a Constituição Federal."

tabelecido na súmula. Não havia sequer norma que o estabelecesse de forma tão abrangente a todos os Poderes.[24]

O que se pode perceber é que, dentre as súmulas vinculantes em que não se verificou aquela correspondência exata entre precedentes e enunciado, ao menos em algumas delas pode-se constatar a busca do STF em estabelecer uma tese, ditando um valor a ser seguido pela sociedade, e em tornar a súmula o mais eficaz possível. Assim é a questão da responsabilização na súmula vinculante referente ao uso de algemas (Súmula 11), buscando-se ressaltar as sanções aos agentes públicos que violassem os direitos fundamentais dos presos. Também a situação da definição de um conceito abrangente de parentesco na súmula referente à vedação ao nepotismo (Súmula 13), de forma a abranger um maior número de casos possíveis desta conduta, que atenta contra interesses públicos.

De qualquer forma, a base material para a edição da súmula vinculante deve ser o que foi decidido nos precedentes, e não apenas o que está disposto no ordenamento jurídico. Além disso, o STF não parece legitimado a estender o que foi decidido em um contexto específico a outras situações não abarcadas nos precedentes, ainda que tenha propósitos socialmente legítimos. Estes limites concorrem para a garantia de que o Supremo só atuará na medida em que seja demandado pela sociedade: as questões que não chegarem a ele por meio de demandas sociais não podem ser objeto de enunciado vinculante. Permitir com que o STF atue, ao editar a súmula vinculante, limitado *apenas* ao que dispõe o ordenamento jurídico é conferir a ele um poder que o texto da Constituição não parece ter pretendido legitimar.

2.2 Houve considerações sobre a súmula ter por objetivo a validade, a interpretação e a eficácia de normas determinadas?

O § 1º do art. 103-A da CF dispõe que a súmula vinculante "terá por objetivo a validade, a interpretação e a eficácia de normas determinadas". Esse pressuposto não oferece maiores limitações à atuação do Supremo. Observado o requisito de que a matéria seja constitucio-

---

24. Entendo que a existência de uma norma de tal caráter não justificaria, por si só, a inserção da definição de parentesco no enunciado se não houvesse decisão do STF em casos concretos.

nal, permitiu-se que o STF estabeleça uma interpretação acerca de dispositivos constitucionais ou destes relacionados com normas infraconstitucionais nas súmulas.[25] Após a edição da Resolução 388 do STF, que previu a remessa da proposta de súmula vinculante à Comissão de Jurisprudência, para apreciação de sua adequação formal, esse pressuposto passou a ser expressamente mencionado nos despachos relativos a esta análise.[26] O que se pode procurar verificar é como o STF entendeu as "normas determinadas". Em algumas súmulas foram analisados dispositivos infraconstitucionais em face da Constituição Federal.[27] Isto se refletiu no próprio texto de alguns dos enunciados, que continham explicitamente as normas infraconstitucionais sobre as quais as súmulas tratavam. Em outras súmulas considerou-se uma norma constitucional em si, fixando-se uma interpretação quanto a ela.[28]

Nas Súmulas Vinculantes 11 (excepcionalidade do uso de algemas) e 14 (acesso do defensor ao inquérito), que envolvem direitos fundamentais, a exegese expressada nas súmulas decorreu de uma série de normas constitucionais e infraconstitucionais que foram explicitadas durante os debates. Assim, houve maior esforço para se explicitar quais normas figurariam como referência das súmulas, justificando-as em razão de que a interpretação realizada decorreu não de uma norma específica, mas de várias disposições do ordenamento jurídico. Em outras súmulas também se consideraram várias normas como referências, mesmo que não tenham sido necessariamente discutidas ou mencionadas em todos os precedentes.[29] Por fim, na Súmula Vinculante 25, que versou sobre a prisão civil do depositário infiel,

25. Nas súmulas já editadas os ministros não expõem explicitamente que estejam realizando aquelas tarefas de analisar a validade, a interpretação e a eficácia de normas, que são a função cotidiana do STF. Observe-se que há grande abertura para a atuação do Supremo ao se permitir que produza súmula vinculante com base em uma interpretação sua, e não meramente sobre o entendimento acerca da validade e da eficácia da norma.
26. Um dos requisitos mencionados era a existência de "norma cuja validade, interpretação e eficácia possam ser o objeto da súmula pretendida".
27. Súmulas Vinculantes 1, 8, 9, 20, 24, 26 e 31.
28. Isso ocorreu nas Súmulas 2, 5, 7, 10, 12, 13, 15, 16, 17, 18, 19, 21, 22, 23, 27, 28 e 29.
29. Súmulas Vinculantes 3, 4 e 6.

além de se considerarem normas infraconstitucionais e constitucionais, analisou-se também a Convenção Americana sobre Direitos Humanos (Pacto de São José da Costa Rica).

Pode-se perceber que o STF demonstrou preocupação em explicitar as normas determinadas que figurariam como referências das súmulas vinculantes. Houve, inclusive, considerações sobre normas que não poderiam embasá-las. Esta motivação mostra-se fundamental, porque, além do limite mais específico de observação do que foi definido nos precedentes, o STF, antes disso, está limitado pelo ordenamento jurídico. Ademais, pode-se perceber que o STF editou súmulas vinculantes entendendo por matéria constitucional não só aquelas matérias presentes na Constituição, mas também as normas contestadas em face dela, mesmo que de diferentes entes federativos.

2.3 Houve considerações sobre controvérsia atual entre órgãos judiciários e entre estes e a Administração Pública?

O § 1º do art. 103-A da CF estabelece que sobre as normas determinadas que são objeto de súmula vinculante haja controvérsia atual entre órgãos judiciários ou entre esses e a Administração Pública. Aqui há um claro objetivo de que a súmula vinculante atue de forma a pacificar a jurisprudência produzida pelo Judiciário, quando controversa, e de que evite que se protelem processos desnecessariamente. A construção deste requisito pelo STF não se deu de forma explícita em todas as súmulas. Em algumas a consideração de que havia controvérsia entre aqueles órgãos deu-se no momento do julgamento dos precedentes e não se repetiu nos debates acerca das súmulas. Em outras não houve essa explicitação, sequer através dos precedentes.

Observe-se que após a Resolução 388/2008 as discussões para edição das súmulas foram mais ligadas ao texto do verbete ou à matéria de que ele cuidava. Pode-se cogitar que a análise da adequação formal da proposta pela Comissão de Jurisprudência tenha levado a menores embates nas justificativas para a edição da súmula, ainda que essa verificação não leve em conta, por exemplo, a existência de controvérsia atual entre órgãos judiciários ou entre estes e a Administração Pública.

Em algumas súmulas vinculantes reconheceu-se a controvérsia nos próprios precedentes delas em razão de um posicionamento reiterado por parte de outros órgãos em sentido contrário ao do STF. Houve situações em que os ministros não consideraram explicitamente o requisito, mas a própria matéria o indicava. Em outras situações não há explicitação acerca da existência de controvérsia entre órgãos judiciários e a Administração Pública, mas as próprias partes processuais representam a divergência.[30]

Todo o panorama verificado não leva a uma construção explícita acerca do pressuposto de que sobre as normas determinadas objeto de súmula vinculante haja controvérsia atual entre órgãos judiciários ou entre estes e a Administração Pública. Pode-se cogitar de duas hipóteses para a falta de explicitação do pressuposto constitucional: (i) a evidência da controvérsia seria tão marcante, que o STF não precisaria explicitá-la; (ii) os ministros não atentaram para o previsto naquele dispositivo constitucional, não considerando o mencionado pressuposto como tal. Entende-se, de qualquer forma, que há um ônus argumentativo do Tribunal, a ser desempenhado de forma a permitir que os jurisdicionados conheçam as justificativas para a fixação do enunciado vinculante.

2.4 Como se lidou com a necessidade de haver controvérsia que acarrete grave insegurança jurídica e relevante multiplicação de processos sobre questão idêntica?

Como um último requisito para a aprovação da súmula vinculante, o § 1º do art. 103-A da CF determina que deve haver "controvérsia (...) que acarrete grave insegurança jurídica e relevante multiplicação de processos sobre questão idêntica". Por meio dele busca-se evitar que entendimentos divergentes para casos idênticos levem à insegurança do jurisdicionado, porque a súmula promove a uniformização da jurisprudência de forma obrigatória. Além disso, o instrumento

---

30. Na Súmula Vinculante 14, referente ao acesso do defensor ao inquérito, houve uma análise mais acurada deste requisito. Foi a primeira aprovada a partir de proposta de súmula vinculante (PSV 1) não apresentada por algum dos ministros. Este fator pode ser a razão pela qual os ministros mostraram maior preocupação em verificar e explicitar os pressupostos para a edição da súmula vinculante.

operacionaliza os trabalhos do STF, ao permitir que matérias já pacificadas possam se resolver em instâncias inferiores, atenuando a enorme demanda, muitas vezes causada por processos repetitivos.

Nas 30 súmulas vinculantes já aprovadas pelo STF, no entanto, não houve uma preocupação sistemática dos ministros para justificar todas as súmulas vinculantes quanto ao mencionado pressuposto. Também não há qualquer consideração quanto aos dois elementos que o compõem – grave insegurança jurídica e relevante multiplicação de processos sobre questão idêntica – e sobre serem cumulativos, ou não. "Grave insegurança jurídica" é conceito vago, que pode ensejar diferentes interpretações, mas que pode ser facilmente perceptível em algumas situações, especialmente naquelas em que há controvérsia entre órgãos judiciários, porque o jurisdicionado não sabe o que esperar da decisão judicial. Talvez por essa maior facilidade de verificação os ministros não a tenham mencionado sempre para a aprovação das súmulas vinculantes. Já, a existência de relevante multiplicação de processos sobre questão idêntica é situação verificável de forma mais objetiva, mas a explicitação de sua existência não foi grande preocupação dos ministros.

2.5 Quais razões são apresentadas pelos ministros para a aprovação dos enunciados de súmula vinculante?

Em algumas das 30 súmulas as razões para sua edição não eram a existência de grave insegurança jurídica e relevante multiplicação de processos sobre questão idêntica. Assim, busquei verificar quais fundamentos os ministros usaram para justificá-las. Objetivariam atender a necessidades de administração da justiça, como, por exemplo, reduzir a morosidade, a imprevisibilidade e sobrecarga do Judiciário, lidar com a questão das causas homogêneas ou impedir A multiplicação dos processos? Ou haveria uma busca de se garantir direitos? Considerou-se a multiplicidade de causas ou a relevância da matéria? Neste contexto, qual o papel da súmula vinculante para os ministros? Utilizaram-na com uma função instrumental, ou buscaram afirmar uma tese?

Diante do panorama exposto, percebi que o papel da súmula vinculante para os ministros variou nas 30 súmulas vinculantes editadas.

Em algumas das súmulas vinculantes houve exatamente a busca de operacionalização dos trabalhos do STF em razão de uma multiplicação de causas idênticas.[31] Há, aqui, uma função instrumental, objetivando amenizar a sobrecarga existente no STF. Em outras súmulas vinculantes o STF parece ter buscado fixar a jurisprudência largamente pacificada[32] ou fixar uma tese para diminuir a insegurança jurídica,[33] firmando ou reafirmando uma tese. Por fim, em outras súmulas vinculantes pode-se perceber uma motivação voltada para a relevância da matéria sob discussão, buscando-se limitar a atuação de agentes estatais.

Nas Súmulas Vinculantes 11 e 14 foram discutidos aspectos relativos a limites ao Estado em face de direitos individuais: as hipóteses em que a autoridade policial pode fazer uso de algemas, na primeira; e as circunstâncias em que a autoridade judicial ou policial deve permitir o acesso do defensor aos autos de inquérito, no interesse do representado, na segunda. A função destas súmulas, pelas justificativas dos ministros, era a garantia de direitos.[34] Na Súmula Vinculante 13, que estabeleceu a vedação ao nepotismo, também se considerou a relevância da matéria, buscando-se estabelecer uma interpretação valorativa a partir dos princípios estabelecidos no *caput* do art. 37 da CF. Houve a afirmação de uma nova tese. Partindo da premissa de que é o desenho da Constituição Federal que confere legitimidade ao Judiciário, estabelecendo as formas e os limites de sua atuação, o Tribunal não atendeu ao disposto nela para editar esta súmula vinculante: não havia reiteradas decisões sobre a matéria para estabelecer a vedação com tamanhos detalhamentos e para todos os Poderes, nem foram

31. Assim ocorreu, por exemplo, nas Súmulas 1, 9, 12 e 21.
32. O que pode ser verificado, por exemplo, nas Súmulas 7, 10 e 31.
33. Há essa preocupação expressa em se firmar teses, por exemplo, nas Súmulas 2, 3, 5 e 8.
34. A despeito das ponderações da Min. Ellen Gracie, os outros ministros afirmam incisivamente a necessidade da súmula para garantir os direitos. O Min. Carlos Britto mencionou que a súmula deveria "encarnar um mandado de otimização", resultado da ponderação entre os princípios da ampla defesa e da justiça penal eficaz (PSV 1, p. 23). O Min. Menezes Direito assim justificou a súmula: "E a Suprema Corte tem que ter cautela, pelo menos na minha visão, de fazer com que esses grandes temas relativos ao direito de defesa sejam assegurados até mesmo por súmula vinculante, porque esses são temas, pelo menos insisto na minha compreensão, que dizem mais respeito ao papel emergente da Suprema Corte como último estágio da garantia das liberdades fundamentais" (PSV 1, p. 14).

atendidos outros pressupostos previstos constitucionalmente. Tanto foi prematura a edição do verbete, que o STF, após problemas na interpretação de caso ocorrido no próprio Tribunal, ensaia uma revisão da súmula vinculante, com pouco tempo de existência.[35]

Ainda que se entenda o objetivo de promover uma alteração positiva na sociedade, eliminando situações que violam interesses públicos, cabe também questionar: os fins justificam os meios? Pode o STF, por ter motivação legítima, desatender aos pressupostos formais que a Constituição prescreve? Entendo que não. Sua observância afigura-se fundamental para garantir a liberdade individual, uma vez que os critérios legítimos para a atuação, que garantem a limitação do poder do STF, estão previstos constitucionalmente.

3. Considerações finais: primeiras impressões sobre a construção da súmula vinculante pelo STF

A observação da prática da elaboração das súmulas revelou que não há uma consideração sistemática dos ministros acerca dos pressupostos constitucionais. Súmulas editadas sem base em jurisprudência consolidada levam ao descrédito do instituto – como no caso das Súmulas 4, 11 e 13 –, bem como do Tribunal. A atuação do STF em algumas situações revelou, mesmo, uma banalização do instrumento, que passou a ser utilizado de forma distorcida, sem o objetivo de solucionar problemas de administração da justiça. Nestas súmulas pode-se perceber o STF atuando no sentido de criar o Direito a partir de um instrumento posto à sua disposição para outras finalidades. E este não parece ter sido o objetivo do texto constitucional.

---

35. "Para atender a tais ponderações e propósitos, igualmente manifestados por alguns ministros da Corte, bem como para evitar absurdos que a interpretação superficial ou desavisada da Súmula pode ensejar, o Presidente do STF está encaminhando aos Srs. Ministros proposta fundamentada de revisão da redação da mesma Súmula, para restringi-la aos casos verdadeiros de nepotismo, proibidos pela Constituição da República" (notícia disponível em *http://www.stf.jus.br/portal/cms/verNoticiaDetalhe.asp?idConteudo=154947&caixaBusca=N*, acesso em 25.9.2010). O mesmo ocorre relativamente à Súmula Vinculante 4, que também poderá passar por revisão (cf. *Suspenso Julgamento sobre Aposentadoria Considerada Ilegal pelo TCU*, disponível em *http://www.stf.jus.br/portal/cms/verNoticiaDetalhe.asp?idConteudo=153498&caixaBusca=N*, acesso em 25.9.2010).

Entretanto, a regulamentação em sede regimental demandou maior atenção aos requisitos constitucionais para edição das súmulas, já que estas não mais poderiam ser aprovadas "no calor das discussões". Após a Resolução 388/2008 do STF passou a haver necessidade de análise da adequação formal da proposta em fase específica do procedimento, o que parece ter sido positivo em relação à observância dos pressupostos, ao menos no que diz respeito à reiteração de decisões. Assim, a construção dos requisitos deu-se de forma mais consentânea com os objetivos de redução da insegurança jurídica e da multiplicação de processos, que podem ser depreendidos da leitura do dispositivo constitucional que estabeleceu o instituto. Esse maior comedimento na edição de súmulas revelou-se, por exemplo, com o arquivamento, pela Comissão de Jurisprudência, da proposta de súmula vinculante relativa à demarcação de terras indígenas, pela inadequação do uso de súmula de jurisprudência relacionada a tema distinto do tratado na proposta e pela inexistência de reiteradas decisões que tenham levado a um entendimento maduro sobre todos os aspectos da questão.[36] De todo o exposto, concluí que o STF, ao construir a súmula vinculante, caminha para uma atuação cada vez mais ponderada e em consonância com os limites estabelecidos constitucionalmente.

Busquei introduzir neste trabalho uma discussão acerca do tema da súmula vinculante a partir da percepção de que a Constituição dá um papel de destaque ao STF, de modo que suas decisões influem direta e decisivamente nos Poderes Executivo e Legislativo e nos outros órgãos do Poder Judiciário, através de mecanismos a ele atribuídos. Consequentemente, impõe-se ao Tribunal atuar com responsabilidade e à sociedade manter um olhar atento para sua atuação.

Bibliografia citada

MENDES, Gilmar Ferreira, e PFLUG, Samantha Ribeiro Meyer. "Passado e futuro da súmula vinculante: considerações à luz da Emenda Constitucional

---

36. Cf. *Comissão de Jurisprudência se Manifesta pelo Arquivamento de PSV sobre Demarcação de Reservas Indígenas*, disponível em *http://www.stf.jus.br/portal/cms/verNoticiaDetalhe.asp?idConteudo=122930&caixaBusca=N* (acesso em 25.9.2010).

45/2004". In: BOTTINI, P., e RENAULT, S. (coords.). *Reforma do Judiciário*. Comentários à Emenda Constitucional 45/2004. São Paulo, Saraiva, 2005.

Acórdãos citados: ADC 12/MC; ADI 4, 1.074 e 2.847; AI 698.626/AgR/QO; CComp 7.204; HC 81.611, 82.959, 89.429, 91.952; PSV 1; RE 206.777, 298.616, 388.359, 418.918, 434.059, 466.343 e 476.279.

A REPERCUSSÃO GERAL NOS RECURSOS EXTRAORDINÁRIOS – COMO O STF TEM APLICADO ESSE INSTITUTO?[*-1]

MARINA CARDOSO DE FREITAS

1. Introdução. 2. Importantes esclarecimentos acerca do funcionamento da repercussão geral. 3. Análise dos recursos. 4. Que espécie de filtragem tem sido feita pela repercussão geral?. 5. Conclusão.

1. Introdução

Os recursos extraordinários, juntamente com os agravos de instrumento, representam há bastante tempo a maior carga de processos que chegam anualmente no STF.[2] Com o nítido propósito de conter essa sobrecarga, o poder constituinte derivado, em meio à Reforma do

* *Resumo*: Na tentativa de conter a sobrecarga de trabalho do STF, o poder constituinte derivado, em meio à Reforma do Judiciário realizada pela Emenda Constitucional 45/2004, instituiu mais um pressuposto de admissibilidade aos recursos extraordinários: a *repercussão geral*. O presente trabalho pretende analisar como os ministros do STF estão aplicando esse instituto e quais os tipos de matérias que estão sendo filtradas. Também se busca verificar qual a consistência das decisões dos ministros a esse respeito e em que medida a repercussão geral é a responsável pela redução no número de processos ocorrida a partir de sua implementação.

Palavras-chave: Recurso Extraordinário; Repercussão Geral; Requisito de Admissibilidade.

1. O presente artigo foi desenvolvido a partir de monografia apresentada à sbdp como trabalho de conclusão do curso da Escola de Formação do ano de 2009, sob a orientação de André de Albuquerque Cavalcanti Abbud. A versão original encontra-se disponível em *http://www.sbdp.org.br/monografias_ver.php?idConteudo=150*.

2. Para se ter uma ideia dessa dimensão, os recursos extraordinários e os agravos de instrumento representaram 96,2% de todos os casos distribuídos anualmente na Corte entre os anos de 2000 e 2007, conforme informações do Banco Nacional de Dados do Poder Judiciário. Em 2007 foram distribuídos 106.617 recursos dessa espécie.

Judiciário realizada pela Emenda Constitucional 45/2004, instituiu mais um pressuposto de admissibilidade aos recursos extraordinários, acrescentando um § 3º ao art. 102 da CF.[3] Conforme esse dispositivo, além dos requisitos já previstos no art. 102, III, o recorrente também deverá demonstrar a repercussão geral das questões constitucionais discutidas no caso a fim de que o Tribunal examine a admissão do recurso extraordinário, somente podendo recusá-lo pela manifestação de dois terços dos seus membros.

Trata-se de mecanismo de filtragem recursal que procura minimizar o número de processos recebidos pela Corte, com o objetivo de que apenas os recursos com verdadeira dimensão alcancem o STF.[4]

O conteúdo do que se deve compreender por "repercussão geral" não foi delineado pela Constituição, a qual reservou à lei o papel de preenchê-lo. A Lei 11.418, promulgada em 19.12.2006, cumpriu tal incumbência, acrescentando os arts. 543-A e 543-B ao CPC, os quais deram plena efetividade à norma constitucional. Em seguida, a lei foi regulamentada pela Emenda 21 do Regimento Interno do STF/RISTF, de 30.4.2007.

Ao delimitar o que devemos entender por "repercussão geral", a lei lançou mão de um conceito jurídico indeterminado, o qual pouco esclareceu que tipo de matéria passaria a não mais poder ser julgada pelo STF. O legislador trouxe uma fórmula que conjuga relevância e transcendência, dispondo que "para efeito de repercussão geral será considerada a existência, ou não, de questões relevantes do ponto de vista econômico, político, social ou jurídico, que ultrapassem os interesses subjetivos da causa".

---

3. CF, art. 102, § 3º: "§ 3º. No recurso extraordinário o recorrente deverá demonstrar a repercussão geral das questões constitucionais discutidas no caso, nos termos da lei, a fim de que o Tribunal examine a admissão do recurso, somente podendo recusá-lo pela manifestação de dois terços de seus membros".
4. Nesse sentido, Humberto Theodoro Jr.: "Sem um filtro prévio que detecte a presença de uma questão nacional em torno da discussão travada no processo, é inevitável a transformação do STF numa nova instância recursal. Foi a falta de filtragem da relevância do recurso extraordinário que levou o STF a acumular anualmente milhares e milhares de processos, desnaturando por completo seu verdadeiro papel institucional e impedindo que as questões de verdadeira dimensão pública pudessem merecer a apreciação detida e ponderada exigível de uma autêntica Corte constitucional" ("Repercussão geral no recurso extraordinário (Lei 11.418) e Súmula Vinculante no STF (Lei 11.417)", *Revista IOB de Direito Civil e Processual Civil* 48/103, julho-agosto/de 2007).

Pretendeu-se estabelecer uma cláusula geral que possibilitasse certa flexibilização do trabalho do intérprete. Desse modo, cabe exclusivamente ao STF a decisão sobre as matérias que devem, ou não, ter a repercussão geral conhecida. São os 11 ministros que compõem a Suprema Corte brasileira, que darão a interpretação devida aos termos genéricos trazidos pelo vasto conceito de "repercussão geral", determinando o que devemos, ou não, entender por *relevância jurídica, política, social ou econômica*.[5]

O presente artigo pretende apresentar um panorama de como o STF tem lidado com o instituto da repercussão geral, a partir da análise das decisões proferidas nos primeiros dois anos e cinco meses de sua aplicação. Procurarei identificar qual a consistência dessas decisões, bem como quais os critérios que estão sendo utilizados pelos ministros para preencher esse conceito indeterminado utilizado pelo legislador.

2. Importantes esclarecimentos acerca do funcionamento da repercussão geral

Antes de adentrar os resultados colhidos a partir da análise dos acórdãos que aferem a existência da repercussão geral, faz-se importante tecer breves explicações acerca dos procedimentos relacionados ao instituto, para que o leitor possa compreender melhor algumas das premissas em que esse trabalho irá se pautar.

O § 4º do art. 543-A do CPC[6] confere às Turmas a tarefa de decidir pela existência da repercussão geral, mas reserva a competência ao

---

5. Nesse sentido, André de Albuquerque Cavalcanti Abbud: "O maior desafio a cargo do intérprete autêntico será o de, no labor cotidiano de apreciação dos recursos extraordinários, situar constantemente o conceito de repercussão geral no espaço semântico que permita cumprir fiel e equitativamente as duas finalidades contrapostas do novo requisito: subtrair da apreciação do Supremo recursos pouco relevantes, reservando-lhe em contrapartida aqueles realmente dotados de impacto sobre o sistema jurídico e a sociedade, estes, sim, consentâneos com o relevante papel daquela Corte" ("A repercussão geral dos recursos extraordinários e o julgamento por amostragem no âmbito do STF (CPC, arts. 543-A e 543-B)", in Maurício Giannico e Vitor José de Mello Monteiro (coords.), *As Novas Reformas do Código de Processo Civil e de Outras Normas Processuais*, São Paulo, Saraiva, 2009, p. 317).

6. CPC, art. 543-A, § 4º: "§ 4º. Mantida a decisão e admitido o recurso, poderá o Supremo Tribunal Federal, nos termos do Regimento Interno, cassar ou reformar, liminarmente, o acórdão contrário à orientação firmada".

Plenário sempre que a decisão do órgão fracionário puder ser alterada pelo órgão colegiado. Isso ocorreria nas hipóteses em que a votação da Turma não atingisse, no mínimo, quatro votos, uma vez que a Constituição Federal exige o quórum de dois terços para que uma questão levada ao STF não tenha a repercussão geral reconhecida.

No entanto, a Emenda 21/2007[7] do RISTF instituiu mecanismo inovador que dispensa a presença física dos ministros nas sessões de verificação da repercussão geral, contribuindo para a celeridade do processamento dos recursos extraordinários. A partir dessa inovação, superou-se a norma do art. 543-A, § 4º, do CPC, tornando-se desnecessário o filtro realizado pela Turma Julgadora. Esse mecanismo trazido pelo Regimento Interno da Corte foi denominado "Plenário Virtual". Trata-se de sistema totalmente informatizado, operado pelos próprios ministros e grande facilitador da votação em Plenário na repercussão geral.

Importante ressaltar que não serão submetidas ao Plenário Virtual as matérias com jurisprudência dominante no STF,[8] as quais deverão ter análise de repercussão geral em decisão plenária, via questão de ordem, a ser suscitada pelo presidente nos recursos não distribuídos, ou pelos relatores nos recursos distribuídos. No julgamento da questão de ordem, além de se analisar a repercussão geral, também se poderá propor a reafirmação da jurisprudência da Corte.[9]

O art. 323 do RISTF descreve como deve se dar o funcionamento do Plenário Virtual. De acordo com tal dispositivo, quando não for caso de inadmissibilidade de recurso por outra razão, o relator deverá submeter, por meio eletrônico, aos demais ministros cópia de sua manifestação sobre a existência, ou não, de repercussão geral. Recebida a manifestação do relator, os demais ministros irão lhe encaminhar, também por meio eletrônico, no prazo comum de 20 dias, suas manifestações acerca da repercussão geral (art. 324 do RISTF). Pas-

---

7. O art. 3º da Lei 11.418/2006 estabelece que "caberá ao Supremo Tribunal Federal, em seu Regimento Interno, estabelecer as normas necessárias à execução desta Lei". A Emenda Regimental 21/2007 cumpriu esse papel, regulamentando o funcionamento das normas legais e constitucionais acerca da repercussão geral.
8. O relator também poderá suscitar questão de ordem para o exame da repercussão geral em Plenário presencial, sempre que julgar necessário (cf. AI/QO 664.567, rel. Min. Sepúlveda Pertence, e AI/QO 715.423, rela. Min. Ellen Gracie).
9. Cf. RE/QO 579.431, 582.650 e 580.108, rela. Min. Ellen Gracie.

sados esses 20 dias, far-se-á a somatória dos votos. Se for constatada a presença de oito votos contrários à admissão do recurso, será lavrado acórdão de não conhecimento deste. Esse prazo é preclusivo. Sendo assim, encerra-se a votação independentemente da quantidade de votos obtidos. Se o relator considerar que se trata de matéria constitucional, os casos de omissão serão reputados favoráveis à admissão do recurso. Mas, se o relator declarar a matéria infraconstitucional,[10] a presunção se dará pela inadmissão do recurso, autorizando a aplicação do art. 543-A, § 5º, do CPC.[11]

Para que haja celeridade na verificação da existência de repercussão geral, apenas o ministro-relator ou o primeiro ministro que dele divergir têm a obrigação de proferir seus votos por escrito, podendo os outros ministros simplesmente aderir ao voto que lhes foi encaminhado. Assim, na maior parte das decisões sobre a existência de repercussão geral a única motivação existente é o voto do ministro-relator. O Min. Marco Aurélio é o único que também costuma trazer seu voto por escrito, mas se trata de uma exceção.

Cabe, portanto, fazer uma primeira observação com relação aos argumentos analisados em cada acórdão objeto desse trabalho, os quais não refletem, necessariamente, a decisão do Tribunal como um todo. Como demonstrado, os acórdãos analisados de cada recurso extraordinário consistiram, na maior parte dos casos, no voto do ministro-relator.

Cabe ainda observar que a decisão vencedora no Plenário Virtual nem sempre reflete o voto da maioria simples, tendo em vista a possibilidade de que um recurso extraordinário possa ter a repercussão geral reconhecida mesmo que esse não seja o entendimento da maioria. Isso porque a legislação exige um quórum mínimo de dois terços de votos para que a repercussão geral não seja reconhecida.

Considerando tais dificuldades de se encontrar a *ratio decidendi* de cada decisão, este trabalho será pautado na análise das decisões

---

10. Trata-se de recente alteração realizada no Regimento Interno, fruto da Emenda Regimental 31/2009. A maior parte das decisões analisadas no presente trabalho é anterior a essa modificação na presunção da repercussão geral.
11. CPC, art. 543-A, § 5º: "§ 5º. Negada a existência da repercussão geral, a decisão valerá para todos os recursos sobre matéria idêntica, que serão indeferidos liminarmente, salvo revisão da tese, tudo nos termos do Regimento Interno do Supremo Tribunal Federal".

como um todo, a fim de identificar os pontos em comum entre elas. Desse modo, as conclusões serão retiradas de uma observação conjunta e quantitativa dos casos, e não da análise qualitativa dos votos de cada ministro, na tentativa de nos aproximarmos de uma posição institucional da Suprema Corte brasileira.

3. Análise dos recursos

Essa análise procurará demonstrar como foi o desempenho do STF em menos de três anos de aplicação da repercussão geral. É possível que a posição da Suprema Corte frente ao instituto se altere nos próximos juízos de admissibilidade relativos à repercussão geral. Mas nem por isso este trabalho perde sua validade, vez que servirá como instrumento comparativo para aferição de eventuais mudanças comportamentais do STF.

O recorte temporal adotado pela pesquisa foi o período entre o dia 3.5.2007, data em que passou a ser exigida a preliminar de repercussão geral,[12] e 1.10.2009. Ao todo, 205 casos foram analisados. Desse total, 154 recursos tiveram a repercussão geral reconhecida e 51 recursos extraordinários não foram admitidos por ausência de repercussão geral. Uma mera análise numérica nos permite constatar que na maior parte das decisões submetidas ao Supremo para apreciação da repercussão geral esta acaba sendo reconhecida.

Em contrapartida a tais números temos a constatação de grande diminuição na sobrecarga de processos que chegam ao STF. No primeiro semestre de 2009 houve uma redução de 63% no número de processos distribuídos aos ministros em relação ao mesmo período de 2007, quando não existia ainda o filtro processual da repercussão geral.[13]

12. Cf. AI/QO 664.567, de 18.6.2007.
13. Esse número foi publicado pelo STF no dia 14.8.2009, juntamente com outros dados que merecem ser destacados: em dois anos, entre julho/2007 e julho/2009, foram distribuídos no STF 46.812 recursos extraordinários. Entre os recursos extraordinários distribuídos no período citado, 73,22% não continham justificativa de que a matéria discutida no processo teria repercussão geral. Os restantes, 26,78%, foram propostos com a justificativa da repercussão geral. Entre os agravos de instrumento, processos que pedem a subida de recursos extraordinários ao Supremo, o total com e sem preliminar de repercussão geral é mais equilibrado. Dos 80.316 agravos distribuídos no STF entre julho/2007 e julho/2009, 58,11% não continham a prelimi-

Esses números instigaram-me a analisar que espécie de filtragem tem sido feita a partir da repercussão geral, bem como quais tipos de matérias têm a repercussão geral reconhecida.

Com base na análise dos recursos, pude constatar que ainda não foram traçados critérios claros e objetivos para a caracterização do que os ministros entendem como *relevância social, política, jurídica e econômica*. No entanto, alguns argumentos são recorrentes, ainda que talvez sejam usados de maneira pouco estruturada.

Nos recursos analisados fica claro que os ministros tendem a relacionar os conceitos de "relevância" e "transcendência" previstos no § 1º do art. 543-A do CPC com as matérias que possuem potencial de atingir grande contingente de processos/pessoas. Esse argumento foi utilizado em 90,9% das decisões com repercussão geral reconhecida. É certo que em alguns momentos esse critério não é utilizado de maneira coerente. O que se entende por "efeito multiplicador da decisão" varia de ministro para ministro e também de recurso para recurso.

Essa constatação acaba sendo confirmada pelos casos em que não há conhecimento da repercussão geral, nos quais a principal fundamentação para a negativa da repercussão geral foi o fato de a questão se restringir ao interesse das partes ou não atingir parcela significativa da sociedade, repetindo-se em 63,3% dos casos.

Outro argumento que apareceu com certa frequência foi a possibilidade de a decisão impactar nos cofres públicos, o qual esteve presente em 16,8% dos casos com repercussão geral reconhecida. Uma decisão que cause impacto nos cofres públicos tende a também ser considerada uma decisão com potencial de afetar toda a sociedade. Mas me pareceu que mesmo tal argumento pode sofrer gradações. Por exemplo, uma decisão que possa prejudicar os cofres de um Município é considerada menos relevante que uma outra que possa impactar os cofres da União ou dos Estados. Portanto, o critério do número de interessados aparece novamente.

Com base nesses dois critérios, os ministros têm quase como dogma que recursos que questionem a constitucionalidade de tributo

nar e outros 41,89% vieram com a justificativa de existência da repercussão geral na matéria discutida no recurso (disponível em *http://www.stf.jus.br/portal/cms/verNoti ciaDetalhe.asp?idConteudo=111751&caixaBusca=N*, acesso em 27.10.2009).

federal é matéria de repercussão geral. As matérias tributárias, de um modo geral, tendem a ser admitidas, por quase sempre albergarem grande número de contribuintes e também por afetarem a arrecadação dos cofres públicos. O mesmo se dá com as demais questões que envolvem direitos de massa.

A partir da análise de todos os recursos extraordinários objeto desse estudo, também constatou-se que em 74,14% dos casos a Fazenda Pública atua em um dos polos da ação – ora como recorrente, ora como recorrida. Dos 154 recursos com repercussão geral admitida, em 119 há a presença da Fazenda Pública, o que equivale a 77,27%. Já, nos recursos sem repercussão geral a Fazenda se faz presente em 33 dos 51 casos analisados, os quais representam 64,70%. Esse número é majorado se considerarmos apenas os recursos que discutem matéria constitucional. Nesses recursos a proporção se eleva para 87,87%.

Ao iniciar esse trabalho pensei que tanto a presença da Fazenda Pública nas decisões como o fato de ela ser vencedora ou vencida no acórdão impugnado poderiam ser critérios relevantes para o reconhecimento da repercussão geral. Mas os dados indicam o oposto. A mera presença da Fazenda Pública não aparenta ser um critério, vez que é uma característica presente na maior parte dos recursos, sejam eles com ou sem repercussão geral. O fato de a Fazenda Pública ser recorrente ou recorrida também não se mostrou determinante nas votações. Os números obtidos demonstram que tanto nos recursos com repercussão geral como nos recursos sem repercussão geral a Fazenda Pública era a interessada no provimento do recurso na maior parte dos casos. Portanto, as características dos recursos conhecidos e não conhecidos, nesse aspecto, são basicamente as mesmas.

Outros critérios que apareceram com certa frequência foram: a importância do julgamento do recurso para a pacificação de controvérsia jurisprudencial, estando presente em quase 13% das decisões com repercussão geral; a existência de ação de controle concentrado ou de matéria sujeita a Plenário envolvendo questão idêntica à discutida no recurso extraordinário, presente em 12,3% dos casos; e a importância do julgamento do recurso para a reafirmação de jurisprudência do Tribunal, o qual apareceu em 10,3% das decisões com repercussão geral reconhecida.

Classificamos, ainda, os recursos de acordo com o tipo de discussão neles encontrada, a fim de identificar quais as matérias com maior propensão de serem analisadas pelo STF. Os recursos de natureza tributária foram os mais recorrentes, representando 36% dos recursos em repercussão geral analisados, o que equivale a 56 incidências. Os argumentos mais presentes nessas decisões foram o impacto de massa da matéria impugnada, que por algumas vezes foi denominado pelos ministros de "efeito cascata da decisão", e também o impacto que a decisão poderia gerar nos cofres públicos. Normalmente o primeiro argumento era usado para justificar a relevância jurídica e o segundo a relevância econômica da matéria.[14]

Em seguida aparecem os recursos envolvendo direito administrativo, os quais totalizaram 22,72% dos recursos analisados, o que corresponde a 35 incidências. As questões de direito processual civil completam a tríade das matérias mais recorrentes, representando 22% dos recursos extraordinários analisados, estando presentes em 34 recursos.

Uma mera análise numérica poderia nos levar a crer que essas matérias seriam as mais relevantes para o Tribunal. No entanto, essas mesmas áreas do Direito também foram as principais áreas encontradas nos recursos que tiveram a repercussão geral negada, mas em diferentes proporções. Dos 33 recursos sem repercussão geral analisados,[15] 17 (51,51%) traziam questões de direito administrativo, 8 recursos (24,24%) envolviam questões de ordem tributária e 4 (9,09%) envolviam questões de direito processual civil. Os 5 recursos

14. Segue trecho do voto do Min. Ricardo Lewandowski no RE 593.849-2, que ilustra como esses argumentos são articulados: "Discute-se, no caso dos autos, a constitucionalidade da restituição da diferença da ICMS pago a mais no regime de substituição tributária, com base no art. 150, § 7º, da CF. A questão constitucional, com efeito, apresenta relevância do ponto de vista jurídico, uma vez que a definição sobre a constitucionalidade da referida restituição norteará o julgamento de inúmeros processos similares a este, que tramitam neste e nos demais tribunais brasileiros. Além disso, evidencia-se a repercussão econômica, porquanto a solução do caso em exame poderá implicar relevante impacto no orçamento dos Estados Federados e dos contribuintes do ICMS".
15. Embora houvesse 51 recursos extraordinários sem repercussão geral conhecida, apenas foram catalogados os recursos que envolviam matéria constitucional. Nos 18 recursos que versavam sobre questões infraconstitucionais os ministros não chegaram sequer a analisar a relevância da matéria envolvida. Por essa razão, eles foram excluídos da análise quanto ao tipo de matéria.

remanescentes traziam discussões de direito civil (3 recursos), direito previdenciário (1 recurso) e direito do trabalho (1 recurso).

Dados estatísticos disponibilizados no próprio *site* do STF[16] demonstram que no ano de 2009 os processos de natureza tributária apareceram em terceiro lugar dentre as matérias que mais foram distribuídas ao Tribunal,[17] com um percentual de 11,94%. Já, os processos envolvendo questões de direito administrativo e outros ramos do direito público constituíram a maior parte da carga de processos autuados na Corte em tal ano, representando 26,42% da totalidade dos recursos distribuídos ao STF. Os processos de natureza processual civil, por sua vez, representaram 16,75% da quantidade total de processos recebidos pelo STF naquele ano.

Esses números confirmam certa propensão ao reconhecimento da repercussão geral dos recursos de natureza tributária, uma vez que o número de decisões favoráveis à repercussão geral de recursos envolvendo essa temática é mais que duas vezes superior ao das decisões sem repercussão. Além disso, os processos de tal natureza não foram simplesmente os mais incidentes no STF. Conforme demonstrado, os processos envolvendo tal matéria representaram 11,94% do total de processos autuados na Corte no ano de 2009. No entanto, os recursos extraordinários dessa natureza constituem 35,71% do total de casos com repercussão geral reconhecida.

Como demonstrado, os processos de direito administrativo e outros ramos do direito público representaram a maior parte da carga de processos autuados na Corte no ano de 2009. Isso demonstra que o grande número de recursos sobre direito administrativo com repercussão geral reconhecida pode estar relacionado à grande quantidade de processos recebidos pelo STF, vez que a proporção entre ambos é similar. Por sua

---

16. Disponível em *http://www.stf.jus.br/portal/cms/verTexto.asp?servico=estatistica&pagina=pesquisaRamoDireito*.
17. Importante dizer que esses dados dizem respeito a todos os processos recebidos pelo STF no ano de 2009. No entanto, dos 84.369 processos autuados no STF em tal ano, 72.282 eram agravos de instrumento e recursos extraordinários, o que equivale a 85,67%. Considerando que os recursos extraordinários e os agravos de instrumento representam a maioria desses processos, e diante da ausência de estatísticas específicas sobre os recursos extraordinários e os agravos de instrumento, presumi que a proporção relativa aos ramos do Direito dessas classes processuais seria semelhante à proporção que cada ramo representa na totalidade dos processos.

vez, os processos envolvendo direito processual civil também aparentam ter maior relevância para o Tribunal, tendo em vista que a proporção de casos com repercussão geral reconhecida de tal matéria é superior à proporção de casos recebidos pelo Tribunal em 2009, bem como ao número de casos sem repercussão geral reconhecida.

As matérias previdenciárias também possuem número representativo entre os recursos com repercussão geral. Com 17 matérias reconhecidas, tais processos representam 11,03% do contingente de recursos extraordinários conhecidos pelo STF.

As demais matérias tiveram um número consideravelmente menor: foram 8 incidências de recursos envolvendo direito processual do trabalho e direito civil; 7 incidências de direito processual penal; 6 de direito penal; 4 de direito do trabalho; 3 de direito eleitoral; e 3 de direito do consumidor.

Com exceção das matérias tributárias, fica difícil extrair uma análise conclusiva das matérias que teriam maior relevância para o Tribunal. Essa análise deve levar em conta não apenas as matérias mais presentes nos recursos com repercussão geral reconhecida, mas também os recursos sem repercussão geral, bem como as matérias com maior incidência em sede de recurso extraordinário. Deve-se considerar que, em razão do pouco tempo de aplicação do instituto, é possível que os ministros estejam escolhendo estrategicamente os recursos que devem ter a repercussão geral reconhecida, para aplicação do julgamento por amostragem previsto no art. 543-B do CPC. Enfim, qualquer afirmação deve ser feita com a devida cautela. Acredito que a partir de um maior número de casos julgados será possível obter informações mais precisas acerca do tema.

4. Que espécie de filtragem tem sido feita pela repercussão geral?

Muito se tem falado sobre a redução do volume da atividade jurisdicional do STF ocorrida após a implementação da repercussão geral. O *Relatório das Atividades do STF* de 2008,[18] ao descrever a

---

18. Disponível em *http://www.stf.jus.br/arquivo/cms/sobreStfConhecaStfRelatorio/anexo/STF_Relatorio_de_Atividades_2008_capa2.pdf* (acesso em novembro/ 2009).

prestação jurisdicional da Corte naquele ano, traz a repercussão geral como tema de destaque. No ano de 2008 pela primeira vez o total de processos distribuídos na Corte caiu de maneira significativa. A repercussão geral é apontada como a grande responsável por essa nova realidade.

Os dados revelam que o filtro permitiu uma redução de 41,7% no total de processos distribuídos até 15.12.2008 em comparação com 2007. A eficácia do instituto explica-se pelo fato de 89% dos processos em tramitação no STF serem agravos de instrumento e recursos extraordinários. Contudo, deve-se ressaltar que, além da seleção dos recursos que tenham relevância e que transcendam os interesses subjetivos das partes, outros mecanismos têm cooperado para a redução da carga processual, a partir da implementação do instituto da repercussão geral.

A primeira filtragem que o instituto realiza é a dos processos que não contêm preliminar formal[19] de repercussão geral, os quais têm seu seguimento negado, por serem manifestamente inadmissíveis. Essa filtragem tem sido bastante significativa: dos 46.812 recursos extraordinários distribuídos no STF entre julho/2007 e julho/2009, 73,22% não continham justificativa de que a matéria discutida no processo teria repercussão geral. No entanto, acreditamos que a tendência seja a diminuição das decisões sem preliminar de repercussão geral, vez que as regras acerca da aplicação do instituto estão sendo paulatinamente esclarecidas.

A segunda filtragem é feita pela Secretaria Judiciária, que identifica os recursos extraordinários interpostos após 3.5.2007 e devolve aos tribunais todos os processos que tratem de temas que já tiveram a repercussão geral analisada. Já, nos processos anteriores a 3 de maio verifica-se se tratam de tema com repercussão geral reconhecida. Se a resposta for positiva, são devolvidos ao tribunal de origem. Caso contrário são processados normalmente pelo STF. Essas duas filtragens estão diretamente relacionadas à redução do número de processos distribuídos na Corte.

---

19. Todos os recursos extraordinários que chegam ao STF devem conter uma preliminar de repercussão geral. A ausência deste pressuposto pode levar à rejeição do recurso pela Corte.

Após a distribuição, um único recurso extraordinário sobre cada matéria é submetido ao filtro da repercussão geral, para saber se trata de questão com relevância social, econômica, política ou jurídica. Essa análise, como já se falou, é feita pelo Plenário Virtual ou por questão de ordem no Plenário da Corte. Quando a repercussão geral é negada o recurso não é aceito, e essa decisão é válida para todos os recursos que versem sobre o tema.

Recursos extraordinários que tratam de matéria com repercussão geral já reconhecida podem ser devolvidos para sobrestamento nos tribunais de origem ou podem permanecer sobrestados nos gabinetes. O relator também pode determinar o sobrestamento de processos que versem sobre temas com repercussão geral reconhecida nos tribunais de origem, mesmo que os processos daquele tribunal não tenham chegado ao STF.[20]

Basta observar o número das matérias julgadas com repercussão geral para se chegar à conclusão de que a seleção dos recursos extraordinários que tenham repercussão geral não tem sido muito rígida. No entanto, o *Relatório das Atividades do STF* em 2008 aponta ter havido uma redução de 41,7% no total de processos distribuídos até 15.12.2008 em comparação com 2007. Essa diferença subiu para 63% no primeiro semestre de 2009.

A comparação entre esses números nos permite concluir que não foi apenas a inclusão de mais um pressuposto de admissibilidade aos recursos extraordinários que permitiu a grande redução do volume da atividade jurisdicional do STF a partir de 2008. Boa parte desses processos que têm sido "filtrados" nem chega a efetivamente tramitar no STF. A maioria é descartada logo após a distribuição.

Portanto, não apenas a exigência de repercussão geral das matérias, mas os demais mecanismos[21] incorporados ao nosso ordenamento a partir da regulamentação do instituto é que têm possibilitado a queda expressiva dos processos levados à Suprema Corte brasileira.

20. Cf. *Relatório de Atividades 2008-STF*, disponível em *http://www.stf.jus.br/ arquivo/cms/sobreStfConhecaStfRelatorio/anexo/STF_Relatorio_de_Atividades_ 2008_capa2.pdf* (acesso em 10.11.2009).
21. Tais como a escolha de recurso paradigmático, o sobrestamento dos processos nos tribunais inferiores e o efeito vinculante da decisão do recurso-paradigma. Esses mecanismos estão previstos no art. 543-B do CPC.

Dentre esses mecanismos, sem dúvida, o que merece maior destaque é a *votação por amostragem*, disciplinada pelo art. 543-B do CPC.

5. Conclusão

O presente trabalho pretendeu apresentar um panorama geral de como o STF tem realizado a aplicação da repercussão geral no juízo de admissibilidade dos recursos extraordinários.

Primeiramente, pode-se verificar que não há critérios claros elaborados pelos ministros para a definição de quais os tipos de matérias que possuem repercussão geral. A argumentação contida nos acórdãos é escassa, e muitas vezes repete o conceito indeterminado trazido pela lei. No entanto, foi possível averiguar que os ministros tendem a relacionar a transcendência e a relevância da matéria com o número de pessoas que podem ser impactadas pelo julgamento do recurso. Outro aspecto que pareceu chamar a atenção dos ministros é o fato de o que está sendo discutido em sede recursal poder, ou não, afetar os cofres públicos e, por consequência, a sociedade como um todo. Mas vale dizer que esses dois argumentos não são muito desenvolvidos nas decisões.

O tipo de matéria que se encontra em debate também não pareceu critério muito relevante nas decisões dos ministros. As matérias encontradas em maior número nas decisões com repercussão geral foram direito tributário, direito administrativo e direito processual. No entanto, essas mesmas matérias também se sobressaíram nos recursos não admitidos por ausência de repercussão geral. Além disso, tais matérias também são as mais frequentes dentre os recursos distribuídos ao Tribunal.

Dentre essas três matérias merece destaque o direito tributário, o qual mostrou maior propensão de ser admitido com relação à repercussão geral. Isso possivelmente se dá pelo fato de os debates de ordem tributária alcançarem grande número de pessoas e também por impactarem de modo direto a Fazenda Pública, critérios que se mostraram de grande relevância para os ministros.

Em relação à eficácia do instituto como filtro recursal, verificou-se que a repercussão geral, como pressuposto de admissibilidade dos recursos extraordinários, não é a única responsável pela redução no volume de processos recebidos pelo STF. Os mecanismos que podem ser utilizados a partir do reconhecimento da repercussão geral de determinada matéria também têm contribuído em grande escala para a diminuição desses processos. Portanto, a filtragem que está sendo feita nos recursos extraordinários é decorrência de um processo complexo, que não se resume à simples seleção de casos com relevância e transcendência para julgamento. A votação por amostragem tem se mostrado a grande protagonista desse plexo de procedimentos.

Não resta dúvida de que a repercussão geral tem funcionado como verdadeiro filtro recursal, no sentido de diminuir o volume das matérias julgadas pela Corte. O que ainda não ficou claro é o que não tem passado por esse filtro. Em relação a quais seriam os critérios utilizados para o não conhecimento da repercussão geral, confesso que, mesmo após a análise de todas as decisões objeto desse estudo, ainda tenho dúvidas a respeito. A baixa carga argumentativa dos votos corrobora essa dificuldade. O que pude constatar é que prevalece nas decisões uma relação entre relevância da matéria e número de pessoas que podem ser afetadas pela decisão e o número de processos existentes sobre o tema nos demais tribunais brasileiros.

Considerando a porcentagem de processos com e sem repercussão geral reconhecida, acredito que a maior filtragem feita pela repercussão geral tem sido a dos processos repetitivos. O menor número de processos que têm chegado à Corte é um reflexo da criação de mecanismos que permitem que a decisão de um único processo traga solução, quase que imediata, para milhares de outros processos sobre o mesmo tema. Além disso, também se possibilita que casos já julgados pela Corte, a partir da repercussão geral, não subam novamente para julgamento.

Estas foram as impressões que tive acerca da aplicação repercussão geral em menos de três anos de sua vigência. Importante ter em mente que o instituto ainda se encontra em vias de consolidação e que, possivelmente, muitas mudanças ainda estão por vir. Daí a importância de que esse estudo não pare por aqui.

Bibliografia

ABBUD, André de Albuquerque Cavalcanti. "A repercussão geral dos recursos extraordinários e o julgamento por amostragem no âmbito do STF (CPC, arts. 543-A e 543-B)". In: GIANNICO, Maurício, e MONTEIRO, Vitor José de Mello (coords.). *As Novas Reformas do Código de Processo Civil e de Outras Normas Processuais*. São Paulo, Saraiva, 2009 (pp. 291-317).

BENUCCI, Luís Renato. "A repercussão geral no recurso extraordinário como instrumento de gestão judiciária". *Revista Dialética de Direito Processual* junho/2008 (pp. 116-125).

CRUZ E TUCCI, José Rogério. "A repercussão geral como pressuposto de admissibilidade no recurso extraordinário". *RT* 848/60-65. Ano 95. São Paulo, Ed. RT, junho/2006.

DINAMARCO, Cândido Rangel. *Instituições de Direito Processual Civil*. vol. I. São Paulo, Malheiros Editores, 2001 (pp. 240-241).

FREITAS, Marina Cardoso de. *Análise do Julgamento da Repercussão Geral nos Recursos Extraordinários*. Monografia da Escola de Formação da *sbdp*. 2009 (disponível em *http://www.sbdp.org.br/ver_monografia.php?idMono= 150*).

MARINONI, Luís Guilherme, e MITIDIERO, Daniel. *Repercussão Geral no Recurso Extraordinário*. 2ª ed. São Paulo, Ed. RT, 2008.

NASCIMENTO, Bruno Dantas. *Da Repercussão Geral – Investigação sobre os Aspectos Processuais Civis do Instituto e a Mudança de Perfil Imposta por seu Advento ao Recurso Extraordinário Brasileiro*. Mestrado em Direito das Relações Sociais – PUC/SP. São Paulo, 2009.

THEODORO JR., Humberto. "Repercussão geral no recurso extraordinário (Lei 11.418) e Súmula Vinculante no STF (Lei 11.417)". *Revista IOB de Direito Processual Civil* 48/100-127. Ano VIII, julho-agosto/2007.

Acórdãos citados: AI 698.626, 712.743, 715.423, 729.263, 731.954, 742.460, 743.833, 743.881, 747.522, 752.633, 754.008, 758.019, 759.421, 762.146, 764.703; RE 556.385, 559.607, 559.943, 559.994, 560.626, 560.900, 561.158,

561.574, 561.836, 561.908, 561.994, 562.045, 562.051, 562.581, 562.980, 563.708, 563.965, 564.132, 564.354, 564.413, 565.048, 565.089, 565.138, 565.160, 565.506, 565.653, 565.713, 565.714, 565.886, 566.032, 566.198, 566.259, 566.349, 566.471, 566.622, 567.110, 567.454, 567.801, 567.932, 567.935, 567.948, 567.985, 568.396, 568.596, 568.645, 568.647, 568.657, 569.056, 570.122, 570.177, 570.392, 570.532, 570.680, 570.690, 570.846, 570.908, 571.184, 572.052, 572.499, 572.762, 572.884, 572.921, 573.181, 573.202, 573.232, 573.540, 573.675, 573.872, 575.089, 575.093, 575.144, 575.526, 576.121, 576.155, 576.189, 576.321, 576.336, 576.464, 576.847, 576.920, 576.967, 577.025, 577.302, 577.494, 578.635, 578.657, 578.695, 578.801, 578.812, 579.073, 579.167, 579.431, 579.648, 579.720, 579.951, 580.108, 580.264, 581.160, 582.019, 582.504, 582.525, 582.650, 583.523, 583.712, 583.747, 583.834, 583.955, 584.100, 584.186, 584.388, 584.536, 584.573, 584.608, 584.737, 585.235, 585.535, 585.702, 585.740, 586.068, 586.166, 586.224, 586.453, 586.482, 586.693, 586.789, 587.008, 587.108, 587.365, 587.970, 589.490, 589.998, 590.186, 590.260, 590.409, 590.415, 590.751, 590.809, 590.871, 590.880, 591.033, 591.054, 591.068, 591.085, 591.340, 591.470, 591.563, 591.874, 592.111, 592.321, 592.396, 592.616, 592.658, 592.730, 592.905, 593.068, 593.388, 593.443, 593.727, 593.818, 593.824, 593.849, 593.919, 594.116, 594.296, 594.435, 594.996, 595.107, 595.838, 596.152, 596.177, 596.286, 596.478, 596.701, 596.962, 597.133, 597.154, 597.270, 597.285, 597.362, 597.389, 597.673, 597.994, 598.085, 598.099, 598.365, 598.468, 598.572, 599.903, 601.220, 601.384.

AUDIÊNCIAS PÚBLICAS NO CONTROLE DE CONSTITUCIONALIDADE – A REPRESENTAÇÃO TÉCNICA DAS PARTES NO CASO DAS PESQUISAS COM CÉLULAS-TRONCO[*,1]

RAFAEL BELLEM DE LIMA

1. Introdução. 2. Convocação da audiência pública. 3. Escolha dos especialistas. 4. Organização da audiência pública. 5. Consequências na fundamentação dos votos: 5.1 Contribuição para a fundamentação técnica das decisões – 5.2 Considerações sobre questões técnicas sem embasamento na audiência pública: 5.2.1 Argumentação técnica contrária ao que foi exposto na audiência pública – 5.2.2 Decisão sobre questões técnicas não abordadas na audiência pública. 5.3 Conclusão.

1. Introdução

Utilizadas pela primeira vez após aproximadamente oito anos de previsão legal, as audiências públicas constituem fenômeno recente

---

* *Resumo*: Este artigo analisa o papel desempenhado pela audiência pública no julgamento da ADI 3.510. Com base na análise das opções adotadas na configuração do procedimento de realização da audiência pública e da sua influência na fundamentação dos votos, procuro demonstrar que, no caso em questão, a audiência pública foi utilizada para representar tecnicamente as duas posições defendidas pelas partes processuais, uma a favor e outra contrária à disciplina prevista na Lei de Biossegurança. Além de identificar elementos que possam fundamentar essa conclusão, sustento que, embora tenha sido utilizada para justificar um aumento na legitimidade técnica e representativa do STF, uma audiência pública orientada para a representação técnica das posições defendidas pelos sujeitos processuais pode mostrar-se falha no cumprimento desses dois propósitos.
Palavras-chave: Audiência Pública; Controle de Constitucionalidade; Legitimidade Democrática; Legitimidade Técnica; Participação da Sociedade Civil.
1. O presente artigo foi desenvolvido a partir de monografia apresentada à *sbdp* como trabalho de conclusão do curso da Escola de Formação do ano de 2008, sob a orientação de Marcos Paulo Veríssimo. A versão original encontra-se disponível em http://www.sbdp.org.br/ver_monografia.php?idMono=125.

no controle de constitucionalidade brasileiro: as cinco foram realizadas entre 2007 e 2010. Essa inovação tem suscitado importantes questionamentos sobre sua função e seu aproveitamento no controle de constitucionalidade. Elas influenciam a decisão tomada pelo STF? Elas aumentam a capacidade dos ministros de decidir sobre questões técnicas? Elas fazem com que a decisão tomada pelo Tribunal seja mais representativa? Afinal, qual é o papel das audiências públicas no controle de constitucionalidade brasileiro?

Responder a essas questões é tarefa extremamente complicada. As cinco audiências públicas foram realizadas para o julgamento de questões distintas[2] e, devido à falta de regulamentação geral,[3] tiveram expositores com perfis variados,[4] escolhidos de maneiras diferentes,[5] organizados de formas diversas,[6] para participar de eventos com dinâmicas próprias.[7] A menos que se considere que nenhuma dessas carac-

   2. Os temas tratados nas cinco audiências públicas são: pesquisas com células-tronco embrionárias humanas, importação de pneus usados, interrupção da gestação de fetos anencefálicos, Sistema Único de Saúde e reserva de vagas para ingresso no ensino superior.
   3. Até a edição da Emenda Regimental 29/2009 os únicos dispositivos normativos relacionados às audiências públicas eram o art. 9º, § 1º, da Lei 9.868/1999 e o art. 6º, § 1º, da Lei 9.882/1999, que apenas preveem a faculdade de convocá-las. Embora tenha disciplinado a convocação e a publicidade das audiências públicas realizadas pelo STF, a mudança no Regimento Interno do Tribunal não estabelece normas gerais para a realização desses eventos, que continuam a critério do relator do caso.
   4. Embora tenha sido proibida a participação de especialistas na área jurídica na audiência pública sobre pesquisas com células-tronco embrionárias humanas, houve participação de juristas e advogados nas audiências sobre Sistema Único de Saúde e reservas de vagas no ensino superior.
   5. Os expositores podem ser escolhidos exclusivamente pelas partes, como nos casos das pesquisas com células-tronco e da importação de pneus usados; ou podem também ser apontados pelos ministros, como no caso da gestação de fetos anencefálicos. É possível, ainda, que sejam abertas inscrições para todos os interessados em participar, como no caso do Sistema Único de Saúde e da reserva de vagas no ensino superior.
   6. Os expositores podem ser organizados de acordo com áreas temáticas, como nos casos da gestação de fetos anencefálicos e da reserva de vagas no ensino superior; com questões predeterminadas que devem ser respondidas, como no caso do Sistema Único de Saúde; ou de acordo com as posições que defendem com relação à constitucionalidade e à inconstitucionalidade da medida questionada, como nos casos da importação de pneus e das pesquisas com células-tronco.
   7. Enquanto os debates entre os expositores foram expressamente proibidos na audiência pública referente às pesquisas com células-tronco, dois dias da audiência pública referente às políticas de ação afirmativa no ensino superior foram destinados ao contraditório entre os participantes.

terísticas seja relevante – o que parece insustentável –, reduzir eventos tão diferentes a um denominador comum pouco contribui para a análise do papel das audiências públicas no controle de constitucionalidade brasileiro.

É importante analisar cada audiência pública de forma individual e, com base nas circunstâncias de sua realização e no seu aproveitamento na decisão tomada pelo STF, tentar identificar sua função no julgamento do caso. Partindo dessa premissa, este artigo apresenta algumas considerações sobre o papel exercido pela primeira audiência pública realizada pelo STF, na ADI 3.510, que questionou a constitucionalidade da lei que permite pesquisas com células-tronco embrionárias humanas.

Com base na análise (i) da decisão proferida pelo STF; (ii) das gravações das sessões de julgamento e da sessão em que a audiência pública foi realizada,[8] (iii) da transcrição oficial do evento,[9] (iv) dos dados processuais sobre a ADI 3.510[10] e (v) de entrevistas com especialistas ouvidos,[11] procuro demonstrar que no caso das pesquisas com células-tronco a audiência pública foi utilizada para representar tecnicamente as duas posições bem definidas das partes processuais, uma a favor e outra contrária à disciplina prevista na Lei de Biossegurança para a utilização dos embriões excedentes dos procedimentos de reprodução assistida em pesquisas com finalidades terapêuticas.

Além de identificar, na forma de realização da audiência pública e no seu aproveitamento na decisão, elementos que possam fundamentar essa conclusão, pretendo demonstrar que, embora tenha sido utilizada por alguns ministros para justificar um aumento de legitimi-

---
8. Disponível em *http://www.tvjustica.jus.br* (acesso em 28.11.2008).
9. Anexada aos autos do processo e disponível no *site STF em Foco* (*http://www. stfemfoco.org.br*, acesso em 28.11.2008).
10. Obtidos na sessão "Acompanhamento Processual" do *site* do STF, por meio da busca pelo termo "ADI/3510".
11. Dos 22 expositores, contatados por *e-mail*, 10 disponibilizaram-se gentilmente a ser entrevistados. Alice Teixeira Ferreira, Lygia Pereira, Antônio José Eça e Marcelo Vaccari foram entrevistados pessoalmente; Rosália Mendes Otero, Cláudia Maria de Castro Batista, Lenise Aparecida Martins Garcia, Antônio Carlos Campos de Carvalho e Stevens Rehen foram entrevistados por meio telefônico; e Lilian Piñero Eça respondeu a questionário enviado por *e-mail*.

dade técnica[12] e representativa[13] do STF, uma audiência pública orientada para a representação técnica das posições antagônicas defendidas pelos sujeitos processuais pode mostrar-se falha no cumprimento desses dois propósitos.

2. Convocação da audiência pública

Convocada pelo Relator da ADI 3.510, Min. Carlos Britto, a audiência pública foi solicitada pela Procuradoria-Geral da República, que defendia a inconstitucionalidade do art. 5º da Lei de Biossegurança, que autoriza a utilização, consentida pelos genitores, de embriões humanos excedentes de procedimentos de reprodução assistida, inviáveis ou congelados por mais de três anos, em pesquisas com fins terapêuticos.

Embora estivesse legalmente prevista "em caso de necessidade de esclarecimento de matéria ou circunstância de fato ou de notória insuficiência das informações existentes nos autos",[14] a audiência pública foi convocada porque, diante da "saliente importância da matéria", o Relator julgou adequado possibilitar "uma maior participação da sociedade civil" e legitimar "ainda mais" a decisão que seria tomada pelo STF.[15]

3. Escolha dos especialistas

Se o objetivo da convocação foi aumentar a participação da sociedade civil no julgamento do caso, deixar a indicação dos participantes sob responsabilidade exclusiva de quem já participava da ação

---

12. É o caso da Min. Ellen Gracie, que, em pronunciamento na abertura da sessão de realização da audiência pública, afirmou: "O ato de julgar é antes de mais nada um grande exercício de humildade intelectual. Por isso, o STF se reúne para ouvir a opinião dos especialistas, acrescentar e aprofundar conhecimentos, para que possa, ciente das limitações que são próprias do ser humano, tentar encontrar a solução neste, como nos outros casos".
13. Casos dos Mins. Gilmar Mendes (ADI 3.510, p. 465 do acórdão) e Carlos Britto (ADI 3.510, p. 215 da transcrição da audiência pública).
14. Art. 9º, § 1º, da Lei 9.868/1999.
15. Decisão monocrática do Min. Carlos Britto, de 19.12.2006, publicada no *DJU* 1.2.2007.

como autor, requerido ou interessado não parece ter sido a decisão mais acertada.[16] Além de ser contrária à pretensão de tornar a decisão tomada pelo STF mais representativa, essa forma de escolha dos participantes tende a ser prejudicial também ao caráter técnico da audiência pública, pois impede a colaboração de especialistas que não tenham sido indicados pelos sujeitos processuais.[17]

Isso não significa, no entanto, que os especialistas escolhidos não tinham o perfil técnico necessário para esclarecer a matéria em julgamento. Pelo contrário, 21 dos 22 participantes do evento eram ligados às Ciências Médicas e Biológicas – o que chega a ser surpreendente, considerando que as questões suscitadas pelo caso, como a proteção de embriões humanos e os limites do direito à vida, interessavam também a outras áreas do conhecimento. Chama a atenção, nesse sentido, o veto a profissionais da área jurídica, que chegaram, a inclusive, a receber os convites enviados pelo STF mas, ao contrário de outros casos,[18] não puderam participar da audiência pública.[19]

16. Os especialistas foram indicados pela Procuradoria-Geral da República (autora), Presidência da República e Congresso Nacional (requeridos), Conectas/ CDH, Motivae, Anis e CNBB (*amici curiae*).
17. Ao discorrer sobre a limitação das indicações de especialistas ao autor, aos requeridos e aos interessados, Fabrício Juliano Mendes Medeiros afirma que, não fosse esta limitação, "centenas de expertos poderiam solicitar – como de fato solicitaram – a sua habilitação para falar na referida audiência pública" ("O STF e a primeira audiência pública de sua história", *Revista Jurídica* [do Planalto] 9-84/41-48, 2007). Não há como precisar se, neste trecho, o autor se refere às solicitações da Anis – Instituto de Bioética, Direitos Humanos e Gênero, que postulou por duas vezes a indicação de especialistas, enquanto ainda não constava do rol de interessados, admitida como *amicus curiae* apenas após a emissão dos convites aos especialistas indicados, ou a Reginaldo Luz Ghisolfi, que, de acordo com as informações constantes da seção de "Acompanhamento Processual", requereu admissão como *amicus curiae* e apresentou "considerações relevantes". Em virtude da falta de representatividade, sua participação como *amicus curiae* foi negada, sendo a peça que apresentara juntada aos autos como memorial. Nada consta com relação a eventual pedido de participação na audiência pública, que à época do pedido formulado não havia sido determinada pelo Relator (informação obtida na seção de "Acompanhamento Processual" do *site* do STF, datada de 5.5.2006).
18. Audiências públicas sobre Sistema Único de Saúde e ações afirmativas no ensino superior.
19. Casos de Paulo Silveira Martins Leão Jr. e Oscar Vilhena Vieira. Na audiência pública o Min. Carlos Britto afirmou que "alguns advogados e juristas se habilitaram para falar na sessão de hoje e tivemos de demovê-los desse propósito, porque a exposição propriamente jurídica não é para hoje" (ADI 3.510, p. 99 da transcrição da audiência pública).

Com base nessas observações, é possível notar, na forma de escolha e no perfil dos especialistas que participaram da audiência pública sobre pesquisas com célula-tronco, que não foram atingidos nem o arranjo que possibilitasse maior esclarecimento das questões técnicas envolvidas no caso, nem o arranjo que levasse à maior representação dos interesses da sociedade, mas aquele que representasse de forma técnica as posições defendidas pelas partes processuais.

4. Organização da audiência pública

Esse traço fica ainda mais acentuado quando se atenta à organização dos participantes, que foram divididos em dois grupos "bem definidos" de 11 integrantes cada,[20] que representavam as posições diametralmente opostas defendidas pelos sujeitos processuais responsáveis por sua indicação: um favorável à realização das pesquisas com células-tronco embrionárias na forma prevista em lei; outro, contrário.

Nos dois blocos de depoimentos o tempo foi dividido igualmente entre os dois grupos de especialistas, havendo, ainda, alternância na ordem das exposições, para que cada grupo pudesse iniciar um desses períodos. A preocupação com a igualdade também foi observada no momento de responder às perguntas feitas pelos ministros, determinando, inclusive, que os questionamentos direcionados a apenas um dos grupos fossem respondidos pelos dois.[21]

Embora tenha sido seguida à risca, a igualdade no número de participantes e no tempo de exposição conferido aos grupos que defendiam posições opostas quanto à constitucionalidade e à inconstitucionalidade da questão em julgamento não é obrigatória na realização das audiências públicas, nem decorre da finalidade técnica ou representativa do evento. Dependendo das circunstâncias e da finalidade da

---

20. Integraram o bloco favorável à disciplina legal das pesquisas: Mayana Zatz, Patrícia Helena Lucas Pranke, Lúcia Willadino Braga, Stevens Rehen, Rosália Mendes Otero, Júlio Voltarelli, Ricardo Ribeiro dos Santos, Lygia V. Pereira, Luiz Eugênio Araújo de Moraes Mello, Antônio Carlos Campos de Carvalho e Débora Diniz. O bloco contrário à disciplina legal das pesquisas era integrado por: Lenise Aparecida Martins Garcia, Cláudia Maria de Castro Batista, Lilian Piñero Eça, Alice Teixeira Ferreira, Marcelo Vaccari, Antônio José Eça, Elizabeth Kipman Cerqueira, Rodolfo Acatauassú Nunes, Herberth Praxedes, Dalton Luiz de Paula Ramos e Rogério Pazetti.
21. ADI 3.510, p. 187 da transcrição da audiência pública.

audiência, essa característica pode ser indesejável, por gerar a falsa impressão de que o número de defensores das duas posições antagônicas seria equivalente, o que comprometeria o caráter representativo do evento. Sua observância no caso das pesquisas com células-tronco reforça a tese de que a audiência pública teve a função de representar tecnicamente as duas posições defendidas pelos sujeitos processuais.

É importante observar que, embora os responsáveis pela indicação dos especialistas se posicionassem de forma totalmente favorável ou totalmente contrária à disciplina legal das pesquisas com células-tronco, havia outros posicionamentos possíveis com relação à questão em julgamento, como os manifestados em alguns votos proferidos pelos ministros do STF que fizeram restrições parciais à autorização das pesquisas. A escolha pela divisão dos expositores em um grupo favorável e um grupo contrário à regulamentação prevista na Lei de Biossegurança parece ignorar que esses posicionamentos intermediários pudessem ser defendidos pelos especialistas, pressupondo uma vinculação entre seus entendimentos e a postura defendida pelos responsáveis pela sua indicação.

Ao identificar as posições defendidas na audiência pública com aquelas já manifestadas no processo, essa pressuposição alinha-se com a função de representação técnica das posições defendidas pelas partes processuais, podendo, no entanto, ser prejudicial tanto para a finalidade representativa quanto para a finalidade técnica da audiência pública.

Esse prejuízo tende a ser agravado quando se deixa a definição do tema, do tempo e do conteúdo das exposições sob responsabilidade integral dos grupos organizados em função das posições defendidas pelos sujeitos processuais, como ocorreu nessa audiência pública. Isso porque é possível, ou até mesmo provável, que a atuação dos blocos de expositores seja coordenada estrategicamente, com o objetivo de melhor defender a posição representada.

Sem que haja qualquer direcionamento no teor das informações prestadas, é possível, diante da complexidade da questão em julgamento, que a coordenação dos depoimentos favoreça apenas a exposição de argumentos técnicos que justifiquem a posição defendida pelo grupo, evitando, por exemplo, o esclarecimento de questões técnicas que, quando articuladas de maneira distinta, poderiam fundamentar posições divergentes.

Para demonstrar essa possibilidade de direcionamento, utilizarei como exemplo a situação hipotética de um cientista que acredita que a destruição de embriões excedentes, inviáveis para a implantação em útero ou congelados por mais de três anos, não viola o direito à vida – um argumento que pode ser favorável à lei que autoriza a utilização de embriões humanos em pesquisas – e que as pesquisas com células-tronco adultas têm o mesmo potencial terapêutico porém custo mais baixo que as pesquisas com células-tronco embrionárias – um argumento que pode ser contrário à lei que autoriza a utilização de embriões humanos em pesquisas.

Se esse cientista, que pode ser tanto favorável quanto contrário à disciplina legal das pesquisas com células-tronco embrionárias, participasse da audiência pública, o tema de sua apresentação provavelmente dependeria do bloco que ele integrasse. Se ele estivesse entre os cientistas indicados para defender a constitucionalidade da lei, seu depoimento tenderia a ser sobre a não violação do direito à vida pela destruição de embriões excedentes, inviáveis ou congelados há mais de três anos. Por outro lado, caso integrasse o bloco que defendia a inconstitucionalidade da lei, seu depoimento provavelmente teria como foco a existência de meios alternativos às pesquisas com células-tronco. Em nenhum desses cenários, no entanto, a contribuição do especialista para a questão em julgamento seria plena.

Embora não haja provas da ocorrência desse tipo de comportamento, é importante observar que medidas capazes de reduzir essa possibilidade de direcionamento não foram utilizadas. Não foram determinados pontos que deveriam ser abordados pelos dois grupos, nem foi permitido o debate entre os blocos antagônicos. Cada bloco e cada expositor apresentou o que julgou conveniente.

Nem mesmo a sessão de perguntas, realizada ao final da apresentação, cumpriu esse papel. Além de terem sido apenas três questionamentos, eles foram respondidos pelos grupos, e não por cada um dos especialistas. A ênfase foi, novamente, na representação da posição favorável ou contrária à constitucionalidade do dispositivo legal que regulamenta a utilização de embriões humanos nas pesquisas, e não na opinião de cada um dos participantes da audiência – o que, sem dúvida, traria maiores ganhos tanto para o esclarecimento de questões técnicas quanto para a representação de posições distintas sobre a matéria em julgamento.

5. Consequências na fundamentação dos votos

Decorrente das opções adotadas na configuração do procedimento de realização da audiência pública, a predominância da representação técnica das duas posições defendidas no processo influenciou de forma decisiva o aproveitamento dos depoimentos prestados pelos especialistas nos votos proferidos pelos ministros do STF.

5.1 Contribuição para a fundamentação técnica das decisões

Em primeiro lugar, é importante destacar que houve, por parte dos dois blocos representados na audiência pública, uma contribuição técnica muito acentuada para o julgamento do caso. Foram apresentadas diversas informações sobre temas que fugiam ao conhecimento daqueles que não eram especialistas, tais como o potencial terapêutico das pesquisas, os diferentes tipos de células-tronco, as técnicas utilizadas para obtenção de células-tronco embrionárias e os estágios de desenvolvimento do embrião humano. Não bastasse o acesso a esses conhecimentos específicos, é importante destacar que os participantes da audiência pública prestaram depoimentos claros, concisos e didáticos, muitos deles com a utilização de recursos audiovisuais, o que facilitou sua compreensão.

Além de contribuir de forma direta para a argumentação desenvolvida pelos ministros do STF, provendo de maneira didática e concisa informações técnicas específicas envolvidas na questão levada a julgamento, é possível afirmar que a realização da audiência pública também contribuiu de forma indireta para a fundamentação da decisão tomada, ao constranger os ministros a buscar, ainda que por outras fontes, estas informações. É o que se percebe quando se contrastam os posicionamentos sustentados pelos ministros com os argumentos apresentados na audiência pública, pois, ainda que não faça referências expressas aos depoimentos prestados ou cite outras fontes de acesso a informações técnicas, a argumentação desenvolvida pelos ministros encontra, na maioria das vezes, amparo no que foi apresentado na audiência pública.

5.2 Considerações sobre questões técnicas sem embasamento na audiência pública

Houve, no entanto, algumas exceções a essa tendência, que, embora sejam poucas, não deixam de ser relevantes.

Embora a maioria dos votos proferidos tenha decidido pela constitucionalidade do dispositivo questionado, houve cinco votos dissidentes, que não se manifestaram pela completa proibição do uso de embriões humanos em pesquisas, mas apontaram a necessidade de restrições na sua disciplina legal. É justamente nesses votos, que correspondem às posições intermediárias não representadas por nenhum dos dois blocos de expositores, que argumentos técnicos são desenvolvidos sem amparo nos depoimentos prestados na audiência pública.

5.2.1 Argumentação técnica contrária ao que foi exposto na audiência pública

Três dos votos vencidos julgaram, dentre outros pontos, que, exceto nos casos de ausência de clivagem espontânea diagnosticada, a destruição de embriões humanos, ainda que para a utilização em pesquisas com fins terapêuticos, seria inconstitucional.

Segundo os votos dos Mins. Ricardo Lewandowski e Menezes Direito, essa restrição não impossibilitaria a realização de pesquisas com células-tronco embrionárias humanas. Elas poderiam ser realizadas caso fosse utilizado um método de obtenção de células embrionárias que não implicasse a destruição do embrião.

A extração de até duas células do embrião – hipótese relatada em alguns estudos científicos – foi considerada pelo Min. Ricardo Lewandowski como uma hipótese que, se fosse comprovada, poderia ser utilizada inclusive para a realização de pesquisas com embriões viáveis para implantação em útero humano.[22] Já, o Min. Menezes Direito sustentou, com base em informações obtidas em contato por *e-mail* com o cientista norte-americano Robert Lanza, que essa técnica seria efetivamente possível e que, além de não ser mais custosa, traria os mesmos benefícios do método tradicionalmente utilizado, sem implicar a destruição do embrião.[23]

---

22. ADI 3.510, pp. 246, 307 e 308 do acórdão.
23. ADI 3.510, pp. 155-156 do acórdão.

Esse argumento contrasta com o que foi sustentado pelos dois grupos de expositores na audiência pública. Segundo Alice Teixeira Ferreira e Herberth Praxedes, que integraram o bloco de especialistas contrários à disciplina legal das pesquisas com embriões humanos, a destruição de embriões seria uma consequência necessária da obtenção de linhagens de células-tronco embrionárias e, nesse sentido, da realização das pesquisas.[24] Já, Patrícia Helena Lucas Pranke, que participou do bloco favorável à disciplina legal das pesquisas com embriões humanos, destacou o caráter excepcional da extração de uma ou duas células do embrião, que, por implicar manipulação em organismos saudáveis, deveria ser utilizada apenas quando houvesse "confirmação clínica clara" de sua necessidade, em casos, por exemplo, de pais hemofílicos.[25] Exceto nessas situações, seria pouco provável, no seu entendimento, que pessoas que recorreram a um processo de fertilização *in vitro* admitissem que seus embriões fossem manipulados antes da implantação no útero.

Embora não tenha mencionado esse posicionamento, o Min. Menezes Direito sustentou um possível contra-argumento, dizendo que aqueles que permitem a destruição do embrião não se oporiam à retirada de apenas uma ou duas células dele.[26] Permaneceria sem resposta, no entanto, outra objeção levantada por Patrícia Pranke: a de que a adoção dessa técnica não solucionaria nem minimizaria o problema dos embriões excedentes do processo de reprodução assistida, mas agravaria esse problema, uma vez que a tendência à não implantação de "embriões manipulados" minimizaria as chances de adoção, pelos genitores ou por outro casal, dos embriões.[27]

Além de contrariar o que foi exposto na audiência pública, a recomendação da extração de uma ou duas células do embrião humano parece ser incompatível com a preocupação de garantir a maior proteção da vida humana, que orientou o voto do Min. Menezes Direito, uma vez que o maior tempo de congelamento a que estariam sujeitos os embriões submetidos a essa técnica reduz sua taxa de implantação com sucesso.

24. ADI 3.510, pp. 76, 84 e 142 da transcrição da audiência pública.
25. ADI 3.510, pp. 19-20 da transcrição da audiência pública.
26. ADI 3.510, p. 157 do acórdão.
27. ADI 3.510, p. 20 da transcrição da audiência pública.

5.2.2 Decisão sobre questões técnicas não abordadas na audiência pública

Além dessa divergência entre a fundamentação da decisão e os depoimentos prestados na audiência pública, alguns argumentos técnicos utilizados pelos ministros referem-se a questões que não foram abordadas durante o evento, carecendo, desse modo, de amparo no conteúdo da audiência pública.

É o caso da submissão das pesquisas ao controle exclusivo dos comitês de ética das instituições responsáveis pelas experiências, estabelecida no art. 5º, § 2º, da Lei de Biossegurança,[28] que foi tida como inconstitucional pelos cincos votos vencidos.

Considerando que os órgãos internos das instituições científicas e de serviços de saúde responsáveis pelas pesquisas não teriam o distanciamento necessário para a avaliação ética dos protocolos apresentados, os Mins. Menezes Direito, Gilmar Mendes, Eros Grau, Ricardo Lewandowski e Cézar Peluso concordaram quanto à necessidade de centralização nacional do controle das pesquisas, divergindo, porém, quanto ao órgão responsável pela realização desse controle.

Segundo o Min. Ricardo Lewandowski, deveriam ficar encarregados dessa função os órgãos previstos na Lei de Biossegurança para o controle ético de pesquisas.[29] Essa proposta foi criticada pelo Min. Cézar Peluso, que entendeu que órgãos criados para fiscalizar experimentos envolvendo organismos geneticamente modificados não deveriam realizar o controle ético de pesquisas com células-tronco embrionárias.[30]

Além da proposta do Min. Ricardo Lewandowski, a medida adotada pelos Mins. Menezes Direito e Gilmar Mendes, que consistia na realização do controle por um comitê nacional centralizado com composição multidisciplinar, a princípio inexistente,[31] também foi criticada pelo Min. Cézar Peluso, para quem não caberia ao STF determinar a criação de um órgão de fiscalização.[32]

---

28. Art. 5º, § 2º, da Lei de Biossegurança: "§ 2º. Instituições de pesquisa e serviços de saúde que realizem pesquisa ou terapia com células-tronco embrionárias humanas deverão submeter seus projetos à apreciação e aprovação dos respectivos comitês de ética em pesquisa".
29. ADI 3.510, p. 315 do acórdão.
30. ADI 3.510, pp. 388-389 do acórdão.
31. ADI 3.510, pp. 171 e 497 do acórdão.
32. ADI 3.510, p. 389 do acórdão.

Divergindo desses três Ministros e do Min. Eros Grau, que submeteu o controle ético das pesquisas aos órgãos previstos na Lei 11.105/2005 e ao comitê multidisciplinar vinculado ao Ministério da Saúde simultaneamente,[33] o Min. Cézar Peluso determinou que a fiscalização das pesquisas deveria ser repartida entre o Ministério da Saúde, o Conselho Nacional da Saúde e a Agência Nacional de Vigilância Sanitária.[34]

Ainda no que diz respeito ao controle ético das pesquisas, o voto do Min. Menezes Direito também determinou, sem que houvesse na audiência pública qualquer informação a esse respeito, que a ausência espontânea de clivagem, uma das características dos embriões inviáveis, deveria ser diagnosticada segundo normas técnicas estabelecidas por órgão federal, com a participação de especialistas de diversas áreas do conhecimento, e não segundo as normas específicas do Ministério da Saúde, como estabelecido no art. 3º, XIII, do Decreto 5.591/2005, que regulamenta a Lei 11.105/2005.[35]

O mesmo ocorreu com a regulamentação dos procedimentos de reprodução *in vitro*, que, embora não tenho sido abordada na audiência pública, foi objeto de longas considerações, e até mesmo de sofisticadas restrições técnicas por parte de alguns ministros. Os poucos depoimentos a respeito do tema, prestados por integrantes do bloco de expositores favoráveis às pesquisas com células-tronco embrionárias, destacaram o fato de que as técnicas de reprodução assistida demandavam a produção de embriões excedentes e que a utilização desses embriões em pesquisas seria a única maneira de viabilizar a continuidade dos procedimentos de fertilização *in vitro*.[36]

Nenhuma das considerações proferidas na audiência pública deu suporte às longas considerações e às restrições impostas pelo Min. Menezes Direito, que estabeleceu uma série de regras para disciplinar a atuação das clínicas de reprodução assistida: a fertilização *in vitro* poderia ser utilizada exclusivamente para fins de reprodução humana,

33. ADI 3.510, p. 327 do acórdão.
34. ADI 3.510, p. 391 do acórdão.
35. ADI 3.510, pp. 159, 160 e 172 do acórdão.
36. Trata-se dos depoimentos de Patrícia Helena Lucas Pranke, Ricardo Ribeiro dos Santos, Lygia Pereira, Luiz Eugênio Araújo de Moraes Mello e Débora Diniz (ADI 3.510, pp. 18-20, 52, 171, 175, 189-191, 193 e 208 da transcrição da audiência pública).

na impossibilidade de recurso a outras técnicas; o método de injeção introcitoplasmática deveria ser utilizado apenas quando a aproximação dos gametas fosse ineficaz; o número de óvulos extraídos, de embriões a serem transferidos e o recurso ao diagnóstico pré-implantacional deveriam ser limitados; a redução embrionária, o descarte, a comercialização e a doação de embriões para pesquisas não autorizadas deveriam ser proibidos.[37]

Embora muito pouco de seu voto tenha sido dedicado à análise dos procedimentos de reprodução assistida no Brasil, o Min. Eros Grau adotou orientação similar, restringindo, sem fundamentação explícita, o uso da fertilização *in vitro* à terapia da infertilidade humana adotada exclusivamente para fim de reprodução, com proibição da seleção genética, admitindo-se a fertilização de um número máximo de quatro óvulos por ciclo e a transferência, para o útero da paciente, de um número máximo de quatro óvulos fecundados por ciclo, sendo proibidos a redução e o descarte de óvulos fecundados.[38]

Menos restritiva foi a limitação imposta pelo Min. Ricardo Lewandowski, que, com base na interpretação conjunta dos itens I, 5, e I, 6, da Resolução 1.358/1992 do Conselho Federal de Medicina, determinou que as técnicas de fertilização *in vitro* fossem "realizadas com o fim único de produzir o número de zigotos estritamente necessário para a reprodução assistida de mulheres inférteis".[39]

5.3 Conclusão

Não chega a surpreender o fato de que todas as decisões técnicas sem embasamento na audiência pública tenham sido tomadas justamente nos votos que adotaram posições intermediárias quanto à constitucionalidade da regulamentação estabelecida na Lei de Biossegurança. Elas eram pouco – ou nada – relevantes para a defesa das posições sustentadas pelos responsáveis pelas indicações dos expositores.

37. ADI 3.510, pp. 167-172 do acórdão.
38. ADI 3.510, p. 327 do acórdão.
39. ADI 3.510, p. 314 do acórdão.

A falta de relação direta com a matéria em julgamento,[40] a irrelevância no caso do acolhimento do pedido das partes[41] ou, até mesmo, a falta de interesse estratégico na discussão desses aspectos para o sucesso das posições representadas pelos blocos de especialistas[42] podem ser apontadas como as prováveis explicações para a falta de esclarecimentos a respeito desses temas.

A polarização entre o completo repúdio e a defesa integral da regulamentação do uso de embriões humanos em pesquisas prevista na Lei de Biossegurança, decorrente da forma de organização e realização da audiência pública, parece ter comprometido o aproveitamento desse evento na fundamentação dessas questões.

A julgar pela qualificação dos participantes e pela clareza e concisão dos depoimentos prestados, a contribuição da audiência pública para o julgamento do caso poderia ter sido maior se a forma de indicação de especialistas e de organização do evento não tomasse a vinculação entre os expositores e as posições defendidas pela parte como pressuposto, delegando a definição do conteúdo das exposições a "dois blocos de opinião bem caracterizados".[43]

Embora algumas medidas capazes de atenuar esse cenário – como a definição prévia de questões relevantes,[44] a abertura de inscrições a todos especialistas interessados em participar,[45] a organização de blocos de expositores com base critérios temáticos[46] e a realização de debates entre defensores de posições contrárias[47] – tenham sido ado-

---

40. A regulamentação das técnicas de reprodução assistida foi considerada pelo Min. Cézar Peluso como questão alheia ao que estava sendo decidido ADI 3.510 (pp. 350-351 do acórdão).
41. Caso as pesquisas fossem proibidas, não haveria, por exemplo, a necessidade de controle ético.
42. É o caso, por exemplo, da discussão sobre a retirada de uma ou duas células do embrião, que, por apresentar incertezas quanto à sua eficácia na obtenção de linhagens de células-tronco e na garantia do direito à vida dos embriões, poderia trazer insegurança para as posições defendidas pelos dois grupos.
43. ADI 3.510, p. 3 da transcrição da audiência pública.
44. O que ocorreu na audiência pública sobre o Sistema Único de Saúde.
45. O que ocorreu nos casos do Sistema Único de Saúde e das ações afirmativas no ensino superior.
46. Caso das audiências públicas realizadas para discussão da interrupção da gestação de fetos anencefálicos e de ações afirmativas no ensino superior.
47. O que ocorreu na audiência pública sobre ações afirmativas no ensino superior.

tadas recentemente, é importante destacar que a contribuição das audiências públicas para a legitimidade do controle de constitucionalidade não depende apenas do procedimento adotado para sua realização.

O aproveitamento da audiência pública na decisão tenderia a ser maior se os ministros interagissem em maior medida com os expositores e, ao invés de apenas três perguntas, fossem feitos mais questionamentos, principalmente sobre os temas que, embora não tivessem sido abordados nos depoimentos, fossem considerados essenciais para o julgamento do caso. Afinal, mesmo com a realização de uma audiência pública, a legitimidade para realização do controle de constitucionalidade não deixa de depender do comportamento dos ministros do STF.

Bibliografia

MEDEIROS, Fabrício Juliano Mendes de. "O STF e a primeira audiência pública de sua história". *Revista Jurídica da Presidência da República* 9-84/41-48. 2007.

Acórdão citado: ADI 3.510.

2.2 MÉTODOS DECISÓRIOS DO STF

- A Posição do STF nos Casos da Pesquisa com Células-Tronco Embrionárias e da Interrupção da Gravidez do Feto Anencéfalo – Existe Relação de Precedente entre Eles? – FLÁVIA ANNENBERG
- O STF e a Dimensão Temporal de suas Decisões – A Modulação de Efeitos e a Tese da Nulidade dos Atos Normativos Inconstitucionais – FLÁVIO BEICKER
- Motivos que Levam ao Uso da Interpretação Conforme a Constituição pelo STF – GUILHERME MARTINS PELLEGRINI
- O STF às Voltas com a "Navalha de Ockham": uma "Proibição de Insuficiência" como Controle de Proporcionalidade das Omissões?
  – LUÍS FERNANDO MATRICARDI RODRIGUES
- A Utilização da Jurisprudência Estrangeira pelo STF
  – MARIANA M. C. CHAIMOVICH
- Medidas Utilizadas pelo STF para Acelerar um Julgamento Político – Algumas Mudanças Introduzidas pela Corte no "Caso do Mensalão" (Inq 2.245 e AP 470) – NATÁLIA LOPES COSTA
- A Argumentação do STF ao Alterar Normas Via Interpretação Conforme a Constituição – PEDRO GUILHERME LINDENBERG SCHOUERI
- A Mutação Constitucional e o STF: sua Utilização e Algumas Perspectivas
  – RODRIGO SARMENTO BARATA
- O Controle de Constitucionalidade das Privatizações: o Contexto Político e o Tempo nos Votos do STF – VERIDIANA ALIMONTI

A POSIÇÃO DO STF NOS CASOS DA PESQUISA COM CÉLULAS-TRONCO EMBRIONÁRIAS E DA INTERRUPÇÃO DA GRAVIDEZ DO FETO ANENCÉFALO – EXISTE RELAÇÃO DE PRECEDENTE ENTRE ELES?*-1

FLÁVIA ANNENBERG

1. Introdução – Formulação do problema de pesquisa. 2. Metodologia. 3. Delimitação do tema – O que é uma "relação de precedente"?. 4. Breve histórico dos casos: 4.1 Pesquisas com células-tronco embrionárias – 4.2 Interrupção da gravidez do feto anencéfalo. 5. Análise comparativa dos argumentos: 5.1 Argumentos potencialmente favoráveis à procedência do pedido da ADPF 54: 5.1.1 O planejamento familiar como direito constitucional – 5.1.2 O direito à saúde e a autonomia da mulher – 5.1.3 A proteção da vida no ordenamento jurídico: 5.1.3.1 Lei 9.434/1997, a Lei dos Transplantes – 5.1.3.2 A personalidade jurídica prevista no Código Civil – 5.1.3.3 Direito Comparado: caso "Roe vs. Wade"– 5.1.4 A laicidade do Estado e a

* *Resumo*: Do meio jurídico à comunidade científica, diversas foram as comparações sugeridas entre os casos da pesquisa com células-tronco embrionárias obtidas por fertilização *in vitro* e da antecipação terapêutica do parto do feto anencéfalo. A partir da constatação de que essas ações têm uma semelhança significativa, o presente trabalho busca extrair do caso das células-tronco (ADI 3.510) argumentos que possam ser utilizados no futuro julgamento de mérito do caso do feto anencéfalo (ADPF 54). Mais que isso, pretende-se estabelecer uma relação lógica entre as ações por meio do tipo de discurso desenvolvido em cada um delas, de forma a investigar respostas à seguinte pergunta: *É possível falar em relação de precedente entre os dois casos?*.

Palavras-chave: Aborto; Anencefalia; Células-Tronco; Lei de Biossegurança; Relação de Precedente.

1. O presente artigo foi desenvolvido a partir de monografia apresentada à *sbdp* como trabalho de conclusão do curso da Escola de Formação do ano de 2008, sob a orientação de Fernanda Terrazas. A versão original encontra-se disponível no endereço *http://www.sbdp.org.br/ver_monografia.php?idMono=132.*

liberdade religiosa – *5.2 Argumentos potencialmente contrários à procedência do pedido da ADPF 54: 5.2.1 A diferença entre a fecundação extrauterina e a gravidez* – *5.2.2 A mulher e seu papel maternal* – *5.2.3 A proteção da vida no ordenamento jurídico: 5.2.3.1 Lei 9.434/1997, a Lei dos Transplantes* – *5.2.3.2 A personalidade jurídica prevista no Código Civil* – *5.2.3.3 O Pacto de San José da Costa Rica* – *5.2.4 Limites éticos. 6. Questões de mérito já levantadas no julgamento da ADPF 54. 7. Conclusão.*

1. Introdução – Formulação do problema de pesquisa

O STF tem agido, nos últimos anos, de forma cada vez mais ativista, chegando a ser acusado de usurpar o papel de outros Poderes. Em outras situações, ao contrário, diz-se que o Tribunal "decide não decidir", adiando julgamentos importantes por meio, por exemplo, do voto-vista.

Diversas críticas têm sido recentemente dirigidas ao Supremo porque os efeitos do que decide o Tribunal se fazem presentes não somente no âmbito jurídico-constitucional, mas, sobretudo, no plano político. Tendo em vista esse pano de fundo, analisarei duas decisões recentes e polêmicas do STF.

Uma delas, proferida no caso da pesquisa com células-tronco embrionárias obtidas por fertilização *in vitro* (ADI 3.510), foi a primeira a contar com audiência pública na história do Tribunal. A outra decisão teve seu julgamento adiado, porém estará, provavelmente em breve, de volta ao Plenário:[2] trata-se do caso da interrupção da gravidez do feto anencéfalo (ADPF 54).

A aproximação dessas duas decisões faz sentido na medida em que elas apresentam aspectos relevantes em comum, como, por exemplo, as garantias constitucionais envolvidas – quais sejam: a proteção da dignidade da pessoa humana e o direito à vida.[3] Pergunta-se, inclusive, nos dois casos: direito à vida de quem?

2. Cf. notícia do *site* do STF de 31.7.2010: "Expectativa é a de que, até o final do ano, sejam julgados no STF processos de grande interesse social. Entre eles está (...) a interrupção da gravidez quando constatada a anencefalia do feto" (disponível em *http://www.stf.jus.br/portal/cms/verNoticiaDetalhe.asp?idConteudo=156994&caixaBusca=N*, acesso em 20.9.2010, às 22h).
3. Há artigos científicos que já trabalham com tal comparação. Por exemplo: Barroso (2005).

Para além da constatação de elementos comuns, o presente estudo pretende averiguar a hipótese de que a decisão acerca da pesquisa com células-tronco embrionárias possa ser considerada um precedente para a ADPF 54. Um dos principais motivos para que sejam feitas previsões acerca da decisão sobre a constitucionalidade da antecipação terapêutica do parto do feto anencéfalo é que, atualmente, há decisões muito variadas proferidas pelas instâncias inferiores. Uma posição do STF, com eficácia *erga omnes* e efeito vinculante, provavelmente será capaz de remediar essa situação, delineando entendimento único sobre o tema.

2. Metodologia

Como já apresentado, o presente artigo pretende analisar a ADI 3.510 e a ADPF 54[4] a partir da seguinte hipótese: a decisão a favor da constitucionalidade da Lei de Biossegurança pode ser utilizada como precedente na deliberação acerca do aborto do feto anencéfalo.

Para investigar tal possibilidade, realizou-se a listagem dos argumentos da ADI 3.510 que pareciam ter potencial para ressurgir no julgamento de mérito da ADPF 54.[5] Esses argumentos foram divididos entre (i) aqueles que tendem a ser usados de forma favorável à interrupção da gestação do feto anencéfalo e (ii) aqueles que apontam para a inconstitucionalidade de tal ato.

Nem todos os argumentos do primeiro bloco têm contraponto correspondente no segundo bloco. Isso porque optei por me limitar ao que constava nos votos de ambas as decisões.

Em um segundo momento da pesquisa percebi que, apesar de o mérito da ADPF 54 ainda não ter sido apreciado, o posicionamento dos ministros quanto à sua admissibilidade e quanto à medida liminar concedida pelo Relator do caso já indicava pistas no que diz respeito à possibilidade de os argumentos extraídos da ADI 3.510 serem aproveitados quando a ADPF 54 for julgada definitivamente.

---

4. O acórdão e a petição inicial de ambas as ações foram encontrados no *site* do STF (*www.stf.jus.br*) por meio da ferramenta "Pesquisa de Jurisprudência". Não foram analisadas intervenções de terceiros.
5. Os motivos que me levaram a ver essa potencialidade de ressurgimento serão explicados a cada item.

Dessa forma, comparei, ainda, o resultado do trabalho de investigação dos argumentos da ação direta de inconstitucionalidade com as linhas argumentativas que desde logo foram traçadas pelos ministros no decorrer do processo da arguição de descumprimento de preceito fundamental.

3. Delimitação do tema
– O que é uma "relação de precedente"?

A relação entre a ADI 3.510 e a ADPF 54 foi levantada, entre outros, pelo Min. Marco Aurélio de Mello, Relator da arguição de descumprimento de preceito fundamental em tela: "O julgamento do processo das células-tronco embrionárias aplainou o terreno (...). Já temos clima para julgar e, creio, autorizar a interrupção da gravidez de anencéfalos".[6]

Por outro lado, deve-se considerar que há ministros que manifestaram em seus votos a opinião de que a decisão da ação direta de inconstitucionalidade não cria um precedente para a decisão sobre a antecipação terapêutica do parto do anencéfalo, como o Min. Eros Grau: "A ela *[pesquisa com células tronco]* se impõe estabelecer alguns limites. Seja para que se impeça a manipulação genética, seja para que *não se abra um precedente, na decisão que aqui vier a ser tomada, para o aborto*" (ADI 3.510, p. 457).

Tendo em vista essa disputa a respeito da aproximação entre as decisões, adotarei neste texto uma concepção de *relação de precedente* que não tem conotação de vinculação direta entre os resultados. Ou seja: não pretendo prever qual será a decisão final da ADPF 54, mas apenas extrair da ADI 3.510 argumentos que indiquem a existência de relação significativa entre as decisões. A expressão diz respeito, assim, à análise do processo de argumentação desenvolvido em um caso tendo em vista o potencial de que ele venha a surgir de forma semelhante no outro.

---

6. Cf. blog da *Folha Josias de Souza* (http://josiasdesouza.folha.blog.uol.com. br/arch2008-05-25_2008-05-31.html#2008_05-31_03_45_38-10045644-27, postado em 31.5.2008, às 2h45min) (grifos meus).

4. Breve histórico dos casos

4.1 Pesquisas com células-tronco embrionárias

A Lei de Biossegurança (Lei 11.105/2005) autoriza a realização de pesquisas com células-tronco embrionárias obtidas a partir da técnica da fertilização *in vitro*.[7] Essas células possuem a capacidade de se converter em todos, ou quase todos, os tecidos do corpo humano, de modo que a importância dessa lei está no fato de que ela autoriza estudos que prometem resultar na cura de doenças graves.

Por outro lado, há quem se contraponha à legislação, como ocorreu na ADI 3.510, ajuizada em maio/2005 pelo então Procurador-Geral da República, Cláudio Fontelles, sob a alegação de que a o art. 5º da lei violaria o direito à vida (*caput* do art. 5º da CF) e a dignidade da pessoa humana (inciso III do art. 1º da CF). A tese central da petição inicial foi no sentido de que o início da vida humana aconteceria na – e a partir da – fecundação, e qualquer método cuja intenção fosse destruí-la seria um assassinato.

O julgamento da ação direta de inconstitucionalidade teve início quase três anos depois de sua proposição, em março/2008, quando o Relator, Carlos Britto, apresentou seu voto pela total improcedência da ação, no que foi acompanhado pela Min. Ellen Gracie. O Min. Menezes Direito, por sua vez, optou por pedir vista dos autos.

Conforme pedido na petição inicial, foram realizadas audiências públicas em abril do mesmo ano. Após essas audiências, em maio/2008, a questão foi retomada, e o STF confirmou a constitucionalidade da Lei de Biossegurança.

---

7. Para uma definição técnica: "A fertilização *in vitro* é um método de reprodução assistida, destinada em geral a superar a infertilidade conjugal (...). Ela permite que os espermatozoides fecundem os óvulos em laboratório, fora do corpo da mulher, quando este processo não possa ser realizado no seu lugar natural, que é a trompa de falópio" (Barroso 2005: 96). Nessa prática, diversos óvulos são retirados da mulher para que não seja necessário que ela passe novamente por procedimento tão invasivo ao corpo feminino. Todos esses óvulos são fecundados. Alguns embriões são congelados, ao passo que outros são transferidos ao útero, respeitando-se o limite de dois ou três.

Os Mins. Joaquim Barbosa, Marco Aurélio, Celso de Mello, Carmen Lúcia, Carlos Ayres Britto e Ellen Gracie declararam que a Lei 11.105/2005 não mereceria reparos. Já, Cézar Peluso, Gilmar Mendes, Carlos Alberto Direito, Ricardo Lewandowski e Eros Grau, parcialmente vencidos, fizeram uma série de ressalvas.

4.2 Interrupção da gravidez do feto anencéfalo

A ADPF 54, apresentada em junho/2004 pela Confederação Nacional dos Trabalhadores na Saúde/CNTS, colocou na pauta do STF[8] o tema da interrupção da gravidez em casos de anencefalia.[9]

Na petição inicial foram indicados como preceitos fundamentais vulnerados o princípio da legalidade, liberdade e autonomia da vontade (inciso II do art. 5º da CF); o direito à saúde (*caput* do art. 6º e art. 196 da CF); e o princípio da dignidade da pessoa humana (inciso IV do art. 1º da CF). O ato do Poder Público apontado foi a interpretação equivocada que tem sido dada ao art. 124 e ao *caput* do art. 126, que tipificam o crime de aborto, e ao art. 128, que define os casos em que o aborto não pode ser punido, todos do CP.

A argumentação desenvolveu-se no sentido de afirmar que a antecipação terapêutica do parto não configuraria aborto.[10] Isso porque no aborto a morte deveria ser resultado direto do procedimento, ao passo que os casos de anencefalia seriam sempre fatais. Por se tratar de gestação com alto índice de óbito intrauterino, a permanência do

8. O tema já havia sido discutido no STF por meio do HC 84.025-6-RJ. Na ocasião o STF acabou por não apreciar a questão, uma vez que a gestação chegou ao fim antes do julgamento.
9. A anencefalia é uma doença que acomete alguns fetos, sendo detectada por exame pré-natal a partir do segundo trimestre de gestação. Para uma definição técnica: "(...) a má formação fetal congênita por defeito do fechamento do tubo neural durante a gestação, de modo que o feto não apresenta os hemisférios cerebrais e o córtex, havendo apenas resíduo do tronco encefálico. Conhecida vulgarmente como 'ausência de cérebro', a anomalia importa a inexistência de todas as funções superiores do sistema nervoso central (...)" (Behrman *et alii*, cit. em Barroso 2005:95).
10. No decorrer deste trabalho por vezes utilizo as terminologias "antecipação terapêutica do parto" e "aborto" com o mesmo sentido. Isso se justifica porque é dessa forma que os ministros acabam por tratar a questão tanto na ADPF 54 quanto na ADI 3.510.

feto no útero seria arriscada, exigindo a "antecipação terapêutica do parto", uma indicação médica de tratamento para a mãe, que não se confundiria com o "aborto". Assim, o pedido principal pautou-se na técnica da interpretação conforme a Constituição aplicada aos artigos supracitados do Código Penal.

Além disso, foi feito um pedido cautelar, deferido pelo Min. Marco Aurélio (Relator), com as seguintes demandas: suspensão dos efeitos de decisões judiciais que tivessem aplicado ou que pretendessem aplicar os dispositivos penais com a intenção de impedir a interrupção da gravidez de feto anencéfalo e a permissão para que as gestantes efetuassem a antecipação terapêutica do parto, desde que a anomalia fosse atestada por médico habilitado.

Após o período de vista, o Procurador-Geral da República requereu que o processo voltasse ao Plenário para que fosse definida, preliminarmente, a admissibilidade da arguição de descumprimento de preceito fundamental. Na ocasião, em 20.10.2004, o Min. Eros Grau propôs que a medida liminar concedida fosse reavaliada. Assim, os ministros acabaram por revogar a segunda parte da liminar, que reconhecia o direito da gestante de se submeter à antecipação terapêutica do parto dos fetos anencéfalos.[11] Nesse momento o Min. Carlos Britto pediu vista dos autos.

Somente em abril/2005 a arguição de descumprimento de preceito fundamental foi admitida, por sete votos a quatro, porém o julgamento de mérito ficou novamente suspenso.[12] Em 2008 três audiências públicas foram realizadas, e em 2009 a Procuradoria-Geral da República deu parecer pela procedência da ação. O julgamento de mérito, entretanto, não foi realizado até a data do presente trabalho.

11. Vencidos os Mins. Marco Aurélio, Carlos Britto, Celso de Mello e Sepúlveda Pertence.
12. Naquela data compunham a Corte os Mins. Nelson Jobim (Presidente), Marco Aurélio (Relator), Eros Grau, Joaquim Barbosa, Carlos Ayres Britto, Antônio Cézar Peluso, Gilmar Mendes, Sepúlveda Pertence, Ellen Gracie, Carlos Velloso e Celso de Mello. Em comparação com a data em que a ADI 3.510 foi julgada (2008), há sete ministros em comum, quais sejam: Eros Grau, Marco Aurélio, Ellen Gracie, Carlos Ayres Britto, Antônio Cézar Peluso, Gilmar Mendes e Joaquim Barbosa.

5. Análise comparativa dos argumentos

5.1 Argumentos potencialmente favoráveis à procedência do pedido da ADPF 54

5.1.1 O planejamento familiar como direito constitucional

No voto do Ministro-Relator da ADI 3.510, Carlos Ayres Britto, surge o questionamento acerca da base constitucional da técnica de reprodução assistida (ADI 3.510, p. 182). Os arts. 226 e ss. da Constituição Federal (1988) são citados como possíveis respostas, uma vez que eles dispõem sobre a família, instituição considerada a base da sociedade, merecedora de proteção especial do Estado. Faz-se presente também, no § 7º desse dispositivo, a figura do planejamento familiar, fundado na dignidade da pessoa humana e na paternidade responsável, devendo o Estado prover os meios para o exercício desse direito.

Com esse fundamento, o Min. Britto argumenta que caberia ao casal decidir o tamanho de sua família, tendo em vista sua capacidade de sustento material e de assistência amorosa. A fertilização *in vitro* seria, assim, meio de concretização da estrutura familiar planejada pelo casal com problemas de fertilidade.

Ainda que essa argumentação não faça qualquer alusão expressa à questão do aborto, é possível desenvolver o conceito de planejamento familiar de forma a interligá-lo à decisão a respeito do feto anencéfalo. Isso porque se, em um primeiro momento, a paternidade responsável foi utilizada para a defesa da constitucionalidade dos meios favorecedores da ampliação da família, em um segundo momento esse mesmo argumento pode ser levantado para legitimar a escolha de não levar adiante a gestação de um feto anencéfalo. Inclusive, o ponto da capacidade de assistência amorosa, um dos fatores que devem ser considerados no momento do planejamento familiar, pode ser decisivo para a deliberação da mãe que prolonga uma gestação que a faz infeliz, porque seu filho não irá sobreviver por mais que algumas horas.

Por fim, a fertilização *in vitro*, assim como o procedimento da antecipação terapêutica do parto, não deixaria de ser um meio científico para o Estado cumprir seu papel de assegurar o exercício do planejamento familiar.

5.1.2 O direito à saúde e a autonomia da mulher

Ainda no voto do Min. Britto surge o seguinte questionamento: uma vez aceita a técnica da fertilização *in vitro*, inclusive sob a perspectiva constitucional, fica o casal obrigado a aproveitar todos os óvulos fecundados (idem, p. 185)? A opinião do Ministro é a de que a mãe não pode ser obrigada a implantar todos os óvulos em seu corpo: "Sem meias-palavras, tal nidação compulsória corresponderia a impor às mulheres a tirania patriarcal de ter que gerar filhos para os seus maridos ou companheiros, na contramão do notável avanço cultural que se contém na máxima de que 'o grau de civilização de um povo se mede pelo grau de liberdade da mulher'" (idem, p. 188).

Essa linha argumentativa indica uma tendência do que pode vir a ser sustentado na decisão da ADPF 54 sobre o direito à saúde da mulher. Em sua acepção ampla, o direito à saúde significa "o completo bem-estar físico, mental e social, e não apenas a ausência de doença".[13]

Sob a perspectiva física, a permanência do feto anômalo no útero é perigosa, porque há um índice de 65% de óbitos intrauterinos (ADPF 54, p. 5). Se não se devem implantar no útero feminino todos os embriões resultantes do processo de fertilização, porque essa é uma situação muito arriscada, a mesma lógica cabe em relação à gravidez do feto anencefálico, lembrando-se, ainda, que a falta de amparo legal leva mães a recorrerem a abortos caseiros, prática bastante perigosa.

Do ponto de vista mental, há que se considerar que a impossibilidade de interrupção de uma gravidez frustrada pode causar séria instabilidade emocional, ferindo, ainda que de outra forma, o direito da mulher à saúde.

Com efeito, obrigar a mulher a carregar o feto anencéfalo por nove meses atentaria contra a autonomia, como uma espécie de "tirania patriarcal". Ou seja: também na ADPF 54 é plausível a defesa de que as mulheres não devam ser forçadas a agir contra sua vontade, resguardando-se seu direito sobre o próprio corpo.

---

13. Cf. definição da Organização Mundial de Saúde/OMS apresentada na petição inicial da ADPF 54, p. 18.

5.1.3 A proteção da vida no ordenamento jurídico

Ainda que seja delicado trabalhar com tentativas de definição dos pontos de início e fim da vida, é importante analisar esse tema, visto que a tese da petição inicial da ação direta de inconstitucionalidade baseia-se no argumento de que a vida humana começa com a fecundação.

5.1.3.1 Lei 9.434/1997, a Lei dos Transplantes

A Lei de Biossegurança e a Lei dos Transplantes foram redigidas com base no mesmo dispositivo constitucional (§ 4º do art. 199). Essa informação dá ensejo à comparação entre o conteúdo de ambas as leis, especialmente no que diz respeito ao marco de cessação da vida. Isso porque a Lei dos Transplantes define que a remoção de tecidos, órgãos ou partes do corpo humano para finalidade de transplantes ou tratamentos pode se dar depois que houver o diagnóstico da morte encefálica (art. 3º). Tal argumento é utilizado pelo Min. Carlos Ayres Britto para dizer que o embrião congelado ainda não tem formação cerebral, e, portanto, ele não está a caminho de se transformar em uma pessoa natural (ADI 3.510, p. 202).

É possível fazer uma analogia com a polêmica da ADPF 54, pois o feto que sofre de anencefalia não possui hemisférios cerebrais e córtex, o que faz, inclusive, com que a anomalia seja conhecida vulgarmente como "ausência de cérebro". Se a lei ordinária pode prever que a morte encefálica indica o ponto terminal da existência humana, então, a "vida cerebral"[14] talvez também possa indicar o ponto inicial da vida.

5.1.3.2 A personalidade jurídica prevista no Código Civil

No julgamento da ADI 3.510 fez-se presente com frequência a referência ao Código Civil de 2002. Isso porque nele está previsto que a personalidade civil tem início a partir do nascimento com vida (art. 2º) e, se ela está atrelada ao nascimento, o embrião humano não teria personalidade jurídica.

---

14. Essa expressão foi utilizada no voto do Min. Lewandowski na ADI 3.510 (p. 397 do acórdão).

No que tange à ADPF 54 cabe a defesa de que, diante do feto, também não seria possível falar em personalidade jurídica; ao que se soma a argumentação de que o Código Civil deve ser interpretado à luz da Constituição Federal (de 1988), na qual os direitos fundamentais estão garantidos a seres humanos já nascidos.[15]

5.1.3.3 Direito Comparado: caso "Roe vs. Wade"

Citado na ADI 3.510, o caso "Roe vs. Wade",[16] julgado pela Suprema Corte dos Estados Unidos, foi um marco na questão do aborto. Decidiu-se que os Estados não poderiam proibir o aborto antes do quarto mês de gravidez, assim como, quando a saúde da mãe estivesse em perigo, a proibição não poderia se dar antes do sétimo mês.

O caso foi suscitado pelo Min. Marco Aurélio (idem, p. 543), indicando que o aborto teria sido permitido somente no primeiro trimestre por uma questão de segurança em relação à saúde da mulher, porém não por conta da viabilidade do feto, a qual se daria, na verdade, por volta do sexto mês. Além disso, a proteção ao feto estaria diretamente relacionada à capacidade de sobrevivência em ambiente extrauterino.

De acordo com essa lógica, é possível que a alusão ao caso apareça no julgamento da ADPF 54 para justificar a interrupção terapêutica do parto quando ela for menos perigosa que a continuação da gravidez do feto anencéfalo. Faz sentido também o argumento de que, não havendo possibilidade de vida fora do útero, como acontece com o portador de anencefalia, não há que se falar em proteção jurídica.

5.1.4 A laicidade do Estado e a liberdade religiosa

O Min. Celso de Mello pontua a importância de que o Estado Brasileiro se coloque em posição de neutralidade em matéria confessional (idem, p. 562). A mesma tendência é seguida pelo Min. Joaquim Barbosa: "A conjugação da laicidade do Estado e do primado da au-

---

15. Nesse sentido o voto do Min. Carlos Britto: "Tanto é assim que ela mesma, Constituição, faz expresso uso do adjetivo 'residentes' no País (não em útero materno e menos ainda em tubo de ensaio ou em 'placa de Petri')" (ADI 3.510, p. 164).
16. Para mais informações sobre as repercussões do caso, v. Dworkin (2003).

tonomia privada conduz a uma importante conclusão: os genitores dos embriões produzidos por fertilização *in vitro* têm a sua liberdade de escolha, ou seja, a sua autonomia privada e as suas convicções morais e religiosas, respeitadas pelo dispositivo ora impugnado. Ninguém poderá obrigá-los a agir de forma contrária aos seus interesses, aos seus sentimentos, às suas ideias, aos seus valores, à sua religião e à sua própria convicção acerca do momento em que a vida começa" (idem, p. 467).

Com relação à ADPF 54, é possível que a laicidade do Estado (inciso I do art. 19 da CF) e a liberdade religiosa (inciso VI do art. 5º da CF) sejam utilizadas para afastar acepções religiosas do início da vida que se coloquem contrariamente ao aborto.

5.2 Argumentos potencialmente contrários à procedência do pedido da ADPF 54

5.2.1 A diferença entre a fecundação extrauterina e a gravidez

Um dos pontos mais frequentes no decorrer dos votos da ADI 3.510 é o de que a fertilização *in vitro* é procedimento efetuado fora do útero materno. Em alguns momentos essa questão aparece para evitar que a aprovação da utilização de células-tronco embrionárias para fins de pesquisa possa servir como justificativa para que se autorize a interrupção da gravidez – como, por exemplo, no voto do Min. Peluso: "Artificial, forçosa e, como tal, imprestável é a proposta de equiparação ou analogia entre os procedimentos envolvidos nas pesquisas de células embrionárias e prática abortiva. A caracterização do crime de aborto tem por pressuposto necessário a preexistência de vida intrauterina, isto é, de gravidez, pois a gestação é circunstância elementar do tipo penal (arts. 124 e ss. do CP)" (idem, p. 482).

No que concerne à ADPF 54, vê-se que há uma tendência a se diferenciar substancialmente o embrião congelado em seus primeiros dias do feto já desenvolvido no interior do útero. Assim, percebe-se a potencialidade dessa linha argumentativa no sentido contrário à antecipação terapêutica do parto, vez que tal procedimento seria realizado no feto em desenvolvimento no ambiente intrauterino.

5.2.2 A mulher e seu papel maternal

Por vezes atribui-se à mulher a simbologia de reprodutora, sendo ela sempre uma mãe em potencial. Isso aparece apenas no voto do Min. Cézar Peluso, porém nada impede que a argumentação seja desenvolvida em decisão futura na ADPF 54: "Se houvera viabilidade técnica e possibilidade prática de vida humana exógena, independente da intervenção do útero, sua produção seria ética e juridicamente reprovável, não apenas por sua perversidade intrínseca, mas também porque aviltaria, senão que aniquilaria, a mulher, não só como pessoa, mas sobretudo como figura e função maternas, essenciais à sobrevivência da espécie, e, como tal corromperia nosso senso de civilização e aprestaria o colapso da Humanidade" (idem, p. 507).

Ainda que esse seja um trecho isolado, ele tem sua importância inclusive como contraponto ao que foi apresentado no bloco dos argumentos favoráveis. Enquanto uma determinada visão acredita que cabe à mulher decidir quanto à maternidade, outra visão crê que ser mãe é algo inevitável.

5.2.3 A proteção da vida no ordenamento jurídico

5.2.3.1 Lei 9.434/1997, a Lei dos Transplantes

Como já dito, a Lei dos Transplantes prevê que o diagnóstico de morte encefálica define quando tecidos, órgãos ou partes do corpo podem ser retirados para transplante. Alguns ministros creem que a lei nada diz a respeito do início da vida. Nesse sentido, o Min. Direito defende que "procura-se achar abrigo com relação ao tema que está em julgamento na legislação sobre a morte cerebral. Mas, embora o nascer e o morrer sejam processos da existência humana, não creio que se deva confundi-los" (idem, p. 272).

Ainda que esse argumento não seja central, é relevante analisar a possibilidade de que um contraponto à visão apresentada no item 5.1.3.1 seja utilizado.

5.2.3.2 A personalidade jurídica prevista no Código Civil

Como já apresentado, o art. 2º do CC (de 2002) confere a personalidade jurídica somente após o nascimento. Ele estabelece, no entanto, que desde a concepção o nascituro tem seus direitos assegurados.

A respeito dessa questão, a Min. Carmen Lúcia coloca que, havendo ou não personalidade antes do nascimento, o Estado tem a condição de titular de obrigações em relação ao embrião e ao feto (idem, p. 350), além de que a dignidade da pessoa humana se aplicaria a todos os seres humanos que compõem a espécie (mesmo que o Direito não lhes atribua personalidade) (idem, p. 360). Por sua vez, o Min. Eros Grau entende que o Código Civil considera o nascituro como sujeito de direito porque lhe confere a possibilidade de receber doações, ser adotado e figurar em disposições testamentárias, além de ser protegido pelas leis penais contra o aborto.[17]

Em relação à ADPF 54 é possível que a questão da proteção jurídica conferida pelo Código Civil ao nascituro se faça presente. Se tudo isso foi dito para garantir a proteção ao embrião, imagina-se que esses argumentos tenham ainda mais força em relação ao feto.[18]

5.2.3.3 O Pacto de San José da Costa Rica

A Convenção Americana de Direitos Humanos, denominada *Pacto de San José da Costa Rica*, foi aprovada em 22.11.1969 e ratificada pelo Brasil em 25.9.2002. Sua importância para a presente discussão está no fato de que, no inciso I do art. 4º, ela dispõe que o direito à vida deve ser protegido pela lei, em geral, desde o momento da concepção.

O Min. Lewandowski afirma que mesmo o termo em geral não afasta a noção de que a vida começa na concepção, podendo o Estado signatário deixar de protegê-la apenas em situações excepcionais, seja ela *in vitro* ou *in utero* (idem, p. 401).

Já, a Min. Carmen Lúcia faz outra análise sobre a Convenção. Ela entende ser necessário dar atenção especial à sua última oração, que determina que ninguém pode ser privado da vida de forma arbitrária. Assim, a Ministra coloca que a utilização dos embriões em pesquisas

---

17. Na decisão da ADI 3.510 esses argumentos foram levantados mais no sentido de estabelecer limites éticos à pesquisa que com o intuito de proibi-la.
18. Prova disso está no pronunciamento do Min. Peluso: "No instante em que o transformássemos *[o feto anencéfalo]* em objeto de poder de disposição alheia, essa vida se tornaria coisa (*res*), porque só coisa, em Direito, é objeto de disponibilidade jurídica das pessoas. Ser humano é sujeito de direito" (ADI 3.510, p. 505 do acórdão).

terapêuticas não configura uma forma arbitrária, mas sim a dignificação da vida dos que esperam a cura de doenças (idem, p. 343).

É plausível que, frente à questão do aborto do anencéfalo, os ministros defendam que a proposta da ADPF 54 é incompatível com tal convenção internacional, seja porque o aborto é uma forma arbitrária de se tirar a vida de alguém, seja porque o sopesamento de valores sugerido pela expressão em geral abre espaço para as pesquisas com células-tronco embrionárias obtidas pela fertilização *in vitro*, mas não para o aborto.[19]

5.2.4 Limites éticos

A Lei de Biossegurança, apesar de permitir a realização de pesquisas com células-tronco embrionárias, apresenta diversas balizas a essa prática.[20] Alguns ministros buscaram verificar se a lei era meticulosa a ponto de prever as situações mais delicadas que poderiam surgir em procedimentos como esse. É emblemático, nesse sentido, o posicionamento do Min. Menezes Direito, que inaugurou a divergência após o voto do Relator: "E a discussão alcança a preocupação porque é necessário estabelecer padrões éticos, os únicos fortes o bastante para impedir riscos severos que toda a Humanidade não deseja mais correr. A manipulação genética e a produção da raça pura, no fantasma da geração artificial da vida, são perigosas sombras para o existir do homem" (idem, p. 268).

O Min. Gilmar Mendes, no mesmo sentido, votou pela improcedência da ação com a ressalva de que a Lei de Biossegurança fosse interpretada de forma que a permissão das pesquisas estivesse condicionada a autorização e aprovação por comitê (órgão) central de ética e pesquisa, vinculado ao Ministério da Saúde.

Dessa forma, é possível que essa questão reapareça no julgamento de mérito da ADPF 54, até porque os métodos de diagnóstico pré-natal trazem à tona discussões éticas sobre o aborto por anomalia

---

19. Para outra opinião sobre o inciso I do art. 4º do Pacto, v. Comparato (2003:364).
20. Por exemplo, essas células-tronco devem ser utilizadas exclusivamente nas atividades de pesquisa e terapia e devem ser provenientes de embriões inviáveis e congelados há pelo menos três anos.

fetal. Pode ser, portanto, que os ministros optem por não correr o risco de autorizar uma prática sem regulamentação rígida.

6. Questões de mérito já levantadas no julgamento da ADPF 54

Na ocasião em que o processo da ADPF 54 retornou ao Plenário para que se solucionasse a questão de ordem relativa à sua admissibilidade, o Min. Marco Aurélio (Relator) iniciou seu voto com o seguinte esclarecimento: "O processo vem ao Plenário em vista da questão posta pelo Procurador-Geral da República, ou seja, a inadequação da ação intentada. *É essa e tão somente essa a matéria a ser dirimida*" (ADPF 54, p. 39 – sem grifos no original).

A despeito da nítida intenção do Ministro de alertar o Tribunal para que o julgamento de mérito não fosse antecipado, a demanda do Min. Eros Grau pela rediscussão da medida liminar concedida pelo Relator levou os ministros a fazerem colocações de cunho substancial. Assim, não se pode chegar a uma resposta para o questionamento inicial – *Seria a decisão de um caso precedente para a decisão do outro?* – tomando como base apenas as tendências presentes na decisão proferida na ADI 3.510. Mostra-se necessário verificar também, dentre os argumentos estudados, quais encontram correspondência naquilo que já foi enunciado pelos ministros em um primeiro momento de apreciação da ADPF 54.

No que tange aos argumentos classificados como potencialmente favoráveis, ao menos nas colocações do Min. Britto, já se encontra um raciocínio semelhante àquele desenvolvido quanto ao direito constitucional ao planejamento familiar e à autonomia da mulher. O Ministro, ao referendar a liminar, afirma que na gravidez do feto anencéfalo é necessário que a mãe possa dizer se ela pretende, ou não, dar continuidade a esse processo, sem que isso signifique um assassínio. Nesse sentido: "Neste momento, ainda penso que está em jogo, acima de tudo, subjacente a tudo isso, a questão feminina. Nós somos uma sociedade culturalmente machista, e fica fácil para todos nós falarmos até de solidariedade, que é um sentimento tão bonito, mas solidariedade para os outros, para as mulheres que arrostam dificuldades de gravidez do tipo anencefálico ou anencéfalo. Se os homens engravidassem, não tenho dúvida em dizer que seguramente o aborto seria descriminalizado de ponta a ponta" (idem, p. 89).

Em sentido semelhante segue o Min. Joaquim Barbosa, afirmando não haver dúvidas quanto à lesão de um direito fundamental quando mulheres são constrangidas pelo Poder Público ao decidirem interromper a gestação (idem, p. 141).

No que diz respeito ao direito à saúde, o Min. Marco Aurélio pontua que a intenção da medida liminar é evitar o risco de que, em casos autorizados e necessários, a mulher não consiga realizar a interrupção da gravidez por não haver quem a faça em hospitais públicos (idem, p. 83).

Por fim, tanto Marco Aurélio quanto Britto remetem à Lei dos Transplantes, estabelecendo uma relação lógica entre a morte cerebral como marco final da vida e a anencefalia como a inexistência do início da vida (idem, pp. 79 e 91).

Outrossim, no que concerne ao argumentos classificados como potencialmente contrários, a diferenciação entre a fecundação extrauterina e a gravidez aparece sob a argumentação de que a vida intrauterina é, invariavelmente, um valor a ser protegido. O Min. Peluso segue nessa direção quando vota pela negação da liminar: "A vida intrauterina, ainda quando concebível como projeto de vida, é objeto da tutela jurídico-normativa por várias formas" (idem, p. 95).

Ainda, ao votar pela revogação da segunda parte da liminar, o Min. Carlos Velloso[21] reforça o prevalecimento do direito à vida do feto em relação à autonomia da gestante: "Sopesando um e outro argumento, há de prevalecer, pelo menos neste primeiro exame, o argumento do direito à vida" (idem, p. 107).

A alusão à Lei dos Transplantes também se faz presente na tendência contrária ao aborto do anencéfalo. O Min. Cézar Peluso considera inconsistente a analogia entre o aborto do anencéfalo e o fato de a doação de órgãos ser permitida após a morte cerebral (idem, p. 96). Ainda no âmbito das previsões legais, no que concerne à personalidade jurídica prevista no Código Civil, Eros Grau afirma expressamente

---

21. O Min. Carlos Velloso não compunha mais a Corte quando a ADI 3.510 foi julgada; e, logicamente, também não comporá a Corte quando a ADPF 54 for julgada em seu mérito.

que a liminar atenta contra a vida da forma como reconhecida por esse Código (idem, p. 85).

Finalmente, revela-se no voto do Min. Carlos Velloso a preocupação com a regulamentação legal da prática abortiva. O Ministro posiciona-se contra a admissibilidade da ação, afirmando a importância de uma legislação séria (idem, p. 217).

Parece, portanto, que muitas das especulações realizadas a partir dos argumentos extraídos da ADI 3.510 adquirem sentido mais concreto quando comparadas aos argumentos já levantados na ADPF 54.

7. Conclusão

O desenvolvimento deste trabalho teve como motivação a busca de uma possível relação de precedente, nos termos definidos, entre dois casos polêmicos na pauta recente do STF: a ADI 3.510 e a ADPF 54. Ao retomarmos o procedimento que foi seguido, é perceptível que a análise dos argumentos extraídos da ADI 3.510, sendo eles potencialmente favoráveis ou potencialmente contrários à constitucionalidade da interrupção da gravidez, demonstrou que as formas de conexão entre as decisões têm sentido do ponto de vista lógico-argumentativo. Em princípio, portanto, essa constatação é suficiente para responder afirmativamente à questão inicial, havendo semelhanças significativas nas linhas argumentativas traçadas em cada um dos casos.

Deve-se ter em vista, todavia, que, ainda que tenham sido demonstradas ligações entre tendências extraídas da ADI 3.510 e o futuro julgamento de mérito da ADPF 54, é possível que os ministros não se pautem pela relação entre os casos e que os argumentos listados neste trabalho não venham a se repetir. No mais, faz-se necessário visualizar a possibilidade de que os ministros optem por vias diversas das aqui apresentadas, como, por exemplo, a questão dos limites de atuação do Tribunal.[22]

22. Essa questão, inclusive, já se faz presente na ADPF 54. Os ministros que foram contra sua admissibilidade o fizeram sob o argumento de que o pedido da ação tratava da adição de mais uma excludente de punibilidade ao Código Penal, algo que o Tribunal não poderia fazer. A ADPF 54 foi julgada em 27.4.2005.

Cabe afirmar que ambos os casos ilustram como o STF tem sido chamado a decidir questões multidisciplinares de difícil solução, as quais têm como pano de fundo um debate político que extravasa os limites da atuação jurídica.[23] Frente a esse cenário de polêmicas que não podem ser solucionadas por simples raciocínio hermenêutico, não é problemática a existência de tendências políticas. Tais tendências são, na verdade, inevitáveis.

Assim, o presente trabalho procurou desenvolver algumas balizas para que os ministros que eventualmente participem de ambas as decisões tenham um ponto de partida mais concreto no julgamento da APDF 54.[24] Talvez a percepção da chamada "relação de precedente" contribua para evitar que a decisão parta "do zero", quando já há alguns conceitos importantes em desenvolvimento na jurisprudência do Supremo.

Bibliografia citada

BARROSO, Luís Roberto (2005). "Gestação de fetos anencéfalos e pesquisas com células-tronco: dois temas acerca da vida e da dignidade na Constituição". *RDA* 241/93-120. Rio de Janeiro (julho-setembro/2005).

COMPARATO, Fábio Konder (2003). *A Afirmação Histórica dos Direitos Humanos*. 3ª ed. São Paulo, Saraiva.

DWORKIN, Ronald (2003). *Domínio da Vida: Aborto, Eutanásia e Liberdades Individuais*. São Paulo, Martins Fontes.

    23. Ainda sob essa perspectiva da judicialização da política, há uma linha argumentativa que, curiosamente, não foi sustentada por nenhum ministro. Trata-se da diferenciação entre mulheres pobres e mulheres com boas condições materiais. Nas camadas sociais mais altas o aborto é realizado, mesmo sendo ilegal, por profissionais e de forma higiênica, ao passo que na população mais pobre o aborto também acontece, apesar de sua criminalização, mas em condições precárias.
    24. Os Mins. Menezes Direito (falecido) e Eros Grau (aposentado) participaram da decisão da ADI 3.510, porém não estão mais no Tribunal, e, portanto, não julgarão a ADPF 54.

GARRAFA, Volnei, MONTENEGRO, Sandra, e OLIVEIRA, Aline Albuquerque de (2005). "Supremo Tribunal Federal do Brasil e o aborto do anencéfalo". *Revista Bioética*, vol. 13, n. 1, set. 2009. Brasília, Conselho Federal de Medicina.

Acórdãos analisados: ADI 3.510 (rel. Min. Carlos Britto); ADPF 54 (rel. Min. Marco Aurélio).

O STF E A DIMENSÃO TEMPORAL DE SUAS DECISÕES
– A MODULAÇÃO DE EFEITOS E A TESE DA NULIDADE DOS ATOS NORMATIVOS INCONSTITUCIONAIS[*,1]

FLÁVIO BEICKER

1. Introdução e considerações metodológicas. 2. A eficácia temporal das decisões em controle de constitucionalidade. 3. A Constituição Federal de 1988 e o caso brasileiro. 4. Espécies de modulação temporal de efeitos na jurisprudência do STF. 5. Limitação temporal de efeitos em decisões anteriores à previsão de modulação. 6. Considerações finais: um ônus argumentativo e outro procedimental.

1. Introdução e considerações metodológicas

A eficácia das decisões proferidas pelo STF em sede de controle de constitucionalidade pode ser analisada a partir do ponto de vista de sua dimensão temporal, ou seja, da distribuição de seus efeitos no tempo. Essa perspectiva de análise encontra raízes no debate iniciado

* *Resumo*: Este artigo tem a finalidade de examinar a real dimensão e a conformação jurisprudencial da modulação de efeitos no STF, passados mais de 10 anos desde a edição das leis que passaram a prevê-la expressamente. A investigação resultou na identificação e classificação de formas distintas de modulação de efeitos encontradas na práxis do Tribunal. Por meio de exemplos é possível sustentar a ideia de que a modulação da eficácia temporal não é nova e que não implicou, ao contrário do que se imagina, um aumento inédito e significativo do poder decisório do Tribunal.
Palavras-chave: Controle de Constitucionalidade; Eficácia Temporal; Modulação de Efeitos; Nulidade.

1. O presente artigo foi desenvolvido a partir de monografia apresentada à *sbdp* como trabalho de conclusão do curso da Escola de Formação do ano de 2008, sob a orientação de Conrado Hübner Mendes. A versão original encontra-se disponível no endereço *http://www.sbdp.org.br/ ver_monografia.php?idMono=113*.

já no século XIX acerca da eficácia *ex tunc* ou *ex nunc*[2] da decisão que julga inconstitucional um ato normativo. Essa dimensão *temporal* é abordada no presente artigo, cujo objeto será a *modulação de efeitos* das decisões do Supremo, prevista na Lei 9.868/1999 e na Lei 9.882/1999.

Em linhas gerais, a modulação de efeitos consiste na possibilidade de que o Tribunal limite a produção dos efeitos de uma decisão em relação a seu aspecto temporal, determinando que possua eficácia tão somente prospectiva (ou *pro futuro*, na expressão de alguns ministros) ou, ainda, a partir de certo marco temporal (no passado ou no futuro) que não a data de edição do ato que se julga inconstitucional. Além das exigências de caráter formal, tais como quórum mínimo e reserva de Plenário, a lei também estabelece os pressupostos materiais para que o Tribunal decida pela mitigação dos efeitos da declaração de inconstitucionalidade: (i) a existência de *relevante interesse social*; ou (ii) que a decisão represente sério risco para a *segurança jurídica* das relações constituídas sob a égide da lei viciada.[3]

A possibilidade de modular os efeitos da decisão em controle de constitucionalidade vai de encontro à chamada *tese da nulidade das normas inconstitucionais*, segundo a qual, por ser nulo o ato normativo, a decisão que "reconhece" sua inconstitucionalidade possuiria natureza declaratória, com efeitos necessariamente retroativos até a edição do ato normativo. Essa tese é vista por alguns ministros como algo já "consagrado e consolidado" na jurisprudência do STF, muito embora o Tribunal já tenha admitido sua relativização em alguns julgamentos anteriores à própria previsão legal da modulação dos efeitos.

Declarações feitas pelo Min. Gilmar Mendes em seus votos sintetizam bem a forma com que o Tribunal como um todo acredita estar lidando com essa incongruência entre a tese da nulidade e a eventual necessidade de modulação dos efeitos. De acordo com ele, o afasta-

---

2. Expressões em Latim para, respectivamente, "a partir de então" e "a partir de agora" (tradução livre).
3. Art. 27 da Lei 9.868, de 10.11.1999, que regulamenta a ação direta de inconstitucionalidade/ADI, e art. 11 da Lei 9.882, de 3.12.1999, que disciplina a arguição de descumprimento de preceito fundamental/ADPF. Necessário lembrar que a própria Lei 9.868/1999 possui diversos dispositivos contestados em face da Constituição Federal – dentre eles, o próprio artigo 27 (cf. ADI 2.231-DF, proposta pelo Conselho Federal da OAB, ainda pendente de julgamento).

mento da noção de retroatividade da decisão sobre a inconstitucionalidade de um ato "não se há de basear em consideração de *política judiciária*, mas em fundamento constitucional próprio".[4] Segundo esse raciocínio, que também é endossado por alguns autores, a modulação de efeitos decorreria de uma *imposição constitucional* e demandaria *rigoroso juízo de proporcionalidade* entre os interesses em conflito.[5]

Uma pergunta que pode ser colocada é se, de fato, o Tribunal vem tratando a modulação de efeitos como uma *imposição constitucional* – o que importaria reconhecer, segundo alguns ministros, que o STF não age sem parâmetros ao limitar os efeitos de suas decisões. Em outras palavras, equivaleria a dizer que, ao modular os efeitos de uma decisão, o STF não se vale de juízos comprometidos com política judiciária.

Ao recusar o rótulo de que estaria fazendo política judiciária, o STF afirma que sua decisão não seria discricionária, mas, sim, que teria por base o reconhecimento de um imperativo de proteção de outros valores igualmente tutelados pelo texto constitucional, sujeitos à ponderação dos interesses envolvidos no caso concreto.[6] O objetivo central do presente artigo é investigar a consistência dessa afirmação, explorando as expectativas geradas pelo Tribunal relativamente à objetividade e à clareza dos parâmetros argumentativos utilizados na construção da própria decisão que culmina com a aplicação da modulação.

A relevância de averiguar os possíveis efeitos das decisões do STF em controle de constitucionalidade significa determinar, em última análise, qual a real extensão de seu poder decisório no desempenho da função, que lhe é atribuída, de guardião da Constituição.

---

4. Cf. AI 582.280-RJ, p. 32 (sem grifos no original), e ADI/ED 2.791-PR, pp. 5 e ss. Outros ministros também sustentam que a modulação de efeitos não seria decisão discricionária. Cf., por exemplo: o voto do Relator, Min. Carlos Velloso, no RE 442.683-RS; do Min. Carlos Britto na ADI 3.819-MG, rel. Min. Eros Grau; e da Min. Ellen Gracie no HC 82.959-SP, rel. Marco Aurélio, *DJU* 1.9.2006.
5. Cf.: Daniel Sarmento, "Eficácia temporal do controle de constitucionalidade das leis – O princípio da proporcionalidade e a ponderação de interesses", *RDA* 212/36 e ss., 1998; Rui Medeiros, *A Decisão de Inconstitucionalidade*, Lisboa, Universidade Católica Portuguesa, 1999, pp. 732 e ss.
6. Em praticamente todos os casos analisados esse tipo de argumento pode ser encontrado nos votos dos ministros. Cf., por todos, ADI/ED 2.728-AM, pp. 9 e ss., e MS 26.604-DF, pp. 307 e ss.

Nesse sentido, é essencial compreender o *modo* com que o Tribunal faz uso dessa prerrogativa, bem como a dimensão que os ministros atribuem à questão dos freios e limites que procuram impor à sua própria atuação.

Do ponto de vista histórico, a possibilidade de restringir a eficácia temporal das decisões proferidas em controle de constitucionalidade não é nova na jurisprudência do tribunal (cf. item 5, *infra*). De fato, considerando valores e interesses semelhantes aos preconizados na lei, o STF já restringiu suas decisões, para que tivessem efeitos *ex nunc*. Além disso, é possível sustentar que, mesmo por uma perspectiva *formal* – exigência de maioria qualificada dos ministros –, o advento da lei, ao invés de representar aumento do poder decisório, restringiu os limites da atuação do Tribunal.

O material de análise, neste artigo, restringe-se a todas as decisões colhidas no repertório de jurisprudência do STF, disponibilizadas para consulta em seu sítio na Internet (*www.stf.gov.br*), abordando tanto os casos em que a Corte decidiu pela modulação de efeitos quanto aqueles em que houve debate na Corte sobre a questão, ainda que ao final rejeitada a proposta de modulação.[7] Essa busca não se restringiu apenas às ações de controle concentrado, uma vez que, a despeito da previsão expressa apenas na legislação que disciplina a ação direta de inconstitucionalidade e a arguição de descumprimento de preceito fundamental, o STF não faz qualquer distinção entre as decisões em controle concreto e em controle abstrato de constitucionalidade no que tange à possibilidade de modulação dos efeitos.[8]

Este trabalho tem por finalidade explorar as implicações decorrentes da adoção pelo Tribunal da tese da nulidade das normas declaradas inconstitucionais, que, enquanto *princípio*, estaria inserido em um potencial conflito com outros valores igualmente constitucionais,

---

7. Total de 12 acórdãos selecionados com base em recorte temporal que abrange o período entre a edição das leis (cf. nota 3, *supra*) e outubro/2010.

8. A justificativa é que a base constitucional para a limitação dos efeitos – ou seja, a proteção de outros valores que se encontrariam ameaçados pela retroatividade da decisão – diz respeito indistintamente à revisão judicial como um todo (cf. RE 197.917-SP, pp. 43 e 47; e HC 82.959-SP, pp. 115 e ss.). Alguns veem com ressalva a extensão da modulação também para esses casos de fiscalização difusa (cf. RE 197.917-SP, p. 84; Min. Marco Aurélio, RE 559.943-RS, p. 64; Min. Ellen Gracie, HC 82.959-SP, p. 162).

tal como a *segurança jurídica*, e cuja solução seria o resultado de uma *rigorosa ponderação dos valores e interesses* em jogo no caso concreto, o que isentaria a decisão de um possível *teor político*.[9] Nesse sentido, buscou-se testar o grau de comprometimento dos ministros (e, no limite, do próprio STF) com essa premissa de análise, o que foi feito por meio da verificação, em cada caso, se de fato os ministros procuram (i) fundamentar a modulação a partir de um juízo ponderativo dos interesses envolvidos no caso concreto e (ii) demonstrar que esses valores ponderados têm substrato ou *status* constitucional.

Para investigar o tema com esse enfoque, a análise se concentrará sobre dois dos principais elementos presentes nas decisões selecionadas. O primeiro deles diz respeito aos pressupostos materiais da modulação – a violação à *segurança jurídica* e/ou existência de um *relevante interesse social*. O segundo elemento seria a extensão e a abrangência da modulação de efeitos admitida pelo Tribunal em cada caso concreto. Essa investigação acabou por resultar na identificação e classificação dos casos analisados, que deu origem a uma espécie de tipologia dessas decisões, tomando-se por base os efeitos concretos da modulação temporal. Para a parte final foram selecionados acórdãos que tiveram seus efeitos temporais de alguma forma limitados pelo Tribunal, tal qual o das decisões moduladas nos termos da nova lei.

2. A eficácia temporal das decisões em controle de constitucionalidade

Inicialmente é preciso expor alguns pressupostos de análise, fixados pelo próprio Tribunal para lastrear essas discussões, tal como o de que a nulidade das leis inconstitucionais seria a *regra*, ao passo que a modulação representaria, sob esse ângulo, sua *exceção*. Conforme afirmado anteriormente, o tema da eficácia temporal das decisões em

9. Muito embora o que se pretenda é averiguar os reflexos decorrentes da rejeição do STF à ideia de que estaria fazendo política judiciária, este artigo não se ocupa da definição da expressão "política judiciária". Por ora, basta tomá-la no sentido em que o próprio Tribunal a emprega, enquanto *ideia oposta* à que sustenta que a modulação se constituiria em um dever constitucional, e não uma escolha. Além disso, não se discute, aqui, se a aplicação de um método ou técnica decisória (proporcionalidade ou simples ponderação de valores) é suficiente para isentar uma decisão de seu caráter político.

controle de constitucionalidade remonta a uma discussão, iniciada no século XIX, acerca de quais efeitos – *ex tunc* ou *ex nunc* – deveriam lhes ser atribuídos.

O modelo que, historicamente, proclama a *nulidade* descende do constitucionalismo norte-americano. De acordo com essa visão, a ideia de lei inconstitucional seria verdadeira *contradição em termos*, já que uma "lei inconstitucional" não é lei em sentido algum.[10] A regra, portanto, é a produção de efeitos *ex tunc*, que retroagem até o momento em que o ato ingressou no ordenamento jurídico. Por isso, a decisão possuiria *natureza declaratória*, uma vez que simplesmente se limitaria a confirmar algo que lhe é prévio, quer dizer, uma dada realidade preexistente.

A lógica subjacente é a de que a lei inconstitucional possui um vício insanável, que a impediria de produzir efeitos a qualquer tempo. O resultado almejado é tido como se ela nunca tivesse existido, de modo que os atos praticados sob sua égide igualmente careceriam de legitimidade. Assim, o juízo de inconstitucionalidade importaria também a nulidade de todos esses atos que tiveram fundamento na lei (ou não lei) viciada.

Por outro lado, a concepção do modelo concentrado de fiscalização de constitucionalidade das leis, geralmente atribuído a Hans Kelsen, preconiza que as decisões possuiriam caráter *constitutivo-negativo*.[11] Nesse sentido, a lei inconstitucional seria meramente anulável. Não se negaria, aqui, a produção de efeitos no período em que esteve vigente, até o momento em que for julgada incompatível com a Constituição. A decisão possuiria efeito *ex nunc*, uma vez que a premissa não é a da nulidade *ipso iure* ou automática do ato, mas, sim, a da anulabilidade posterior à sua edição.

Um dos fundamentos desse entendimento é o de que a lei editada regularmente gozaria de uma espécie de presunção de constituciona-

---

10. Cf. Laurence Henry Tribe, *American Constitutional Law*, 3ª ed., Nova York, Foundation, 2000, pp. 30 e ss.

11. Cf.: Hans Kelsen, *Teoría General del Derecho y del Estado*, Ciudad de México, Universidad Nacional Autónoma, 1969, pp. 333 e ss., e *Jurisdição Constitucional*, São Paulo, Martins Fontes, 2003, pp. 304-309 e 311 e ss.; e Paulo Bonavides, *Curso de Direito Constitucional*, 15ª ed., São Paulo, Malheiros Editores, 2004, pp. 333-336. Esse modelo foi adotado pela Constituição austríaca de 1920, reformada em 1929.

lidade. Dessa forma, sua aplicação continuada haveria produzido efeitos que não poderiam ser ignorados. A ideia, aqui, é a do respeito à garantia da segurança jurídica e da proteção do princípio da boa-fé, sendo, portanto, perfeitamente legítimas as relações jurídicas constituídas com base nela.[12]

Na Constituição Federal de 1988 não há qualquer menção à eficácia temporal atribuída às decisões em controle de constitucionalidade. Entretanto, o STF reconheceu em diversas oportunidades que sua posição tradicionalmente tendeu para a adoção do *princípio da nulidade*, visto que "a declaração de inconstitucionalidade de uma lei tem sempre eficácia *ex tunc*, pois nasceu com o vício maior de invalidade".[13]

Apesar dessa tendência, houve momentos em que a Corte confrontou-se com a posição divergente. Ilustrativo é o conhecido exemplo do voto vencido do Min. Leitão de Abreu, que tentou abandonar o *princípio* da nulidade em favor do da anulabilidade, com base no modelo de Kelsen. A defesa empreendida pelo Ministro problematizava até que ponto a retroatividade da decisão poderia atingir um ato, prejudicando o agente que o teve por legítimo e que por ele pautou sua atuação.[14]

3. A Constituição Federal de 1988 e o caso brasileiro

A despeito do silêncio da Constituição sobre o tema, os ministros fundamentam a tese da nulidade em vista de alguns princípios de ín-

---

12. Nesse sentido, cf. Clèmerson Merlin Clève, *A Fiscalização Abstrata da Constitucionalidade no Direito Brasileiro*, 2ª ed., São Paulo, Ed. RT, 2000, pp. 67 e ss. Independentemente desse debate ideológico, ambos os modelos tiveram de ser reformados e adaptados. No caso americano, a própria Suprema Corte decidiu aplicar em alguns casos uma ideia própria de *limited prospectivity* (e suas diversas variantes). A Constituição austríaca, por sua vez, foi reformada em 1929, para admitir o controle difuso de constitucionalidade, cuja decisão apresentaria excepcionais efeitos *ex tunc* (cf. Paulo Bonavides, *Curso de Direito Constitucional*, cit., 15ª ed., pp. 341 e ss.; para uma explicação mais detalhada, cf., também, Pedro Cruz Villalón, *La Formación del Sistema Europeo de Control de Constitucionalidad*, Madri, Centro de Estudios Constitucionales, 1987, pp. 398-402). Esse dado é trazido por alguns ministros ao tratarem da ausência de necessidade de optar por um ou outro modelo, acreditando ser uma escolha sem utilidade real (cf. RE 197.917-SP, p. 42; ADI 2.240-BA, p. 35; e HC 82.959-SP, p. 170).
13. Cf., por exemplo: Min. Sydney Sanches, AI/AgR 314.481-MG, *DJU* 1.3.2002, pp. 18 e ss.; RE 93.356-MT, *DJU* 4.5.1981, p. 7; Rp 971-RJ, *DJU* 7.11.1978; Rp 1.016-SP, rel. Min. Moreira Alves.
14. Cf. voto proferido no RE 79.343-BA, *DJU* 2.9.1977, p. 8 e ss.

dole constitucional: dentre eles, a *preservação da coerência interna do ordenamento jurídico* e a ideia de *supremacia e rigidez da Constituição*, bem como o *princípio do Estado Democrático de Direito*.[15] Em outras palavras: o reconhecimento de qualquer valor ao ato declarado inconstitucional importaria inaceitável suspensão provisória ou parcial da Constituição, bem como frustraria os interesses daqueles que se vissem prejudicados pela edição da lei viciada.[16] Além disso, os ministros chegaram a sustentar que haveria indicações na legislação infraconstitucional de que o princípio da nulidade seria "postulado básico do sistema".[17]

Não raro, é possível que em algumas situações a ideia de nulidade ofereça certos inconvenientes. Alguns ministros argumentam que a observância do postulado da *nulidade* dos atos normativos inconstitucionais, se, por um lado, garante a efetividade de seu conteúdo normativo, por outro, pode importar a violação de alguns preceitos e valores assegurados no próprio documento constitucional.[18] No entanto, o mais próximo que os ministros chegam de apontar quais são esses valores constitucionais é a genérica e imprecisa invocação da garantia da *segurança jurídica* (art. 5º, *caput*, da CF).[19]

Deixando de lado as críticas direcionadas à ideia da nulidade da norma inconstitucional enquanto princípio fundamental do sistema, de certa forma, a relativização desse entendimento impõe ao Tribunal, do ponto de vista lógico, um *ônus argumentativo* caso o STF opte

---

15. Cf., por exemplo: o voto da Min. Carmen Lúcia na ADI/ED 2.728-AM, p. 14; RE 197.917-SP, p. 71; RE 442.683-RS, rel. Min. Carlos Velloso, *DJU* 24.3.2006, p. 8; e AI-AgR 582.280-RJ, p. 8.
16. Para o Min. Moreira Alves tratar-se-ia de uma "ruptura da ordem que foi imposta pela Carta Magna" (cf. Rp 980-SP, rel. Min. Moreira Alves, *DJU* 19.9.1980, p. 29).
17. A primeira delas é o fato de que o art. 27 da Lei 9.868/1999 fala expressamente que o STF "declara a inconstitucionalidade" de um ato normativo – o que significaria, portanto, que sua decisão teria eficácia *ex tunc* (cf. RE 197.917-SP, p. 56). Em uma leitura *a contrario sensu*, ao tratar a modulação como uma exceção, o dispositivo indicaria, igualmente, que a retroatividade dos efeitos seria a regra do sistema.
18. Cf. RE 442.683-RS, p. 16, e RE/AgR 328.232-AM, rel. Min. Carlos Velloso, *DJU* 2.9.2005, p. 22. O Min. Celso de Mello menciona também a garantia de intangibilidade de situações juridicamente consolidadas (inciso XXXVI do art. 5º da CF). No entanto, sustenta que essas limitações se refeririam apenas à lei em sentido estrito, e não às decisões judiciais (cf. ADI 605-DF, rel. Min. Celso de Mello, *DJU* 5.3.1993, p. 30).
19. Cf. HC 82.959-SP, p. 203; RE 442.683-RS, p. 16; e RE/AgR 328.232-AM.

pela aplicação da modulação temporal dos efeitos.[20] Os ministros afirmam ser indispensável considerar elementos fáticos para informar o juízo sobre o cabimento da modulação. Por essa razão, é comum encontrar argumentos consequencialistas, versando sobre situações concretas que seriam afetadas pela decisão não modulada, sob a justificativa de que a segurança jurídica – ou a *proteção da boa-fé* – seria, enquanto princípio jurídico de caráter igualmente constitucional, suficiente para afastar a aplicação do *postulado* da nulidade das leis inconstitucionais.[21]

No entanto, não há preocupação em relacionar, no caso concreto, os potenciais riscos da decisão retroativa a nenhum desses "valores de estatura constitucional". Nota-se nos votos que os ministros não procuram conceituar nem distinguir o que seria violação à *segurança jurídica* ou prevalência de um ou mais *relevantes interesses sociais*. Ao votarem os ministros invocam a segurança jurídica e/ou um "interesse coletivo de relevância reconhecida", de forma genérica e imprecisa, tratando-os, muitas vezes, como duas categorias que se confundem.[22]

No conjunto de decisões analisadas é frequente o argumento de que, no momento em que modula os efeitos de sua decisão, o STF não estaria fazendo um juízo de conveniência, no sentido de política judiciária.[23] Muito embora procure justificar a modulação de efeitos metodologicamente dessa forma, o Tribunal não tem revelado a preocupação de impor limites ou *self-restraints* à sua própria atuação.[24] Isso

20. Nesse sentido, cf. Gilmar Ferreira Mendes, *Jurisdição Constitucional*, 3ª ed., São Paulo, Saraiva, 1999, p. 264. O Min. Gilmar Mendes limita-se a dizer que o próprio art. 27 da Lei 9.868/1999 estabeleceria uma ponderação entre o "princípio da nulidade, que nós sabemos vigente, dominante na nossa tradição desde 1891, e outros princípios" também constitucionais (cf. ADI/ED 2.791-PR, p. 13).
21. Cf. AI/AgR 582.280-RJ, p. 5; HC 82.959-SP, p. 198; ADI 3.660-MS, p. 23; e RE 197.917-SP, p. 51.
22. Cf. ADI 3.819-MG, p. 89; ADI 2.240-BA, p. 35; ADI/ED 2.728-AM, p. 9; MS 26.604-DF, pp. 307 e ss.
23. Cf., por exemplo, os votos: do Min. Marco Aurélio, ADI/ED 1.498-RS, p. 26; do Min. Ilmar Galvão, ADI/ED 483-PR, p. 3; e do Min. Gilmar Mendes, RE 197.917-SP, pp. 54 e ss., e ADI 3.819-MG, p. 88.
24. Expressão comumente empregada pelo constitucionalismo norte-americano para se referir aos limites que a Suprema Corte impõe a ela própria (cf. Alexander Mordecai Bickel, *The Least Dangerous Branch: the Supreme Court at the Bar of Politics*, 2ª ed., New Haven, Yale University, 1986, p. 53).

pode ser verificado nas decisões em que a questão da modulação foi discutida porém rejeitada.

Nesses casos, o fundamento invocado pelos ministros para negar efeitos retroativos à decisão foi no sentido de evitar o risco de eventuais abusos e banalização da modulação. Essa postura revela a inconsistência do argumento do Tribunal. Nos casos de rejeição da proposta de modulação de efeitos não há qualquer tentativa de identificar e ponderar os interesses envolvidos ou submetê-los a juízo de proporcionalidade, como amplamente alardeado pelos ministros nos casos em que a modulação é admitida.

Diante disso, há quem prefira tratar a modulação como uma *prerrogativa*, muito mais que necessidade ou *imperativo constitucional*. Exemplos disso são encontrados principalmente nos votos dos Mins. Marco Aurélio e Joaquim Barbosa. Para eles, haveria casos em que a modulação seria desejável mas não imprescindível.[25] Na prática, o que os ministros acabam defendendo é o uso estratégico dessa técnica decisória, de modo a que não se estimulem os resultados drásticos de uma eventual banalização. Em vista disso, a modulação seria, em última análise, uma opção feita pelo Tribunal no sentido de conferir *primazia* a este ou àquele *interesse*.

O argumento de que a nulidade incondicional poderia constituir empecilho para que o Tribunal declare a inconstitucionalidade de uma norma também aparece na literatura jurídica. Nessa linha, há autores que sustentam ser a adoção incondicional de tal princípio um fator de elevado peso decisório, que poderia influir de modo negativo nas deliberações da Corte, em virtude do receio de que as consequências da declaração de inconstitucionalidade possam ser mais desastrosas que a própria manutenção da norma inconstitucional.[26]

25. Cf. ADI 3.660-MS, pp. 31-34.
26. Cf. Eduardo García de Enterría, "Justicia constitucional: la doctrina prospectiva en la declaración de ineficacia de las leyes inconstitucionales", *RDP* 92/12-14, 1989. O Min. Gilmar Mendes chega até mesmo a se referir a essa ameaça como estado de *greater restraint*, em que o exercício pleno da jurisdição constitucional seria deliberadamente contido pelo Tribunal, com a finalidade de se evitar um "mal maior" (cf. RE 197.917-SP, p. 70).

4. Espécies de modulação temporal de efeitos na jurisprudência do STF

A modulação de efeitos é bastante complexa, na medida em que a questão não pode ser reduzida a uma simples dicotomia, nos moldes da antiga discussão em torno da eficácia *ex tunc* ou *ex nunc*. Olhando para a jurisprudência do STF é possível verificar que as possibilidades de limitação temporal dos efeitos de uma decisão em controle de constitucionalidade são múltiplas. Alguns ministros do Supremo atribuem a isso o fato de que a modulação de efeitos seria produto de "rigoroso juízo de proporcionalidade".[27]

De acordo com esse entendimento, mediante a ponderação dos interesses em jogo e de valores de estatura constitucional seria possível determinar, de modo inequívoco, quais os limites da modulação temporal de efeitos em cada caso. Na visão dos ministros, o confronto que caracteriza a proporcionalidade deveria levar em consideração (i) os interesses diretamente afetados pela lei inconstitucional bem como (ii) aqueles que, em tese, seriam sacrificados em consequência da declaração de inconstitucionalidade com eficácia retroativa (e repristinatória).[28]

Sob essa ótica, o cotejo dos dois interesses com respaldo constitucional – um na reafirmação da ordem jurídica, e outro na preservação de situações consolidadas, em nome da segurança jurídica ou de relevante interesse social – seria o caminho necessário para averiguar *se* e *em que medida* a retroatividade da declaração importa sacrifício excessivo desses valores.[29] Por meio desse raciocínio o Tribunal exprime a ideia segundo a qual a necessidade de proteção da segurança jurídica, tal qual o princípio da nulidade, também não é absoluta. Isso porque ela comportaria diferentes graus de realização.

De certa maneira essa concepção é incorporada na jurisprudência do STF, ao constatarmos que a Corte vem admitindo a existência de diversas possibilidades de se modularem os efeitos, sendo que o próprio teor do texto legal também contribui para isso. O próprio texto

---

27. Cf., por exemplo, voto do Min. Marco Aurélio na ADI 3.022-RS, *DJU* 4.3.2005, p. 37.
28. Cf. AI 582.280-RJ, p. 32; ADI/ED 2.791-PR, pp. 5 e ss.; e RE 442.683-RS, *DJU* 24.3.2006.
29. MC 2.859-SP, p. 36.

legal confere abertura suficiente para que o Tribunal admita uma ampla gama de formas de limitação dos efeitos da decisão sobre inconstitucionalidade, conforme a situação concreta o exija. Analisando sua jurisprudência, verifica-se que o STF já modulou os efeitos de sua decisão de diferentes formas possíveis, que podem ser agrupadas em quatro categorias principais, sem pretensão de serem exaustivas.

A primeira delas é o que ora se chama de (i) *modulação intermitente*, em que os efeitos da decisão retroagem até determinado momento fixado pela Corte no passado, entre a edição do ato inconstitucional e sua decisão final. A outra forma de modulação, por meio da qual o Tribunal estabelece que a decisão tenha eficácia somente a partir do julgamento final ou seu trânsito em julgado, dá-se o nome de (ii) *modulação ex nunc*.

Uma terceira modalidade de limitação da eficácia da declaração de constitucionalidade no tempo, na qual o Supremo fixa uma espécie de *termo inicial* em algum momento no futuro, a partir do qual a decisão passa a produzir efeitos, a que se nomeia (iii) *modulação pro futuro*.[30] O que ocorreria, em termos práticos, é a suspensão dos efeitos da decisão do Tribunal até um evento futuro, que na maioria dos casos equivale ao momento em que são encerradas situações iniciadas na vigência da lei inconstitucional, ou mesmo a edição de ato que venha a suprir a omissão legislativa.

Por fim, há ainda casos da chamada (iv) *restrição material*, em que as ressalvas quanto à retroatividade dos efeitos da decisão atingem apenas alguns aspectos da decisão, combinadas ou não com uma restrição temporal de sua eficácia. Esse é o caso em que os efeitos retroativos da decisão não são restritos, mas apenas mitigados para preservação de determinadas situações ou efeitos. O exemplo, aqui, é a ressalva dos efeitos patrimoniais da declaração de inconstitucionalidade da vedação à progressão de regime em determinadas condenações por prática de crime hediondo, para que o Estado não se visse obrigado a indenizar o condenado cujo direito à progressão havia sido negado.[31]

---

30. Trata-se de situação muito semelhante à declaração de *inconstitucionalidade sem pronúncia de nulidade*, que o Min. Gilmar Mendes identifica como modulação de efeitos (cf. ADI/ED 2.791-PR, p. 9).
31. HC 82.959-SP, *DJU* 23.2.2006.

MODULAÇÃO DE EFEITOS E NULIDADE DE ATO NORMATIVO INCONSTITUCIONAL 295

Acórdão	Data do julgamento	Teor da decisão	Espécie de modulação
RE 197.917-SP	6.6.2002	Efeitos a partir da próxima legislatura	*Pro futuro*
ADI 3.022-RS	2.8.2004	Manutenção da situação até o final do ano, ou seja, a partir de 31.12.2004	*Pro futuro*
MC 2.859-SP	3.2.2005	Efeitos a partir da decisão do Tribunal de Justiça que declara inconstitucional a lei municipal	*Ex nunc*
HC 82.959-SP	23.2.2006	Não retroage às penas já extintas. Atinge somente as ainda em fase de execução. Retroatividade afastada apenas com relação aos efeitos patrimoniais (não há dever do Poder Público de indenizar)	Restrição material
MS 26.604-DF	4.10.2007	Reconhece ao impetrante a titularidade dos mandatos obtidos nas eleições de 2006. Mas efeitos de perda por parte dos infiéis, somente a partir da data da consulta do TSE, em 27.3.2007	*Ex nunc*
ADI 3.819-MG	24.10.2007	Após 6 meses contados da data de julgamento	*Pro futuro*
ADI 3.458-GO	21.2.2008	60 dias após a publicação do acórdão	*Pro futuro*
ADI 3.660-MS	13.3.2008	A partir da Emenda Constitucional 45, de 31.12.2004, ou seja, entre a edição do ato e o julgamento	Intermitente
RE 559.943-RS	11.6.2008	Efeitos *após julgamento*, ressalvadas as ações de repetição de indébito ajuizadas até a data de julgamento	*Ex nunc*
ADI 2.501-MG	4.9.2008	Efeitos a partir da data do julgamento.	*Ex nunc*
ADI 4.009-SC	4.2.2009	Efeitos a partir da publicação do acórdão no *Diário Oficial*	*Ex nunc*
ADI 2.904-PR	15.4.2009	Efeitos a partir da data do julgamento	Ex nunc

A despeito da insistência dos ministros em caracterizar a modulação como uma operação lógica, com necessários parâmetros rígidos de racionalidade e objetividade, o que se encontra nos acórdãos são algumas passagens em que a fixação dos limites da decisão sobre inconstitucionalidade carece de uma fundamentação minimamente clara. De um modo geral, poucas linhas dos votos de cada ministro são dedicadas ao tema.

Isso pode ser mais facilmente verificado nos acórdãos em que houve modulação *pro futuro*, já que nessas hipóteses não haveria indicação precisa das razões que levaram a Corte a escolher, dentre inúmeras possibilidades, um termo inicial determinado para que sua decisão produzisse os efeitos esperados.[32] Outro exemplo da dificuldade em precisar os limites da modulação é o da tentativa de fixar "lapso temporal razoável dentro do qual o legislador estadual poderá reapreciar o tema, tendo como base os parâmetros que deverão ser fixados pela lei complementar federal".[33]

5. Limitação temporal de efeitos em decisões anteriores à previsão de modulação

O advento da lei que prevê de maneira expressa a modulação de efeitos não pode ser considerado inovador, tanto do ponto de vista *histórico* quanto de uma *perspectiva formal*. Há quem afirme que até o advento da Lei 9.868/1999 o STF seria, provavelmente, o único Tribunal do mundo que não havia feito uso da limitação dos efeitos de suas decisões.[34]

No entanto, há um número relativo de casos anteriores em que o STF, de fato, já havia limitado, de alguma forma, a eficácia temporal de suas decisões, excepcionando a incidência do postulado da nulidade das leis inconstitucionais, por ele próprio invocado e tido como incontroverso. Em termos práticos, a hipótese ora levantada é que o STF já havia se antecipado aos problemas da *tese da nulidade*, sendo que não precisou de lei ordinária que o autorizasse a limitar os efeitos de suas decisões.[35]

---

32. Cf., por exemplo, ADI 3.022-RS e RE 559.943-RS.
33. ADI 2.240-BA, p. 52. Cf. também a ADI 3.819-MG, p. 125.
34. Cf. voto do Min. Gilmar Mendes no RE 197.917-SP, p. 43.
35. Dentre os acórdãos encontrados, os de maior relevância são os seguintes: ADI 513-DF, rel. Min. Célio Borja, *DJU* 30.10.1992; HC 70.514-RS, rel. Min. Sydney Sanches, *DJU* 27.6.1997. Alguns casos foram colhidos na literatura, a exemplo

Em certa medida, já se tornou célebre a jurisprudência do Supremo, firmada na década de 1980, no sentido de restringir os efeitos da nulidade, para que não abarquem os atos praticados por funcionário público cuja nomeação e investidura se deram por lei posteriormente declarada inconstitucional. Esse entendimento também é conhecido como "tese do *funcionário de fato*", haja vista que os motivos apresentados para limitar a retroatividade dos efeitos foram a *aparência de legalidade* e a *ausência de prejuízo* aos envolvidos.[36] Na literatura especializada, e mesmo em alguns acórdãos selecionados, também é costume fazer referência a um precedente no qual o Tribunal optou por atenuar os efeitos da decisão que declara a nulidade da lei inconstitucional que instituía determinada gratificação concedida a funcionário público.[37]

Tanto a teoria do *funcionário público de fato* quanto a ideia de *irrepetibilidade de proventos e gratificações* podem ser consideradas exemplos de limitação temporal dos efeitos das decisões do STF anteriores mesmo à previsão legal expressa de modulação de efeitos.[38] Isso porque nesses casos também houve ressalvas à eficácia *ex tunc* da pronúncia de nulidade da lei inconstitucional. Além disso, a argumentação trazida pelos ministros nesses casos também é bastante semelhante, no sentido de buscar preservar situações já consolidadas sem desconsiderar os interesses legítimos daqueles que seriam prejudicados com a retroatividade da decisão, observando o princípio da segurança jurídica, consubstanciado na ideia de *proteção da boa-fé*.

do RE 122.202-MG, rel. Min. Francisco Rezek, *DJU* 8.4.1994 (cf. Daniel Sarmento, "Eficácia temporal do controle de constitucionalidade das leis – O princípio da proporcionalidade e a ponderação de interesses", cit., *RDA* 212/30-35). Por meio do RE 466.546-RJ chegou-se a uma decisão semelhante, da ADI 837-DF, rel. Min. Moreira Alves (j. 27.8.1998).
  36. RE 78.533-SP, rel. Min. Firmino Paz, *DJU* 26.2.1982, e ADI 837-DF, rel. Min. Moreira Alves, *DJU* 25.6.1999.
  37. RE 122.202-MG, *DJU* 10.8.1993. Cf., por exemplo: Gilmar Ferreira Mendes, "A nulidade da lei inconstitucional e seus efeitos", *RTDP* 12/19 e ss., São Paulo, Malheiros Editores, 1995; e Daniel Sarmento, "Eficácia temporal do controle de constitucionalidade das leis – O princípio da proporcionalidade e a ponderação de interesses", cit., *RDA* 212/30.
  38. Alguns ministros reconhecem isso abertamente em seus votos (cf. o voto do Min. Sepúlveda Pertence no RE 197.917-SP, p. 82, e o do Min. Eros Grau na ADI 3.819-MG).

Mesmo caso consideremos a chamada técnica da decisão de inconstitucionalidade *sem pronúncia de nulidade*, a racionalidade presente nos acórdãos em que se modulam os efeitos é, de certo modo, parecida.[39] Em ambos os casos há mitigação dos efeitos da decisão quanto à invalidade do ato normativo impugnado, em nome de valores como a segurança jurídica e de um relevante interesse social.[40] Nesse sentido, a declaração de inconstitucionalidade sem pronúncia de nulidade também poderia reforçar a ideia de que a limitação temporal das decisões do STF é algo que prescinde da existência de previsão legal expressa.

Além de não constituir novidade na jurisprudência do ponto de vista histórico, a previsão legal de modulação de efeitos também não implica aumento de poder do Tribunal. De maneira resumida, há quem acredite que a modulação de efeitos representaria inovação institucional importante, que acabaria por resultar na significativa ampliação do poder decisório da Corte.[41]

Ocorre que, a partir de uma perspectiva formal, a modulação de efeitos praticada anteriormente pelo STF não estava sujeita a uma restrição de quórum, de modo que a decisão que tinha seus efeitos limitados era tomada por uma maioria simples dos membros do Plenário. Nesse sentido, a previsão legal deve ser entendida como uma redução, na prática, do poder da Corte, que agora necessita da concordância de, no mínimo, dois terços de seu Pleno para modular os efeitos de suas decisões.

6. *Considerações finais:*
um ônus argumentativo e outro procedimental

A ideia de que a modulação de efeitos permitiria ao STF *preservar outros valores* encontraria, segundo os ministros, fundamento na

---

39. Nesse caso o que se discute é a mitigação dos efeitos imediatos e retroativos da declaração de inconstitucionalidade, ante o risco do surgimento de um indesejável vácuo normativo (cf. ADI 857-DF, rel. Min. Gilmar Mendes, *DJU* 24.2.2010).
40. Cf., por exemplo: ADI 3.689-PA, rel. Min. Eros Grau, *DJU* 29.6.2007; e ADI 2.240-BA, rel. Min. Eros Grau, *DJU* 9.8.2007 – este último, precedente para outros: ADI 3.689-PA, ADI 3.316-MT, ADI 3.489-SC.
41. Cf., por exemplo: Zeno Veloso, *Controle Jurisdicional de Constitucionalidade*, 2ª ed., Belo Horizonte, Del Rey, 2000, p. 196; Américo Bedê Freire Jr., "A inconstitucionalidade da regulamentação dos efeitos do controle de constitucionalidade em abstrato através de lei ordinária", *Revista Dialética de Direito Tributário* 56/22, São Paulo, Dialética, 2000. Além disso, cf. HC 82.959-SP, pp. 208 e ss.

própria Constituição. Entretanto, é inegável a falta de consistência nas decisões da Corte, seja ao fundamentar a necessidade de modulação dos efeitos, seja ao fixar os limites temporais dessa modulação. Há casos em que alguns ministros tratam da modulação como uma *questão de conveniência*, na tentativa de concretização de valores não necessariamente constitucionais.[42] Nesses casos é praticamente impossível sustentar que a modulação de efeitos seria resultado exclusivamente de um "rigoroso juízo de proporcionalidade".

Ao disciplinar a modulação como a exceção, e não a regra, a própria legislação parece impor uma espécie de nulidade *prima facie* dos atos normativos inconstitucionais, o que invariavelmente implica a criação de um ônus argumentativo a ser superado pelo Tribunal caso se decida pela modulação de efeitos.[43] Pelo que se pode notar, o esperado *enfrentamento* desse ônus argumentativo não foi empreendido com muito sucesso pelo STF. O mesmo se pode dizer a respeito do *ônus procedimental* instituído pela legislação para que os efeitos da decisão possam ser modulados: voto da maioria de dois terços dos ministros para aprovação da modulação. Em alguns casos o Tribunal procurou flexibilizar a exigência de quórum mínimo.[44]

A tentativa de criar um padrão decisório, afirmando a necessidade de fundamentar constitucionalmente, bem como de desenvolver um juízo de proporcionalidade, a fim de extirpar quaisquer possibilidades de que a decisão seja discricionária, não foi empreendida com sucesso pela Corte. Salvo em algumas exceções, não foi possível identificar

---

42. Assim, a escolha de um prazo para a limitação poderia ter diversas razões, desde a busca por formar um *padrão médio de consenso* no Tribunal (ADI 3.819-MG, p. 134) até o uso da modulação como mero *referencial*, garantindo a publicidade necessária para os jurisdicionados se adaptem à mudança na orientação jurisprudencial (MS 26.604-DF, p. 300), ou ainda a limitação temporal dos efeitos como medida com vistas a evitar uma *enxurrada de processos* no Poder Judiciário (ADI 3.660-MG, p. 32).
43. Pela expressão "ônus argumentativo", na maneira aqui empregada, deve-se entender a necessidade de fundamentação de uma decisão (*e.g.*, decisão de um tribunal constitucional) como única maneira de viabilizar um controle intersubjetivo de seus limites, efeitos e fundamentos. Na visão de alguns esta é a principal forma de legitimação do controle de constitucionalidade por um órgão técnico, não eleito democraticamente (isto é, *legitimação argumentativa*) (cf., por todos, Virgílio Afonso da Silva, *Direitos Fundamentais: Conteúdo Essencial, Restrições e Eficácia*, São Paulo, Malheiros Editores, 2009, p. 38).
44. Cf., por exemplo, HC 82.959-SP e MS 26.604-DF.

na argumentação dos ministros a preocupação em encontrar fundamento constitucional para a modulação dos efeitos em cada caso concreto.

Do mesmo modo, não houve, em nenhum momento, a tentativa de desenvolver um juízo ponderativo, como prometido pelos ministros, por meio da aplicação do postulado da proporcionalidade. Mesmo nos casos em que houve tentativa de fundamentação constitucional para a modulação dos efeitos o Tribunal encontrou problemas em motivar a escolha de um termo inicial para a modulação *pro futuro*.[45]

A declaração de inconstitucionalidade possui, invariavelmente, efeitos sobre relações jurídicas constituídas no passado, no tempo em que a lei impugnada se encontrava em vigência. Isso ocorre sempre que o ato normativo tenha produzido resultados práticos no mundo real. Em certa medida, toda declaração de inconstitucionalidade importa a frustração de alguma expectativa gerada com a edição do ato normativo inconstitucional.

Na verdade, não parece problemático admitir abertamente que a modulação de efeitos envolve um juízo, um cálculo político, tal como a literatura e a própria jurisprudência norte-americanas já o fazem. A modulação de efeitos é, nesse sentido, instrumento que permite à Corte uma *atuação estratégica*.[46] O Min. Ricardo Lewandowski reconhece que a Constituição, ao ser silente sobre a eficácia temporal das decisões em controle de constitucionalidade, confere certa margem de discricionariedade ao STF para modular os efeitos.[47]

Os ganhos obtidos com o maior grau de liberdade decisória podem desvencilhar a Corte dos eventuais prejuízos decorrentes da observância irrestrita do postulado da nulidade, que ela mesma se auto impôs.[48] Nesse sentido, ganha força o argumento de que a modulação

---

45. ADI 3.819-MG e ADI 3.022-RS.
46. Nesse sentido, cf. Lawrence Henry Tribe, *American Constitutional Law*, p. 30, e RE 197.917-SP, pp. 42 e ss. De fato, isso já havia sido antecipado pelo Min. Leitão de Abreu, como se pode depreender de sua tentativa de converter a ideia da anulabilidade em premissa de trabalho (cf. RE 79.343-BA, pp. 8-11).
47. Cf. o voto do Min. Ricardo Lewandowski no RE 370.682-SC.
48. O Min. Sepúlveda Pertence já havia admitido que a tese da nulidade *ex radice* pudesse conduzir os tribunais competentes a "evitar o mais possível a declaração de invalidade da norma, à vista dos efeitos radicais *[dessa decisão]* sobre o passado" (ADI 1.102-DF, rel. Min. Maurício Corrêa, *DJU* 1.12.1995, p. 40). Antes dele, cf. o

de efeitos permitiria um aprimoramento do livre exercício da jurisdição constitucional, contribuindo para que o Supremo exerça de forma plena seu papel de guardião da Constituição, que dá o tom político de sua atuação.

Bibliografia

BICKEL, Alexander Mordecai. *The Least Dangerous Branch: the Supreme Court at the Bar of Politics*. 2ª ed. New Haven, Yale University, 1986.

CLÈVE, Clèmerson Merlin. *A Fiscalização Abstrata da Constitucionalidade no Direito Brasileiro*. 2ª ed. São Paulo, Ed. RT, 2000.

ENTERRÍA, Eduardo García de. "Justicia constitucional: la doctrina prospectiva en la declaración de ineficacia de las leyes inconstitucionales". *RDP* 92/5-16. São Paulo, Ed. RT, 1989.

KELSEN, Hans. *Teoría General del Derecho y del Estado*. Ciudad de México, Universidad Nacional Autónoma, 1969.

MEDEIROS, Rui. *A Decisão de Inconstitucionalidade – Os Autores, o Conteúdo e os Efeitos da Decisão de Inconstitucionalidade da Lei*. Lisboa, Católica Portuguesa, 1999.

MENDES, Gilmar Ferreira. "A nulidade da lei inconstitucional e seus efeitos". *Cadernos de Direito Tributário e Finanças Públicas* 9/65-84. São Paulo, Ed. RT, 1994.

SARMENTO, Daniel. "Eficácia temporal do controle de constitucionalidade das leis: o princípio da proporcionalidade e a ponderação de interesses". *RDA* 212/27-40. 1998.

SILVA, Virgílio Afonso da. *Direitos Fundamentais: Conteúdo Essencial, Restrições e Eficácia*. São Paulo, Malheiros Editores, 2009.

TRIBE, Laurence. *American Constitutional Law*. Nova York, Foundation, 2000.

voto do Min. Leitão de Abreu no RE 79.343-BA, p. 9. No entanto, diante da legislação recente (ação direta de inconstitucionalidade e arguição de descumprimento de preceito fundamental), é possível afirmar que o postulado da nulidade não mais se ampara exclusivamente na jurisprudência do Tribunal.

VELOSO, Zeno. *Controle Jurisdicional de Constitucionalidade*. 2ª ed. Belo Horizonte, Del Rey, 2000.

VILLALÓN, Pedro Cruz. *La Formación del Sistema Europeo de Control de Constitucionalidad*. Madri, Centro de Estudios Constitucionales, 1987.

MOTIVOS QUE LEVAM AO USO DA INTERPRETAÇÃO CONFORME A CONSTITUIÇÃO PELO STF[*,1]

GUILHERME MARTINS PELLEGRINI

1. Introdução. 2. A origem da interpretação conforme a Constituição. 3. Motivos de adoção da interpretação conforme a Constituição: 3.1 Uso para evitar vácuo legislativo ou bloquear retorno a uma ordem normativa indesejada – 3.2 Uso para regular objeto que necessitava urgentemente de normas, do qual surgiriam graves riscos se houvesse falta de regulação – 3.3 Uso para preservar o trabalho do legislador quando a norma apresentar hipóteses constitucionais de aplicação – 3.4 Uso para dar eficácia e salvar normas – 3.5 Uso para minimizar a interferência em emenda constitucional. 4. Conclusão.

1. Introdução

O controle de constitucionalidade brasileiro, tanto o concreto como o abstrato, apresentou, desde o final da década de 1980,[2] a par-

---

* *Resumo*: O uso da interpretação conforme a Constituição encontra-se consagrado no STF. Destarte, analisando empiricamente os casos nos quais a técnica interpretativa é aplicada, é possível identificar alguns motivos que levam à sua adoção na jurisprudência do Tribunal. Ademais, há uma predominância na utilização da interpretação conforme a Constituição no controle concentrado de constitucionalidade.
Palavras-chave: Controle de Constitucionalidade; Interpretação Conforme a Constituição; Lei 9.868/1999; Motivos.

1. O presente artigo foi desenvolvido a partir de monografia apresentada à *sbdp* como trabalho de conclusão do curso da Escola de Formação do ano de 2007, sob a orientação de Bruno Ramos Pereira. A versão original encontra-se disponível no endereço *http://www.sbdp.org.br/ver_monografia.php?idMono=97*.
2. O controle abstrato somente veio a ser objeto de uso da interpretação conforme a Constituição na década de 1990.

tir de conceituações jurisprudenciais e doutrinárias de outros Países,[3] uma nova técnica de decisão que, de certa forma, se afasta da mais comum declaração de inconstitucionalidade ou constitucionalidade da norma.

Intitulou-se tal método de interpretação conforme a Constituição,[4] a qual, sem o intuito de ser definitiva ou abarcar todas as conceituações já firmadas, pode ser conceituada da seguinte maneira: diante de uma norma que abarca, em sua interpretação, múltiplos sentidos, deve-se adotar, graças à unidade da ordem jurídica, à preservação do trabalho legislativo e à presunção de constitucionalidade das normas, aquela interpretação que seja mais compatível – conforme – com a Constituição, excluindo todas as demais.[5]

Dessa forma, há um pressuposto para o uso da interpretação conforme, que é a pluralidade de sentidos da norma, sendo um deles compatível com a Constituição, e três fundamentos que justificam a aplicação do sentido que está em maior conformidade com a Constituição:[6]

---

3. Há notadamente, quando da introdução da técnica na jurisprudência do STF, referência aos Estados Unidos, à Itália e à Alemanha. Virgílio Afonso da Silva ("La interpretación conforme a la Constitución: entre la trivialidad y la centralización judicial", *Cuestiones Constitucionales* 798/3-28, 2005) refere-se a diversos outros Países que utilizam de forma parecida a técnica a ser descrita.

4. A expressão abreviada "interpretação conforme", disseminada na jurisprudência do STF, também será, por vezes, adotada aqui.

5. Para essa definição utilizei, principalmente: Gilmar Ferreira Mendes, *Jurisdição Constitucional*, São Paulo, Saraiva, 2005, pp. 287-295 e 346-357; José Joaquim Gomes Canotilho, *Direito Constitucional*, Coimbra, Livraria Almedina, 1993, pp. 229-230; Paulo Bonavides, *Teoria Constitucional da Democracia Participativa*, São Paulo, Malheiros Editores, 2003, pp. 254-261; e o acórdão da Rp 1.417 (rel. Min. Moreira Alves), pp. 33-43. As paginações dos acórdãos referem-se à formatação do programa em que se encontram disponíveis para *download* no sítio do STF, e não à página do processo. Todas essas referências mencionam a polissemia de sentidos como base para a realização da interpretação conforme a Constituição. As três justificativas, porém, não se encontram em todas essas menções; apresentam variações que eliminam ou acrescentam outras razões. Apenas tive que estabelecer um conceito-base para o desenvolvimento do restante do trabalho.

6. Emprego no trabalho, indistintamente, os conceitos de "interpretação", "compreensão" e "aplicação", na linha da teoria hermenêutica de Hans-Georg Gadamer. Para o desenvolvimento da ideia, v. Hans-Georg Gadamer, *Verdade e Método*, Petrópolis, Vozes, 2002, especialmente pp. 459-465.

(i) a presunção de constitucionalidade, (ii) a unidade da ordem jurídica e (iii) a preservação do trabalho legislativo.[7]

Assim, os motivos – conceito central do trabalho – abarcam tanto o pressuposto quanto as justificativas para a adoção da interpretação conforme a Constituição. Logo, o intuito do trabalho é, basicamente, verificar (i) quais são os motivos presentes para o uso da técnica na jurisprudência do STF e (ii) a congruência que apresentam com a hipótese tradicional.

Para isso, foram procurados acórdãos sobre o tema no sítio eletrônico do STF.[8] A pesquisa das expressões "interpretação adj. conforme" e "interpretação adj. conforme adj. constituição" resultou em mais de 200 acórdãos nos quais aparecem as expressões. A monografia da qual decorre este artigo analisa os resultados da pesquisa com maiores detalhes. Por uma questão de espaço, irei abordar as conclusões da monografia por meio da indicação e exposição dos casos mais significativos do tema.

2. A origem da interpretação conforme a Constituição

A par da análise intrínseca dos votos e dos casos nos quais a interpretação conforme a Constituição é utilizada, bons indícios sobre o modo de utilização da técnica podem ser obtidos com a observação da classe de ações nas quais mais aparece. Assim, antes de tratar dos casos específicos em que a interpretação é utilizada, creio ser benéfico efetuar essa contextualização.

Procurei verificar em qual modo de controle de constitucionalidade o uso da técnica interpretativa é mais assíduo, classificando as ações nas quais os votos vencedores apresentaram a interpretação conforme a Constituição. Os casos em que a proposta de interpretação restou vencida ficaram fora da classificação, pois o objetivo da quantificação foi também verificar em qual espécie de controle a técnica é mais bem sucedida.

---

7. Essa conceituação encontra-se na teoria da interpretação conforme a Constituição. Cf. nota de rodapé 5, para maiores referências.
8. *www.stf.jus.br*. A pesquisa em 20.9.2010 retornou 216 resultados.

Tabela 1 – Origem dos votos vencedores que apresentaram interpretação conforme a Constituição

Modo de controle	Proporção
Concentrado	88 (81,48%)
Difuso	20 (18,52%)
Total	108 (100%)

Como se pode perceber, há uma incidência muito maior da interpretação conforme no controle concentrado de constitucionalidade. Este foi talvez o principal fenômeno descoberto na pesquisa, já que com tal dado é possível levantar algumas hipóteses para explicar o uso da interpretação conforme.

Primeiramente, não há como não se referir à tradição de uso da interpretação conforme a Constituição no controle abstrato para tentar explicar o fenômeno, até porque já houve voto abarcando o entendimento de que ela não pode ser usada no controle difuso.[9] No entanto, uma única referência à tradição não é capaz de explicar inteiramente a dicotomia existente.

Uma explicação é a de que o Tribunal se sente menos motivado a utilizar a interpretação conforme no controle difuso por ela não ter, nesses casos, efeito vinculante e valer tão somente para a ação julgada naquele instante. A predisposição para usar a interpretação conforme a Constituição no controle concentrado estaria atrelada, assim, ao ensejo de regular a situação de modo geral e com irrestrita aplicabilidade da interpretação oferecida.

Outrossim, também cumpre vislumbrar que no controle concentrado o Tribunal analisa a norma de forma abstrata. Assim, as hipóteses de aplicação da norma levadas em conta no julgamento são muito mais amplas que aquelas oferecidas no controle concreto. Logo, a interpretação conforme a Constituição serve também como meio de modular os efeitos da declaração de inconstitucionalidade no controle

---

9. No julgamento do HC 78.168, discrepante do restante da jurisprudência do STF, o Min. Néri da Silveira declara que a interpretação conforme a Constituição é própria do controle concentrado de constitucionalidade (cf. HC 78.168, pp. 12-13 do acórdão).

abstrato, os quais muitas vezes precisam ser devidamente delineados em seus limites temporal, espacial, pessoal ou material.

3. Motivos de adoção da interpretação conforme a Constituição

Para descobrir os motivos de adoção da interpretação conforme, precisa-se determinar uma relação de causalidade entre um argumento e a conclusão à qual se chega. No entanto, realizar essa análise em acórdãos do STF pode ser extremamente complicado, devido à pluralidade de argumentos e conclusões diversas que emergem dos votos individuais. Como determinar que o argumento detectado, o qual poderia explicar o aparecimento da interpretação conforme, é realmente o argumento principal que leva à decisão por meio dessa interpretação, ou seja, sua *ratio decidendi*?[10] Um modo de inferir a causalidade entre argumento e conclusão presente no voto poderia ser, frente à dificuldade ou até mesmo impossibilidade de realização da tarefa descrita, declarar, no mais das vezes, que o argumento detectado para o emprego da interpretação conforme é apenas um dentre vários utilizados no voto em questão e que, caso fosse excluído, não necessariamente ruiria o uso da interpretação conforme a Constituição. Apesar de relativizar muitas das conclusões aqui obtidas, essa última posição facilitaria o desenvolvimento do trabalho.

Na metodologia do trabalho, porém, optei por não seguir estritamente nenhum dos dois caminhos. Se a causalidade fosse, de certa maneira, visível, caberia a mim demonstrá-la. Já, quando não fosse possível determinar concretamente a relação entre argumento e decisão, optei pela segunda opção acima exposta. Assim, a escolha que segui foi dupla, conforme as possibilidades de cada acórdão.

3.1 Uso para evitar vácuo legislativo ou bloquear retorno a uma ordem normativa indesejada

Uma consequência indesejada que pode decorrer da declaração de inconstitucionalidade é que, uma vez que ela atua retirando normas

---

10. Entende-se *ratio decidendi* como o fundamento que embasa a decisão, a principal razão que determina o sentido do julgamento. Em outras palavras, pode-se dizer que a conclusão do julgado não seria a mesma sem a *ratio decidendi* subjacente.

do ordenamento jurídico, não há a garantia de que em todas as vezes a norma repristinada (a que foi revogada pela lei que está sendo objeto de controle de constitucionalidade) seja desejada ou, mesmo, exista. A solução, assim, poderia ser a interpretação conforme a Constituição, já que ela não atua estritamente excluindo normas do sistema.

A ADI/MC 2.083, julgada em 2000, ilustra bem como a interpretação conforme pode servir para bloquear o retorno a uma situação indesejada.[11] No julgamento era arguida a inconstitucionalidade da Medida Provisória 1.874/1999, a qual trata, em diversos dispositivos, acerca do "termo de compromisso" que poderia ser firmado com órgãos ambientais visando a adequá-los à legislação ambiental.[12]

Nas informações prestadas pela Consultoria Jurídica do Ministério do Meio Ambiente, representando o Presidente, começa a tomar corpo tal argumentação. A Consultoria traz o seguinte argumento: "Por todo o exposto, é imperioso que não haja, em hipótese alguma, a concessão da medida cautelar pleiteada, suspendendo a eficácia da medida provisória em questão, pelo fato de que, se concedida, gerará

---

11. Como representativas deste primeiro tópico também podem ser consultadas as ADI 2.884 e 3.324 e os RE 220.906, 225.011, 229.696 e 241.292.

12. Medida Provisória 1.874/1999:
"Art. 1º. A Lei n. 9.605, de 12 de fevereiro de 1988, passa a vigorar acrescida do seguinte artigo:
'"Art. 79-A. Para cumprimento no disposto nesta Lei, os órgãos ambientais integrantes do SISNAMA, responsáveis pela execução de programas e projetos e pelo controle e fiscalização dos estabelecimentos e das atividades suscetíveis de degradarem a qualidade ambiental, ficam autorizados a celebrar, com força de título executivo extrajudicial, termo de compromisso com pessoas físicas ou jurídicas responsáveis pela construção, instalação, ampliação e funcionamento de estabelecimentos e atividades utilizadoras de recursos ambientais, considerados efetiva ou potencialmente poluidores.
'"§ 1º. O termo de compromisso a que se refere este artigo destinar-se-á, exclusivamente, a permitir que as pessoas físicas ou jurídicas mencionadas no *caput* possam promover as necessárias correções de suas atividades, para o atendimento das exigências impostas pelas autoridades ambientais competentes, sendo obrigatório que o respectivo instrumento disponha sobre: (...).
'"(...).
'"§ 3º. Da data da protocolização do requerimento previsto no parágrafo anterior e enquanto perdurar a vigência do correspondente termo de compromisso ficarão suspensas, em relação aos fatos que deram causa à celebração do instrumento, a aplicação e a execução de sanções administrativas contra a pessoas física ou jurídica que o houver firmado'."

efeito satisfativo, (...) submetendo todos os empreendimentos e atividades que já firmaram o 'termo de compromisso', previsto na legislação atacada, mediante ajustamento de suas atividades a um cronograma de adequamento às novas exigências ambientais, a um incalculável transtorno sob todos os aspectos, sobretudo legais, ambientais, econômicos e sociais, cujas consequências são irreparáveis".[13]

O voto do Ministro-Relator, Moreira Alves, concorda com o argumento apresentado. A solução adotada, então, foi a utilização da interpretação conforme a Constituição para suspender "(...), *ex tunc* e até o julgamento final desta ação, a eficácia dela fora dos limites de norma de transição, e, portanto, no tocante à sua aplicação aos empreendimentos e atividades que não existiam anteriormente à entrada em vigor da Lei n. 9.605/1998".[14]

Interessante notar que, através do seu uso, impediu-se o retorno a uma situação jurídica indesejada, mantendo-se a "ordem social" e tendo "como objetivo o bem-estar e a justiça social". Desse modo, de uma forma que não poderia ser atingida pela mera declaração de inconstitucionalidade, expressa-se uma das variantes desse primeiro conjunto de motivos.

Para demonstrar, por sua vez, o vazio ou vácuo legislativo decorrente da declaração de inconstitucionalidade, um bom exemplo é a ADI 2.655. Nesse julgamento era questionado o art. 7º da Lei 7.603/2001 do Estado do Mato Grosso do Sul, o qual fixou, no respectivo Estado, o valor das custas, despesas e emolumentos relativos aos atos praticados no foro judicial.[15] O artigo foi questionado principalmente em relação ao art. 7º, IV, da CF, que veda a vinculação do salário-mínimo para qualquer fim.

No entanto, apresenta-se um problema: declarada a inconstitucionalidade, não haveria mais critério para definir o valor dos atos praticados no foro judicial. Em diálogo entre os ministros tal situação é

---

13. ADI/MC 2.083, p. 15 do acórdão.
14. ADI/MC 2.083, p. 24 do acórdão.
15. Lei 7.603/2001, de Mato Grosso do Sul: "Art. 7º. Nas causas de valor superior a 1.000 (mil) vezes o salário-mínimo, as custas relativas à parcela excedente serão calculadas à base de 0,5% (meio por cento), não podendo ultrapassar o valor de R$ 20.000,00 (vinte mil Reais)".

percebida, e a opção é pela interpretação conforme a Constituição,[16] a qual é acatada pelo Tribunal para fixar que "(...) a alusão a 1.000 salários-mínimos se refira exclusivamente ao múltiplo do salário-mínimo vigorante no início da vigência da lei".[17] Dessa forma supre-se o vazio que surgiria com a inconstitucionalidade, detectando-se outro motivo para sua utilização.

3.2 Uso para regular objeto que necessitava urgentemente de normas, do qual surgiriam graves riscos se houvesse falta de regulação

Primeiramente, antes de apresentar o caso em que esta segunda classificação aparece, entendo ser mais conveniente distingui-la da primeira. Os casos que necessitam urgentemente de regulação não surgem somente do vazio normativo; eles podem vir também de outras normas que não estão solucionando adequadamente o problema. O que pretendo mostrar neste caso é a existência de uma realidade fática subjacente da qual, de alguma forma, emanam diversos problemas que necessitam urgentemente de regulação. Aqui, a falta de regulamentação em uma área não enseja, por si só, graves problemas, que necessitem de uma atuação normativa para serem solucionados. O que faz com que ela necessite de regulação são elementos fáticos que perturbam a ordem. Por esses motivos, preferi separar esta segunda categoria da primeira.[18]

O caso da transferência universitária de civis e militares, da ADI 3.324, ilustra bem esse tópico. Tal transferência ganhou eficácia com o art. 1º da Lei 9.537/1997, que modificou a legislação anterior em

---

16. "*O Sr. Min. Sepúlveda Pertence* (pres.) – Acho que para não criar o vazio podemos admitir é que os 1.000 salários-mínimos nela referidos sejam os vigentes na data da lei.
"*O Sr. Min. Cézar Peluso* – Aí, sim, não haverá elevação automática.
"*O Sr. Min. Carlos Britto* – Na data da lei. Aí, seria uma interpretação conforme a Constituição.
"*O Sr. Min. Sepúlveda Pertence* (pres.) – Seria para não deixar o vazio, pois se ficarmos aqui esse sistema não funciona" (ADI 2.655, p. 23 do acórdão).
17. ADI 2.655, p. 27 do acórdão.
18. Darei somente um exemplo neste tópico, mas no sentido descrito também podem ser consultadas a ADI/MC 1.236, a ADI/MC 1.597, a ADI/MC 1.600, a ADI/MC 2.596, a ADI/MC 3.395, a ADI 2.925, a ADI 3.685 e a ADI/ED 3.522.

voga.[19] Independentemente das potenciais ofensas do artigo à Constituição Federal, é importante ressaltar os problemas levantados que contribuíram para o emprego da interpretação conforme a Constituição. Eles já aparecem no relatório, o qual expõe: "Sob o ângulo da concessão da medida acauteladora, assevera-se a relevância do tema e o risco de manter-se com plena eficácia o quadro. O processo seletivo de alunos para as universidades federais já estaria em andamento, podendo vir a ser prejudicado. Alude-se ao exemplo verificado na Universidade de Brasília/UnB, no que suspenso o vestibular para o curso de Direito e sinalizada a adoção de idêntica medida relativamente aos cursos de Administração e Medicina. Afirma-se que no curso de Direito, apenas em 2004, 79 alunos ingressaram por transferência obrigatória, 50 deles originários de instituições particulares. Em 2003, o saldo fora de 111 estudantes militares transferidos, conforme notícia do Decanato de Ensino de Graduação da UnB, havendo sido oferecidas apenas 50 vagas para cada vestibular, configurando-se, como regra, o ingresso de estudantes por transferência e, como exceção, a entrada mediante vestibular; o privilégio tornara-se regra e o mérito, a exceção".[20]

A solução para o problema passa, então, pela interpretação conforme a Constituição, primeiramente proposta pelo Min. Marco Aurélio, e que aparece na ementa com a seguinte forma: "A constitucionalidade do art. 1º da Lei n. 9.536/1997, viabilizador da transferência de alunos, pressupõe a observância da natureza jurídica do estabelecimento educacional de origem, a congeneridade das instituições envolvidas – de privada para privada, de pública para pública –, mostrando-se inconstitucional interpretação que resulte na mesclagem – de privada para pública".[21] Como é possível notar, toda essa grave situa-

---

19. Lei 9.537/199: "Art. 1º. A transferência *ex officio* a que se refere o parágrafo único do art. 49 da Lei n. 9.394, de 20 de dezembro de 1996, será efetivada, entre instituições vinculadas a qualquer sistema de ensino, em qualquer época do ano e independente da existência de vaga, quando se tratar de servidor público federal civil ou militar estudante, ou seu dependente estudante, se requerida em razão de comprovada remoção ou transferência de ofício, que acarrete mudança de domicílio para o Município onde se situa a instituição recebedora ou para a localidade mais próxima deste".
20. ADI 3.324, pp. 5 e 7 do acórdão.
21. ADI 3.324, p. 1 do acórdão.

ção não surgiu do vazio normativo, mas de uma própria regulamentação, solucionada pela interpretação conforme a Constituição.

3.3 Uso para preservar o trabalho do legislador quando a norma apresentar hipóteses constitucionais de aplicação

Esta justificativa corresponde, em parte, ao argumento tradicional apresentado para a utilização da interpretação conforme a Constituição. Apresento-o aqui sob o enfoque específico de evitar a declaração de inconstitucionalidade graças à existência de hipóteses constitucionais de aplicação da norma, razão pela qual ela deve ser preservada.[22]

O MS 21.729 ilustra bem a situação. No caso, a possibilidade de usar a técnica adveio durante longas discussões sobre o direito ao sigilo bancário e fiscal, suscitadas graças ao § 2º do art. 8º da Lei Complementar 75/1993.[23]

No meio da discussão o argumento é levantado pelo Min. Maurício Corrêa, e está diretamente ligado à impossibilidade de se optar pela declaração de inconstitucionalidade. Um pouco antes de realizar a interpretação conforme a Constituição, o Min. Corrêa expõe: "A declaração de inconstitucionalidade deste § 2º subtrairia do Ministério Público importante instrumento para a consecução dos seus objetivos precípuos – de defender a sociedade, o Estado de Direito e a Constituição – e para que possa cumprir o desígnio de ser o principal fiador da moralização dos costumes, *visto que a disposição possa ser aplicada em outras situações sem que haja ofensa à Constituição, ficando preservada a sua utilidade residual*"[24] (grifos meus).

---

22. Também são esclarecedoras desta situação as ADI 1.371 e 1.377.
23. Lei Complementar 75/1993:
"Art. 8º. Para o exercício de suas funções o Ministério Público poderá, nos procedimento de sua competência: (...).
"(...).
"§ 2º. Nenhuma autoridade poderá opor ao Ministério Público, sob qualquer pretexto, a exceção de sigilo, sem prejuízo da subsistência do caráter sigiloso da informação, do registro, do dado ou do documento que lhe seja fornecido."
24. MS 21.729, p. 33 do acórdão.

O resultado de seu voto, assim, é ressalvar, mediante interpretação conforme, que o poder requisitório do Ministério Público não abarca documentos protegidos pelo sigilo bancário e fiscal.

3.4 Uso para dar eficácia e salvar normas

Primeiramente preciso explicar a inclusão deste tópico como categoria separada das outras mais. Entendo "dar eficácia a normas" e "salvar normas" como a correção de imperfeições constantes em determinada norma, necessária para impedir sua inconstitucionalidade, o que levaria à perda da eficácia da norma. Salvar normas ou lhes dar eficácia não implica necessariamente que elas possuam interpretações ou aplicações constitucionais, o que afasta este uso do elencado em 3.2. Há também uma diferença em relação ao tópico 3.2, pois aqui não há uma urgência na regulamentação. Pode-se dar eficácia a uma norma sem que o objeto regulado apresente consequências maléficas caso não fosse regulado.

Encontrei esse argumento no AI/AgR 427.533. Ao discutir o então novo art. 296 do CPC[25] e a possibilidade de ele ferir o contraditório e a ampla defesa, o Min. Cézar Peluso se manifestou no seguinte sentido: "Eu sugeriria que a interpretação fosse a de que não faz preclusão em relação ao réu. Por quê? Com isso salvaríamos a norma, dando-lhe a interpretação de que não produz preclusão em relação ao réu, o qual poderá ressuscitar a discussão".[26]

Ou, então, em outro excerto do mesmo Ministro: "Eu sugeriria que a interpretação fosse neste sentido: não faz preclusão em relação ao réu. De outro modo subtrairíamos o caráter pragmático da reforma, o qual é permitir que, na grande maioria dos casos, as decisões sejam confirmadas sem necessidade de incomodar o réu e estabelecer contraditório que só prolongaria as causas".[27]

O que emana desses trechos, assim, é que o Tribunal optou por corrigir eventuais falhas na norma, pois entendeu ser mais benéfico preservá-las que declarar a inconstitucionalidade e remeter o trabalho novamente ao legislador.

---

25. CPC, art. 296: "Art. 296. Indeferida a petição inicial, o autor poderá apelar, facultado ao juiz, no prazo de 48 (quarenta e oito) horas, reformar sua decisão".
26. AI/AgR 427.533, p. 16 do acórdão.
27. AI/AgR 427.533, p. 17 do acórdão.

3.5 Uso para minimizar a interferência em emenda constitucional

A última razão, que eu gostaria de expor, encontrada para o uso da interpretação conforme a Constituição diz respeito à intenção de minimizar a interferência do STF no trabalho legislativo referente às emendas constitucionais, no seu controle de constitucionalidade.

Esse motivo pode ser visualizado no julgamento da ADI/MC 3.854, julgada em 28.2.2007.[28] A ação foi proposta pela Associação dos Magistrados Brasileiros/AMB e questionava a redação dada pelo art. 1º da Emenda Constitucional 41/2003 ao art. 37, XI, da CF bem como duas resoluções do Conselho Nacional de Justiça decorrentes do novo modelo normativo da emenda.

Como relatado na inicial, as normas daí decorrentes "(...) criaram e disciplinaram o subteto para a Magistratura Estadual, inferior ao da Magistratura Federal: enquanto esta última está submetida ao teto do funcionalismo público, que corresponde aos subsídios dos ministros do STF, aquela está submetida a um subteto inferior, correspondente aos subsídios dos desembargadores de Tribunais de Justiça, os quais, por sua vez, estão limitados a 90,25% dos subsídios dos ministros do STF".[29]

Não procurarei me estender muito na descrição desse julgado: com considerações a respeito da isonomia, da estrutura do Poder Judiciário e da proporcionalidade, a cautelar foi deferida para, mediante interpretação conforme a Constituição do art. 37, inciso XI e § 12, da CF, excluir a submissão dos membros da Magistratura Estadual ao subteto de remuneração.

O ponto que me interessa aparece no voto do Min. Gilmar Mendes. Consta a seguinte passagem do seu voto: "Por isso, Sra. Presidente, com essas brevíssimas e desalinhadas considerações, subscrevo, integralmente, o voto do eminente Relator. Também, acompanho – embora registrando um incômodo – *a opção que me parece, pelo menos, no caso, mais suave, pela interpretação conforme, dentro da preocupação, já aqui revelada, de minimizar a intervenção em relação ao processo de emenda*"[30] (grifos meus).

---

28. Apesar de ser o único julgado em que a fundamentação apareceu, resolvi incluí-lo, pois a argumentação exposta pareceu-me relevante.
29. ADI/MC 3.854, p. 3 do acórdão.
30. ADI/MC 3.854, p. 51 do acórdão.

4. Conclusão

Mesmo com as dificuldades em detectar os motivos de uso da interpretação conforme a Constituição nos votos dos ministros, é possível destacar que em algumas ocasiões ela foi utilizada para: (i) evitar um vácuo legislativo ou frear retorno a uma ordem normativa indesejada; (ii) regular com urgência determinado caso; (iii) preservar a lei questionada; (iv) dar eficácia e salvar normas; (v) minimizar interferências no trabalho legislativo de emendas.

Interessante notar que não houve menção às justificativas tradicionalmente encontradas na conceituação da técnica da interpretação conforme a Constituição, referentes à unidade do ordenamento jurídico e à presunção de constitucionalidade. Isso não quer dizer que elas não influenciem o uso da interpretação conforme ou sirvam indiretamente como motivos para os diversos tópicos apresentados. Porém, de forma expressa, nem o princípio da unidade do ordenamento jurídico nem a presunção de constitucionalidade foram citados na jurisprudência do STF. Apenas indiretamente, pela referência ao "salvamento das normas", ou de forma dúbia, por meio da grande quantidade de normas interpretadas conforme a Constituição de modo restritivo, é que podemos chegar a tal presunção. Com relação ao respeito pelo trabalho do legislador, ele se manifestou em pequena escala, conforme descrito principalmente no item 3.4. A unidade do ordenamento jurídico também não foi expressamente detectada na pesquisa.

As diversas justificativas surgidas enumeram novas razões para o aparecimento da técnica na jurisprudência do STF. Desse modo, o que as justificativas apresentadas revelam são contextos mais específicos, que ajudam a entender o aparecimento da técnica. Importante salientar que questões como a aprovação ou validade que dou para a utilização da interpretação conforme, a legitimidade do Tribunal para a elaboração dessas decisões, a possível transgressão ocorrida na separação dos Poderes, juntamente com a discussão sobre a atuação do STF como ente legislador, foram, propositadamente, deixadas de lado. Assim, o enfoque adotado aqui foi mais descritivo que normativo, já que preocupei-me prioritariamente em elucidar como a técnica vem sendo utilizada. No entanto, os resultados apresentados podem oferecer bons subsídios para a discussão dessas questões.

Até porque na pesquisa inicial verifiquei ligeiro aumento no uso da interpretação conforme a Constituição na última década. Desde o primeiro aparecimento da interpretação conforme na jurisprudência do STF até a edição da Lei 9.868/1999 foram 28 os acórdãos que apresentaram um voto vencedor com a técnica, ao passo que de 1999 até 2007 foram 56. Assim, um ponto a ser futuramente observado é o possível crescimento no uso da interpretação conforme a Constituição; bem como sua presença em julgamentos marcantes do STF. Como exemplo, dois importantes julgamentos recentes do STF – a ADPF 153 e a ADPF 130, as quais questionaram as Leis da Anistia e de Imprensa, respectivamente – apresentaram propostas de interpretações conforme a Constituição.

Bibliografia

BONAVIDES, Paulo. *Teoria Constitucional da Democracia Participativa*. São Paulo, Malheiros Editores, 2003.

CANOTILHO, José Joaquim Gomes. *Direito Constitucional*. Coimbra, Livraria Almedina, 1993.

GADAMER, Hans-Georg. *Verdade e Método*. Trad. de Flávio Paulo Meurer. Petrópolis, Vozes, 2002.

MENDES, Gilmar Ferreira. *Jurisdição Constitucional*. São Paulo, Saraiva, 2005.

SILVA, Virgílio Afonso da. "La interpretación conforme a la Constitución: entre la trivialidad y la centralización judicial". *Cuestiones Constitucionales – Revista Mexicana de Derecho Constitucional*, n. 12, pp. 3-28. Instituto de Investigaciones Jurídicas, UNAM, Cidade do México, 2005.

Acórdãos citados: ADI 1.371, 1.377, 2.655, 2.884, 2.925, 3.324 e 3.685; ADI/ED 3.522; ADI/MC 1.236, 1.597, 1.600, 2.083, 2.596, 3.395 e 3.854; ADPF 130 e 153; AI/AgR 427.533; HC 78.168; MS 21.729; RE 220.906, 225.011, 229.696 e 241.292; Rp 1.417.

O STF ÀS VOLTAS COM A "NAVALHA DE OCKHAM": UMA "PROIBIÇÃO DE INSUFICIÊNCIA" COMO CONTROLE DE PROPORCIONALIDADE DAS OMISSÕES?[*-1]

Luís Fernando Matricardi Rodrigues

1. Exposição do problema: 1.1 A "navalha de Ockham" como referência de racionalidade argumentativa. 2. Delimitação do tema: 2.1 Metodologia – 2.2 Hipóteses em torno do problema. 3. Algumas premissas: 3.1 As teóricas – 3.2 As práticas. 4. A proibição de insuficiência no STF – Visão geral: 4.1 Aspectos quantitativos – 4.2 Aspectos qualitativos. 5. Análise comparativa dos julgados: 5.1 Deveres de proteção: 5.1.1 A STA 408-BA – 5.1.2 A PSV 30 (SV 26) – 5.2 Direitos sociais: 5.2.1 As decisões da Presidência SS 3.724-CE e STA 419-RN – 5.2.2 Os acórdãos nos agravos regimentais. 6. Conclusão: 6.1 A volta às hipóteses – 6.2 Às voltas com a "navalha de Ockham".

* *Resumo*: Entidades não devem ser multiplicadas além da necessidade. A máxima, atribuída ao franciscano Guilherme de Ockham, expressa racionalidade esperada (também) de decisões judiciais, que se devem pautar pelos argumentos bastantes à sua justificação. Focado na misteriosa figura da proibição de insuficiência – importada da Alemanha como a "segunda face da proporcionalidade"–, o propósito deste artigo é verificar a utilidade dogmática de sua aplicação pelo STF. Para tanto, retoma pesquisa de jurisprudência sobre o tema em busca de novas respostas a velhas perguntas: *O STF é coerente no emprego da proibição de insuficiência? Efetua por meio dela o controle de proporcionalidade das omissões estatais, como pretende?*.

Palavras-chave: Dever de Proteção; Direitos Fundamentais; Direitos Sociais; Omissão Estatal; Proibição de Insuficiência; Proporcionalidade; Supremo Tribunal Federal.

1. O presente artigo foi desenvolvido a partir de monografia apresentada à sbdp como trabalho de conclusão do curso da Escola de Formação do ano de 2009, sob a orientação de Dimitri Dimoulis. A versão original encontra-se disponível em http://www.sbdp.org.br/ver_monografia.php?idMono=158.

Gostaria agradecer ao professor Dimitri Dimoulis, a Carla Osmo e aos amigos Rodrigo Barata e Bruna de Bem pelas críticas e sugestões feitas às versões iniciais deste artigo.

1. Exposição do problema

O STF vem expandindo seu repertório jurisdicional com uma sorte de máximas interpretativas, variantes decisórias e atribuição de ultraeficácia à sua atuação *inter partes*. Dentre as novas figuras é discernível o chamado *princípio da proporcionalidade*, que tomou parte na metodologia decisória do Tribunal há pelo menos 10 anos[2] como integrante cativo do controle de constitucionalidade moderno.

Identificada num primeiro momento com a *proibição de excesso*, a ideia de proporcionalidade, no Brasil e na terra natal Alemanha, acompanhou de perto o desenvolvimento da noção de *Estado (pro) ativo* na garantia de direitos fundamentais, incumbido de deveres de prestação diante dos cidadãos e, assim, adstrito também a uma *proibição de insuficiência*. A pretensão dessa "segunda face" da proporcionalidade não é modesta: ao avaliar a licitude de omissões estatais por meio de um sopesamento entre direitos colidentes, deve poder controlar o desempenho do Estado na proteção de direitos fundamentais, gerando uma espécie de *standard* de suficiência. A figura, que já na teoria soa intrincada, aparece em decisões do STF desde 2006.

Em pesquisa extensiva de jurisprudência sobre o assunto concluiu-se que a Corte é incoerente no uso da proibição de insuficiência e que com ela nunca avaliou a proporcionalidade da omissão estatal, despindo o argumento de qualquer utilidade dogmática.[3] Passado um ano e de posse de novas decisões – em número superior à metade do universo inicial –, este artigo se cingirá à verificação de mudanças métodicas e materiais no tratamento dado pelo tribunal ao tema.

1.1 A "navalha de Ockham" como referência de racionalidade argumentativa

Exposto o problema sob exame, o título fica mais claro: questionar a utilidade de inovações hermenêuticas e aplicativas é reforçar a *parcimônia* como uma máxima. Ela corresponde, na Ciência, à "nava-

---

2. Tome-se como exemplo o voto do Min. Celso de Mello na ADI/MC 1.407-DF, de 1996. Para leitura histórica da aplicação da proporcionalidade no STF, cf. Mendes (2000:*passim*).

3. Cf. tópico 10, pp. 75 e ss.

lha de Ockham".⁴ A tomar pelo filósofo a quem é atribuída⁵ – o franciscano Guilherme de Ockham –, reflete os perigos da multiplicação desnecessária de entidades e talha todas as premissas não causadoras de diferença notável à explicação de um fenômeno.⁶ Dentre as explicações possíveis, portanto, a correta será a mais "econômica" – não necessariamente mais fácil ou breve –, por atingir resultado equivalente a partir de menor número de assunções.⁷

De uma decisão judicial é esperado o emprego de argumentos bastantes à sua fundamentação, e nada mais. A "navalha de Ockham" como referência de racionalidade argumentativa exige uma utilidade para a proibição de insuficiência que a singularize e justifique sua aplicação no lugar de outros argumentos,⁸ nas decisões do STF.

2. Delimitação do tema

A pesquisa de julgados do STF acerca do argumento foi feita em dois tempos: o primeiro deles, de estudo extensivo de jurisprudência, findo em 29.9.2009, com 17 decisões; o segundo, da atualização que anima este artigo, finalizada em 16.9.2010, com 9 decisões adicionais.⁹

2.1 Metodologia

O universo de pesquisa compreende todas as decisões registradas no sítio eletrônico do Tribunal que utilizam expressamente o argu-

---
4. A "navalha de Ockham" como referência de racionalidade à dogmática de direitos fundamentais é emprestada de escrito crítico de Hain (2002) sobre a doutrina e a jurisprudência alemãs.
5. A figura não é expressamente identificada em seus escritos, embora seja com eles compatível.
6. Cf. Hain (2002:1.036 e ss.).
7. Cf. Dieterle (2001) para possíveis variações na interpretação da "navalha de Ockham" (2001:52) e complementos metódicos à sua aplicação (2001:66 e ss.).
8. Ou seja: buscar sua utilidade dogmática é avaliá-la como fundamento das decisões do Tribunal até aqui proferidas, sem analisar os méritos do argumento em si – algo bastante a um artigo próprio.
9. STA/AgR 175-CE, SS/AgR 3.345-RN, SS/AgR 2.944-PB, SS/AgR 3.355-RN, SL/AgR 47-PE, PSV 30 (SV 26), SS 3.724-CE, STA 419-RN e STA 408-BA, proferidas entre 20.4.2009 e 6.4.2010.

mento-tema,[10] observadas suas variações terminológicas.[11] Nesta atualização, contudo, a maioria dos julgados acrescidos (7/9) deve-se à leitura de informativos e notícias do STF, não sendo possível encontrá-los com o método-padrão.

2.2 Hipóteses em torno do problema

Definido o ponto de incisão, para a análise das novas decisões serão mantidas as duas hipóteses do estudo original. A primeira é a de que o STF não emprega coerentemente o argumento, o que será testado pela existência de precisão e clareza quanto à sua aplicabilidade, e uniformidade das decisões que o envolvem. Trata-se de questão *externa* à lógica decisória. A segunda hipótese, por seu turno, suspeita de que o Tribunal simplesmente não realiza qualquer controle de proporcionalidade de omissões com uso do instrumento da proibição de insuficiência, o que se pode depreender da existência de elementos argumentativos específicos, como a identificação de direitos colidentes e sua valoração mediante critérios típicos (adequação, necessidade e proporcionalidade em sentido estrito). Trata-se de questão *interna* à lógica decisória, atingindo o mérito dos julgados – que, para tanto, foram analisados em sua inteireza.

3. Algumas premissas

Embora este artigo não se ocupe de uma análise dos méritos da proibição de insuficiência em si, a avaliação de sua utilidade dogmática nas decisões do STF está condicionada a esclarecimentos iniciais de sua definição, finalidade e consequências.

---

10. As decisões foram inicialmente obtidas na "Seção de Jurisprudência" do sítio eletrônico do Tribunal a partir das locuções-chave em todas as bases decisórias. Complementarmente recorreu-se a ferramenta de pesquisa avançada (*http://www. google.com.br/advanced_search?hl=pt-BR*) sobre o domínio *stf.jus.br*. Este modo de pesquisa não assegura a coleta de todas as decisões que efetivamente utilizaram a expressão "proibição de insuficiência", e pressupõe que ela apareça em sua ementa ou indexação.

11. São elas: "Proibição de Insuficiência", "Proibição de Proteção Insuficiente", "Proibição de Deficiência", "Proibição de Proteção Deficiente" e "*Untermassverbot*".

3.1 As teóricas

Para definir a proibição de insuficiência deve-se primeiro considerar o contexto em que ela surge: a doutrina dos *deveres estatais de proteção*.[12]

O reconhecimento de um dever de proteção nasce da ideia de que em certas situações os direitos fundamentais do indivíduo não são ameaçados por ação do Estado, mas (sobretudo) de outros cidadãos.[13] Nelas, a função estatal não pode ser a de mera abstenção, como tradicional, senão de uma *atuação positiva* para tutela desses direitos. No primeiro caso diz-se que o indivíduo tem frente ao Estado um "direito de defesa"; no segundo, um "direito a proteção".

Fato que nos importa mais de perto, por ambos – direito de defesa e dever de proteção – tutelarem liberdades, podem eles, com efeito, contrapor direitos fundamentais garantidos *prima facie* pelo mesmo Estado,[14] o qual ocuparia também uma posição de garante frente aos cidadãos:[15] se não pode "restringir demais" os direitos de defesa – ao que responderia uma proibição de excesso –, tampouco poderia amesquinhar os direitos a proteção, numa correlata vedação à insuficiência.

Eis a origem do argumento, então formalizado na locução de Claus-Wilhelm Canaris quando acenava para um meio de exigir do Estado o cumprimento de deveres de proteção.[16] Em suma, como pensada por Canaris e apresentada pelo STF, a proibição de insuficiência é o modo de aplicação da proporcionalidade quando o direito atingido não tem função defensiva, mas protetiva. Isso não quer dizer

---

12. Apesar de conectadas, as figuras não se confundem, embora seja difícil, na prática, dissociar uma "proibição de insuficiência" da ideia de deveres constitucionais de proteção oponíveis ao Estado. Com essa assertiva revisa-se entendimento daquele primeiro estudo sobre o tema (cf. tópico 1.2, pp. 8-10). Contudo, *a suficiência estatal em si não precisa ser aferida com base na proporcionalidade* – embora parte considerável da doutrina e o próprio STF vinculem as duas figuras –, podendo resumir-se à verificação do cumprimento de deveres de proteção sem recurso àqueles "critérios típicos".
13. Cf. Dietlein (1992:15 e ss.). Na doutrina brasileira, cf. sobretudo Sarlet (2004:60-122).
14. Essa constatação ficará mais clara no tópico 4.2.
15. Cf. Calliess (2001:258).
16. Cf. Canaris (1984:228).

que o dever estatal de proteção *somente* possa ser operado pela máxima da proporcionalidade; apenas que, da forma como usualmente estruturada, a proibição de insuficiência pretende-se um método de avaliar a proporcionalidade da omissão estatal diante desses direitos.

3.2 As práticas

A primeira decisão que empregou o argumento-tema é também de origem alemã: em 1993, ao reanimar entendimento esposado 18 anos antes,[17] o Tribunal Constitucional declarou nula parte da Lei do Aborto que substituía sua tutela penal por um "aconselhamento" estatal às gestantes, tendo-a por deficitária na proteção da vida do feto.[18] Para a Corte, em respeito à proibição de insuficiência (constitucionalmente deduzida), essa tutela deve corresponder a *exigências mínimas* contra a ação abortiva, a qual, mesmo amparada num direito fundamental da mãe (livre disposição do corpo), não poderia prevalecer genericamente.

Antes disso existiam decisões reconhecendo deveres de proteção derivados da Lei Fundamental.[19] Diferentemente delas, que enfrentavam crítica moderada,[20] a segunda decisão sobre o aborto foi massivamente atacada por juristas das mais variadas vertentes acadêmicas.[21] Mesmo frente à resistência da comunidade científica e política, o Tribunal alemão ainda proferiria outras decisões utilizando o argumento, tendo em comum a existência de um dever de proteção como objeto.[22]

17. Cf. *BVerfGE* 39, 1 (167) – "Primeira Decisão do Aborto".
18. Cf. *BVerfGE* 88, 203 (254) – "Segunda Decisão do Aborto".
19. Como, *e.g.*, *BVerfGE* 46, 160 (174) – "Schleyer"– e *BVerfGE* 77, 170 (313) – "Armas Químicas".
20. Cf., por todos, Wahl e Masing (1990:555-563). A crítica concentra-se na dedução, pelo Judiciário, de deveres de proteção diretamente da Constituição, implicando, em muitos casos, colisão com os direitos de defesa. Cf. Dietlein (1992:43 e ss.) Por esse motivo, para alguns autores esses deveres deveriam primariamente ser veiculados por leis. Cf. Grimm (2005:149). Na doutrina brasileira, Dimoulis e Martins (2010:114).
21. Cf., por todos, Rassow (2005:262-280) e Hain (1996:75-85).
22. Como, *e.g.*, nas regulações de limite de consumo de álcool para motoristas e na restrição da circulação de automóveis para proteção da camada de ozônio (1995) e na instalação de centrais emissoras de ondas para telefonia celular (2002). Cf. Clérico (2008:116).

4. A proibição de insuficiência no STF – Visão geral

4.1 Aspectos quantitativos

Somados os resultados dos dois tempos de pesquisa, chegou-se a um universo de 26 decisões do Tribunal, sistematizadas neste breve esquema:

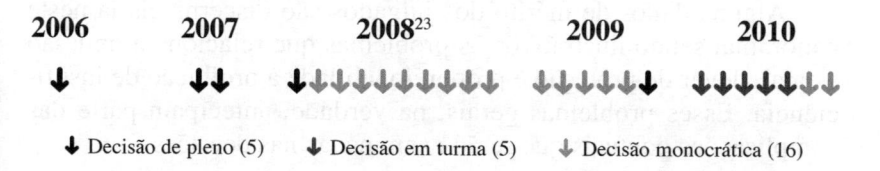

2006	2007	2008[23]	2009	2010
↓	↓↓	↓↓↓↓↓↓↓↓↓	↓↓↓↓↓	↓↓↓↓↓↓

↓ Decisão de pleno (5)   ↓ Decisão em turma (5)   ↓ Decisão monocrática (16)

A proibição de insuficiência foi expressamente usada até aqui pelos Mins. Gilmar Mendes (25 decisões) e Ricardo Lewandowski (1),[24] nas temáticas de direitos sociais (21) e deveres de proteção (5). Neste âmbito, o argumento prepondera em decisões plenárias (4) afetas ao direito penal (3).[25] Quando usado na temática de direitos sociais, figurou quase sempre em decisões da Presidência – suspensões processuais de liminar, de segurança e de tutela antecipada – ou nos agravos regimentais contra elas interpostos (20/21).[26]

No geral, a maior parte das decisões com emprego do argumento foi proferida em juízos monocráticos (16/26), os quais na maioria esmagadora das vezes referem-se a direitos sociais (15). A doutrina mais recorrente é estrangeira e tem menção idêntica[27] em 24 decisões.

---

23. O expressivo aumento no número de decisões a partir de 2008 é explicado pelo início da presidência do Min. Gilmar Mendes, em 23 de abril.
24. Isso deve ficar claro: quando se diz que "o STF utiliza o argumento" não se quer imputar seu uso à totalidade ou, mesmo, à maioria dos ministros. Parte-se da premissa de que a utilização do termo em decisões – sobretudo plenárias e de Turma, nas quais não é contestado – o torna integrante da "metodologia decisória" do Tribunal, e, assim, referência ao Judiciário, aos demais Poderes e à sociedade.
25. Fora do direito penal a proibição de insuficiência foi ainda empregada no âmbito da regulação de pesquisas com células-tronco e da prevenção à contaminação por urânio (cf. 5.1, *infra*).
26. Exceção feita à ADI 1.800 (rel. Min. Ricardo Lewandowski), que trata da gratuidade de registro público.
27. Canaris (1989:161). Cf. 5.1.1, *infra*.

Algo próximo se dá com a jurisprudência sobre o assunto referida nas decisões: são exclusivamente do Tribunal Constitucional alemão.[28] Passados cinco anos, o STF ainda não se remeteu a julgado próprio, não reconheceu um *leading case*.

4.2 Aspectos qualitativos

Alguns dados de mérito dos julgados são discerníveis já neste panorama, sendo ilustrativos os problemas que relacionam omissão estatal, dever de proteção e proporcionalidade à proibição de insuficiência. Esses problemas gerais, na verdade, antecipam parte das complicações pontuais que serão examinadas nas decisões.

O primeiro deles é ausência de um objeto bem definido ao argumento-tema. Apesar de partir da doutrina de deveres de proteção, ele raramente foi aí usado, concentrando sua incidência no campo dos direitos sociais. Por se tratar de máxima judicial emprestada de outra cultura jurídica, essa indefinição atinge em cheio sua identidade no Tribunal, gerando dúvidas acerca do tipo de omissão estatal que se submeteria a tal avaliação de suficiência. Isso porque, em geral, nos deveres de proteção essa omissão se dá na *regulação de um direito*, enquanto nos direitos sociais ela representa déficit numa *prestação de cunho material*. Ao não se comprometer com nenhum dos dois objetos, o argumento termina alheio a ambos, o que se comprova por seu "cambaleio" nas discussões teóricas e práticas sobre os temas. Talvez por esse motivo nunca foi empregado em decisões de mandados de injunção e ações diretas de inconstitucionalidade por omissão.

Mais que isso, essa indefinição é cúmplice num segundo problema: apresentada como "segunda face do controle de proporcionalidade", a proibição de insuficiência – tal qual a de excesso – deve, por definição,[29] estruturar-se num sopesamento entre direitos ou interesses jurídicos colidentes. Se são dois os objetos possíveis de tal avaliação de insuficiência, então, dois serão os cenários de colisão a serem explicitados pelo STF na realização do sopesamento: o primeiro en-

---

28. A mais recorrente sendo a "Segunda Decisão do Aborto" (*BVerfGE* 88, 203).
29. A ideia de sopesamento é inclusive referida nos julgados: cf. ADI 1.800 (voto do Relator, Min. Ricardo Lewandowski, p. 6), ADI 3.112 (voto do Min. Gilmar Mendes, pp. 6 e ss.) e ADI 3.150 (voto do Min. Gilmar Mendes, em especial p. 15).

volvendo pelo menos um dever de proteção, e o segundo pelo menos um direito social. Nas decisões analisadas o STF pouco se preocupou com a indicação de direitos colidentes, e quando o fez nunca os enquadrou num sopesamento a fim de desenvolver controle de proporcionalidade. Por teórico que pareça, esse é o ônus de argumentação inerente à aplicação da proporcionalidade, o qual consiste em justificar, embasada em critérios típicos (adequação, necessidade e proporcionalidade em sentido estrito[30]), a prevalência de um direito sobre outro no caso concreto.

No caso dos deveres de proteção, como dito, as colisões não são raras: se eles servem para proteger indivíduos contra terceiros, estes também podem ser titulares de direitos fundamentais que, em alguma medida, colidam com o dever de proteção.[31] O exemplo do aborto facilita a compreensão: o Estado tem o dever de proteger a vida do nascituro (d1) contra a ação abortiva da mãe, que, por sua vez, é amparada em um direito *prima facie* de livre disposição do corpo (d2) contra esse mesmo Estado. A relação forma um triângulo[32] com os vértices *nascituro, Estado e mãe*, ou: $_{(d1)} \cdot {}^{(E)} \cdot {}_{(d2)}$.

Já, nos dos direitos sociais as colisões são triviais: a realização do direito social (ds1) colide, em virtude do custo que é nota extrínseca desses direitos, com a realização de todos os demais direitos sociais alimentados por recursos orçamentários (dsn). Se aceita a aplicação da proporcionalidade a estas relações – que não são aquelas típicas em sua doutrina e jurisprudência de origem –, ela deve fundamentar a prioridade da realização de um direito social sobre outro(s) direito(s) ou interesses coletivos.[33]

30. É claro que, por ser aplicada a objeto distinto, a proporcionalidade em deveres de proteção poderia não se coordenar pelos mesmos critérios – o que explicaria sua ausência nas decisões. Contudo, sobretudo neste caso haveria a necessidade de fundamentar seu uso mais detidamente. Quanto a uma possível "aplicação implícita" dos critérios – levada em consideração por Camargo (2009:42), acerca da proibição de excesso –, seria ainda menos justificável num método estreante e ainda pouco desenvolvido de controle, como a proibição de insuficiência.
31. Cf. Calliess (2001:258) e Grimm (2005:149).
32. Estas relações são vistas como "poligonais" ou "multipolares" se contrastadas às clássicas relações bipolarizadas entre Estado e cidadão (cf. Callies, 2001:258 e *passim*).
33. Essa relação não é desconhecida do Ministro que aplicou a proibição de insuficiência a esses direitos, Gilmar Mendes (cf., por todos, STA/AgR 175-CE, p. 11).

Esta visualização das colisões é fundamental para se falar em proibição de insuficiência se com ela se pretender um controle de proporcionalidade de omissões. Parece também a forma mais adequada de esboçar juridicamente um *standard* de suficiência para as medidas estatais – o que não se viu até hoje nas decisões do STF.

5. Análise comparativa dos julgados[34]

5.1 Deveres de proteção

5.1.1 A STA 408-BA

No primeiro estudo já se ressaltava que a temática dos deveres de proteção, embora constante em variadas referências nos julgados, tinha escassa aplicação concreta, concentrada em um único caso: a ADI 3.150.[35] Havia nele preocupação com a dignidade do embrião humano, cuja disposição, por cientistas, viabilizaria a pesquisa com células-tronco. A Suspensão de Tutela Antecipada/STA 408-BA, julgada monocraticamente pelo então Presidente, Min. Gilmar Mendes, aumenta esse rol, tratando da proteção à vida e à saúde[36] dos indivíduos de uma comunidade potencialmente atingida pela contaminação de lençóis freáticos por urânio explorado por empresa estatal instalada na região.

A decisão da Presidência analisa pedido para suspensão de tutela antecipada que, reconhecendo omissão administrativa, ordenou o fornecimento imediato de água à população, o monitoramento de urânio nos lençóis e a realização de exames diagnósticos nos indivíduos postos em risco. O Ministro denega a suspensão amparado em passagem que reproduziu na grande maioria dos julgados coletados: "Como te-

---

34. Neste tópico serão analisadas as novas decisões, buscando uma sinergia com remissões àquelas trabalhadas no estudo extensivo, divididas, aqui, conforme seu objeto.
35. Cf. tópico 7.2, p. 59.
36. "Saúde", aqui, se aproxima da incolumidade física, que é garantida pelo Estado por meio de uma prestação normativa (regulação de atividade de terceiros), e não material (*e.g.*, disponibilização de hospitais, medicamentos etc.). Daí não ser tratada como um direito social, mas um dever de proteção. Embora não tenha merecido análise mais detida do Ministro, no caso também se aponta lesão ao meio ambiente, outro exemplo de dever de proteção. Cf. Calliess (2001:*passim*).

nho analisado em estudos doutrinários, os direitos fundamentais não contêm apenas uma proibição de intervenção (...), expressando também um postulado de proteção (...). Haveria, assim, para utilizar uma expressão de Canaris, não apenas uma proibição de excesso (*Übermassverbot*), mas também uma proibição de proteção insuficiente (*Untermassverbot*)".

São dois os problemas neste caso: o primeiro é que, embora se empregue o argumento, ele, aqui, não é acompanhado do termo "proporcionalidade". Como alertado,[37] a proibição de insuficiência pode ou não ser encarada como avaliação de proporcionalidade. Da forma como introduzida no Tribunal pelo próprio Ministro, ela o é[38] – e, então, deveria ser aplicada como tal. Num vício que já se adiantou, mesmo identificado o dever de proteção, não há no julgado qualquer preocupação em expor o cenário de colisões que levariam a eventual avaliação de proporcionalidade – "relações constitucionais triangulares" –, inexistindo indicação de interesse coletivo ou direito de terceiro que, nesse caso concreto, ao menos *prima facie* se contrapusesse aos direitos à vida e à saúde dos membros da comunidade.

Tornando àquela alternativa, uma conclusão possível seria a de que o Ministro evocou a proibição de insuficiência, então, sem intermédio de um juízo de proporcionalidade, apenas para cobrar do Estado o cumprimento de um dever de proteção. É o que insinua sua concordância com as medidas ordenadas pelo Juízo *a quo*: "Tais medidas são compatíveis com o princípio da prevenção, por concretizarem o dever de evitar riscos (*Risikopflicht*),[39] que autoriza o Estado a atuar com objetivo de proteger o cidadão em geral, mediante a adoção de medidas gerais de proteção ou de prevenção, dado o conhecimento da potencialidade lesiva à saúde humana por ingestão excessiva do elemento urânio".

Contudo, mesmo essa conclusão parece falhar quando, ao final, Gilmar Mendes denega a suspensão pretendida com fundamento na ausência de comprovação, pelo Estado, de lesão à ordem pública e econômica. Tal razão de decidir não é equivocada, e leva ao segundo

---

37. Cf. 3.1 (nota de rodapé 12), *supra*.
38. Cf. seus votos no RE 418.376-5-MS, na ADI 3.112 e na ADI 3.150.
39. Figura já usada nos votos do Min. Gilmar Mendes nas ADI 3.112 (pp. 9 e ss.) e 3.150 (p. 14).

problema: a peculiaridade dessas decisões da Presidência é que, por lei, seu objeto sempre será uma decisão judicial (que concedeu segurança ou medida liminar), aferida no que pode lesar a ordem estatal.[40] A omissão estatal apontada no caso fora objeto daquela decisão judicial *a quo*, e, portanto, só obliquamente poderia ser analisada pelo Presidente do STF (no chamado "juízo mínimo de delibação"). À proibição de insuficiência carece utilidade dogmática aqui, porque o Ministro confunde o objeto da ação que está julgando (*uma decisão judicial recorrida*) com o que foi objeto dessa exata decisão (*uma omissão administrativa*). Não faz qualquer sentido avaliar a suficiência daquele, e já não há espaço para fazê-lo com este.

5.1.2 A PSV 30 (SV 26)

Nos debates para aprovação da Proposta de Súmula Vinculante/PSV 30, dois eram os entendimentos consolidados pelo Tribunal acerca da Lei dos Crimes Hediondos que se formalizariam na Súmula Vinculante/SV 26:[41] em primeiro lugar, seria inconstitucional a vedação absoluta à progressão do regime de cumprimento de pena ali prescrita, nos termos do *leading case* HC 82.959-SP.[42] Em segundo lugar, o exame criminológico que condiciona essa progressão teria deixado de ser obrigatório, por força de alteração legal,[43] sendo sua requisição, no caso concreto, facultada ao juiz, mas não proibida.

É ao segundo desses pontos que se remete o Min. Gilmar Mendes em seu voto de aprovação do teor da súmula: "Lembro-me de que essa questão sobre o exame criminológico foi levantada já quando do debate. Nós, inclusive, chamamos a atenção, [*citando*] textos de estu-

---

40. Cf. Leis 12.016/2009, 8.437/1992 e 9.494/1997; complementarmente, art. 297 do RISTF.

41. "Para efeito de progressão de regime no cumprimento de pena por crime hediondo, ou equiparado, o juízo da execução observará a inconstitucionalidade do art. 2º da Lei n. 8.072 (...) sem prejuízo de avaliar se o condenado preenche, ou não, os requisitos objetivos e subjetivos do benefício, podendo determinar, para tal fim, de modo fundamentado, a realização de exame criminológico."

42. E demais precedentes: HC 82.959, AI/Edv/AgR 504.022 EDv-AgR, AI/Edv/AgR 460.085, AI/Edv/AgR 559.900, HC 90.262, HC/QO 85.677, RHC 86.951, HC 88.231 e HC 86.224.

43. Cf. Lei 10.792/2003, que alterou o art. 112 da Lei de Execução Penal/LEP.

diosos sobre o tema, falando sobre outra perspectiva do princípio da proporcionalidade, que é o princípio do trato inadequado ou insuficiente, dizendo que, neste caso, era possível, por interpretação judicial, justificar um caso direto de gravidade que o próprio juiz pudesse avaliar o exame criminológico".

Curioso que seja, o aludido debate não está registrado em nenhum dos precedentes listados na súmula, nem foi identificado em outros julgados nesta pesquisa. Tomadas as decisões do Ministro que empregam o argumento em matéria penal – RE 418.376-5-MS e ADI 3.112, examinados no estudo anterior –, eis uma hipótese possível para sua aplicação no caso: *proibir o exame criminológico como condição à progressão de regime (dos indivíduos presos por crime hediondo) implicaria proteção insuficiente à vida, à incolumidade e à segurança dos demais indivíduos.*

A precisão da "navalha de Ockham" faz-se sentir: olhando A mesma questão, os outros ministros justificam sua preocupação com a progressão *ipso jure* do preso a regime benéfico apoiados em argumentos simples e claros – a inexistência de revogação expressa do exame criminológico e a importância deste na formação de convencimento do julgador.[44] Com isso em mente, é oportuna a comparação com as decisões mencionadas,[45] nas quais a proibição de insuficiência foi nitidamente desnecessária para a solução dos casos: no recurso extraordinário era mera coadjuvante da *ratio decidendi* do próprio Min. Gilmar Mendes, já que inexistia omissão do Estado; na ação direta de inconstitucionalidade o argumento expressamente não era aplicável às circunstâncias de fato do caso, mas integrava um modelo teórico de controle da legislação penal lançado pelo Ministro.

5.2 Direitos sociais

Os julgados deste tópico têm estrutura idêntica, examinando pedidos de suspensão de medida liminar, tutela antecipada ou segurança contra omissões estatais a uma prestação material, imputadas, em todos os casos, à Administração.

---

44. Cf. voto do Min. Celso de Mello no HC 82.959, pp. 11-13.
45. Cf. tópico 5.2, sobretudo pp. 44 e ss.

5.2.1 As decisões da Presidência SS 3.724-CE e STA 419-RN

Datada de 2009, a Suspensão de Segurança/SS 3.724-CE garante direito subjetivo à saúde mantendo a concessão de medicamentos de alto custo que não constam da Lista do SUS;[46] já, a STA 419-RN, julgada um ano mais tarde, baseia-se no direito à segurança[47] para garantir a transferência de presos precariamente mantidos em delegacia, bem como a construção de novas unidades prisionais. Nos dois casos defende-se que tais prestações materiais teriam amparo num *imperativo de tutela*, que vedaria proteção deficiente.

Seguindo a mesma estrutura dos julgados examinados no estudo extensivo, o argumento mantém-se quase imperceptível nas sucintas linhas que nem o definem, nem detalham sua aplicabilidade ao caso. Com efeito, a proibição de insuficiência termina, aqui, perdida num tiroteio de considerações teóricas e práticas sobre direitos sociais – em especial quanto à concessão de medicamentos pelo Judiciário[48] –, em que o "estado da arte" do debate sobre políticas públicas desconecta-se dos dispositivos decisórios, que se resumem a um juízo de prudência do Ministro.

É verdade, porém, que certa particularidade há na SS 3.724: ao final da decisão o fornecimento dos medicamentos é mantido porque "adequado, necessário e proporcional".[49] Embora reconheça a "necessidade de ponderação" no campo dos direitos sociais e fundamente sua decisão numa proibição de *insuficiência* da política administrativa, o Min. Gilmar Mendes, na verdade, avalia a proporcionalidade do julgado *a quo* que concedeu o remédio pedido, por meio de um controle de *excesso*.

---

46. Cf., para casos próximos já analisados no estudo anterior, STA 245-RS, STA 278-AL, STA 198-MG, SS 3.690-CE, SS 3.751-SP e SS 3.741-CE.
47. À primeira vista, o direito à segurança é um exemplo clássico de direito à proteção, sendo estruturado em torno de garantias contra agressões e riscos gerados entre indivíduos. Contudo, é o próprio Ministro que o trata expressamente como garantia social (p. 5), preocupado com a adequação dos estabelecimentos prisionais.
48. Como exemplo tomem-se as considerações sobre o sopesamento em direitos sociais segundo Robert Alexy (p. 9), "a necessidade de compatibilização entre a reserva do possível e o mínimo existencial" (pp. 4-6 e *passim*) e a estrutura do SUS (pp. 14 e ss.) na SS 3.741-CE.
49. Como já fizera antes nos julgados nas SS 3.690-CE, 3.751-SP e 3.741-CE, analisados alhures.

5.2.2 Os acórdãos nos agravos regimentais

Diferentemente da SS 3.724-CE, as decisões dos agravos[50] foram proferidas após audiência pública de saúde realizada no STF,[51] a qual, se não modificou o resultado das decisões de Presidência que se lhe seguiram, alterou em parte seus termos. Fato que não "passou batido" ao estudo anterior, as primeiras decisões posteriores à audiência[52] excluíram a curta menção feita à proibição de insuficiência, sem explicações. Esse não seria, todavia, o final da história: se a STA 175-CE enterrara o argumento, o voto do Min. Gilmar Mendes no agravo regimental contra ela interposto tratou de ressuscitá-lo – embora se resumindo à menção de sempre. Essa variância é indicativo claro da prescindibilidade do argumento, que nem mais coadjuvante seria. Confirmando essa assertiva, a proibição de insuficiência não integra a ementa ou a indexação dos acórdãos.

6. Conclusão

6.1 A volta às hipóteses

Como se depreende do breve passeio pelos julgados, as duas hipóteses do estudo original mantêm-se confirmadas. *O STF é incoerente no emprego do argumento*. A proibição de insuficiência foi utilizada em matérias distintas, sem vínculo necessário com deveres de proteção ou identificação explícita e concreta da omissão estatal sob exame – o que impede, entre outras coisas, um juízo seguro sobre suas hipóteses de aplicabilidade. A Corte até hoje não reconheceu precedente judicial em qualquer das 26 decisões que empregam o argumento, relegando à proibição de insuficiência uma mística de exceção. Em nenhum dos casos ela é seu fundamento.

Por meio da exotérica *Untermassverbot, o STF tampouco realiza qualquer controle de proporcionalidade de omissões*. Os julgados até

---

50. Os agravos regimentais foram interpostos contra as decisões da Presidência STA 175-CE, SS 3.345-RN, SS 2.944-PB, SS 3.355-RN e SL 47-PE, e giram todos em torno do direito à saúde.
51. Disponível em *http://www.stf.jus.br/portal/cms/verNoticiaDetalhe.asp?id Conteudo=113461*.
52. STA 175-CE, STA 178-CE e STA 244-CE, julgadas em 18.9.2009.

aqui alternaram tal controle na vertente de proibição de excesso com outros mais que, sob argumento de avaliação da suficiência, tudo o que fazem é canalizar temperamentos prudenciais. Apenas na minoria dos casos houve a identificação de direitos eventualmente colidentes, e mesmo aí não se deu continuidade ao sopesamento com base nos critérios típicos.[53]

Perdeu-se, com isso, a chance de ao menos tracejar o que seria um importante parâmetro de desempenho ao Estado na garantia de direitos fundamentais.

6.2 Às voltas com a "navalha de Ockham"

Entidades não devem ser multiplicadas além da necessidade. De uma decisão judicial é esperado o emprego dos argumentos bastantes à sua fundamentação, e nada mais. Se as questões jurídicas que dão corpo às decisões analisadas são já substanciais e complexas em si, não haveria razão, então, para enxertar um novo argumento se ele não resolve o julgamento. Essa deferência à erudição ornamental contraria a racionalidade daquela máxima de parcimônia, centrada no que é indispensável.

No estudo anterior a conclusão iluminava outro lado: o STF estaria a blindar determinadas decisões do desejado controle social e institucional com o uso da proibição de insuficiência, ampliando artificialmente sua margem decisória.[54] Não se quer, agora, desmentir a assertiva – conquanto rivalize com o fato tal, que, passado um ano de pleno exercício jurisdicional do STF, essa margem ampliada não parece ter sido efetivamente aproveitada –, apenas bastar-se com a conclusão, ainda mais direta e convicta, de que a ausência de utilidade dogmática a qualquer argumento decisório é em si problemática e merece censura. Se não serve aos fins concretos evocados para sua aplicação e ampara-se em muletas teóricas apenas, deve ele ser prontamente desenvolvido ou definitivamente abandonado.

---

53. É importante ressaltar, contudo, que esse desenvolvimento inconsistente da proporcionalidade no STF é verificado também quanto à proibição de excesso. Cf. Camargo (2009:50).
54. Cf. tópico 10.1, p. 79.

Às voltas com a "navalha de Ockham", excesso de argumentação não é força, mas fraqueza argumentativa: se a tese defendida é simples e clara, adornos não se justificam. Daí a desconfiança do franciscano na "multiplicação de fundamentos".

O STF não deve demorar a se incomodar com esta franja que lhe cai à vista, quando, então, as palavras de Dürrenmatt[55] talvez voltem a tilintar com mais força aquele conselho dramatúrgico: "Não encaixe profundidade; não acrescente nada de novo à charada".

Bibliografia

CALLIESS, Christian (2001). *Rechtsstaat und Umweltstaat: Zugleich ein Beitrag zur Grundrechtsdogmatik im Rahmen mehrpoliger Verfassungsverhältnisse*. Tübingen, Mohr Siebeck.

CAMARGO, Manuela (2009). "Proporcionalidade e razoabilidade na jurisprudência do STF: os casos de conflitos entre princípios da ordem econômica". In: COUTINHO, Diogo, e VOJVODIC, Adriana (orgs.). *Jurisprudência Constitucional: como Decide o STF?* São Paulo, Malheiros Editores/*sbdp*, 2009 (pp. 37-52).

CANARIS, Claus Wilhelm (1984). "Grundrechte und Privatrecht". *AcP* 184/228.

―――――― (1989). "Grundrechtswirkungen und Verhältnismäßigkeitsprinzip in der richterlichen Anwendung und Fortbildung des Privatsrechts". *JS* 1989/161.

CLÉRICO, Laura (2008). "El examen de proporcionalidad: entre el exceso por acción y la insuficiencia por omisión o defecto". In: CARBONELL, M. (org.). *El Principio de Proporcionalidad y la Protección de los Derechos Fundamentales*. México, Comisión Nacional de los Derechos Humanos (pp. 115-160).

DIETERLE, Jill (2001). "Ockham's razor, encounterability, and ontological naturalism". *Erkenntnis* 55/51-72.

DIETLEIN, Johannes (1992). *Die Lehre von den grundrechtlichen Schutzpflichten*. Berlin, Duncker & Humblot.

DIMOULIS, Dimitri, e MARTINS, Leonardo (2010). *Teoria Geral dos Direitos Fundamentais*. 2ª ed. São Paulo, Ed. RT.

---

55. Cf. citação de Hain (1993:984) neste mesmo sentido.

GRIMM, Dieter (2005). "The protective function of the State". In: NOLTE, G. (ed.). *European and US Constitutionalism*. Nova York, Cambridge (pp. 137-155).

HAIN, Karl-Eberhard (1993). "Der Gesetzgeber in der Klemme zwischen Übermaß- und Untermaßverbot?". *DVBl* 1993/982-984.

—————— (1996). "Das Untermaßverbot in der Kontroverse". *ZG* 1996/75-85.

—————— (2002). "*Ockham's Razor* – ein Instrument zur Rationalisierung der Grundrechtsdogmatik?". *JZ* 2002/1.036-1.045.

MENDES, Gilmar (2000). "O princípio da proporcionalidade na jurisprudência do STF: novas leituras". *Repertório IOB de Jurisprudência* 14/361-372.

RASSOW, Reinhard (2005). "Zur Konkretisierung des Untermaßverbotes". *ZG* 2005/262-280.

SARLET, Ingo Wolfgang (2004). "Constituição e proporcionalidade: o direito penal e os direitos fundamentais entre a proibição de excesso e de insuficiência". *RBCCrim* 47/60-122.

WAHL, Rainer, e MASING, Johannes (1990). "Schutz durch Eingriff". *JZ* 1990/555-563.

Acórdãos citados: ADC 5; ADI 1.800, 3.112, 3.510; ADI/MC 1.407-DF; PSV 30 (SV 26); RE 418.376-5-MS; SL/AgR 47-PE; SS/AgR 2.944-PB, 3.345-RN e 3.355-RN; STA/AgR 175-CE.

Decisões monocráticas citadas: SS 3.690-CE, 3.724-CE, 3.741-CE e 3.751-SP; STA 175-CE, 178-CE, 198-MG, 244-CE, 245-RS, 278-AL, 408-BA e 419-RN.

A UTILIZAÇÃO DA JURISPRUDÊNCIA ESTRANGEIRA PELO STF [*,1]

Mariana M. C. Chaimovich

1. Introdução. 2. Decisões analisadas: 2.1 ADI 3.367-1 – 2.2 ADPF 54 – 2.3 HC 73.351-4 – 2.4 HC 82.424-2: 2.4.1 "United States vs. Lemrick Nelson" (citado pelos Mins. Maurício Corrêa e Nelson Jobim) – 2.4.2 "Mandla and Another vs. Dowell Lee and Another" (citado pelos Mins. Maurício Corrêa, Nelson Jobim e Gilmar Mendes) – 2.4.3 "R.A.V. vs. City of Saint Paul" (citado por Moreira Alves e Marco Aurélio e paralelo com Celso de Mello, caso "Virginia vs. Black et Al.") – 2.4.4 Decisão de 1987 sobre a sinagoga pichada (citado por Maurício Corrêa, Moreira Alves e Nelson Jobim) – 2.4.5 "Schenk vs. United States" (citado por Celso de Mello e Gilmar Mendes) – 2.5 ADI 3.510: 2.5.1 "Roe vs. Wade" (citado pelos Mins. Menezes Direito, Marco Aurélio e Gilmar Mendes). 3. Considerações finais.

1. Introdução

Este artigo tem o intuito de verificar de que maneira são utilizadas as decisões de Cortes estrangeiras em decisões do STF. Para isso, foram analisados acórdãos que despertaram grande comoção na mídia

---

* *Resumo*: O artigo apresenta visão crítica da linha argumentativa de cada ministro em acórdãos nos quais um ou mais ministros utilizam casos julgados por Cortes estrangeiras em seus votos. O objetivo foi verificar se o argumento de Direito estrangeiro utilizado efetivamente embasa o voto ou é usado como argumento de autoridade.
Palavras-chave: Argumentação; Decisão Estrangeira; Direito Comparado; Supremo Tribunal Federal.

1. O presente artigo foi desenvolvido a partir de monografia apresentada à *sbdp* como trabalho de conclusão do curso da Escola de Formação do ano de 2006, sob a orientação de Dimitri Dimoulis. A versão original encontra-se disponível no endereço *http://www.sbdp.org.br/ver_monografia.php?idMono=84*.

e na sociedade, nos quais um ou mais ministros citaram caso(s) julgado(s) por Corte que não a brasileira.²

Tentou-se determinar se nessas decisões o STF cita jurisprudência estrangeira como argumento de autoridade ou, adaptando-a ao caso concreto, utiliza-a para sustentar ou fundamentar argumentos. O argumento de autoridade é uma opinião ou um argumento de especialista em determinado assunto que, devido à posição ocupada em instituição ou ao prestígio pessoal, não é contestada quando mencionada por terceiro. No contexto deste artigo, a "autoridade" é um juiz de Corte estrangeira, e o "terceiro" o ministro do STF que utiliza a jurisprudência estrangeira sem estabelecer qualquer linha de raciocínio entre a citação e o caso concreto a ser julgado, o que pode não contribuir ou, mesmo, se esquivar da discussão que deveria ser abordada na decisão.³ Em contraposição ao argumento de autoridade, uma citação de decisão estrangeira integraria a linha argumentativa de um voto se fosse estabelecida alguma relação entre ela e o caso concreto, sendo possível perceber que a decisão do ministro decorre ou é influenciada, de algum modo, pela citação da decisão estrangeira. Nesse sentido, tentou-se observar de que maneira uma decisão de Corte estrangeira, baseada em Direito de outro País e, portanto, não válido no Brasil, poderia auxiliar a argumentação de um ministro do STF.⁴

2. Foram analisadas as seguintes decisões: (i) ADI 3.367-1-DF, que julga a inconstitucionalidade do Conselho Nacional de Justiça/CNJ, instituído pela Emenda à Constituição de n. 45/2005; (ii) ADPF 54-DF, que trata do caso dos fetos anencéfalos; (iii) HC 82.424-2-RS, conhecido como "Caso Ellwanger", que trata da dicotomia entre a liberdade de expressão e o crime imprescritível de racismo; (iv) HC 73.351-4-SP, caso das provas ilícitas, ou *fruit of the poisonous tree*; (v) ADI 3.510-DF, que julga a inconstitucionalidade do art. 5º da Lei 11.105 (Lei de Biossegurança), relativa à pesquisa com células-tronco embrionárias.
3. Virgílio Afonso da Silva e Daniel Wei Liang Wang, "Quem sou eu para discordar de um ministro do STF? O ensino do Direito entre argumento de autoridade e livre debate de ideias", *Revista Direito GV* 6-1/104 e 117, janeiro-junho/2010).
4. As seguintes perguntas foram feitas para embasar a análise dos acórdãos: (1) *Qual a decisão citada e de qual Corte?*; (2) *Para qual finalidade o ministro usou o argumento de Direito estrangeiro?*; (3) *O ministro faz uma tentativa de interpretar o argumento de Direito estrangeiro citado?*; (4) *O ministro discorda da decisão que apresenta?*; (5) *A decisão é influenciada pela decisão estrangeira citada?*. Não será analisado se a jurisprudência estrangeira foi utilizada de modo coerente com o acórdão estrangeiro original; trata-se de averiguar, dentro do encadeamento do voto de cada ministro, se o argumento de Direito estrangeiro traz, ou não, maior clareza ao voto.

Alguns ministros mencionam o Direito Comparado em seus votos. *Realizam efetivamente um trabalho de Direito Comparado em seus votos? Será o Direito Comparado válido para afirmar o Direito nacional?*

O Direito Comparado pode ser utilizado para uma melhor compreensão entre os povos e o aperfeiçoamento do Direito nacional.[5] A comparação, como todas as Ciências,[6] possui o escopo último de satisfazer a necessidade de conhecimento do homem. Para comparar é preciso ter conhecimento dos modelos jurídicos objeto da comparação. Contudo, não basta tal conhecimento para efetuar a comparação. A comparação tem o objetivo de ser imparcial, isenta de valoração. A utilização do Direito alienígena como instituição, algo superior ao Direito nacional, viola a finalidade própria da Ciência e pode, nos casos em que é mencionado sem qualquer reflexão posterior, sem que se relacione o direito Estrangeiro com o caso em pauta, ser considerada argumento de autoridade.

Utilizando a expressão "empréstimo"[7] para retratar a decisão de usar leis, doutrina e jurisprudência estrangeiras, baseando-se, ao menos em parte, na autoridade que estas possuem no próprio âmbito jurisdicional, faz-se necessário saber por que esta atividade é problemática. Especialmente quando tratamos de Cortes constitucionais, a "heterogeneidade da lei constitucional e as dificuldades da validação democrática da decisão de adotar leis estrangeiras fazem do 'empréstimo' uma atividade no mínimo problemática".[8]

5. Rodolfo Sacco, *Introdução ao Direito Comparado*, São Paulo, Ed. RT, 2001, p. 26.
6. A definição do Direito Comparado como Ciência foi baseada na obra supracitada de Rodolfo Sacco, na qual vislumbra a diferença entre *método* (conjunto de procedimentos pré-escolhidos para chegar a determinado resultado) e *Ciência* (um campo de indagação, um domínio de dados). Para o autor, a utilização do método comparatista seria limitar a comparação, limitar seus objetivos e seu objeto, pois existem diversos métodos para comparar.
7. Ou *borrowing*, como é utilizado no texto de Carlos F. Rosenkrantz, "Against borrowings and other nonauthoritative uses of foreign law", Oxford University Press and New York University School of Law, *I.CON* 1-2/269-295, 2003.
8. Carlos F. Rosenkrantz, "Against borrowings and other nonauthoritative uses of foreign law", cit., Oxford University Press and New York University School of Law, *I.CON* 1-2/269-295.

O caso do STF, segundo J. Miller, assemelha-se, no que tange à utilização de decisões estrangeiras, à Corte Suprema argentina. Justamente pela semelhança entre os modelos de Constituição argentina e norte-americana, chegou-se a afirmar que "Argentina offers an example not only of the adoption of foreign constitutional model, but of the foreign model quickly becoming an article of faith (...)".[9] O mesmo não pode ser dito aqui quanto à adoção do modelo constitucional, mas sim quanto à utilização de jurisprudência estrangeira como um "artigo de fé".

O "empréstimo", contudo, não é destituído de razão. Conceder autoridade à decisão de uma Corte que está fora das fronteiras nacionais pode ser justificado pela relação de descendência e histórica entre a legislação doméstica e a estrangeira (genealogia). Pelo contexto no qual o "empréstimo" ocorre, pode ser justificado pela necessidade de coerência jurisprudencial, de evitar divergências e decisões múltiplas. Outra justificativa para esta prática seria procedimental, segundo a qual seguiríamos aquilo que foi decidido por outros somente se o procedimento de tais decisões aumentou a confiança nas mesmas.

Apesar das razões para a utilização de jurisprudência estrangeira, permanece o problema da validade. Confiar em decisões estrangeiras equivale a confiar em fonte baseada em outro sistema legal. Adotando julgamentos de Cortes estrangeiras para solucionar casos internos, deixamos muitas vezes de olhar para a própria experiência nacional, mirando-nos no espelho de um País que não reflete nossa identidade. Um dos objetivos do Direito Comparado pode ser indicar influências históricas e oferecer modelos para futuros eventuais "empréstimos". Sendo assim, o intuito deste artigo é ilustrar se a utilização, pelo STF, de decisões de outras Cortes nacionais é enriquecedora, ou se confere complexidade desnecessária às decisões.

---

9. Jonathan M. Miller, "The authority of a foreign Talisman: a study of U.S. constitutional practice as authority in nineteenth century Argentina and the Argentine elite's leap of faith", 46 *Am. U. L. Rev.* 1.485 (1997), cit. por Carlos F. Rozenkrantz, "Against borrowings and other nonauthoritative uses of foreign law", cit., Oxford University Press and New York University School of Law, *I.CON*, 1-2/277.

2. Decisões analisadas

2.1 ADI 3.367-1[10]

Apenas Joaquim Barbosa menciona decisões estrangeiras em seu voto, que considera os três principais argumentos apresentados pela autora.[11] Ao se debruçar sobre o argumento de que a criação do CNJ violaria a separação de Poderes, afirma que o argumento não impressiona, pois "não existe um conceito apriorístico de separação de Poderes"[12] – conceito, este, que teria se adaptado ao longo da História, e que, apesar das ideias de Locke e Montesquieu, os modelos por eles propostos não devem ser seguidos em sua forma original. Para sustentar seu argumento de que a separação de Poderes é, na verdade, uma "dispersão/difusão de Poderes",[13] utiliza as palavras do ex-Juiz da Suprema Corte dos Estados Unidos, Robert Jackson, "em caso de grande importância".[14] Segue trecho selecionado da decisão do caso "Youngstown Sheet & Tube Co. vs. Sawyer (343 U.S 579)", julgado em 1952: "While the Constitution diffuses power the better to secure liberty, it also contemplates that practice will integrate the dispersed

---

10. Trata-se de ação direta de inconstitucionalidade com pedido de liminar na qual a requerente é a Associação dos Magistrados Brasileiros/AMB, voltada contra as partes dos arts. 1º e 2º da EC 45/2004 que exteriorizam normas relacionadas ao CNJ (arts. 103-B; 52, II; 92, 1-A e § 1º; 93, VIII; 102, "r"; e 125, § 8º). Os fundamentos jurídicos do pedido poderiam ser reduzidos a dois argumentos, segundo o relatório do Min. Cézar Peluso: "(a) tanto inegável violação ao princípio da separação e da independência dos Poderes (art. 2º da CF), de que são corolários o autogoverno dos tribunais e a sua autonomia administrativa, financeira e orçamentária (arts. 96, 99 e §§ e 168 da CF), (b) como, ainda, a ofensa ao pacto federativo (arts. 18, 25 e 125), na medida em que submeteu os órgãos do Poder Judiciário dos Estados a uma supervisão administrativa, orçamentária, financeira e disciplinar por órgão da União Federal" (fls. 05). Ademais, pede-se a declaração de inconstitucionalidade do art. 103-B, § 4º, III, pois sua redação final não teria sido submetida a "discussão e votação nas duas Casas do Congresso Nacional, mas apenas do Senado Federal, daí resultando a ofensa ao § 2º do art. 60 da CF" (fls. 06). Liminarmente, a autora pede a suspensão imediata dos dispositivos impugnados na ação, até o julgamento definitivo da causa, principalmente do art.103-B.
11. Conforme a autora, a criação do CNJ (i) violaria a separação de Poderes; (ii) violaria o pacto federativo e (iii) deveria ser rejeitada pelo próprio STF, devido a decisões anteriores contrárias à criação de Conselhos de Justiça em âmbito estadual.
12. Primeira página do voto do ministro Joaquim Barbosa.
13. Quarta página do voto do ministro Joaquim Barbosa.
14. Idem.

powers into a workable government. It enjoins upon its branches separatedness but interdependence, autonomy but reciprocity".[15]

O Ministro concorda com o voto do Juiz norte-americano, mantendo uma linha de raciocínio lógica, uma vez que utilizou este trecho justamente para embasar sua visão sobre a inexistência na Constituição pátria de uma "visão que pugna por uma separação radical dos Poderes, sem nenhum mecanismo de interpenetração".[16] Após refutar os outros argumentos da autora, julga improcedente o pedido.

Ao utilizar as palavras do Juiz Jackson para demonstrar que a separação de Poderes é, na verdade, uma dispersão/difusão de Poderes, o Ministro reafirma suas próprias palavras, lembrando que estamos longe daquela visão que determina uma separação estanque, sem qualquer interpenetração entre os Poderes. A decisão do Ministro não decorre ou é influenciada pelo trecho mencionado, dispensável para o desfecho do voto – o que configura o argumento de autoridade.

2.2 ADPF 54[17]

O voto do Min. Gilmar Mendes é dividido em itens,[18] e a jurisprudência estrangeira é citada nos itens "Direito Pré-Constitucional" e "Cláusula da Subsidiariedade".

15. O próprio Ministro faz uma tradução livre do trecho: "Ao mesmo tempo em que a Constituição dilui o poder para melhor assegurar a liberdade, ela também não negligencia *[o fato de]* que a prática fará dos poderes dispersos uma máquina governamental funcional. Aos Poderes ela impõe separação com interdependência, autonomia com reciprocidade".
16. Quarta página do voto do Min. Joaquim Barbosa.
17. Ajuizada pela Confederação Nacional dos Trabalhadores na Saúde/CNTS, que aponta a violação dos preceitos estabelecidos nos arts. 1º, IV; 5º, II; 6º, *caput*; e 196 da CF. Objetiva-se que com a interpretação conforme a Constituição dos arts. 125, 126 e 128, I e II, do CP pátrio seja declarada inconstitucional, com eficácia *erga omnes*, a interpretação que declara tais artigos como impeditivos da antecipação terapêutica do parto em casos de gravidez de feto anencefálico. No acórdão discute-se o direito da mulher à dignidade e à escolha em contraponto ao direito à vida do feto, apesar da inexistência de qualquer possibilidade de sua sobrevivência, intra ou extrauterina, por inviável. Foram publicados os votos dos seguintes Ministros: Carlos Britto, Carlos Velloso, Cézar Peluso, Ellen Gracie, Eros Grau, Joaquim Barbosa, Gilmar Mendes, Marco Aurélio, Nelson Jobim e Sepúlveda Pertence.
18. "Introdução", "Considerações Preliminares", "Parâmetro de Controle", "Direito Pré-Constitucional", "Cláusula da Subsidiariedade" e "Ainda Algumas Considerações".

No trecho "Direito Pré-Constitucional" o Ministro menciona "cláusulas de recepção" das Constituições brasileiras de 1891, 1934 e 1937, que – assim como as cláusulas das Constituições de Bonn e Weimar – continham disposições acerca do direito pré-constitucional.[19] Segundo o Ministro, o STF já admitiu a possibilidade de analisar, no controle abstrato de normas, a derrogação do direito pré-constitucional devido à sua colisão com a Constituição superveniente. O Tribunal, admitindo o embate entre a nova Constituição e o direito pré-constitucional, reconhecia a incompatibilidade entre o direito pré-constitucional e a nova Constituição. Essa posição teria sido abandonada em favor do entendimento segundo o qual o controle abstrato de normas tem o objetivo de aferir a constitucionalidade de normas pós-constitucionais. Com isso, qualquer colisão entre o direito pré-constitucional e a Constituição nova deveria ser solucionada de acordo com os "princípios de Direito Intertemporal".[20] Assim, caberia ao STF e à jurisdição ordinária examinar a vigência do direito pré-constitucional no âmbito do controle incidente de normas, pois trata-se simplesmente da aplicação do princípio de que lei posterior revoga a anterior, e não de exame de constitucionalidade.

Segundo o Ministro, esse assunto é tratado de modo distinto nos diferentes sistemas jurídicos, e com isso passa a expor o entendimento de diversas Cortes europeias. O primeiro exemplo citado é o que chama de "práxis austríaca", explicando como ocorre o controle abstrato de normas nesse País e mencionando uma série de decisões que se presume da Corte Constitucional austríaca.[21] Segue à experiência austríaca uma explicação da prática alemã, seguida de rol de casos que, a princípio, seriam de tal corte. Os casos, porém, coincidem exatamente com os casos da Corte austríaca. A Corte italiana é a próxima mencionada, nos mesmos moldes, e destaca-se como a Corte, em sua primeira decisão, reconheceu a competência para examinar a constitucionalidade do direito pré-constitucional (Acórdão 1, de 5.6.1956).

---

19. "(a) Assegurava-se, de um lado, a vigência plena do direito pré-constitucional; (b) estabelecia-se, de outro, que o direito pré-constitucional incompatível com a nova ordem perdia a vigência desde a entrada em vigor da nova Constituição" (p. 10).
20. P. 11 do voto.
21. *BVerfGE* 2/124 (130); 2/138, 218; 3/48; 4/339; 6/64; 7/335; 10/58, 127, 131, 159; 11/129; 12/353; 14/65; 15/183; 16/231; 17/162; 18/252.

Após enumerar decisões desses Países, o Ministro faz menção à Constituição portuguesa e ao Tribunal Constitucional espanhol, mencionando somente legislação.[22]

Em conclusão a essa apresentação de jurisprudência estrangeira, o Ministro diz que todos os "modernos tribunais",[23] com exceção do austríaco, buscam "assegurar sua competência para aferir a constitucionalidade das leis pré-constitucionais em face da Constituição vigente"; e, após fazer esse comentário, ainda tece considerações sobre a dinâmica das Cortes espanhola e italiana. Segue a esta conclusão menção à Constituição brasileira de 1988, que "não tratou expressamente da questão relativa à constitucionalidade do direito pré-constitucional".[24]

O Ministro conclui que, como a norma impugnada (o Código Penal, editado em 1940) é pré-constitucional, ela passou a ser incompatível com a Constituição Federal somente com o advento desta. Considerando a anterioridade da norma em relação à Constituição, ficaria evidente a admissibilidade da ação.

Já, no item "Cláusula da Subsidiariedade" o Ministro versa sobre a subsidiariedade da arguição de descumprimento de preceito fundamental frente à disposição do art. 4º, § 1º, da Lei 9.882/1999 ("dispõe sobre o processo e julgamento da arguição de descumprimento de preceito fundamental").[25] Argumenta que não se pode fazer uma interpretação muito literal do artigo mencionado, o que acabaria com o significado prático da arguição de descumprimento de preceito fundamental, apontando que o princípio da subsidiariedade deveria ser entendido no contexto global da Constituição. Após essas considerações, passa à doutrina e à jurisprudência alemãs.

---

22. Art. 282, § 4º, da Constituição portuguesa e Lei Orgânica do Tribunal Espanhol, art. 33, respectivamente.
23. P. 14.
24. Idem.
25. O artigo analisado neste trecho é o seguinte:
"Art. 4º. A petição inicial será indeferida liminarmente, pelo relator, quando não for o caso de arguição de descumprimento de preceito fundamental, faltar algum dos requisitos prescritos nesta Lei ou for inepta.
"§ 1º. Não será admitida arguição de descumprimento de preceito fundamental quando houver qualquer outro meio eficaz de sanar a lesividade."

Após breve análise da Lei Orgânica da Corte Constitucional alemã, o Ministro cita alguns casos do Tribunal Constitucional alemão[26] para dizer que tal Corte, no que tange ao controle de constitucionalidade de normas, é enfática: "Apresenta-se, regularmente, como de interesse geral a verificação sobre se uma norma legal relevante para uma decisão judicial é inconstitucional".

Para reafirmar a necessidade de atenuação do princípio da subsidiariedade, o Ministro cita o exemplo espanhol. Apesar de a legislação ser expressa quanto ao cabimento do recurso de amparo contra atos judiciais desde que já esgotados todos os recursos utilizáveis dentro da via recursal,[27] a jurisprudência espanhola tem entendido que: "(...) la finalidad del requisito exigido en el art. 44, 1, 'a', de la LOTC se há cumplido, *pues el recurso hubiera sido en cualquier caso ineficaz para reparar la supuesta vulneración del derecho constitucional conocido*" (grifos nossos). Estaria, assim, demonstrado que no Direito Espanhol esse princípio também é atenuado.

No último item de seu voto o Ministro tenta apontar de que modo agiria o STF caso se deparasse com um *habeas corpus* em um caso como o em pauta. Lembrando do HC 84.025, no qual o bebê anencéfalo nasceu e faleceu antes do julgamento, o Ministro concluiu que o *habeas corpus*, definitivamente, não é a via mais adequada, posto que, devido à demora para atingir a última instância, a gravidez, pelo avanço de seu estágio, já não poderia ser interrompida. O Ministro indaga se, caso a criança não tivesse nascido, o Tribunal poderia escusar-se de julgar. Responde que não, posto ser o *habeas corpus* admissível, neste caso, como instrumento de proteção à liberdade individual. O Ministro finaliza seu voto argumentando que, se no caso é admissível uma ação individual como o *habeas corpus*, com mais segurança seria admissível a arguição de descumprimento de preceito fundamental. Com isso, vota pelo cabimento da arguição de descumprimento de preceito fundamental.

Os argumentos de Direito estrangeiro não integram a decisão do Ministro, são apenas utilizados como argumento de autoridade para reiterar seu entendimento ou como exemplos, sem nitidez ou erroneamente.

26. *BVerfGE* 62/338 (342); 62/230 (232); 62/117 (144); 91/93 (106) (p. 28).
27. Lei Orgânica do Tribunal Constitucional, art. 44, I.

2.3 HC 73.351-4[28]

O Min. Ilmar Galvão inicia seu voto com a transcrição do auto de prisão em flagrante, que descreve como foi obtida a interceptação telefônica e como foi interceptado o carregamento da cocaína e transcreve o acórdão que julgou o caso. Cita, a seguir, julgamento do STF no HC 69.912, cujo Relator foi o Min. Sepúlveda Pertence, que apreciou questão análoga. O acórdão citado pelo Ministro faz menção ao Direito Comparado, assim como à jurisprudência estrangeira.[29] O Min. Ilmar Galvão não faz qualquer menção à jurisprudência estrangeira, apenas citada, pois optou pela transcrição de boa parte do *habeas corpus* acima mencionado.

O Min. Sepúlveda Pertence, para reiterar seu entendimento sobre o absurdo de impossibilitar a juntada da gravação da escuta telefônica e aceitar, simultaneamente, que ela seja a fonte de toda a prova colhida, utiliza argumento de Direito estrangeiro. Segundo o Ministro, o mesmo implicaria a inutilização da garantia do sigilo às comunicações.

28. Julgamento de *habeas corpus* no qual foi obtida informação de modo ilícito, por meio de escuta telefônica. Essa prova, uma vez seguida pela Polícia, resultou na apreensão de carregamento de cocaína. O art. 5º, XII, da CF determina ser inviolável o sigilo das comunicações telefônicas, exceto por ordem judicial. A Lei de Telecomunicações (Lei 4.117/1962) garante a inviolabilidade da telecomunicação e regulamenta (art. 56) o que é crime de violação de telecomunicação; e diz não constituir crime de violação de telecomunicação "a receptação de telecomunicação dirigida por quem diretamente ou como cooperação esteja legalmente autorizado" (art. 57, I). A lei não teria sido recepcionada pela Constituição de 1988, por ser anterior. Portanto, o art. 5º da CF penderia de regulamentação, sendo ilícita a utilização de prova do tipo *escuta telefônica*, ainda que obtida mediante autorização judicial. Soma-se a proibição da utilização de prova ilícita no processo penal (art. 5º, LVI, da CF). Os ministros questionam se a prova ilícita no processo contaminaria todas as que a ela se seguiram, contrariando ou concordando com a tese do *fruit of the poisonous tree* ("frutos da árvore envenenada"), segundo a qual todas as provas obtidas a partir de uma prova contaminada passam a ser, assim como a primeira, inutilizáveis no processo, por ilícitas.

29. "O Direito Comparado prestigia essa recusa da doutrina à pretendida receptação, no ponto, do Código Brasileiro de Telecomunicações: na América do Norte, como na Europa, as leis que regem a autorização judicial à escuta telefônica para fins de investigação criminal, fiéis à natureza de exceção à garantia constitucional que a permissão há de ter, são todas minuciosas, começando pela enumeração taxativa dos delitos cuja repressão possibilitará, em tese, a interceptação, e determinam disciplina procedimental rígida do pedido, da autorização e da execução de diligência, de modo a restringi-la ao estritamente necessário."

A decisão citada foi "Nordone *vs*. United", de 1939, da Suprema Corte americana. O Ministro cita trecho em Inglês da decisão, não explicitando de qual juiz é, mencionando apenas que: "Continuo convencido da correção da assertiva da Suprema Corte americana, em 'Nordone *vs*. United', de 1939, de que 'to forbid the direct use of methods (...) but to put no curb on their full indirect use only invite the very method deemed inconsistent with ethical standarts ans destructive of personal liberty'". Após esse trecho não há tradução para o Português.

Interessante notar que o Min. Sepúlveda Pertence em ambos os *habeas corpus* utiliza decisões diferentes da mesma Corte para justificar seu apoio à doutrina do *fruit of the poisonous tree*.

O trecho do voto do Ministro, apesar de ser coerente com o restante, não tem conexão com os outros parágrafos. Esse trecho é utilizado para reiterar o entendimento que já havia deixado claro no início de seu voto, assim como no restante dele, o que torna a menção à decisão estrangeira dispensável para a conclusão do argumento do Ministro, que defere o *habeas corpus* baseando seu voto no argumento das provas ilícitas.

2.4 HC 82.424-2[30]

Aqui, assim como no acórdão analisado no item 2.5, são comparados votos que utilizaram a mesma decisão estrangeira.[31] Os argu-

---

30. O paciente do HC Sigfried Ellwanger Castan foi acusado da prática do crime de racismo em face do povo judeu, devido à autoria da obra *Holocausto: Judeu ou Alemão? Nos Bastidores da Mentira do Século*, que retrata o holocausto como algo inventado pelos judeus. Enquanto o autor reivindica sua posição como pesquisador e revisionista histórico, os impetrantes buscam demonstrar que a obra possui conteúdo claramente antissemita e, portanto, racista. O julgamento do STF analisa se o povo judeu poderia, ou não, ser considerado raça – sendo o termo "raça" considerado por alguns ministros como social e histórico, e por outros como conceito biológico, segundo o qual a espécie humana não comportaria subdivisões. Caso os judeus não fossem considerados uma raça, não haveria racismo. Analisou-se também o conflito entre o direito à liberdade de expressão do paciente e a dignidade da pessoa humana por parte do povo judeu.
31. Diversos ministros utilizam decisões estrangeiras em seus votos nesse acórdão. Desse modo, foi possível elaborar análise comparativa das decisões mencionadas por mais de um ministro. A análise mais detida dos votos pode ser encontrada em monografia elaborada para a Escola de Formação da *sbdp*, disponível em *http://www.sbdp.org.br/ver_monografia.php?idMono=84*.

mentos dos ministros foram comparados, para exemplificar as diferenças de argumentação. Destaco nesse acórdão o voto do Min. Moreira Alves, apresentado no item 2.4.3. O Ministro menciona decisão estrangeira como contraponto ao caso concreto, adequando a decisão estrangeira apresentada à argumentação de seu voto, e reconhece a necessidade de cautela quando da utilização do Direito Comparado na argumentação jurídica nacional. Ao demonstrar esse receio, apontado na introdução, e ao cotejar a decisão estrangeira ao voto no HC 82.424-2, o Ministro apresenta linha argumentativa coerente, que é nitidamente influenciada pela decisão estrangeira apresentada.[32]

2.4.1 "United States vs. Lemrick Nelson" (citado pelos Mins. Maurício Corrêa e Nelson Jobim)

O Min. Maurício Corrêa acredita que, apesar de não serem os judeus uma raça, devem ser protegidos pela legislação antirracismo, indeferindo o *habeas corpus*. Já, o Min. Nelson Jobim acredita que os judeus constituem uma raça, indeferindo o *habeas corpus* argumentando que o crime do paciente é imprescritível.

O caso concreto aponta que os judeus não são uma raça, mas nem por isso deixariam de ser protegidos de qualquer forma de discriminação, o que se coaduna com o argumento do Min. Maurício Corrêa.

2.4.2 "Mandla and Another vs. Dowell Lee and Another" (citado pelos Mins. Maurício Corrêa, Nelson Jobim e Gilmar Mendes)

O argumento do Min. Maurício Corrêa é o mesmo utilizado para o caso "United States *vs.* Lemrick Nelson", assim como ocorre no voto do Min. Nelson Jobim, uma vez que ambos têm a mesma conclusão.

---

32. Excerto do voto do Min. Moreira Alves no HC 82.424-2: "(...) quero fazer algumas considerações sobre os preceitos colhidos no Direito Comparado, tendo eu reservas quanto à interpretação do Direito nacional com base no Direito estrangeiro, porquanto as tradições jurídicas, o raciocínio jurídico, o sistema jurídico e o ordenamento jurídico estão estreitamente vinculados com os aspectos culturais de um povo" (p. 608).

Quanto a Gilmar Mendes, utiliza a jurisprudência para dizer que o racismo não pode ser conceituado juridicamente a partir da referência de raça, mas sim enquanto fenômeno social e histórico complexo. O Ministro indefere o *habeas corpus*.

O caso aponta que os *sikhs* são um grupo racial, devido às suas origens étnicas. Deste modo, não poderia ter a mesma conclusão do caso "United States *vs.* Lemrick Nelson", que aponta justamente o contrário. A argumentação de Gilmar Mendes seria a mais relacionada com o caso citado.

2.4.3 *"R.A.V.* vs. *City of Saint Paul"*
(citado por Moreira Alves e Marco Aurélio e paralelo com Celso de Mello, caso "Virginia vs. *Black et Al.")*

O Min. Moreira Alves utiliza o caso como contraponto, para dizer que no HC 82.424-2 não existe a necessidade da ponderação entre a liberdade de expressão e o racismo, pois a discussão é sobre se o caso trata de crime imprescritível (racismo), ou não. Ele defere o *habeas corpus*, apontando para a inexistência de crime de racismo. O Min. Marco Aurélio defere o *habeas corpus* pelo mesmo motivo.

Num paralelo com o voto do Min. Celso de Mello, nota-se a decisão da Suprema Corte dos Estados Unidos da América no caso "Virginia *vs.* Black et Al.", no qual o ato de queimar cruzes representaria, inserido no contexto da sociedade norte-americana, uma manifestação de ódio. Em "R.A.V" um menor é protegido pela liberdade de expressão, o que o permite queimar cruzes no jardim de residência de família negra. Interessante notar a discrepância dos julgamentos apontados pelos ministros. O Min. Gilmar Mendes afirma que a liberdade de expressão encontra limites impostos pela própria jurisprudência norte-americana, mas não cita casos nos quais essa restrição ocorre.

2.4.4 *Decisão de 1987 sobre a sinagoga pichada*
(citado por Maurício Corrêa, Moreira Alves e Nelson Jobim)

O Min. Maurício Corrêa conclui os três casos citados da mesma maneira. Igualmente o fazem os Mins. Moreira Alves e Nelson Jobim.

2.4.5 "Schenk vs. United States" (citado por Celso de Mello e Gilmar Mendes)

Gilmar Mendes cita o caso para afirmar que a colisão entre direitos fundamentais deve ser resolvida no caso concreto, utilizando o princípio da proporcionalidade. Já, Celso de Mello utiliza o caso para destacar o caráter relativo da liberdade de expressão.

2.5 ADI 3.510[33]

2.5.1 "Roe vs. Wade" (citado pelos Mins. Menezes Direito, Marco Aurélio e Gilmar Mendes)

O Min. Menezes Direito menciona o caso, especificamente o voto do Juiz Harry Blackmun, ao tratar da necessidade de se adotar uma espécie de "convenção" para estipular as diversas fases no processo de reprodução humana. O Juiz norte-americano teria adotado uma dessas "convenções" para estabelecer em qual momento passaria a haver um direito à vida do feto, que não pode ser violado, mesmo se sopesado com o direito da mãe. Após mencionar essa decisão, aponta que o Min. Carlos Britto fez o mesmo em seu voto, ao comparar a vida de um embrião *in vitro* ao embrião implantado no útero de uma mulher. O Ministro conclui o raciocínio apontando que a escolha de um marco seria arbitrária, e declara a lei parcialmente inconstitucional.

---

33. O requerente é o Procurador-Geral da República, que impugna o art. 5º da Lei 11.105/2005 (Lei de Biossegurança), que, segundo o autor, contraria o direito à vida e a dignidade da pessoa humana. Reza o artigo:
"Art. 5º. É permitida, para fins de pesquisa e terapia, a utilização de células-tronco embrionárias obtidas de embriões humanos produzidos por fertilização *in vitro* e não utilizados no respectivo procedimento, atendidas as seguintes condições: I – sejam embriões inviáveis; ou II – sejam embriões congelados há 3 (três) anos ou mais, na data da publicação desta Lei, ou que, já congelados na data da publicação desta Lei, depois de completarem 3 (três) anos, contados a partir da data de congelamento.
"§ 1º. Em qualquer caso, é necessário o consentimento dos genitores.
"§ 2º. Instituições de pesquisa e serviços de saúde que realizem pesquisa ou terapia com células-tronco embrionárias humanas deverão submeter seus projetos à apreciação e aprovação dos respectivos comitês de ética em pesquisa.
"§ 3º. É vedada a comercialização do material biológico a que se refere este artigo e sua prática implica o crime tipificado no art. 15 da Lei n. 9.434, de 4 de fevereiro de 1997."

O Min. Marco Aurélio cita a decisão devido à desnecessidade de se tratar do tema "aborto" no caso em pauta, mencionando que a decisão tornou irrelevante a discussão sobre a constitucionalidade da pesquisa de células-tronco nos Estados Unidos, uma vez que a Suprema Corte declarou que a proteção à vida do feto apenas ocorre quando de sua viabilidade extrauterina (o que ocorre a partir da 24ª semana de gestação). O Ministro julga o pedido improcedente.

Já, o Min. Gilmar Mendes cita a decisão como exemplo da resolução de questões relevantes da sociedade decididas não pelos representantes eleitos pelo povo, mas por Cortes constitucionais. O Ministro declara a Lei 11.015/2005 constitucional, mas com reservas.

Nenhuma das decisões mencionadas nesse acórdão é influenciada pela decisão da Corte norte-americana em "Roe vs. Wade", utilizada como argumento de autoridade no voto do Min. Menezes Direito e mencionada como mero exemplo, sem conexão com o caso concreto, nos votos dos Mins. Marco Aurélio e Gilmar Mendes.

3. Considerações finais

Há diversos modos de utilizar decisões proferidas por Cortes estrangeiras. Um caso decidido em outro País pode, por exemplo, fazer parte de uma linha argumentativa que leva a uma conclusão lógica acerca de determinado tema. Pode, igualmente, integrar uma extensa lista de julgamentos sem que haja necessariamente um ponto em comum entre eles, para que o voto pareça ter base sólida. Ao longo deste artigo pude perceber que, com uma exceção,[34] tais decisões foram utilizadas com dois objetivos principais: reiterar o entendimento do ministro a respeito de determinado assunto ou simplesmente para que constassem um ou mais casos estrangeiros no decorrer do voto, sem que isso acrescentasse qualquer melhora. Tentou-se, aqui, longe

---

34. Voto do Min. Moreira Alves no "Caso Ellwanger". Devido à escolha de apresentar apenas votos de ministros que citavam a mesma decisão estrangeira, não foram analisados aqui todos os votos dos acórdãos apresentados. Destaco, contudo, o voto do Min. Joaquim Barbosa na ADI 3.510, no qual menciona o Direito Comparado, aponta uma decisão e leis de diversos Países e conclui apontando as diferenças e semelhanças entre elas, num esforço de comparar conscientemente o material utilizado.

de esgotar o tema, demonstrar que alguns ministros do STF em determinados acórdãos utilizam decisões estrangeiras sem que o argumento integre o voto.

O que, então, acrescentaria uma "melhora" ao voto? Um voto coerente, que segue uma linha de raciocínio contínua, com início, desenvolvimento e conclusão conectados entre si, é ideal. Qualquer acréscimo, portanto, deve ter sempre como objetivo fazer do voto um texto claro, linear, e que estabeleça vínculos entre o que foi apresentado e o motivo da decisão final.

Um caso estrangeiro poderia ser citado dentro de uma linha argumentativa que tenta atingir determinado objetivo, utilizando-o como exemplo ou, mesmo, como contraponto. Isso, porém, não foi observado. Uma vez apresentado o argumento de Direito estrangeiro, a decisão do ministro poderia dele decorrer, ou não. Em nenhum dos votos a decisão decorreu do caso estrangeiro citado. Enquanto em alguns dos votos era feito um rol de diversos casos estrangeiros sem que houvesse qualquer preocupação em comentar ou, mesmo, concluir algo a respeito, em outros, apesar de haver certa coerência entre o caso e o trecho do voto no qual se encontrava, para a decisão final fazia-se totalmente dispensável o argumento de Direito estrangeiro.

O fato de a legislação aplicada ser diversa, ao menos em casos onde é necessária a ponderação de princípios que se encontram no mesmo patamar, não apresenta problemas. Conhecer a argumentação de alguém que analisou previamente uma questão polêmica pode ser de grande valia. Seria necessário, porém, reflexão a respeito do tema. O que pude observar nos votos lidos foi o descaso dos ministros quanto ao uso da jurisprudência estrangeira. Enquanto alguns se limitaram a citar diversos casos, sem qualquer reflexão posterior, outros apenas utilizaram frases de juízes estrangeiros que se fazem desnecessárias, por não trazerem qualquer inovação se comparadas àquilo que já havia sido apresentado pelo próprio ministro.

A questão principal deste artigo não é a utilização, ou não, da jurisprudência estrangeira. Ter contato com visões provenientes de diversas Cortes a respeito de um problema que é também local não é problemático. Porém, utilizar julgamentos para reiterar determinado entendimento é desnecessário.

Com relação à expressão "Direito Comparado", diversos trechos de votos a mencionam. Nenhum deles, porém, menciona a expressão

"Direito estrangeiro". Qual seria o motivo da preferência pela expressão "Direito Comparado"?

Ao utilizar a expressão "Direito Comparado" o ministro não admite utilizar algo que não é válido no Brasil para solucionar um caso concreto. Falar em Direito Comparado pressupõe algum tipo de reflexão a respeito do tema, uma vez que comparar exige possuir alguma noção a respeito da dinâmica do País com o qual se compara. Direito Comparado indica algo elaborado e cristalizado, enquanto Direito estrangeiro seria apenas uma informação incorporada ao voto.

A expressão "Direito estrangeiro" indica um Direito que não vale no Brasil. Se a lei do País estrangeiro concede respostas diferentes aos problemas constitucionais existentes no País que "empresta" sua jurisprudência, parece não fazer sentido utilizá-la. Ademais, há o problema da validade (ou da não validade) da regulamentação constitucional alienígena no País. A lei constitucional possui ligação com a própria estrutura da sociedade, o que não pode ser simplesmente transferido para outro País. Segundo Rosenkrantz: "The conscious adoption of foreign constitutional law as binding law by a constitutional authority or a judge are both cases in which the most basic themes of our interpersonal lives are decided by people with whom we are not politically related and who are not members of the same political entity".[35]

Faz-se uma ressalva com relação ao trecho acima: o mesmo somente aconteceria se a jurisprudência estrangeira mencionada fosse o argumento que direcionou o ministro a tomar determinada decisão. Vimos, porém, que isso não ocorreu nos votos apresentados. Seria dispensável tecer qualquer comentário a respeito de algo que, se não influencia a decisão dos ministros, poderia ser simplesmente ignorado?

Não. É necessário que haja algum motivo pelo qual os ministros utilizam esse tipo de argumento. Se a princípio a utilização da jurisprudência estrangeira não traz benefício ao voto, não deve ser utilizada. Poderíamos, portanto, apresentar algum tipo de oposição à uti-

---

35. Carlos Rosenkrantz, "Against borrowings and other nonauthoritative uses of foreign law", cit., Oxford University Press and New York University School of Law, *I.CON* 1-2/269-295.

lização das decisões estrangeiras. Primeiramente, como é possível observar com a leitura dos votos, o uso desse tipo de jurisprudência traz uma complexidade adicional. É muito mais difícil para uma pessoa leiga entender a decisão quando citados casos internacionais, já que a clareza não é necessariamente característica de um cenário no qual a lei estrangeira não é familiar. Ademais, o uso da jurisprudência estrangeira, de certo modo, impede a utilização da jurisprudência nacional, atrapalhando o desenvolvimento do uso de precedentes da própria Corte.

Acredito que será sempre mais interessante que autoridades cujo dever é julgar aspectos concernentes à Contituição brasileira se preocupem primordialmente com aquilo que está dentro da cultura constitucional nacional, ao invés de buscar argumentos fora da realidade do País. Após essa primeira etapa, a utilização de jurisprudência estrangeira é de extrema valia somente se integrar o voto de modo coerente. Com isso haveria melhora significativa na linha argumentativa dos votos e, consequentemente, melhor aproveitamento quando de sua utilização futura como precedente. Ademais, mencionar decisões de Cortes internacionais das quais o Brasil é membro também poderia ter efetiva influência na ordem jurídica nacional.

Bibliografia

BRASIL. Endereço eletrônico do STF (*www.stf.jus.br*).

ROSENKRANTZ, Carlos. "Against borrowings and other nonauthoritative uses of foreign law". Oxford University Press and New York University School of Law. *I.CON* 1-2/269-295. 2003.

SACCO, Rodolfo. *Introdução ao Direito Comparado*. São Paulo, Ed. RT, 2001.

SILVA, Virgílio Afonso da, e WANG, Daniel Wei Liang. "Quem sou eu para discordar de um ministro do STF? O ensino do Direito entre argumento de autoridade e livre debate de ideias". *Revista Direito GV* 6-1/95-118. Janeiro-junho/2010.

Acórdãos citados: ADI 3.367-1 e 3.510; ADPF 54; HC 73.351-4 e 82.424.

MEDIDAS UTILIZADAS PELO STF PARA ACELERAR UM JULGAMENTO POLÍTICO – ALGUMAS MUDANÇAS INTRODUZIDAS PELA CORTE NO "CASO DO MENSALÃO" (INQ 2.245 E AP 470)[*-1]

NATÁLIA LOPES COSTA

1. Introdução. 2. Delimitação do tema. 3. Resumo do caso e seu estágio atual. 4. Os aspectos destoantes do processo: 4.1 Desmembramento do processo – 4.2 A imposição de prazos para juízes de primeira instância – 4.3 O pedido de dedicação exclusiva – 4.4 Embargos de declaração: sem interrupção à causa – 4.5 Intimação por telefone – 4.6. Núcleo de Processamento Criminal – 4.7 Digitalização do processo – 4.8 Comprovação da necessidade dos depoimentos de testemunhas no Exterior – 4.9 Limite de prazo para autoridade depor. 5. Medidas recentemente utilizadas. 6. O Ministro-Relator do caso: Joaquim Barbosa. 7. Conclusões.

* *Resumo*: Foi possível observar, através da leitura de notícias e do acompanhamento de jurisprudência, que o STF tem adotado providências inovadoras no Inq 2.245 e na AP 470, correspondentes ao que ficou conhecido como "Caso do Mensalão". Este é um caso bastante grande, pois possui 40 indiciados, mais de 300 testemunhas, envolve algumas pessoas políticas e trata de ação penal de competência originária da Corte. Tendo em vista as circunstâncias e a complexidade do caso, buscamos, no presente artigo, analisar as medidas inovadoras a fim de verificar as justificativas utilizadas e se o STF tem extrapolado, ou não, sua competência.

Palavras-chave: Ações Penais; Celeridade Processual; Separação dos Poderes; Supremo Tribunal Federal.

1. O presente artigo foi desenvolvido a partir de monografia apresentada à *sbdp* como trabalho de conclusão do curso da Escola de Formação do ano de 2009, sob a orientação de Ana Mara Machado. A versão original encontra-se disponível no endereço *http://www.sbdp.org.br/ver_monografia.php?idMono=143*.

1. Introdução

Dificilmente no STF algum político foi condenado,[2] e alguns possíveis motivos para isso se devem à grande quantidade de recursos na esfera penal, que fazem com que o andamento do processo seja lento, à dificuldade de provar determinados crimes e também à prescrição, que, no entender deste artigo, é a razão principal para esta falta de condenação, visto que os outros problemas repercutem nela.

A prescrição corresponde à perda do direito de punir pela inércia do Estado, que não o exercitou dentro do lapso temporal previamente fixado;[3] extingue a punibilidade dos réus sem analisar o mérito da decisão e reflete uma incapacidade estatal de não julgar os processos em tempo eficiente.

Temos visto, contudo, que o STF tem se empenhado[4] no sentido de agilizar suas decisões, já que muitas não chegam ao fim.

---

2. De acordo com a notícia veiculada pelo jornal *O Globo* no dia 10.6.2007, disponibilizada no sítio *http://oglobo.globo.com/pais/noblat/posts/2007/06/18/em-137-acoes-ninguem-punido-62192.asp* no dia 29.10.2009, "levantamento feito pelo *Globo* em processos criminais abertos de 1968 até hoje (período em que há registros disponíveis) revela que foram iniciados pelo menos 137 processos criminais contra deputados, senadores, ministros de Estado e Presidente da República. A análise da papelada ajuda a entender por que o Tribunal passou até hoje em branco. Há processos que atravessaram uma década e não chegaram ao fim". Neste sentido também existe uma entrevista da *IstoÉ*, disponibilizada no sítio *http://www.conjur.com.br/2009-jun-13/gilmar-mendes-alvo-movimento-organizado* no dia 31.10.2009, em que a *IstoÉ* afirma para o Min. Gilmar Mendes que o STF nunca condenou um parlamentar e este responde: "Não é verdade. No passado, vamos encontrar pessoas que foram condenadas ou absolvidas. Mas, especialmente após a Constituição de 1988, os processos estavam parados. Esses processos só retomaram o seu curso normal a partir de 2002, 2003. Então, esse discurso é falso. Estamos cheios de lenda urbana, porque estamos no meio de uma luta política em que mesmo pessoas sem formação jurídica, às vezes de formação jurídica não suficiente, transformaram-se em lutadores". Vê-se que o levantamento do *Globo* afirma que nestes últimos 40 anos não houve condenação de parlamentar pelo STF, único período temporal em que se disponibilizam os processos, e que o Min. Gilmar Mendes, apesar de negar que o STF nunca tenha condenado parlamentar, não se refere a nenhum caso concreto em que isso tenha acontecido.

3. Luiz Régis Prado, *Curso de Direito Penal Brasileiro*, 8ª ed., vol. 1, São Paulo, Ed. RT, 2008, p 657.

4. Conforme tabela disponibilizada no sítio, no dia 20.11.2010 (*http://www.stf.jus.br/portal/cms/verTexto.asp?servico=estatistica&pagina=pesquisaClasse*), observamos que nos últimos anos foram julgadas mais ações penais do que foram protocoladas.

2. Delimitação do tema

O presente trabalho parte da constatação de que a lentidão nos processos criminais no STF é um dos fundamentais motivos para a falta de condenação de políticos.

Tendo isto em vista, nos propusemos a analisar um processo que consideramos "paradigmático", que consiste no Inq 2.245 e na AP 470, correspondentes ao que ficou conhecido como o "Caso do Mensalão".

Nós o consideramos dessa forma pois, além de ser um caso político, que possui dentre os acusados membros dos Poderes federais, Executivo e Legislativo, é um processo bastante grande, que atualmente possui 39 réus (antes eram 40) e no qual foram ouvidas aproximadamente 600[5] testemunhas de defesa e 41 de acusação.[6] Dessa forma, muita chance existiria, em decorrência de seu tamanho, de os crimes prescreverem e o STF não conseguir julgar no tempo necessário. Ocorre que esse processo tem sido bastante explorado pela mídia, e pudemos perceber que o STF tem se empenhado em agilizar seu trâmite processual.

A fim de verificar como está agindo neste caso, nos propusemos a ler notícias da Internet, tendo em vista que nem tudo do processo, que possui grande volume, é disponibilizado na Internet.[7] Através dessa leitura, observamos que o STF, sobretudo o Relator do caso, Min. Joaquim Barbosa, estaria tomando algumas medidas diferentes,[8] se comparadas com outros processos do Supremo, no sentido de acelerar o julgamento desse processo, a fim de que não ocorra a prescrição.

No sítio do STF pesquisamos no *link* "Jurisprudência" os acórdãos relacionados com o tema "Mensalão". Algumas medidas, por sua vez, foram descobertas apenas pela leitura de notícias; no sítio do *Consultor Jurídico* pesquisamos todas as relacionadas com o mesmo termo "Mensalão".

---

5. Notícia disponibilizada no sítio *http://www.conjur.com.br/2010-abr-09/depois-dois-anos-juizes-concluem-oitivas-testemunhas-mensalao* no dia 26.9.2010.
6. Notícia disponibilizada no sítio *http://www.conjur.com.br/2008-jul-24/pelu so_suspende_audiencias_acao_penal_mensalao* no dia 25.9.2010.
7. São apenas disponibilizados os acórdãos e alguns despachos; o processo integral digitalizado é acessível apenas às partes e respectivos advogados.
8. Estas medidas foram classificadas como "diferentes" pois muitas delas foram utilizadas pela Corte pela primeira vez e outras, ainda que já tivessem sido usadas, possuem novos argumentos que as justifiquem.

A análise dessas medidas foi o principal enfoque do trabalho. Parte-se da pergunta para nortear o estudo: *Quais são as medidas utilizadas pelo STF para acelerar o julgamento do "Caso do Mensalão"?*. Buscou-se, primeiramente, nas escolhas decididas pelo Pleno, separar a decisão de cada ministro e extrair sua *ratio decidendi*.[9] Nas medidas não decididas pelo Pleno apenas analisamos os principais argumentos existentes, seja em despachos encontrados, seja nos fatos a que as notícias se referiam.

Segundo a classificação proposta por este artigo, os tipos de argumentos para a análise da *ratio decidendi* e dos argumentos principais são: (i) político; (ii) técnico; e (iii) anormal. Por *argumento político* entendemos ser algum argumento que enalteça a importância política ou histórica do caso, em decorrência dos fatos ou das pessoas envolvidas; por *argumento técnico* entendemos ser aquele que tenha suporte em algum dispositivo legal; e, por fim, entendemos que o *argumento anormal* seja aquele utilizado apenas para este processo, pelo fato de ser um processo muito grande. É importante ressaltar que dentro desta classificação existe a possibilidade de argumentos mistos, que estejam enquadrados em mais de uma classificação.

Buscou-se, a partir da delimitação dos argumentos, esclarecer: (i) se estes argumentos encontram respaldo na legislação, e estaria o STF, portanto, apenas objetivando dar um bom andamento ao processo; (ii) se a tomada dessas medidas pode ferir alguns dispositivos constitucionais; (iii) se o STF estaria extrapolando sua competência através dessas medidas; (iv) se poderia haver algum fundamento político nessas medidas.

Antes de adentrarmos o mérito das medidas, é importante que se compreenda os principais fatos do "Caso do Mensalão".

---

9. A *ratio decidendi* de uma decisão consiste na linha argumentativa principal que pode ser utilizada como precedente, de acordo com o artigo "Precedentes e processo decisório em uma Corte Suprema: uma análise do caso brasileiro", de Evorah Cardoso, Ana Mara Machado e Adriana Vojvodic, *ANPOCS* outubro/2008. E difere da *obter dictum*, que por sua vez, corresponde aos argumentos secundários, expressa opinião dos ministros, mas não produz efeito na solução de casos futuros, segundo a pesquisa *Cláusula de Barreira: uma Análise da Jurisprudência do STF a Partir da Constituição Federal de 1988*, de Rafaela Aparecida Emetério Ferreira Barbosa, monografia da Escola de Formação da *sbdp* de 2008, disponível em http://www.sbdp.org.br/arquivos/monografia/133_Rafaela%20Barbosa.pdf, p. 4.

3. Resumo do caso e seu estágio atual[10]

Em maio/2005 foi divulgado pela Imprensa vídeo na qual o ex-chefe do Departamento de Compras e Contratações da Empresa Brasileira de Correios e Telégrafos, Maurício Marinho, solicitava e também recebia vantagem indevida para beneficiar um suposto empresário interessado em negociar com os Correios. No decorrer da negociação gravada, Maurício Marinho expôs um suposto esquema de corrupção de agentes públicos existente naquela empresa pública, e citou o então Presidente do Partido Trabalhista Brasileiro/PTB, Roberto Jefferson.

Acuado, Roberto Jefferson divulgou, inicialmente para a Imprensa, detalhes do esquema de corrupção de parlamentares do qual fazia parte, afirmando que parlamentares que compunham a chamada "Base Aliada" recebiam, periodicamente, recursos do Partido dos Trabalhadores/PT em razão do seu apoio ao Governo Federal, constituindo o que se denominou "Mensalão". De acordo com o ex-Deputado, existiu um loteamento político dos cargos públicos em troca de apoio às propostas do Governo.

Foi aberto o Inq 2.245, em agosto/2005, no STF, a fim de melhor investigar tais acusações. Em março/2006 o Procurador-Geral da República denunciou 40 pessoas, acusadas de envolvimento no esquema. De acordo com o Procurador-Geral, o esquema funcionava como uma organização criminosa dividida em três núcleos: o político-partidário, o publicitário e o financeiro. O primeiro núcleo[11] foi composto pelos dirigentes máximos do PT, e seu objetivo era o de negociação de apoio político, pagamento de dívidas pretéritas do Partido e também de custear gastos de campanha e outras despesas do PT e dos seus aliados. O segundo núcleo recebia vantagens indevidas de integrantes do Governo Federal e de contratos com órgãos públicos, e atuava através da empresa de Marcos Valério, um dos integrantes do

---

10. De acordo com a denúncia disponibilizada no dia 12.9.2009 no sítio *http://s. conjur.com.br/dl/mensalao.pdf*.
11. O núcleo principal ofereceu e pagou quantia de dinheiro a diversos parlamentares federais, principalmente dirigentes partidários, para receber apoio do Partido Progressista/PP, do Partido Liberal/PL, do Partido Trabalhista Brasileiro/PTB e parte do Partido do Movimento Democrático Brasileiro/PMDB (informação disponível no dia 20.11.2010 no sítio *http://s.conjur.com.br/dl/mensalao.pdf*).

núcleo. O terceiro núcleo, por fim, foi facilitador das operações de "lavagem de dinheiro".

Com bases nessas afirmações, a denúncia foi recebida e deu origem à AP 470 do STF, que contém, no total, 40 réus. No trâmite da ação penal os réus já foram interrogados, as 41 testemunhas de acusação também já ouvidas, bem como aproximadamente 500 testemunhas de defesa espalhadas por 14 Estados brasileiros, além do Distrito Federal, e 3 testemunhas no Exterior. Atualmente a fase do processo é a de diligências, e em breve abrirá prazo para as alegações finais de cada acusado.[12]

4. Os aspectos destoantes do processo

Passaremos à análise das medidas adotadas no curso do processo do "Mensalão" que destoam do regular procedimento do STF.

4.1 Desmembramento do processo

O desmembramento, previsto nos arts. 76 e 80 do CPP e 5º, LXXVIII, da CF, consiste na separação de parte da documentação de um ou mais processos para a formação de novo processo. Os precedentes do STF[13] sempre foram no sentido de desmembrar processos grandes. No caso do "Mensalão", na segunda Questão de Ordem do Inq 2.245[14] houve uma mudança de posicionamento da Corte Suprema, pois foi decidido pelo não desmembramento do processo.

Considerando a classificação proposta, o tipo de argumento predominante na decisão de desmembramento foi o argumento técnico, aquele que possuiu uma preocupação maior em se justificar através da

---

12. Cf. notícia disponibilizada no dia 24.9.2010 no sítio *http://www.conjur.com.br/2010-ago-14/noticias-justica-direito-jornais*.
13. AP 336-TO, rel. Min. Carlos Velloso, j. 1.9.2004, *DJU* 10.12.2004; AP 351-1-SC, rel. Min. Marco Aurélio, j. 12.8.2004, *DJU* 17.9.2004; Inq/QO 1.7816-GO, rela. Min. Ellen Gracie, j. 11.6.2003, *DJU* 1.8.2003; Pet/QO 2.020-1-MG, rel. Min. Néri da Silveira, j. 8.8.2001, *DJU* 31.8.2001; Pet 3.100-TO, rel. Min. Carlos Velloso, j. 1.3.2004; Inq/QO 5.592-MG, rel. Min. Néri da Silveira, *DJU* 25.3.1994 – informação tirada dos argumentos do Min. Gilmar Mendes na questão de ordem em análise.
14. Disponibilizado no dia 25.9.2010 no sítio *http://redir.stf.jus.br/paginador/paginador.jsp?docTP=AC&docID=494486*.

lei. Contudo, pudemos observar que os argumentos técnicos chegaram a conclusões diferentes, visto que alguns ministros acreditam que a unidade processual traria maior celeridade ao julgamento – como o Relator, Min. Joaquim Barbosa –, enquanto outros – como, por exemplo, a Min. Ellen Gracie – acreditam que o processo desmembrado tramitaria de forma mais rápida.

Outra inferência importante em relação ao julgamento desta questão de ordem refere-se aos argumentos políticos. Embora estes não sejam maioria, é bastante explícito para alguns ministros o reconhecimento quanto à importância do caso. O Min. Eros Grau comenta que a Corte tem o dever de se ocupar do presente caso.

A "importância" de um caso é uma opinião dos ministros, que não possui base legal e se revela arbitrária. Esse tipo de argumento pode ser preocupante, já que é mais difícil de ser controlado nas decisões e traz insegurança jurídica ao ordenamento.

4.2 A imposição de prazos para juízes de primeira instância

A imposição de prazos para juízes de primeira instância foi uma medida que poderia ser justificada pelo art. 251 do CPP, e afirma que cabe ao juiz prover a regularidade do processo e manter a ordem no curso dos respectivos atos. Há a possibilidade de o Ministro-Relator delegar atos de instrução a juízes e desembargadores, a qual foi discutida na primeira Questão de Ordem na AP 470[15] e é prevista no art. 9º, § 1º, da Lei 8.038/1990 e também no art. 239, § 1º, do RISTF. No despacho[16] da AP 470 feito por Joaquim Barbosa, o Ministro delega a oitiva das testemunhas e organiza as oitivas em prazos sequenciais.

Acreditamos que a imposição de prazos no processo corresponde a um argumento anormal, já que se justifica pelo tamanho do processo e pela quantidade de testemunhas, mas que auxilia o bom andamento do feito, pois cria parâmetro aos juízes para o cumprimento de determinado ato. Não consideramos tal medida abusiva, mas apenas parâmetro com fins de organização das diligências processuais.

15. Disponibilizada no dia 25.10.2010 no sítio *http://redir.stf.jus.br/paginador/paginador.jsp?docTP=AC&docID=515115*.
16. Disponibilizado no dia 25.10.2009 no sítio *http://www.stf.jus.br/portal/processo/verProcessoAndamento.asp?incidente=11541*.

4.3 O pedido de dedicação exclusiva

O pedido de dedicação exclusiva aos juízes e desembargadores trata dos mesmos dispositivos da medida anterior, a possibilidade de delegação de atos instrutórios. Em despacho[17] presente na AP 470, o Ministro-Relator determina a expedição de ofício aos Presidentes do TRF-1ª Região e do TRF-3ª Região solicitando-lhes que examinem a possibilidade de os respectivos Magistrados delegatários se dedicarem com exclusividade à realização das diligências de oitiva de testemunhas.

O pedido de dedicação exclusiva parece um pouco abusivo, pois demonstra uma pretensão por parte do Ministro-Relator de privilegiar um caso em detrimento de outros, aqueles que os outros juízes devem julgar.

4.4 Embargos de declaração: sem interrupção à causa

O Código de Processo Penal é omisso, e o CPC prevê no art. 583, *caput*, que a interposição de embargos de declaração interrompe o prazo para outro recurso. A proposta do Min. Cézar Peluso partiu desse dispositivo, que por analogia deve ser aplicado em processos penais, e o interpretou no sentido de que deveria apenas interromper a interposição de outros recursos, e não o andamento do processo. Não foram encontrados precedentes sobre isso.

De acordo com a ementa da decisão,[18] a unanimidade do Plenário acolheu a proposição do Min. Cézar Peluso. A decisão pautou-se sobretudo por argumentos anormais, tendo em vista o tamanho do processo e a dificuldade que traria se todos os embargos de declaração interpostos interrompessem os outros atos de instrução processuais.

Esta medida poderá interferir no direito de ampla defesa e contraditório dos réus, no sentido de interrogar os acusados sem a devida

---

17. Despacho disponibilizado no dia 25.10.2009 nos andamentos processuais da AP 470, no sítio *http://www.stf.jus.br/portal/processo/verProcessoAndamento. asp?incidente=11541*.
18. Questão discutida na decisão de recebimento da denúncia, disponibilizada no dia 20.9.2010 no sítio *http://redir.stf.jus.br/paginador/paginador.jsp?docTP= AC&docID=494478*.

apreciação de uma das questões. Pensamos que tal medida se justifique apenas se, no caso de algumas questões virem a ter outro entendimento, alguns atos de instrução puderem ser pleiteados novamente, não sendo decididos definitivamente antes das decisões dos embargos.

4.5 Intimação por telefone

Não existe previsão legal no Código de Processo Penal nem no Código de Processo Civil. Algumas pessoas citam o art. 154 do CPC, que trata do princípio da instrumentalidade das formas. Também não existem precedentes no STF, apenas na Justiça do Trabalho esta intimação foi considerada válida, em recurso de revista (RR 519.987/1998),[19] se não houver prejuízo entre as partes, e precedente no STJ (REsp 655.437)[20] que declara que a intimação por telefone não substitui a intimação prevista no Código de Processo Civil, pois não atende ao requisito de certeza.

Não foram encontrados atos processuais em que se permitiu a intimação por telefone. Apenas notícias[21] que informaram esta atitude por parte do Min. Joaquim Barbosa.

Como não foi possível dispor dos argumentos que levaram o Relator a utilizar esta medida no STF, o que podemos inferir é que esta medida nunca foi utilizada pelo STF, que se justifica por meio de argumento anormal. Esta medida pode trazer bastante insegurança jurídica, pois não existe certeza de que a pessoa certa foi intimada.

4.6. Núcleo de Processamento Criminal

Esta medida relaciona-se com o art. 363 do RISTF, que regulamenta a instituição de resoluções por parte do Presidente do STF. O

---

19. Disponibilizada no dia 15.11.2009 no sítio http://www.jusbrasil.com.br/jurisprudencia/3557860/recurso-de-revista-rr-519987-519987-19988-tst.
20. Disponibilizado no dia 30.10.2009 no sítio http://www.stj.jus.br/SCON/jurisprudencia/doc.jsp?livre=655437&&b=ACOR&p=true&t=&l=10&i=2.
21. Notícias disponibilizadas nos sítios http://www.stf.jus.br/portal/processo/verProcessoAndamento.asp?incidente=11541 e http://www.conjur.com.br/2009-fev-18/atitudes-cupula-judiciario-combatem-distribuicao-desigual-justica no dia 20.10.2009.

Núcleo de Processamento Criminal foi instituído pelo Presidente do Supremo, Gilmar Mendes, na Resolução 385, de 17.11.2008.[22]

A ideia do Núcleo, conforme notícia[23] existente no próprio sítio do STF, é dar mais atenção aos processos criminais e combater a morosidade e a impunidade, fazendo com que as ações tramitem de forma mais rápida e eficaz, evitando prescrição de crimes. O "Caso do Mensalão" terá interferência direta desta providência.

A criação deste tipo de Núcleo é uma prerrogativa do Presidente do STF, e deverá servir a todas as ações penais que passam pelo Supremo, tendo em vista as dificuldades que estas possuem para ser julgadas. O Presidente não extrapolou função prevista no Regimento Interno, pois está tentando melhorar o andamento das ações penais, de um modo geral.

4.7 Digitalização do processo

A Lei 11.419/2006 dispõe sobre a informatização do processo judicial, e em seu art. 1º afirma ser admitido o uso de meio eletrônico na tramitação de processos judiciais, na comunicação de atos e transmissão de peças processuais.

Em Questão de Ordem no Inq 2.245[24] decidiu-se pela primeira vez[25] a digitalização de processo no STF, a fim de disponibilizar simultaneamente às partes e demais ministros da Corte, via Internet, os documentos dos autos do Inq 2.245, com exceção dos documentos protegidos pelo sigilo bancário. Há predominância de argumentos anormais na decisão por esta medida, e a grande justificativa é o tamanho do caso, que ficaria bastante prejudicado se não fosse digitalizado.

Ao mesmo tempo em que é uma medida utilizada pela primeira vez no STF, é método que tem sido bastante utilizado em outras instâncias e é meta almejada por todo o Judiciário brasileiro.

---

22. Disponibilizada no dia 20.10.2009 em *http://buziosp1.stf.gov.br/ARQUIVO/ NORMA/RESOLUCAO385-2008.PDF*.
23. Disponibilizada no dia 20.10.2009 em *http://www.stf.jus.br/portal/cms/ver NoticiaDetalhe.asp?idConteudo=106502&caixaBusca=N*.
24. Disponibilizada no dia 20.10.2009 em *http://redir.stf.jus.br/paginador/pagi nador.jsp?docTP=AC&docID=494484*.
25. De acordo com notícia disponibilizada no dia 24.9.2010 em *http://www. conjur.com.br/2009-fev-17/noticias-justica-direito-jornais-terca-feira*.

4.8 Comprovação da necessidade dos depoimentos de testemunhas no Exterior

O dispositivo[26] que mais se assemelha com essa providência é o art. 222-A do CPP, acrescentado pela Lei 11.900/2009, que afirma que as cartas rogatórias só serão expedidas se demonstrada previamente sua imprescindibilidade. Na quarta Questão de Ordem na AP 470[27] a maior parte dos argumentos foi, segundo a classificação proposta, de argumentos técnicos e anormais.

O Min. Celso de Mello sugeriu o critério de fixar seis meses para a oitiva de qualquer testemunha no Exterior como alternativa para a vigência de lei, para que essa comprovação de necessidade de oitiva de testemunha não fosse uma exigência. Ademais, ficou decidido, com a interferência do Relator, que, além de declarar constitucional o art. 222-A do CPP, afirmando, com isso, o dever de comprovar a necessidade da oitiva da testemunha no Exterior, o prazo de seis meses para esta oitiva, sugerido pelo Min. Celso de Mello, também deveria vigorar. O STF teria inovado no ordenamento ao criar um critério para a oitiva de testemunhas no Exterior.

4.9 Limite de prazo para autoridade depor

O art. 221 do CPP enuncia as autoridades que poderão ajustar com o juiz o local, o dia e a hora em que devem ser inquiridas. Este artigo, porém, não apresenta nenhum critério para este ajuste. Não existem precedentes, pois é uma medida nova na Corte.

A ciência desta medida utilizada pelo STF foi tomada por meio de notícias, já que não foi possível encontrar o julgado a que as notícias se referem. Tal medida, conforme notícia veiculada pelo OAB de São Bernardo do Campo,[28] visa a limitar as prerrogativas de determi-

---

26. Outros dispositivos também são envolvidos com a medida: art. 5º, LIV e LV, da CF, que garantem a todos os acusados o devido processo legal, a ampla defesa e o contraditório; art. 8º, 2, "c" e "f", do Pacto de São José da Costa Rica.
27. Disponibilizado no dia 30.10.2009 em http://redir.stf.jus.br/paginador/paginador.jsp?docTP=AC&docID=603316.
28. Foi disponibilizada nos sítios http://www.oab-sbc.org.br/noticias-exibicao.php?noticia=11826 e http://supremoemdebate.blogspot.com/2009/10/stf-limita-o-prazo-para-autoridade.html, no dia 30.10.2009.

nadas autoridades, arroladas no art. 221 do CPP, e também a agilizar o andamento de processos.

Observa-se que o STF buscou inovar no ordenamento jurídico com esta medida, ao criar um critério não previsto em lei. Embora este instrumento não tenha sido criado dentro do "Caso do Mensalão", o influenciará diretamente, e pode ter recebido influências do caso para a decisão.

5. Medidas recentemente utilizadas[29]

O trâmite do processo, desde o final de 2009, não tem sido tão rápido em decorrência de problemas de saúde do Ministro-Relator, Joaquim Barbosa, que tem se ausentado com frequência da Corte.[30] Alguns réus estão recorrendo a respeito de algumas decisões, como, por exemplo, o terceiro Agravo Regimental na AP 470,[31] requerendo o desmembramento do processo, questão já discutida nos autos; bem como a requisição feita na sexta Questão de Ordem na AP 470,[32] de oitiva de testemunha que foi procurada em três endereços fornecidos pelo acusado e não foi encontrada. Por esse motivo, o Relator negou o pedido de inquirição da testemunha.

Roberto Jefferson, um dos réus do caso, teve diversos pedidos analisados na quinta Questão de Ordem na AP 470,[33] e todos os pedidos foram negados. O Min. Joaquim Barbosa, em decorrência desses pedidos, queria representar na OAB contra o advogado de Roberto Jefferson,[34] por considerá-los protelatórios, pois, além da alegação das mais diversas nulidades, a defesa do réu tentou a anulação de todo o processo.

29. Pesquisa realizada no dia 1.9.2010 nos sítios do STF e do CONJUR.
30. Notícia disponibilizada no dia 26.9.2010 em *http://www.conjur.com.br/2010-ago-05/supremo-redistribuir-processos-urgentes-ministros-licenca*.
31. Disponibilizado no dia 26.9.2010 em *http://redir.stf.jus.br/paginador/paginador.jsp?docTP=AC&docID=613858*.
32. Disponibilizada no dia 26.9.2010 em *http://redir.stf.jus.br/paginador/paginador.jsp?docTP=AC&docID=613861*.
33. Acórdão disponibilizado no dia 25.9.2010 em *http://redir.stf.jus.br/paginador/paginador.jsp?docTP=AC&docID=613860*.
34. Notícia disponibilizada no dia 25.9.2010 em *http://www.conjur.com.br/2010-abr-09/stf-enviara-peticoes-roberto-jefferson-oab-tomar-providencias*.

Temos observado que a repressão aos expedientes protelatórios bem como a preocupação com a celeridade deste caso ainda são evidentes. Ademais, este é um dos poucos casos em que o Min. Joaquim Barbosa tem se esforçado para dar andamento,[35] tendo em vista seu período de ausência na Corte por motivos de saúde.

6. O Ministro-Relator do caso: Joaquim Barbosa

Buscamos neste trabalho tentar compreender as influências do Ministro-Relator no "Caso do Mensalão", seu papel num caso grande e político como este. Também se procurou analisar o diferencial do Ministro como Relator deste processo em relação aos outros ministros e se sua atuação enquanto Relator facilitou as mudanças ocorridas no caso.

Em relação à sua biografia,[36] o Min. Joaquim Barbosa foi nomeado para o STF pelo Presidente Luiz Inácio Lula da Silva, em junho/2003. Antes de ser nomeado Ministro, exerceu alguns cargos da Administração Pública, dentre os quais foi membro do Ministério Público Federal de 1984 a 2003.

O sítio *Análise Justiça*[37] ao fazer considerações sobre a personalidade de Joaquim Barbosa no STF, destacou alguns atributos que o diferem dos demais ministros: grande experiência na Acusação; carreira destacada no serviço público; visão severa em matéria penal; jurisprudencialista e legalista; alinhado a teses econômicas.

No "Caso do Mensalão" foi bastante importante analisarmos a postura do Min. Joaquim Barbosa, pois ele foi considerado o grande responsável pelo recebimento da denúncia, como pudemos verificar

---

35. Tendo em vista a pouca frequência com que o Ministro tem se apresentado na Corte, v. notícia disponibilizada no dia 25.9.2010, em *http://www.conjur.com.br/2010-ago-09/joaquim-barbosa-retorna-stf-quando-estiver-curado*, e os recentes julgamentos feitos por ele no "Caso do Mensalão".
36. Disponibilizado no dia 3.11.2009 em *http://www.stf.jus.br/arquivo/cms/sobreStfComposicaoComposicaoPlenariaApresentacao/anexo/CV_Min_Joaquim_Barbosa_15092010.pdf*.
37. Reportagem disponibilizada, no dia 23.2.2009 no sítio *http://www.analisejustica.com.br/anuario/supremotribunalfederal/osministrosdostf/joaquimbarbosa.php?acao3_cod0=085ae8cad11451959845ffd677e5f8be*.

nos seguintes trechos de notícias: "Nada mais republicano que tratar todos como iguais perante a lei, como fez o Min. Joaquim Barbosa, do STF" (trecho publicado em reportagem da revista *IstoÉ*);[38] "Três ex-Ministros e toda a cúpula do PT viram réus. O STF renova a esperança de acabar com a impunidade dos corruptos e o Min. Joaquim Barbosa se torna um herói" (trecho publicado em reportagem da revista *Veja*).[39]

O art. 21 do RISTF trata de competências que o relator possui no processo. Entre elas está a função de ordenar e dirigir o processo. Os votos dos demais ministros da Corte são proferidos após o voto inicial do relator, ou seja, a partir da interpretação do caso feita por ele.[40] No "Caso do Mensalão", por possuir um grande número de páginas e volumes, torna-se bastante difícil que os outros ministros tenham grande contato com o processo. Os ministros ficaram ainda mais sujeitos ao resumo do processo e às interpretações feitas por Joaquim Barbosa.

Não existe uma pessoa que seja totalmente imparcial, e diversos são os critérios para que um juiz construa sua decisão e colha seus argumentos. O Min. Joaquim Barbosa, como antigo membro da Procuradoria-Geral da República, em que exerceu a função de denunciar e acusar diversos casos, pode ser influenciado, em suas decisões, pelos interesses sociais e pela necessidade de reprimir o crime de uma forma mais rígida.

7. Conclusões

A partir das medidas delimitadas em nosso estudo, nos propusemos a verificar: (i) se os argumentos dos ministros encontram respaldo na legislação – e o STF, portanto, estaria apenas objetivando dar bom andamento ao processo; (ii) se a tomada dessas medidas pode ferir alguns dispositivos constitucionais; (iii) se o STF estaria extra-

---

38. Notícia disponibilizada no dia 29.10.2009 no sítio *http://www.terra.com.br/istoe/edicoes/1989/artigo67959-1.htm*.
39. Notícia disponibilizada no dia 30.10.2009 no sítio *http://veja.abril.com.br/050907/p_054.shtml*.
40. Idem.

polando sua competência através dessas medidas; (iv) se poderia haver algum fundamento político nessas medidas.

Vimos que as medidas utilizadas no "Caso do Mensalão" são distintas umas das outras, e, por esse motivo, possuem justificativas diversas para terem sido escolhidas, de modo que não podemos simplificá-las e abordá-las da mesma maneira.

A maioria destas medidas mencionadas não possui respaldo legal concreto, mas possui algum dispositivo legal amplo que possibilita essa decisão. Essas medidas, se não forem controladas ou devidamente justificadas, podem ferir direitos de ampla defesa, contraditório, o princípio da legalidade e também a segurança jurídica.

Acreditamos que o Supremo tem suporte para inovações jurídicas, sobretudo em leis abstratas que possibilitam certa discricionariedade por parte da Corte. Contudo, o STF deve fazer uso de sua argumentação para a tomada de qualquer decisão, seja ela com base estritamente legal, ou não.

Ainda que o Supremo possa interferir em alguns direitos e princípios constitucionalmente previstos, pensamos que é saudável que essa Corte não seja inerte, esperando os outros Poderes, e possa utilizar medidas diferentes, se forem bem justificadas. É saudável a existência de uma Corte mais ativista e mais atuante, quando necessário. Se houver grande extrapolação, o Poder Legislativo tem a possibilidade de propor uma lei que regule determinada medida de forma diversa da proposta pelo STF.

Por mais que não seja do âmbito do STF ou do Min. Joaquim Barbosa, Relator do caso, tentar solucionar problemas de morosidade processual, a nosso ver, estas medidas são válidas se forem bem justificadas, sobretudo em relação aos argumentos políticos e anormais, que necessitam ser mais bem fundamentados que os técnicos.

Os acusados, em grande parte, antes de se verem livres da punição por motivo de prescrição, têm vontade de ser julgados, a fim de que se prove a culpa ou a inocência e para que o processo tenha uma duração razoável, princípios previstos na Constituição. Em meu entender, essa necessidade de julgar os casos com celeridade pode, algumas vezes, se sobrepor a outros princípios constitucionais, como o da segurança jurídica e do contraditório.

Bibliografia

BARBOSA, Rafaela Aparecida Emetério Ferreira. *Cláusula de Barreira: uma Análise da Jurisprudência do STF a Partir da Constituição Federal de 1988.* Monografia da Escola de Formação da *sbdp* de 2008. Disponível em: http://www.sbdp.org.br/arquivos/monografia/133_Rafaela%20Barbosa.pdf.

CARDOSO, Evorah, MACHADO, Ana Mara, e VOJVODIC, Adriana. "Precedentes e processo decisório em uma Corte Suprema: uma análise do caso brasileiro". *ANPOCS*, outubro/2008.

PRADO, Luiz Régis. *Curso de Direito Penal Brasileiro.* 8ª ed., vol. 1. São Paulo, Ed. RT, 2008.

Sites: http://www.analisejustica.com.br; http://www.conjur.com.br ; http://www.terra.com.br/istoe ; http://www.stf.gov.br; http://veja.abril.com.br.

Acórdãos citados: AP/QO-4 470, AP/QO-5 470 e AP/QO-6 470; Decisão de Recebimento da Denúncia; Inq/QO-1 2.245, Inq-QO-2 2.245.

A ARGUMENTAÇÃO DO STF AO ALTERAR NORMAS VIA INTERPRETAÇÃO CONFORME A CONSTITUIÇÃO[*-1]

PEDRO GUILHERME LINDENBERG SCHOUERI

1. Introdução. 2. Método. 3. Análise de acórdãos – "Dos Direitos e Deveres Individuais e Coletivos": 3.1 ADI/MC 1.194/1996: 3.1.1 Resumo do caso – 3.1.2 A interpretação conforme a Constituição no caso – 3.1.3 O embasamento constitucional – 3.1.4 A argumentação feita pelos ministros para justificar a interpretação conforme dada (análise da argumentação propriamente dita) – 3.1.5 Conclusões sobre o caso – 3.2 ADI/MC 1.719/1997: 3.2.1 Resumo do caso – 3.2.2 A interpretação conforme a Constituição no caso – 3.2.3 O embasamento constitucional – 3.2.4 A argumentação feita pelos ministros para justificar a interpretação conforme dada (análise da argumentação propriamente dita) – 3.2.5 Conclusões sobre o caso. 4. Análise de acórdãos – "Dos Princípios Gerais da Atividade Econômica": 4.1 ADI 234/1995: 4.1.1 Resumo do caso – 4.1.2 A interpretação conforme a Constituição no caso – 4.1.3 O embasamento constitucional – 4.1.4 A argumentação feita pelos ministros para justificar a interpretação conforme dada (análise da argumentação propriamente dita)

* *Resumo*: Analisou-se crítica e aprofundadamente a aplicação da interpretação conforme a Constituição em casos de alteração normativa. Para tanto, foram criados critérios que auxiliam uma melhor compreensão do papel desempenhado pelo instituto nos contextos dos "Direitos e Deveres Individuais e Coletivos" e dos "Princípios Gerais da Atividade Econômica". Verificaram-se tanto diferenças de aplicação nos diferentes contextos como também tendências que se repetem em todos os casos.

Palavras-chave: Alteração Normativa; Análise Argumentativa; Direitos e Deveres Individuais e Coletivos; Interpretação Conforme a Constituição; Princípios Gerais da Atividade Econômica; Supremo Tribunal Federal.

1. O presente artigo foi desenvolvido a partir de monografia apresentada à *sbdp* como trabalho de conclusão do curso da Escola de Formação do ano de 2008, sob a orientação de Henrique Motta Pinto. A versão original encontra-se em *http://www.sbdp.org.br/monografias_ver.php?idConteudo=128*.

– *4.1.5 Conclusões sobre o caso. 5. Resultados e discussões das análises dos acórdãos: 5.1 As tabelas: 5.1.1 A interpretação conforme assume posição central no debate? – 5.1.2 O embasamento constitucional da modificação normativa ficou claro? – 5.1.3 A fundamentação dada para a modificação normativa foi suficiente? – 5.1.4 Motivação primordialmente doutrinária, extrajurídica ou outra?. 6. Análise. 7. Outros resultados.*

1. Introdução

O STF modifica normas via interpretação conforme a Constituição.[2] Este artigo pretende verificar de que maneira se dá esse processo, buscando compreender qual é o papel nele desempenhado pela argumentação dos ministros.

Em que medida essas modificações normativas são decorrências da Constituição ou de outros fatores? Até onde a Corte se preocupa em apresentar uma sólida argumentação? Podem ser identificados casos em que o STF se preocupa mais com sua fundamentação?

O tema assume especial relevância tendo-se em vista o papel da argumentação na legitimação de decisões e, especialmente, de alterações normativas. Não menos importante é poder vislumbrar como a Suprema Corte trata, na prática, sua competência para fazer modificações normativas, uma vez que tradicionalmente ela rejeita o rótulo de *legislador positivo*.[3]

Outra contribuição é explicitar a forma e a função atribuídas pelo STF ao instituto da interpretação conforme a Constituição.

2. Método

Este artigo é baseado em monografia apresentada pelo autor à Escola de Formação em 2008. Consiste em uma análise argumentativa aprofundada de um recorte do grupo total de acórdãos nos quais

---

2. Conforme pesquisado por Leonardo de Aguiar Silveira, *A Interpretação Conforme a Constituição Permite a Alteração de Normas?*, monografia da Escola de Formação da *sbdp*, São Paulo, 2007 (disponível em *http://www.sbdp.org.br/ver_monografia.php?idMono=104*).
3. Victor Marcel Pinheiro, *O STF como Legislador Negativo*, monografia de conclusão da Escola de Formação, São Paulo, *sbdp*, 2006 (disponível em *http://www.sbdp.org.br/ver_monografia.php?idMono=90*).

houve alteração normativa via interpretação conforme a Constituição.[4] O total de 74 acórdãos levantados até 2007 foi dividido entre os capítulos da Constituição; foram analisados os oito referentes aos "Direitos e Deveres Individuais e Coletivos", além dos quatro referentes aos "Princípios Gerais da Atividade Econômica". Os demais acórdãos não foram considerados.

Para cada um dos 12 acórdãos foi feito, primeiramente, um resumo, que identifica os elementos necessários para a compreensão geral do caso, além dos principais pontos de controvérsia que envolvem a interpretação conforme.

Em seguida identificaram-se essa interpretação conforme e a modificação normativa feita. Isso permitiu que fosse exposta a justificativa constitucional dada pelo STF para a utilização do instituto.

No próximo passo analisou-se, caso a caso, o desenvolvimento da argumentação dos ministros, verificando sua consistência e evidenciando seus pontos fortes e fracos. Com isso, acumularam-se indícios que permitem julgar, em cada caso, se houve respeito ao ônus argumentativo necessário para a legitimação de uma modificação normativa feita pelo Poder Judiciário.

Em uma etapa seguinte foram elencadas as principais conclusões da análise. Com elas elaborou-se uma tabela comum a todos os casos, que permite sua comparação, além de facilitar a visualização de conclusões. Na tabela constam quatro perguntas, as quais devem ser entendidas da seguinte maneira:

1. A interpretação conforme a Constituição assume posição central no debate? Acerca dela são travados debates, ou ela aparece de maneira subsidiária, constando tão somente do voto vencedor em alguma rápida passagem?

2. O embasamento constitucional da modificação normativa ficou claro? Os ministros explicitam qual é a norma constitucional que deu embasamento para sua alteração normativa? Aqui não se analisa a pertinência dessa norma, mas tão somente sua existência.

A existência de uma norma constitucional que dê embasamento à modificação normativa é elemento *sine qua non* para a legitimidade

---

4. Acórdãos, esses, fornecidos por Leonardo de Aguiar Silveira, *A Interpretação Conforme a Constituição Permite a Alteração de Normas?*, cit.

do procedimento. Ademais, analisa-se aqui o instituto da interpretação conforme a Constituição, razão pela qual se espera que haja referência a uma norma constitucional.

3. A fundamentação dada para a modificação normativa foi suficiente? O Tribunal cumpriu seu ônus argumentativo e justificou a pertinência entre a norma constitucional levantada e a modificação normativa feita via interpretação conforme? Não se analisa se houve ampla discussão; afinal, cada caso pode exigir mais ou menos discussão e exercício argumentativo, dependendo de sua complexidade. O que interessa saber é: a Corte provou que a modificação decorre da Constituição?

4. A motivação é primordialmente doutrinária ou extrajurídica? Por *motivação doutrinária* entende-se o conjunto de motivações apontadas pela doutrina (e, muitas vezes, pelo próprio Tribunal) para a adoção da interpretação conforme. Respeito à obra do legislador, supremacia das normas constitucionais e presunção de constitucionalidade são exemplos não exaustivos. *Motivos extrajurídicos* são aqueles que não se fundam nos critérios anteriores, mas em outros estranhos ao campo jurídico em sentido estrito. Motivações de ordem política ou social, por exemplo.

Com o intuito de ilustrar este artigo, e para maior clareza, foram selecionadas para integrá-lo 3 das 12 análises especialmente relevantes (mantendo-se a proporção de 2 para 1 entre os capítulos constitucionais). Além da relevância própria, essas análises cumprem o papel de explicitar a maneira como se chegou às conclusões das demais análises efetuadas na monografia original, já que elas foram consideradas na elaboração das conclusões deste artigo.

3. Análise de acórdãos
– *"Dos Direitos e Deveres Individuais e Coletivos"*

3.1 ADI/MC 1.194/1996

3.1.1 Resumo do caso

A Confederação Nacional da Indústria impetrou ação direta de inconstitucionalidade contra diversos dispositivos do Estatuto da Advocacia e a OAB, Lei 8.906/1994.

Dentre as diversas polêmicas levantadas pelo caso, a que nos diz respeito neste artigo relaciona-se com o art. 21 e seu parágrafo único da citada lei:

"Art. 21. Nas causas em que for parte o empregador, ou pessoa por este representada, os honorários de sucumbência são devidos aos advogados-empregados.

"*Parágrafo único. Os honorários de sucumbência percebidos por advogado-empregado de sociedade de advogados são partilhados entre ele e a empregadora, na forma estabelecida em acordo*" (grifos nossos).

A impetrante defende que "a verba de sucumbência pertence à parte vencedora da ação (...)",[5] e não ao advogado-empregado.

Dentre os diversos argumentos levantados para justificar tal afirmativa destacam-se os seguintes. A finalidade da verba sucumbencial é recompor o patrimônio da parte vencedora. Caso contrário restaria ferido o inciso XXII do art. 5º da CF, que assegura o direito de propriedade. Além disso, essa destinação da verba criaria obstáculos ao acesso à Justiça, ferindo o art. 5º, XXXV, da CF. Outro argumento levantado é o de que restaria ferido o direito adquirido (art. 5º, XXXVI, da CF), já que houve alteração de normas obrigacionais que não previam a destinação da verba sucumbencial ao advogado-empregado.[6]

3.1.2 *A interpretação conforme a Constituição no caso*

Em seu voto, o Min. Maurício Corrêa (Relator) não se aprofunda nas questões propostas pela impetrante, mas levanta outro ponto.

Segundo seu entendimento, houve "exagero" ao impugnar a íntegra do art. 21. Isso porque os honorários advocatícios seriam direitos disponíveis, podendo ser objeto da mais ampla liberdade de contratar.[7]

O Ministro dá, então, interpretação conforme à expressão "os honorários da sucumbência são devidos aos advogados-empregados",[8]

---

5. Relatório do Min. Maurício Corrêa, ADI/MC 1.194, p. 5.
6. Relatório do Min. Maurício Corrêa, ADI/MC 1.194, pp. 5 e 6.
7. Voto do Min. Maurício Corrêa, ADI/MC 1.194, p. 15.
8. *Caput* do art. 21 da referida lei.

para que se entenda que os honorários de sucumbência não são direitos indisponíveis do advogado. Dessa forma, a lei teria caráter meramente supletivo da vontade das partes, que poderiam dispor de maneira diversa.

3.1.3 O embasamento constitucional

"(...) os honorários advocatícios se constituem em direito disponível e, assim, podem ser objeto da mais ampla liberdade de contratar, o que a Constituição permite e estimula."[9]

Essa é a única passagem constante no voto do Min. Maurício Corrêa capaz de dar embasamento constitucional à sua interpretação conforme. É possível que ele entenda que só estará satisfeito o princípio constitucional da liberdade de contratar caso se compreendam os honorários advocatícios como direitos disponíveis.

Contudo, esse raciocínio não está expresso no voto, e é fruto de um esforço interpretativo para compreender qual seria o embasamento constitucional dado pelo Ministro. É possível que não tenha havido preocupação em basear a premissa na Constituição.

3.1.4 A argumentação feita pelos ministros para justificar a interpretação conforme dada (análise da argumentação propriamente dita)

Como anteriormente citado, a interpretação conforme dada pelo Min. Maurício Corrêa não se relaciona com os argumentos trazidos na inicial, mas com a premissa por ele levantada de que os honorários advocatícios são direitos disponíveis. Como decorrência desse "fato", ele defende que, em princípio, a verba de sucumbência pertence ao advogado-empregado, mas que pode haver disposição em contrário. Por isso, entende que a expressão "os honorários da sucumbência são devidos aos advogados-empregados" deve ser entendida com a ressalva de que pode haver disposição contratual em contrário.

O primeiro ponto que merece ser questionado diz respeito à questão enfrentada pelo Ministro. Ele não rebateu, em momento algum, o

9. Voto do Min. Maurício Corrêa, ADI/MC 1.194, p. 15.

argumento da inicial – segundo o qual a verba de sucumbência pertenceria à parte vencedora, e não ao advogado-empregado. Nada foi dito para sustentar que a verba pertence ao advogado-empregado.

Após tomar como ponto de partida que a verba sucumbencial pertence ao advogado-empregado, o Ministro sustenta que se trata de um direito disponível, e é esse o entendimento que ele utiliza para fundamentar sua interpretação conforme. Contudo, como já evidenciado, tal entendimento não tem base constitucional sólida.

3.1.5 Conclusões sobre o caso

Em um primeiro momento tem-se a impressão de que, nesse caso, o STF se posicionou de maneira a manter a opção feita pelo legislador de que a verba sucumbencial pertence ao advogado-empregado, ressalvando apenas que pode haver disposição em contrário.

Contudo, a Corte afastou a proteção legal aos advogados-empregados, que, pelo Estatuto da OAB, tinham como indisponível o direito aos honorários da sucumbência. A partir daqui, é lícito que as empresas imponham como condição de contratação que os honorários da sucumbência sejam delas.

É certo que isso mantém a prática até então adotada. Mas a lei tinha em vista modificar tal prática, pretensão barrada pela Corte, que não se baseou, como visto, em dispositivos constitucionais.

O grande problema deste acórdão é a fundamentação. Não houve preocupação em procurar bases constitucionais para a decisão, assim como não ficou explicitado o motivo da interpretação conforme dada – ou seja, por qual motivo os honorários sucumbenciais seriam direitos disponíveis.

Do exposto acima podem ser extraídos os seguintes resultados:

A interpretação conforme assume posição central no debate?	Não
O embasamento constitucional da modificação normativa ficou claro?	Não
A fundamentação dada para a modificação normativa foi suficiente?	Não
A motivação é primordialmente doutrinária, extrajurídica ou outra?	Extrajurídica

3.2 ADI/MC 1.719/1997

3.2.1 Resumo do caso

O Conselho Federal da OAB propôs ação direta de inconstitucionalidade contra o art. 90 da Lei 9.099/1995: "Art. 90. As disposições desta Lei não se aplicam aos processos penais cuja instrução já estiver iniciada".

O impetrante sustenta que tal norma feriria o princípio da retroatividade da lei penal mais benigna (art. 5º, XL, da CF). Afinal, o corpo normativo em questão contém normas de conteúdo tanto processual quanto material penal. O artigo impugnado não faz diferenciação entre tais tipos de normas, de forma a afastar a retroatividade de seus comandos de natureza material criminal.[10]

A relevância da questão reside no fato de que "as Cortes superiores vêm sendo chamadas a julgar dezenas de *habeas corpus* impetrados contra juízes que insistem em dar preferência à determinação infraconstitucional em detrimento da Lei Fundamental".[11]

Vale ressaltar, ainda, que o STF já havia fixado o entendimento[12] de que a Lei 9.099 detém preceitos de natureza material penal e que tais preceitos, sendo normas penais mais benéficas, deveriam ter aplicação imediata e eficácia retroativa.

3.2.2 A interpretação conforme a Constituição no caso

Os próprios impetrantes sugerem, como pedido alternativo à suspensão integral do art. 90, que se dê interpretação conforme a Constituição para declarar que o artigo não incide quando se estiver diante de dispositivo de natureza material penal da lei em questão.

O Relator acata integralmente esse entendimento.

3.2.3 O embasamento constitucional

A base constitucional que sustenta tal modificação ocorrida por meio da interpretação conforme é, justamente, o princípio constitucional da retroatividade da lei penal mais benéfica (art. 5º, XL, da CF).

---

10. Relatório do Min. Moreira Alves, ADI/MC 1.719, p. 5.
11. Relatório do Min. Moreira Alves, ADI/MC 1.719, p. 5.
12. Na Questão de Ordem suscitada no Inq 1.055.

3.2.4 A argumentação feita pelos ministros para justificar a interpretação conforme dada (análise da argumentação propriamente dita)

"Não há dúvida da relevância da fundamentação do pedido de liminar no tocante a que o disposto no art. 90 da Lei n. 9.099, de 26.9.1995, só se aplica às normas estritamente processuais desse diploma legal, não alcançando as de conteúdo penal, em virtude do princípio constitucional da retroatividade da lei penal mais benigna (art. 5º, XL, da Carta Magna). Assim já decidiu esta Corte, por seu Plenário, no Inq n. 1.055, Relator o eminente Min. Celso de Mello, e no HC 74.305, de que fui Relator"[13] (grifos nossos).

A argumentação feita no caso foi, objetivamente, bastante escassa – pouco se acrescentou às linhas acima transcritas. Pode-se apontar, também, que, ao se valer da expressão "não há dúvida", o Ministro utilizou uma estratégia retórica.

Contudo, o conteúdo da argumentação é juridicamente sólido, inclusive com fundamentação em precedentes.

3.2.5 Conclusões sobre o caso

A decisão em questão foi bastante clara. Houve evidente confronto entre a Constituição e uma das possíveis interpretações do art. 90. O art. 5º da Carta Magna exige a retroatividade que, possivelmente, o artigo impugnado vedava. Dessa forma, o Tribunal optou por consolidar a interpretação de que o art. 90 não veda a retroatividade de dispositivos penais, mas somente daqueles de cunho processual. Assim, resta clara a motivação doutrinária da Corte, ao zelar pela obra do legislador e presumir a constitucionalidade da lei.

Do exposto acima, podem ser extraídos os seguintes resultados:

A interpretação conforme assume posição central no debate?	Sim
O embasamento constitucional da modificação normativa ficou claro?	Sim
A fundamentação dada para a modificação normativa foi suficiente?	Sim
A motivação é primordialmente doutrinária, extrajurídica ou outra?	Doutrinária

13. Voto do Min. Moreira Alves, ADI/MC 1.719, p. 7.

4. Análise de acórdãos
– "Dos Princípios Gerais da Atividade Econômica"

4.1 ADI 234/1995

4.1.1 Resumo do caso

O Governador do Estado do Rio de Janeiro, no contexto brasileiro das privatizações, impetrou ação direta de inconstitucionalidade contra diversos artigos da Constituição do seu Estado. Todos dizem respeito, direta ou indiretamente, à alienação do controle acionário de empresas públicas ou de economia mista, mas essa análise se focou no *caput* do art. 69: "Art. 69. As ações de sociedades de economia mista pertencentes ao Estado não poderão ser alienadas a qualquer título, sem autorização legislativa".

Houve divergências quanto a se emprestar interpretação conforme a Constituição ou a se julgar pela procedência da ação (declarar sua inconstitucionalidade).

4.1.2 *A interpretação conforme a Constituição no caso*

O Min. Néri da Silveira (Relator) explicita que, de fato, "não poderão ser alienadas, sem autorização legislativa, as ações que importem, para o Estado, a perda do controle do poder acionário".[14] Por outro lado, segundo seu entendimento, seria dispensável essa autorização legislativa nos casos em que a alienação não implicasse perda do controle do poder acionário.

Ou seja: o Relator conferiu interpretação conforme para fixar o entendimento de que a autorização legislativa somente é necessária "quando a alienação de ações do Estado em sociedade de economia mista implique a perda de seu controle acionário".[15]

4.1.3 *O embasamento constitucional*

A Procuradoria-Geral da República fundamentou, com base na Constituição, a necessidade de autorização legislativa: "A regra do

---

14. Voto do Min. Néri da Silveira, ADI 234, p. 12.
15. Voto do Min. Néri da Silveira, ADI 234, p. 22.

caput do art. 69 da Constituição Estadual, que exige autorização legislativa para a alienação de ações de sociedade de economia mista pertencentes ao Estado, harmoniza-se com a regra do art. 48, inciso V, combinada com a do art. 25, da Constituição Federal,[16] dos quais decorre a competência da Assembleia Legislativa para dispor sobre bens do domínio estadual, com a sanção do Governador do Estado".[17]

Com isso, fica clara a constitucionalidade do art. 69. Seria necessário, agora, que fossem invocados argumentos que questionassem a necessidade de haver autorização legislativa nos casos em que não há perda do controle acionário. Isso de fato é feito pelo Relator e por outros ministros (alguns, inclusive, defendem a inconstitucionalidade integral do dispositivo), mas nenhum dos argumentos tem base constitucional.

4.1.4 *A argumentação feita pelos ministros para justificar a interpretação conforme dada (análise da argumentação propriamente dita)*

Como acima exposto (embasamento constitucional), argumentou-se que a combinação do art. 48, V, com o art. 25 da CF implica a necessidade de autorização legislativa para alienação de ações nos casos em que há perda do controle acionário, o que torna pelo menos parte do dispositivo constitucional.

A aceitação dessa argumentação é o único elemento de distinção entre os ministros que defendem a interpretação conforme e aqueles que defendem a inconstitucionalidade integral do dispositivo. Afinal, o próximo passo da argumentação dos primeiros, e únicos passos da argumentação dos últimos, corresponde à defesa da tese de que o Executivo deve ter amplo direito de alienar as ações (para a maioria dos ministros, com a ressalva já exposta).

---

16. Que assim dispõem:
"Art. 25. Os Estados organizam-se e regem-se pelas Constituições e leis que adotarem, observados os princípios desta Constituição. (...)".
"Art. 48. Cabe ao Congresso Nacional, com a sanção do Presidente da República, não exigida esta para o especificado nos arts. 49, 51 e 52, dispor sobre todas as matérias de competência da União, especialmente sobre: (...) V – limites do território nacional, espaço aéreo e marítimo e *bens do domínio da União*; (...)".
17. Voto do Min. Néri da Silveira, ADI 234, p. 12.

Apesar da relativa unanimidade quanto à questão, os ministros utilizam majoritariamente argumentos de ordem pragmática ou ideológica, e não constitucional.

Primeiramente, a argumentação do Relator é insuficiente. Ele parte do pressuposto de que a norma é inconstitucional e se preocupa apenas em explicitar elementos que conduzam à constitucionalidade nos casos de privatização (perda do controle acionário).

O Ministro seguinte, Maurício Corrêa, vota pela inconstitucionalidade do dispositivo: "Como conciliar essa determinação expressa do art. 69 da Carta local com os atos administrativos e de verdadeiro gerenciamento dentro das competências do Governador, para a organização da vida administrativa de que é responsável (...)?".[18]

Após essas considerações iniciais, o voto do referido Ministro traz algum "ingrediente político". Contextualiza o Brasil no mundo e no contexto de liberalização da economia. Evidencia dificuldades já sofridas por empresas como a EMBRAER, que em alguma situação de necessidade dependeram da aprovação do Congresso e não a obtiveram em tempo, por falta de agilidade do órgão legislativo. Assim, defende maior autonomia para o Poder Executivo Estadual: "No âmago dessa renovação que ocorre no mundo, como pensar que o Governador do Estado do Rio de Janeiro se veja manietado, cercado, preso a um mecanismo constitucional inteiramente obsoleto, arcaico, irreal, e que, por tais circunstâncias, se proste inerme para pôr em licitação empresas inteiramente deficitárias, mal-administradas, onerosas, verdadeiros 'cabides de emprego', com salários às vezes desconformes ao que ele mesmo é compelido a pagar aos funcionários da Administração direta, sem ter condições de melhorá-los? Por acaso a supressão dessa exigência constitucional do Estado iria desfigurar o Legislativo?".[19]

4.1.5 Conclusões sobre o caso

Por todos esses elementos, fica clara a ausência de conteúdo constitucional nos votos dos ministros ao defenderem a não intervenção da Assembleia Legislativa na alienação de ações.

---

18. Voto do Min. Maurício Corrêa, ADI 234, p. 23.
19. Voto do Min. Maurício Corrêa, ADI 234, p. 26.

Além disso, a fundamentação dada à interpretação conforme, nesses votos, não foi suficiente. Apesar de ter ficado claro, com argumentos válidos, que a aprovação legislativa era necessária em alguns casos, os ministros não fundamentaram da maneira esperada o contraponto, ou seja, o motivo de ser inconstitucional essa aprovação legislativa em outros casos.

Por fim, fica claro que o STF não mostrou preocupação com a forma pela qual a interpretação conforme é utilizada, já que não houve fundamentação adequada às decisões por meio dela tomadas e não se justificou o porquê de sua adoção para o caso concreto. Possivelmente a preocupação do STF esteve mais ligada às consequências práticas da decisão.

Do exposto acima podem ser extraídos os seguintes resultados:

A interpretação conforme assume posição central no debate?	Sim
O embasamento constitucional da modificação normativa ficou claro?	Não
A fundamentação dada para a modificação normativa foi suficiente?	Não
A motivação é primordialmente doutrinária, extrajurídica ou outra?	Extrajurídica

5. Resultados e discussões das análises dos acórdãos

5.1 As tabelas

5.1.1 A interpretação conforme assume posição central no debate?

	Resposta afirmativa	Resposta Negativa
Acórdãos – "Dos Direitos e Deveres Individuais e Coletivos"	3/8	5/8
Acórdãos – "Dos Princípios Gerais da Atividade Econômica"	4/4	0/4

Essa pergunta teve resposta afirmativa em 58,3% dos casos. Interessante notar que tratando-se dos acórdãos enquadrados no tema "Dos Princípios Gerais da Atividade Econômica" a resposta foi afirmativa em 100% dos casos. Ao analisar separadamente os acórdãos de tema "Dos Direitos e Deveres Individuais e Coletivos" a resposta foi afirmativa em apenas 37,5% dos casos.

Diversos são os fatores que podem ter influenciado essa discrepância. Possivelmente a interpretação conforme assuma funções diversas – do ponto de vista político, e não jurídico – ao ser utilizada em casos com temáticas diferentes.

5.1.2 O embasamento constitucional da modificação normativa ficou claro?

	Resposta afirmativa	Resposta Negativa
Acórdãos – "Dos Direitos e Deveres Individuais e Coletivos"	6/8	2/8
Acórdãos – "Dos Princípios Gerais da Atividade Econômica"	3/4	1/4

A segunda questão constante da tabela teve resposta afirmativa em 75% dos casos, com a mesma porcentagem para as duas espécies de acórdãos analisados.

Importante notar que, ao utilizar-se da técnica da interpretação conforme a Constituição, em 25% dos casos a Corte omitiu um ponto essencial, qual seja, seu embasamento constitucional. Há ainda a agravante de que o universo compreende somente casos nos quais houve alteração normativa, o que, a princípio, leva a crer que há maior ônus para a Corte ao embasar sua decisão.

5.1.3 A fundamentação dada para a modificação normativa foi suficiente?

	Resposta afirmativa	Resposta negativa
Acórdãos – "Dos Direitos e Deveres Individuais e Coletivos"	5/8	3/8
Acórdãos – "Dos Princípios Gerais da Atividade Econômica"	2/4	2/4

Para essa questão foi apresentada resposta afirmativa em 58,3% dos casos. Aqui a porcentagem de respostas afirmativas correspondentes aos acórdãos referentes aos direitos e deveres individuais e coletivos foi de 62,5%, enquanto para os princípios gerais da atividade econômica a porcentagem foi de 50%. Levando-se em conta a limitação do número de acórdãos analisados, essas porcentagens são bastante próximas.

Também aqui vale a observação feita anteriormente, de que a Corte se escusou de fundamentar um ponto essencial, quando isso era de especial relevância, já que estava sendo feita uma alteração normativa.

5.1.4 Motivação primordialmente doutrinária, extrajurídica ou outra?

	Motivação doutrinária	Motivação extrajurídica
Acórdãos – "Dos Direitos e Deveres Individuais e Coletivos"	5/8	3/8
Acórdãos – "Dos Princípios Gerais da Atividade Econômica"	3/4	1/4

Por fim, para a última pergunta houve duas espécies de resposta: motivação doutrinária e extrajurídica. A primeira resposta teve 66,6% de incidência, enquanto a segunda teve 33,3%. Individualmente analisados, os acórdãos classificados como "Dos Direitos e Deveres Individuais e Coletivos" apresentaram 62,5% de incidência de motivação doutrinária, enquanto os acórdãos classificados como "Dos Princípios Gerais da Atividade Econômica" apresentaram 75% de incidência dessa motivação. Também aqui, levando-se em conta a limitação do número de acórdãos analisados, essas porcentagens são bastante próximas.

6. Análise

Pode-se perceber que houve relativamente pouca discrepância entre os acórdãos classificados como direitos e deveres individuais e coletivos e os classificados como princípios gerais da atividade econômica, salvo na primeira questão.

Além disso, o cruzamento desses números pode proporcionar outros dados menos óbvios, mas não menos curiosos.

Houve cinco casos de combinação das três primeiras questões com respostas afirmativas, sendo que em todos eles a última resposta foi indicada como doutrinária. Isso mostra que a observância dos critérios das três primeiras questões garante a motivação doutrinária, ainda que seja possível essa motivação nos casos em que houve pelo menos uma resposta negativa a alguma das três primeiras questões (dois casos se encaixam nessa última descrição).

Da mesma forma, houve apenas dois casos de combinação das três primeiras questões com respostas negativas, sendo que em ambos os casos a última resposta foi indicada como extrajurídica (metade dos casos com essa motivação). Vale ressaltar que esses dois casos estão entre os classificados como direitos e deveres individuais e coletivos.

Assim, fica clara uma relação entre os fatores das três primeiras questões e a motivação da Corte.

Dentre os cinco casos nos quais a interpretação conforme não assumiu posição central no debate, em três ela foi insuficientemente fundamentada. Nos outros sete casos, nos quais a interpretação conforme assumiu posição central no debate, em cinco ela foi suficientemente fundamentada. Com isso, pode-se dizer que um maior debate acerca da interpretação conforme é um fator relevante para conceder uma fundamentação suficiente.

Dos cinco casos em que a fundamentação dada para a modificação normativa não foi suficiente, em três a motivação foi considerada extrajurídica. Por outro lado, dos sete casos em que a fundamentação dada para a modificação normativa foi suficiente, em seis a motivação da Corte foi considerada doutrinária. Aqui, observa-se que a fundamentação é importante fator para a determinação da motivação, sendo que uma motivação doutrinária é mais facilmente reconhecida com a presença de uma suficiente fundamentação.

Dos nove casos em que o embasamento constitucional ficou claro, em sete a fundamentação foi considerada suficiente. Isso mostra que a existência do primeiro fator é importante para a ocorrência do segundo, mas não a garante.

7. Outros resultados

Do exposto na análise dos acórdãos aqui feita e, mesmo, do estudo deles, fica notória a falta de diálogo entre os ministros.

Além disso, da leitura dos acórdãos restou marcante uma tendência confirmada pelas tabelas. Nos acórdãos referentes aos direitos e deveres individuais e coletivos foram raros aqueles em que houve efetiva discussão entre os ministros (três, em oito acórdãos analisados). Contudo, a tendência se inverte ao analisarmos os acórdãos referentes aos princípios gerais da atividade econômica, nos quais as discussões estiveram presentes em todos os quatro acórdãos analisados.

Ressalto, também, que não houve, em nenhum dos casos analisados, qualquer discussão acerca do método de aplicação do instituto da interpretação conforme a Constituição ou sobre o instituto em si.

Bibliografia

PINHEIRO, Victor Marcel. *O STF como Legislador Negativo*. Monografia da Escola de Formação da *sbdp*. 2006. Disponível em *http://www.sbdp.org.br/ver_monografia.php?idMono=90*.

SCHOUERI, Pedro. *A Argumentação do STF ao Alterar Normas: uma Análise da Argumentação Fundamentadora de Modificações Normativas Feitas Via Interpretação Conforme a Constituição*. Monografia da Escola de Formação da *sbdp*. 2008. Disponível em *http://www.sbdp.org.br/monografias_ver.php?idConteudo=128*.

SILVEIRA, Leonardo de Aguiar. *A Interpretação Conforme a Constituição Permite a Alteração de Normas?*. Monografia da Escola de Formação da *sbdp*. 2007. Disponível em *http://www.sbdp.org.br/ver_monografia.php?idMono=104*.

Acórdãos citados: ADI 234/1995 e 2.925/2003; ADI/MC 1.117/1994, 1.194/1996, 1.236/1995, 1.552/1998, 1.597/1997, 1.719/1997, 2.332/2001 e 2.795/2003; ADI/QO 319/1993; HC 78.168/1998.

A MUTAÇÃO CONSTITUCIONAL E O STF: SUA UTILIZAÇÃO E ALGUMAS PERSPECTIVAS[*,1]

RODRIGO SARMENTO BARATA

1. Introdução – O problema do tempo vs. Direito. 2. A mutação constitucional na teoria: 2.1 A mutação constitucional no Brasil. 3. A mutação constitucional na prática brasileira: 3.1 A adequada utilização da mutação constitucional – 3.2 A mutação constitucional e o Estado – 3.3 A mutação constitucional e os direitos fundamentais – 3.4 A mutação constitucional e a Economia. 4. Considerações finais.

1. Introdução – O problema do tempo vs. Direito

Se fôssemos levados a comparar a Constituição com um objeto, deveríamos compará-la a uma rica obra de arte, repleta de detalhes e requintes mas fechada por sua moldura intransponível, ou deveríamos assemelhá-la a um simples espelho, refletindo a vida cotidiana em

* *Resumo*: Como a estática do Direito pode acompanhar as constantes e cada vez mais rápidas mudanças no contexto social? A mutação constitucional é um dos meios que possibilita esta compatibilização. Por meio deste estudo, focado na jurisprudência do STF, pôde-se identificar as maneiras pelas quais já se utilizou a mutação constitucional na Corte, permitindo, ao final, a tentativa de encontrar tendências ou possibilidades de julgamentos futuros do STF com a utilização da mutação constitucional. A consequência é um possível novo desenho ou uma nova forma de manuseio da Constituição Federal.
Palavras-chave: Interpretação Constitucional; Mutação Constitucional; Supremo Tribunal Federal; Tempo e Direito.

1. Artigo desenvolvido a partir de monografia apresentada à sbdp como trabalho de conclusão do curso da Escola de Formação do ano de 2009, sob a orientação de Paula Gorzoni. A versão original encontra-se em *http://www.sbdp.org.br/ver_monografia.php?idMono=152*.

movimento? A Constituição deveria normatizar e ditar como a sociedade funcionará, ou a sociedade cria a Constituição, buscando fazer com que reflita seus ideais e acompanhe seu desenvolvimento?

O tempo possui inegável importância para a sociedade e o Direito. O tempo transforma, institui e altera o Direito.[2] Mas a constante mudança promovida no decorrer do tempo se contrapõe a uma das mais exaltadas características do Direito: a rigidez. Como aceitar, portanto, a mudança do Direito (conjunto de regras e princípios) sem a efetiva mudança do Direito (da lei específica, texto regulador)? Há espaço para a *força normativa do meio social*?[3]

É neste contexto que se pretende estudar a mutação constitucional, que surge como um instigante mecanismo candidato a auxiliar na solução do impasse entre tempo e Direito. Da análise da recente utilização da mutação constitucional na jurisprudência do STF busca-se identificar como o instituto é aplicado na Corte para tentar, ao final, replicar sua utilização em casos ainda não julgados, com o fim de, na realização destas perspectivas, testar a aplicabilidade da mutação constitucional e sua possibilidade de se tornar realidade no contexto jurídico-constitucional brasileiro.

2. A mutação constitucional na teoria

A mutação constitucional não é recente. Criada em 1895 por Paul Laband[4] e desenvolvida poucos anos depois, em 1906, por Georg Jellinek,[5] já teve distintas feições. O desenvolvimento da mutação constitucional, tal qual aplicada no Brasil, ocorreu na Alemanha, onde

---

2. Sobre tempo e Direito, v. a obra de François Ost, *O Tempo do Direito*, trad. de Élcio Fernandes, Bauru, EDUSC, 2005. Obra bastante utilizada na versão original da pesquisa, aborda os aspectos da relação tempo *vs*. Direito, ressaltando que o Direito trabalha com o constante ligar e desligar do tempo. Segundo Ost, ainda, "não é possível 'dizer o Direito' senão 'dando o tempo'".
3. Paulo Bonavides, *Curso de Direito Constitucional*, 22ª ed., São Paulo, Malheiros Editores, 2008, p. 186. Segundo o autor, a realidade, o meio social, a *facticidade*, transformam e rejuvenescem as Constituições.
4. Paul Laband, *Die Wandlungen der deutschen Reichsverfassung* (em tradução livre: *Mutações da Constituição do Reich Alemão*).
5. Georg Jellinek, *Reforma y Mutación de la Constitución*, trad. de Christian Förster e Pablo Lucas Verdú, Madri, Centros de Estudios Constitucionales, 1991.

foi criada, estudada e aplicada pelos tribunais,[6] sendo que hoje alguns já a consideram superada.[7] No Brasil a primeira abordagem específica ocorreu apenas em 1986.[8] Por tais razões, optei pela divisão da análise doutrinária da mutação constitucional entre a experiência alemã e a brasileira.[9]

Para sistematizar e sintetizar o desenvolvimento da teoria da mutação constitucional na Alemanha, adoto a classificação realizada por Konrad Hesse. Mas, para atualizar a classificação, alguns acréscimos foram feitos.

A primeira corrente defensora da mutação constitucional, composta por Paul Laband e Georg Jellinek, caracteriza-se pela imensa abrangência e involuntariedade de sua ocorrência. Apesar disso, não se podia reconhecer uma mutação na Constituição de forma "extraoficial"; o Estado era a última palavra. Nesse âmbito, Georg Jellinek adotou premissas interessantes para o desenvolvimento do tema. Segundo ele, "todo efeito histórico resulta de uma multiplicidade de causas muitas vezes imprevisíveis". E prossegue em seu raciocínio adotando as seguintes balizas: maior estabilidade das leis fundamentais às leis ordinárias; imprevisibilidade de concretização plena das leis, vez que o legislador não poderia prever o futuro; necessidade de existência das leis fundamentais; e constante substituição dos funda-

---

6. Já em 1953 o Tribunal Constitucional alemão, ao decidir o *BVerG* 1, *BvL* 23/51, proferiu: "Certamente uma disposição constitucional pode sofrer uma mudança de significado quando surgem em seu âmbito novos pressupostos de fato, antes não previstos, ou, quando já conhecidos os pressupostos, durante sua organização no decorrer de um processo evolutivo manifestam novo sentido ou significado" (tradução livre do autor).
7. Não significa dizer que não é aceita. A doutrina alemã, liderada por Peter Häberle, considera a mutação constitucional uma já vivenciada fase na gestão do tempo no Direito, no caminho entre o Positivismo e a interpretação aberta da constituição. Esta última implica a interpretação constitucional realizada por todos os que vivem a norma, e seria o estágio atual daquele ordenamento jurídico (Peter Häberle, "Zeit und Verfassung", in *Verfassungs als öffentlich Prozeß*, 3ª ed., Berlim, Duncker & Humblot, p. 82).
8. Anna Cândida da Cunha Ferraz, *Processos Informais de Mudança da Constituição: Mutações Constitucionais e Mutações Inconstitucionais*, São Paulo, Max Limonad, 1986, pp. 238-242.
9. Outros institutos assemelham-se à mutação constitucional, como o *judicial amendment* e a *construction*, ambos desenvolvidos nos Estados Unidos da América; mas não serão estudados neste trabalho.

mentos constituintes de um Estado.[10] Os contornos da mutação constitucional, portanto, permanecem atuais.

Passando à segunda aparição da mutação constitucional, encabeçada pelo chinês Hsü-Dau-Lin,[11] para quem a mutação constitucional seria "a incongruência que existe entre as normas constitucionais por um lado e a realidade constitucional",[12] a perspectiva de *processo involuntário* é afastada, passando-se à ideia de que a mutação constitucional seria uma consequência da necessidade de transformação ou evolução do Estado, na manifestação de sua "necessidade política, nas exigências e manifestações da vitalidade de um Estado em realização e evolução".[13] Seria da própria essência do Estado evoluir e se transformar via mutação constitucional.

A terceira corrente que trabalhou com a mutação constitucional veio atrelada à Teoria da Constituição de Hermann Heller. Para ele, a Constituição jamais poderia se limitar à normatização. A Constituição seria uma união entre a normalidade (vida real) e a normatividade (regras, normas). Neste sentido, os princípios jurídicos teriam essencial função de conviver entre ambas as esferas (da vida real e da normatização) e, por essa razão, seriam os vetores da mutação constitucional.[14]

10. Georg Jellinek, *Reforma e Mutación de la Constitución*, cit., pp. 5-7 (tradução livre do autor).
11. Hsü-Dau-Lin, *Die Verfassungswandlung* (em tradução livre: *A Mutação Constitucional*).
12. Wellington Márcio Kublisckas, *Emendas e Mutações Constitucionais*, São Paulo, Atlas, 2009, p. 71. Ainda segundo Hsü-Dau-Lin, as normas e a realidade podem estar em *congruência*, quando a norma se adaptaria à realidade ou a realidade à norma; ou poderiam estar em estado de *incongruência*, quando a mutação constitucional influiria para a convergência entre norma e realidade.
13. Konrad Hesse, "Limites da mutação constitucional", trad. de Inocêncio Mártires Coelho, in Carlos dos Santos Almeida, Gilmar Ferreira Mendes e Inocêncio Mártires Coelho, *Temas Fundamentais do Direito Constitucional*, São Paulo, Saraiva, 2009, p. 160.
14. *Apud* Konrad Hesse, "Limites da mutação constitucional", cit., in Carlos dos Santos Almeida, Gilmar Ferreira Mendes e Inocêncio Mártires Coelho, *Temas Fundamentais do Direito Constitucional*, p. 163. Em interessante passagem, citando Heller, Hesse demonstra a função dos princípios na Constituição: "Os princípios jurídicos pressupõem, assim, a via de penetração diária da realidade social positivamente valorada na normatividade estatal. Estabilidade e capacidade de adaptação da normatividade em face da normalidade tornam-se possíveis e toda a constituição estatal é compreendida como '*forma impressa vivente e em evolução*'" (grifos meus).

A última corrente (e esta é uma classificação própria deste autor) é a de Konrad Hesse, que, na tentativa de estabelecer limites, deu novo conceito à mutação constitucional. Utilizando-se da Teoria da Norma Constitucional de Friedrich Müller,[15] esclarece que a mutação constitucional só ocorrerá quando a alteração no plano fático (com a qual se pretende justificar a mutação) for relacionada à realidade regulada. Somente se ligada ao âmbito de incidência da norma poderá incentivar sua mutação, sempre observando os limites estabelecidos em seu texto (programa normativo). Distinguia-se, assim, o espectro de ocorrência da mutação constitucional das alterações que anseiam por mudança legislativa.

A última corrente tratada não estuda a mutação constitucional, mas merece menção neste estudo, pois é aquela que, como já esboçado, decretou a superação da ideia na Alemanha, passando-se para um novo contexto, o de *interpretação aberta*. A Constituição, portanto, estaria em constante adaptação à realidade, tendo em vista que sua interpretação seria intermitente e realizada por todos os viventes da ordem constitucional posta.

Faço aqui uma breve consideração. Muito embora se possa cogitar da evolução da mutação constitucional para um novo instituto, adaptando-se à realidade atual, devem ser feitas duas ressalvas. A primeira: deve-se levar em conta a disparidade entre Brasil e Alemanha na caminhada na evolução da interpretação constitucional. A mutação constitucional foi criada e aplicada por mais de 30 anos pelo Tribunal Constitucional alemão. O Brasil, ainda incapaz de aceitar a mudança informal da Constituição, permanece um passo atrás. A segunda ressalva volta-se à validade da mutação constitucional, porque, apesar de "superada" na Alemanha, em nenhum momento se diz que o instituto não é mais aceito, e sim que evoluiu para mecanismo ainda mais abrangente.

---

15. Para quem a realidade normatizada era parte integrante do mandado normativo. Deste modo, dividiu a norma em *programa normativo* (seu próprio texto, literal) e *âmbito normativo* (realidade normatizada, componente fático da norma), sustentando que ela só se concretizaria pela composição de ambos (Konrad Hesse, "Limites da mutação constitucional", cit., in Carlos dos Santos Almeida, Gilmar Ferreira Mendes e Inocêncio Mártires Coelho, *Temas Fundamentais do Direito Constitucional*, pp. 166-167; e Wellington Márcio Kublisckas, *Emendas e Mutações Constitucionais*, cit., pp. 72-73).

Da análise evolutiva da mutação constitucional, nota-se que desde sua concepção até sua evolução para a atual Constituição aberta sempre se teve em mente que mudanças fáticas têm o condão de alterar normas escritas. Seria, então, o Direito uma estática? Ou podemos considerá-lo um conjunto que se mantém sempre contemporâneo?[16]

2.1 A mutação constitucional no Brasil

No Brasil, a mutação constitucional não é muito difundida. Apesar de já abordada, poucos se dedicaram exclusivamente ou a analisaram a fundo. São duas as obras de grande destaque sobre o tema, no País.

Pioneira no estudo do instituto, Anna Cândida da Cunha Ferraz traz duas contribuições de extrema importância para a doutrina da mutação constitucional. A contribuição inicial está nas premissas a justificar a instituição de uma teoria da mutação constitucional: (i) seria impossível conhecer a real estrutura de um Estado pela simples leitura de sua constituição, uma vez que esta se altera sem que o texto se modifique; (ii) para que uma constituição seja eficaz, deve ter a capacidade de se enquadrar às vontades que a sustentam; (iii) estabilidade e mudança são conceitos compatíveis entre si e de fundamental importância para a rigidez e supremacia constitucionais; e (iv) ao invés de monumento histórico, deve se considerar a constituição como regra viva.[17] A outra contribuição da autora foi na sistematização da mutação constitucional, classificando-a em mutação constitucional (mutação legítima) e mutação inconstitucional (ilegítima, que violaria o alcance, sentido ou letra da constituição).

A mutação constitucional foi dividida entre aquela que ocorreria pela interpretação proveniente do exercício da atividade dos três Poderes de todos os entes da Federação e a mutação decorrente do costume constitucional, que adviria do convívio com a norma e sua complementação. Do outro lado, a mutação inconstitucional ocorreria

---

16. Eros Roberto Grau, *Ensaio e Discurso sobre a Interpretação/Aplicação do Direito*, 4ª ed., São Paulo, Malheiros Editores, 2006, p. 59.
17. Anna Cândida da Cunha Ferraz, *Processos Informais de Mudança da Constituição: Mutações Constitucionais e Mutações Inconstitucionais*, cit., pp. 3-6.

de quatro formas: (i) a inércia legislativa; (ii) o desuso da norma constitucional; (iii) a mutação implícita, que adviria de erros técnicos na alteração formal da Constituição;[18] e (iv) a mutação que viole o texto da norma constitucional.[19]

Também merece destaque a obra de Uadi Lâmego Bulos, primeira a tratar exclusivamente do tema e primeira sob a égide da atual Constituição Federal. Em seu conteúdo, também analisa o instituto sob o ponto de vista das teorias da *commom law* norte-americana, notadamente a Teoria da *Construção Constitucional*, que prega a construção ou recomposição do Direito aplicável a um caso concreto, para suprir deficiências ou imperfeições verificadas no comando dado pelo poder constituinte.[20]

3. A mutação constitucional na prática brasileira

Buscarei, a partir de agora, analisar como a mutação constitucional é aplicada na jurisprudência do STF.[21] A expressão "Mutação Constitucional" já foi utilizada com distintos conceitos, mas poucas vezes com o adotado neste estudo, podendo-se classificar três distintos padrões de aparição da mutação constitucional na Corte: (i) *mudança de interpretação*; (ii) *alteração formal da Constituição* (emendamento); e (iii) *alteração de situação ou pressuposto fático que altere a compreensão de determinado texto constitucional* – modo, este, que considerei adequado.[22]

18. O único exemplo levantado é o da Emenda Constitucional 8/1977.
19. Anna Cândida da Cunha Ferraz, *Processos Informais de Mudança da Constituição: Mutações Constitucionais e Mutações Inconstitucionais*, cit., pp. 230-249.
20. Uadi Lâmego Bulos, *Mutação Constitucional*, dissertação de Mestrado, São Paulo, PUC/SP, 1995, p. 191.
21. Foi realizada busca no *site* do STF pela expressão "Mutação Constitucional", além de pesquisa por *e-mail*, também no STF. Todos os resultados foram analisados. A Rcl 4.335-5-AC, com julgamento em andamento, foi incluída por decisão do autor.
22. Classificação realizada com base na fundamentação de cada ministro na aplicação da mutação constitucional no caso julgado. Assim, apesar de poder reconhecer uma adequada mutação constitucional em determinado caso (*e.g.*, mandados de segurança sobre "fidelidade partidária"), se não foi assim que o ministro justificou sua utilização, não poderei reconhecê-la como adequada.

A utilização da mutação constitucional como mera *alteração de interpretação* foi reconhecida em nove situações,[23] restando em todas muito clara a intenção dos ministros de justificar uma mudança de posicionamento em comparação a decisões anteriores da Corte; a expressão "mutação constitucional" é posta como superação de jurisprudência anterior, mas por razões que nada têm que ver com alterações no contexto fático, tais como mudança da composição da Corte, reconhecimento de interpretação equivocada ou simples mudança de opinião.

Nestes casos são comuns afirmações como: "a mudança na jurisprudência do Supremo surgiu por mutação constitucional. Vale dizer, da redação originária do art. 114 c/c o inciso I do art. 109 da Lei Maior, esta colenda Corte passou a extrair um outro sentido (...)";[24] ou, ainda, que a mutação constitucional não é nada mais que uma "nova interpretação à Constituição Federal".[25] O Min. Gilmar Mendes também se utiliza da expressão "mutação constitucional" para justificar simples mudança de entendimento. Afirma que a jurisprudência sobre o assunto fora alterada em julgamento anterior da Corte, não podendo o Tribunal "fingir que sempre pensara daquela forma" – ou seja, fala em mutação constitucional apenas para justificar a mudança de "pensamento" ou "opinião" do STF sobre determinado tema.[26] O outro exemplo dado pelo Min. Gilmar Mendes está nos mandados de segurança que analisaram a chamada "fidelidade partidária",[27] nos quais, após longa análise doutrinária sobre a mutação constitucional (que deixa bem clara a necessidade de que haja uma mudança de pressuposto fático a ensejar a mudança da norma), conclui ser aquele um caso "típico de mutação constitucional, em que se altera a jurisprudência longamente adotada pela Corte". A contradição é inegável.

Caminhando para a segunda forma de utilização da mutação constitucional, por seis vezes o Tribunal a utilizou para se referir à mudan-

---

23. RE/AgR 450.504-5-MG; HC/QO 86.009-5-DF; RE/ED/EDv 174.161-9/DF; RE/EDv 166.791-5-DF; HC 92.297-MG; Rcl 3.801-GO; MS 26.602-DF; MS 26.603-DF; e MS 26.604-DF.
24. Min. Carlos Britto, a fls. 1.841 do RE/AgR 450.504-5-MG.
25. Novamente o Min. Carlos Britto, agora no HC/QO 86.009-DF, fls. 200 e 204.
26. RE/ED/EDv 174.161-9-DF e RE/ED 166.791-5-DF.
27. MS 26.602-DF, MS 26.603-DF e MS 26.604-DF.

ça formal da Constituição, ao processo de emendamento.[28] São dois os exemplos a confirmar a classificação:[29] na Rcl 7.336-SP o Min. Carlos Britto afirma que "o art. 241, (...), foi excluído da Constituição por força da Emenda Constitucional n. 19/1998. Mutação constitucional, patrocinada pela Emenda Constitucional n. 19/1998". O outro exemplo – que, como dito, alberga cinco casos – foi assim classificado pois se utiliza de ementa de decisão proferida pelo TRF-4ª Região para fundamentar a decisão do STF, afirmando que: "Ocorrendo a mutação constitucional, a lei, que não foi objeto de controle concentrado, nem teve suspensa sua execução pelo Senado, continua em vigor e, se não conflitar com o novo texto constitucional, será válida e eficaz". Pretende-se justificar a constitucionalidade superveniente da Lei 9.506/1997, que, como não fora julgada inconstitucional pelo Supremo (apesar de ser contrária à redação originária do art. 195 da CF), quando da promulgação da Emenda Constitucional 20/1998, permaneceu vigente e, a partir de então, constitucional, pois convergente com o novo texto.

3.1 A adequada utilização da mutação constitucional

Grupo composto por decisões cujo fundamento da mutação constitucional está ligado à alteração fática que patrocinou uma mudança de compreensão ou interpretação da norma constitucional reguladora da situação alterada, três foram as mutações consideradas adequadas: a primeira ocorrida no art. 52, X, CF; a segunda quanto à prisão civil do depositário infiel (art. 5º, LXVII, da CF); e a última no art. 21, X, CF.

A primeira mutação constitucional verificada refere-se à necessidade de o Senado Federal expedir resolução suspendendo, no todo ou em parte, lei declarada inconstitucional pelo STF em controle difuso de constitucionalidade (art. 52, X, da CF).

Essa posição é sustentada em quatro oportunidades, duas pelo Min. Gilmar Mendes (Rcl 4.335-5-AC e ADI 3.345-DF), uma vez pelo Min. Eros Grau (Rcl 4.335-5-AC) e outra pelo Min. Celso de

---

28. AI 611.481-MG; RE 488.165-PR; Rcl 7.336-SP; RE 466.215-RS; RE 517.766-RS; e AI 618.763-RS.
29. Fala-se em apenas dois casos, pois, das seis decisões agrupadas, cinco têm o mesmo teor, com única exceção à Rcl 7.336-SP.

Mello (ADI 3.345-DF). Os caminhos percorridos pelos Mins. Gilmar Mendes e Celso de Mello são idênticos, ambos baseados em artigo publicado pelo próprio Min. Gilmar Mendes, em 2004, sustentando a ocorrência desta específica mutação constitucional.[30]

Segundo a tese trazida e defendida, duas são as justificativas para a mudança de contexto na aplicação do art. 52, X, da CF. A primeira, de ordem histórica, seria a de que a manutenção de tal disposição na atual Constituição se deu por mera razão de continuísmo (ou, nas palavras do Ministro, "por índole exclusivamente histórica"), pois nada mais teria que ver com o atual modelo de controle de constitucionalidade (primordialmente concentrado). Isso porque nas anteriores ordens constitucionais este controle era difuso, incentivando a existência de dispositivo que vinculasse ao ordenamento como um todo a generalização dos efeitos das decisões proferidas em casos concretos. Assim é que o dispositivo atualmente contido no art. 52, X, da CF é mantido nas Constituições brasileiras desde a de 1934 (exceção à de 1937).

A segunda razão, mais técnica, é típica do que considerei como adequada forma de mutação constitucional, pois, nas próprias palavras do Min. Gilmar Mendes, "é outro o contexto normativo" vivenciado atualmente. Há diversos exemplos de extensão *erga omnes* das decisões proferidas pelo STF, tais como as súmulas vinculantes, a repercussão geral, a possibilidade de afastamento da cláusula de reserva de Plenário, a doutrina da vinculação dos fundamentos determinantes em âmbito de direito municipal e a extensão dos efeitos das decisões proferidas em controle difuso de constitucionalidade em processo coletivo. Não haveria razão para que somente no caso de controle difuso de constitucionalidade em processo individual a decisão do Supremo fosse limitada e sujeita à conveniência do Senado para a suspensão dos efeitos da legislação inconstitucional.

A tese do Min. Eros Grau é, de certo modo, mais abrangente. Para ele, a mutação constitucional é uma espécie de dilatação dos limites do texto normativo, em decorrência do que denomina como "tendência à elasticidade do direito" ou seu dinamismo, para que se possa

---

30. Gilmar Ferreira Mendes, "O papel do Senado Federal no controle de constitucionalidade: um caso clássico de mutação constitucional", *Revista de Informação Legislativa* 162/149-168, abril-junho/2004.

produzir a norma mais adequada à realidade.³¹ A mutação constitucional seria, portanto, a possibilidade de substituição do texto de uma norma por outro, mas sem que tal alteração ocorra formalmente. No entanto, para justificar a mutação naquele caso concreto, adota as justificativas fáticas do Min. Gilmar Mendes.

A segunda adequada mutação constitucional se deu no grupo de decisões relacionadas à prisão civil do depositário infiel proferidas pelo Min. Celso de Mello.³² Nestes casos, outra vez inequívoca a posição pela alteração no contexto fático subjacente à situação normatizada pela regra constitucional, notadamente quando o Ministro afirma que "não mais subsiste, no sistema normativo brasileiro, a prisão civil por infidelidade depositária". Na perspectiva do Min. Celso de Mello, a mudança na realidade internacional, incentivando a efetividade no sistema de proteção aos direitos básicos da pessoa humana, e não somente sua previsão de forma programática, vincularia o STF a acompanhar esta evolução e atualizar o texto constitucional, o que faz via mutação constitucional. Em outra passagem esclarecedora, atribui à interpretação constitucional *a prerrogativa judicial* de reformular os textos normativos "em face de novas e cambiantes realidades sequer existentes naquele particular momento histórico em que tais regras foram concebidas e elaboradas". Inegável a subsunção à definição de mutação constitucional ora adotada.

A terceira aparição da adequada mutação constitucional foi protagonizada pelo Min. Marco Aurélio na polêmica ADPF 46. Apesar de ter restado vencido, o Ministro sustentou que não haveria razão para o monopólio da atividade postal pelos Correios,³³ entendendo ter ocorrido uma mutação constitucional na compreensão do vocábulo "manter" contido na regra do art. 21, X, da CF. Segundo sua tese, a

---

31. O Min. Eros Grau sustenta que a norma somente é produzida após o processo de interpretação: "Texto e norma não se superpõem; que o processo legislativo termina no momento do texto – a norma virá depois, produzida no bojo de um outro processo, a interpretação".
32. HC 90.450-MG, HC 94.695-RS, HC/MC 98.893-SP; HC 96.772-SP; e RE 601.552-RS. Neste último caso a decisão não foi proferida pelo Min. Celso de Mello, mas a Min. Carmen Lúcia transcreve a ementa da decisão do HC 96.772-SP para embasar sua decisão monocrática.
33. A tese vencedora, liderada pelo Min. Eros Grau, não aceitava a classificação da atividade postal como monopólio, mas sim exclusividade, pois seria serviço público, e não atividade econômica.

competência da União para manter os serviços postais não mais poderia ser equiparada à necessidade de prestar integralmente os serviços; devendo, portanto, implicar atividade subsidiária, isto é, caso a atividade particular não supra a necessidade integral da população quanto aos serviços postais, cumpriria à União preencher as lacunas. Por diversas vezes o Ministro questiona a atualidade da compreensão da atividade mantenedora do Estado, levando o leitor à reflexão acerca do ponto nevrálgico da mutação constitucional tal qual ora se defende: "Pode a Corte olvidar as transformações sociais e tecnológicas que ocorreram no País nesse meio século e entender que o significado do verbo 'manter', núcleo do inciso X do art. 21, é o mesmo de dois séculos atrás?". E "o que significa, no contexto social do momento, o verbo 'manter', inserido no inciso X do art. 21?".[34]

Interessante constatação pode ser apontada: cada uma das mutações acima ocorreu em distintas áreas reguladas pelo Direito – organização do Estado, direitos fundamentais e economia. Partindo-se deste ponto, levanta-se a hipótese de que tais áreas vivem em constante dinamismo e interação com a realidade cambiante, o que proporcionaria maior demanda por alterações em suas respectivas normatizações. Considerando, no entanto, que o tempo do Direito e o tempo real caminham em velocidades distintas, não é em todos os casos que as alterações de contexto nas áreas identificadas permitem que se aguarde a respectiva ou necessária alteração do Direito, situações nas quais a mutação constitucional viria a resolver o problema de "destempo".

Estas observações levam a importantes questões. Para toda alteração ocorrida na sociedade seria necessária uma mudança formal dos textos constitucionais? O STF teria uma função de atualizador do Direito? Enxergar o Direito como integrador da sociedade não legiti-

---

34. Em outra oportunidade defende o Min. Marco Aurélio: "Se a proposição normativa – qual seja, o invólucro no qual se situa a norma – não evoluiu com o passar do tempo, de modo que incansavelmente dispôs o texto constitucional competir à União manter os serviços postais, a mesma coisa não é dado afirmar relativamente ao alcance do verbo 'manter'. Se no plano constitucional, à época da Primeira República, ainda no século XIX, entendia-se que somente o Poder Público poderia desincumbir-se da missão de entregar correspondências, a mesma interpretação não pode mais ser implementada nos dias atuais, sem que seja tida como destoante dos novos e benfazejos ditames constitucionais, da realidade fática normativa".

maria a Corte a interpretá-lo de forma a compatibilizá-lo com novos contextos sociais? Ou caberia somente ao legislador atualizar a norma, restando à sociedade aguardar o tempo do Legislativo para ver concretizada alteração já ocorrida no contexto fático?

A continuação deste estudo terá como objetivo, pautada em algumas das constatações e alguns dos questionamentos realizados até aqui, identificar novos casos, relacionados às três áreas que se cogita sofrerem constantes alterações, cujos julgamentos pelo STF poderão, em minha visão, basear-se em outras mutações constitucionais.

3.2 A mutação constitucional e o Estado

A primeira área explorada é a organização do Estado, em referência à mutação identificada no art. 52, X, da CF. Pergunta-se: o Estado desenhado pelo constituinte de 1988 manteve-se intacto? Ou, melhor, a tripartição de Poderes, tão conhecida e suscitada na Corte, continua se pautando nas lições de Montesquieu, forjadas no século XVIII? Nada se alterou desde então, para que a mesma lição seja sempre reavivada?

Definitivamente, o Estado Brasileiro de hoje é muito diferente do concebido em 1988, e a diferença se agiganta se tentarmos compará-lo ao Estado pós-Revolução Francesa. Tais mudanças ocorrem formal e informalmente no transcurso do tempo.

Nesse contexto, um aspecto do Estado Brasileiro, principalmente a partir do Governo Fernando Henrique Cardoso até hoje, é alvo de constantes debates: as medidas provisórias. Não estaria o Poder Executivo, com a excessiva edição de medidas provisórias, cometendo ingerência indevida sobre as atividades do Poder Legislativo, principalmente porque este constantemente tem sua pauta regular de deliberações "trancada"? Estar-se-ia a criar uma sobreposição nos Poderes?

Diante desta situação, e com estas preocupações, o então deputado Michel Temer, na Presidência da Câmara dos Deputados, alterou a interpretação conferida ao art. 62, § 6º, da CF quando decidiu sobre questão de ordem suscitada na Câmara. Em sua decisão, Temer diz realizar "uma reformulação e ampliação da interpretação sobre quais são as matérias abrangidas pela expressão 'deliberações legislativas' para os fins de sobrestamento da pauta por medidas provisórias nos termos da Constituição", e assim considerando que a medida provisória é "um instrumento que só pode dispor sobre temas atinentes a leis ordinárias, apenas projetos de lei ordinária que tenham por objeto matéria passível de edição de medida provisória estariam por ela sobrestados". Isto é: o trancamento de pauta só ocorreria nas matérias sujeitas a edição via medida provisória, o restante poderia ser votado e seguir normalmente a pauta de deliberações.

Ato contínuo a esta decisão, foi impetrado mandado de segurança perante o STF com a finalidade de que a decisão não tomasse seus efeitos práticos. A ação, que já possui decisão negando o pedido liminar e o voto do Ministro-Relator, Celso de Mello, é um bom exemplo de possibilidade de utilização da mutação constitucional.[35] O novo contexto criado pela forma de utilização das medidas provisórias faz com que da norma contida no art. 62, § 6º, da CF se extraia outro mandamento, diverso daquele que originalmente se extraía da norma.

3.3 A mutação constitucional e os direitos fundamentais

Inafastáveis o caráter histórico dos direitos fundamentais, sua gradativa evolução e as conquistas da sociedade na ampliação de seus âmbitos de proteção. Talvez os direitos fundamentais sejam o mais rico exemplo da construção cultural e histórica do Direito. Talvez estejam no campo de maior variação e evolução, em que há constantes mudanças que acompanham as alterações de uma sociedade a cada dia mais aberta.

Como se poderiam imaginar, no passado, pesquisas com células-tronco, benefícios e abusos da Internet, casamento homossexual, a anencefalia, a discriminação de gênero, a eutanásia, ações afirmativas – dentre tantos outros exemplos? Os direitos fundamentais estão intimamente ligados às concepções da sociedade, não sendo raras as vezes em que o direito positivo não acompanha tais mudanças de forma contemporânea.

---

35. Para leitura da decisão do deputado Michel Temer, decisões do Min. Celso de Mello e demais informações, v. MS 27.931-DF, desde 28.1.2010 no Gabinete da Min. Carmen Lúcia, após seu pedido de vista.

A ADPF 132 e a ADI 4.277 tratam de um destes temas, que, não obstante contar com aceitação de grande parcela da sociedade, sua viabilidade é questionada juridicamente: a união homoafetiva. A discussão jurídica poderia se sobrepor à vontade dos indivíduos na escolha correta para a união civil e a formação de uma família? Seria o Direito um produto da sociedade, ou a sociedade um produto do Direito?

Direitos previdenciários entre casais homossexuais e a formalização da união homoafetiva ganham, a cada dia, maior espaço de aceitação. No STF, do qual se espera resposta definitiva sobre o assunto, houve a aceitação da união homoafetiva administrativamente, pelo Ato Deliberativo 27/2009, que "permite aos seus funcionários que vivem em relações homoafetivas estáveis incluírem seus parceiros como dependentes do plano de saúde do Tribunal, o STF Med".[36]

Embora não possamos considerar tal decisão administrativa como precedente da Corte, é inquestionável já se tratar de grande passo a aceitação deste novo núcleo familiar. Somente após a evolução da sociedade e a constatação da existência de relações estáveis homoafetivas é que se viu a lacuna existente no Direito e sua necessidade de adaptação à nova e atual realidade. O tempo de maturação e processamento no Poder Legislativo será muito superior, restando ao Judiciário a possibilidade de atualização do ordenamento jurídico.

3.4 A mutação constitucional e a Economia

Direito e Economia não caminham na mesma velocidade. Justiça e eficiência, respectivamente o objetivo de cada uma das disciplinas, possuem dinâmicas bastante distintas, produzindo abismo temporal entre elas. De outro lado, porém, as disciplinas possuem muitas relações entre si, razão pela qual, considerando a disparidade temporal que vivenciam, propõe-se a propensão da Economia, quando regulada pelo Direito, à mutação constitucional.[37]

---

36. Consulta realizada no mecanismo de busca de notícias publicadas no *site* do STF em 27.9.2010: *http://www.stf.jus.br/portal/cms/verNoticiaDetalhe.asp?idConteudo=110604&caixaBusca=N*.

37. V. José Eduardo Faria, "O descompasso entre o tempo da Justiça e a urgência dos negócios", *Revista Getúlio* março/2008. E, do mesmo autor, "O sistema brasileiro de justiça: experiência recente e futuros desafios", *Revista Estudos Avançados* 18-51/103-126, São Paulo, IEA/USP, 2004.

Esta caminhada díspar entre eficiência e justiça gera, ao final, custos, que serão revertidos ao consumidor. Deste modo, resta dizer que tempo é dinheiro, e não justiça. Mas o valor da justiça não deveria se sobrepor ao da eficiência econômica? Não deveria a Economia se submeter ao Direito (e ao seu tempo), ao invés de o Direito se submeter aos anseios do mercado? Mesmo que a resposta tenda a ser positiva para ambas as indagações, a morosidade na promoção da justiça não pode causar seu inverso, a injustiça? A justiça tardia não seria falha e custosa?

Diante deste impasse, atualmente busca-se minimizar a "destemporalização" entre Direito e Economia, como procura fazer o movimento do *Law & Economics*, expoente na tentativa da cessação do descompasso existente e prejudicial. Mas esse objetivo também não poderia ser obtido via mutação constitucional, com possibilidade de adequação das regras postas à realidade cambiante da Economia?

Bom exemplo de onde este mecanismo (mutação constitucional) poderia ser aplicado neste quadro seria a ADI 1.668-DF, que questiona a Lei Geral de Telecomunicações/LGT (Lei 9.472/1997). Discute-se, dentre outros aspectos, o modelo de autorização criado para as empresas operadoras de telefonia (art. 131, § 1º, da LGT). Muito diferente do instituto da autorização do direito administrativo clássico, o legislador criou um modelo de ato administrativo vinculado, pelo qual a empresa se credencia a prestar os serviços dispostos na Lei Geral de Telecomunicações.[38] No entanto – uma discussão recorrente –, não seriam os serviços de telecomunicações, por expressa disposição legal, serviços públicos? E, se assim são, não deveriam ser objeto de concessão ou permissão, nos termos do art. 175 da CF?

Daí a proposta de utilização da mutação constitucional. Não se poderia, assim como propôs o Min. Marco Aurélio quanto ao verbo "manter", defender uma mudança de significação do conceito de "autorização" disposto no art. 21, XI, da CF? Por alteração das condições

---

38. Não se considera, neste estudo, que a Emenda Constitucional 8/1995 possibilitou a prestação dos serviços de telecomunicação em regime de direito privado, como aceito por alguns, principalmente por ter sido incluída na Constituição Federal muito antes da edição da Lei Geral de Telecomunicações. A autorização disposta no art. 21, XI, da CF é o modelo clássico de autorização administrativa.

fáticas subjacentes à prestação dos serviços de telefonia, não se poderia aceitar uma "contemporanização" da Constituição, permitindo-se a prestação dos serviços em regime privado? Seria possível, nos tempos atuais, imaginar uma empresa estatal (ou uma concessionária) de serviços de telecomunicações que exerça sua atividade de forma adequada e acompanhe o desenvolvimento do restante do mercado?

4. Considerações finais

Tempo e Direito estarão sempre atrelados, pois este último tem a função de regular o presente e organizar a sociedade, tendo de superar barreiras do passado e admitir os avanços do futuro. Do modo como estudei a mutação constitucional e apresentei sua introdução na jurisprudência nacional, não se teve qualquer intenção de fazer apologia, mas de compreender suas razões e identificar a real utilidade, possível replicação e continuidade de sua utilização.

Apesar dos riscos de sua utilização desmesurada, acredito que a mutação constitucional possa assumir importante papel de atualização da Constituição, permitindo ao País o cultivo de uma cultura constitucional forte e estável, a qual jamais fora vivenciada, evitando-se a constante alteração formal do ordenamento ou a troca integral da ordem constitucional.

O cultivo de uma cultura constitucional e a manutenção da Constituição no tempo são de grande importância para o desenvolvimento do País em todas as áreas, desde a Economia até a garantia dos direitos das minorias. A estabilidade constitucional, que não poderá ser confundida com a imutabilidade, poderá ser preservada pela mutação constitucional, o que corrobora a ideia de amadurecimento do País. Já, a instabilidade constitucional, causada pela desenfreada mudança formal da Constituição (realidade atual do País), não poderá ser confundida com a mutabilidade da Constituição e sua "contemporanização": a bem da verdade, esta deverá ser evitada.

Bibliografia

BONAVIDES, Paulo. *Curso de Direito Constitucional*. 22ª ed. São Paulo, Malheiros Editores, 2008.

BULOS, Uadi Lâmego. *Mutação Constitucional*. Dissertação de Mestrado apresentada à PUC/SP. São Paulo, 1995.

FARIA, José Eduardo. "O descompasso entre o tempo da Justiça e a urgência dos negócios". *Revista Getúlio,* março/2008 (p. 49).

──────. "O sistema brasileiro de justiça: experiência recente e futuros desafios". *Revista Estudos Avançados* 18-51/103-126. São Paulo, IEA/USP, 2004.

FERRAZ, Anna Cândida da Cunha. *Processos Informais de Mudança da Constituição: Mutações Constitucionais e Mutações Inconstitucionais*. São Paulo, Max Limonad, 1986.

GRAU, Eros Roberto. *Ensaio e Discurso sobre a Interpretação/Aplicação do Direito*. 4ª ed. São Paulo, Malheiros Editores, 2006.

HÄBERLE, Peter. *Zeit und Verfassung*. In: *Verfassungs als öffentlich ProzeB*. 3ª ed. Berlim, Duncker & Humblot.

HESSE, Konrad. "Limites da mutação constitucional". Trad. de Inocêncio Mártires Coelho. In: ALMEIDA, Carlos dos Santos, COELHO, Inocêncio Mártires, e MENDES, Gilmar Ferreira. *Temas Fundamentais do Direito Constitucional*. São Paulo, Saraiva, 2009.

JELLINEK, Georg. *Reforma y Mutación de la Constitución*. Trad. de Christian Förster e Pablo Lucas Verdú. Madri, Centros de Estudios Constitucionales, 1991.

KUBLISCKAS, Wellington Márcio. *Emendas e Mutações Constitucionais*. São Paulo, Atlas, 2009.

LABAND, Paul. Die *Wandlungen der deutschen Reichsverfassung*. 1895.

MENDES, Gilmar Ferreira. "O papel do Senado Federal no controle de constitucionalidade: um caso clássico de mutação constitucional". *Revista de Informação Legislativa* 162/149-168. Abril-junho/2004.

OST, François. *O Tempo do Direito*. Trad. de Élcio Fernandes. Bauru, EDUSC, 2005.

Acórdãos citados: ADI 3.345-DF; ADPF 46-DF; AI 611.481-MG e 618.763-RS; BVerGE 1, BvL 23/51 (Corte Constitucional Federal da Alemanha); HC 90.450-MG, 92.297-MG, 94.695-RS e 96.772-SP; HC/MC 98.893-SP; HC/QO 86.009-5-DF; MS 26.602-DF, 26.603-DF e 26.604-DF; Rcl 3.801-GO, 4.335-5-AC e 7.336-SP; RE 466.215-RS, 488.165-PR, 517.766-RS e 601.552-RS; RE/AgR 450.5045-MG; RE/ED/EDv RE 174.161-9-DF; RE/EDv 166.791-5-DF.

Casos estudados: ADI 1.668-DF e 4.277-DF; ADPF 132-RJ; MS 27.931-DF.

O CONTROLE DE CONSTITUCIONALIDADE DAS PRIVATIZAÇÕES: O CONTEXTO POLÍTICO E O TEMPO NOS VOTOS DO STF[*-1]

VERIDIANA ALIMONTI

1. Introdução. 2. Método de seleção das decisões analisadas e delimitação do tema. 3. Momento político refletido. 4. O contexto político na apreciação das liminares ligadas às privatizações: 4.1 A consideração do periculum in mora e do fumus boni iuris pelo STF. 5. O tempo no controle de constitucionalidade das privatizações. 6. Conclusões.

1. Introdução

O objetivo da presente pesquisa é a análise da *performance* do STF no controle concentrado de constitucionalidade das privatizações, com especial atenção à influência do embate político nos votos dos ministros e ao papel do tempo na conclusão destas ações. Inicialmente elaborada em 2006, seus dados foram atualizados em 2010 para a publicação deste estudo.

* *Resumo*: O artigo visa ao estudo do julgamento das ações diretas de inconstitucionalidade que diziam respeito, direta ou indiretamente, aos Programas de Desestatização ou que tratavam de mecanismos legais viabilizadores das privatizações. Com isto, buscará traçar um perfil da atuação do STF em momento de acirramento político a partir do qual poderá identificar como se deu a participação do Tribunal neste controle e se o mesmo foi capaz de oferecer respostas tempestivas às questões a ele apresentadas.

Palavras-chave: Contexto Político; Controle de Constitucionalidade; Desestatização; Medida Cautelar; Privatizações; Supremo Tribunal Federal; Tempo.

1. O presente artigo foi desenvolvido a partir de monografia apresentada à *sbdp* como trabalho de conclusão do curso da Escola de Formação do ano de 2006, sob a orientação de Maria Paula Bertran. A versão original encontra-se em *http://www.sbdp.org.br/monografias_ver.php?idConteudo=71*.

É interessante notar que não há, dentre as ações estudadas, um caso-paradigma, estando a força do trabalho no conjunto das decisões, que possibilitam a identificação de questões relevantes à compreensão da atuação do STF em momento político determinado.

Assim, a importância de recordar aqui este estudo é ainda a mesma que motivou sua realização. Isto porque o estudo do controle de constitucionalidade das privatizações traz elementos interessantes para se compreender a atuação do Tribunal Constitucional brasileiro em um momento de tensão política quanto à matéria mesma que estava em discussão.

Tais elementos podem, deste modo, auxiliar-nos a compreender a atuação do STF em cenários semelhantes, bem como qualificar a memória deste momento da história brasileira, que ainda hoje é discutido quanto aos seus efeitos e legitimidade.

2. Método de seleção das decisões analisadas e delimitação do tema

No intento de verificar a influência do contexto político nas decisões do STF, tanto no que se refere ao tempo que levou para concluí-las quanto à análise, em si, dos pontos trazidos até o Tribunal, a escolha primeira dentre o acervo de acórdãos disponíveis foi o enfoque nas ações diretas de inconstitucionalidade.[2]

Dentre estas, privilegiou-se as que se dirigiam especificamente a leis, emendas constitucionais, medidas provisórias e decretos que representaram o substrato legal responsável por viabilizar os Programas de Desestatização federal e estaduais, tratando essencialmente das questões jurídicas envolvidas neste processo.

Isto porque a privatização das empresas estatais constituiu-se um ponto fundamental da disputa política quanto ao papel do Estado na Economia, caracterizando-se como uma das tarefas relevantes na reforma do Estado Brasileiro.

Também neste sentido, efetuou-se um recorte ligado ao período de proposição destas ações, tendo a análise ficado restrita às ações

---

2. Dentre as ações ligadas ao tema surgidas da pesquisa no acervo do Tribunal figuravam ações cíveis, ações penais e agravos regimentais.

distribuídas entre 1989, início do Governo Collor, e 2002, ano em que o Partido dos Trabalhadores/PT foi eleito para o Governo Federal.

Deste conjunto de delimitações resultaram 45 ações, das quais 40% não foram conhecidas ou tiveram seu seguimento negado devido a vícios formais. Considerando que as ações propostas depois de 2002 não foram consideradas na primeira pesquisa, o trabalho recente de atualização não observou alterações neste universo, tampouco nas ações com vícios formais, em que as decisões tenderam a ser mais rápidas.

Todavia, das 27 restantes, cerca de 62,9% sofreram perda do objeto sem julgamento de mérito da ação principal e aproximadamente 18,5% ainda aguardam julgamento.

Diante de resultado semelhante obtido na primeira pesquisa, optou-se, como última delimitação, por centrar a análise nos votos proferidos na apreciação das liminares das ações principais que (i) haviam perdido o objeto ou (ii) que ainda aguardam julgamento.

Assim, este estudo refere-se às seguintes ADI:[3] 2.244-DF, 2.223-DF, 2.005-DF, 2.004-DF, 1.840-DF, 1.824-RS, 1.724-RN, 1.597-DF, 1.584-DF, 1.321-DF, 1.263-DF, 1.111-DF, 1.078-DF, 1.066-DF, 825-AP, 605-DF, 586-DF e 562-DF.

Demonstrado o método que guiou a seleção dos acórdãos analisados, cumpre tratar mais detidamente do contexto político ao qual o estudo se refere.

3. Momento político refletido

Os Programas de Desestatização no Brasil foram desenvolvidos de forma mais abrangente durante a década de 1990 como parte das medidas em resposta à desaceleração econômica, baixo crescimento do PIB e elevações constantes da inflação que marcaram a década anterior,[4] que contou com complicadores como os choques do petró-

---

3. Excluídas as liminares que foram prejudicadas junto com a ação principal por não oferecerem na decisão elementos suficientes de análise, visto que se limitavam a reconhecer a perda do objeto.
4. Para maiores detalhes acerca destas medidas, iniciadas no Governo Collor e aprimoradas nos governos posteriores, v. Mário Schapiro, *A Primazia da Regulação Concorrencial e a Retração da Política Industrial: uma Avaliação da Atuação do*

leo e o consequente aumento da taxa de juros internacional, algo grave para um País que dependia de investimentos externos.

Assim, nos anos 1980 aprofundou-se a utilização das estatais brasileiras como instrumento de política macroeconômica, reduzindo artificialmente o preço de seus bens e serviços para aumentar a competitividade nas exportações e controlar a inflação. Tais medidas, além de desregularem preços, prejudicaram a capacidade de investimento das estatais, dando mais força ao caldo intelectual e teórico ligado aos neoutilitaristas.[5]

As privatizações como parte da solução à crise do Estado no bojo da modernização neoliberal, de um lado, e a defesa de reformas estruturais que levassem, entre outros, a um mercado interno de massas e ao combate à injustiça social, de outro, marcaram, em linhas gerais, o embate político-ideológico dos anos 1990,[6] tendo como questão importante a disputa entre diferentes concepções de Estado.

Neste embate, as ações judiciais foram consideradas como mais um instrumento de pressão e de paralisação dos leilões, sendo as ações diretas de inconstitucionalidade apenas pequena parte das mais de 900 ações propostas no período, englobando mandados de segurança, ações civis públicas, ações populares, entre outras.[7]

No caso das ações diretas de inconstitucionalidade aqui analisadas, reforçando o caráter político acima colocado, 72,2% foram pro-

Estado no Setor Industrial Brasileiro na Década de 1990, dissertação de Mestrado defendida na Faculdade de Direito da USP em 2005, pp. 151-171.
5. Popularmente conhecidos como *neoliberais*, estes enxergam o Estado como mais um indivíduo econômico, representado pelas burocracias estatais, buscando a maximização de seus interesses. Assim, a condução da economia pelo Estado atrapalha o mercado, desorganiza os preços e leva à perda de eficiência, devendo o controle burocrático ser substituído pelo mercado, sempre que possível. Cf. Peter Evans, "Análise do Estado no mundo neoliberal: uma abordagem institucional comparativa", *Revista de Economia Contemporânea* 4/54-55, julho-dezembro/1998; e Mário Schapiro, *A Primazia da Regulação Concorrencial e a Retração da Política Industrial: uma Avaliação da Atuação do Estado no Setor Industrial Brasileiro na Década de 1990*, cit., p. 149.
6. Para mais considerações quanto a esta disputa, v. Emir Sader, *O Anjo Torto: Esquerda (e Direita) no Brasil*, São Paulo, Brasiliense, 1995, pp. 149-195.
7. Conforme Vanessa Elias de Oliveira, entre 1991 e 1998 foram distribuídas 942 ações ligadas às privatizações (*O Poder Judiciário após a Constituição de 1998 – Existe uma Judicialização da Política? Uma Análise do Processo de Privatizações*, dissertação de Mestrado defendida na Faculdade de Ciências Sociais da USP em 2002).

postas por partidos políticos (PT, PSB, PC do B e PDT), dividindo-se os 27,8% restantes entre a proposição do Conselho Federal da OAB, governadores e Mesas de Assembleias Legislativas.

Delineado o contexto político no qual as medidas cautelares foram analisadas e que motivou a proposição mesma das ações em questão, cabe verificar em que medida tal contexto atuou nas decisões do STF.

4. O contexto político na apreciação das liminares ligadas às privatizações

Para o desenvolvimento deste item, a leitura dos acórdãos procurou responder à seguinte questão: *Há no voto argumento de pressão/justificativa das privatizações ou argumento contrário a este processo?*.

Tal questão encontrou resposta positiva em 9 das 18 liminares analisadas (ADI 562, ADI 605, ADI 1.066, ADI 1.078, ADI 1.111, ADI 1.263, ADI 1.597, ADI 1.724 e ADI 1.824).

Embora uma aferição desta espécie possa incidir em subjetivismos relativos a cada ministro, são perceptíveis defesas e críticas integrantes da argumentação que levou ao deferimento ou indeferimento das liminares, e em maioria relacionadas à consideração quanto à existência, ou não, de plausibilidade jurídica do pedido.

De uma forma geral, os argumentos de pressão/justificativa preocupavam-se em dar uma resposta à contraposição política às privatizações, ao afirmarem que o texto da Constituição Federal de 1988 não era, em si, incompatível com o Programa de Desestatização.[8] Também está presente a ideia de que haveria atividades *indevida* ou *desnecessariamente* exploradas pelo Estado,[9] noção constante do texto da Lei 8.031/1990 e que tinha relação com o argumento de que o Estado não deveria executar atividades que o setor privado fosse plenamente capaz de realizar.[10]

---

8. Argumentação presente no voto do Min. Néri da Silveira nas liminares das ADI 1.066, 1.078, 1.111 e 1.263.
9. Referência a voto do Min. Néri da Silveira na liminar da ADI 1.724.
10. Conforme Armando Pinheiro e Fábio Giambiagi, este foi um dos principais argumentos para ampliar o alcance das privatizações, tendo sido utilizado no início

Quanto ao entendimento de que a desestatização era medida importante para aumentar a credibilidade do Governo ao demonstrar sua intenção de alterar o *status quo* aos olhos dos investidores estrangeiros e organismos multilaterais, funcionando como uma espécie de "selo de qualidade" da política econômica,[11] é possível verificar sua presença no voto do Min. Ilmar Galvão na ADI 605.

Tal ação direta de inconstitucionalidade refere-se a artigo de medida provisória que interpretava o art. 16 da Lei 8.031/1990 para incluir os títulos representativos da dívida externa brasileira como meios de compra de ações das estatais – mecanismo que havia sido rejeitado pelo Congresso quando da conversão da Medida Provisória 115 na Lei 8.031/1990. Segue o trecho: "(...) o Congresso Nacional, ao suprir, na Medida Provisória n. 115, o inciso III do art. 14 (...) não vedou a utilização dos mesmos títulos (...). Se tal ocorresse, *estar-se-ia diante de norma profundamente restritiva aos interesses dos credores da dívida externa, valendo por declaração explícita de que o pagamento da dívida externa é assunto fora de cogitação para o Governo Brasileiro*, o que não é lícito admitir seja verdadeiro" (grifos nossos).

Menos recorrentes, os argumentos de crítica também puderam ser verificados, sendo um exemplo o voto do Min. Sepúlveda Pertence na ADI 1.597, que impugnava dispositivo de medida provisória responsável por alterar o art. 13 da Lei 8.031/1990, aumentando para 100% a possibilidade de pessoas físicas ou jurídicas estrangeiras comprarem ações com direito a voto nos leilões das estatais. Segue o trecho: "Sr. Presidente, dispõe o art. 246 da CF, *introduzido com as emendas constitucionais do 'vendaval' que caiu sobre a 'Constituição Econômica', em 1995* (...). Digo, de logo, que, no caso, se ainda tivesse alguma

dos anos 1990 para justificar a privatização de setores com expressiva participação privada (aço, petroquímica e fertilizantes), sendo mais tarde estendido a áreas eminentemente estatais, tais como as telecomunicações ("Os antecedentes macroeconômicos e a estrutura institucional da privatização no Brasil – O caso dos serviços de utilidade pública", in Armando Castelar Pinheiro e Kiichiro Fukasaku (eds.), *A Privatização no Brasil – O Caso dos Serviços de Utilidade Pública*, Rio de Janeiro, BNDES/OCDE, 1999, disponível em *www.bndes.gov.br*, acesso em 7.7.2006, p. 26).

11. Armando Pinheiro e Fábio Giambiagi, "Os antecedentes macroeconômicos e a estrutura institucional da privatização no Brasil – O caso dos serviços de utilidade pública", cit., in Armando Castelar Pinheiro e Kiichiro Fukasaku (eds.), *A Privatização no Brasil – O Caso dos Serviços de Utilidade Pública*, pp. 24-25.

dúvida, *hoje teria perdido todas as esperanças*: não há inconstitucionalidade material sequer no âmbito da exploração minerária, no art. 13 da Lei n. 8.031, conforme redação da medida provisória questionada (...) *o voto do Min. Nelson Jobim mostrou que nada sobrou do nacionalismo da Constituição* (nacionalismo que S. Exa. filiou com certa maldade à Carta de 1937; prefiro ficar com as origens do Código de Águas, de 1932, por exemplo, que uma revolução comandada pelos gaúchos propiciou)".

O "vendaval" referido no trecho acima trata das Emendas Constitucionais 5, 6, 7, 8 e 9, todas de 1995, mas enfoca particularmente a Emenda Constitucional 6, que eliminou da Constituição a distinção entre empresa brasileira e empresa brasileira de capital nacional.

Como se pode perceber, os dois trechos acima referem-se a votos em ações diretas de inconstitucionalidade voltadas a dispositivos que introduziam alterações na Lei 8.031/1990, o que não se dá por acaso. Esta lei, fruto da conversão da Medida Provisória 115, instituiu o Plano Nacional de Desestatização/PND, marco institucional da inclusão das privatizações no processo de reformas econômicas do Estado. Tal diploma definia as empresas a serem privatizadas, além de conceder ao Poder Executivo a prerrogativa de incluir ou excluir estatais do Programa e estabelecer as regras de venda.

Por certo que, no ambiente político já descrito, a Lei 8.031/1990 também foi alvo de ações diretas de inconstitucionalidade, tendo sido a ADI 562 a primeira e mais abrangente. Dizendo esta respeito à impugnação do marco regulatório do Programa de Desestatização, o Relator, Ilmar Galvão, na apreciação de sua liminar, preocupou-se em deixar claro que não constituía objeto da referida ação a política desestatizante do Governo, devendo a análise se centrar na constitucionalidade da lei em si.

Um dos aspectos mais interessantes de se notar neste acórdão é a discussão relativa ao *periculum in mora*, que, no caso, referia-se mais especificamente à proximidade da privatização da USIMINAS. Utilizou-se aqui a ideia de *risco bilateral* para colocar que a suspensão da eficácia dos artigos impugnados, se posteriormente verificados constitucionais, poderia causar danos maiores que a eventual privatização de uma estatal sob bases inconstitucionais. Assim colocou o Min. Ilmar Galvão: "Se, de um lado, foi apontado risco de dano na aplicação da lei que possibilita alienação tida por indevida de controle de empresas estatais, de outro, *não é difícil vislumbrar efeitos patrimoniais negativos na abrupta interrupção do processo de execução do Programa de Privatização* (...) no qual, segundo o próprio autor, já foram despendidas algumas dezenas de milhões de Dólares com publicidade, auditorias e outros gastos. *Para não falar nos efeitos que medida de tal gravidade acarretará, em termos de abalo de confiança do público interessado na aquisição das empresas postas à venda e (...) nos valores dos lances a serem ofertados*" (grifos nossos).

A mesma argumentação aparece no voto do Min. Sydney Sanches, que considera haver plausibilidade jurídica nos argumentos dispostos na inicial mas discorda da ocorrência de *periculum in mora*, pois impedir uma privatização eventualmente constitucional representaria um mal maior, uma vez que um leilão inconstitucional não seria irreparável, podendo se retornar ao *status quo ante*.

Tais entendimentos denotam uma espécie de afirmação da necessidade de o Programa de Desestatização se desenvolver sem conturbações, oferecendo aos compradores a maior estabilidade possível, mesmo que isso significasse, eventualmente, realizar leilões de empresas estatais sob bases jurídicas inconstitucionais.

Contrapondo-se a isto, argumentou o Min. Sepúlveda Pertence: "(...) o que me parece fundamental é a impugnação básica e abrangente que se põe a esta ampla delegação ao Executivo (...). O eminente Relator *[Ilmar Galvão]* viu, no caso, o que temos chamado de *risco bilateral*. Contudo, na hipótese de que se venha a declarar inconstitucional esta delegação indiscriminada da privatização de variadas empresas públicas, vejo que os riscos são de tal dimensão, que não creio possível cotejá-los com aqueles, de mera conveniência administrativa, aventados pelo Relator para o caso de constitucionalidade".

Nota-se, portanto, uma divergência quanto à seriedade dos danos envolvidos no caso, o que pode refletir o grau de proximidade principiológica que se tinha com o Programa de Desestatização empreendido pelo Governo. Nesta ação direta de inconstitucionalidade o Supremo indeferiu a liminar, sendo vencidos o Min. Sepúlveda Pertence, que a deferia, e o Min. Celso de Mello, que a deferia em parte.

A partir dos exemplos apresentados, é possível constatar que o embate jurídico no período analisado compreendeu um embate político-ideológico não só no número de ações e no tipo de requerentes, mas também na própria apreciação do STF, que, inserido neste momento, foi influenciado na construção mesma do seu raciocínio jurídico.

Seguindo a análise proposta e avançando no estudo, interessa verificar como os ministros compreendiam, neste contexto, a análise do *periculum in mora* e da plausibilidade jurídica do pedido, considerando que grande parte das ações principais perdeu o objeto ou aguarda julgamento até os dias de hoje.

4.1 A consideração do "periculum in mora" e do "fumus boni iuris" pelo STF

Inicialmente, interessa recordar que o processo cautelar é o conjunto de procedimentos por meio do qual se desenvolve uma atividade auxiliar e subsidiária, que visa a assegurar o resultado útil do processo principal. Seu resultado específico é um provimento acautelatório, que, no caso das ações diretas de inconstitucionalidade, são as liminares em cautelar.

Para o deferimento destas são necessários dois requisitos: o *fumus boni iuris*, referente à plausibilidade jurídica do pedido do processo principal, e o *periculum in mora*, existente quando a demora na tramitação do processo principal enseja danos irreparáveis ao direito que se visou a proteger com a ação.

Isto posto, e adentrando a análise da compreensão destes requisitos pelo Supremo quando da apreciação das liminares selecionadas, cumpre trazer raciocínio de Sepúlveda Pertence na ADI 1.584, que também impugnava artigos da Lei 8.031/1990 mas apresentava como *periculum in mora* mais direto a iminência do leilão da Cia. Vale do Rio Doce/CVRD.

Em seu voto o Ministro assentou que o deferimento da cautelar é alta função política, de alta prudência política, confiada pela Constituição ao STF. Por isso, os ministros teriam afastado, no campo do que se poderia chamar "juízo discricionário" da concessão da cautelar da ação direta de inconstitucionalidade, o clássico parâmetro processualista de *periculum in mora* – entendido como risco de irreparabilidade dos danos causados pela duração do processo –, e teriam passado a, constantemente, deferir liminares na base de um juízo de alta conveniência política da suspensão de determinada norma legal.

Sua argumentação vinha em resposta à polêmica iniciada com o voto do Relator, Ilmar Galvão, que neste caso deferia a liminar em parte, no sentido de se admitir uma nova apreciação da mesma lei já examinada na ADI 562. Isto porque a iminência da privatização da CVRD trazia novas circunstâncias de fato que justificavam um reexame do *periculum in mora*, mesmo que os dispositivos legais em questão permanecessem iguais. Contudo, neste caso prevaleceu a tese de Moreira Alves quanto a ser a ação direta de inconstitucionalidade uma ação em abstrato, voltada ao exame da lei diante da Constituição como um todo, já estando a matéria julgada.

Argumento semelhante ao de Pertence pode ser verificado no voto do Min. Celso de Mello na liminar da ADI 605, que, citando o próprio Moreira Alves relativamente a outra ação, colocou que por vezes se faria necessária a ponderação da conveniência político-jurídica da medida imposta quando da consideração da ocorrência do *periculum in mora*.

Se foi possível identificar assertivas específicas quanto ao entendimento do *periculum in mora* dentre as liminares estudadas, é também verdade que nem todos os acórdãos apresentam esforço de justificação com relação à presença, ou não, desse requisito, inclusive no caso das liminares deferidas. De todo modo, e mesmo tendo em vista a polêmica ocorrida na ADI 1584, é possível afirmar que este juízo de conveniência política estava presente nas considerações dos ministros – o que pode ser explicado pelo fato de estarem eles inseridos em um contexto de acirramento político quanto à matéria analisada.

Com relação à plausibilidade jurídica do pedido, há na ADI 562 consideração sintomática no voto do então Relator, Ilmar Galvão. Este, após descartar o *periculum in mora* como elemento decisivo por conta da presença de *risco bilateral*, conclui que o exame do pedido deverá se concentrar sobre o tema da aparência do bom direito, "parecendo claro que, para uma conclusão, conquanto de caráter provisório, já não bastará a existência de mera fumaça, exigindo-se, de logo, uma irrefreável tendência à admissão da inconstitucionalidade, para que se possa deferir a liminar".

Conquanto ele frise o caráter provisório do provimento cautelar e mantenha a compreensão de que, neste âmbito, a inconstitucionalidade deva ser uma tendência, e não uma certeza, o sentido geral de sua afirmação é que esta tendência precisaria ser mais forte aqui que em outros casos.

Se, em sua linha de raciocínio, isto se dá pelo fato de o *periculum in mora* estar comprometido, a análise conjunta das liminares selecionadas trouxe elementos consideráveis para a conclusão de que na maioria dos casos[12] o Supremo apreciava o mérito das ações já em sede de cautelar. Uma das exceções a isto, no entanto, foi justamente a análise da ADI 562, o que foi sentido quando do julgamento da ADI 1.584, ligada ao leilão da CVRD.

Ressalte-se que as diferenças existentes na apreciação de ambos os requisitos pelos ministros, nos acórdãos analisados, decorrem da matéria impugnada em cada ação e das peculiaridades nelas envolvidas, não se verificando uma alteração de entendimento ou de postura do Supremo ao longo do tempo, dentro do período retratado.

O mesmo ocorre com a explicitação da influência do contexto político na argumentação dos ministros, que se apresentava mais ou menos recorrente, a depender do objeto analisado.

Seguindo na busca de compreender a atuação do STF em momento de acirrado embate político e ideológico, cumpre averiguar mais detalhadamente a questão do tempo no controle de constitucionalidade realizado.

5. O tempo no controle de constitucionalidade das privatizações

A escolha por analisar a apreciação das medidas cautelares relacionou-se com a consideração do papel do tempo no controle de

---

12. ADI 2.244-DF, 2.223-DF, 2.005-DF, 1.840-DF, 1.824-RS, 1.724-RN, 1.597-DF, 1.321-DF, 1.263-DF, 1.111-DF, 1.078-DF e 1.066-DF. Para esta análise não foram utilizadas a ADI 825-AP, pois a liminar foi julgada em decisão monocrática que se concentrou nos artigos da Constituição do Amapá, e 2.004-DF, pois sua ação principal perdeu o objeto antes da análise da liminar.

constitucionalidade das privatizações, tendo em vista que 37,7% das 45 ações diretas de inconstitucionalidade inicialmente selecionadas haviam perdido seu objeto.

Foi o tempo um ator mais definitivo neste processo que o próprio STF? Tal pergunta se coloca, pois, além da percentagem acima, é relevante notar que as desestatizações ocorreram rapidamente,[13] exigindo também rápidas mudanças legislativas e constitucionais, o que fazia com que as ações diretas de inconstitucionalidade diretamente vinculadas aos dispositivos legais ficassem prejudicadas.

A tabela que segue detalha as ações que perderam o objeto:

N. ADI	Tempo	Decisão definitiva	Motivo da perda do objeto	Liminar
2.244	3 anos e 10 meses	2004	Entrada em vigor da Emenda Constitucional 40/2003	Deferida parcialmente
2.223	4 anos e 3 meses	2004	Entrada em vigor da Emenda Constitucional 40/2003	Deferida
2.005	6 anos	2005	Medida provisória impugnada perdeu eficácia	Deferida
2.004	1 mês	1999	Medida provisória impugnada perdeu eficácia	Prejudicada
1.657	10 anos e 9 meses	2008	Revogação da lei impugnada ainda em 2002	Não havia

▶

13. Quanto a isto, colocam Armando Pinheiro e Fábio Giambiagi em 1999, tratando dos serviços públicos: "Esse processo foi notável pelas suas dimensões, mas é igualmente impressionante o fato de que em apenas cinco anos o Estado terá se retirado quase que totalmente de setores nos quais teve predomínio absoluto durante várias décadas. Ademais, esse processo evoluiu sem nenhuma ruptura política. Há 10 anos, nem o mais otimista economista liberal teria sonhado com tal resultado" ("Os antecedentes macroeconômicos e a estrutura institucional da privatização no Brasil – O caso dos serviços de utilidade pública", cit., in Armando Castelar Pinheiro e Kiichiro Fukasaku (eds.), *A Privatização no Brasil – O Caso dos Serviços de Utilidade Pública*, p. 39).

O CONTROLE DE CONSTITUCIONALIDADE DAS PRIVATIZAÇÕES

N. ADI	Tempo	Decisão definitiva	Motivo da perda do objeto	Liminar
1.597	9 anos e 5 meses	2006	Lei 8.031/1990 e Decreto 1.204/1994 foram revogados	Deferida parcialmente
1.584	2 anos e 8 meses	1999	Ausência de fato novo frente às ADI 562 e 586	Não conhecida
1.403	5 dias	1996	Revogação do ato impugnado	Prejudicada
1.321	1 mês e 22 dias	1995	Medida provisória impugnada perdeu eficácia	Indeferida
1.263	6 anos e 6 meses	2001	Medida provisória perdeu eficácia e Emenda Constitucional 8/1995	Indeferida
1.111	3 anos e 3 meses	1997	Medida provisória impugnada perdeu eficácia	Indeferida
1.107	2 anos e 5 meses	1997	Medida provisória foi convertida em lei após várias reedições	Prejudicada
1.078	2 meses e 23 dias	1994	Medida provisória impugnada perdeu eficácia	Indeferida
1.066	1 mês	1994	Medida provisória impugnada perdeu eficácia	Indeferida
605	10 anos e 5 meses	2002	Medida provisória impugnada perdeu eficácia	Indeferida
586	8 anos e 7 meses	2000	Ausência de fato novo frente à ADI 562	Prejudicada
562	6 anos e 11 meses	1998	Lei 8.031/1990 foi modificada por medidas provisórias e, depois, convertida na Lei 9.491/1997	Indeferida

Algo bastante recorrente na tabela é a referência à perda de objeto da ação por conta da perda de eficácia da medida provisória impugnada na ação direta de inconstitucionalidade. Na maior parte dos casos as medidas provisórias não mais eficazes eram reeditadas em novas medidas provisórias, devendo os requerentes aditar as petições iniciais para que as ações não ficassem prejudicadas, mesmo que o texto da medida provisória reeditada fosse igual ao da antiga.

Tendo-se em vista que não foi pequena a utilização deste instrumento na viabilização legal das privatizações, uma vez que apresentavam a agilidade requerida pelo Governo, era bastante comum que as ações diretas de inconstitucionalidade fossem prejudicadas por esta perda de eficácia. Mesmo assim houve casos em que os requerentes aditaram a inicial ou propuseram nova ação, o que ocorreu com as ADI 1.066, 1.078, 1.111 e 1.263, todas voltadas às sucessivas reedições da mesma medida provisória.

Pela tabela verifica-se também a grande demora no julgamento de parte considerável das ações, o que impediu que fosse possível um julgamento final quanto ao mérito dos dispositivos nelas questionados. Isto, contudo, pode ser relativizado se considerarmos que o mérito era apreciado já no julgamento da liminar, que, na maioria dos casos, não demorou mais de seis meses.

Por fim, frise-se que as diferenças do tempo de julgamento não seguem um padrão ou uma evolução uniforme, dependendo a demora ou a agilidade das especificidades de cada ação. O único padrão que pôde ser verificado, não na tabela acima, pois nela estas ações não estão presentes, foi a agilidade bem maior no julgamento das ações diretas de inconstitucionalidade não conhecidas por vícios formais.

6. Conclusões

A investigação realizada trouxe respostas interessantes às indagações que a originaram. Em primeiro lugar, a análise do Supremo não ficou imune ao momento político em que estavam inseridos os ministros, sendo possível verificar isto na argumentação de parte significativa dos votos.

De um modo geral, tal influência está presente também no próprio entendimento quanto à consideração do *periculum in mora* e da plausibilidade jurídica do pedido quando do deferimento ou não da liminar, que, como visto, passou por um juízo de conveniência política.

Quanto ao papel do tempo no controle de constitucionalidade das privatizações, não há dúvida de que este se fez presente e gerou seus efeitos, dando ao STF um elemento a mais a ser trabalhado no equilíbrio do conflito. Todavia, deve-se ter em vista que em muitos casos o Tribunal parecia já julgar o mérito na liminar, dando a questão por resolvida e não retornando à ação principal.

O estudo realizado não é suficiente para afirmar se a apreciação das medidas cautelares é empreendida como julgamento definitivo de uma forma geral pelo STF. Contudo, nos casos analisados é licito assentar que esta tendência também se relaciona à importância política e econômica de decisões que poderiam ferir a credibilidade do Programa de Desestatização ou suspender processos de privatização em andamento.

Em conclusão, o que se pôde observar do controle de constitucionalidade das privatizações empreendido pelo STF dentro do período analisado é que, sem desprezar debates que trouxeram contribuições, suas decisões pouco interferiram no Programa Nacional de Desestatização, principalmente porque discussões importantes relativas à sua constitucionalidade deixaram de ser feitas. Todavia, não se pode desprezar o fato de o Supremo ter impedido a privatização da IRB-Brasil Resseguros S/A com o deferimento tempestivo da liminar da ADI 2.223.

Bibliografia

EVANS, Peter B. "Análise do Estado no mundo neoliberal: uma abordagem institucional comparativa". *Revista de Economia Contemporânea* 4. Julho-dezembro/1998.

OLIVEIRA, Vanessa Elias de. *O Poder Judiciário após a Constituição de 1988 – Existe uma Judicialização da Política? Uma Análise do Processo de Privatizações*. Dissertação de Mestrado defendida na Faculdade de Ciências Sociais da USP. São Paulo, 2002.

PINHEIRO, Armando Castelar, e GIAMBIAGI, Fabio. "Os antecedentes macroeconômicos e a estrutura institucional da privatização no Brasil". In: PINHEIRO, Armando Castelar, e FUKASAKU, Kiichiro (eds.). *A Privatização no Brasil – O Caso dos Serviços de Utilidade Pública*. Rio de Janeiro, BNDES/OCDE, 1999 (disponível em *www.bndes.gov.br*, acesso em 7.7.2006).

SADER, Emir. *O Anjo Torto: Esquerda (e Direita) no Brasil*. São Paulo, Brasiliense, 1995.

SCHAPIRO, Mario Gomes. *A Primazia da Regulação Concorrencial e a Retração da Política Industrial: uma Avaliação da Atuação do Estado no Setor Industrial Brasileiro na Década de 1990*. Dissertação de Mestrado defendida na Faculdade de Direito da USP. São Paulo, 2005.

Acórdãos citados: ADI 1.107 (rel. Min. Octávio Gallotti, j. 4.3.1997), 1.403 (rel. Min. Francisco Rezek, j. 7.2.1996) e 1.657 (rel. Min. Eros Grau, j. 17.6.2008); ADI/MC 562 (rel. Min. Ilmar Galvão, j. 1.7.1998); 586 (rel. Min. Ilmar Galvão, j. 8.10.1992); 605 (rel. Min. Celso de Mello, j. 23.10.1991); 825 (rel. Min. Carlos Britto, j. 26.2.1993); 1.066 (rel. Min. Néri da Silveira, j. 11.5.1994); 1.078 (rel. Min. Néri da Silveira, j. 15.6.1994); 1.111 (rel. Min. Néri da Silveira, j. 31.8.1994); 1.263 (rel. Min. Néri da Silveira, j. 6.4.1995); 1.321 (rel. Min. Moreira Alves, j. 7.7.1995); 1.584 (rel. Min. Ilmar Galvão, j. 23.4.1997); 1.597 (rel. Min. Néri da Silveira, j. 19.11.1997); 1.724 (rel. Min. Gilmar Mendes, j. 11.12.1997); 1.824 (rel. Min. Néri da Silveira, j. 10.6.1998); 1.840 (rel. Min. Carlos Velloso, j. 26.6.1998); 2.004 (rel. Min. Néri da Silveira, j. 26.4.1999); 2.005 (rel. Min. Néri da Silveira, j. 26.5.1999); 2.223 (rel. Min. Marco Aurélio, j. 8.6.2000); 2.244 (rel. Min. Maurício Correa, j. 10.10.2002).

2.3 LIBERDADES

- Ditadura Militar e STF: a Aposentadoria Compulsória da Defesa da Liberdade – Felipe de Paula
- A Regulamentação das Profissões e o Princípio da Liberdade Profissional no STF – Felipe Kazuo Tateno
- O STF e o Direito ao Silêncio para Prestar Depoimento na CPMI dos Correios – Felipe Penteado Balera
- Por que o STF "Manda Soltar"? Como Chegam e como São Tratados os Decretos de Prisão Preventiva Afastados pelo STF – Fillipi Marques Borges
- O STF e a Jurisprudência da Vedação à Progressão de Regime de Pena – Gabriela Rocha
- Quanto Vale o Estupro? O Entendimento do STF sobre a Hediondez do Crime de Estupro – Isadora Brandão

DITADURA MILITAR E STF: A APOSENTADORIA COMPULSÓRIA DA DEFESA DA LIBERDADE[*-1]

FELIPE DE PAULA

1. Introdução. 2. Breve histórico: o Golpe Militar e o STF. 3. O STF em 1967, 1968 e 1969: 3.1 A saga dos habeas corpus. 4. A aposentadoria compulsória. 5. Conclusão.

1. Introdução

O presente artigo almeja analisar a aposentadoria compulsória dos Mins. Evandro Lins e Silva, Hermes Lima e Victor Nunes Leal, ocorrida em 16.1.1969, à luz da jurisprudência do STF. Sem olvidar as inúmeras formas de abordar a relação entre os Poderes ou as linhas teóricas que apontam, desde logo, a ideologia como algo inerente ao discurso jurídico e à decisão judicial – justificada, invariavelmente, *a*

---

* *Resumo*: O artigo avalia a jurisprudência do STF no período de recrudescimento do regime militar brasileiro, com o intuito de detectar na atividade judicante da Corte indícios de afronta ao regime instaurado. Para tanto, utiliza como fio condutor a aposentadoria compulsória dos Mins. Evandro Lins e Silva, Hermes Lima e Victor Nunes Leal, ocorrida em 1969, buscando em seus julgados sinais explícitos de antagonismo ideológico aptos a justificar a ação do Governo – o que, em regra, não foi detectado. Em que pese a ficar claro o posicionamento do STF em defesa das liberdades públicas, a argumentação técnica e formalmente embasada esfumaça a tese de conflito explícito. Evidencia-se limitada, ainda, a ideia de que determinada decisão ou julgado exerceu papel central na cassação dos Ministros.

Palavras-chave: Aposentadoria Compulsória; Ditadura Militar; Evandro Lins e Silva; Hermes Lima; Supremo Tribunal Federal; Victor Nunes Leal.

1. O presente artigo foi desenvolvido a partir de monografia apresentada à *sbdp* como trabalho de conclusão do curso da Escola de Formação do ano de 2003, sob a orientação de Diogo R. Coutinho. A versão original encontra-se em *http://www.sbdp. org.br/ver_monografia.php?idMono=8*.

posteriori, encobrindo os reais motivos da opção jurídica realizada[2] –, objetiva-se procurar na atividade judicante dos Ministros indícios, evidências ou sinais de um suposto posicionamento antagônico aos interesses defendidos pelo regime de exceção vigente no Brasil à época. Procura-se, no material decisório produzido pela Corte em 1968 e 1969, evento ou sequência de eventos que tenha algum potencial explicativo para a cassação ocorrida, bem como os recursos argumentativos que balizaram o embate.

A opção metodológica de base residiu na observação de todas as decisões da época e na contextualização histórica (i) dos principais julgamentos e (ii) dos períodos temporais mais conturbados, com vistas a avaliar o posicionamento da Corte. Demarcou-se como universo inicial de análise todos os acórdãos contidos na *Revista Trimestral de Jurisprudência/RTJ* dos anos de 1967, 1968 e 1969. Depois de sucessivos filtros,[3] chegou-se a 126 decisões, definidas como o universo de pesquisa. Foram agregados a esse rol, ainda, julgados de grande repercussão política no período militar, prévios ao recorte inicial, mas que poderiam conter algum elemento contextual relevante.[4]

---

2. Cf., por exemplo, Duncan Kennedy, *A Critique of Adjudication* (Cambridge/Londres, Harvard University Press, 1997), em que o autor, expoente da vertente irracionalista do *Critical Legal Studies Movement*, defende estar a atividade judicante inevitavelmente fadada às ideologias em pelo menos três níveis ou momentos: (i) na escolha das regras e materiais jurídicos para o caso, (ii) na interpretação de tais elementos e (iii) na própria linguagem a ser utilizada.

3. Das quase 10.000 páginas das *RTJ* de 1967, 1968 e 1969 foram selecionadas inicialmente 450 decisões, excluindo de plano os julgados puramente técnicos e as matérias pouco relevantes para o debate político da época. Para o presente texto utilizou-se o banco de dados construído em 2003, com pequenas adaptações. Atente-se, ainda, a que a redução subjacente à economia do presente texto fez com que alguns julgados relevantes, como os referentes à União Nacional dos Estudantes, originalmente analisados, fossem suprimidos. Não há, porém, prejuízo às conclusões apresentadas.

4. Não se tem, aqui, propriamente, uma análise de jurisprudência com a amplitude e o rigor que uma afirmação do gênero merece; preferível apontar, apenas, que a pesquisa selecionou casos exemplares a partir da definição de um banco de dados e de um universo amostral. Para conceito e dificuldades da pesquisa de jurisprudência no Brasil, cf., por exemplo, Jean Paul Cabral Veiga da Rocha, *A Capacidade Normativa de Conjuntura no Direito Econômico: o Déficit Democrático da Regulação Financeira*, Tese de Doutorado junto à Faculdade de Direito da USP/Departamento de Direito Econômico, São Paulo, 2004, Capítulo III.

O artigo está estruturado em quatro partes: (i) contextualização histórica do Golpe e primeiros julgamentos de relevo; (ii) o STF em 1967, 1968 e 1969, com ênfase nos *habeas corpus* concedidos; (iii) a aposentadoria compulsória dos Ministros; (iv) breve fechamento conclusivo.

Por fim, cabe breve ressalva acerca da importância do debate. É que, embora caracterizada como pesquisa essencialmente histórica, seu mote é deveras atual. A relação entre Direito e Política nas decisões do STF e os movimentos de aproximação e afastamento entre Executivo e Judiciário nunca estiveram tão em voga. A análise não revela como julga o STF, hoje, em determinada matéria constitucional; espera-se que ela ilumine, porém, algo subjacente à jurisprudência da Corte como um todo, qual seja, o posicionamento e a força institucional do STF frente a eventuais atritos com o Poder Executivo.

2. Breve histórico: o Golpe Militar e o STF

A presumida ameaça comunista aliada ao populismo exacerbado e à crise de legitimidade do Governo Federal eram condições adequadas aos anseios militares e às forças conservadoras. O "Exército que dormiu janguista e acordou revolucionário" chegou ao poder na madrugada entre 31 de março e 1º de abril de 1964, e instaurou-se a ditadura militar no Brasil.[5]

Depois da queda de Jango e da questão político-jurídica referente à sucessão na Presidência da República, na qual saiu vitorioso o Mal. Humberto Castello Branco, o regime precisava institucionalizar-se. Assim, em 9 de abril foi outorgado o Ato Institucional, ingenuamente sem número – dado que seria único –, pensado por Francisco Campos e Carlos Medeiros.[6] Diploma jurídico singular,[7] levou à coexistência

---

5. Élio Gaspari, *A Ditadura Envergonhada*, São Paulo, Cia. das Letras, 2002, em especial pp. 43-125.
6. Élio Gaspari, *A Ditadura Envergonhada*, cit., pp. 121 e ss. Para Francisco Campos como ícone da corrente autoritária brasileira, responsável, dentre outros, pela Constituição de 1937, cf. também Paulo Bonavides/Paes de Andrade, *História Constitucional do Brasil*, 3ª ed., Rio de Janeiro, Paz e Terra, 1991, pp. 329-345.
7. Preocupados com a legitimidade institucional da "Revolução", os artífices do AI 1 fizeram constar de seu "Preâmbulo" que "a Revolução vitoriosa se investe no exercício do poder constitucional. Este se manifesta pela eleição popular ou pela re-

de dois regimes concorrentes: foi formalmente mantida a Constituição de 1946, mas atribuía amplos poderes ao "Comando da Revolução" e permitia a cassação de mandatos e a suspensão de direitos políticos por 10 anos. Para nosso escopo, fundamental dizer que o AI 1 excluía da apreciação do Judiciário todos os chamados "atos revolucionários". Em seu art. 7º, § 4º, dispunha que "o controle jurisdicional desses atos limitar-se-á ao exame de formalidades extrínsecas, vedada a apreciação dos fatos que o motivaram, bem como de sua conveniência ou oportunidade".

No Judiciário era grande a expectativa. Os primeiros momentos levaram ao afastamento de quase 50 magistrados.[8] A cassação de Evandro Lins e Silva e de Hermes Lima era dada como certa. Tinham fundado o Partido Socialista Brasileiro/PSB em 1947 e participado do Governo Jango, sendo por ele indicados ao STF, com amplo questionamento das forças conservadoras.[9] Victor Nunes Leal, por sua vez, havia ocupado a chefia da Casa Civil de Juscelino, sobre quem também pairava a desconfiança do regime.[10]

Logo após o Golpe as críticas vieram à tona. O jornal *O Estado de S. Paulo*, já em 14.4.1964, na linha da "Operação Limpeza", pedia a cassação de Lins e Silva e Hermes Lima;[11] deputados como Jorge Cury faziam o mesmo na arena política.[12] Foi Castello Branco, porém, na contramão da "Linha Dura", o garante da composição integral do STF.[13]

volução. Esta é a forma mais expressiva e radical do poder constituinte. Assim, a Revolução vitoriosa, como poder constituinte, se legitima por si mesma".
   8. Renato Lemos (org.), *Justiça Fardada: o General Peri Beviláqua no Superior Tribunal Militar (1965-1969)*, Rio de Janeiro, Bom Texto, 2004, p. 28.
   9. Evandro Lins e Silva, *O Salão dos Passos Perdidos*, Rio de Janeiro, FGV, Nova Fronteira, 1997, pp. 319-415.
   10. Victor Nunes Leal foi chefe de Casa Civil de JK de novembro/1956 a agosto/1959. Nas palavras de Evandro Lins e Silva, "ele sempre foi tido como um homem de Esquerda. (...) e havia também uma prevenção contra JK. Como chefe da Casa Civil de Juscelino, Victor Nunes teve um papel muito importante quando houve uma tentativa de *impeachment* de Carlos Lacerda" (Evandro Lins e Silva, *O Salão dos Passos Perdidos*, cit., p. 383).
   11. Editorial "Expurgo no Âmbito do Poder Judiciário", de 14.4.1964.
   12. *Diário do Congresso Nacional*, 24.4.1964, p. 7. Cf. Osvaldo Trigueiro do Vale, *O Supremo Tribunal Federal e a Instabilidade Político-Institucional*, Rio de Janeiro, Civilização Brasileira, 1976, pp. 58 e ss.
   13. "Muita gente esperava que eu e Hermes Lima, sobretudo, fôssemos atingidos, porque tínhamos servido o Governo João Goulart. Cheguei a admitir que pudes-

O primeiro momento de delicadeza política na atividade judicante do STF não tardou. Deu-se em 24.8.1964, quando julgado o HC 40.910, cujo paciente era Sérgio Cidade de Rezende. Filho do Inquisidor-Geral da Revolução, era acusado de ter distribuído em suas aulas de Economia "material de cunho marxista"; estaria supostamente configurado crime contra a segurança nacional pelos art. 11 e 17 da Lei 1.802/1953. Foi a ordem concedida à unanimidade, com base na liberdade de cátedra e na decorrente falta de justa causa (atipicidade da conduta).

Os debates, todavia, chamaram a atenção. Lins e Silva votou baseado, estrategicamente,[14] no liberal americano Willian Douglas, que afirmara: "Não há liberdade de expressão, no sentido exato do termo, a menos que haja liberdade de opor-se aos postulados essenciais em que se assenta o regime existente" (*The Right of People*, 1962, p. 9). Pedro Chaves, explícito defensor do regime, não tergiversou, e, usando vocábulo emprestado dos documentos atribuídos ao professor, afirmou: "Acho que eram 'gorilas' aqueles que queriam fazer de nossa independência, de nossa liberdade de opinião, do nosso direito de sermos brasileiros, tábula rasa, para transformar-nos em colônia soviética". Acabou acompanhando o Relator, dada a atipicidade da conduta descrita na denúncia.

A crise entre os Poderes acentuou-se quando se colocou em causa a chamada "questão dos governadores", calcada na necessidade de autorização da Assembleia Legislativa antes de se processar e julgar o chefe do Executivo. Com a Federação em frangalhos, foram inicialmente afastados todos os governadores ideologicamente contrários ao regime ou que se colocaram ao lado do Golpe apenas inicialmente; muitas decisões, porém, foram judicializadas em sede de *habeas corpus*.[15]

---

se ser cassado, mas depois que houve a visita do Presidente Castello Branco ao STF passei a achar mais difícil que isso acontecesse" (cf. Evandro Lins e Silva, *O Salão dos Passos Perdidos*, cit., p. 378; cf. também Osvaldo Trigueiro do Vale, *O Supremo Tribunal Federal e a Instabilidade Político-Institucional*, cit., pp. 25 e 188 e ss.).
14. Evandro Lins e Silva, *O Salão dos Passos Perdidos*, cit., p. 387.
15. Para tensa relação União *vs*. governadores, cf. Osvaldo Trigueiro do Vale, *O Supremo Tribunal Federal e a Instabilidade Político-Institucional*, cit., pp. 53 e ss. Para os Governadores Plínio Coelho (AM), Parsifal Barroso (CE) e João Seixas Dória (PB) cf., respectivamente, HC 41.049, de 4.11.1964; HC 41.609, de 16.12.1964; e HC 46.042, de 21.10.1968.

O caso de Mauro Borges, Governador de Goiás, foi emblemático. Apoiador explícito do Golpe Militar, estava inicialmente alinhado ao novo Governo; a perseguição a alguns de seus secretários e sua denúncia epistolar ao Presidente das práticas de investigação "pouco ortodoxas" do regime militar desgastaram, porém, sua relação com o Poder central.[16] Seu inquérito policial militar/IPM já tinha 12 volumes quando concluído em 13.11.1964; nesse momento Goiânia já recebia tanques e aviões da FAB.

Em 14 de novembro o Min. Gonçalves de Oliveira deferiu liminar em *habeas corpus* preventivo em favor do Governador; em 23 de novembro coube ao Pleno a análise do caso. A decisão, unânime e processualmente embasada, sem ofertar argumentos claramente ideológicos, concedeu o remédio preventivo para que o Governador fosse processado e julgado somente após autorização da Assembleia Estadual, contrariando explícita manifestação do Governo central.[17] O STF, porém, não foi efetivo em sua decisão: a intervenção federal em Goiás foi decretada em 30 de novembro, num episódio em que – nas palavras de Geisel – a "Linha Dura" prevaleceu.

O mesmo se deu no caso do Governador comunista Miguel Arraes, visto como "agitador e subversivo", preso em Fernando de Noronha logo após o Golpe Militar. Seu *habeas corpus* chegou ao STF apenas em 19.4.1965, mas novamente foi concedido de forma unânime, com base em justificativas estritamente formais.[18] Os contornos do desfecho cabem a Élio Gaspari: "O Chefe do Estado Maior do I Exército, general Edson de Figueiredo, considerou o *habeas corpus* 'um abuso', e recusou-se a entregar o preso. Em resposta, o Presidente do Supremo, Álvaro Ribeiro da Costa, ameaçou prender o General. A crise durou três dias e só foi resolvida após uma sofrida intervenção de Castello. Arraes foi solto e exilou-se na Embaixada da Argélia. (...). No meio dessa bagunça, Castello queixava-se ao Governador Paulo

---

16. Cf., para o caso, Mauro Borges, *O Golpe em Goiás: História de uma Grande Traição*, Brasília, Senado Federal, 1987, em especial pp. 167 e ss.; também, do mesmo autor, *Vinte Anos Depois: Discurso Pronunciado em Sessão do Senado Federal, em 28 de Abril de 1983*, Brasília, Senado Federal, 1983. Cf., ainda, Élio Gaspari, *A Ditadura Envergonhada*, cit., pp. 187-189.
17. HC 41.296 (*RTJ* 33/590).
18. HC 42.108, de 19.4.1965.

Guerra, de Pernambuco: 'criar uma ditadura é fácil, mas é difícil acabar com ela'".[19]

A suposta "contracorrente" vigente no STF já estava, contudo, devidamente materializada na cabeça dos militares. Nas palavras de Gaspari: "A cada *habeas corpus* concedido sucedia-se uma grita na qual os oficiais indisciplinados diziam que os tribunais estavam julgando – e condenando – a Revolução. Tratava-se simplesmente de exercitar a capacidade humana de ler (as leis) e de contar (os prazos nelas fixados)".[20]

Em que pese ao caráter técnico das decisões,[21] à imprensa era nítido o papel exercido pela Corte. Editorial do *Zero Hora* de 21.10.1965 afirmava: "O STF tem sido uma barreira à ilegalidade que se espraiou no País. Várias vezes os militares (...) o ameaçaram abertamente, lamentando não havê-lo fechado logo de saída, e irritando-se por não encontrarem na Alta Corte a aprovação submissa aos seus atos de arbítrio".

A solução para os sucessivos embates entre Executivo e Judiciário era, todavia, iminente. Em causa estavam a transferência às Cortes militares da competência para o julgamento de crimes políticos – ocorrida logo após o *habeas corpus* de Arraes – e a ampliação da composição do Supremo, com o fito de diluir os votos liberais. Um bate-boca entre o Presidente do STF e Costa e Silva serviu de estopim: "Em 20.10.1965, Ribeiro da Costa condenou o andamento do regime: 'já é tempo de que os militares se compenetrem de que num regime democrático não lhes cabe papel de mentores da Nação'. Costa e Silva, dois dias depois, (...) disparou: 'O Exército tem chefe. Não precisa de lições do Supremo. (...). Dizem que o Presidente é politicamente fraco, mas isso não interessa, pois é militarmente forte'. Em 25 de outubro, o STF, em desagravo ao Ministro, alterou seu Regimento Interno e prorrogou seu mandato como Presidente da Corte. Resulta-

---

19. Élio Gaspari, *A Ditadura Envergonhada*, cit., p. 257.
20. Élio Gaspari, *A Ditadura Envergonhada*, cit., p. 254.
21. Para Osvaldo Trigueiro do Vale, "o caráter unânime desses julgamentos, num ambiente de formação ideológica divergente, tornava contundentemente claro que eles não tinham outra inclinação a não ser a submissão aos preceitos constitucionais vigentes" (*O Supremo Tribunal Federal e a Instabilidade Político-Institucional*, cit., p. 50).

do: em 27 de outubro é outorgado o Ato Institucional n. 2, que aumentou de 11 para 16 os ministros do STF e transferiu os processos políticos para a Justiça Militar".[22]

3. O STF em 1967, 1968 e 1969

O AI 2 deu tratamento de choque à crise, mas no que se refere à querela com o STF não alcançou o efeito desejado. Inúmeros *habeas corpus* impetrados frente à atuação ilegal do regime continuaram sendo concedidos, e a ampliação da composição da Corte – com alguns ministros inequivocamente ligados à UDN – não diminuiu o embate.[23] Não há nada, porém, com a aptidão de indicar, de maneira explícita e definitiva, suposta insurreição deliberada dos Ministros sob exame: o número de decisões unânimes no período analisado, por exemplo, é extremamente alto, mesmo com a participação dos novos pares; doutra sorte, a quantidade de vezes em que os Ministros compulsoriamente aposentados votaram juntos, em 1968, contra a orientação da maioria do STF foi ínfima.[24]

A "Linha Dura" encontrava nos direitos fundamentais e em lacunas da legislação de exceção uma barreira intransponível. Foi o que ocorreu, por exemplo, nas ações que envolviam suposto vácuo deixado pelo art. 19, II, do AI 2, que excluía de apreciação do Judiciário uma série de atos de agentes políticos representativos, mas não os dos governadores; permitia-se, assim, reexame de forma e, nos limites do

---

22. Élio Gaspari, *A Ditadura Envergonhada*, cit., p. 271. Não afirmo ter sido o STF causa única da edição do AI 2, mas apenas aponto a relevância da crise para a decisão tomada. Ingressaram no STF, com o AI 2, os Mins. Aliomar Baleeiro, Prado Kelly, Adalício Nogueira, Carlos Medeiros e Osvaldo Trigueiro de Albuquerque Mello.
23. Problemas similares encontrava na Justiça Militar o general Peri Beviláqua, crítico ferrenho dos IPMs ineptos e do abuso das prisões para averiguação (cf. Renato Lemos (org.), *Justiça Fardada: o General Peri Beviláqua no Superior Tribunal Militar (1965-1969)*, cit., pp. 9-32).
24. Dados levantados por Clarissa Ferreira de Melo Mesquita apontam para quase 80% de unanimidade nas votações em 1968 em um universo de 613 acórdãos ("O STF durante o regime militar: a atuação do Min. Evandro Lins e Silva – Jurisprudência de 1968", in Diogo Coutinho e Adriana Vojvodic (orgs.), *Jurisprudência Constitucional: como Decide o STF?*, São Paulo, Malheiros Editores/*sbdp*, 2009, em especial pp. 243 e ss.).

preceito constitucional, de "mérito" dos atos do Executivo Estadual por parte do STF – caso de Evandro Lins e Silva nos RMS 15.596 e 16.400.[25]

Havia atrito, também, quando em causa o conceito de "segurança nacional", indisfarçadamente alargado pelos militares. A questão chegou ao STF em dois casos interessantes, em que se discutia a suposta competência normativa dada ao Executivo pelo art. 30 do AI 2 para legislar sobre segurança nacional.

No HC 43.071, de 17.3.1966, estiveram em pauta os crimes contra a economia popular e seu caráter de segurança nacional, o que, para Lins e Silva, constituía um absurdo lógico, arbitrário e atentatório à legalidade. Tratava-se "de forma oblíqua de se submeter os civis, na generalidade, ao julgamento da Justiça Militar",[26] profetizando, em sequência: "Estamos alargando o Ato Institucional, quase que eliminando a ação do Poder Legislativo. (...) amanhã, também um problema de locação, que diga respeito a habitação, poderá ser objeto de decreto-lei, como infração à segurança nacional".[27] O *habeas corpus* foi concedido, mas a inconstitucionalidade incidental levantada por Lins e Silva foi rejeitada, inclusive, por Hermes Lima, que discordava da ampliação das competências do Executivo mas não aceitava a substituição deste por parte do STF.

A profecia de Evandro, contudo, ganhou forma com o Decreto-lei 322, de 7.4.1967, que regulamentava matéria de locação comercial (purgação da mora). A competência do Presidente adviria da relevância da matéria, afeta à "segurança nacional". Novamente contra o voto de Hermes Lima ("a política da Constituição não pode ser corrigida pelo STF. A política da Constituição tem que ser corrigida pelos Poderes políticos da Constituição"[28]), o art. 5º do decreto-lei foi declarado inconstitucional, e os militares se viram, mais uma vez, "tolhidos" pela Corte.

Houve ainda outros julgados referentes à censura, ao desenho da Federação e a crimes diversos que, embora com debates pouco rele-

---

25. *RTJ* 39/414 e 41/331, respectivamente. Ainda sobre o mesmo tema: RMS 15.291, 15.335, 15.834, 16.111 e 16.258, dentre outros.
26. *RTJ* 42/296.
27. *RTJ* 42/296.
28. RE 62.731, de 23.8.1967 (*RTJ* 45/559 – pp. 575-576).

vantes do ponto de vista institucional, apontaram a visão de mundo de alguns dos ministros. Na Rp 718, de 22.8.1968, por exemplo, em que se questionava decreto potiguar que declarava determinados imóveis como de interesse social para fins de desapropriação, Victor Nunes defendeu abertamente a reforma agrária, ganhando novas páginas nos arquivos do DOPS;[29] Hermes Lima, em julgado que tratava de lenocínio, pedia a reforma da estrutura da sociedade,[30] e em um caso relativo à censura criticava seus disparates.[31]

3.1 A saga dos "habeas corpus"

Foi, entretanto, no julgamento dos *habeas corpus* que se evidenciou o maior descompasso entre STF e "Linha Dura". A inépcia das denúncias, a atipicidade das condutas – enquadradas "a fórceps" na Lei 1.802/1953 – e a falta de justa causa para a ação penal continuaram a embasar um sem-número de ordens concedidas, invariavelmente de maneira unânime, para desespero militar.[32]

Foi esse o caso do *habeas corpus* concedido ao historiador Bóris Fausto.[33] Assim também se deu com os que figuraram nas "Cadernetas de Prestes",[34] com os que compuseram o chamado "Grupo dos Onze",[35] com os professores supostamente adeptos do sistema Paulo Freire,[36]

---

29. Rp 708, de 22.8.1968 (*RTJ* 50/3). O mesmo fez Evandro Lins e Silva ao afirmar que "o problema da reforma agrária tem ficado no terreno demagógico das propostas inaceitáveis ou tem sido paralisado nos canais burocráticos de repartições que se criaram para arrecadar dinheiro e nada têm sabido fazer (...)".
30. HC 44.127 (*RTJ* 44/509).
31. RMS 14.685 (*RTJ* 44/778).
32. Há quem pesquise, inclusive, o impacto do grande número de *habeas corpus* concedidos em 1968, em sua maioria por consenso (mais de 85%), na opção pela decretação do AI 5 (cf. Igor Savitsky, "O STF e o AI 5 – A jurisprudência do STF no ano de 1968 em *habeas corpus* impetrados por acusados de crimes contra a segurança nacional e sua possível influência sobre a edição do AI 5", in Diogo Coutinho e Adriana Vojvodic (orgs.), *Jurisprudência Constitucional: como decide o STF?*, São Paulo, Malheiros Editores/*sbdp*, 2009, pp. 254 e ss.).
33. HC 42.846, de 22.8.1966 (*RTJ* 40/17).
34. HC 45.060 (*RTJ* 48-III).
35. HC 43.691 (*RTJ* 44/16) e HC 43.667 (*RTJ* 44/507). O chamado "Grupo dos Onze" constituía-se em um pequeno grupo revolucionário ligado a Leonel Brizola.
36. HC 43.239 (*RTJ* 40/312).

com os que chefiaram agremiações estudantis[37] ou, ainda, com meros simpatizantes do Comunismo[38] – que por isso eram denunciados e, rotineiramente, liberados pela Corte.

Em alguns momentos as manifestações dos ministros eram mais duras, em que pese a que não fugissem das balizas legais disponíveis. Evandro Lins e Silva, por exemplo, em pesada argumentação no HC 45.214, em que era paciente virtual chefe da organização de base "25 de Março", alertou para a inexistência de indícios de tentativa de violência por parte do impetrante e argumentou que reuniões preparatórias não configuravam o crime de "pôr em efetivo exercício o Partido Comunista".[39] No RHC 45.790, em que eram pacientes os jornalistas do periódico *Última Hora*, afirmou estar a denúncia redigida em linguagem "difusa e panfletária", obtendo o aval dos pares para a concessão do remédio.[40]

Alguns julgados chamaram a atenção por seus partícipes ilustres e pelos conflitos argumentativos gerados. Em dezembro/1966, por exemplo, chega ao STF o HC 43.829, cujos pacientes eram Mário Schenberg – físico de renome internacional, acusado de ser marxista e integrante do PCB –, João Cruz Costa e Fuad Daher Saad, da Faculdade de Filosofia, Ciências Humanas e Letras da USP.[41] Tinham sido denunciados junto com o professor Florestan Fernandes e com seu jovem discípulo à época, um professor assistente de Sociologia chamado Fernando Henrique Cardoso – ambos obtiveram o remédio constitucional no STM, negado aos demais. Em debate, uma vez mais, a liberdade de cátedra.

37. HC 45.498 (*RTJ* 48/431) e RHC 45.456 (*RTJ* 47/787), em que salientou o Min. Victor Nunes: "Se qualquer atuação de estudantes em órgão universitário reconhecido puder ser considerada criminosa, pela simples afirmação do Ministério Público de estar ligada à UNE, nenhum movimento estudantil escapará".
38. RHC 43.424 (*RTJ* 41/458), referente à cúpula do PC de Anápolis, e Revisão Criminal/RvC 1.082 (*RTJ* 46/624), em que afirmou Aliomar Baleeiro: "O fato de ser marxista e manifestar pensamento ou adesão ideológica ao Marxismo não é crime enquanto o agente, professor ou não, se abstém da propaganda efetiva dos procedimentos violentos de execução definidos em lei".
39. HC 45.124 (*RTJ* 46/387).
40. RHC 45.790, em especial pp. 266-267 (*RTJ* 47/265).
41. HC 43.829 (*RTJ* 42/28 e *RTJ* 42/81). Para importância e repercussão do caso Schenberg, cf. Élio Gaspari, *A Ditadura Envergonhada*, cit., p. 224.

Aliomar Baleeiro, em relação a Schenberg, afirmou: "Merece toda nossa condenação como agitador, como propagandista de ideologias políticas inteiramente estranhas, verdadeiras excrescências, na sua cátedra de professor de Astronomia". Gonçalves de Oliveira, não obstante, assegurou não constituir crime "a exposição, a crítica ou o debate de quaisquer doutrinas", com base no art. 11, § 2º, "c", da Lei de Segurança Nacional. Hermes Lima apoiou-o, e a ordem foi concedida.

São ainda casos de interesse público o *habeas corpus* concedido em prol de Vladimir Palmeira, por maioria de votos, dada a incompetência do Conselho de Justiça que decretou sua prisão preventiva;[42] e o caso de Jânio Quadros, analisado pelo Pleno em 2.10.1968, em que se debatia o direito à manifestação de pensamento do paciente, em que pese a estar o agente com seus direitos políticos cassados, para além de debate a respeito da vigência das normas temporárias estabelecidas pelo AI 2 após o advento da Constituição de 1967.[43]

No último caso a ordem foi denegada. Não, porém, sem que os ministros se manifestassem de maneira enfática. Lins e Silva, por exemplo, afirmou ser "arbitrário e ilegal o confinamento do paciente"; Victor Nunes, por sua vez, foi límpido: "Sempre se entendeu, no Brasil, que os direitos políticos de alguém poderiam estar suspensos sem que se suspendesse também o seu direito de opinião. O que se quer, agora, é acrescentar àquela medida a perda – e por 10 anos – do direito de opinião. É contra isso, Sr. Presidente, que eu me insurjo, em nome da própria Constituição vigente, que protege o direito de opinião em sua plenitude. Não pode prevalecer uma norma anterior, que suprime o direito de opinião, contra o que a Constituição dispõe a este respeito".[44]

Último julgado relevante prévio à data da cassação dos Ministros, o HC 46.415, de 28.11.1968,[45], tinha como paciente o professor Darcy

---

42. HC 46.060 (acesso eletrônico pelo *site www.stf.jus.br*, em 25.9.2010). Para o caso, cf. também Clarissa Melo Mesquita, "O STF durante o regime militar: a atuação do Min. Evandro Lins e Silva – Jurisprudência de 1968", cit., in Diogo Coutinho e Adriana Vojvodic (orgs.), *Jurisprudência Constitucional: como Decide o STF?*, em especial pp. 246 e ss.
43. HC 46.118 (acesso eletrônico pelo site *www.stf.jus.br*, em 25.9.2010).
44. HC 46.118 (acesso eletrônico pelo *site www.stf.jus.br*, em 25.9.2010).
45. *RTJ* 49/842.

Ribeiro, que substituíra Lins e Silva na Casa Civil de Jango. Acusado de subversão, supostamente atentava contra a segurança nacional e a Administração Militar. O acórdão teve grande debate doutrinário acerca da aplicação da prisão administrativa para averiguações, prevista no Código de Justiça Militar, a um civil. De um lado, o Min. Amaral Santos protestava: "O STF vai consagrar essa tese de que o suspeito não pode ser detido. Que fique lavrado o meu protesto". De outro, Lins e Silva afirmava: "Por mera suspeita, a autoridade executiva não pode prender os cidadãos. Isso repugna à minha formação jurídica". Contando com o apoio de Hermes Lima, Victor Nunes e dos demais ministros, Lins e Silva venceu a querela, e o *habeas corpus* foi concedido.

Por fim, e a título de justiça histórica, aponte-se que nem mesmo o STF foi capaz de proteger de maneira integral os cidadãos. Por várias vezes "outras vias" foram encontradas pelo regime para a consecução de seus objetivos. A impotência do STF revelou-se, por exemplo, quando, em 5.9.1967, chegou à Corte o HC 44.579,[46] cujos pacientes eram, dentre outros, Ruy Frazão Soares e Manoel Lisboa Moura, acusados de pregarem a luta armada e de distribuírem o jornal *A Luta*. Hermes Lima concedeu a ordem por inépcia da denúncia, acompanhado à unanimidade. Em que pese, porém, à manifestação jurisdicional libertária, nada atravancou o objetivo da "Linha Dura": Ruy Frazão Soares desapareceu em um porão em data posterior a 27.5.1974[47] e Manoel Lisboa Moura faleceu após 19 dias de tortura intensa, em data próxima a 4.9.1973.[48]

46. *RTJ* 45/272.
47. O maranhense Ruy Frazão Soares era estudante de Engenharia e, após reivindicar melhores condições de estudo, foi preso e torturado em 1964. Solto, viajou aos Estados Unidos da América para participar de seminário como bolsista da Universidade de Harvard. Regressou ao Brasil e passou à clandestinidade, até ser preso em 27.5.1974, em Petrolina. Torturado e morto – o que foi reconhecido por sentença judicial de 1991, confirmada em 2002 –, seus restos mortais ainda não foram localizados (cf. Grupo Tortura Nunca Mais, *Dossiê dos Mortos e Desaparecidos Políticos a Partir de 1964*, São Paulo, Imprensa Oficial do Estado, 1995, pp. 384-387; cf., ainda, Brasil, Secretaria Especial de Direitos Humanos (SEDH)/Comissão Especial sobre Mortos e Desaparecidos Políticos, *Direito à Memória e à Verdade*, Brasília, SEDH, 2007, pp. 384-385).
48. Manoel Lisboa Moura era estudante de Medicina da Universidade Federal de Alagoas e militante do PCR. Preso em Recife em 16.8.1973, foi torturado e

4. A aposentadoria compulsória

A tensão do final de 1968 apresentava à "Linha Dura" alternativa única: institucionalizar a repressão. Após discurso em que o deputado Márcio Moreira Alves acusou com veemência os governantes de conivência em face da tortura, o Congresso rejeitou o pedido de licença para processá-lo e julgá-lo por margem apertada de votos.[49] Era 12 de dezembro, dia da posse do Min. Gonçalves de Oliveira na Presidência no STF.

Na tarde do dia 13 reuniu-se o Conselho de Segurança Nacional. O Ministro da Justiça, Gama e Silva, ex-Reitor da USP, havia esboçado um novo ato institucional – era o quinto. Passava-se de um regime disfarçadamente constitucional para uma não pouco clara ditadura.[50] A "Missa Negra" de que fala Élio Gaspari teve fim já à noite, e a escuridão foi longa – durou 10 anos e 18 dias. Os 12 artigos do AI 5 foram lidos em cadeia nacional de rádio e TV: suspendeu mandatos, direitos e garantias, deu amplos poderes ao Presidente, limitou liberdades de expressão e reunião, fechou o Congresso por tempo indeterminado e – naquilo que nos importa –, em seu art. 10, previu: "Fica suspensa a garantia do *habeas corpus* nos crimes políticos contra a segurança nacional".

Evandro Lins e Silva recebeu sem surpresas a nova investida, aguardando o desfecho para o Poder Judiciário.[51] No dia 16.1.1969 o Governo publicou um decreto, uma lista, contendo quatro tipos de punições: cassação de mandato, cassação de mandato com suspensão de direitos políticos, suspensão de direitos políticos e aposentadoria compulsória. Os 43 atingidos incluíam 2 senadores, 35 deputados federais – dentre os quais Mário Covas – e 1 Ministro do STM, o general Peri Beviláqua.

No âmbito do STF a matemática da ditadura não hesitou em subtrair: aposentou compulsoriamente os Mins. Evandro Lins e Silva,

---

morto em São Paulo, aos 29 anos. Seu exame necroscópico revelou corpo coberto por queimaduras (cf. Grupo Tortura Nunca Mais, *Dossiê dos Mortos e Desaparecidos Políticos a Partir de 1964*, cit., pp. 199-200; cf., ainda, SEDH/Comissão Especial sobre Mortos e Desaparecidos Políticos, *Direito à Memória e à Verdade*, cit., pp. 350-352).
    49. Élio Gaspari, *A Ditadura Envergonhada*, cit., pp. 315-317 e 331.
    50. Élio Gaspari, *A Ditadura Envergonhada*, cit., pp. 333-343.
    51. Evandro Lins e Silva, *O Salão dos Passos Perdidos*, cit., pp. 397 e ss.

Hermes Lima e Victor Nunes Leal. Segundo Lins e Silva, a aposentadoria chegou como último sinal de respeito aos ministros, que não foram "suspensos" ou "exonerados". Já Hermes Lima, em resposta ao "aproveito a oportunidade (...)", usado por Costa e Silva no momento do anúncio do decreto, não se conteve: "Aproveita a oportunidade para nos cassar? O sujeito aproveita a oportunidade para alguma coisa boa, não é?".[52]

O apoio dos demais ministros foi irrestrito, mas apenas Gonçalves de Oliveira e Lafayette de Andrada expressaram explicitamente a discórdia, exonerando-se dias depois. Como lembra Élio Gaspari: "(...) foram os únicos funcionários de alto nível dos Poderes republicanos a se valer do espírito de renúncia para impedir o prosseguimento da confusão entre a história do regime e as suas biografias".[53] A partir daqui a Corte mergulhou em uma década de pouco protagonismo, deixando para trás seu histórico político de defesa incondicional das liberdades.

5. Conclusão

Embora o *iter* jurisprudencial apresentado mediante o recurso a casos exemplares evidencie que a relação entre os Poderes Executivo e Judiciário não era sequer amistosa, já que progressivamente conflitiva, não é simples nem correto extrair da atividade judicante dos ministros alguma decisão que configure, de plano, motivo único ou suficiente para a aposentadoria compulsória ocorrida em janeiro/1969. A linha argumentativa adotada na Corte – tecnicamente precisa e formalmente embasada – e o alto grau de unanimidade observado nas decisões contrárias ao regime – a diluir a influência dos Ministros alvejados – dificultam ou esfumaçam o suposto quadro de "atividade subversiva deliberada" apontado, com indícios paranoicos, pela "Linha Dura" do regime.

52. Evandro Lins e Silva, *O Salão dos Passos Perdidos*, cit., p. 400. O professor Fábio Konder Comparato, em conversa com o autor, confirmou a passagem (13.11.2003).
53. Élio Gaspari, *A Ditadura Escancarada*, São Paulo, Cia das Letras, 2002, p. 228.

Do conjunto decisório é possível afirmar, por exemplo, que "Evandro Lins e Silva teve a coragem e a ousadia de revelar um pouco de sua convicção política e ideológica, desagradando, em certos momentos, ao regime ditatorial".[54] Não nos parece distante da realidade, contudo, concluir que, "apesar de o clima no País ser tenso, devido às contestações ao regime, o STF concedeu as ordens quando se lhe impunha e também as denegou quando isto se afigurava correto. (...) foram proferidas decisões que poderiam até dificultar as ações repressivas do Governo, mas que objetivavam manter o respeito aos limites traçados pela Constituição e pela legislação ordinária (...)".[55]

Suas visões de mundo eram transparentes, e é possível detectar que, nos momentos de maior tensão, os posicionamentos afloraram sem temor; não obstante, seus votos sempre estiveram em conformidade com o papel institucional que lhes cabia. O próprio Lins e Silva posiciona-se neste tênue limiar: "Os ministros decidiam juridicamente, de acordo com a lei, e, é claro, punham também sua posição política no voto. Ninguém pode deixar de colocar nos seus gestos, nas suas atitudes, os seus pensamentos, suas convicções políticas".[56]

A afronta sistemática às ações arbitrárias do regime contribuiu, de maneira inequívoca, para a aposentadoria compulsória ocorrida em 1969. Afirmar, porém, que o STF atuou de maneira político-partidária ou deliberadamente ideológica no início dos anos de chumbo talvez seja infundado;[57] acusar Evandro Lins e Silva, Hermes Lima e Victor Nunes Leal de comportamento desviante das constrições legais, em oposição deliberada, sistemática e excessiva aos padrões da Corte, também nos parece desproporsitado. O que há de certo é a afirmação de que o STF não se calou frente aos desmandos do Executivo, tendo exercido com dignidade, pela grande maioria de seus pares, sua vocação para a liberdade.

---

54. Clarissa Melo Mesquita, "O STF durante o regime militar: a atuação do Min. Evandro Lins e Silva – Jurisprudência de 1968", cit., in Diogo Coutinho e Adriana Vojvodic (orgs.), *Jurisprudência Constitucional: como decide o STF?*, p. 251.
55. Igor Savitsky, "O STF e o AI 5 – A jurisprudência do STF no ano de 1968 em *habeas corpus* impetrados por acusados de crimes contra a segurança nacional e sua possível influência sobre a edição do AI 5", in Diogo Coutinho e Adriana Vojvodic (orgs.), *Jurisprudência Constitucional: como decide o STF?*, p. 270.
56. Evandro Lins e Silva, *O Salão dos Passos Perdidos*, cit., p. 377.
57. Cf. ressalva da nota de rodapé 2.

Bibliografia

BONAVIDES, Paulo, e ANDRADE, Paes de. *História Constitucional do Brasil*. 3ª ed. Rio de Janeiro, Paz e Terra, 1991.

BORGES, Mauro. *O Golpe em Goiás: História de uma Grande Traição*. Brasília, Senado Federal, 1987.

—————. *Vinte Anos Depois: Discurso Pronunciado na Sessão do Senado Federal, em 28 de Abril de 1983*. Brasília, Senado Federal, 1983.

BRASIL. Secretaria Especial De Direitos Humanos (SEDH)/Comissão Especial sobre Mortos e Desaparecidos Políticos. *Direito à Memória e à Verdade*. Brasília, SEDH, 2007.

GASPARI, Élio. *A Ditadura Envergonhada*. São Paulo, Cia. das Letras, 2002.

—————. *A Ditadura Escancarada*. São Paulo, Cia. das Letras, 2002.

GRUPO TORTURA NUNCA MAIS. *Dossiê dos Mortos e Desaparecidos Políticos a Partir de 1964*. São Paulo, Imprensa Oficial do Estado, 1995.

KENNEDY, Duncan. *A Critique of Adjudication*. Cambridge/Londres, Harvard University Press, 1997.

LEMOS, Renato (org). *Justiça Fardada: o General Peri Beviláqua no Superior Tribunal Militar (1965-1969)*. Rio de Janeiro, Bom Texto, 2004.

MESQUITA, Clarissa Ferreira de Melo. "O STF durante o regime militar: a atuação do Min. Evandro Lins e Silva – Jurisprudência de 1968". In: COUTINHO, Diogo, e VOJVODIC, Adriana (orgs.). *Jurisprudência Constitucional: como Decide o STF?*. São Paulo, Malheiros Editores/*sbdp*, 2009 (pp. 237-253).

ROCHA, Jean Paul Cabral Veiga da. *A Capacidade Normativa de Conjuntura no Direito Econômico: o Déficit Democrático da Regulação Financeira*. Tese de Doutorado junto à Faculdade de Direito da USP/ao Departamento de Direito Econômico. São Paulo, 2004 (Capítulo III).

SAVITSKY, Igor. "O STF e o AI 5 – A jurisprudência do STF no ano de 1968 em *habeas corpus* impetrados por acusados de crimes contra a segurança nacional e sua possível influência sobre a edição do AI 5". In: COUTINHO, Diogo, e VOJVODIC, Adriana (orgs.). *Jurisprudência Constitucional: como Decide o STF?*. São Paulo, Malheiros Editores/*sbdp*, 2009 (pp. 254-272).

SILVA, Evandro Lins e. *O Salão dos Passos Perdidos*. FGV, Rio de Janeiro, Nova Fronteira 1997.

VALE, Osvaldo Trigueiro do. *O Supremo Tribunal Federal e a Instabilidade Político-Institucional*. Rio de Janeiro, Civilização Brasileira, 1976.

Acórdãos citados: HC 40.910, 41.290, 42.108, 42.846, 43.071, 43.239, 43.667, 43.691, 43.829, 44.127, 44.579, 45.060, 45.214, 45.498, 46.060, 46.118 e 46.415; RC 1.082; RE 62.731; RHC 43.424, 45.456 e 45.790; RMS 14.685, 15.596 e 16.400; Rp 708.

A REGULAMENTAÇÃO DAS PROFISSÕES E O PRINCÍPIO DA LIBERDADE PROFISSIONAL NO STF[*-1]

FELIPE KAZUO TATENO

1. Introdução. 2. O raciocínio utilizado pelo STF para apreciar uma restrição à liberdade profissional na Constituição de 1967. 3. A comparação entre o padrão das decisões do STF no período de vigência da Constituição de 1967 e o "Caso do Diploma dos Jornalistas de 2009". 4. Conclusão.

1. Introdução

Em um Estado Democrático de Direito muitas são as características que representam os pilares centrais de uma sociedade. Dentre elas destacam-se as chamadas *garantias individuais*, as quais, por sua vez, têm sido consagradas desde as primeiras Constituições brasileiras.

Sempre que se falar em garantias individuais há que se lembrar do direito à igualdade e do direito à liberdade, essenciais a qualquer

---

* *Resumo*: Ao longo da vigência da Constituição de 1967, período de grandes restrições às garantias individuais, o STF utilizava um padrão argumentativo bem definido. No julgamento do "Caso do Diploma dos Jornalistas", já sob a égide da Constituição-cidadã de 1988, pôde-se identificar a pretérita estrutura argumentativa da Corte, porém com maior grau de aprofundamento. Nesse sentido, verifica-se nessa decisão o respeito a critérios jurídicos, como o diálogo com precedentes e como a fundamentação, por parte do Supremo.
Palavras-chave: Condições de Capacidade; Liberdade Profissional; Qualificação Profissional; Supremo Tribunal Federal.
1. O presente artigo foi desenvolvido a partir de monografia apresentada à *sbdp* como trabalho de conclusão do curso da Escola de Formação do ano de 2005, sob a orientação de Fábio Barbalho. A versão original encontra-se em *http://www.sbdp.org.br/monografias_ver.php?idConteudo=58*.

ser humano. Além desses dois direitos fundamentais tradicionais, deve-se, em virtude da consolidação do regime capitalista, atentar para o direito à liberdade de profissão. A relação entre essa liberdade e o Capitalismo é facilmente verificada. O sistema capitalista, ao mesmo tempo em que estimula a busca por riquezas, acentua as desigualdades sociais. Esse cenário se traduz na situação em que os mais abastados buscam o acúmulo de capital, ao passo que os mais necessitados vislumbram meios de sobrevivência. Um meio eficaz tanto para se alcançar o escopo dos primeiros como para se chegar ao objetivo dos últimos é o exercício de uma profissão.

É devido a essa possibilidade de tornar a vida mais proveitosa que tantas pessoas almejam trabalhar nas mais diversas áreas. E o Estado Democrático de Direito permite que isso aconteça, garantindo a liberdade profissional a todos. Todavia, o Poder Público deve não apenas garantir o direito de trabalhar às pessoas que o desejam, como também proporcionar meios de proteção para que a sociedade não se veja indefesa perante aqueles que atuem em segmentos profissionais em que uma leviandade pode acarretar graves consequências. Eis que aparecem as condições de capacidade ou qualificações profissionais que a lei pode exigir de modo a evitar prejuízo para os cidadãos.

A partir do momento em que surgem restrições à liberdade profissional, nascem também os conflitos que devem ser apreciados pelo Poder Judiciário. Com efeito, a necessidade, ou não, de regulamentação de uma profissão é, na maioria das vezes, obscura. Em questões constitucionais como essa pode-se destacar a atuação do STF na análise da legitimidade dos requisitos para o exercício de profissão nos mais diversos casos. Com isso, grandes debates são gerados, e muitos argumentos são expostos no Tribunal.

Essa discussão no STF foi aquecida, sobretudo, a partir da década de 1960. Isso ocorreu devido à ascensão dos militares ao poder e, consequentemente, à nova fase política por que o Brasil passava. Em meio a tantas restrições aos direitos individuais, a liberdade profissional foi um dos campos que mais sofreram limitações. A justificativa para esse cerceamento é, hoje, clara, visto que um dos mais eficientes meios de controle da população seria a instituição de órgãos e conselhos aos quais os trabalhadores estariam submetidos. Ademais, grupos que pertenciam a uma elite profissional poderiam impor condições para atuação em determinadas áreas, criando, de forma disfarçada, verdadeiras corporações de ofício. É verdade que a sociedade pode se beneficiar com requisitos legítimos para o exercício de determinadas profissões. No entanto, também é correto afirmar que a linha que separa uma restrição legítima e uma limitação abusiva é bastante tênue, o que pode levar aos problemas citados.

Independentemente da validade das condições de capacidade impostas para o exercício de determinadas profissões, o fato é que com a promulgação da Constituição de 1967 alguns casos referentes à liberdade profissional foram decididos pelo STF. Aqui se evidencia a primeira parte do objeto deste estudo: o *padrão das decisões* do STF nos casos em que se exigiam requisitos para o exercício profissional sob a égide da Constituição de 1967.

Esse período coincide com o intervalo de vigência da Constituição de 1967 em razão do início da intensificação de restrições profissionais. Em estudo anterior[2] foi possível sistematizar a *ratio decidendi* adotada pelos ministros da época nos casos em que se julgava uma condição limitadora da liberdade laboral.

A segunda parte do objeto da presente pesquisa consiste em cotejar justamente esse modo de decidir utilizado pelos ministros do STF sob o império da Constituição de 1967[3] com a maneira pela qual os ministros do STF decidiram o "Caso do Diploma dos Jornalistas", ocorrido já no cenário da atual Constituição Federal. Trata-se de caso notadamente relevante, quer pela grande repercussão que gerou na sociedade brasileira, quer pela considerável ressonância na própria jurisprudência da Corte.[4] Desse modo, este artigo tem o fito de responder à seguinte indagação: *Há diferença entre a estrutura da decisão do "Caso do Diploma dos Jornalistas" e o padrão decisório dos casos de liberdade profissional da Constituição de 1967?*.

Esse tipo de aprofundamento na investigação das decisões do Supremo deve ser prestigiado, sobretudo devido ao modelo de contro-

---

2. V. nota de rodapé 1.
3. Registre-se que este artigo adota o posicionamento de que a Constituição de 1967 teve vigência até 1988, a despeito do debate doutrinário acerca da natureza jurídica da Emenda Constitucional 1/1969.
4. A decisão em Plenário do "Caso do Diploma dos Jornalistas" no REsp 511.961, de 17.6.2009, tornou-se referência, conforme se pode observar no julgamento do RMS 24.213 (de 26.5.2010, rel. Min. Celso de Mello) e no julgamento do RE 457.014 (de 18.8.2009, rela. Min. Carmen Lúcia).

le de constitucionalidade adotado no Brasil. Diferentemente da atividade legislativa, que é legitimada pela representatividade dos parlamentares, o controle do STF é legitimado pelos critérios jurídicos necessários às suas decisões. Nesse sentido, mais importante que invocar a abstrata legitimidade que a Constituição lhes confere, os ministros devem adotar parâmetros jurídicos, como a fundamentação das decisões e o respeito a precedentes, para que seus pronunciamentos no caso concreto ganhem cores de legitimidade.

Mais especificamente, tendo em vista que qualquer restrição ao exercício de uma profissão implica a modificação de uma série de fatores a ela correlacionados, a fiscalização da atuação da Corte Suprema brasileira deve ser detalhada, na medida em que nenhum argumento falacioso ou malformulado pode passar sem uma investigação cuidadosa; se não, por uma mera retórica, a realidade brasileira possivelmente se transformará de maneira quase irreversível.

No presente estudo o exame da utilização dos critérios jurídicos (motivação da decisão e respeito a precedentes) pelos ministros no "Caso do Diploma dos Jornalistas" será balizado pelo *standard* observado na jurisprudência do STF no período de vigência da Constituição de 1967.

2. *O raciocínio utilizado pelo STF para apreciar uma restrição à liberdade profissional na Constituição de 1967*

A norma jurídica básica desta primeira parte de estudo é o art. 153, § 23, da CF de 1967, o qual tem o seguinte teor: "§ 23. "É livre o exercício de qualquer trabalho, ofício ou profissão, observadas as condições de capacidade que a lei estabelecer".

Utilizando-se a classificação de José Afonso da Silva,[5] pode-se afirmar que esse é um exemplo de norma de eficácia contida, a qual tem eficácia direta e imediata mas que pode ser restringida posteriormente pelo legislador. Também esse era o entendimento prevalecente sobre a eficácia desse dispositivo, o que resultava na ideia de que todo e qualquer trabalho, ofício ou profissão poderia ser exercido livre-

---

5. José Afonso da Silva, *Aplicabilidade das Normas Constitucionais*, 6ª ed., 3ª tir., São Paulo, Malheiros Editores, 2004.

mente por qualquer cidadão mas que, havendo necessidade, o legislador poderia impor certos critérios para uma pessoa exercer atividade sem prejuízo para as demais. Cabe ainda lembrar, sobre essa norma, que, sendo uma garantia fundamental, pode ser considerada materialmente constitucional, bem como aquelas que estabelecem a organização e o funcionamento do Estado.

Pois bem. Partindo-se dessa ideia, é possível examinar a aplicação dessa norma sob duas óticas.

Sob uma visão mais ampla, verificam-se as diferentes interpretações do dispositivo que consagrava o princípio da liberdade profissional na Constituição de 1967.

Por um lado, havia a posição de que não existia liberdade profissional no Brasil, uma vez que o dispositivo da Constituição relacionado a esse princípio possuía uma contradição interna que acabava por anulá-lo, ou seja, havendo a possibilidade de limitação pelo livre arbítrio do legislador ordinário, a liberdade profissional tornava-se mera utopia.[6]

6. Aparentemente, o raciocínio do Min. Néri da Silveira no "Caso da Quarentena" (Pleno, Rp 1.054-DF, 1984) se enquadraria na posição daqueles que afirmam que a liberdade profissional poderia ser restringida somente em casos extremos. No entanto, uma análise mais cuidadosa de seu voto denuncia que o critério para que se defina *o que é* de interesse público (para estabelecer uma condição de capacidade legítima) e *o que não é* consiste no que o *legislador* afirma ser interesse público ou não ser interesse público. Isso se comprova quando o Ministro afirma que apenas o legislador tem legitimidade para decidir essa questão, não podendo o Poder Judiciário imiscuir-se nesse debate. Essa ideia não é de todo incorreta, uma vez que os membros do Poder Legislativo e do Poder Executivo são eleitos pelo povo justamente para defender o interesse da coletividade. No entanto, não se pode esquecer que, tratando-se de preceito constitucional, a restrição à liberdade profissional não pode ficar sem controle algum. Caso contrário estar-se-ia aceitando que qualquer justificativa do legislador (inclusive as abusivas) cerceasse a liberdade de profissão.

Um bom exemplo dessa aceitação de "qualquer justificativa do legislador" é o trecho em que assume as palavras do parecer encaminhado pelo Presidente da República, auxiliado pelo Ministério da Justiça, dizendo: "No que concerne à Advocacia, pela natureza e importância dessa profissão, no mecanismo da ordem jurídica, *tudo aquilo que puder significar salvaguarda do bom nome e independência de seus profissionais penso que mereça o amparo da lei, ao disciplinar seu desempenho*" (grifos nossos).

Com esse discurso retórico, o Min. Néri da Silveira, em voto vencido, acaba por inviabilizar a liberdade profissional, uma vez que, tendo o legislador ordinário a possibilidade de restringir esse direito como bem entender, o princípio de liberdade

Por outro lado, havia o pensamento de que a liberdade profissional era absoluta, sobretudo ante a norma infraconstitucional que discriminasse por credo, por cor, por classe social ou por situação econômica. Em uma posição intermediária, existia o entendimento de que em casos extremos havia não apenas a possibilidade, mas a necessidade de se cercear a liberdade profissional (como, por exemplo, na hipótese de interesse público). Todavia, mesmo com a possibilidade de restrição de tal princípio, a regra era a da completa eficácia do direito à liberdade profissional.

Ao longo da vigência da Constituição de 1967 o STF se perfilhou à posição intermediária, admitindo as restrições à liberdade profissional apenas para casos excepcionais.

Com efeito, na análise das exigências para o exercício profissional os ministros do Tribunal resolviam esse tipo de conflito baseando-se sempre na mesma estrutura de raciocínio, a qual se desenhava com a resposta a três perguntas: (i) *Existe liberdade profissional?*; (ii) *O que pode restringi-la?*; e (iii) *O que motiva essa restrição?*. As respostas para essas três perguntas possuíam sempre uma mesma direção: (i) *Sim, a liberdade de profissão existe desde outros textos constitucionais*; (ii) *Somente as condições de capacidade que a lei estabelecer podem restringir a liberdade profissional*; e (iii) *As restrições devem ser motivadas pelo interesse público.*[7]

Assim sendo, é possível observar na estrutura argumentativa do voto de todos os ministros um padrão bem definido. O pronunciamento iniciava com menção à evolução histórica do princípio da liberdade profissional ao longo das diversas Constituições brasileiras. Num segundo momento, com apoio do art. 153, § 6º, da CF de 1967,

---

de profissão é distorcido, ou seja, as pessoas deixam de ser livres para trabalharem com o que desejarem, e passam a atuar em áreas profissionais escolhidas pelo legislador. Afinal, a citação de que o que zela pelo "bom nome" da Advocacia é motivo para limitação profissional acarreta, por se tratar de expressão muito vaga, que qualquer ação sob o pretexto de honrar a Advocacia é válida e, por conseguinte, qualquer requisito poderá restringir o direito de trabalhar como advogado.

7. Comprovam a utilização dessa estrutura as seguintes decisões do STF: "Caso da Quarentena" – Pleno, Rp 1.054-DF, 1984; "Caso dos Fisiatras, Fisioterapeutas e Terapeutas" – Pleno, Rp 1.056-DF, 1983; "Caso dos Corretores de Imóveis, Parte I" – Pleno, RE 70. 563-SP, 1971, e "Parte II" – Pleno, Rp 930-DF, 1976; "Caso da Ética na Medicina" – Rp 1.023-RJ, 1980; "Caso do Diploma de Ciências Biológicas" – Pleno, Rp 1.256-DF, 1985.

aduzia-se que tão somente as condições de capacidade eram aptas a limitar o exercício de uma profissão.[8] Finalmente, salientava-se que essas balizas só possuíam legitimidade se fundadas em interesse público justificador.

De todos os julgados se extraía o mesmo raciocínio. O que os diferenciava no caso concreto era o *conteúdo* aplicado a esse arcabouço. Realmente, essa estrutura estava, inicialmente, oca, de modo que os magistrados deveriam rechéa-la com os mais diversos recursos, até que ficasse consistente o bastante para sustentar uma tese de maneira segura.

Já, sob uma ótica mais restrita, cumpre ressaltar a utilização do conceito de "interesse público" por parte do STF sob a vigência da Constituição de 1967. Independentemente do conteúdo verificado em cada caso concreto, é interessante notar que a tese predominante na Corte era a de que, embora o Poder Legislativo possuísse legitimidade para criar requisitos limitadores da liberdade profissional em razão do interesse público, a atividade legislativa não era ilimitada.

Deveras, prevalecia a tese de que poderia haver fiscalização e, eventualmente, controle sobre a imposição de condições de capacidade por motivo de interesse público no caso concreto, desenhando-se, assim, a amplitude desse conceito jurídico indeterminado.

Destarte, constatam-se dois níveis de observação nas decisões do STF. Em primeiro lugar, investiga-se a estrutura formal dos votos dos ministros (1. Análise histórica da liberdade profissional; 2. Restrição somente por meio de condições de capacidade; 3. Exigências de capacidade devem decorrer de interesse público). Em segundo lugar, após o reconhecimento da estrutura, verifica-se se não se atribui demasiada extensão à noção de "interesse público", sob pena de esse conceito ser utilizado apenas de modo retórico, tornando sem efeito o princípio da liberdade de profissão.

Realmente, a Corte Suprema brasileira tendia a apoiar-se no conceito de "interesse público" quando necessitava explicitar o porquê de uma determinada profissão exigir condições de capacidade, e outras não.

---

8. Registre-se que a palavra "profissão" é empregada, ao longo do artigo, em sentido amplo, que engloba não apenas "profissão em sentido estrito", mas também "trabalho" e "ofício".

Essa ótica mais restrita no exame dos julgados possui grande relevância. Isso porque o estabelecimento de limites à liberdade profissional consiste em exceção a esse postulado. Por esse motivo, a interpretação deve ocorrer da maneira mais rigorosa possível, não se admitindo invocar recursos meramente retóricos para afastar a aplicação do mencionado princípio. É assim que se justifica a averiguação da amplitude do conceito de "interesse público" nessas situações.[9] E na atuação do STF sob a égide da Constituição de 1967 não se observou um discurso meramente retórico sobre o *interesse público*, mas, sim, um raciocínio que sempre visou a fortalecer a liberdade profissional, a qual só poderia ser restringida em casos notadamente excepcionais.

Em suma, o cotejo da *ratio decidendi* das decisões da época da Constituição de 1967 com o "Caso do Diploma dos Jornalistas" abordará dois aspectos, quais sejam: (i) se a estrutura dos votos se mantém a mesma e (ii) se a noção de "interesse público" está sendo utilizada de forma consistente.

3. A comparação entre o padrão das decisões do STF no período de vigência da Constituição de 1967 e o "Caso do Diploma dos Jornalistas" de 2009

A principal norma jurídica utilizada nesta etapa da pesquisa é o inciso XIII do art. 5º da CF de 1988, *in verbis*: "XIII – é livre o exercício de qualquer trabalho, ofício ou profissão, atendidas as qualificações profissionais que a lei estabelecer; (...)".

9. O que interessa neste trabalho não é a elaboração de um conceito inabalável de "liberdade profissional" e de "interesse público", tampouco uma teoria a respeito desses institutos. O que, de fato, almeja-se neste estudo é verificar se a maneira pela qual o STF se socorria desses conceitos na década de 1967 foi a mesma utilizada no ano de 2009. Em outros termos, quer-se examinar se, ao trazer esses conceitos ao debate, os ministros utilizaram-nos de forma consistente ou se deles usufruíram de modo apenas retórico. Para tanto, é necessário verificar a diligência adotada em cada argumento a respeito do assunto, como se se adentrasse nas decisões, percebendo-se cada um de seus detalhes. Vale enfatizar aqui que, embora o "Caso do Diploma dos Jornalistas" possua argumentos e pontos sobre outros aspectos, o cotejo com o padrão do período da Constituição de 1967 basear-se-á primordialmente naqueles que se referirem à liberdade profissional e ao interesse público nos casos de qualificações para o exercício de uma profissão.

A despeito da sutil distinção entre *condições de capacidade* e *qualificações profissionais*, é cediço que o atual mandamento constitucional apresenta a mesma essência das disposições constitucionais pretéritas.

Trata o presente caso do julgamento de um recurso extraordinário interposto pelo Ministério Público Federal e pelo Sindicato das Empresas de Rádio e Televisão no Estado de São Paulo/SERTESP, em ação civil pública, contra acórdão do TRF-3ª Região que entendeu pela recepção da legislação que estabelece como requisitos para a profissão de jornalista o registro em órgão de classe e o diploma universitário, por consistirem em restrições legítimas.

À exceção do Min. Marco Aurélio, que entendeu serem legítimas essas exigências para o exercício da profissão de jornalista, todos os ministros acompanharam não só a conclusão como também as razões do Ministro-Relator.[10] Uma ressalva que se faz ao acórdão é o voto do Min. Carlos Ayres Britto, que, além de acompanhar o voto do Min. Gilmar Mendes, salienta que, em seu juízo, nas atividades elementarmente de imprensa a liberdade é absoluta.

Muito embora tenha procedido a um exame mais acurado da limitação à liberdade profissional do que o fizeram os ministros do período da Constituição de 1967, é interessante notar que o Min. Gilmar Mendes percorreu, em seu raciocínio, as etapas-padrão verificadas nas decisões baseadas na Constituição anterior.

Em primeiro lugar, é de se enfatizar que o Ministro-Relator, em conformidade com o modo de decidir do STF da Constituição de 1967, afirma que a norma veiculada pelo inciso XIII do art. 5º do atual texto constitucional esteve presente nas Constituições brasileiras antigas.

Em segundo lugar, aduz o Ministro-Relator que a liberdade profissional pode ser limitada pelas qualificações profissionais, tendo em vista que o preceito constitucional possui "inequívoca reserva legal qualificada", ou seja, é reservada ao legislador infraconstitucional a aptidão para restringir o âmbito dessa liberdade.

---

10. Acompanharam o voto do Min. Gilmar Mendes os Mins. Carmen Lúcia, Ricardo Lewandowski, Eros Grau, Carlos Ayres Britto, Cézar Peluso, Ellen Gracie e Celso de Mello.

Em terceiro lugar, no voto que liderou o julgamento afere-se a exigência para o exercício profissional seria legitimada pela necessidade de defesa da coletividade. Em outros termos, a condição limitadora da liberdade profissional só seria válida se justificada no interesse público.

O respeito aos precedentes também se evidencia, porquanto os excertos das decisões pretéritas não foram meramente transcritos, mas foram objeto de reflexões e apontamentos por parte do Ministro, demonstrando diálogo com esses julgados antigos.

É verdade que o manejo de precedentes realizado não é tão pormenorizado; entretanto, o que se enfatiza neste momento é o fato de que o mesmo estudo aludido no item 2 deste trabalho acerca da liberdade profissional sob a égide da Constituição de 1967 foi, em sua essência, elaborado pelo Min. Gilmar Mendes. Isso pode ser comprovado com a conclusão do Magistrado no sentido de que, a partir da RpInconst 930/1976, o STF fixou entendimento de que só se admitem restrições de qualificação profissional, ao passo que as restrições desproporcionais devem ser declaradas inconstitucionais.

Curiosamente, constata-se que até mesmo a alusão à evolução da norma nas diversas Constituições é utilizada nos julgados acerca da liberdade profissional, conquanto a ausência dessa menção não trouxesse prejuízo ao raciocínio da decisão. Realmente, é como se a elaboração do voto somente estivesse completa com a referência a essa evolução histórica, ainda que essa ideia não seja mais bem desenvolvida no restante da decisão.

Além disso, vale ressaltar que, apesar de essas etapas padronizadas serem observadas também na recente decisão, o Min. Gilmar Mendes desenvolve premissas mais densas a partir dos estudos doutrinários em torno dos direitos fundamentais. Registre-se que o Min. Rodrigues de Alckmin, no julgamento do "Caso dos Corretores de Imóveis" (Rp 930/1976), mencionou a razoabilidade da restrição, porém de maneira não tão desenvolvida. A despeito de igualmente mencionar a razoabilidade, o Min. Mendes pronuncia-se mais detidamente sobre a proporcionalidade. A explicação para o maior aprofundamento nas atuais decisões do STF de teorias como a da ponderação de princípios por meio da regra da proporcionalidade talvez seja o fato de que esses estudos, desenvolvidos no pós-guerra, sobretudo no âmbito do Tribunal Constitucional Federal alemão, foram intensificados no Brasil apenas nos anos 1990, quando também passaram a ter maior ressonância nos tribunais brasileiros.

De todo modo, a fundamentação do Min. Gilmar Mendes mostra-se mais sofisticada que a dos ministros do período da Constituição de 1967 também porque aprofunda reflexões de modo a racionalizar a aplicação dos conceitos. Nesse passo, o Ministro reforça a ideia de que *a definição do âmbito de proteção de certo direito depende de uma interpretação sistemática e abrangente de outros direitos e disposições constitucionais*, o que acarreta a necessidade de apreciação do caso concreto para a definição dos contornos daquele direito.

Do inciso que preconiza o princípio da liberdade profissional o Magistrado extrai duas normas, quais sejam, *(a) uma norma de garantia, que reconhece e garante determinado âmbito de proteção, e (b) uma norma de autorização de restrições, que permite ao legislador estabelecer limites ao âmbito de proteção constitucionalmente assegurado*.

Partindo dessas premissas, o Ministro pauta sua análise de modo a verificar se a lei limitadora transborda o princípio da proporcionalidade e atinge o próprio núcleo essencial dessa liberdade. Uma vez constatada essa transgressão, a restrição profissional é reputada ilegítima. Aqui se ressalta o fato de que a Constituição não entrega ao *arbítrio* do legislador infraconstitucional a definição sobre o que é "interesse público", já que a amplitude desse conceito indeterminado depende de exame realizado dentro de certos parâmetros.

No caso específico do diploma dos jornalistas ainda são mencionadas disposições de Cartas internacionais – como a Convenção Americana de Direitos Humanos – que repudiam a limitação à liberdade de expressão. No entanto, o principal argumento do Ministro orbita mesmo em torno da ausência de justificativa legítima para a restrição profissional. Nesse diapasão, é salientado que a sociedade deve ser protegida contra o jornalismo abusivo, mas essa abusividade não é evitada com a exigência de um diploma.

Nesses termos, o Ministro-Relator finaliza seu raciocínio afirmando que a regulamentação só deveria ocorrer para tutelar a saúde, a vida e outros direitos dos cidadãos; afora esses aspectos, a condição restritiva deverá ser tida como inconstitucional.

4. Conclusão

Realizada a comparação proposta, impende, agora, sistematizar as conclusões obtidas. A análise qualitativa das decisões trouxe dados que possibilitam uma resposta à pergunta: *Há diferença entre a estrutura da decisão do "Caso do Diploma dos Jornalistas" e o padrão decisório dos casos de liberdade profissional da Constituição de 1967?*.

Conforme afirmado no item introdutório, a investigação da argumentação dos ministros do STF traz sempre importância a qualquer reflexão, dado o impacto que suas decisões causam na sociedade brasileira e nos demais órgãos do Poder Judiciário.

Para se responder à questão proposta, o presente estudo foi organizado em duas partes.

O item referente à jurisprudência do STF durante a vigência da Constituição de 1967 foi o guia para a análise dos argumentos da decisão do REsp 511.961/2009. Já, no item relacionado à recente decisão da Corte, buscou-se realçar os aspectos pertinentes à comparação indicada inicialmente. Não é demasiado recordar que essa comparação é instigante, por duelar uma decisão de um período democrático com determinadas decisões de um período de grande restrição.

Registre-se que ao longo deste trabalho em nenhum momento se objetivou estabelecer dicotomias entre bem e mal, correto e incorreto, nem justo e injusto. Contudo, procurou-se averiguar a forma pela qual os membros da Corte Suprema trabalharam seus argumentos, e se essas razões os levariam a um desfecho lógico ou a um final incoerente.

Pois bem. A estrutura fixa de raciocínio da Constituição de 1967 era composta pelos seguintes elementos: (i) a liberdade de profissão existe no Brasil desde outras ordens constitucionais; (ii) somente as condições de capacidade podem restringi-la; (iii) essas condições de capacidade têm que necessariamente ser motivadas pelo interesse público. Ademais, a noção de "interesse público" não era mero recurso retórico, na medida em que o STF admitia intervir nos casos em que esse conceito jurídico indeterminado não restasse comprovado.

No "Caso do Diploma dos Jornalistas" a grande maioria dos ministros acompanhou os argumentos e a conclusão do Ministro-Relator, Gilmar Mendes. No extenso voto do Relator pôde-se aferir que o Min.

Gilmar Mendes se preocupou em examinar a jurisprudência do Tribunal, o que se comprova por meio das transcrições e das reflexões elaboradas. Nesse contexto, é possível vislumbrar que o voto desse Magistrado, que serviu de relatório para o acórdão da Corte, passou pelas etapas utilizadas pelos ministros do final da década de 1960.

Assim, o Ministro-Relator constatou: (i) a liberdade profissional tem sido prevista desde as primeiras Constituições brasileiras; (ii) somente as qualificações profissionais podem restringi-la; (iii) essas limitações devem atender ao interesse público, de modo a não colocar em risco a saúde, a vida e outros direitos das pessoas.

Todavia, o Ministro foi além em sua argumentação. A essa estrutura predefinida foi acrescentado, entre outros elementos, que as limitações não podem interferir no núcleo essencial do direito individual, mesmo que sejam justificadas. E essa medição ocorrerá na ponderação com outros direitos fundamentais por meio do princípio da proporcionalidade (com os seus três subprincípios – quais sejam: adequação, necessidade e proporcionalidade em sentido estrito). Portanto, o conceito de "interesse público" não depende do arbítrio do legislador infraconstitucional, mas tem sua amplitude limitada pela ponderação de valores e pelos contornos do núcleo essencial do direito.

Dessa forma, respondendo-se objetivamente à pergunta que fundamenta a hipótese desta pesquisa, pode-se aduzir que o STF utilizou-se do padrão argumentativo adotado na vigência da Constituição de 1967, com a diferença de que no "Caso do Diploma dos Jornalistas" a Corte, partindo das premissas de casos anteriores a 1988, pôde desenvolver de maneira mais aprofundada a sua reflexão.

Referências bibliográficas

BARROSO, Luís Roberto. *O Controle de Constitucionalidade no Direito Brasileiro*. São Paulo, Saraiva, 2004.

BERNARDES, Juliano Taveira. *Controle Abstrato de Constitucionalidade*. São Paulo, Saraiva, 2004.

FAVOREU, Louis. *As Cortes Constitucionais*. São Paulo, Landy Editora, 2004.

GUERRA FILHO, Willis Santiago. *Processo Constitucional e Direitos Fundamentais*. 4ª ed. São Paulo, RCS, 2005.

HAMON, Francis, TROPER, Michel, e BURDEAU, Georges. *Direito Constitucional*. 27ª ed. Barueri, Manole, 2005.

HESSE, Konrad. *Elementos de Direito Constitucional da República Federal da Alemanha*. Porto Alegre, Sérgio Antônio Fabris Editor, 1998.

MENDES, Gilmar Ferreira. *Jurisdição Constitucional*. 4ª ed. São Paulo, Saraiva, 2004.

SILVA, José Afonso da. *Aplicabilidade das Normas Constitucionais*. 6ª ed., 3ª tir. São Paulo, Malheiros Editores, 2004.

TAVARES, André Ramos. *Teoria da Justiça Constitucional*. São Paulo, Saraiva, 2005.

VIEIRA, Oscar Vilhena. *Direitos Fundamentais – Uma Leitura da Jurisprudência do STF*. São Paulo, Malheiros Editores, 2006.

_____. *Supremo Tribunal Federal – Jurisprudência Política*. 2ª ed. São Paulo, Malheiros Editores, 2002.

Acórdãos citados: RE 70.563-SP (rel. Min. Thompson Flores, 18.3.1971), 457.014-SP (rela. Min. Carmen Lúcia, 18.8.2009) e 511.961-SP (rel. Min. Gilmar Mendes, 17.6.2009); RMS 24.213-DF (rel. Min. Celso de Mello, 26.5.2010); Rp 930-DF (rel. Min. Cordeiro Guerra, 5.5.1976), 1.023-DF (rel. Min. Décio Miranda, 28.2.1980), 1.054-DF (rel. Min. Néri da Silveira, 4.4.1984), 1.056-DF (rel. Min. Décio Miranda, 4.5.1983) e 1.256-DF (rel. Min. Oscar Corrêa, 20.11.1985).

O STF E O DIREITO AO SILÊNCIO PARA PRESTAR DEPOIMENTO NA CPMI DOS CORREIOS[*,1]

FELIPE PENTEADO BALERA

1. Apresentação do tema e objetivos do trabalho. 2. Direito ao silêncio para depoimento na CPMI dos Correios no STF: 2.1 Decisões da Min. Ellen Gracie – 2.2 Decisões do Min. Nelson Jobim – 2.3 Decisões do Min. Carlos Britto – 2.4 Decisões do Min. Gilmar Mendes – 2.5 Decisão do Min. Cézar Peluso – 2.6 Decisão do Min. Sepúlveda Pertence – 2.7 Decisão do Min. Celso de Mello – 2.8 Decisões do Min. Joaquim Barbosa – 2.9 Análise das decisões do STF. 3. Efeitos da concessão de habeas corpus garantindo o direito ao silêncio pelo STF – Análise dos depoimentos perante a CPMI dos Correios. 4. Conclusão.

1. Apresentação do tema e objetivos do trabalho

O ano de 2005 foi marcado por inúmeras denúncias de corrupção, apuradas pelas Comissões Parlamentares de Inquérito/CPIs instaura-

---

* *Resumo*: O direito ao silêncio, garantia individual prevista na Constituição Federal de 1988 (art. 5º, LXIII), foi diversas vezes pleiteado no STF por pessoas convocadas a depor em comissões parlamentares de inquérito/CPIs. Na CPMI dos Correios, em que as investigações geraram uma das maiores crises políticas do Brasil, este direito também foi questionado por muitos depoentes. Este trabalho pretende analisar a atuação do STF no julgamento dessas ações, bem como os efeitos das decisões que concederam ou denegaram os pedidos fundamentados no direito ao silêncio.
Palavras-chave: Comissão Parlamentar de Inquérito; CPMI dos Correios; Direito ao Silêncio; Supremo Tribunal Federal.

1. O presente artigo foi desenvolvido a partir de monografia apresentada à *sbdp* como trabalho de conclusão do curso da Escola de Formação do ano de 2006, sob a orientação de Bruno Ramos Pereira. A versão original encontra-se em *http://www.sbdp.org.br/monografias_ver.php?idConteudo=74*.

das pelo Congresso Nacional. O Brasil enfrentou uma das maiores crises políticas de sua história, com denúncias que envolviam, inclusive, "homens fortes" do então Governo.

Entre as CPIs, a que ganhou maior notoriedade, em razão da gravidade das acusações formuladas em seus depoimentos, foi a CPMI dos Correios, instaurada aos 8.6.2005 pelo Congresso Nacional para apurar as causas e consequências de denúncias e atos delituosos praticados por agentes da Empresa Brasileira de Correios e Telégrafos/ECT.

O escândalo dos Correios teve inicio com a divulgação de fita em que o então funcionário da empresa Maurício Marinho aparecia recebendo propina (R$ 3.000,00) de empresários em troca de favores administrativos. Na fita o funcionário afirmava agir em nome do partido político PTB e, ainda, que atuava sob as ordens do deputado federal Roberto Jefferson, do PTB do Rio de Janeiro.

Para apurar estes fatos, a CPMI ouviu o deputado Roberto Jefferson. No entanto, durante seu depoimento o Deputado fez acusações sérias a respeito de suposto "esquema" de corrupção, o qual denominou de "Mensalão". O "Mensalão" extrapolava o âmbito da ECT, e envolvia também integrantes importantes dos Poderes Executivo e Legislativo do Brasil. A partir de então, os trabalhos da Comissão passaram a apurar a denúncia do deputado Roberto Jefferson, ampliando a repercussão dos depoimentos e investigações da CPMI.

A população acompanhou atentamente os trabalhos da Comissão, que tinham grande cobertura dos meios de comunicação, esperando a aplicação de punições imediatas e severas a todos os envolvidos nos supostos crimes contra o Estado. Todavia, certas garantias constitucionais desses indivíduos deveriam ser respeitadas.

Para tanto, o STF foi chamado, por muitas vezes, a julgar *habeas corpus* em que pessoas convocadas para depoimento na Comissão Parlamentar Mista/CPMI pleiteavam que lhes fosse garantido o exercício do direito ao silêncio, para impedir a autoincriminação. Os depoentes, temendo ser presos pelos crimes de desobediência (art. 330 do CP) ou de falso testemunho (art. 342 do CP) por exercerem o direito constitucional de permanecerem calados (art. 5º, LXIII, da CF), requeriam *habeas corpus* que os liberasse, durante os depoimentos, da assinatura do termo de compromisso de dizer a verdade imposto às testemunhas, sob pena de prisão em flagrante.

O STF na maioria das vezes concedeu o *habeas corpus,* assegurando o respeito aos direitos individuais e fundamentais. Ocorre que, como consequência, as investigações e os trabalhos da CPI foram tolhidos, frustrando grande parte das expectativas de punição.

No presente trabalho o conteúdo das decisões do STF nos *habeas corpus* impetrados pelos depoentes da CPMI dos Correios foi examinado. *Qual a amplitude do direito ao silêncio conferido pelas decisões do Tribunal? Tal direito se restringe a perguntas que possam levar à autoincriminação ou a quaisquer outras perguntas? Quem seriam os titulares do direito fundamental, de acordo com essas decisões? Todos os depoentes em CPI ou somente aqueles que comprovassem estar dentre os investigados?*

Além do estudo das decisões, o trabalho analisou o efeito prático da concessão dos *habeas corpus. O conteúdo do depoimento de testemunha/investigado amparada/amparado por habeas corpus do STF, concedido a fim de que não fosse assinado o termo de compromisso de dizer a verdade e de que não fosse o inquirido obrigado a responder a perguntas autoincriminatórias, foi igual ao daquele que não teve em seu favor decisão semelhante?* Para examinar este último aspecto, o estudo verificou o que sucedera nos depoimentos perante a CPMI dos Correios.

2. Direito ao silêncio para depoimento na CPMI dos Correios no STF

O STF julgou um total de 21 processos de *habeas corpus* com pedido de direito ao silêncio e direito a não assinar o termo de compromisso de dizer a verdade, em que a CPMI dos Correios figurava como autoridade coatora. Em 14 desses casos o pedido foi concedido, enquanto nos 6 outros a ordem foi denegada e num último caso a medida foi julgada prejudicada, porque o depoimento do paciente já havia ocorrido.

Todas as decisões foram monocráticas, ou seja, apenas o ministro-relator analisa o caso e julga o pedido em medida cautelar. Coerentemente, as decisões de cada ministro são motivadas com fundamentos que se repetem nos demais casos submetidos ao mesmo julgador. Para identificar mais claramente os argumentos utilizados pelos ministros, os *habeas corpus* serão apreciados segundo o ministro julgador.

2.1 Decisões da Min. Ellen Gracie

A Min. Ellen Gracie julgou o HC 86.232 (paciente: Marcos Valério Fernandes de Souza) e o HC 87.687 (paciente: Carlos Alberto Cortez).

Nos dois casos, a Ministra concedeu o *habeas corpus*, conferindo ao paciente o direito de se calar quando entendesse que a pergunta pudesse atingir a garantia constitucional da não autoincriminação, fundamentando as decisões na jurisprudência do STF, inclusive proferidas em *habeas corpus* nos quais o direito ao silêncio fora pleiteado para casos de depoimentos em outras CPIs.

A Ministra considerou que o limite do poder de investigação das CPIs deve ser idêntico ao das autoridades judiciárias. Como, portanto, é garantido o direito ao silêncio ao interrogado ou acusado em processo judicial, igual garantia deveria ser concedida aos interrogados da CPI.

Quanto ao julgamento do pedido, a Ministra concedeu a dispensa de assinar o termo de compromisso de dizer a verdade das testemunhas, garantindo o direito ao silêncio do indivíduo. Assim, conforme as decisões da Min. Ellen Gracie, os depoentes poderiam se calar ante quaisquer questões que, a juízo deles ou de seus advogados, pudessem conduzi-los à autoincriminação.

2.2 Decisões do Min. Nelson Jobim

O Min. Nelson Jobim julgou os HCs 86.319 (pacientes: Delúbio Soares e Sílvio Pereira), 86.355 (paciente: Renilda Maria Fernandes de Souza, cônjuge de Marcos Valério), 87.740 (pacientes: diretores da empresa Prece Previdência Complementar), 87.774 (paciente: Lauro José Senra de Gouvêa), 87.795 (paciente: José Roberto Salgado) e 87.875 (paciente: Breno Fischberg).[2]

---

2. Em algumas destas decisões o relator não foi o Min. Nelson Jobim; no entanto, como ocorreram no período de recesso forense, o Ministro, então Presidente do STF, acabou julgando o feito.

O Min. Nelson Jobim concedeu cinco (HC 86.319, 87.740, 87.774, 87.795 e 87.875) desses seis *habeas corpus*, permitindo que o paciente comparecesse perante a CPMI sem ter que prestar compromisso de dizer a verdade e podendo permanecer calado diante de perguntas que, a seu critério (paciente) ou de seu advogado, pudessem ser autoincriminatórias.

Percebe-se, assim, que a extensão do direito conferido pelo Min. Jobim segue a mesma linha dos julgados da Min. Ellen Gracie.

Ao conceder o *habeas corpus* o Ministro fundamentou ser entendimento do STF que "qualquer pessoa que preste depoimento em qualquer das esferas do Poder Público pode utilizar-se do direito ao silêncio".[3]

Já, o HC 86.355 teve fundamentação e decisão diversas dos demais. Nesse caso a paciente era Renilda Maria Fernandes de Souza, esposa do publicitário Marcos Valério, e pedia que fosse desobrigada de depor, com escopo no art. 206 do CPP, sob invocação da sua qualidade de cônjuge do acusado, uma vez que o STF reconhecera que Marcos Valério era investigado da CPMI dos Correios.

O Ministro não concedeu o *habeas corpus*, determinando que a paciente comparecesse à CPMI e respondesse a todas as perguntas que lhe fossem formuladas. No entanto, a paciente teria direito de não assinar o termo de compromisso de dizer a verdade.

O Min. Nelson Jobim interpretou, no julgamento, os arts. 206 e 208 do CPP. O art. 206 autoriza o cônjuge a recusar-se a depor, salvo quando não seja possível, por outro modo, a obtenção ou integração da prova do fato e de suas circunstâncias. O Ministro considerou que quem pode aferir a necessidade do depoimento do cônjuge é a CPMI; e, como aquele órgão parlamentar decidira convocar a paciente, a prova desejada só poderia ser obtida com o depoimento da paciente. Por fim, o julgado aplicava a regra do art. 208, que confere ao cônjuge do acusado o direito DE não assinar o termo de compromisso.

2.3 Decisões do Min. Carlos Britto

O Min. Carlos Britto decidiu os HC 86.493 (paciente: Henrique Pizzolato), 87.330 (paciente: Antônio Augusto Conceição Morato

3. Trecho dos HC 86.319, 87.740 e 87.875.

Leite Filho), 87.334 (paciente: Henrique Pizzolato, segundo depoimento) e 87.976 (paciente: Roberto Kfouri).

O Min. Carlos Britto, contrariando posição majoritária do STF, denegou o *habeas corpus* nos quatro casos submetidos à sua apreciação.

O Ministro reconheceu a garantia contra a autoincriminação e estendeu tal garantia aos interrogados em CPI, mas considerou não caber ao STF conceder a medida em sede de *habeas corpus*.

No entender do Ministro, a garantia contra a autoincriminação deveria ser respeitada assim em sede judicial como nas CPIs, mas não seria necessária a concessão de título judicial específico para que a garantia fosse observada. E argumentou: "Assim como não é de se supor que um magistrado venha a exceder os limites de sua atuação funcional para incursionar pelos domínios do abuso de poder ou da ilegalidade contra a alheia liberdade de locomoção, também assim não é de se supor que uma CPI enverede pela mesma senda da ilicitude".[4] Nessa linha de raciocínio, o Min. Carlos Britto entendeu que o STF não deve conceder *habeas corpus* apenas pela presunção de que o interrogando poderia vir a sofrer constrangimento em sua liberdade de locomoção. Mais que isso, incumbiria ao paciente evidenciar tal ameaça.

2.4 Decisões do Min. Gilmar Mendes

O Min. Gilmar Mendes julgou os HC 86.724 (paciente: Daniel Dantas), 87.971 (pacientes: David Jesus Gil Fernandez e Marcos César de Cássio Lima), 87.975 (paciente: Renato Guerra Marques) e 88.228 (paciente: Duda Mendonça).

O Ministro concedeu todas as ordens de *habeas corpus*, assegurando o direito ao silêncio do acusado, por entender que o privilegio contra a autoincriminação se aplica a qualquer pessoa, inclusive testemunhas. No entanto – advertiu –, perguntas a respeito de fatos que não implicassem autoincriminação deveriam ser respondidas.

Entendeu o Ministro, ao citar precedente do STF, que o direito a não se autoincriminar, como expressão do princípio da dignidade humana, é direito público subjetivo a ser exercido perante órgão de qualquer um dos três Poderes. Acrescentou que o direito ao silêncio

4. Trecho dos HC 87.330, 87.334 e 87.976.

se encontra no rol de direitos fundamentais previsto pela Constituição Federal e que, portanto, integra as clausulas pétreas, sendo ilegítima qualquer reforma constitucional tendente a suprimi-lo.

Ao deferir o pedido, permitindo que o interrogado permanecesse calado quando perguntado sobre assuntos cujas respostas pudessem vir a incriminá-lo, o Ministro ressalvou que, quanto aos fatos que não impliquem autoincriminação, o interrogado teria o dever de responder ao que lhe fosse perguntado. Por outro lado, o Ministro não disse a quem competiria verificar se a pergunta poderia conduzir a autoincriminação, ou não.

2.5 Decisão do Min. Cézar Peluso

O Min. Cézar Peluso julgou o HC 86.849 (paciente: Haroldo Bicalho e Silva).

Foi concedido o *habeas corpus* autorizando o paciente a deixar sem resposta a pergunta que, a seu critério ou de seu advogado, levasse à autoincriminação. Foi, igualmente, garantido o direito a não ser preso em razão do silêncio. O Ministro fez referência a diversos precedentes do STF, como o HC 86.232 concedido pela Min. Ellen Gracie. Observa-se que para o Min. Cézar Peluso o critério para identificação de perguntas incriminatórias está nas mãos do interrogado ou de seu advogado.

Para o Ministro a garantia constitucional contra a autoincriminação (art. 5º, LXIII, da CF) pode ser exercida no âmbito das CPIs inclusive por testemunha, tendo como decorrência dela os "seguintes direitos: (a) manter silêncio diante de perguntas cuja resposta possa implicar-lhe autoincriminação; (b) não ser presa em flagrante por exercício dessa prerrogativa constitucional, sob pretexto da prática de crime de desobediência (art. 330 do CP), nem tampouco de falso testemunho (art. 342 do mesmo Código); e (c) de não ter o silêncio interpretado em seu desfavor".[5]

O Ministro considerou que as CPIs têm poderes de investigação próprios das autoridades judiciais (art. 58, § 3º, da CF), mas não podem ultrapassar tais poderes. Portanto, estariam sujeitas aos mesmos

5. Trecho do HC 86.849.

limites das autoridades judiciais, dentre os quais se inclui a garantia contra a autoincriminação (art. 5º, LXIII, da CF). O Ministro ponderou, ainda, que a jurisprudência estende a garantia contra a autoincriminação a todas as pessoas sujeitas aos poderes instrutórios das CPIs – isto é: indiciados, investigados, suspeitos e até mesmo testemunhas.

2.6 Decisão do Min. Sepúlveda Pertence

O Min. Sepúlveda Pertence proferiu decisão no HC 87.159 (paciente: João Marcos Pozzetti).

Nesse *habeas corpus* o impetrante alegou que a quebra de seu sigilo bancário, fiscal e de comunicação telefônica indicava que sua inquirição deveria se dar na condição de investigado, e pedia a concessão de salvo-conduto que lhe assegurasse o direito de não ser preso se se recusasse a assinar o termo de compromisso de dizer a verdade ou exercesse o direito ao silêncio.

O *habeas corpus* foi considerado prejudicado, pois o original da impetração só chegou ao Ministro após o horário previsto para a oitiva do paciente. No entanto, o Ministro afirmou que os documentos enviados com a petição não demonstravam a ocorrência da quebra de sigilo do paciente, o que implicaria indeferimento da peça inicial. O Min. Sepúlveda Pertence, porém, manifestou-se favoravelmente à aplicação do direito ao silêncio para as testemunhas de CPI, considerando "a oponibilidade às CPIs da garantia constitucional contra a autoincriminação e, consequentemente, do direito ao silêncio, ante perguntas de cuja resposta possa resultar prova contra o depoente".[6]

2.7 Decisão do Min. Celso de Mello

O Min. Celso de Mello decidiu o HC 88.015 (paciente: Jorge Ribeiro dos Santos).

Nesse feito o Min. Celso de Mello proferiu longa decisão comentando a história e a aplicabilidade da garantia contra a autoincriminação e do direito ao silêncio.

6. Trecho do HC 87.159.

Observou que tal direito pode ser invocado por qualquer pessoa, inclusive aquela chamada a testemunhar em CPI. Afirmou, ademais, que a testemunha, mesmo firmando o compromisso de dizer a verdade, quando deixa de revelar fatos que possam incriminá-la não comete o crime de falso testemunho, em virtude da garantia constitucional estampada no art. 5º, LXIII, da CF.

Para o Ministro a garantia deveria ser estendida a qualquer pessoa. Argumentou também que o direito ao silêncio não pode ser entendido em desfavor do indivíduo, pois seria inconcebível que o exercício de quaisquer das garantias individuais pudesse desfavorecer o indivíduo. Portanto, o direito ao silêncio, além de extensivo a qualquer pessoa, não deveria ser interpretado como confissão.

Por fim, o Min. Celso de Mello concedeu o *habeas corpus* para garantir ao paciente o direito a não ser obrigado a assinar termo de compromisso e o direito de exercer o privilégio constitucional contra a autoincriminação. Quanto à aplicabilidade desse direito, o Ministro o assegurou para todas as indagações cuja resposta pudesse acarretar-lhe grave dano.

2.8 Decisões do Min. Joaquim Barbosa

O Min. Joaquim Barbosa julgou os HC 88.020 (paciente: Dimas Toledo) e 88.182 (paciente: Lúcio Funaro). O Ministro concedeu apenas o primeiro *habeas corpus*, julgando prejudicado o segundo.

No primeiro *habeas corpus* o Ministro concedeu o pedido argumentando que o impetrante apresentara provas da existência de investigação da Polícia Federal na empresa em que trabalhou como diretor. Portanto, deveria ser respeitada a garantia contra a autoincriminação, para que não se prejudicasse a defesa na esfera de tal investigação.

Já, no HC 88.182 o Min. Joaquim Barbosa denegou o pedido, por considerá-lo prejudicado, tendo em vista que o paciente não comprovara nos autos a data de sua oitiva e a investigação que demonstraria sua condição de investigado. Assim como o Min. Carlos Britto, o Min. Joaquim Barbosa também entendeu que "a expedição de salvo-conduto não é requisito único para o exercício da garantia constitucional contra a autoincriminação. Essa garantia pode ser invocada a qualquer momento, sem que se exija do cidadão qualquer título judicial (...)".[7]

O Min. Joaquim Barbosa atentou para a comprovação da condição de investigado pela CPMI dos Correios nas duas decisões que proferiu. No *habeas corpus* considerado prejudicado o Ministro observou a inexistência nos autos de prova das investigações que o impetrante alegava estarem ocorrendo sobre o paciente, impedindo, assim, que lhe fossem conferidas, no *habeas corpus*, as prerrogativas de investigado. Ademais, na outra decisão verificou que o fato motivador da convocação do paciente para depoimento na CPMI dos Correios seria o mesmo pelo qual respondia a inquérito criminal na Polícia Federal. Por tal razão, conferiu a garantia, sem, todavia, explicitar quais perguntas ensejariam o exercício do direito ao silêncio.

2.9 Análise das decisões do STF

As decisões analisadas demonstram, claramente, que todos os ministros defendem a aplicabilidade do direito ao silêncio aos interrogados em CPI, desde que estejam sendo investigados. No entanto, os ministros que indeferiram os pedidos consideraram desnecessário *habeas corpus* para que o paciente exercesse a garantia contra a autoincriminação, pois o direito ao silêncio independeria da existência de autorização judicial.

Divergem os ministros, ainda, sobre a comprovação do fato a respeito do qual os depoentes estariam sendo investigados, assim como sobre a vinculação de tal fato com o objeto de investigação da CPMI. Nesse aspecto, uma vez comparadas, as decisões dos ministros podem ser divididas em três grupos: (i) as que concedem o *habeas corpus* sem exigência de comprovação da condição de investigado do paciente; (ii) as que se preocupam com a comprovação da investigação e não fazem observações sobre o vínculo entre a investigação e o objeto de investigação da CPMI; (iii) as que prestam atenção na condição do investigado e no possível vínculo entre a investigação sofrida pelo paciente e o objeto de investigação da CPMI dos Correios.

7. Trecho do HC 88.182.

No primeiro grupo (i) estão enquadradas as decisões dos Mins. Nelson Jobim, Gilmar Mendes, Cézar Peluso e Celso de Mello. No segundo (ii) se encaixam as decisões proferidas pela Min. Ellen Gracie e pelo Min. Sepúlveda Pertence. E o terceiro grupo (iii) é integrado pelas decisões dos Mins. Carlos Britto e Joaquim Barbosa.

Observe-se que incumbia ao STF, no julgamento de tais matérias, analisar os casos em que se pleiteava a garantia contra a autoincriminação, atentando para o fato de o depoente estar, realmente, sendo investigado pela CPI ou respondendo a qualquer outro processo que poderia estar relacionado com as informações prestadas na CPMI.

Quando fatos que motivaram a convocação do depoente tiverem sido também objeto de investigação em outra sede (administrativa, policial, jurisdicional) o direito ao silêncio deveria ter sido estendido a tais fatos. Nestas hipóteses a informação prestada poderia prejudicar o inquirido no outro processo a que também respondia.

Da mesma forma, quando a própria CPI tomou medidas investigativas – como quebra de sigilo bancário, fiscal, telefônico ou de correspondência – contra a pessoa que pretendia inquirir, o depoimento deveria ter sido tomado como de investigado, pois, afinal, estaria havendo investigação que poderia ter como resultado punição, por meio do envio das conclusões da CPI ao Ministério Público.

3. Efeitos da concessão de habeas corpus garantindo o direito ao silêncio pelo STF – Análise dos depoimentos perante a CPMI dos Correios

A CPMI dos Correios, respeitando a ordem do STF, não obrigou os interrogados munidos de *habeas corpus* a assinarem o termo de compromisso de dizer a verdade; tampouco prendeu em flagrante qualquer desses interrogados pelos crimes de desobediência ou falso testemunho. Entretanto, o Relatório Final da CPMI dos Correios, ao fazer um balanço dos trabalhos e oitivas da CPMI, mencionou o fato de o STF ter concedido *habeas corpus* preventivo para que fosse respeitado o direito ao silêncio a alguns de seus interrogados. No entender dos parlamentares, a concessão dos *habeas corpus* prejudicou o depoimento de alguns deles, como pode ser visto no trecho a seguir:

"Contudo, no entender desta CPMI, os depoimentos poderiam ser mais elucidativos, não fosse o subterfúgio utilizado por diversos investigados, como o absoluto silêncio do publicitário Duda Mendonça, em seu segundo depoimento à CPMI, e do empresário Marcos Valério Fernandes de Souza, que solicitaram, às vésperas de suas oitivas, a concessão de *habeas corpus* preventivo junto ao STF. Esta CPMI não questiona o direito constitucional de qualquer cidadão, investigado ou não, reclamar *habeas corpus* à Justiça, quando sentir que sua liberdade está em risco. No entanto, esse direto inalienável não pode servir como expediente para evitar que a verdade prevaleça nos depoimentos.

"A própria jurisprudência do STF é sólida no sentido de que a vedação à autoincriminação não faculta ao depoente calar a verdade quando ela não prejudique sua linha de defesa. No entanto, sob a máscara distorcida da proteção constitucional, os depoentes desobrigaram-se a relatar a realidade dos fatos e recusaram-se, sistematicamente, a responder a muitos questionamentos, alegando o direito a não se autoincriminar (...)."[8]

As oitivas mencionadas neste trecho foram as do empresário Marcos Valério Fernandes de Souza (acusado pelo deputado Roberto Jefferson de ser o "operador do Mensalão") e do publicitário Duda Mendonça (acusado, também, de estar envolvido no escândalo do "Mensalão"). O primeiro teve seu direito ao silêncio concedido pelo HC 86.232, julgado pela Min. Ellen Gracie; o segundo, pelo HC 88.228, julgado pelo Min. Gilmar Mendes.

O Relatório da CPMI dos Correios afirmou que os dois depoentes tiveram oitivas não muito elucidativas, pois tanto Marcos Valério como Duda Mendonça teriam abusado do direito ao silêncio.

Marcos Valério utilizou o direito ao silêncio para negar-se a responder perguntas sobre o destino do dinheiro sacado por suas empresas (SMP&B e DNA) no Banco Rural e no Banco do Brasil. Conforme relatório do Conselho de Controle das Atividades Financeiras/COAF, as empresas de Marcos Valério teriam sacado 20,9 milhões de Reais do Banco Rural e do Banco do Brasil. Perguntado sobre o destino deste dinheiro, o depoente disse apenas que parte da quantia teria sido utilizada para pagamento de fornecedores, e quanto à outra par-

8. Trecho do Relatório Final da CPMI dos Correios – vol. I, fls. 18.

te negou-se a responder, afirmando que somente falaria no foro adequado.[9] Logo, não se configurou o abuso ao qual se refere o Relatório da CPMI.

Já, o publicitário José Eduardo Cavalcanti de Mendonça, mais conhecido como "Duda Mendonça", utilizou o direito que lhe foi conferido pelo HC 88.228 para não responder a quase nenhuma das questões formuladas pelos parlamentares.

Duda Mendonça, convocado para depor duas vezes na CPMI,[10] apenas pleiteou a garantia contra a autoincriminação para sua segunda oitiva. Nesse dia o publicitário foi aconselhado, por seus advogados, a não responder às perguntas e se negou a falar durante o depoimento, alegando que vinha sendo difamado após as declarações prestadas no primeiro depoimento, o qual teria lhe trazido enorme prejuízo.

Duda Mendonça, a qualquer questionamento, concedia a mesma resposta: "Eu não vou responder". Até mesmo quanto a perguntas que, evidentemente, não poderiam acarretar a autoincriminação do depoente, como: "Quem são os integrantes de sua família? V. Sa. é casado, primeiras, segundas núpcias, com quem? Quais os filhos que tem? Poderia nos esclarecer?".[11] E: "O Sr. acha que o Presidente Lula tem que ser reeleito?".[12] Essas perguntas não foram respondidas pelo publicitário.

No depoimento do publicitário Duda Mendonça houve, assim como constatado pelo Relatório da CPMI dos Correios, abuso do direito ao silêncio. O HC 88.228, decidido pelo Min. Gilmar Mendes, assegurava o direito de não assinar termo de compromisso na condição de testemunha e o direito a permanecer calado, mas, quanto a este último direito, fazia a ressalva de que quanto a fatos que não implicassem autoincriminação persistia a obrigação de prestar informação.

Por outro lado, a CPMI chegou a ameaçar de prisão depoentes que não foram protegidos por *habeas corpus* para silenciar. Entre eles merece destaque o depoimento do Sr. Henrique Pizzolato, tam-

---

9. Conforme reportagem da *Folha Online* publicada no dia 6.7.2005, às 11h5min.
10. O publicitário Duda Mendonça foi convocado para prestar depoimento na CPMI dos Correios nos dias 11.8.2005 e 15.3.2006.
11. Esta pergunta foi feita pelo Relator, deputado Osmar Serraglio.
12. Esta pergunta foi realizada pelo deputado Onyx Lorenzoni.

bém convocado por duas vezes a prestar depoimento perante a CPMI dos Correios. Nas duas vezes pleiteou o direito ao silêncio e a não assinar o termo de compromisso de dizer a verdade, e teve seus *habeas corpus* negados pelo STF (HC 86.493 e HC 87.334, julgados pelo Min. Carlos Britto).

O deputado Eduardo Paes (PSDB/RJ) fez acusações e afirmou ter provas de que o depoente faltava com a verdade, assim como faltara com a verdade em seu primeiro depoimento. Desse modo, havia provas suficientes para a prisão em flagrante do Sr. Henrique Pizzolato pela CPMI dos Correios, pelo crime de falso testemunho.[13]

4. Conclusão

A Lei 1.579/1952, ao dispor sobre CPIs, aponta a possibilidade de intimação de indiciados e testemunhas. A legislação penal apresenta procedimento diferenciado para o interrogatório de testemunha e de indiciado.

Desta forma, a CPI deveria verificar, antes, se o convocado a prestar depoimento é testemunha ou indiciado. Tal providência, em regra, não ocorre, pois a convocação sempre se refere à testemunha, mesmo quando há provas que evidenciam a participação do convocado nos crimes investigados pela CPI.

Na CPMI dos Correios a prática de convocar depoentes sempre na condição de testemunhas também ocorreu. Até mesmo o Sr. Maurício Marinho, contra quem eram os fortes indícios que motivaram a criação da CPI, foi convocado na condição testemunha, e somente após ampla discussão no curso do depoimento os membros da CPMI decidiram que não seria necessária a assinatura do termo de compromisso de dizer a verdade.[14]

---

13. Conforme trecho do segundo depoimento do Sr. Henrique Pizzolato. O texto integral do depoimento pode ser encontrado no *site http://webthes.senado.gov.br/sil/Comissoes/CPI/Comissoes/CORREIOS/Atas/20051207RE052.rtf* (acesso em 10.11.2010).

14. Conforme reprodução do depoimento do Sr. Maurício Marinho, que pode ser encontrada no *site http://webthes.senado.gov.br/sil/Comissoes/CPI/Comissoes/ CORREIOS/Atas/20050621RE003.rtf* (acesso em 10.11.2010).

A inexistência dessa importante distinção entre testemunhas e indiciados, que deveria ser realizada pela CPI, obriga o STF a agir quando pessoas convocadas a depor na condição de testemunhas entendam que, na verdade, estão sendo investigadas. Na maioria dos casos o STF, como visto neste trabalho, concede o direito a não assinar o termo de compromisso de dizer a verdade e o direito a permanecer calado sem verificar se o depoente era investigado ou poderia vir a ser investigado.

Desta forma, o STF modifica o depoimento que antes era de testemunha para depoimento de indiciado. É verdade, porém, que nas decisões que concederam a garantia do direito ao silêncio os ministros fizeram a ressalva de que tal direito só poderia ser exercido nas respostas a perguntas que pudessem atingir a garantia constitucional de não autoincriminação. No entanto, deixaram ao critério do próprio depoente, ou de seu defensor, a escolha das perguntas cuja resposta poderia interferir no direito de não se autoincriminar.

Evidentemente, quem melhor poderia aferir se a pergunta pode autoincriminar o depoente é o próprio depoente. Mas há casos em que a pergunta é, notoriamente, formulada com o intuito de obtenção de prova contra terceiros. Para evitar que ocorram abusos de direito ao silêncio, como ocorreu, por exemplo, no depoimento prestado por Duda Mendonça na CPMI dos Correios, o STF só deveria conceder o *habeas corpus* a quem comprovasse a situação de investigado pela CPI.

Na CPMI dos Correios os depoimentos de pessoas amparadas por *habeas corpus* do STF foram realmente distintos dos depoimentos dos que tiveram *habeas corpus* negado ou daqueles que não buscaram amparo no STF. Enquanto os protegidos por *habeas corpus* tinham grande liberdade para responder ou não responder a perguntas dos parlamentares, os depoentes não amparados por *habeas corpus* eram ameaçados de prisão quando não respondiam ou quando faziam afirmações falsas a respeito de perguntas que poderiam até incriminá-los.

A garantia constitucional contra a autoincriminação é conferida a qualquer pessoa convocada a prestar depoimento que possa sofrer condenação por resposta que a autoincrimine. Tanto indiciados quanto testemunhas poderão exercer tal garantia. A diferença estará nas perguntas a que a testemunha poderá deixar de responder a fim de não incorrer em autoincriminação, enquanto o indiciado poderá exercer sua garantia em relação a qualquer pergunta.

O direito ao silêncio como garantia contra a autoincriminação (*nemo tenetur se detegere*) é privilégio de todos, mas o silêncio diante de qualquer pergunta é prerrogativa apenas do acusado. Para que a prerrogativa do acusado não seja concedida à testemunha ou, ainda, que a ela seja negado o direito ao silêncio, como garantia contra a autoincriminação, a CPI deveria desde logo individualizar os acusados, a fim de que estes (os acusados) tivessem sua garantia respeitada, enquanto os demais não prejudicariam os trabalhos de apuração que incumbe à Comissão realizar.

Bibliografia citada

GONÇALVES, Luiz Carlos dos Santos. *Poderes de Investigação das Comissões Parlamentares de Inquérito*. São Paulo, ed. Juarez de Oliveira, 2001.

QUEIJO, Maria Elizabeth. *O Direito de Não Produzir Prova Contra Si Mesmo (O Princípio "Nemo Tenetur se Detegere" e suas Decorrências no Processo Penal)*. São Paulo, Saraiva, 2003.

Acórdãos citados: HC 86.232-DF, 86.319-DF, 86.355-DF, 86.493-DF, 86.724-DF, 86.849-DF, 87.159-DF, 87.330-DF, 87.334-DF, 87.687-DF, 87.740-DF, 87.774-DF, 87.795-DF, 87.875-DF, 87.971-DF, 87.975-DF, 87.976-DF, 88.015-DF, 88.020-DF, 88.182-DF e 88.228-DF.

POR QUE O STF "MANDA SOLTAR"? COMO CHEGAM E COMO SÃO TRATADOS OS DECRETOS DE PRISÃO PREVENTIVA AFASTADOS PELO STF[*,1]

FILLIPI MARQUES BORGES

1. Introdução: Constituição Federal, Código de Processo Penal e mundo real. 2. Valores legais e fundamentos concretos. 3. Suficiência e concretude: 3.1 Insuficiência dos fundamentos concretos – 3.2 Carência de demonstração concreta da necessidade da medida. 4. A garantia da ordem pública. 5. O tempo de vigência dos decretos de prisão preventiva. 6. Conclusões.

1. Introdução: Constituição Federal, Código de Processo Penal e mundo real

Os estudos que deram origem a este artigo partiram de uma inquietação com relação às críticas que o STF tem sofrido por supostamente vir fixando interpretação excessivamente restritiva quanto ao instituto das prisões preventivas.

As seguidas matérias jornalísticas que, em tom de denúncia, apontam o STF como a instância do Poder Judiciário brasileiro que

---

* *Resumo*: O STF tem sido alvo de críticas por sua postura garantista em relação ao instituto da prisão preventiva. Busquei demonstrar, neste estudo, que há um movimento de objetivação e de circunscrição, pelo STF, dos limites do instituto, o que vai ao encontro do regime constitucional desenhado em 1988.

Palavras-chave: Presunção de Inocência; Prisões Preventivas; Supremo Tribunal Federal.

1. O presente artigo foi desenvolvido a partir de monografia apresentada à *sbdp* como trabalho de conclusão do curso da Escola de Formação do ano de 2009, sob a orientação de Marta Saad. A versão original encontra-se em http://www.sbdp.org.br/monografias_ver.php?idConteudo=154.

"manda soltar" levaram-me às seguintes indagações: *O STF vem limitando o alcance das prisões preventivas? É notável a diferença entre o entendimento do STF e a interpretação das demais instâncias sobre os limites do instituto? Quais as deficiências que o STF identifica e repudia nos decretos de prisão preventiva?*. Por fim: *Quais os contornos conferidos pelo STF ao instituto?*.

Selecionei como fonte primária de pesquisa os *habeas corpus com ordem concedida* pelo STF por carência de fundamentação dos respectivos decretos de prisão preventiva ao longo do ano de 2008. Considerei ser este o material ideal para que identificasse a fundamentação rechaçada pelo STF, ou seja, a interpretação que a Corte vem considerando inepta em matéria de prisão preventiva; e a fundamentação assumida pelo STF, ou seja, considerada compatível com a essência constitucional desta medida excepcional de restrição da liberdade individual.

A importância da pesquisa ultrapassa os limites da curiosidade. A excepcionalidade que o regime constitucional brasileiro, destacadamente a garantia constitucional da presunção de inocência, confere ao instituto, a amplitude dos conceitos que regem as prisões preventivas no Código de Processo Penal e o déficit carcerário que desafia as autoridades administrativas federais e estaduais indicam a essencialidade de se compreender os limites que o aplicador do Direito vem conferindo à principal espécie de prisão processual: a prisão preventiva.

Não obstante a prodigalidade da Constituição Federal em matéria de proteção às liberdades individuais e a amplitude do sistema constitucional de garantias do processo penal – limites a que se submete o Estado ao exercer sua atividade persecutória –, não há no texto previsão explícita sobre o instituto da prisão preventiva. Como consequência, a circunscrição de seus limites impõe ao intérprete e aplicador do Direito a leitura constitucional das regras dispostas no Código de Processo Penal.

Selecionei como parâmetro de análise do instituto o direito fundamental à presunção de inocência, regra angular do sistema constitucional de garantias penais e processuais penais cuja eficácia, entendo, varia conforme a amplitude conferida às prisões preventivas. Em outros termos: a clareza dos limites conferidos pelo aplicador do Direito ao instituto aqui estudado indica a eficácia da regra segundo a qual "ninguém será considerado culpado até o trânsito em julgado de sentença penal condenatória" (CF, art. 5º, LVII).[2]

Apresentados os pressupostos constitucionais da análise, relato brevemente o regime legal das prisões preventivas e as questões às quais buscarei respostas a partir da jurisprudência do STF.

O regime legal do instituto encontra-se nos arts. 311 a 316 do CPP,[3] que tratam, basicamente, de: momento de decretação e legitimados (art. 311); fundamentos legais de incidência (art. 312); hipóteses objetivas de cabimento (art. 313); hipótese de não cabimento (art. 314); dever de fundamentação (art. 315); e dever de reapreciação (art. 316).

A investigação jurisprudencial aqui empreendida adota como foco os fundamentos legais constantes do art. 312 do CPP. São as hipóteses abstratas de incidência da prisão preventiva, a que deve recor-

---

2. Importa ressaltar que o constituinte preocupou-se em conferir imediata aplicabilidade ao rol de direitos e garantias individuais previstos no art. 5º da CF: "As normas definidoras dos direitos e garantias fundamentais têm aplicação imediata" (CF, art. 5º, § 1º).
3. "Art. 311. Em qualquer fase do inquérito policial ou da instrução criminal, caberá a prisão preventiva decretada pelo juiz, de ofício, a requerimento do Ministério Público, ou do querelante, ou mediante representação da autoridade policial.
"Art. 312. A prisão preventiva poderá ser decretada como garantia da ordem pública, da ordem econômica, por conveniência da instrução criminal, ou para assegurar a aplicação da lei penal, quando houver prova da existência do crime e indício suficiente de autoria.
"Art. 313. Em qualquer das circunstâncias, previstas no artigo anterior, será admitida a decretação da prisão preventiva nos crimes dolosos: I – punidos com reclusão; II – punidos com detenção, quando se apurar que o indiciado é vadio ou, havendo dúvida sobre a sua identidade, não fornecer ou não indicar elementos para esclarecê-la; III – se o réu tiver sido condenado por outro crime doloso, em sentença transitada em julgado, ressalvado o disposto no parágrafo único do art. 46 do Código Penal; IV – se o crime envolver violência doméstica e familiar contra a mulher, nos termos da lei específica, para garantir a execução das medidas protetivas de urgência.
"Art. 314. A prisão preventiva em nenhum caso será decretada se o juiz verificar pelas provas constantes dos autos ter o agente praticado o fato nas condições do art. 19, I, II ou III, do Código Penal.
"Art. 315. O despacho que decretar ou denegar a prisão preventiva será sempre fundamentado.
"Art. 316. O juiz poderá revogar a prisão preventiva se, no correr do processo, verificar a falta de motivo para que subsista, bem como de novo decretá-la, se sobrevierem razões que a justifiquem."

rer, alternativa ou cumulativamente, o juiz ao fundamentar um decreto de prisão preventiva. São as seguintes: *garantia da ordem pública*; *garantia da ordem econômica*; *conveniência da instrução criminal*; e *segurança da aplicação da lei penal*.

As questões que se põem ao aplicador do Direito ao fazer incidir a prisão preventiva são: (i) *Que condutas colocam em risco a ordem pública?*; (ii) *Que comportamentos constituem óbices ao bom andamento da persecução penal?*; (iii) *Em que hipóteses a lei penal ver-se-á ameaçada quanto à sua segura aplicação?*.

Como se pode perceber, o instituto é regido por termos amplos e genéricos ("ordem pública", "conveniência", "segurança"), o que torna imperativo que o aplicador empreenda, em nome da previsibilidade das relações jurídicas, a delimitação do alcance do instituto. Tal exigência é reforçada se levarmos em conta que a circunscrição dos fundamentos abstratos da prisão preventiva é, em última análise, a circunscrição da liberdade individual, que constitui a regra em qualquer regime democrático apoiado na garantia constitucional da presunção de inocência.

Enfim, os fatos: dados do Sistema Integrado de Informações Penitenciárias[4] do Departamento Penitenciário Nacional/DEPEN/MJ revelam que em junho/2010 a capacidade do sistema carcerário brasileiro era de 299.587 vagas, ao passo que a população carcerária somava 494.237 pessoas – o que representa 260 presos/100mil habitantes, além de um déficit carcerário de 194.650 vagas.

Do total de presos, 163.263 – ou 33% da população carcerária brasileira – eram representados, em junho/2010, por presos preventivos e temporários.

Eis, portanto, o panorama em que se insere a análise: regra constitucional ampla de presunção de inocência; indeterminação dos fundamentos legais do instituto; déficit carcerário e 163.263 pessoas cujas custódias não se amparam em sentença penal condenatória transitada em julgado. Diante desse quadro constitucional, legal e institucional situo a importância do estudo das prisões preventivas: *Quais os limites que o STF, órgão de cúpula do Poder Judiciário brasileiro e con-*

---

4. Consulta realizada em 20.9.2010 em *http://portal.mj.gov.br/data/Pages/MJ D574E9CEITEMID598A21D892E444B5943A0AEE5DB94226PTBRNN.htm*.

cretizador por excelência da Constituição Federal, tem conferido ao instituto? Por que tem "mandado soltar"?.

2. Valores legais e fundamentos concretos

Interessa, neste passo, distinguir dois conceitos que criei e que percorrerão todo o trabalho.

Chamarei "fundamentos legais" às hipóteses abstratas de incidência da prisão preventiva, conforme previsão do art. 312, *caput*, do CPP: *a garantia da ordem pública*; *a garantia da ordem econômica*; *a conveniência da instrução criminal*; e *a segurança da aplicação da lei penal*.

Já, por "fundamentos concretos" entendam-se as invocações das autoridades[5] estatais para justificar a potencial afronta, representada pela liberdade do (suposto) agente do delito, aos bens jurídicos tutelados pelo art. 312 do CPP.

Assim, por exemplo, a potencial afronta ao bem jurídico *ordem pública*, a ensejar a medida privativa, decorria, em 32 dos casos aqui analisados, do clamor público gerado pela suposta prática delitiva; ou, ainda, da gravidade do fato imputado ao agente passivo da persecução. De acordo com a metodologia adotada no trabalho, no exemplo acima teríamos o clamor público e a gravidade do fato como *fundamentos concretos* invocados para a decretação da prisão preventiva como "garantia da ordem pública".

3. Suficiência e concretude

O contato com as decisões concessivas de *habeas corpus* em matéria de prisão preventiva indica que o STF tem, certamente, ocupado a posição de *contraponto garantista* da Justiça brasileira em relação ao instituto.

Identificamos padrões distintos de interpretação dos limites da prisão preventiva entre o STF e as demais instâncias do Poder Judi-

---

5. Delegados de polícia, em suas representações por prisão preventiva; Ministério Público, em seus pareceres; magistrados, nos decretos de prisão preventiva ou em decisões denegatórias de *habeas corpus*.

ciário, tendo o órgão máximo fixado entendimento mais afeito à presunção constitucional de inocência, num esforço evidente de circunscrição constitucional das hipóteses de cabimento da privação instrumental da liberdade.

A análise do material evidenciou duas ordens de vícios identificados pelo STF nos decretos de prisão preventiva e nas decisões que mantinham a medida: (i) insuficiência dos fundamentos concretos e (ii) carência de demonstração concreta da necessidade da medida.

3.1 Insuficiência dos fundamentos concretos

A partir da análise do material jurisprudencial selecionado, identifiquei que a prisão preventiva chega ao STF fundamentada a partir de vias argumentativas diversas. Em outras palavras: múltiplos são os argumentos concretos a que recorrem os delegados de polícia, o Ministério Público e as instâncias inferiores para justificar a potencial violação que a liberdade do investigado/indiciado/réu representa a um ou mais bens jurídicos protegidos pelo art. 312 do CPP.

Identifiquei a ocorrência de cinco *fundamentos concretos* para justificar a potencial violação do valor *ordem pública*;[6] três *fundamentos concretos* a justificar a potencial violação do bom desenvolvimento da *instrução criminal*;[7] e três *fundamentos concretos* para justificação da prisão preventiva em resguardo à *segura aplicação da lei penal*.[8]

Quando afirmo que o STF tem exigido a *suficiência dos fundamentos concretos* nos decretos de prisão preventiva me refiro a um esforço, pelo STF, de circunscrição daquelas que seriam as hipóteses concretas aptas a ensejar o apelo à garantia da ordem pública e da ordem econômica, à conveniência da instrução criminal e à segurança da aplicação da lei penal. Em outras palavras: os fatos que, concreta-

---

6. Gravidade abstrata do suposto delito; risco de reiteração da suposta prática delitiva; reação social ao crime imputado; gravidade concreta (*modus operandi*) da ação; circunstâncias pessoais desfavoráveis.
7. Probabilidade de atuação sobre as fontes de provas; omissão processual; fuga do distrito da culpa.
8. Probabilidade de fuga do distrito da culpa; omissão processual; probabilidade de atuação sobre as fontes de provas.

mente demonstrados, revelam, segundo a Corte, potencial afronta aos valores inscritos no art. 312 do CPP.

Eis os resultados: (i) as garantias da ordem pública e da ordem econômica somente podem ser invocadas em hipóteses de risco de reiteração da suposta prática delitiva; (ii) a conveniência da instrução criminal, nas hipóteses de atuação do suposto agente sobre as fontes de prova (coerção de testemunhas ou esforços para ocultação de evidências); (iii) a segurança da aplicação da lei penal, em casos de risco de fuga do suposto agente.

São estes, no entendimento do STF, os *fundamentos de concretização suficientes* para que se recorra à excepcional medida de privação da liberdade individual de sujeito ainda não condenado definitivamente.

Eis, então, a primeira linha argumentativa identificada nas decisões de afastamento de prisões preventivas pelo STF: *fundamentos de concretização distintos do risco de reiteração da suposta prática delitiva, da atuação sobre fontes de prova e do risco de fuga são insuficientes, e o ato restritivo que neles se funda é inconstitucional, ofensivo à excepcionalidade e à instrumentalidade do instituto da prisão preventiva.*

3.2 Carência de demonstração concreta da necessidade da medida

Após a constatação da *suficiência dos fundamentos de concretização*, o STF passa a analisar os fatos concretos pretensamente justificadores da medida. Assim, constatados fundamentos suficientes (atuação sobre as fontes de prova, por exemplo), passa-se a um juízo de concretude, ou seja, avalia-se a base empírica pretensamente esclarecedora do fundamento concreto invocado (exemplo: se há provas de que o agente vem tentando coagir testemunhas (*base empírica concreta*), indicando atuação sobre fonte de provas (*fundamento concreto suficiente*), a justificar a prisão preventiva com base na conveniência da instrução criminal (*fundamento legal*)).

Nesse passo, o STF tem buscado, nos decretos constritivos, a exposição e a comprovação de fatos que demonstrem, inequívoca e objetivamente, que, caso permaneça em liberdade, o sujeito passivo da persecução penal (i) voltará a delinquir; (ii) atuará sobre fontes de prova; ou (iii) fugirá.

Revogam-se os decretos de prisão preventiva que, não obstante calcados em suficientes fundamentos de concretização, não encontram respaldo objetivo, demonstração inequívoca de fatos. Vedam-se as medidas cautelares pautadas em conjecturas e abstrações (exemplo: o agente, em razão da sua condição financeira, *pode vir a* subornar testemunhas (*base empírica abstrata*), o que significa atuação sobre fontes de provas (*fundamento concreto suficiente*), a ensejar a custódia preventiva com base na conveniência da instrução criminal (*fundamento legal*)).

Resta investigar, evidentemente, a coerência com que o STF tem empreendido a análise de concretude dos decretos de prisão preventiva. Tal investigação exige algo a que este trabalho não se propôs, que é a análise das decisões denegatórias de *habeas corpus* no período analisado e seu posterior confronto com os resultados aqui obtidos. Somente assim poderia tecer qualquer afirmação sóbria a respeito de posições seletivas ou inconsistentes do STF. Aqui, limito-me a afirmar, objetivamente, que há um esforço do STF em conferir ao instituto da prisão preventiva contornos mais estreitos (suficiência) e objetivos (concretude).

Acredito que a jurisprudência do STF, quando inequívoca, carrega em si importante potencial de acatamento pelas demais instâncias do Poder Judiciário. Espera-se, portanto, que este esforço hermenêutico de circunscrição e de objetivação dos fundamentos legais da prisão preventiva seja gradativamente acatado pelas demais instâncias do Poder Judiciário, pelas autoridades policiais e pelo Ministério Público, de modo a que se imprima ao instituto leitura apegada aos valores democráticos da Constituição Federal de 1988.

Ademais, esperam-se reflexos da jurisprudência do STF sobre a atividade legislativa, de modo a suprimir lacunas e obsolescências ainda constantes de nossa legislação processual penal. Nesse sentido, merece análise o PLS 156/2009,[9] que, de autoria do senador José Sar-

---

9. O PLS 156/2009 recebeu parecer favorável da Comissão de Constituição, Justiça e Cidadania do Senado em 17.3.2010 e se encontrava, até a data de entrega deste artigo para publicação, pendente de inclusão na pauta do Plenário para a terceira sessão de discussões.

ney e elaborado por uma Comissão de Especialistas,[10] encontra-se em tramitação no Senado Federal, com a finalidade de reformar completamente o Código de Processo Penal brasileiro.

O texto mais recente do projeto de reforma é o Substitutivo apresentado pela Comissão de Constituição, Justiça e Cidadania/CCJC, e que em breve deve ser apreciado pelo Plenário do Senado Federal. Desse texto merecem destaques os §§ 1º e 2º do art. 554: (i) o art. 554, § 1º, prevê que "a prisão preventiva jamais será utilizada como forma de antecipação da pena" – o que vai ao encontro da leitura constitucional que o STF tem conferido ao instituto, em respeito à regra da presunção de inocência; (ii) o art. 554, § 2º, determina que "o clamor público não justifica, por si só, a decretação da prisão preventiva" – o que se alinha ao que o STF tem considerado *fundamento concreto insuficiente* para a decretação da prisão preventiva com esteio na garantia da ordem pública.

4. A garantia da ordem pública

Conforme afirmado acima, os fundamentos legais da prisão preventiva, insculpidos no art. 312, *caput*, do CPP, são amplos, indeterminados, e demandam do aplicador do Direito o esforço de circunscrever seu alcance jurídico. Tal amplitude caracteriza, especialmente, o fundamento da garantia da ordem pública, o que restou evidente nos dados levantados em minha investigação.

Do universo de decretos de prisão preventiva revogados pelo STF ao longo do ano de 2008 e aqui estudados, verifiquei que: (i) a garantia da ordem pública fora invocada em 70% dos casos; (ii) a garantia da ordem econômica, em 15% (7 invocações); (iii) a conveniência da instrução criminal, em 38% (18 invocações); e (iv) a segurança da aplicação da lei penal, em 30% (14 invocações).

A dificuldade de se determinar a extensão do conceito de "ordem pública" evidencia-se na seguinte constatação: às 32 invocações abstratas da garantia da ordem pública corresponderam 50 in-

---

10. Integraram a Comissão os seguintes juristas: Antônio Correa, Antônio Magalhães Gomes Filho, Eugênio Pacelli de Oliveira, Fabiano Augusto Martins Silveira, Félix Valois Coelho Jr., Hamilton Carvalhido, Jacinto Nelson de Miranda Coutinho, Sandro Torres Avelar e Tito Souza do Amaral.

vocações de fundamentos de concretização. Ou seja: em diversas hipóteses a garantia da ordem pública sustentara a prisão preventiva sob caminhos argumentativos diversos (exemplos: clamor público e risco de reiteração).

Das 32 ocorrências, em 10 a garantia da ordem pública fora o único fundamento legal invocado para sustentar a medida cautelar; nas demais 22 ocorrências surgiu em associação com outros fundamentos legais. Isto indica que, por sua amplitude, a garantia da ordem pública talvez venha sendo empregada como reforço argumentativo.

O STF, conforme afirmei, tem firmado entendimento de que somente o *risco de reiteração da prática delitiva* é argumento de concretização suficiente para que se invoque a garantia da ordem pública como fundamento legal da prisão preventiva. Há, em relação a tal fundamento, grande discrepância entre os entendimentos do STF e das demais instâncias da Justiça brasileira, que vêm recorrendo à garantia da ordem pública em termos diversos, às vezes múltiplos, como visto acima.

Parece-me que, não obstante os esforços do STF para circunscrever os limites do fundamento legal, o encaminhamento ideal seria o da extinção da garantia da ordem pública do rol de fundamentos para decretação da prisão preventiva.

A simples análise dos fundamentos de concretização empregados para justificar a medida preventiva com esteio na garantia da ordem pública explicita a invariável violação à garantia constitucional da presunção de inocência. Tomo por exemplos dois fundamentos de concretização: (i) a gravidade abstrata do suposto delito; (ii) o risco de reiteração da suposta prática delitiva.

Na primeira hipótese a afirmação de que o indivíduo deve ser preventivamente preso por haver cometido crime grave pressupõe, logicamente, a certeza da materialidade e da autoria, ou seja, a condenação definitiva. Fácil perceber que este raciocínio é o avesso da presunção de inocência. É a presunção de culpa.

Mais grave é a hipótese em que se determina ou se mantém a custódia cautelar, com esteio na garantia da ordem pública, para evitar a reiteração da prática delitiva. Tal raciocínio incide em dupla violação da presunção de inocência, pois se pressupõem (i) a materialidade e a autoria em relação à conduta objeto da persecução penal e (ii) probabilidade de incidência em novo fato típico.

Em suma, acredito na importância da jurisprudência do STF ao circunscrever a garantia da ordem pública como fundamento da prisão preventiva. Acredito, porém, que a Corte deveria dar um passo adiante e, apoiada na regra constitucional da presunção de inocência, declarar inconstitucional tal fundamento legal.

Importante observar, uma vez mais, a tramitação do PLS 156/ 2009. Neste ponto da discussão merece destaque o art. 554, *caput*, do Substitutivo apresentado pela CCJC. Este dispositivo elenca as "hipóteses de cabimento da prisão preventiva" – expressão que equivale ao que chamamos "fundamentos legais". Segundo esse dispositivo, a prisão preventiva poderá ser decretada: "I – como garantia da ordem pública ou da ordem econômica; II – por conveniência da instrução criminal; III – para assegurar a aplicação da lei penal; IV – em face da extrema gravidade do fato; V – diante da prática reiterada de crimes pelo mesmo autor".

Observo que, além da manutenção da garantia da ordem pública, acresceram-se ao rol de fundamentos legais dois fundamentos concretos hoje empregados para justificar a prisão preventiva como garantia da ordem pública, e que vêm sendo rechaçados pelo STF, por sua insuficiência: gravidade do fato e reiteração da prática delitiva.

Trata-se de infeliz retrocesso, que vai de encontro à garantia constitucional da *presunção de inocência* e que não constava do Anteprojeto elaborado pela Comissão de Juristas formada junto ao Senado. De fato, o art. 544, *caput*, do Anteprojeto mantinha os fundamentos legais hoje vigentes, ao passo que o § 2º do mesmo artigo trazia previsão diametralmente oposta à do inciso IV do Substitutivo: "a gravidade do fato não justifica, por si só, a decretação da prisão preventiva".

5. O tempo de vigência dos decretos de prisão preventiva

Esta parte da pesquisa não constava do projeto inicial de estudos. Porém, ao tomar contato com as decisões em *habeas corpus*, percebi que em diversos casos havia referência à data da decretação da prisão preventiva ali questionada. Em um exercício de curiosidade, comecei a confrontar, em cada caso, a data do decreto de prisão preventiva[11] com a data da concessão da ordem de *habeas corpus* pelo STF.

A surpresa com os resultados e a convicção de que o regime constitucional da prisão preventiva impõe a excepcionalidade e a instrumentalidade da medida fizeram-me incorporar a investigação do tempo transcorrido até que o STF reconheça a carência de fundamentação das medidas constritivas.

Moveu-me a seguinte questão: *Quanto tempo, em média, uma pessoa é mantida "preventivamente" presa até que o STF analise a aptidão do respectivo decreto? Esse tempo coaduna-se com a essência excepcional e instrumental da medida?*.

Constatei que nos casos em que o reconhecimento, pelo STF, da inépcia do decreto prisional se dera logo em sede liminar o tempo médio de vigência da medida foi de 111 dias – aproximadamente três meses e meio.

Já, entre os casos com liminar denegada e posterior concessão da ordem de *habeas corpus* pela Turma em sede definitiva o tempo médio encontrado foi de 564 dias – aproximadamente 19 meses, mais de um ano e meio. Em um caso extremo chegou-se ao absurdo intervalo de 1.007 dias[12] – aproximadamente 34 meses, quase três anos até que o STF reconheça que a prisão preventiva se sustenta em decreto carente de fundamentação.

Os resultados apontam, primeiramente, para a posição estratégica ocupada pelo pedido de liminar em *habeas corpus* perante o STF. Constatei que, indeferida a medida liminar, o tempo médio transcorrido entre a denegação cautelar e a concessão da ordem definitiva de *habeas corpus* foi de 159 dias – aproximadamente 5 meses e meio. Ou seja: denegada ou não requerida a tutela antecipada, o tempo médio de vigência do decreto prisional até a cognição pelo STF aumenta de 111 para 159 dias (aproximadamente 53% de acréscimo).

Os resultados tornam evidente o excesso de duração das prisões preventivas no Brasil. Parece irrazoável imaginar que sejam necessários 111, 564 ou 1.007 dias para que sejam tomadas as providências

---

11. Ou de conversão da prisão em flagrante em prisão preventiva.
12. HC 95.003, rel. Min. Cézar Peluso.

processuais necessárias à neutralização dos riscos de reiteração da prática delitiva, de atuação deletéria sobre fontes de prova ou de fuga.

O CPP, em seu art. 316, prevê que "o juiz poderá revogar a prisão preventiva se, no correr do processo, verificar a falta de motivo para que subsista, bem como de novo decretá-la, se sobrevierem razões que a justifiquem". Para que se possa verificar "a falta de motivo para que subsista" a prisão preventiva, o juiz deve reavaliar periodicamente a condição do processo e a necessidade da manutenção da medida coercitiva.

Entretanto, os dados levantados no presente estudo indicam que os magistrados – com as exceções que devem existir –, após a decretação da prisão preventiva, omitem-se quanto ao dever de reavaliar periodicamente, independentemente de provocação, a necessidade da custódia. Se a prisão é instrumento voltado a fins processuais, é essencial que os juízes determinem, de ofício, a cessação da custódia tão logo se encerre a instrução criminal ou se neutralizem os riscos de fuga, sob pena de se transformar o instituto em antecipação de pena privativa de liberdade, em desrespeito à regra constitucional da presunção de inocência.

Neste passo, a utilização abusiva do fundamento legal da preservação da ordem pública pode ser um dos fatores dessa dilatação de prazos. Afinal, assim como é difícil determinar quando se inicia o atentado à ordem pública, também é de difícil determinação o momento em que cessam os riscos de perturbação social.

A legislação brasileira carece de limites temporais expressos para a duração das prisões preventivas, ao passo que Constituições como as da Espanha,[13] Portugal[14] e Itália,[15] por exemplo, exigem do legislador ordinário a determinação dos prazos máximos de duração das prisões processuais.

---

13. Constituição da Espanha: "Art. 17. (...). 4. La ley regulará un procedimiento de *habeas corpus* para producir una inmediata puesta a disposición judicial de toda persona detenida ilegalmente. Asimismo, por ley se determinará el plazo máximo de duración de la prisión provisional".
14. Constituição de Portugal: "Art. 28º. (...). 4. A prisão preventiva, antes e depois da formação da culpa, está sujeita aos prazos estabelecidos em lei".
15. Constituição da Itália: "Art. 13. (...). La legge stabilisce i limiti massimi della carcerazione preventiva".

Parece-me que a imposição legal de prazos e a efetivação do dever legal de análise periódica das prisões preventivas viriam ao encontro de um texto constitucional evidentemente preocupado com os limites da atuação estatal sobre a liberdade individual. E parece ser esta a tendência legislativa brasileira, uma vez que constam do texto de reforma do Código de Processo Penal em tramitação no Senado Federal (PLC 156/2009) subseções que tratam especificamente dos prazos[16] (arts. 556-559) e do reexame obrigatório[17] (art. 560) das prisões preventivas.[18-19]

6. Conclusões

Propus-me a analisar, diante da controvérsia atual sobre o posicionamento do STF, e sob a luz da regra constitucional da presunção de inocência, o entendimento atual do Supremo sobre os limites dos fundamentos legais da prisão preventiva (CPP, art. 312).

16. "Livro III – Das Medidas Cautelares", "Título II – Das Medidas Cautelares Pessoais", "Capítulo I – Da Prisão Provisória", "Seção III – Da Prisão Preventiva", "Subseção II – Prazos Máximos de Duração".
17. "Livro III – Das Medidas Cautelares", "Título II – Das Medidas Cautelares Pessoais", "Capítulo I – Da Prisão Provisória", "Seção III – Da Prisão Preventiva", "Subseção III – Reexame Obrigatório".
18. Em relação aos prazos, merecem destaque os seguintes dispositivos:
Art. 556: "Quanto ao período máximo de duração da prisão preventiva, observar-se-ão, obrigatoriamente, os seguintes prazos: I – 180 (cento e oitenta) dias, se decretada no curso da investigação ou antes da sentença condenatória recorrível (...); II – 360 (trezentos e sessenta) dias, se decretada ou prorrogada por ocasião da sentença condenatória recorrível (...)".
Art. 557, § 2º: "§ 2º. Não obstante o disposto no § 1º deste artigo, em nenhuma hipótese a prisão preventiva ultrapassará o limite de 4 (quatro) anos, ainda que a contagem seja feita de forma descontínua".
Art. 558: "Ao decretar ou prorrogar a prisão preventiva, o juiz indicará o prazo de duração da medida, findo o qual o preso será imediatamente posto em liberdade, observado o disposto nos parágrafos seguintes".
19. No que se refere ao dever de reexame da medida, destacamos:
Art. 560, *caput*: "Qualquer que seja o seu fundamento legal, a prisão preventiva que exceder a 90 (noventa) dias será obrigatoriamente reexaminada pelo juiz ou tribunal competente, para avaliar se persistem, ou não, os motivos determinantes da sua aplicação, podendo substituí-la, se for o caso, por outra medida cautelar".
Art. 560, § 2º: "Se, por qualquer motivo, o reexame não for realizado no prazo devido, a prisão será considerada ilegal".

Constatei que o STF vem assumindo posição restritiva, em esforço hermenêutico de atribuição de sentido claro aos fundamentos legais amplos insculpidos no *caput* do art. 312 do CPP. Esforço que exige a demonstração concreta da situação de potencial violação aos valores invocados pelos decretos de prisão preventiva.

Percebi que o fundamento legal da *garantia da ordem pública*, por sua natureza amplíssima e indefinida, tem sido ponto de apoio à utilização ilegítima de instituto essencialmente excepcional, voltado à eficiência da persecução penal e submetido a regime constitucional que veda a antecipação de pena.

Descobri, finalmente, que o tempo médio transcorrido até que um cidadão privado precariamente de sua liberdade de ir e vir tenha sua situação analisada pelo STF em sede cautelar é de 111 dias; em sede definitiva, 564 dias; e em casos extremos – mas que não devem ser raros – ultrapassa os 1.000 dias. Em síntese, a instância judiciária que tem melhor se apegado às garantias constitucionais do processo penal, a instância que constitucionalmente "manda soltar", infelizmente demora a fazê-lo.

Este movimento gradual de constitucionalização da interpretação sobre o instituto da prisão preventiva iniciou-se no STF ainda na primeira metade dos anos 1990 e se intensificou no início do século XXI – o que demonstra que uma Constituição Federal democrática e afeita às garantias individuais não é suficiente se as instituições que a efetivam não forem regidas pelo mesmo espírito. Ou seja: Constituição democrática em contexto social não acostumado às garantias individuais mínimas (presunção de inocência, por exemplo) leva certo tempo para alterar a realidade em que se insere.

No Brasil esse fenômeno evidencia-se nos constantes e lamentáveis casos de condenações públicas prévias; de prevalência de juízos subjetivos de culpa sobre a essencial e democrática verificação da culpa segundo o devido processo penal; de sensacionalismo midiático sobre cidadãos ainda não oficialmente culpados.

Em tal contexto, a jurisprudência garantista do STF, embora alvo de críticas – oriundas, em sua maioria, de fontes que ignoram os fundamentos das prisões cautelares –, deve gerar efeitos institucionais positivos. Espera-se um movimento de alinhamento jurisprudencial de todas as instâncias do Poder Judiciário; e um movimento de evolução legislativa apta a direcionar os aplicadores do Direito à efetivação da nossa jovem Constituição.

A alternativa seria o reconhecimento do caráter programático da regra constitucional da presunção de inocência ou, ainda, o reconhecimento de que o ambiente social e institucional brasileiro é incompatível com uma regra ampla de vedação às pré-condenações.

Acórdãos analisados: HC 87.032, 88.877, 90.756, 91.386, 91.414, 91.435, 91.506, 91.513, 91.514, 91.524, 91.741, 91.771, 91.781, 92.175, 92.299, 92.302, 92.308, 92.509, 92.711, 92.880, 93.056, 93.233, 93.427, 93.712, 93.739, 93.803, 93.883, 94.122, 94.144, 94.468, 94.509, 94.651, 94.759, 94.916, 95.003, 95.009, 95.118, 95.304, 95.538, 95.674, 95.790, 97.028 e 92.914.

O STF E A JURISPRUDÊNCIA DA VEDAÇÃO À PROGRESSÃO DE REGIME DE PENA[*-1]

GABRIELA ROCHA

1. Introdução. 2. Metodologia: 2.1 Argumentos com base no princípio da individualização da pena – 2.2 Argumentos que levam em consideração os fins da pena – 2.3 Argumentos baseados na coerência do sistema jurídico – 2.4 Argumentos com base na competência do legislador ordinário – 2.5 Argumentos com base na vontade do Poder Legislativo – 2.6 Argumentos com base em princípios constitucionais – 2.7 Argumentos com base na inefetividade da lei – 2.8 Argumentos doutrinários – 2.9 Argumentos de fidelidade à jurisprudência. 3. Composição do STF e análise dos votos. 4. Classificação dos votos. 5. O STF depois do julgamento do HC 82.959. 6. Conclusão.

1. Introdução

O sistema progressivo de execução de penas privativas de liberdade, a partir da Reforma Penal de 1984, passou a ser regulado pelo

---

* *Resumo*: A partir da análise da jurisprudência do STF sobre os casos em que foi discutida a constitucionalidade da vedação à progressão de regime de pena para condenado por crimes hediondos, determinada pelo § 1º do art. 2º da Lei 8.072/1990, foi analisada a alteração no entendimento do Plenário da Corte sobre esse assunto.

Após cinco julgamentos mantendo sua posição no sentido da constitucionalidade do dispositivo legal, em 2006 o Pleno do STF decidiu por sua inconstitucionalidade no julgamento do HC 82.959. Os fatores e causas que levaram a tal alteração são determinantes para entender o funcionamento do STF e o desenvolvimento jurisprudencial da Corte.

Palavras-chave: Alteração Jurisprudencial; Crimes Hediondos; Individualização; Progressão de

1. O presente artigo foi desenvolvido a partir de monografia apresentada à *sbdp* como trabalho de conclusão do curso da Escola de Formação do ano de 2007, sob a orientação de Marta Rodriguez de Assis Machado. A versão original encontra-se disponível em *http://www.sbdp.org.br/ver_monografia.php?idMono=96*.

§ 2º do art. 33 do CP. Com a progressão o condenado tem a possibilidade de evoluir de um regime mais rigoroso para outro menos rigoroso se houver preenchido o requisito temporal – permanecer um sexto da pena no regime anterior e ser considerado de bom comportamento.

Em 25.7.1990 foi publicada a Lei 8.072, que passou a ser conhecida como *Lei dos Crimes Hediondos*. Em seu art. 1º foram definidos os crimes que seriam englobados por tal gênero, e no § 1º de seu art. 2º foi determinado que a pena por crime hediondo, pela prática de tortura, pelo tráfico ilícito de entorpecentes e drogas afins e por terrorismo seria "cumprida integralmente em regime fechado", instaurando-se, assim, a vedação à progressão de regime aos condenados por tais crimes.

Tal disposição legal teve sua constitucionalidade questionada diversas vezes em todas as instâncias do Poder Judiciário, alcançando o Pleno do STF pela primeira vez a partir dos julgamentos dos HC 69.657 e 69.603, em 18.12.1992. Neles a inconstitucionalidade foi afastada e os *habeas corpus* foram indeferidos, restando vencidos os votos dos Mins. Marco Aurélio e Sepúlveda Pertence.

Em 7.4.1997 foi publicada a Lei 9.455, a chamada *Lei da Tortura*, que, no § 7º do seu art. 1º, afastava a vedação da progressão de regime para o crime de tortura, exatamente um daqueles crimes que haviam sido englobados pela Lei 8.072/1990 e, portanto, caracterizados como insuscetíveis de progressão de regime de cumprimento da pena.

Com essa mudança no ordenamento jurídico, o questionamento acerca da constitucionalidade do § 1º do art. 2º da Lei 8.072/1990 chegou mais uma vez ao Plenário do STF, através do HC 76.371, desta vez com uma nova tese apresentada pelo impetrante, qual seja, a derrogação tácita daquele dispositivo legal pelo § 7º do art. 1º da Lei nº 9.455/1997. Contudo, o resultado foi o mesmo dos julgamentos anteriores, assim como do julgamento que viria a seguir, em 2002 – o do HC 82.638.

Quatro anos depois, no dia 23.2.2006 terminou o julgamento que alterou toda a jurisprudência anteriormente firmada. O HC 82.959, que, assim como os anteriores, questionava a constitucionalidade da vedação da progressão de regime imposta pelo § 1º do art. 2º da Lei 8.072/1990, foi deferido pelo Plenário do STF.

Após essa decisão, em 28.3.2007 foi publicada a Lei 11.464, responsável pela nova redação da Lei 8.072/1990. Desse modo, os condenados por crimes hediondos passaram a ter direito à liberdade provisória e à progressão de regime, a qual se daria "após o cumprimento de 2/5 (dois quintos) da pena, se o apenado for primário, e de 3/5 (três quintos), se reincidente".

A partir da análise da argumentação dos ministros nos cinco acórdãos supracitados busca-se identificar os possíveis motivos da alteração de uma jurisprudência tão rigidamente formada pela Suprema Corte brasileira, especialmente se considerada a peculiaridade de tal mudança haver ocorrido sem que houvesse, nesse meio tempo, qualquer alteração significativa no ordenamento jurídico nacional, mas tão somente na composição da Corte.

2. Metodologia

Conforme o contexto relatado acima, a pesquisa baseou-se nos acórdãos das cinco decisões citadas, os quais foram selecionados a partir do sítio do STF na Internet,[2] cuja ferramenta de busca localizou todos os acórdãos do Plenário referentes ao tema. A seleção teve por base o período em que os julgamentos ocorreram: necessariamente anterior a 23.2.2006, quando ocorreu o julgamento do HC 82.959, em que a jurisprudência foi alterada.

Para que fosse possível compará-los, foram criados critérios para classificar os argumentos utilizados pelos ministros:

2.1 Argumentos com base no princípio da individualização da pena[3]

Tal princípio faz parte do que seria a questão principal a ser abordada na discussão acerca da (in)constitucionalidade da vedação da progressão de regime segundo a ótica apresentada pela maioria dos ministros.

2. http://www.stf.jus.br.
3. CF, art. 5º, XLVI.

Dessa categoria fazem parte os argumentos nos quais os ministros definem o que seria a individualização, bem como seus limites interpretativos, considerando, então, se a vedação à progressão de regime infringiria tal princípio constitucional a ponto de o dispositivo legal que a institui ser inconstitucional.

Dessa maneira, foram usados argumentos incluídos nessa categoria para fundamentar os votos dos ministros no sentido tanto da constitucionalidade quanto da inconstitucionalidade. Para exemplificar, no sentido da constitucionalidade alguns ministros consideraram que a progressão de regime estaria incluída no princípio da individualização; e no sentido da inconstitucionalidade, exatamente o contrário.

2.2 Argumentos que levam em consideração os fins da pena

São argumentos nos quais o ministro levou em consideração algum conceito de finalidade da pena, fazendo ela parte do sistema de progressão ou não.

Por exemplo, esse é o caso de argumentos que consideram a ressocialização do condenado ameaçada com a proibição da progressão, e por isso fazem parte de votos que defendem a inconstitucionalidade do dispositivo; e outros que motivam a constitucionalidade ao considerar o fato de que a proibição não acabaria com a esperança do condenado, pois ele ainda teria direito ao livramento condicional.

2.3 Argumentos baseados na coerência do sistema jurídico

São aqueles nos quais os ministros levam em consideração a harmonia do sistema jurídico, ou seja, visam a dirimir possíveis conflitos entre normas ou entre seus efeitos. Esse é o caso, por exemplo, do argumento que defende a inconstitucionalidade da proibição pois a presença desta e do benefício do livramento condicional na Lei 8.072/1990 constituiriam uma contradição. No sentido da constitucionalidade, foi arguida pelos ministros a impossibilidade de extensão aos outros crimes da condescendência dada pelo legislador ao crime de tortura.

2.4 Argumentos com base na competência do legislador ordinário

Nessa ordem de argumentos são considerados aqueles a partir dos quais o ministro define o que seria, no caso concreto, objeto da competência do legislador ordinário e da competência do STF, bem como seus limites.

No sentido da inconstitucionalidade, por exemplo, tal categoria de argumentos se fez presente a partir das considerações pelos ministros, em seus votos, de que não caberia ao Poder Judiciário se substituir, por exegese, ao Poder Legislativo. E, no sentido contrário, ao considerarem que a disciplina da pena é deferida à legislação ordinária e se faria de conformidade com o que ela dispusesse.

2.5 Argumentos com base na vontade do Poder Legislativo

São aqueles nos quais, ao votar, o ministro identifica a possível razão da promulgação de determinado ato normativo por parte do Poder Legislativo (legislador ordinário e poder constituinte).

Nos votos em que a constitucionalidade foi defendida compreendeu-se que o legislador buscou ajustar o conteúdo da regra mencionada e consagrar a filosofia de maior severidade em tema de delitos hediondos que o constituinte brasileiro teria adotado. Por outro lado, nos votos em que a inconstitucionalidade foi defendida utilizou-se o argumento segundo o qual o poder constituinte acreditaria na regenerabilidade de todo e qualquer condenado.

2.6 Argumentos com base em princípios constitucionais

Argumentos nos quais se têm em vista princípios constitucionais, excluído o princípio da individualização da pena, o qual, devido à sua importância central na discussão, constituiu critério autônomo.

Dessa maneira, compõem os argumentos ora classificados os princípios da dignidade da pessoa humana, da razoabilidade, da proporcionalidade, da isonomia e da legalidade. O primeiro foi diversas vezes utilizado pelos ministros cujas teses indicavam a inconstitucionalidade da vedação, enquanto o princípio da razoabilidade serviu para afastar a inconstitucionalidade na medida em que estaria presente na lei em questão.

2.7 Argumentos com base na inefetividade da lei

Esta classificação identifica argumentos nos quais é levada em conta a efetividade da Lei 8.072/1990, ou seja, nos quais são avaliados seus efeitos na sociedade durante seu período de vigência.

2.8 Argumentos doutrinários

São aqueles em que o ministro transcreve ou cita em seu voto certo entendimento de algum jurista ou pensador para justificar seu posicionamento.

2.9 Argumentos de fidelidade à jurisprudência

Nesta classe estão compreendidos os argumentos em que o ministro cita ou transcreve algum entendimento anteriormente expresso por integrante do STF ou de instâncias inferiores do Poder Judiciário em julgamentos sobre casos semelhantes. Também diz respeito aos votos nos quais os ministros tão somente seguem decisões ou jurisprudência já firmada, como é o caso de decisões do Min. Cernicchiaro no STJ no sentido da inconstitucionalidade da vedação à progressão de regime de pena e de julgados do próprio STF no sentido contrário.

3. Composição do STF e análise dos votos

A partir da análise dos votos de cada ministro em cada acórdão no qual fundamentou sua posição, a classificação anteriormente explanada foi utilizada para localizar possíveis mudanças de posições e fundamentações que possam ter levado à alteração na jurisprudência.

A tabela abaixo representa a composição do Pleno do STF e o placar binário dos votos e das decisões no julgamento dos cinco acórdãos analisados nesta pesquisa.

Nesses 5 acórdãos analisados foram proferidos 55 votos, dos quais somente 34 foram motivados e, consequentemente, tiveram sua argumentação analisada na presente monografia. Do total de votos, em 41 a constitucionalidade da vedação à progressão de regime foi a tese defendida, e somente em 14 ocorreu o contrário.

O STF E A JURISPRUDÊNCIA DA VEDAÇÃO À PROGRESSÃO DE REGIME DE PENA 493

Composição do STF	18.12.1992 HC 69.657	18.12.1992 HC 69.603	25.3.1998 HC 76.371	19.12.2002 HC 82.638	23.2.2006 HC 82.959
Moreira Alves	C	C	C	C	
Néri da Silveira	C	C	C		
Octávio Gallotti	C	C	C		
Paulo Brossard	C	C R			
Sepúlveda Pertence	I	I	I	I R	I
Celso de Mello	C	C	C	C	C
Carlos Velloso	C	C	C	C	C
Marco Aurélio	I R	I	I R	I	I R
Ilmar Galvão	C	C	C	C	
Francisco Rezek	C	C			
Sydney Sanches	C	C	C	C	
Maurício Corrêa			C	C	
Nelson Jobim			C	C	C
Ellen Gracie				C	C
Gilmar Mendes				C	I
Carlos Ayres					I
Cézar Peluso					I
Eros Grau					I
Joaquim Barbosa					C
Decisão	C	C	C	C	I

Legenda
I – Inconstitucionalidade
C – Constitucionalidade
(R) – Relator
(vazio) – Não estava presente

4. Classificação dos votos

A partir da análise do conteúdo de cada voto e da classificação dos argumentos segundo os critérios elaborados, foi possível criar uma tabela na qual se relacionam os argumentos respectivamente classificados, os ministros que os proferiram e o acórdão do qual foram retirados:

	HC 69.657	HC 69.603	HC 76.371	HC 82.638	HC 82.959
Moreira Alves	s/ decl. voto	s/ decl. voto	s/ decl. voto	s/ decl. voto	
Néri da Silveira	fins da pena	fins da pena	-		
			coerência sistema		
	competência leg.	competência leg.	competência leg.		
			vontade leg.		
	princípios const.	princípios const.	-		
Octávio Gallotti	individualização	individualização	desconhecido		
Paulo Brossard	individualização	individualização			
	competência leg.	competência leg.			
Francisco Rezek	individualização	s/ decl. voto			
	fins da pena				
	competência leg.				
	princípios const.				
	doutrina				
Sydney Sanches	s/ decl. voto	s/ decl. voto	coerência sistema	s/ decl. voto	

	HC 69.657	HC 69.603	HC 76.371	HC 82.638	HC 82.959
Maurício Corrêa			competência leg. vontade leg. coerência sistema	s/ decl. voto	
Ilmar Galvão	s/ decl. voto	s/ decl. voto	competência leg. s/ decl. voto	s/ decl. voto	
Sepúlveda Pertence	individualização	individualização	individualização coerência sistema	individualização -	individualização -
					vontade leg. inefetividade lei
Celso de Mello	individualização	individualização	s/ decl. voto	s/ decl. voto	individualização
					fins da pena coerência sistema
	competência leg. vontade leg. princípios const.	competência leg. vontade leg. princípios const.			competência leg. vontade leg. princípios const.
Carlos Velloso	individualização	individualização	-	s/ decl. voto	individualização
			coerência sistema		-
	competência leg.	competência leg.	competência leg.		competência leg.
Marco Aurélio	individualização	s/ decl. voto	individualização	individualização	individualização

	HC 69.657	HC 69.603	HC 76.371	HC 82.638	HC 82.959
	fins da pena		fins da pena	fins da pena	fins da pena
	competência leg.		competência leg.	competência leg.	competência leg.
	coerência sistema		coerência sistema	coerência sistema	coerência sistema
	vontade leg.		vontade leg.	vontade leg.	vontade leg.
	princípios const.		princípios const.	princípios const.	princípios const.
			doutrina	doutrina	doutrina
			jurisprudência	jurisprudência	jurisprudência
Nelson Jobim			competência leg.	s/ decl. voto	competência leg.
Ellen Gracie				s/ decl. voto	individuali-zação
					competência leg.
					vontade leg.
Gilmar Mendes				jurisprudência	-
					individuali-zação
					coerência sistema
					competência leg.
					vontade leg.
					princípio const.
					doutrina
Carlos Ayres					individuali-zação
					fins da pena
					coerência sistema

	HC 69.657	HC 69.603	HC 76.371	HC 82.638	HC 82.959
Cézar Peluso					vontade leg.
					princípios const.
					individualização
					fins da pena
					coerência sistema
Eros Grau					princípios const.
					doutrina
					individualização
					fins da pena
					princípios const.
					doutrina
Joaquim Barbosa					s/ decl. voto

Legenda
(-) – Não repetiu o argumento da respectiva linha
(vazio) – Não estava presente

A partir dessa organização podem ser inferidas algumas considerações. Na coluna em que se encontram os argumentos proferidos no julgamento do HC 82.959 (coluna 6) estão assinalados aqueles argumentos que até então não haviam sido utilizados pelo respectivo ministro em seu(s) voto(s) anterior(es). Desse modo, resta evidente a mudança na argumentação tão somente dos Mins. Sepúlveda Pertence, Celso de Mello e Gilmar Mendes, apesar de tão somente este último haver mudado de posicionamento no último julgamento.

O Min. Gilmar Mendes foi o único a mudar seu entendimento durante todo o processo, representado pelos 5 acórdãos analisados. Apesar de haver votado no sentido da constitucionalidade da vedação à progressão de regime no julgamento do HC 82.638, o Ministro em questão inverteu o sentido de seu voto ao julgar o HC 82.959, votando por seu deferimento e consequente inconstitucionalidade da vedação à progressão.

Pode-se inferir, ainda, da tabela que os argumentos mais usados pelos ministros em seus votos foram aqueles relativos ao princípio constitucional da individualização da pena.

Assim como todas as classes de argumentos (com exceção daqueles baseados na inefetividade da lei), os argumentos com base no princípio da individualização foram usados pelos ministros para fundamentar ambas as posições – isto é, pela constitucionalidade e pela inconstitucionalidade da vedação de progressão –, conforme demonstrado a seguir:

Argumento	Constitucionalidade	Inconstitucionalidade
Individualização	08	12
Fins da pena	02	07
Coerência sistema	05	08
Competência leg.	14	05
Vontade leg.	05	07
Princípios const.	04	08
Inefetividade lei	0	01
Doutrina	01	06
Jurisprudência	02	03
TOTAL	41	57

Quantidade de vezes em que o argumento aparece nos 55 votos.

Do mesmo modo, a tabela a seguir apresenta a presença das classes de argumentos nos acórdãos. A partir dela é possível perceber que somente o argumento baseado na inefetividade da lei foi original no julgamento do HC 82.959, de modo que todos os outros já haviam sido apresentados nas outras decisões.

Argumento	HC 69.657	HC 69.603	HC 76.371	HC 82.638	HC 82.959	Total
Individualização	07	07	02	02	09	20
Fins da pena	03	03	01	01	05	10
Coerência sistema	01	01	06	01	05	13
Competência leg.	06	06	06	01	06	19
Vontade leg.	02	02	03	01	06	12
Princípios const.	04	04	01	01	06	12
Inefetividade lei	0	0	0	0	01	01
Doutrina	01	01	01	01	04	07
Jurisprudência	0	0	01	02	02	05
TOTAL	24	24	21	10	44	99

Quantidade de vezes em que o argumento aparece nos 55 votos.

5. O STF depois do julgamento do HC 82.959

O julgamento do HC 82.959 pelo Pleno do STF ocorreu em 23.2.2006. Após tal decisão, segundo pesquisa realizada no sítio do STF na Internet em 25.9.2010, o Tribunal concedeu 29 *habeas corpus*,[4] sendo 5 em recursos extraordinários,[5] e deu provimento a 10 agravos de instrumento[6] no tocante à progressão de regime de pena aos condenados por crimes hediondos.

4. HC 87.495-SP, HC 86.194-DF, HC 85.581-SP, HC 85.589-DF, HC 86.112-SP, HC 85.304-DF, HC 86.968-SP, HC 87.890-SP, HC/AgR 88.029-RJ, HC 86.951-RJ, RHC 87.695-DF, HC 87.715-MG, HC/AgR 87.539-ES, HC 88.249-BA, HC 88.801-SP, HC 91.122-SP, HC 90.262-SP, HC 89.699-SP, HC 90.223-RJ, HC 94.212-SP, HC 93.536-SP, HC 94.258-SP, HC 86.238-SP, HC 93.075-SP e HC 90.922-SP.
5. RE 472.584-MG, RE 421.879-RS, RE 485.383-RS, RE 498.268-RS e RE/QO 534.327-RS.
6. RE 598.296-RS, RE 527.990-RS, RE/EDv/AgR 504.022, RE 529.136-RS, RE 558.870-RS, RE 620.816-RS, RE 620.122-GO, RE 592.665-RS, RE 610.352-RS e RE/AgR/ED 698.309-SP.

Em 29.3.2007 foi publicada a Lei 11.464, que deu a seguinte redação ao art. 2º da Lei 8.072/1990:

"Art. 2º. Os crimes hediondos, a prática da tortura, o tráfico ilícito de entorpecentes e drogas afins e o terrorismo são insuscetíveis de: I – anistia, graça e indulto; II – fiança.

"§ 1º. A pena por crime previsto neste artigo será cumprida inicialmente em regime fechado.

"§ 2º. A progressão de regime, no caso dos condenados aos crimes previstos neste artigo, dar-se-á após o cumprimento de 2/5 (dois quintos) da pena, se o apenado for primário, e de 3/5 (três quintos), se reincidente.

"§ 3º. Em caso de sentença condenatória, o juiz decidirá fundamentadamente se o réu poderá apelar em liberdade.

"§ 4º. A prisão temporária, sobre a qual dispõe a Lei n. 7.960, de 21 de dezembro de 1989, nos crimes previstos neste artigo, terá o prazo de 30 (trinta) dias, prorrogável por igual período em caso de extrema e comprovada necessidade."

Nos julgamentos realizados a partir de 23.2.2006 os ministros do STF passaram a conceder a progressão de regime de pena aos condenados por crime hediondo, com a ressalva de caber ao juízo das execuções a análise do preenchimento dos requisitos do art. 112 da Lei de Execuções Penais/LEP.[7]

A partir do julgamento do HC 89.699, em 26.2.2008, a entrada em vigor da Lei 11.464/2007 fez com que os requisitos em questão não fossem mais necessários à progressão.

---

7. LEP, art. 112:
"Art. 112. A pena privativa de liberdade será executada em forma progressiva com a transferência para regime menos rigoroso, a ser determinada pelo juiz, quando o preso tiver cumprido ao menos 1/6 (um sexto) da pena no regime anterior e ostentar bom comportamento carcerário, comprovado pelo diretor do estabelecimento, respeitadas as normas que vedam a progressão.
"§ 1º. A decisão será sempre motivada e precedida de manifestação do Ministério Público e do defensor.
"§ 2º. Idêntico procedimento será adotado na concessão de livramento condicional, indulto e comutação de penas, respeitados os prazos previstos nas normas vigentes."

6. Conclusão

Conforme explicitado no item metodológico, a produção deste trabalho se deu com a consciência da multiplicidade de fatores com potencial influência em uma alteração jurisprudencial. Desse modo, o maior objetivo foi excluir alguns fatores, para com isso serem explicitados aqueles que mais influenciaram a mudança na jurisprudência pesquisada.

A partir da classificação e sistematização dos votos com base nos argumentos neles utilizados, ficaram evidentes algumas características da mudança na jurisprudência no caso da vedação à progressão de regime de pena aos condenados por crimes hediondos.

Primeiramente, com base na segunda tabela, em que são quantificados os argumentos utilizados para fundamentar os votos no sentido da constitucionalidade ou da inconstitucionalidade da vedação à progressão de regime, podemos notar que os argumentos baseados na individualização da pena, na finalidade da pena, na vontade do legislador, nos princípios constitucionais, na inefetividade da lei e na doutrina foram utilizados para fundamentar a inconstitucionalidade da lei em, no mínimo, 50% mais vezes do que o foram para a defesa da constitucionalidade.

O contrário só ocorreu quanto aos argumentos baseados na competência legislativa. Nestes, os ministros refletiram acerca da competência não só dos legisladores, mas também do próprio Tribunal, de modo a considerar que a inconstitucionalidade não seria presumível, mas, sim, verdadeira afronta manifesta ao texto constitucional.

Da primeira tabela aferimos que foram utilizados 57 argumentos diferentes nos 13 votos que defenderam a inconstitucionalidade da vedação à progressão de regime, enquanto somente 53 fundamentaram os 20 votos pela constitucionalidade de tal determinação legal.

A partir de tais considerações, podemos concluir que os votos no sentido da inconstitucionalidade do § 1º do art. 2º da Lei 8.072/1990 foram fundamentados de maneira mais diversificada, tendo-se em vista a classificação ora utilizada. Consequentemente, os votos em que a constitucionalidade da vedação à progressão de regime foi a tese defendida foram construídos a partir de menos tipos de argumentos.

Quanto à terceira tabela, podemos notar que algumas espécies de argumentos foram mais utilizados no julgamento do HC 82.959, em que houve a alteração jurisprudencial, do que nos julgamentos que o precederam. Este foi o caso dos argumentos classificados como de individualização da pena, fins da pena, vontade do legislador, princípios constitucionais, inefetividade da lei e doutrina.

Já, os argumentos classificados como de coerência do sistema, competência legislativa e jurisprudência foram utilizados no julgamento do HC 82.959 em quantidade similar à que tinham sido nos julgamentos anteriores.

Ainda, com base na mesma tabela, podemos perceber que no julgamento do HC 82.959 foram utilizados 44 argumentos, quantia consideravelmente maior do que nos julgamentos anteriores, que consistiram em, respectivamente, 24, 24, 21 e 10 argumentos em cada julgamento.

A partir de tais pontos, podemos concluir que neste último julgamento, em que houve a alteração jurisprudencial, foram utilizadas maior quantidade e diversidade de argumentos do que nos julgamentos anteriores, o que faz com que, em tese, tal posicionamento tenha sido melhor sustentado.

Ainda, importa considerarmos que não houve qualquer mudança constitucional significante para a alteração jurisprudencial. Nos artigos em que a Constituição Federal de 1988 trata da vedação da progressão de pena, da individualização da pena e dos crimes hediondos nada foi alterado após a publicação da Lei 8.072/1990 e até o julgamento do HC 82.959. Mais importante que isso, não foi citada nenhuma alteração no texto constitucional por nenhum ministro durante os julgamentos analisados.

Apesar de haverem ocorrido mudanças sociais, político-criminais e penitenciárias na realidade social à qual a Lei dos Crimes Hediondos se destinava, essas transformações só foram levantadas por um ministro que votou no julgamento em que a alteração jurisprudencial ocorreu. Daí poder-se concluir que tal consideração não foi fundamental para o resultado do julgamento e, consequentemente, para a alteração jurisprudencial.

No que diz respeito a mudanças no ordenamento jurídico brasileiro, apesar de a Lei da Tortura conter consideráveis relações com a questão da vedação da progressão de regime, como antes comentado, sua importância não foi suficiente para alterar a jurisprudência já consolidada na época de sua promulgação.

Com exceção de uma, as fundamentações dos argumentos proferidos pelos ministros ao longo dos julgamentos nos quais o Plenário do STF decidiu sobre a vedação à progressão de regime, além de terem sido usadas para justificar tanto a constitucionalidade quanto a inconstitucionalidade do dispositivo legal questionado, foram apresentadas pelos ministros em todos os acórdãos pesquisados, não havendo, assim, qualquer argumento novo no julgamento do HC 82.959 que tenha sido significativo para o resultado do acórdão.

Da mesma maneira, com exceção do Min. Gilmar Mendes, cujo voto no julgamento do HC 82.959 foi emblemático para a alteração jurisprudencial, nenhum dos ministros mudou seu entendimento nesse processo de alteração. Sete deles, no entanto, participaram de suas duas fases. Exclui-se, com isso, a possibilidade de a alteração ter acontecido a partir da mudança dos entendimentos dos ministros.

Com isso, só resta considerar que no julgamento do HC 82.959 havia quatro ministros novos no Plenário do STF, que não tinham até então votado sobre a vedação à progressão de regime naquele tribunal. Desses quatro, somente um votou pela constitucionalidade do dispositivo legal que a prescrevia, diferentemente de seus predecessores, que votaram todos pela constitucionalidade da vedação à progressão no último julgamento analisado de que participaram.

A partir de tais considerações, tendo em vista as ressalvas feitas no início do capítulo, podemos concluir que a mudança na composição dos ministros integrantes do Plenário do STF foi fundamental à alteração jurisprudencial estudada. Se não foi a principal causa, certamente foi uma das mais importantes.

Bibliografia

BITENCOURT, Cézar Roberto. *Tratado de Direito Penal – Parte Geral 1*. 3ª ed. São Paulo, Saraiva, 2007.

GOMES, Luiz Flávio. *STF Admite Progressão de Regime nos Crimes Hediondos*. Disponível em *http://jus2.uol.com.br/doutrina/texto.asp?id=8181*. 2006.

SILVA FRANCO, Alberto. "Do princípio da mínima intervenção ao princípio da máxima intervenção". *Revista Portuguesa de Ciência Criminal* 2/175-187. Ano 6. Coimbra, Coimbra Editora, 1996.
——————. *Crimes Hediondos*. 5ª ed. São Paulo, Ed. RT, 2005.

Acórdãos citados: HC 69.603, 69.657, 76.371, 82.638 e 82.959.

QUANTO VALE O ESTUPRO?
O ENTENDIMENTO DO STF SOBRE A HEDIONDEZ DO CRIME DE ESTUPRO[*-1]

ISADORA BRANDÃO

1. Introdução. 2. Violência de gênero e duplicação da vitimação feminina. 3. Análise jurisprudencial: passos metodológicos: 3.1 O que é "crime hediondo"? Entre essencialismo e funcionalismo – 3.2 A hediondez do estupro nas suas formas simples e qualificada – 3.3 Quanto vale o estupro? Uma análise do bem jurídico tutelado pelo tipo penal – 3.4 Quanto vale o estupro? Uma análise dos elementos nucleares do tipo penal – 3.5 Aspectos de política legislativa e o papel político do STF. 4. Conclusões. 5. Breve atualização do estudo.

1. Introdução

O presente artigo tem como objetivo contribuir para redimensionar o enfrentamento da violência contra a mulher, particularmente da violência sexual, tanto mediante seu resgate do âmbito privado e con-

---

[*] *Resumo*: A partir da edição da Lei de Crimes Hediondos (Lei 8.072/1990), que incluiu, de forma ambígua, o crime de estupro no seu rol taxativo (inciso V do art. 1º), instaurou-se no STF ampla discussão no que concerne à hediondez (ou não) do estupro praticado na sua forma básica. A presente análise jurisprudencial lança luz sobre as alterações sofridas, ao longo das duas últimas décadas, pelos discursos dos ministros e ministras do STF acerca da relevância sociojurídica do crime de estupro, abordando as influências do punitivismo penal e do sexismo neste debate.

Palavras-chave: Crimes Hediondos; Duplicação da Vitimação Feminina; Estupro; Política Criminal; Violência de Gênero.

[1]. O presente artigo foi desenvolvido a partir de monografia apresentada à *sbdp* como trabalho de conclusão do curso da Escola de Formação do ano de 2008, sob a orientação de Marta Cristina Cury Saad Gimenes. A versão original encontra-se disponível no endereço http://www.sbdp.org.br/monografias_ver.php?idConteudo=122.

sequente deslocamento para a esfera do debate público como a partir da ruptura epistemológica possibilitada pelo emprego da perspectiva de gênero. Para tanto, vale-se da análise qualitativa dos discursos dos ministros e ministras do STF acerca da atribuição do rótulo da hediondez ao crime de estupro simples, tendo em vista que esta discussão passa, necessariamente, pela delimitação, ainda que por via indireta e não normativa, da relevância sociojurídica atribuída a esse crime. Cumpre, primeiramente, empreender breve aprofundamento acerca das premissas teóricas adotadas como ponto de partida e instrumento de análise das decisões.

2. Violência de gênero e duplicação da vitimação feminina

A violência contra a mulher é estruturante da organização social patriarcal e, juntamente com a ideologia, atua para controlar e disciplinar os corpos, a sexualidade e as escolhas das mulheres, de forma a conservar seu papel subordinado na estrutura verticalizada de poder.

Historicamente, a categoria-gênero desempenhou importante funcionalidade política, posto que ao denominar – nas palavras de Judith Butler – "o aparelho de produção, o meio discursivo/cultural através do qual a natureza sexuada ou o sexo natural são produzidos e estabelecidos como pré-discursivos",[2] desnudou a ideologia machista assentada na conversão das diferenças sexuais em fundamento legitimador das desigualdades identificadas no plano da divisão do trabalho social entre mulheres e homens.[3] Portanto, a perspectiva de gênero permitiu evidenciar que os padrões normativos dicotômicos e hierarquizados de feminilidade e masculinidade não são produto natural das diferenças biológicas percebidas entre os sexos; diferentemente, são delineados no bojo de relações de dominação/exploração que condicionam o processo de socialização de homens e mulheres.

---

2. *Apud* Adriana Piscitelli e Ana Maria Goldani, "A prática feminista e o conceito de gênero", in *Textos Didáticos* 48/27, novembro/2002.
3. A divisão sexual do trabalho corresponde à base material da opressão das mulheres e consiste em atribuir às mulheres, de forma prioritária, o desempenho do trabalho doméstico e de cuidados no âmbito privado e aos homens o exercício, no espaço público, do trabalho produtivo, imbuído de maior valor econômico, bem como de tarefas religiosas, políticas e militares, às quais se agrega maior prestígio social.

A violência contra as mulheres, a um só tempo, expressa as relações desiguais de gênero e constitui mecanismo pelo qual se reproduz a condição subordinada das mulheres na escala social vertical, sendo a violência sexual uma das suas mais extremas e generalizadas formas de manifestação. À luz dessa perspectiva, o estupro será abordado a partir de um universo que extrapola o âmbito estritamente instintivo e sexual. Não sem razão afirma-se que: "(...) o estupro, em vez de ser principalmente uma expressão de desejo sexual, constitui, de fato, o uso da sexualidade para expressar questões de poder e ira. O estupro, então, é um ato pseudossexual, um padrão de comportamento sexual que se ocupa muito mais com *status*, agressão, controle e domínio que com o prazer sexual ou a satisfação sexual. Ele é um comportamento sexual a serviço de necessidades não sexuais".[4]

A violência de gênero é também protagonizada pelas agências judiciais que integram o sistema punitivo. Nesse caso, ela é perpetrada enquanto reflexo do sexismo impregnado na estrutura normativa do direito penal e na operacionalização judicial do discurso jurídico-penal. O sexismo está atrelado à negação da perspectiva de gênero, que resulta na crença na superioridade masculina e na legitimação da desigualdade entre os sexos. O sexismo se expressa, dentre diversas formas, no androcentrismo, o qual consiste na adoção do homem como protótipo de ser humano e de sujeito de direitos. A lógica androcêntrica promove a invisibilização das necessidades e das demandas das mulheres, tratadas como grupo alheio, particular e secundário. É através destes mecanismos que se perfaz a via institucional da duplicação da vitimação feminina. Nos casos de violência sexual contra a mulher tal fenômeno se verifica quando o sistema de justiça – conforme aponta Vera Regina Pereira de Andrade – "não previne novas violências, não escuta os distintos interesses das vítimas, não contribui para a compreensão da própria violência sexual e gestação do conflito ou muito menos para as transformações das relações de gênero".[5]

4. Estudo da autoria de Kolondy, Masters e Johnson (1982, pp. 430-431) *apud* Vera Regina Pereira de Andrade, *Violência Sexual e Sistema Penal: Proteção ou Duplicação da Vitimação Feminina?*, disponível em http://www.periodicos.ufsc.br/index.php/sequencia/article/view/15741.
5. *Apud* Davi de Costa Paiva Tangerino, "Considerações criminológicas quanto ao tratamento público da violência contra a mulher", in Miguel Reale Jr. (coord.), *Mulher e Direito Penal*, Rio de Janeiro, Forense, 2007.

A duplicação da vitimação feminina é expressão do fato de que o Direito e a ideologia penal, para além da sua flagrante seletividade criminalizadora,[6] também são seletivos no que tange à produção de vitimização[7] e, ademais, não são neutros em relação ao gênero. Com efeito, o direito penal é uma "estratégia criadora de gênero",[8] o que se verificou empiricamente a partir do estudo jurisprudencial a seguir exposto.

3. Análise jurisprudencial: passos metodológicos

Para a realização do estudo acerca do entendimento do STF quanto à incidência do microssistema penal, processual penal e executório previsto pela Lei de Crimes Hediondos[9] sobre a prática de estupro simples, adotou-se o universo de pesquisa composto por 84[10] acórdãos, os quais correspondem ao somatório dos selecionados pelo sítio eletrônico do STF a partir dos termos de busca "Estupro e Simples e Qualificada" e "Estupro e Lei de Crimes Hediondos" na área de "Pesquisa Livre" de jurisprudência. Os acórdãos estendem-se no período compreendido entre 1990, ano da edição da Lei de Crimes Hediondos, e agosto/2010.

---

6. Alessandro Baratta, *Criminologia Crítica e Crítica do Direito Penal*, 3ª ed., Rio de Janeiro, Revan, 2002.
7. Eugenio Raúl Zaffaroni, "A mulher e o poder punitivo", in *Vigiadas e Castigadas*, São Paulo, CLADEM, 1995, pp. 23-38.
8. A expressão "estratégia criadora de gênero" é utilizada por Carol Smart, *apud* Alessandro Baratta, "O paradigma de gênero: da questão criminal à questão humana", in Carmen Hein de Campos (org.), *Criminologia e Feminismo*, Porto Alegre, Sulina, 1999.
9. A CF de 1988, em seu art. 5º, XLIII, impôs ao legislador infraconstitucional a obrigação de criminalizar fatos até então sem definição na legislação ordinária, os quais denominou de "hediondos". Em relação a estes delitos futuros, os quais foram constitucionalmente equiparados à prática de tortura, ao tráfico ilícito de entorpecentes e drogas afins e ao terrorismo, a Constituição vedou a concessão de fiança, graça e anistia. Para além das restrições estabelecidas pelo mandamento constitucional de criminalização, a Lei 8.072/1990 também elevou os patamares mínimo e máximo das penas cominadas aos delitos; proibiu a concessão de indulto e de comutação da pena; formulou uma causa de aumento de 50% das penas fixadas para estes crimes; excluiu a possibilidade de progressão no regime de cumprimento da pena (vedação posteriormente declarada inconstitucional pelo STF em sede do HC 82.959); vedou concessão de liberdade provisória; adotou o prazo de 30 dias, prorrogável por mais 30, para a prisão temporária; etc.
10. V. a lista de acórdãos citados ao final do artigo.

A análise da jurisprudência foi desenvolvida a partir da pergunta "Quanto Vale o Estupro?", da qual foram desdobradas questões subordinadas (expressas nos tópicos seguintes) que consubstanciaram vias indiretas para a construção de uma resposta geral ao problema.

3.1 O que é "crime hediondo"? Entre essencialismo e funcionalismo

Primeiramente serão destacados as racionalidades de caráter jurídico-penal bem como os juízos de valor éticos e morais empregados pelos ministros e ministras do STF para justificar a eleição, dentro de uma esfera conceitual possível, de uma concepção sobre o que seja ou deva ser um crime hediondo. Cumpre expor esse debate, na medida em que ele é um dos elementos sopesados quando da ponderação acerca da atribuição da hediondez ao crime de estupro simples. A análise jurisprudencial evidenciou que a discussão em torno do conceito de "crime hediondo" ganha expressão no formato da dicotomia proposta pelo Min. Nelson Jobim (HC 81.288) entre *funcionalismo*, de um lado, e *essencialismo*, de outro.

Dentre os ministros que se debruçaram sobre essa questão, refuta-se (HC 81.288) uma visão essencialista acerca do que seja crime hediondo, apontando-se a necessidade de discutir como a lei quis tratar determinados crimes, posto que a denominação "hediondo" é consequência de um tratamento e não de um essencialismo entre ser ou não ser mais grave. Para Nelson Jobim (HC 81.288), em questão de teoria da linguagem, qualquer tipo de teoria essencialista relacionada a saber o que é, na realidade, "hediondo" lhe é irrelevante. Dessa forma, se estaria diante de uma situação na qual se deve assumir não uma visão realista da linguagem, mas uma visão meramente instrumental e funcional. Os crimes hediondos constituiriam, dessa forma, um elenco de ilícitos aos quais o legislador resolveu conferir tratamento típico, sendo que ao julgador se colocaria a tarefa de verificar a compatibilidade entre os diversos incisos, isto é, entre os pressupostos para a incidência deste tratamento estatuído pela lei, independentemente de estar calcado no direito penal simbólico ou garantista.

Em consonância com a proposta feita pelo Min. Nelson Jobim de encarar o termo "hediondo" como expressão de um tratamento, o Min. Sydney Sanches também ressalta (HC 81.287/2002 e 81.410/2002) que os delitos que compõem o rol de crimes hediondos tipificam condutas completamente dissociadas entre si, de natureza, motivação, consequências sociais e punições bastante distintas, do que derivam a diversidade de sua essência e a inviabilidade de qualquer generalização calcada em substantivismo. Concluem, pois, os Ministros no sentido de que crime hediondo, no Brasil, não é aquele que no caso concreto se mostra repugnante, asqueroso, depravado, horrível, sádico ou cruel, por sua gravidade objetiva, suas execuções, ou pela finalidade do agente, mas, sim, aquele definido de forma taxativa pelo legislador (Min. Maurício Corrêa – HC 81.288/2001), pelo quê não é possível concluir que o delito não considerado hediondo não seja grave ou que o antônimo de crime hediondo seja "crime formoso" (Min. Sepúlveda Pertence – HC 81.288/2001).

Todavia, ainda que os ministros tenham negado a adoção, pelo legislador infraconstitucional, de uma definição essencialista do que seja crime hediondo, a previsão taxativa de determinados crimes no rol do art. 1º da Lei 8.072/1990 não foi suficiente para evitar a polêmica discussão que se instaurou – e prevaleceu por uma década (1990-2001) no Tribunal – acerca da atribuição, ou não, do rótulo da hediondez ao estupro simples.

3.2 A hediondez do estupro nas suas formas simples e qualificada

A polêmica quanto à hediondez do estupro simples desenvolveu-se em torno da divergência interpretativa acerca da redação do inciso V do art. 1º da Lei 8.072/1990,[11] o qual incluiu o crime de estupro no rol taxativo dos crimes hediondos. A discordância expressou-se quando da definição do sentido semântico da conjunção "e", constante do dispositivo legal em comento.

Nesse sentido, delinearam-se duas correntes doutrinárias antagônicas, ambas com representatividade na jurisprudência do STF de 1990 a 2001: uma posicionou-se no sentido de que somente diante da

---

11. Lei 8.072/1990: "Art. 1º. São considerados hediondos os seguintes crimes, todos tipificados no Decreto-lei n. 2.848, de 7 de dezembro de 1940 – Código Penal, consumados ou tentados: (...) V – estupro (art. 213 e sua combinação com o art. 223, *caput* e parágrafo único); (...)".

qualificadora é que se teria o crime hediondo, visto que, se assim não fosse, bastaria ao legislador mencionar o art. 213 do CP,[12] sem qualquer referência ao art. 223;[13] e outra que, desenvolvendo raciocínio diametralmente oposto, conferiu interpretação literal ao texto do art. 1º, V, entendendo que tanto na forma simples como na qualificada o legislador considerou figurada a hediondez, visto haver usado a conjunção coordenativa aditiva "e" com o objetivo de ligar palavras independentes entre si (Min. Maurício Corrêa – HC 80.353).

Conforme o primeiro entendimento, sustentou-se que as normas concernentes às tipologias dos delitos que incidem de forma especialmente severa sobre os direitos fundamentais do réu, notadamente as previstas pela Lei de Crimes Hediondos, sujeitam-se a interpretação restritiva, sendo vedado qualquer tipo de analogia ou exegese extensiva às formas simples em prejuízo dos acusados (Min. Maurício Corrêa – HC 81.288). Nessa linha, acentuou-se que, embora a conjunção aditiva "e", que consta da expressão "213 e sua combinação com", aparente indicar a soma do art. 213 às formas qualificadas do *caput* e do parágrafo único do art. 223, tal expressão equivale a "combinado com", muito mais empregada na linguagem jurídica, tanto na doutrina quanto na jurisprudência. Aludindo à intenção do legislador, acrescentou-se que, se a norma tencionasse qualificar como hedionda qualquer espécie de estupro, teria feito referência apenas e tão somente ao tipo, com a indicação isolada do dispositivo penal entre parênteses, tornando-se absolutamente desnecessária a explicação que na lei acompanhava o *nomen juris*, qual seja, "e sua combinação com" o art. 223, *caput* e parágrafo único.

Conforme este entendimento, ressaltou-se a falta de razoabilidade, ante a axiologia jurídico-penal, de se atribuir a uma ação delitiva na figura simples, punível com reclusão de 6 a 10 anos, a mesma natureza hedionda da sua forma qualificada, punível com reclusão que variava de 8 a 12 anos (quando dela resultasse lesão corporal grave)

---

12. Código Penal: "Art. 213. Constranger mulher à conjunção carnal, mediante violência ou grave ameaça: Pena – Reclusão, de 6 (seis) a 10 (dez) anos" (revogado pela Lei 12.015/2009).
13. Código Penal, art. 223, "Capítulo IV – Disposições Gerais":
"Art. 223. Se da violência resulta lesão corporal de natureza grave: Pena – Reclusão, de 8 (oito) a 12 (doze) anos. Parágrafo único. Se do fato resulta a morte: Pena – Reclusão, de 12 (doze) a 25 (vinte e cinco) anos" (revogado pela Lei 12.015/2009).

ou de 12 a 25 anos (se dela resultasse morte) – o que significaria, numa linha de raciocínio teleológico, dar ao preceito legal interpretação tendente à incoerência (Min. Maurício Corrêa – HC 81.288). O termo forte segundo esse tipo caricatural de sopesamento aqui esboçado é o réu.

Por outro lado, alegou-se que a intenção do legislador ao se utilizar da conjunção coordenativa "e" foi considerar como hediondos o estupro em sua forma simples, o de que resulte lesão corporal de natureza grave e o estupro do qual resulte morte da vítima, acentuando-se a impossibilidade de se entender que a expressão "e sua combinação com" significasse o mesmo que "estupro combinado com" ou "estupro qualificado" (Min. Ellen Gracie – HC 81.288). Foi pontuado que, de fato, em obediência ao critério adotado pelo legislador, para incluir o estupro pelos tipos simples e qualificados, deveria ele ter consignado: "estupro e nas formas qualificadas" ou "estupro, nas formas simples e qualificadas". Todavia, da circunstância de o art. 223 e seu parágrafo único não configurarem, propriamente, um tipo qualificado de delito, visto tratar-se de regra que, inserida nas disposições gerais do título relativo aos costumes, se aplicava a todos os delitos nele tipificados, viu-se o legislador em dificuldade para nomear o delito pela sua forma qualificada, do que decorreram a não adoção do padrão textual utilizado para os demais incisos do art. 1º da Lei 8.072/1990 e o consequente recurso à expressão "e sua combinação com" (Min. Ilmar Galvão – HC 81.288). Nesse sentido, refutou-se o argumento de que, se buscasse a lei definir como crime hediondo a forma simples e a qualificada do estupro, bastaria a referência à forma simples, eis que, em tema de crime e de pena, constitui princípio básico do direito penal a legalidade estrita, não sendo condenável o excesso na tipificação; muito pelo contrário, faz-se plenamente justificável a adoção de fórmulas exaustivas (Min Carlos Velloso – HC 81.288). Nos termos desse entendimento, notou-se a ênfase na gravidade do crime de estupro, notadamente através da afirmação de que, excetuado o homicídio, não há no Código Penal conduta que sujeite a respectiva vítima a sequelas tão graves e de tão extensa duração (Min. Ellen Gracie – HC 81.288). O termo forte nos termos desse tipo caricatural de sopesamento é a vítima.

Em que pese a que ambos os arcabouços mencionassem a gravidade do crime de estupro, as diferentes posturas adotadas quanto à rotulação da sua forma simples como hedionda evidenciaram que esse consenso é relativo. Dessa forma, buscaram-se elementos que deixassem mais claras as questões subjacentes a esses distintos juízos de gravidade acerca do crime de estupro. Com este intuito, realizou-se a análise do discurso dos ministros e ministras acerca do bem jurídico tutelado por esse crime. Tal análise adotou a premissa de que, nos termos do discurso jurídico-penal pretensamente[14] racionalizador do sistema punitivo, o direito penal reage em nome da lesão a um bem jurídico e que a retórica acerca da gravidade do crime de estupro é uma manifestação dessa reação à ofensa de determinado bem. Em outras palavras, a identificação do entendimento do STF acerca do bem jurídico lesionado pelo crime de estupro torna possível compreender os termos a partir dos quais ele é pensado: "Em nome de quê?" "Em nome de quem?".

3.3 Quanto vale o estupro?
Uma análise do bem jurídico tutelado pelo tipo penal

No que tange à discussão atinente ao bem jurídico tutelado pelo crime de estupro, notou-se a mudança no discurso do STF. Até o ano de 2009, quando foi promulgada a Lei 12.015, o crime de estupro encontrava-se tipificado no Capítulo I do Código Penal, que versava sobre "Crimes Contra a Liberdade Sexual". Todavia, tal Capítulo inscrevia-se no Título VI, que dispunha sobre os denominados "Crimes Contra os Costumes". Tal título foi inserido no Código Penal de 1940 para substituir a rubrica "Dos Crimes Contra a Segurança da Honra e Honestidade das Famílias e do Ultraje Público ao Pudor". Dessa forma, enquanto o título dispunha sobre a moralidade pública sexual, de forma que a intervenção punitiva se daria em nome da proteção do interesse da organização ético-social da família, atrelada a um padrão valorativo dos bons costumes, o capítulo parecia consignar como bem digno de proteção penal a autodeterminação sexual dos indivíduos.

---

14. De acordo com Alessandro Baratta, o discurso jurídico-penal visa à racionalização do sistema punitivo, atribuindo-lhe funções manifestas que discrepam e mascaram as suas funções reais ou efetivas (*Criminologia Crítica e Crítica do Direito Penal*, cit., 3ª ed.).

Essa ambiguidade (vigente até a edição da Lei 12.015/2009) foi notada também no plano do discurso dos ministros e ministras do STF acerca do bem jurídico tutelado pelo tipo penal do estupro. A confusão entre direito penal, moral e religião foi percebida em acórdãos não tão antigos, proferidos após a Constituição Federal (de 1988), nos quais a gravidade dos crimes de estupro e atentado violento ao pudor foi identificada com a violação dos costumes (Mins. Nelson Jobim, Sepúlveda Pertence e Néri da Silveira – HC 80.479/2000 e 81.288/2001).

Todavia, mais recentemente, sustentou-se que o direito positivo não pode impor coativamente aos cidadãos uma concepção moral ou de "bons costumes", tampouco fazê-lo com a ameaça de restrição a direito fundamental como a liberdade física. Nesse sentido, defendeu-se a limitação da repressão penal àquelas infrações da moralidade pública que fossem de fato socialmente danosas e que, de qualquer maneira, violassem o direito à autodeterminação sexual, entendida como a liberdade sexual da mulher para dispor do próprio corpo (Min. Celso de Mello – HC 89.554/2007). Em que pese à ambiguidade desse discurso, afirmou-se ser pacífica na jurisprudência do STF a concepção de que o bem jurídico tutelado pelo crime de estupro é a liberdade sexual da mulher (Min. Carmen Lúcia – HC 88.245/2006). Com efeito, uma análise dos argumentos expressos nos discursos mais recentes dos ministros e ministras indica este fenômeno.

Ocorre que a discussão travada no Tribunal acerca da configuração da continuidade delitiva entre os crimes de atentado violento ao pudor e estupro revelou, de forma implícita, a presença de forte carga moral e religiosa no discurso acerca dos delitos sexuais e do bem jurídico a legitimar a intervenção punitiva nestes casos. É que os ministros e ministras do STF até a edição da Lei 12.015/2009 recusaram a tese da configuração da continuidade delitiva entre o crime de estupro e o de atentado violento ao pudor praticados contra a mesma vítima, presentes as mesmas circunstâncias de tempo, lugar e maneira de execução, com base na alegação de que não são crimes da mesma espécie (Min. Sydney Sanches – HC 71.399/1994). Para tanto, partiu-se do entendimento de que são crimes da mesma espécie os que possuem a mesma estrutura de tipificação normativa; portanto, não são necessariamente previstos pelo mesmo dispositivo legal, mas crimes que se assemelham pela homogeneidade objetiva e subjetiva das condutas que lhes dão consecução, não bastando que possuam o mesmo objeto jurídico-tutelar. No que tange ao estupro e ao atentado violento ao pudor, a análise dos acórdãos revelou uma resistência à admissão da similaridade das condutas nucleares destes crimes, o que prejudicou a configuração da continuidade delitiva, por faltar o requisito da homogeneidade dos modos de execução.

Discutiu-se no STF que a noção de "ato libidinoso diverso da conjunção carnal" prevista pelo crime de atentado violento ao pudor abrange condutas de natureza bastante diversa; de um lado, o coito anal e o coito oral; de outro, uma diversidade imprevisível de atos de libidinagem denominados *preludia coitus*. Nesse sentido, enquanto se verificou uma tendência a considerar os últimos como absorvidos pelo crime de estupro, na medida em que constituiriam meios para a consumação deste delito, o coito anal e o coito oral, via de regra, foram qualificados como condutas distintas e autônomas em relação à cópula vagínica, também denominada, em sede da jurisprudência aludida em um dos julgados, como "coito normal" (Min. Ellen Gracie – HC 91.370/2008). Assim, no mais das vezes ou o STF reconheceu a absorção dos *preludia coitus* pelo crime de estupro, pelo quê se configurou delito único, ou consignou o concurso material entre o estupro e o atentado ao pudor concretizado mediante coito anal e/ou oral.

A caracterização da cópula vagínica como ato sexual normal evidenciou que se atribuiu aos atos sexuais de natureza anal ou oral um juízo de anormalidade (ou desvio). Tal distinção parece ser evidência de uma concepção moral negativa acerca de atos sexuais diversos da cópula vagínica, como o são o coito anal e o oral, como se estes decorressem de prática sexual mais reprovável socialmente apenas porque não passíveis de vinculação direta à reprodução e à heteronormatividade fundante da concepção dominante de família. Provavelmente essa distinção moral entre as figuras do coito anal e do coito oral tenha sido a razão da resistência dos(as) ministros(as) à caracterização do estupro e do atentado violento ao pudor como crimes da mesma espécie, não obstante tenham apontado que ambos atentavam contra o mesmo bem jurídico. Nesse sentido, optou-se por considerá-los crimes do mesmo gênero, numa saída classificatória carente de fundamentação e de conteúdo particular que lhe conferisse significado próprio (Min. Sydney Sanches – HC 71.399/1994 e 70.334/1993). Assim é que o discurso implícito à argumentação manifesta do STF pareceu indicar uma dificuldade em reconhecer enquanto bem jurídico tutelado pelos crimes de estupro (e atentado violento ao pudor) a liberdade sexual da vítima. Isso porque, se o entendimento efetivo dos(as) ministros(as) considerasse o direito à autodeterminação sobre o próprio corpo e a vida sexual como o bem jurídico tutelado por estes delitos, não haveria por que não reconhecê-los como crimes pertencentes à mesma espécie.

3.4 Quanto vale o estupro? Uma análise dos elementos nucleares do tipo penal

A gravidade do crime de estupro também foi dimensionada com base na identificação das condutas nucleares desse tipo penal, vale dizer, mediante a localização do modo de execução que os(as) ministros(as) entendem fundamentais ao perfazimento desse delito.

Sob um ponto de vista, constatou-se a negação da equiparação entre as hipóteses de violência sexual precedida de ameaça, indução ou seguida de leves danos físicos e aquelas revestidas de qualificadoras gravíssimas como são a morte – denominada lesão corporal propriamente dita – e as lesões corporais graves, estas, sim, enquadradas como violência real. A equiparação do estupro do qual resulta lesão corporal de natureza grave ou morte à ocorrência de violência real implicou não reconhecer a perpetração de violência real no caso de estupro simples, equiparando-o, desta forma, ao estupro presumido ou ficto (Min. Marco Aurélio – HC 78.305/1999 e 87.281/2006).

Em contraposição, sustentou-se que o núcleo do tipo objetivo do crime de estupro reside no constrangimento da mulher à conjunção carnal, ou seja, em forçar a mulher ao ato sexual mediante violência ou grave ameaça (Min Carlos Velloso – HC 81.288/2001). Sob essa perspectiva, o estupro é presumido como violência real, sendo esta presunção de violência real o elemento que o tangencia para os domínios da hediondez, independentemente se dele resultaram lesões corporais, ou não (Min. Ayres Britto – HC 87.281/2006). Na esteira desse raciocínio construído pelos ministros e ministras no conjunto de seus votos, o objeto do crime de estupro não é o corpo da mulher, mas o uso indevido e violento deste – pelo quê a violência não é nem ao menos presumida, ela é real, conquanto não apenas física, com resultados gerais sobre a pessoa da mulher, os quais podem ser danos físicos, mas que a eles não se restringem. Assim é que as lesões corporais graves ou a morte traduziriam resultados qualificadores do tipo penal "estupro" mas não constituiriam elementos essenciais à sua configuração (Min. Carmen Lúcia – HC 88.245/2006). Ademais, sendo a violência-crime absorvida pelo constrangimento da liberdade sexual, daí o uso da expressão "mediante", o constrangimento à prática sexual residiria na noção de dissenso (Min. Nelson Jobim – HC 82.206/2002). Assim é que tanto a violência ou ameaça quanto a incapacidade de consentir presumida pela idade foram apontadas como elementos essenciais à conformação do tipo penal "estupro" (Min. Sepúlveda Pertence – HC 76.004/2008). Dessa forma, destacou-se o caráter absoluto desta presunção, afastando entendimentos que visam à sua relativização mediante alusões ao eventual consentimento da ofendida ou à sua experiência sexual pregressa (Min. Sepúlveda Pertence – HC 81.268/2001 e 76.004/2008).

Em que pese a que seja possível afirmar que da identificação do núcleo essencial do estupro como constrangimento à conjunção carnal não decorre que sua forma simples deva ser considerada hedionda, é essa linha interpretativa que prevalece em sede do HC 81.288/2001, no qual é alterado o entendimento do STF para considerar o crime de estupro como hediondo também na sua forma simples. A alteração do entendimento do Tribunal esteve assentada, fundamentalmente, no voto histórico da Min. Ellen Gracie, que em sede do referido julgamento convocou os intérpretes a conferir o exato dimensionamento da realidade sobre a qual vão incidir suas intervenções. Sendo assim, sustentou que a hediondez do estupro estaria na sua prática, e não nas sequelas de ordem física que possa ter provocado na vítima. Para a Ministra o crime de estupro é delito complexo que, além de atentar contra a liberdade sexual da mulher, agride sua integridade física, emocional e mental. Acrescentou, ainda, que não existe estupro do qual não resulte lesão corporal de natureza grave. Para tanto, valeu-se de um conceito de "lesão corporal" ampliado, que extrapola a noção de mal infligido à inteireza autonômica da pessoa, para compreender toda e qualquer ofensa ocasionada à normalidade funcional do corpo ou organismo humano, seja do ponto de vista anatômico, seja do ponto de vista fisiológico.[15]

---

15. Em seu voto a Min. Ellen Gracie reuniu uma série de informações científicas para explicitar as graves moléstias físicas, disfunções orgânicas e traumas emocionais gerados pelo crime de estupro em suas vítimas. Tais dados podem ser consultados na versão integral da monografia.

3.5 Aspectos de política legislativa e o papel político do STF

Para além do debate no âmbito dogmático-penal, a análise jurisprudencial permitiu identificar considerações dos ministros e ministras acerca de política legislativa, ancoradas tanto na crítica à razoabilidade da Lei de Crimes Hediondos quanto na defesa do papel político a ser desempenhado pelo STF no enfrentamento da violência contra a mulher.

Nesse sentido, observou-se que as críticas à hediondez da Lei de Crimes Hediondos e o intuito de afastar a incidência do microssistema penal, processual penal e executório por ela instituído apresentaram-se conjugados com discursos que visavam a exculpar os agressores. Assim é que se alega que as hipóteses de violência sexual precedida de ameaça, indução ou seguida de leves danos físicos mereceriam tratamento distinto (dosagem da reprimenda e regime prisional) das revestidas das qualificadoras gravíssimas, por respeito ao princípio da proporcionalidade e também tendo em vista que o estupro simples em parte das vezes seria motivado por forte desejo momentâneo que se superpõe à razão (Min. Maurício Corrêa – HC 81.288/2001). Similarmente, aludiu-se à tese da ocorrência do *bis in idem* quando da incidência da causa de aumento da pena prevista pelo art. 9º da Lei 8.072/1990[16] como uma tese sedutora, por possibilitar abrandar a pena desmesurada que a Lei de Crimes Hediondos impôs a fatos que retratam a psicopatia do agente, imune aos supostos efeitos de prevenção geral da cominação na lei de penas elevadíssimas. Defendeu-se, todavia, que o papel do juiz seria, através da inevitável aplicação da hedionda lei, denunciar a irracionalidade das suas inspirações entre ingênuas e demagógicas, expressão que é do maximalismo penal típico do movimento *law and order* (Min. Sepúlveda Pertence – HC 76.004/1998).

Ademais, a opção interpretativa segundo a qual a expressão "e sua combinação" valeria o mesmo que "estupro qualificado" ou "es-

---

16. Lei 8.072/1990: "Art. 9º. As penas fixadas no art. 6º para os crimes capitulados nos arts. 157, § 3º, 158, § 2º, 159, *caput* e seus §§ 1º, 2º e 3º, 213, *caput* e sua combinação com o art. 223, *caput* e parágrafo único, 214 e sua combinação com o art. 223, *caput* e parágrafo único, todos do Código Penal, são acrescidas de metade, respeitado o limite superior de 30 (trinta) anos de reclusão, estando a vítima em qualquer das hipóteses referidas no art. 224 também do Código Penal".

tupro combinado" foi delineada como resultante de uma inclinação do julgador a amenizar o rigor do tratamento dispensado pela Lei de Crimes Hediondos. Inclusive, foram projetados meios a serem postos em prática pelos julgadores com o mesmo fim de abrandamento do tratamento penal incidente aos condenados pelo crime de estupro, podendo consistir na minimização da violência ou da ameaça praticada contra as vítimas de tal crime e na maximização de fatores como seu prematuro desenvolvimento físico ou a vida precocemente desregrada da menor fronteiriça, com vistas à descaracterização da presunção de violência e, como consequência, à despenalização dos atos contra ela praticados. Ressaltou-se, ainda, o constrangimento ao qual ficaria submetido o legislador ante a desproporcionalidade da pena cominada ao crime de estupro, especialmente numa época em que como nunca a libido tem sido despertada e estimulada por intenso apelo ao sensualismo (Min. Ilmar Galvão – HC 81.288/2001).

Em contrapartida, pontuou-se que a Corte, ao consignar a interpretação que atribui ao estupro simples o rótulo de crime hediondo, estaria sinalizando que o Estado Brasileiro, para além da simples retórica, estende proteção efetiva às mulheres e crianças vítimas de tal violência e reprime, com a severidade que a sociedade exige, seus perpetradores. Ressaltou-se, no que tange ao Judiciário, seu papel pouco ativo e criativo em relação às providências que melhor poderiam garantir a efetividade do processo legal, havendo a necessidade de sensibilização, quanto à questão de gênero, dos operadores do Direito (Min. Ellen Gracie – HC 81.288/2001). Ainda nesse sentido, da última vez que a questão foi submetida ao Plenário do STF (2006) ponderou-se que não seria oportuno alterar a jurisprudência da Corte, tendo em vista a realidade nacional de violência contra a mulher, de violência doméstica e de violência contra menores. Assim, uma mudança de orientação naquele momento significaria abrandar o regime de penas para esses crimes que se manifestam com virulência na sociedade (Min. Ricardo Lewandowski – HC 88.245/2006).

4. Conclusões

A crítica dos(as) julgadores(as) à falta de razoabilidade da política legislativa instituída pela Lei de Crimes Hediondos, atrelada ao juízo de desproporcionalidade do tratamento penal que ela estabeleceu, implicou esforços judiciais no sentido de afastar sua incidência, identificados com formas não ditas de exercer política criminal. Dentre elas identificou-se a minimização da violência sexual de que foi vítima a mulher, através da distinção entre lesões leves, graves e gravíssimas; a busca pela desclassificação do crime de estupro e o deslocamento da culpabilidade do agressor para a vítima – mediante a relativização da presunção da violência com base no julgamento moral do seu comportamento sexual pregresso –, assim como o apelo a um perfil de agressor patológico ou movido por forte e momentâneo impulso sexual que tornaria, em ambos os casos, a incidência punitiva desfuncional. Nesse sentido, constataram-se o esforço de redução da relevância sociojurídica do crime de estupro e uma visão do bem jurídico lesado pela sua perpetração fundados em argumentos sexistas, pelo quê o processo penal se converteu em *locus* institucional de duplicação da violência de gênero.

Por outro lado, os discursos de ministros e ministras do STF que ressaltaram a responsabilidade do Judiciário, em particular do STF, no enfrentamento da violência contra a mulher bem como a necessidade de sensibilizar os operadores do Direito quanto à questão de gênero acabaram recorrendo ao paradigma da pena como instrumento de maxipublicização do problema social da violência contra a mulher, sem enfrentar o ônus argumentativo necessário para compatibilizar, com proporcionaliade, a nocividade da conduta implicada na perpetração do crime de estupro, o grau de lesão ao bem jurídico tutelado por esse delito e a resposta penal a ele atribuída – considerados seus efeitos restritivos na esfera de direitos fundamentais do réu. Ademais, não foram ponderadas as limitações estruturais do paradigma da pena, cedendo à perversidade do poder punitivo para se aproximar da invocação de um direito penal simbólico.[17] Nessa linha, acabou-se por legitimar uma lei que não foi elaborada a partir da perspectiva de gênero, tampouco pelo movimento feminista, muito pelo contrário, é expressão da expansão tecnocrática do poder punitivo para a tutela da

---

17. Eugenio Raúl Zaffaroni, "A mulher e o poder punitivo", in: *Vigiadas e Castigadas*, CLADEM; Rosália Camacho e Alda Faccio, "Em busca das mulheres perdidas – Ou uma aproximação crítica à criminologia", in *Vigiadas e Castigadas*, CLADEM, 1995, pp 28-29 e 38.

ordem. Ante o exposto, nenhum dos modelos caricaturais pareceu estar apto a dar consecução a uma intervenção punitiva capaz de harmonizar a finalidade da tutela jurídico-penal, qual seja a garantia da liberdade sexual da mulher, com o objeto afetado pela sua incidência, que são os direitos e garantias fundamentais do réu. É dizer, ambos distanciam-se de uma política criminal garantista assentada no reconhecimento concomitante da vítima e do réu, como titulares de diretos humanos. Esta ineficácia está associada, quer às limitações impostas à invasão do(a) julgador(a) no mérito legislativo, constrangendo-o a trabalhar dentro dos limites binários da atividade judicial (conceder/denegar), quer às próprias limitações das soluções de natureza penal quando descontextualizadas de um conjunto de políticas públicas interdisciplinares que assegurem a sua incidência residual, é dizer, enquanto *ultima ratio*.

5. Breve atualização do estudo

A edição recente da Lei 12.015/2009 vem alterar substancialmente o debate dogmático-penal relativo ao crime de estupro. Primeiramente porque operou a redefinição semântica do delito: o tipo penal descrito pelo art. 213 do CP continuou sendo previsto pelo *nomen iuris* "estupro", todavia agora reúne as condutas nucleares dos antigos crimes de estupro (art. 213) e de atentado violento ao pudor (art. 214), o qual foi revogado sem, contudo, configurar *abolitio criminis*. Sendo assim, não há mais como se salientar a distinção entre os elementos objetivos e subjetivos – de que decorria a negação da continuidade delitiva – que perfaziam os antigos delitos de estupro e de atentado violento ao pudor: por um lado, porque a conjunção carnal converteu-se em uma modalidade de ato libidinoso, e em segundo lugar porque ambos os crimes têm como sujeito passivo o homem ou a mulher.[18] A redefinição semântica também vem para fortalecer a noção de que o bem jurídico tutelado pelo tipo penal é de fato a liberdade sexual – o que é assentado na nova redação do Título VI do Código Penal, agora denominado "Dos Crimes Contra a Dignidade Sexual". Há que se notar, ademais, que a Lei 12.015/2009 aparentemente solu-

---

18. Tal mudança no entendimento do STF já começa a ser sinalizada nos votos do Min. Cézar Peluso em sede dos HC 86.238/2009 e 99.265/2010.

cionou o problema da dubiedade da redação do inciso V do art. 1º da Lei 8.072/1990,[19] o que pode ser expressão de um diálogo democrático entre o Judiciário e o Legislativo, eis que este alterou o texto legal em conformidade com o entendimento jurisprudencial consolidado no STF desde 2001.

Todavia, não se pode afirmar categoricamente que a alteração legislativa introduzida pela Lei 12.015/2009 terá o condão de inviabilizar, *per se*, o exercício das formas não ditas de exercer política criminal com vistas ao afastamento da incidência da Lei de Crimes Hediondos aos agressores sexuais, de que resulta, não raro, a duplicação da vitimação feminina. Os acórdãos posteriores à edição da Lei 12.015/2009 ainda não permitem identificar os impactos da sua promulgação no debate do STF acerca da relevância sociojurídica do crime de estupro. Porém, o estudo jurisprudencial empreendido pode servir como parâmetro para que se avalie até que ponto a redefinição semântica do crime de estupro e o enquadramento inequívoco de suas formas simples e qualificada sob o rótulo da hediondez estão aptos (se estão) a conferir novo sentido e tratamento a este delito e permitem avançar na efetivação do direito das mulheres a uma vida livre de violência, tendo em vista que o sexismo e a seletividade de gênero não são acidentais, mas estruturantes do poder punitivo; é dizer, que via de regra o "Direito vê e trata as mulheres como os homens veem e tratam as mulheres".[20]

Bibliografia

ANDRADE, Vera Regina Pereira (2010). *Violência Sexual e Sistema Penal: Proteção ou Duplicação da Vitimação Feminina?*. Disponível em *www. periodicos.ufsc.br/index.php/sequencia/article/view/1574* (acesso em 29.11.2010).

---

19. Lei 8.072/1990: "Art. 1º. São considerados hediondos os seguintes crimes, todos tipificados no Decreto-lei n. 2.848, de 7 de dezembro de 1940 – Código Penal, consumados ou tentados: (...) V – estupro (art. 213, *caput* e §§ 1º e 2º); (...)" (redação dada pela Lei 12.015/2009).
20. McKinnon, *apud* Alberto Bovino, "Delitos sexuales e Justicia Penal", in Haydée Birgin (org.), *El Género del Derecho Penal: las Trampas del Poder Punitivo*, Biblos, p. 218.

BARATTA, Alessandro (1999). "O paradigma de gênero: da questão criminal à questão humana". In: CAMPOS, Carmen Hein de (org.). *Criminologia e Feminismo*. Porto Alegre, Sulina.

—————— (2002). *Criminologia Crítica e Crítica do Direito Penal*. 3ª ed. Rio de Janeiro, Revan.

BOVINO, Alberto. "Delitos sexuales e Justicia Penal". In: BIRGIN, Haydée (org.). *El Género del Derecho Penal: las Trampas del Poder Punitivo*. Biblos.

CAMACHO, Rosália, e FACCIO, Alda (1995). "Em busca das mulheres perdidas – Ou uma aproximação crítica à Criminologia". In: *Vigiadas e Castigadas*. CLADEM.

PISCITELLI, Adriana, e GOLDANI, Ana Maria (2002). "A prática feminista e o conceito de gênero". *Textos Didáticos* 48. Novembro/2002.

TANGERINO, Davi de Costa Paiva (2007). "Considerações criminológicas quanto ao tratamento público da violência contra a mulher". In: REALE JR., Miguel (coord.). *Mulher e Direito Penal*. Rio de Janeiro, Forense.

ZAFFARONI, Eugenio Raúl (1995). "A mulher e o poder punitivo". In: *Vigiadas e Castigadas*. CLADEM.

Acórdãos citados: AgR 444.278/2003; HC 70.334/1993, 71.399/1994, 71.802/1996, 72.070/1995, 72.745/1994, 73.649/1996, 74.108/1996, 74.250/1996; 74.487/1996, 74.521/1996, 74.630/1996, 75.849/1997, 76.004/1998, 76.096/1998, 76.543/1998, 76.587/1998, 76.680/1998, 77.437/1998, 77.480/1998, 77.503/1998, 78.305/1999, 78.393/1999, 80.223/2000, 80.286/2000, 80.353/2000, 80.479/2000, 80.613/2001, 80.902/2001, 81.268/2001, 81.277/2002, 81.284/2001, 81.286/2002, 81.287/2002, 81.288/2001, 81.317/2001, 81.360/2001, 81.401/2002, 81.402/2001, 81.403/2002, 81.404/2001, 81.405/2002, 81.407/2001, 81.408/2002, 81.409/2001, 81.413/2002, 81.453/2001, 82.098/2002, 82.206/2002, 82.597/2003, 82.712/2003, 82.959/2006, 84.006/2004, 84.145/2004, 84.306/2007, 84.734/2010, 84.754/2006, 86.110/2010, 86.238/2009, 86.928/2008, 87.281/2006, 87.705/2006, 88.245/2006, 89.554/2007, 89.770/2006, 89.827/2007, 90.706/2007, 90.922/2009, 91.370/2008, 91.698/2008, 92.997/2008, 93.075/2009, 93.263/2008, 93.674/2008, 93.794/2008, 96.260/2009, 97.659/2009, 97.788/2010, 99.265/2010, 99.406/2010 e 101.694/2010; RE 29.370/1955.

2.4 CONTROLE JUDICIAL DO LEGISLATIVO E DO EXECUTIVO

- O Controle de Atos Administrativos Discricionários na Jurisprudência do STF – ANDRESSA LIN FIDELIS
- Direito e Política: o STF no Controle dos Atos do Conselho de Ética e Decoro Parlamentar – CAMILA BATISTA PINTO
- Comunidades Quilombolas no Judiciário Brasileiro – LUÍZA ANDRADE CORRÊA
- O Papel Contramajoritário do STF: a Mudança Recente em Matéria de Direito Eleitoral – MARIANA FERREIRA CARDOSO DA SILVA
- Imunidade de Jurisdição de Estados Estrangeiros no STF – PAULO MASSI DALLARI

O CONTROLE DE ATOS ADMINISTRATIVOS DISCRICIONÁRIOS NA JURISPRUDÊNCIA DO STF[*-1-2]

ANDRESSA LIN FIDELIS

1. Introdução. 2. Aspectos teóricos. 3. Panorama jurisprudencial. Parâmetros para revisão: 3.1 Legalidade – 3.2 Motivação – 3.3 Finalidade – 3.4 Mérito. 4. Controle da competência discricionária em três casos específicos: 4.1 Políticas fiscais – 4.2 Súmula Vinculante 13 – 4.3 Política pública (RE/AgR 410.715). 5. Conclusão.

1. Introdução

O STF está paulatinamente tomando posse de seu *locus* como verdadeira Corte constitucional. As decisões do Supremo provocam

* *Resumo*: Este trabalho investigou a redefinição, promovida pelo STF, dos limites à revisão judicial da competência discricionária da Administração Pública, buscando identificar quais foram e quais vêm sendo os fundamentos utilizados pelos ministros em seus votos quando do controle de atos administrativos. Como resultado da investigação, notou-se um movimento de alargamento dos aspectos passíveis de controle judicial em atos administrativos não vinculados. Além disso, constatou-se uma busca por incorporar ao conceito abstrato de legalidade a motivação e a finalidade do ato, pautando-se, não raro, para o exercício do controle, em postulados abstratos como a razoabilidade e a proporcionalidade.

Palavras-chave: Ato Administrativo; Controle Judicial; Discricionariedade; Proporcionalidade; Razoabilidade.

1. O presente artigo foi desenvolvido a partir de monografia apresentada à *sbdp* como trabalho de conclusão do curso da Escola de Formação do ano de 2008, sob a orientação de Rodrigo Pagani de Souza. A versão original encontrar-se disponível no endereço *http://www.sbdp.org.br/ver_monografia.php?idMono=112.*

2. A autora agradece os comentários e contribuições de Rodrigo Pagani de Souza, orientador da monografia que deu origem a este artigo, isentando-o, como de praxe, por qualquer imprecisão que o texto possa conter. Adicionalmente, agradece o convite da *sbdp* para a presente publicação.

cada vez mais impacto tanto no âmbito público quanto no espaço privado: a judicialização das questões políticas, econômicas e sociais torna o Judiciário arena indeclinável para as disputas que permeiam tais esferas. As decisões do órgão de cúpula do Judiciário podem ser encontradas frequentemente na mídia, interessada na relevância dos temas tratados. Com esse novo perfil, até um dos temas mais clássicos do direito administrativo como o *controle dos atos discricionários da Administração Pública* recebe tratamento renovado.

Justamente por se tratar de tema clássico, muitos doutrinadores já se debruçaram sobre o controle dos atos administrativos, defendendo posições variadas para a atuação judicial. De modo geral e bastante simplificado, é possível distinguir na doutrina tanto a defesa do Judiciário como detentor inequívoco da última palavra, pois sempre a situação comportará revisão judicial; como posições que defendem, por meio da separação de Poderes, muito mais espaço para a atuação do Executivo.[3]

Em que pese a todo o empenho doutrinário sobre a questão, que só vem a agregar mais perspectivas ao tema, o interesse deste breve estudo não está pautado em acompanhar um ou outro doutrinador, escolher uma tese ou optar por uma classificação. Diferentemente, por perceber que construções teóricas sobre o tema nem sempre dialogam com o Direito produzido na realidade de trabalho do STF quando da análise de casos concretos, este trabalho se propõe a ser empírico, de forma a que a análise dos julgados sirva para mapear o sentido da jurisprudência do Supremo quando se trata do controle dos atos discricionários da Administração Pública.

O enfoque deste trabalho está na busca pelos critérios com os quais o STF se instrumentaliza no controle da competência discricionária da Administração Pública. O estudo objetiva mapear quais foram e quais vêm sendo os fundamentos que constroem a argumentação dos ministros do STF quando o assunto em pauta é o controle dos atos administrativos discricionários.

3. O tema pode ser visto em obras clássicas de direito administrativo, tais como as de Di Pietro (2001) e Bandeira de Mello (1993). Dentre as obras que estudaram os limites do controle judicial do ato administrativo é possível destacar Seabra Fagundes (1979) e Binenbojm (2008).

Com a análise dos julgados busca-se saber se o modo de julgar da Corte é marcadamente orientado pela legalidade estrita ou até que ponto é possível observar também o elemento valorativo na revisão judicial, assim verificados num papel mais ou menos ativo do Judiciário.[4]

Em última análise, o estudo objetiva revelar como se dá a interação entre o Poder Judiciário e o Executivo. É possível que ao apreciar um ato administrativo movido por questões de oportunidade e conveniência o Judiciário não se volte para a complexidade – que não é apenas jurídica – do caso concreto?

Para a análise foram selecionados todos os julgados do STF encontrados por meio dos termos de busca correlatos com a matéria em questão (v.g., "Discricionariedade", "Ato Discricionário", "Competência Discricionária", "Ato Administrativo" etc.) nos quais se percebia argumentação explícita sobre as formas de controle do ato administrativo discricionário, como, por exemplo, os que apresentaram discussão sobre a motivação, a finalidade, a legalidade e os demais instrumentos que possibilitem a revisão judicial.[5]

Das decisões mapeadas pelos conectivos foram selecionadas as que transpareciam a fundamentação judicial para controle de atos administrativos; ou seja, buscou-se encontrar as decisões que revelassem os argumentos utilizados pelos ministros do STF para revisar, ou não, o ato administrativo, a fim de que o trabalho pudesse apresentar um foco mais qualitativo que quantitativo da análise jurisprudencial.

4. Nesse sentido: "(...). Aqui penso ser oportuno fazer uma distinção entre judicialização e ativismo judicial, que são ideias que estão próximas mas não se confundem. Judicialização é um fato, que identifica a circunstância de que muitas questões que antes eram próprias da Política passaram a ser decididas pelo Judiciário, foram transformadas em pretensões veiculadas perante juízes e tribunais. O ativismo é uma atitude, que identifica uma interpretação expansiva da Constituição, incluindo no seu âmbito de alcance questões que não foram nela expressamente contempladas" (Barroso 2008).
5. Foram analisados em inteiro teor 97 acórdãos filtrados pelo site de busca do STF até o final de 2008, dos quais 27 acórdãos foram diretamente utilizados, por guardarem maior pertinência com o tema. Deve ser ressaltado que, muito embora a busca pelos acórdãos tenha se dado de modo o mais completo possível, a análise aqui desenvolvida não deixará de ser por amostragem, seja porque há um enorme número de julgados envolvendo a Administração Pública, seja porque os conectivos e palavras-chave usados não foram capazes de fornecer todas as decisões relevantes para o estudo proposto.

Assim, a análise deste artigo privilegiará os casos e perspectivas mais significativos sobre o tema, reportando-se aos demais julgados apenas em caráter acessório. Para cumprir com esse objetivo, o artigo contém, além desta "Introdução", uma seção sobre aspectos teóricos; posteriormente apresenta-se o panorama jurisprudencial; para na seção seguinte tratar do controle da competência discricionária, em três casos específicos. Por fim, este trabalho apresenta suas considerações finais.

2. Aspectos teóricos

À autoridade administrativa, justamente porque o legislador lhe concedeu certa liberdade em favor da gestão dos interesses públicos,[6] compete encontrar uma solução, entre as legalmente possíveis, que seja baseada em critérios como os de oportunidade, conveniência, igualdade e justiça, ou seja, critérios de mérito. Por esta divisão de competências, o mérito, como amplamente tratado na doutrina tradicional sobre o tema, não é apontado como elemento do ato administrativo passível de ser alcançado pela revisão judicial.

Para facilitar a compreensão do objeto desta pesquisa, vale, ainda que brevemente, conceituar "discricionariedade" e os "pressupostos do ato administrativo", pelos quais, ainda que teoricamente, o Judiciário é legitimado a controlar, ou não, a competência discricionária da Administração.

Para tanto, vale remetermo-nos à definição de "discricionariedade" apresentada por Celso Antônio Bandeira de Mello (2007:957): "Discricionariedade é a margem de 'liberdade' que remanesça ao administrador para eleger, segundo critérios consistentes de razoabilidade, um, dentre pelo menos dois comportamentos, cabíveis perante cada caso concreto, a fim de cumprir o dever de adotar a solução mais adequada à satisfação da finalidade legal, quando, por força da fluidez

6. Exemplo claro dessa margem de liberdade de escolha conferida pelo legislador ao Executivo está na própria Constituição, que, ao elencar as competências materiais da União, permite, em seu art. 21, XI, que os serviços de telecomunicações sejam explorados de forma direta ou mediante autorização, concessão ou permissão. Note-se que esta margem de liberdade também pode decorrer dos conceitos indeterminados que os dispositivos legais apresentam, como ocorre na Lei da Concorrência (n. 8.884/1994), que considera como infração à ordem econômica "exercer de forma abusiva posição dominante" (art. 20, IV).

das expressões da lei ou da liberdade conferida no mandamento, dela não se possa extrair objetivamente uma solução unívoca para a situação vertente".

São pressupostos do ato administrativo: (i) o sujeito, aquele a quem a lei atribui competência para a prática do ato; (ii) o objeto, conteúdo do ato; (iii) a forma, que compreende os aspectos formais, dentre os quais o modo de produção e divulgação do ato, a motivação que deve circunstanciar a decisão e o procedimento a ser observado; (iv) o motivo, que contém os pressupostos de fato e de direito que fundamentam sua prática pela Administração; e (v) a finalidade,[7] objetivo do ato administrativo.

Mesmo diante da clareza das classificações doutrinárias, resta, no entanto, uma questão nebulosa para o exercício do controle dos atos administrativos discricionários. O que é o mérito do ato administrativo no caso concreto? Como a análise da legalidade efetivamente se diferencia da análise do mérito? Ainda é possível a segregação das análises?[8]

De fato, no Direito Brasileiro muitas vezes o mérito é usado como palavra quase mágica, como capa que esconde questões de legalidade e moralidade administrativa; o mérito, nesses casos, tem o condão de deter o controle do Poder Judiciário sobre os atos da Administração.

Com o intuito de buscar compreender como efetivamente o controle dos atos administrativos discricionários é feito e em com quais critérios ele é justificado, este artigo fará uma análise panorâmica

7. É o entendimento da Corte nos RE/AgR 365.368/2007 e 505.439/2008: "Embora não caiba ao Poder Judiciário apreciar o mérito dos atos administrativos, o exame de sua discricionariedade é possível para a verificação de sua regularidade em relação às causas, aos motivos e à finalidade que os ensejam".
8. Interessante, a esse respeito, a jurisprudência antiga formada em textos legais denotando uma cultura de excessiva deferência à competência discricionária, sobretudo no campo do poder de polícia, como é o caso do disposto na alínea "b" do § 9º do art. 13 da Lei 221, do ano de 1894: "A medida administrativa tomada em virtude de uma faculdade ou poder discricionário somente será havida por ilegal em razão da incompetência da autoridade respectiva ou de excesso de poder". Vê-se, aqui, que o controle judicial só podia ser exercido na situação extrema do excesso de poder, ou pelo aspecto formal da incompetência da autoridade. A conveniência e a oportunidade cobriam amplamente o ato, de modo a afastar a possibilidade de fiscalização pelo Judiciário.

de julgados que evidenciaram os critérios de controle do ato administrativo e, posteriormente, uma análise de três casos específicos sobre o tema.

3. Panorama jurisprudencial. Parâmetros para revisão

3.1 Legalidade

O julgado envolvendo a demissão pela Prefeitura Municipal de Salvador de seu funcionário público, em 1975, é de alto interesse para esta pesquisa, na medida em que nele se busca saber o que envolve o mérito e o que envolve a legalidade quando do exame do ato administrativo. No caso, o embargante pretende que a Prefeitura que o demitiu por meio de inquérito administrativo, no qual – afirma-se – foram respeitados os procedimentos formais exigidos, o reintegre, vez que sua demissão fora pautada em mera suspeita de conduta.[9]

A jurisdição criminal não condenou o embargante, de modo que o funcionário vê como injusta sua demissão. Para solucionar a demanda os ministros teriam que decidir se a apreciação da prova do crime de que fora acusado (recebimento de propina) era exame de legalidade ou se configuraria invasão no exame de mérito.

Na primeira instância a ação foi julgada improcedente, por entender o prolator da sentença que o ato demissório, formalmente perfeito e decorrente de inquérito regular, "não podia sofrer exame do Judiciário sob o aspecto de ser justo ou injusto, restrito à discrição do Poder a que o servidor está subordinado" (p. 3).

O parecer do Procurador-Geral da República seguiu o mesmo sentido, considerando que ao Poder Judiciário somente cabe apreciar a legalidade do ato administrativo, sendo-lhe vedado corrigir a eventual injustiça de penalidade imposta com apoio na prova produzida.

Em contrapartida ao exposto, no julgamento dos embargos os ministros acolhem o pedido do embargante, seguindo a tese de que a apreciação da prova está contida no exame da legalidade do ato e que "a apreciação de mérito interdita ao Judiciário é a que se relacione

---

9. STF, Tribunal Pleno, RE/EDv 75.421, rel. Min. Xavier de Albuquerque, j. 18.9.1975, *DJU* 1.10.1976, *Ement.* 01036-01, pp. 0209, *RTJ* 79-02/478.

com a conveniência e a oportunidade da medida, não o merecimento por outros aspectos que possam configurar uma aplicação falsa, viciosa ou errônea da lei ou regulamento, hipóteses que se enquadram, de um modo geral, na ilegalidade por indevida aplicação do Direito vigente" (Min. Xavier de Albuquerque, p. 11).

O Ministro conclui o voto entendendo como absolutamente legítimo o exame pelo Judiciário da prova dos fatos imputados ao funcionário, vez que a legalidade do ato só se demonstraria em face da apreciação da prova.[10] Desse modo, alerta para que não se confunda o exame da legalidade com a apreciação das meras formalidades do processo administrativo, pois o exame vai além, alcançando inclusive a procedência do fundamento do ato no exame do processo administrativo.[11] O recurso foi conhecido por unanimidade e provido pela maioria da 1ª Turma. A preocupação com uma decisão justa mostra-se, pelo exposto no julgado, atrelada indissociavelmente ao exame de legalidade.[12] Assim, embora os ministros tenham se preocupado em não aplicar o conceito de legalidade de modo demasiadamente restritivo, compreendendo que o exame da legalidade iria além da verificação de "meras formalidades" do processo administrativo, ficou evidenciada a preocupação da Corte em não se desviar do controle da estrita legalidade, de modo a não invadir o "verdadeiro" exame de mérito do ato da Administração Pública.

3.2 Motivação

A decisão sobre a remoção de funcionário público pelo Estado do Espírito Santo em 1995 versa sobre a importância da motivação nos

10. No mesmo sentido o RE 63.552, 1ª Turma, rel. Min. Amaral Santos, j. 14.8.1969, *DJU* 3.10.1969, *Ement.* 00778-02, pp. 00311.
11. "A legalidade do ato administrativo compreende não só a competência para a prática do ato e as suas formalidades extrínsecas, como também os seus requisitos substanciais, os seus motivos, os seus pressupostos de direito e de fato, desde que tais elementos estejam definidos em lei como vinculadores do ato administrativo" (p. 12).
12. Vale citar, nessa linha, trecho do voto do Min. Aldir Passarinho ao tratar de decreto desapropriatório no MS 20.861, de 1990: "(...) as atividades administrativas se encontram sujeitas ao controle jurisdicional, e se exerce quando o Poder Judiciário é chamado a resolver situações contenciosas entre a Administração Pública e o indivíduo, *sendo que tal controle se exerce na apreciação da legalidade dos atos administrativos*, e o cidadão pode provocar o controle jurisdicional contra a Administração não só ajuizando ação para obter ressarcimentos de prejuízos que lhe foram causados pela Administração, mas procurando sustar atos desta que lhe sejam lesivos" (p. 7).

atos administrativos discricionários. Trata-se, no caso, de remoção de funcionária – recorrida – sem a indicação dos motivos que estariam a respaldar o ato administrativo, praticado, portanto, com abuso de poder pelo Governador do Espírito Santo – recorrente.[13]

A funcionária havia sido removida para Município diverso daquele para o qual especificamente prestou concurso, por ato administrativo não motivado. Considera-se, ainda, que a recorrida ingressou no serviço público em primeiro lugar e passou 10 anos no exercício do cargo.

Nas contrarrazões o Estado sustentou ofensa ao teor dos arts. 6º e 113, I, da EC 1/1969. Asseverou que o Colegiado extravasou o exame do ato administrativo da remoção da servidora pública, para adentrar o juízo da conveniência e da oportunidade administrativas.

O Ministro-Relator, Marco Aurélio, na p. 4 de seu voto, respaldado nas palavras de Celso Antônio Bandeira de Mello, declarou que "mesmo nos atos discricionários há margem para que a Administração atue com excessos ou desvios ao decidir". Considerou, adiante, indispensável a motivação, sem a qual o ato é nulo e sem efeito. Como destacado no relatório, "o princípio da motivação dos atos administrativos constitui, hoje, já assinalava Bilac Pinto, uma exigência do direito administrativo nos Países democráticos". Por unanimidade, a 2ª Turma não conheceu do recurso extraordinário, nos termos do voto do Relator. Percebe-se do teor do julgado a inserção de um instrumento diferenciado para a revisão judicial dos atos administrativos discricionários, qual seja, a utilização de um princípio constitucional para controlar o conteúdo do mérito do ato administrativo.

De fato, o tratamento dispensado à motivação neste julgado marca uma mudança com respeito aos julgados mais antigos identificados por esta pesquisa. O âmbito da revisão judicial, evidenciado em decisões das décadas de 1960 e 1970, era circunscrito ao exame detido da legalidade, como fazem prova os MS 20.021, de 1974, e 16.807, de 1968, sendo que neste o exercício da discricionariedade excluía o dever de motivar e naquele só se fazia necessário quando previsto em lei.[14]

13. STF, 2ª Turma, RE 131.661, rel. Min. Marco Aurélio, j. 26.9.1995, *DJU* 17.11.1995, p. 39.209, *Ement.* 01809-06, pp-01393.
14. Os citados mandados de segurança foram analisados com maior profundidade no trabalho monográfico do qual se originou este artigo. Todavia, para os fins deste estudo vale citar dois trechos que sintetizam a conclusão do Plenário.

3.3 Finalidade

Na avaliação dos critérios do edital de concurso promovido pelo Rio Grande do Sul em 1998 é discutido um dos pressupostos de validade do ato: sua finalidade. No caso, o critério eleito no edital de concurso público, ao pontuar os títulos, conferia cinco pontos para os candidatos que tivessem título de doutor e seis pontos para aqueles que tivessem três anos de efetivo serviço público. A competência para eleger os critérios do concurso público é da Administração Pública, fundando-se sempre nos princípios constitucionais insculpidos no art. 37, *caput*, da CF, a saber: legalidade, impessoalidade, moralidade, publicidade e eficiência.[15]

O Ministro-Relator, Marco Aurélio, reconheceu que no campo da aferição dos títulos incide a competência discricionária da Administração (p. 3) e que tal competência não excluiria a análise da questão sob o ângulo da finalidade do ato. Na mesma página, considerou injusto e desarrazoado o critério adotado: "Eis um caso exemplar de exame do tema sob a esfera da razoabilidade. A Constituição Federal não pode ser tomada como a respaldar verdadeiros paradoxos, *olvidando-se o objetivo maior por ela buscado*".

O Estado do Rio Grande do Sul – agravante – sustentou que a previsão para a valoração do tempo de serviço como título estaria contida no art. 19 das Disposições Transitórias e que, portanto, agiu em conformidade com a lei. Alegou, então, que o reexame do ato administrativo pelo Judiciário deveria ficar adstrito aos aspectos da legalidade do procedimento.

O Ministro declarou que o ato deveria ser analisado sob o ângulo da finalidade, considerando que esta, para o caso, seria a do inciso II

(i) *No MS 20.021*: "A falta de fundamentação e motivação, no caso presente, não invalida o ato, porque, conforme doutrina e jurisprudência dominantes, somente há necessidade de fundamentação e motivação de despachos administrativos quando tal obrigatoriedade é prescrita em lei".

(ii) *No MS 16.807*: "O controle judicial só se exerce sobre o ato administrativo motivado, caso em que a lei exige o motivo mas não a sua comprovação. Apreciação da idoneidade de candidatos – Ato discricionário – *Livre apreciação exclui a motivação das razões do ato* – Denegação do pedido" (grifos nossos).

15. Trata-se do RE/AgR 205.535, 2ª Turma, rel. Min. Marco Aurélio, j. 22.5.1998, *DJU* 14.8.1998, p. 11, *Ement.* 01918-04, pp. 00670.

do art. 37 da CF.¹⁶ No voto, a argumentação em relação ao controle pela finalidade do ato se esgota nessa correlação, de forma a não ficar explícito qual seria o "objetivo maior por ela buscado", ou seja, qual seria, exatamente, a finalidade contida no dispositivo constitucional citado que inviabilizaria a Administração de valorar um critério legal da maneira que lhe fosse mais conveniente ou oportuna. Por unanimidade a 2ª Turma negou provimento ao agravo regimental no recurso extraordinário. Interessante notar que no presente julgado o Ministro se distancia de uma análise dita legal, como a apresentada no item acerca da legalidade (RE 75.421), para enxergar "caso exemplar" de irrazoabilidade; ou seja, decide a questão invocando a razoabilidade como princípio constitucional.

Além da utilização do princípio da razoabilidade para a efetuação da revisão judicial, percebe-se que a decisão judicial incorreu em mera substituição do ato administrativo, não buscando efetivamente fundamentar o porquê da necessidade de o ato administrativo ser reformado; ou seja, não demonstrou por qual motivo um dos pressupostos de validade do ato, a finalidade, não estaria configurado no caso.

3.4 Mérito

Em mais um caso de demissão de funcionário, desta vez pela União, já em 2004, o STF traz argumentos explícitos sobre os limites do controle exercido pela Corte sobre a Administração Pública. O caso trata de funcionário do DNER demitido por ato que, segundo a Administração, fora de improbidade administrativa. Todavia, restou provado que a conduta do funcionário era a configurada no art. 117, XV, da Lei 8.112/1990 – ou seja, "proceder de forma desidiosa" –, que, mesmo sendo proibida, não entra no rol das causas para demissão previstas no art. 132 (p. 24).¹⁷

16. CF, art. 37, II: "II – a investidura em cargo ou emprego público depende de aprovação prévia em concurso público de provas ou de provas e títulos, de acordo com a natureza e a complexidade do cargo ou emprego, na forma prevista em lei, ressalvadas as nomeações para cargo em comissão declarado em lei de livre nomeação e exoneração; (...)".
17. STF, 1ª Turma, RMS/ED 24.699, rel. Min. Eros Grau, j. 21.2.2006, *DJU* 24.3.2006, p. 36, *Ement.* 02226-01, pp. 00084, *Lex-STF* 28, n. 328/166-170, 2006.

O Ministro-Relator, Eros Grau, iniciou seu voto com uma introdução ao tema da revisão judicial dos atos administrativos: "(...). A doutrina moderna tem convergido no entendimento de que é necessária e salutar a ampliação da área de atuação do Judiciário, tanto para coibir arbitrariedades – em regra praticadas sob o escudo da assim chamada discricionariedade – quanto para conferir-se plena aplicação ao preceito constitucional segundo o qual 'a lei não excluirá da apreciação do Poder Judiciário lesão ou ameaça a direito'".

Após defender a ampliação da área de atuação da revisão judicial, o Ministro afirma que o Judiciário verifica se o ato é correto; não qual o ato correto. Nesse sentido, interessante a construção do Ministro: "O Poder Judiciário vai à análise do mérito do ato administrativo, inclusive fazendo atuar as pautas da proporcionalidade e da razoabilidade (inclusive a proporção que marca a relação entre o ato e seus motivos, tal e qual declarados na motivação), que não são princípios, mas sim critérios de aplicação do Direito, ponderadas no momento das normas de decisão".

A 1ª Turma, por unanimidade, deu provimento ao recurso ordinário em mandado de segurança para, reformando o acórdão proferido pelo STJ, cassar o ato mediante o qual foi imposta a penalidade de demissão ao funcionário, determinando, em consequência, sua imediata reintegração ao cargo que anteriormente ocupava, nos termos do voto do Relator.

Para os fins deste trabalho é bastante significativa a afirmação do STF supramencionada, pois os "critérios" da proporcionalidade e da razoabilidade já se mostram consolidados como instrumentos para a revisão judicial dos atos administrativos discricionários. Forçoso concluir, assim, que a revisão balizada pela estrita legalidade perdeu espaço diante desta releitura do papel do Judiciário frente ao controle do mérito administrativo.

4. Controle da competência discricionária em três casos específicos

4.1 Políticas fiscais

Para melhor completar o panorama jurisprudencial sobre o controle dos atos administrativos discricionários, cumpre analisar, ainda que brevemente, as decisões referentes aos tributos utilizados para a realização de políticas fiscais e implementação de políticas econômicas.[18]

Tendo em vista que o objetivo deste trabalho não é o esgotamento da análise dessas decisões específicas, mas, antes, a realização de um estudo mais geral que possibilite apontar, de modo fundamentado, as eventuais mudanças pelas quais a jurisprudência do STF esteja passando, será trazido para esta análise apenas um julgado, que, embora de 1994, bem retrata o posicionamento atual do STF.

Caso de isenção envolvendo a General Motors do Brasil e a União, em 1994, trata de recurso em face de decisão proferida pelo Tribunal *a quo* que declarou a constitucionalidade do art. 6º do Decreto-lei 2.434/1988, que concedeu isenção do IOF/Câmbio com base na data de emissão da Declaração de Importação ou documento semelhante. A empresa recorrente alegou que o dispositivo violaria o princípio da isonomia tributária e teria, ainda, deslocado o fato gerador da obrigação.[19]

No voto do Min. Paulo Brossard houve o entendimento de não serem procedentes os argumentos da recorrente, declarando: "A isenção fiscal seria decorrente do implemento de política fiscal e econômica, pelo Estado, tendo em vista interesse social. *É ato discricionário que escapa ao controle do Poder Judiciário e envolve juízo de conveniência e oportunidade*" (grifos nossos).

De se notar da decisão que o Ministro não demonstrou por quais motivos a implementação de uma política fiscal e econômica, por meio da concessão do benefício isencional, constituiria algo impermeável ao Judiciário *per se*. De fato, parece que o Ministro, e o posterior entendimento da Corte ao tratar da matéria, ao simplesmente reconhecer a competência discricionária, afastou, sem o devido ônus argumentativo, a possibilidade do controle desses atos.[20]

---

18. Trata-se das decisões referentes ao Imposto sobre Operações de Crédito, Câmbio e Seguro, ou sobre Operações Relativas a Títulos ou Valores Mobiliários/IOF; ao Imposto sobre Produtos Industrializados/IPI; e ao Imposto de Importação/II.
19. STF, 2ª Turma, RE 149.659, rel. Min. Paulo Brossard, j. 4.10.1994, *DJU* 31.3.1995, p. 7.776, *Ement*. 01781-02, pp. 00286.
20. A impossibilidade de análise do mérito também está presente no AI/AgR 630.997, de 2007, e no RE 344.331, já em 2003, no qual a Min. Ellen Gracie declarou, respaldada nos precedentes no RE 149.659 e no AI 138.344, que "a concessão de isenção é ato discricionário, por meio do qual o Poder Executivo, fundado em juízo

Ao final de seu voto o Ministro invocou a dinamicidade das relações de comércio exterior para justificar a necessidade de delegar competência normativa ao Poder Executivo a fim de que este possa dar as respostas políticas de modo ágil, sendo que por essas razões entendeu que a Constituição facultaria ao Executivo, dentro dos limites e condições estabelecidos em lei, alterar as alíquotas do II, do IOF e do IPI. Os demais ministros acompanharam o voto do Relator.

4.2 Súmula Vinculante 13

Também conhecida como "Súmula do Nepotismo", a Súmula Vinculante 13, editada no ano de 2008, dividiu a crítica entre aqueles que enxergavam nela um "basta" a determinados atos imorais da Administração Pública e os que percebiam fragilidades na sua redação e conteúdo.[21]

A análise da Súmula Vinculante 13 neste trabalho se justifica por ser a nomeação para cargo em comissão um dos maiores exemplos de ato administrativo discricionário. Também interessa a este trabalho o modo como foi realizado o controle da discricionariedade, vez que não se deu em termos de legalidade estrita, mas em consonância com os princípios da impessoalidade e da moralidade administrativa.

De fato, como instrumento de controle dos atos administrativos discricionários, a presente Súmula Vinculante é carregada de significado. Primeiramente, pode ser apontada a utilização dos princípios como fundamento único da decisão, haja vista que a matéria não havia sido regulamentada por lei; a arriscada presunção do Judiciário de que a Administração nunca poderá encontrar motivação adequada para

de conveniência e oportunidade, implementa suas políticas fiscais, sociais e econômicas, utilizando o caráter extrafiscal que pode ser atribuído aos tributos. Desta forma, o mérito de tal ato escapa ao controle do Poder Judiciário".

21. A Súmula apresenta o seguinte teor: "*A nomeação de cônjuge, companheiro ou parente em linha reta, colateral ou por afinidade*, até o terceiro grau, inclusive, da autoridade nomeante ou de servidor da mesma pessoa jurídica investido em cargo de direção, chefia ou assessoramento, *para o exercício de cargo em comissão ou de confiança* ou, ainda, de função gratificada na Administração Pública direta e indireta em qualquer dos Poderes da União, dos Estados, do Distrito Federal e dos Municípios, compreendido o ajuste mediante designações recíprocas, *viola a Constituição Federal*".

justificar, v.g., a nomeação de um parente para cargo que é de livre nomeação e exoneração; e, o que fica bastante evidente, o STF cerceou a competência discricionária da Administração por decisão que vale para toda a Administração e todo Judiciário.

4.3 Política pública (RE/AgR 410.715)

O presente agravo em recurso extraordinário data de 2006 e tem como objeto o direito à educação, figurando como agravante o Município de Santo André em face do Ministério Público do Estado de São Paulo. No caso, o Município, por meio de decisões judiciais, se via compelido a fornecer matrículas em creches e em pré-escolas para crianças, sendo que tais julgados pautavam-se no "direito à educação infantil", fundamentado no art. 208, IV, da CF.[22]

A intervenção do Judiciário na construção de políticas públicas é tema complexo e bastante interessante. Todavia, importa para o presente estudo apontar se o julgado impõe, ou não, limites e contornos para a competência discricionária da Administração. Para tanto, serão contrapostos os argumentos do Município – agravante – e do STF acerca da possibilidade de revisão.

Os deferimentos das medidas liminares e das r. sentenças obrigando as matrículas de crianças em creches, adequando o Estatuto da Criança e do Adolescente à realidade fática, não podem vigorar, pois essa disposição configura indevida ingerência do Judiciário no poder discricionário do Executivo, o que difere do poder jurisdicional daquele em analisar a legalidade dos atos administrativos praticados pela Administração.

---

22. STF, 2ª Turma, RE/AgR 410.715, rel. Min. Celso de Mello, j. 22.11.2005, *DJU* 3.2.2006, p. 76, *Ement*. 02219-08, pp. 01529, *RTJ* 199-03/1.219, *RIP* 7/291-300, n. 35, 2006; *RMP* 32/279-290, 2009.
Outra consideração importante em matéria de política pública está na SL/AgR 47 (Tribunal Pleno, rel. Min. Gilmar Mendes, j. 17.3.2010, *DJe* 76, divulg. 29.4.2010, publ. 30.4.2010, *Ement*. 02399-01, pp. 00001), sobre saúde pública: "Essa conclusão não afasta, entretanto, *a possibilidade de o Poder Judiciário, ou de a própria Administração, decidir que medida diferente da custeada pelo SUS deve ser fornecida a determinada pessoa* que, por razões específicas do seu organismo, comprove que o tratamento fornecido não é eficaz no seu caso" (grifos nossos).

Em que pese ao esforço argumentativo do Município, a invocada impossibilidade de intervenção judicial na matéria não encontrou respaldo na posição do Supremo. O Relator deixou claro em seu voto que a margem de discricionariedade para a Administração seria "mínima", não incluindo o "não fazer", pois as políticas públicas discriminadas na ordem social constitucional vinculariam completamente o administrador.

No fundamento do seu voto o Relator invocou a "finalidade constitucional" das políticas públicas como argumento para efetivar o controle da legitimidade do ato administrativo. Destaca-se desse julgado que a matéria do ato administrativo revisado – educação infantil – foi o fator determinante a suportar a revisão judicial. Interessante observar que o mesmo não ocorreu com outras matérias, como a temática fiscal, que, embora também constitucionalizada, restou "imune" ao controle judicial.

5. Conclusão

O desenvolvimento deste trabalho permite concluir pela crescente limitação do âmbito da competência discricionária da Administração Pública e pelo aumento do ativismo no Judiciário.[23] Tal conclusão emerge da comparação entre os julgados mais recentes, nos quais se observa a predominância dos postulados da razoabilidade e da proporcionalidade e do uso de princípios constitucionais diversos na justificação do controle, enquanto na jurisprudência mais antiga (*v.g.*, os julgados das décadas de 1960 e 1970) a revisão era fundamentada em termos de legalidade.

Com relação aos parâmetros empregados pelo STF para o controle dos atos administrativos discricionários, é possível enumerar os seguintes instrumentos de controle: (i) a legalidade ampla, incluindo

---

23. O comportamento ativista pode ser demonstrado pela redução da competência discricionária da Administração fundamentada nos postulados da proporcionalidade e razoabilidade, como no RE 192.568, relator o Min. Marco, e no RE 273.605, tendo como relator o Min. Néri da Silveira. Também se pode perceber tal comportamento na utilização de princípios constitucionais, como ocorre no RE/AgR 410.715, no RMS 24.699, no AI/ AgR 463.646 e no RE/AgR 205.535.

não apenas a competência para a prática do ato e suas formalidades extrínsecas, mas também os motivos, os pressupostos de direito e de fato (RE/AgR 205.535/1998), a motivação e a finalidade (AI/AgR 312.488/2002), bem como o dever de obediência às decisões judiciais (MS 20.861/1990); (ii) os princípios constitucionais, com uso claramente demonstrado na análise da Súmula Vinculante 13, na qual o princípio da moralidade administrativa, independentemente de lei que regulasse o assunto, foi utilizado para proibir a contratação em cargo em comissão nos casos lá previstos; e (iii) os postulados da razoabilidade e da proporcionalidade como instrumentos bastante constantes na jurisprudência mais atual da Corte, como faz prova o RMS 24.699/2004.

Na contramão do que é largamente afirmado na doutrina, o próprio STF declarou que vai à analise do mérito do ato administrativo, embora não tenha a intenção de substituí-lo.[24]

A (in)constância do tratamento jurisprudencial parece variar com o tempo e também com a matéria tratada. Nas décadas de 1960 e 1970 parece que o STF não se imiscuía no mérito dos atos administrativos, deixando grande liberdade para o atuar da Administração, seja por motivos de tradição, seja pelo atuar da Corte se caracterizar mais pela legalidade estrita. Já, os julgados mais atuais, em geral, demonstram um papel muito mais ativo do Judiciário, que não deixa de analisar o mérito do ato administrativo.

Em relação à matéria a argumentação jurisprudencial varia bastante. Como visto, enquanto em matéria fiscal a Corte se vê interditada de analisar o mérito do ato, tratando-se de outras políticas públicas, como a educação infantil, seu atuar é completamente diverso: o STF não deixou nenhuma margem de liberdade para a Administração, ordenando que desde pronto ela cumprisse a decisão proferida, quantitativa e qualitativamente. Também nas contratações para cargo em comissão o mérito do ato não foi somente analisado, mas o STF chegou a inovar na ordem jurídica da matéria, criando proibições.

Da análise desenvolvida desponta a impossibilidade de se operar, na atualidade, a total segregação dos conceitos de legalidade e mérito

24. STF, RMS 24.699.

do ato administrativo discricionário quando o que está em pauta é sua revisão judicial. Mais que isso, do estudo da interação entre o Poder Judiciário e o Poder Executivo percebeu-se que a própria utilização dos postulados da proporcionalidade e da razoabilidade, por meio do exame da adequação e da necessidade, permite ao Supremo adentrar a análise de conveniência e oportunidade do ato administrativo discricionário, bem diferente do que ocorreria se a revisão se mantivesse dentro dos critérios da legalidade, por mais alargada que pudesse ser sua compreensão.

Bibliografia

ÁVILA, Humberto (2008). *Teoria dos Princípios – Da Definição à Aplicação dos Princípios Jurídicos*. São Paulo, Malheiros Editores.

BANDEIRA DE MELLO, Celso Antônio (1993). *Discricionariedade e Controle Jurisdicional*. 2ª ed. São Paulo, Malheiros Editores.

_____ (2007). *Curso de Direito Administrativo*. 25ª ed. São Paulo, Malheiros Editores.

BARROSO, Luís Roberto (2008). *Entrevista: Luís Roberto Barroso, Advogado Constitucionalista*. Rodrigo Haidar. CONJUR. Disponível em *www.conjur.com.br* (acesso em 21.9.2008).

BINENBOJM, Gustavo (2008). *Uma Teoria do Direito Administrativo: Direitos Fundamentais, Democracia e Constitucionalização*. 2ª ed. Rio de Janeiro, Renovar.

DI PIETRO, Maria Sylvia Zanella (2001). *Discricionariedade Administrativa na Constituição de 1998*. São Paulo, Atlas.

FIDELIS, Andressa Lin (2008). *Jurisprudência do STF no Controle da Administração Pública: uma Releitura do Controle dos Atos Administrativos Discricionários*. Monografia da Escola de Formação da *sbdp*. Disponível em *http://www.sbdp.org.br/ver_monografia.php?idMono=112*.

OLIVEIRA, José R. Pimenta (2006). *Os Princípios da Razoabilidade e da Proporcionalidade no Direito Administrativo Brasileiro*. São Paulo, Malheiros Editores.

SEABRA FAGUNDES, M. (1979). *O Controle dos Atos Administrativos pelo Poder Judiciário*. 5ª ed. Rio de Janeiro, Forense.

SOUZA, Marina de Santana (2007). *A Permeabilidade das Questões de Mérito na Revisão Judicial dos Atos Administrativos Discricionários Relativos ao IOF, II e IPI na Jurisprudência do STF*. Monografia da Escola de Formação da *sbdp*. Disponível em *http://www.sbdp.org.br/ver_monografia.php?idMono=111*.

Acórdãos utilizados: ADI 432; MS 11.792, 16.807, 20.021, 20.861 e 23.310; AI/AgR 138.344, 142.348 e 630.997; RE 64.559, 75.421, 78.229, 97.693, 131.661, 134.297, 140.669, 149.659, 192.568, 222.330, 225.602, 273.605 e 344.331; RE/AgR 205.535 e 410.715; RMS 24.699.

DIREITO E POLÍTICA: O STF NO CONTROLE DOS ATOS DO CONSELHO DE ÉTICA E DECORO PARLAMENTAR[*,1]

CAMILA BATISTA PINTO

1. Introdução. 2. Metodologia. 3. Análise qualitativa. 4. Análise das decisões monocráticas: 4.1 "Caso Sarney" – 4.2 "Caso Landin" e "Casos Barbalho I e II" – 4.3 "Casos Renan Calheiros I e II" – 4.4 "Caso Moraes". 5. Análise das decisões colegiadas: 5.1 "Caso Dirceu I" – 5.2 "Caso Dirceu II". 6. Conclusão.

1. Introdução

O presente trabalho consiste em estudo empírico acerca das decisões do STF que envolvam controvérsias relacionadas ao Conselho de Ética e Decoro Parlamentar. Os casos tratam de investigações a respeito de supostas condutas ilícitas praticadas por representantes do

* *Resumo*: Este trabalho consiste em um estudo empírico acerca das decisões do STF relacionadas ao tema da cassação de mandato de parlamentares e do Conselho de Ética e Decoro Parlamentar. Foram analisadas decisões do Tribunal constitucional compreendidas no período de setembro/2001 a agosto/2009. O objetivo do estudo é, por meio do método qualitativo de análise das decisões do STF, identificar a estrutura argumentativa desenvolvida pelos ministros nos casos relativos à cassação de mandato de políticos. Busca-se perceber a natureza dos fundamentos da Corte, bem como compreender a interação do Tribunal constitucional, expressa por meio de acórdãos e decisões monocráticas, com os meios de comunicação.

Palavras-chave: Clamor Público; Conselho de Ética e Decoro Parlamentar; Deputados; Matéria *Interna Corporis*; Senadores; Supremo Tribunal Federal.

1. O presente artigo foi desenvolvido a partir de monografia apresentada à *sbdp* como trabalho de conclusão do curso da Escola de Formação do ano de 2009, sob a orientação de Camila Duran Ferreira. A versão original encontra-se em *http://www.sbdp.org.br/monografias_ver.php?idConteudo=142*.

Poder Legislativo, senadores e deputados, e discutem a possibilidade de cassação de seus respectivos mandatos.

A escolha do Conselho de Ética e Decoro Parlamentar do Senado Federal e da Câmara dos Deputados como objeto desta pesquisa justifica-se por três razões.

Em primeiro lugar, busco analisar a relação existente entre Direito e Política a partir da interação de órgãos dotados de características institucionais distintas – uma instância política, como o Conselho, e um órgão jurisdicional, como o STF.

Secundariamente, admito como essencial a necessidade de problematizar a existência do Conselho a partir da constatação do papel de responsabilidade por ele exercido, acrescido à insatisfatória articulação por parte da mídia acerca do tema.

Por último, considero ainda mais interessante a delimitação do tema em virtude da recente apreciação, pela Comissão de Constituição e Justiça do Senado, de projeto de resolução para extinção do Conselho de Ética e Decoro Parlamentar.[2] Além disso, em entrevista, o senador Sarney sustentou que a falta de decoro deve ser julgada pelos ministros do STF, e não por membros do próprio Congresso: "Ao Senado compete julgar os membros do Supremo, e a este, os membros do Senado".[3]

Ainda, a escolha por analisar a dupla *STF/Conselho de Ética e Decoro Parlamentar* justifica-se em virtude de esta interação se constituir em um caso sensível de judicialização da Política; afinal, tal interação envolve as duas perspectivas desse fenômeno, a saber: (i) expansão da atuação dos tribunais sobre assuntos tipicamente políticos (revisão do STF das decisões relativas ao Conselho de Ética); e (ii) expansão do uso de mecanismos propriamente judiciais em órgãos tipicamente políticos (perfil do Conselho de Ética).

Mediante análise da estrutura argumentativa do STF no material sob exame, pretendo responder à seguinte questão/problema: *Diante dos casos em que o resultado da decisão influencia diretamente o contexto político – tem impacto sobre os trabalhos do Poder Legislativo –, qual a postura argumentativa predominante do Tribunal?*.

2. Projeto 25/2008, apresentado pelo senador Tião Viana (PT/AC).
3. De acordo com o senador Sarney, no jornal *Folha de S. Paulo*, em 21.8.2009.

A hipótese inicial é a de que o STF apresenta uma postura política em relação aos casos, que pode estar revestida por uma argumentação jurídica. Entendo por "postura política" a existência de uma atuação da Corte constitucional – a partir das percepções de cada ministro acerca de como deve ser a organização de questões legislativas e político-partidárias – que ultrapassa os contornos da aplicação da lei ao caso concreto.

Desse modo, o intuito deste trabalho é: (i) selecionar as decisões relevantes acerca do tema; (ii) identificar o raciocínio desenvolvido por cada ministro na construção de sua argumentação; (iii) identificar a existência, ou não, de um modelo de atuação típico do STF; e (iv) contrastar a análise empírica das decisões com o posicionamento veiculado pelos meios de comunicação a respeito destas.[4]

2. Metodologia

O procedimento desenvolvido nesta pesquisa pode ser subdividido em dois momentos distintos: a coleta dos dados e o tratamento dos dados.

A coleta dos dados abrange a obtenção do material de pesquisa, que foi obtido por meio do *site* do STF,[5] mediante busca realizada com a palavra-chave "Conselho de Ética e Decoro Parlamentar".[6] Após a aplicação de um filtro, em que foi excluído o material repetido e aquilo que não tinha relação com o tema, montei um banco de dados.

Esse material compôs os casos iniciais utilizados no trabalho. Posteriormente, após a leitura de cada decisão, foi feito o tratamento dos dados, que permitiu novo recorte do material pré-selecionado.

O refinamento da seleção de casos contou com os seguintes critérios para a escolha de decisões, que intitulei "relevantes": (i) decisão

---

4. Considerei, para fins da pesquisa, os jornais O *Estado de S. Paulo* e *Folha de S. Paulo*, as revistas *Veja*, *Época* e *Carta Capital* e, na Internet, os *sites Globo Online*, *Le Monde Diplomatique*, *JusBrasil Notícias*, *Consultor Jurídico* e *Jornal UOL*.
5. Site: *http://www.stf.jus.br/portal/jurisprudencia/pesquisarJurisprudencia. asp*, visitado entre os meses de julho e outubro/2009.
6. Utilizei também as seguintes combinações de palavras: "Conselho de Ética"; "Conselho e Decoro"; e "Conselho Parlamentar".

que teve repercussão midiática;[7] ou (ii) decisão em que o ministro explorou de forma minuciosa[8] a questão da legitimidade da interferência de um Poder sobre o outro, a partir da afirmação da existência de questões políticas suscetíveis de análise jurisdicional.

Os critérios para a seleção das decisões relevantes podem apontar a seguinte tendência: (i) casos que apresentam grande veiculação midiática e pressão da opinião pública caracterizam um aumento no ônus argumentativo dos ministros;[9] e (ii) casos em que o ministro deve fazer frente ao ônus decorrente da existência de questões políticas passíveis de análise jurisdicional.

Após a seleção dos casos relevantes, seguiu-se exame mais minucioso de cada decisão, a partir da aplicação de um modelo de questionamentos, que teve a função de permitir a comparação entre decisões. Assim, as decisões selecionadas foram analisadas, buscando-se responder às seguintes questões: (i) *Qual é a estrutura argumentativa desenvolvida na decisão analisada?*; (ii) *Qual é o fundamento apresentado na decisão?*; e (iii) *A articulação desse fundamento se realiza por meio de uma argumentação exclusivamente jurídica ou apresenta argumentos de outra natureza?*.

A contribuição deste estudo é a verificação, por meio da análise argumentativa, da existência, ou não, de um modelo de atuação do STF referente à relação entre Direito e Política nos casos relativos a cassação de mandato. Neste aspecto, a investigação da postura do STF como órgão se realiza mediante a busca de um padrão de comportamento por parte de cada ministro, individualmente, que permita extrair um posicionamento da Corte.

3. *Análise qualitativa*

O foco de análise deste trabalho está nos casos de cassação de mandato, que envolvem a composição de um juízo objetivo com um

---

7. Considerei "repercussão midiática" a veiculação do tema por diferentes meios de comunicação, a qual pode ser percebida, inclusive, em virtude de referências dos ministros ao "clamor público".
8. Aqui não cabem decisões em que o tema não foi argumentado, isto é, em que a separação dos Poderes foi meramente citada.
9. Cf. manifestação do Min. Eros Grau no MS 25.647, p. 344 do acórdão: "Quer dizer, apesar do peso do clamor público, o direito de defesa pesa mais".

juízo discricionário por parte da Câmara dos Deputados ou do Senado Federal.

No que se refere ao juízo discricionário, este consiste em uma decisão propriamente política; afinal, é resultado da votação dos membros da Câmara dos Deputados, ou do Senado, feita secretamente. O papel do Conselho de Ética é analisar se há a configuração do juízo objetivo,[10] que é exigência para a instauração do processo de cassação.

Além disso, este trabalho tem como objeto as decisões do STF relativas a dois órgãos distintos: o Conselho de Ética e Decoro Parlamentar do Senado Federal[11] e o Conselho da Câmara dos Deputados.[12] Ambos são dotados de caráter tipicamente político, sendo compostos pelos próprios membros das Casas Legislativas – o que pode tornar o julgamento parcial.[13] Ademais, é importante frisar que o procedimento de cassação não se esgota na atuação destes órgãos. É a partir da redação, por parte de um ou outro Conselho, de parecer favorável à cassação de determinado deputado ou senador que a questão é submetida ao juízo das respectivas Casas Legislativas.

10. Cf. manifestação do Min. Sepúlveda Pertence no MS MC 25.579, p. 408 do acórdão: "Juízo objetivo – e, assim, vinculado – de verificação de um fato – a infringência de regras expressas de incompatibilidade e vedação (no Brasil, enumeradas no art. 54 da Constituição)".
11. A criação do Conselho de Ética e Decoro Parlamentar do Senado Federal remonta ao ano de 1993.
12. O Conselho de Ética e Decoro Parlamentar da Câmara dos Deputados foi criado em 2001. Ademais, de acordo com dado recente, podemos afirmar que este Conselho, após 8 anos de existência, recebeu mais de 100 representações e decidiu 41 processos contra deputados em virtude de quebra de decoro parlamentar. O órgão recomendou a cassação de 17 deputados e absolveu os outros 24. Desse número de 17 recomendações, podemos falar em 76% de rejeição em virtude do juízo discricionário reservado ao Poder Legislativo. Conclui-se, portanto, que, dos 41 processos julgados, apenas 4 resultaram em cassações de deputados (cf. dados do *Jornal UOL*, em "Conselho de Ética da Câmara absolveu 59% dos deputados desde a sua criação", disponível em 19.8.2009).
13. Como se observa nesta reportagem: "É preciso entender que existe um forte corporativismo entre os membros da Câmara, de tal maneira que, para um parlamentar, é sempre um drama julgar e condenar seus pares. (...). Julgados e julgadores pertencem ao mesmo grupo, são amigos, companheiros de partido etc." (de acordo com o *Jornal UOL*, em "Conselho de Ética da Câmara absolve 59% dos deputados desde a sua criação", disponível em 19.8.2009).

4. Análise das decisões monocráticas

4.1 "Caso Sarney"

O "Caso Sarney"[14] trouxe a seguinte questão: a CF, em seu art. 55, § 2º, determina que é reservado ao Senado Federal decidir sobre a cassação de mandato. Entretanto, o Regimento Interno do Conselho de Ética não admite recurso ao Senado após decisão, por parte do Plenário do Conselho, de arquivar representação ou denúncia para perda do mandato – o que parece ser uma contradição.

Joaquim Barbosa absteve-se de analisar o caso, sustentando a impossibilidade de conhecimento do mandado de segurança. Afirmou que não cabia controle jurisdicional de matéria *interna corporis*.[15] A análise de tal fundamentação me leva a crer que o Ministro realizou escolha política "revestida" de caráter jurídico, uma vez que, apesar da possibilidade de demonstrar a natureza constitucional da matéria, optou por priorizar o normal funcionamento do Conselho.

O interessante acerca do "Caso Sarney" é que a legitimidade da decisão do Conselho de Ética e Decoro Parlamentar – que o STF se absteve de analisar com profundidade nesta decisão – foi questionada pelo próprio senador Sarney. Dois dias depois de ver arquivadas, pelo Conselho, 11 ações que envolviam seu nome, o Presidente do Senado escreveu um artigo em que dizia: "A criação do Conselho de Ética é invenção recente, que não fazia parte de nossas Casas parlamentares. (...). Não é uma norma de nosso direito constitucional. (...). Os conselhos de ética incorporaram procedimentos legais usados em órgão de processo penal e têm tudo de uma corte de instrução e julgamento. Ora, os 'juízes' são os próprios parlamentares, por sua vez mandato popular fica sujeito ao humor e idiossincrasia do embate político. Ninguém se comporta como um juiz e ninguém é juiz. Cada um é um representante partidário que deseja a vitória do seu partido e não raras vezes quer a cabeça de um adversário. (...)".[16]

---

14. Trata do ato MS 28.213, rel. Min. Joaquim Barbosa.
15. Entendem-se por "questão *interna corporis*" os assuntos direta e imediatamente relacionados à organização das Casas Legislativas. Cf. manifestação do Min. Joaquim Barbosa no MS 28.213: "A questão em torno da qual se põe o presente feito diz com a interpretação e o alcance de textos normativos regimentais".
16. Conforme o editorial do jornal *Folha de S. Paulo* de 21.8.2009. Vale ressaltar que a mesma *Folha* que apresentou o artigo de Sarney trouxe também nova denúncia referente ao senador.

4.2 "Caso Landin" e "Casos Barbalho I e II"

A partir da análise desses três casos,[17] que têm Celso de Mello como Relator, percebi a configuração de um modelo uniforme de atuação, por parte do Ministro, acerca da matéria. O Ministro articulou sua argumentação de maneira a demonstrar o papel de relevo exercido pelo Poder Judiciário no âmbito do controle da atividade parlamentar e discorreu sobre o comprometimento da revisão judicial com a preservação do regime democrático.

A estrutura argumentativa desenvolvida revela um mesmo posicionamento sobre o papel do STF, o qual pode demonstrar a preferência do Ministro por uma postura mais ativista diante de temas relacionados ao âmbito dos Poderes Legislativo e Executivo.

Além disso, a partir da análise da estrutura argumentativa dos votos percebe-se a predominância de argumentos retóricos,[18] o que torna difícil distinguir qual a razão principal para o Ministro estar atribuindo para si a competência de julgar o caso.[19]

4.3 "Casos Renan Calheiros I e II"

No "Caso Renan Calheiros I"[20] Lewandowski ignorou o encargo argumentativo de rejeitar a configuração de matéria regimental[21] (impassível de análise jurisdicional). Isto é, o Ministro não fez referência ao tema, não demonstrando preocupação em legitimar a interferência do Poder Judiciário em matéria referente à organização legislativa. Essa posição contrasta com a posição de Joaquim Barbosa no "Caso

---

17. "Caso Landin", trata do ato MS 24.458; "Caso Barbalho I", trata do ato MS 24.082, j. 26.9.2001; "Caso Barbalho II", trata do ato MS 24.086, j. 1.10.2001.
18. Um exemplo dessa modalidade de argumento é: "Delineia-se, nesse contexto, a irrecusável importância jurídico-institucional do Poder Judiciário, investido do gravíssimo encargo de fazer prevalecer a autoridade da Constituição e de preservar a força e o império das leis, impedindo, desse modo, que se subvertam as concepções que dão significado democrático ao Estado de Direito".
19. O Ministro poderia não conhecer do mandado de segurança mediante alegação de impossibilidade de interferência judicial diante de matéria *interna corporis*.
20. "Caso Renan Calheiros I", trata do ato MS 27.170, ₽. 5.3.2008.
21. Matéria tratada pelo Regimento Interno da Casa Legislativa.

Sarney". Em situações semelhantes os Ministros apresentaram posturas bastante diferentes.[22]

No que diz respeito ao "Caso Renan Calheiros II"[23] Lewandowski alegou que sua atuação é legítima em função da necessidade de analisar se há violação a direito subjetivo dos impetrantes. Entretanto, sua decisão acabou por contrariar o conteúdo do próprio Regimento Interno do Senado Federal. O Ministro autorizou o comparecimento de deputados em sessão do Senado, que de acordo com o Regimento Interno era secreta.

Em função da polêmica suscitada, Lewandowski resolveu levar a questão ao Plenário do STF. Sua decisão foi mantida. Neste sentido, as diferentes alegações demonstram a ausência de concordância entre ministros integrantes do Tribunal acerca do tema.[24]

Nesse aspecto, a interferência do STF em uma questão de ordem política produziu impacto no Legislativo, o qual pode ser ilustrado em função: (i) da indignação da Mesa do Senado, que impetrou recurso contra a decisão de Lewandowski; (ii) do protesto, no início de uma sessão deliberativa, por parte do Vice-Presidente do Senado, Tião Viana, em relação ao conteúdo da decisão do Tribunal;[25] (iii) além do confronto – socos e empurrões – entre os seguranças e os deputados autorizados a assistir à sessão, no momento em que tentavam entrar no Plenário do Senado.[26]

22. Lewandowski realiza a apreciação da existência dos requisitos necessários à concessão de liminar, ignorando a possibilidade de não conhecer do mandado de segurança. No "Caso Sarney" a articulação do voto de Barbosa baliza-se nesse fundamento.
23. "Caso Renan Calheiros II", trata do ato MS 26.900, j. 11.9.2007.
24. Marco Aurélio sustentou: "A sessão deve ser pública com letra maiúscula". Peluso afirmou: "Não se pode judicializar o que é típico da luta e da arena política. O Senado tem que assumir a responsabilidade política de como deve ser a sessão e não transferi-la para o STF". Gilmar Mendes disse: "Talvez a sessão devesse ser pública e no Maracanã".
25. De acordo com o senador Tião Viana (PT/AC): "Pode um deputado tomar uma atitude unilateral de divulgar o que está sendo discutido em uma sessão que, por norma, é secreta? Isso prejudica ou não o processo legal? Com a palavra S. Exa., o Min. Lewandowski".
26. De acordo com o jornal *Globo Online*, em "Deputados podem ficar na sessão de Calheiros, diz STF", por Elimar Franco, Adriana Vasconcelos e Allan Grip, disponível em 12.9.2007.

4.4 "Caso Moraes"

O impetrante[27] alegou que o Presidente do Conselho de Ética e Decoro Parlamentar da Câmara dos Deputados, pautado por motivações puramente políticas, agiu autoritariamente e sem previsão no Regimento Interno da Câmara, dissolvendo Subcomissão e promovendo sua retirada da relatoria do processo. Contudo, segundo notícia da imprensa, "na semana passada, Moraes disse que não ficaria constrangido em absolver o colega (Edmar Moreira), porque está 'se lixando' para a opinião pública".[28] Tal situação criou impasse no Conselho, com divisão dos deputados participantes da Subcomissão. A maioria alegou que a continuação do Relator seria insustentável; já, outros conselheiros "têm defendido a permanência do Relator, afirmando que se trata de uma campanha da imprensa para tirá-lo do cargo e desmoralizar o Conselho".[29]

O caso demonstra os manejos políticos referentes à atuação do Conselho de Ética. Carmen Lúcia afirmou: "É fácil perceber, pela só leitura da peça inicial da ação, que a conduta questionada é (...) de inegável essência, causa e efeitos políticos". Nesse sentido, este posicionamento demonstra a complexidade de intervir em um caso que envolve disputas partidárias.

5. Análise das decisões colegiadas

5.1 "Caso Dirceu I"

A questão principal posta para julgamento[30] é a constitucionalidade do processamento, na Casa Legislativa, de processo disciplinar contra deputado em virtude de conduta ocorrida quando este exercia o cargo de ministro de Estado. Os ministros divergiram com relação ao tema: (i) Sepúlveda, Eros Grau e Nelson Jobim concederam a limi-

---

27. O "Caso Moraes" trata do ato MS 28.010, rela. Min. Carmen Lúcia.
28. Conforme notícia do *site Zero Hora*, em "Conselho de Ética Nomeará Novo Relator para o 'Caso Edmar Moreira'", disponível em 11.5.2009.
29. De acordo com a *Empresa de Comunicações Agência Brasil*, em *Substituição de Sérgio Moraes no Conselho de Ética Divide Parlamentares*, disponível em 13.5.2009.
30. O "Caso Dirceu I" trata do ato MS 25.579.

nar; e (ii) Joaquim Barbosa, Gilmar Mendes, Ellen Gracie, Carlos Britto, Carlos Velloso, Celso de Mello e Marco Aurélio a indeferiram.

Eros Grau e Sepúlveda trouxeram fundamentos semelhantes, ressaltando a questão da separação dos Poderes e afirmando que não haveria possibilidade de o Poder Legislativo punir conduta relacionada ao exercício de atribuição da esfera do Poder Executivo.

Britto afirmou que os parlamentares não precisam estar no exercício da função para terem direito a prerrogativas.[31] O Ministro balizou sua interpretação de maneira a retirar da Constituição Federal fundamentos para sustentar a responsabilização de Dirceu pelos crimes cometidos. Quando o Ministro foi interrogado por Sepúlveda a respeito de como seria a mesma situação envolvendo indivíduo que não fosse deputado ou vereador, ele respondeu: "Aí já é outra coisa". Contudo, a situação proposta não é tão diversa.

É interessante perceber que o Min. Jobim, ainda que desobrigado de votar,[32] indicou seu entendimento acerca da questão. O Ministro concedeu a liminar a Dirceu a partir do fundamento de que decisão em contrário daria poderes em excesso ao Congresso. Mostrou-se temeroso, inclusive, diante da suposta "possibilidade de o Senado Federal, através de denúncia de qualquer personagem, cassar esses eventuais titulares de funções no STF".[33]

5.2 "Caso Dirceu II"

No "Caso Dirceu II"[34] a questão que levantou grande discordância entre os ministros dizia respeito à possibilidade de inversão da ordem de oitiva das testemunhas.

Carlos Britto, Joaquim Barbosa, Carlos Velloso e Ellen Gracie consideraram descabida a alegação; já, Cézar Peluso, Celso de Mello, Nelson Jobim, Eros Grau e Marco Aurélio acreditaram que houve violação ao princípio do contraditório.

---

31. Por exemplo: os deputados e senadores são invioláveis por suas opiniões e votos desde a expedição do diploma (CF, art. 53).
32. De acordo com o art. 146 do RISTF.
33. Cf. manifestação do Min. Nelson Jobim no MS 25.579, p. 548 do acórdão.
34. O "Caso Dirceu II", trata do ato MS 25.647.

Um dos aspectos mais interessantes da decisão dizia respeito à mudança de posicionamentos por parte de alguns ministros. Gilmar Mendes retificou seu voto, sem fazer frente ao ônus de refutar as afirmações por ele mesmo realizadas anteriormente.[35]

Eros Grau inicialmente indeferiu a liminar, baseado na suposta discricionariedade da Casa Legislativa (configuração de procedimento de natureza política). Entretanto, posteriormente mudou radicalmente sua percepção do caso, considerando-o como uma controvérsia de tratamento jurídico.

De acordo com elementos da retificação de voto, não visualizo essa mudança de juízo como resultado da convicção de Eros Grau. Este afirmou: "Entendo que, naquela balança, (...), de um lado estão os direitos de defesa e, no outro, seguramente, não está o clamor público nem o da imprensa. Quer dizer, apesar do peso do clamor público, o direito de defesa pesa mais".[36] É como se antes, não percebendo o princípio da ampla defesa como objeto do mandado de segurança, estivesse agindo em função do "peso do clamor público".

Outra questão de relevo envolveu o voto de Sepúlveda e sua repercussão na mídia. Neste sentido, apesar da afirmação do Ministro no sentido de que não se incomodou com as críticas a seus votos, este se dedicou a protestar contra as veiculações da mídia a seu respeito: "Sequer me pouparam da dúvida de que, de fato, estivesse doente, porque – chegou-se a sugerir – a hora de minha doença anunciada teria sido conveniente ao amigo de um amigo meu...".[37]

---

35. Afirma somente que, "diante das considerações feitas pelo Min. Velloso, e tendo em vista que esse era o objeto do mandado de segurança, vou reajustar o voto na linha do voto do Min. Britto".
36. Cf. MS 25.647, p. 344 do acórdão.
37. Neste comentário provavelmente o Ministro refere-se a artigo da revista *Veja*, edição 1.933, de novembro/2005, intitulado: "A 'sorte' de Dirceu – O futuro do ex-Ministro será decidido no STF pelo amigo de seu melhor amigo", o qual apresentava o seguinte conteúdo: "Para sorte do deputado (tanta sorte que até dá para desconfiar), a decisão está nas mãos do Ministro do STF Sepúlveda Pertence, grande amigo do seu melhor amigo, (...). Na quarta-feira passada o Min. Pertence foi acometido por uma súbita e oportuna crise de labirintite. A doença coincidiu (se é que se trata mesmo de coincidência, enfatize-se) com a data em que o STF deveria julgar mais um pedido de liminar impetrado pela defesa de Dirceu com o objetivo de suspender a votação do seu processo de cassação na Câmara" (disponível em 30.11.2005).

Vejo essa nota pessoal de Sepúlveda como indício da contradição existente entre os ministros e a mídia. Ao mesmo tempo em que os juízes não querem ser criticados nos meios de comunicação, o número de entrevistas concedidas é crescente.

Ainda sobre a questão dos votos, alguns juristas e jornalistas identificaram que o Presidente, Jobim, não deveria ter votado,[38] ao que este se justificou invocando o art. 146 do RISTF.[39] A confusão trouxe descrédito a Jobim, que foi rechaçado com manchetes como: *O Jobim Não Sabe Contar Votos*;[40] *Oposição Acusa Jobim de Julgar José Dirceu com Olho na Eleição*.[41] E até reportagens: *Quem Julga o STF? O Recém-Criado Conselho Nacional de Justiça, cujo Presidente é Também o Presidente do STF? Ou Esta Tarefa Cabe à Imprensa?*.[42] A má fama estendeu-se para a instituição STF como um todo: "O Judiciário está agindo politicamente ao interferir no Congresso... Isso aqui está virando uma republiqueta".[43]

Após todas as decisões proferidas, os ministros tentaram entrar em consenso a respeito da contabilização dos votos, o que foi dificultado em virtude da ausência de um critério concreto. Joaquim Barbosa mostrou-se insatisfeito, deixando transparecer uma tendência contrária ao intervencionismo: "Uma questão como esta, sobretudo com as minúcias processualistas com que ela está sendo discutida aqui, jamais seria sequer discutida por uma Corte Suprema ou constitucional".

38. De acordo com notícia veiculada pelo jornal *Folha de S. Paulo* em "STF não sabe somar": "Ora, tinha-se, portanto, já na semana passada, um número de seis ministros, e não apenas cinco, favoráveis ao prosseguimento do processo. Só quatro votaram pela devolução dos autos ao Conselho de Ética, para reinquirição de testemunhas: (...). Ou seja, o julgamento não deveria ter sido adiado" (disponível em 30.11.2005).
39. Cf. manifestação do Min. Sepúlveda: "Sucede que, cuidando-se de matéria constitucional, a V. Exa., Presidente, incumbe o dever de votar, haja ou não empate, estejam ou não presentes todos os seus juízes: é elementar".
40. Cf. notícia do *site Voto Eletrônico*, em "O Jobim não sabe contar votos", disponível em 2.12.2005.
41. De acordo com notícia do *site Norte Online*, em "Oposição acusa Jobim de julgar Dirceu com olho na eleição", disponível em 26.11.2005.
42. Conforme notícia do *site Consultor Jurídico*, intitulada "No país dos bacharéis, a mídia não sabe cobrir o Judiciário", por Alberto Dines, disponível em 29.11. 2005.
43. De acordo com Jefferson Peres (PDT/AM), em notícia da revista *Veja* intitulada "A 'sorte' de Dirceu", disponível em 30.11.2005.

Nos debates sobre a liminar a existência de disputas entre os ministros ficou evidente;[44] isto é, há uma necessidade de autoafirmação de um ministro em relação ao outro, a qual considero infrutífera, principalmente para um Tribunal constitucional.

Ademais, acredito que neste caso a decisão final do STF foi resultado da pressão do Senado. Esta pode ser percebida, por exemplo, em função de ameaça da Oposição de obstruir a aprovação do orçamento da União até que fosse votada a cassação de Dirceu. Arthur Virgílio afirmou que, "se é 'legítimo' a Câmara absolver ou não Dirceu, também é legítimo e regimental fazer obstrução".[45]

Assim sendo, a meu ver, as declarações na imprensa afirmando que o STF não se sentia ameaçado[46] demonstram tanto uma preocupação do Tribunal com sua imagem como o resultado da disputa de poderes entre o Poder Legislativo e o Judiciário.

Os ministros em diversos momentos do voto ressaltaram a importância do caso: "É imperioso assinalar, aqui e agora, *em face da alta missão* de que se acha investido o STF";[47] ou: "Vejo que estamos a atuar, (...), no campo precário e efêmero. Mas, pela *profundidade das discussões*, parece que estamos a julgar o mandado de segurança"[48] (grifos meus).

A meu ver, essas ponderações constituem indícios de uma preocupação de afastar o nome do impetrante do conteúdo da decisão. Isto é: uma vez que o caso teve grande repercussão na mídia, o ministro que decidiu a favor da concessão da liminar – e, portanto, contra o clamor público – sentiu-se obrigado a responder à opinião pública.

44. Um trecho que evidencia a competição é: "Não, eu já votei. Eu apenas respondi ao Min. Celso de Mello; eu quis apenas dar a ele um exemplo mais recente de questão política".
45. Conforme o jornal *Folha de S. Paulo*, em "Senado fica contra o STF e ameaça não votar orçamento", disponível em 25.11.2005.
46. De acordo com notícia do *site* da *Câmara dos Deputados*, em entrevista concedida pelo Min. Nelson Jobim, "o Supremo não se constrange com absolutamente nada. Nem o regime militar constrangeu o Supremo. Lembrem-se que o Supremo concedia *habeas corpus* contra o regime militar. Aqueles que pretendem desrespeitar decisões judiciais são exatamente aqueles que não sabem conviver no processo democrático" (disponível em 13.11.2009).
47. Cf. a manifestação do Min. Celso de Mello no MS 25.647.
48. Cf. a manifestação do Min. Marco Aurélio no MS 25.647.

Assim sendo, buscou vincular o voto a dois elementos: ora à suposta peculiaridade do caso, ora ao direito fundamental ao devido processo legal e à plenitude de defesa.

No voto de Marco Aurélio essa questão ficou evidente no seguinte trecho: "Neste julgamento *não está em causa apenas o mandato do deputado A ou B*. (...), está em causa o princípio básico do devido processo legal... E volto àquela tecla antiga: paga-se um preço por se viver em um Estado Democrático de Direito, *pouco importando a compreensão pelos leigos*... O meio justifica o fim, mas não o fim o meio. Que se chegue, se for o caso, à cassação do deputado, mas sem que pese qualquer dúvida quanto à preservação do lídimo direito de defesa" (grifos meus).

6. Conclusão

Por fim, retomo o objetivo deste trabalho com o intuito de responder qual a postura argumentativa predominante do Tribunal. Neste sentido, acredito que minha hipótese inicial tenha sido confirmada.

Identifiquei que os argumentos utilizados na fundamentação de cada caso apresentam estrutura jurídica, isto é, constituem ou referências a artigos constitucionais e infraconstitucionais, ou abstração dessas estruturas normativas ou, ainda, menção a princípios legais.

No entanto, a partir da comparação entre os diversos casos selecionados, percebi que nem sempre esses argumentos jurídicos são utilizados de maneira uniforme, o que me permitiu visualizar nas decisões a presença de convicções de outra natureza. Neste ponto, suponho que esta postura política em que os ministros deixam transparecer opiniões individuais acerca de questões da órbita do Legislativo pode ser consequência da fragilidade normativa referente ao tema.

Por exemplo, o conceito referente à questão da matéria *interna corporis* caracteriza-se por alto grau de indeterminação. A fundamentação de um voto a partir deste argumento aparenta, portanto, ser uma escolha de cada ministro. É como se a preferência acerca de seu uso fosse manipulada de acordo com a resposta ao seguinte questionamento: é interessante, ou não, julgar esse caso? Neste aspecto, é essencial perceber que quem decide o sentido do termo é o próprio STF.

Outra questão que também foi levantada é: há a configuração, ou não, de um modelo de atuação por parte do STF sobre o tema? Aqui, não visualizei a existência de jurisprudência concreta do Tribunal. Não há um modelo constante e regular acerca da questão da interferência do Poder Judiciário em relação ao Poder Legislativo. Portanto, acredito que os casos em que os ministros optam por interferir em questões típicas do Legislativo deveriam fazer frente a um maior ônus argumentativo. No entanto, isto não acontece na maioria dos casos apresentados.

A meu ver, a exigência de os ministros justificarem suas escolhas se faz necessária, uma vez que os casos trazidos nesta pesquisa envolvem importante questão democrática, consistente na possibilidade de se encurtar um mandato parlamentar. Assim sendo, a apresentação de uma argumentação coerente facilita o acompanhamento das decisões por parte da sociedade civil, a partir do mapeamento de alguns conceitos utilizados por cada ministro. Neste ponto, mesmo que a composição da Corte seja alterada, os próximos ministros devem estar atentos para a argumentação empregada nas decisões anteriores. Desta maneira, a postura do Tribunal não precisa – e nem deve – ser imutável; entretanto, a evolução das decisões deve acompanhar as mudanças da sociedade e do ordenamento. As sentenças não podem ser contraditórias e desajustadas entre si.

Vale, ainda, ressaltar outra questão. Identifiquei que os casos em que houve extensa articulação argumentativa aparentam apresentar a seguinte tendência: (i) casos que podem demonstrar a importância dada pelo ministro à decisão que profere, inclusive em função da repercussão do caso na mídia; ou (ii) casos caracterizados pela utilização de argumentos retóricos para ocultar o fundamento relevante da decisão.

Além disso, outra controvérsia referente ao estudo diz respeito à seguinte questão: quanto ao tema da cassação de mandatos, a autogerência do Legislativo é um problema? A pesquisa mostra que o exercício do Poder Legislativo se configura por meio de disputas políticas, as quais são mediadas, inclusive, através de trocas de favores. Esta "compensação" muitas vezes se revela como o próprio meio de sobrevivência das minorias parlamentares.

Tal organização tem como consequência que os processos judiciais que envolvam autoridades políticas, tais como deputados e senadores, sejam dificultados em função da questão partidária. Assim sendo, acredito que deixar a critério dos próprios parlamentares decidir sobre outro parlamentar (diante de uma postura incompatível com o decoro parlamentar) é um problema. Mesmo que o processo se organize sob interferência do Judiciário – a existência de um poder fiscalizador durante o processo tenta impedir que os atos políticos se realizem de maneira a subverter direitos subjetivos dos indivíduos –, isto de nada adianta se a decisão final acerca da perda do cargo couber aos integrantes da respectiva Casa Legislativa, inclusive mediante votação secreta.

Por fim, a partir das conclusões deste trabalho constato que o STF tem apresentado uma postura mais flexível em relação às questões políticas. Entretanto, esse novo posicionamento ainda se mostra incipiente e desordenado.

Bibliografia

CAMPILONGO, Celso Fernandes. "Governo representativo *vs*. governo dos juízes: a autopoiese dos sistemas político e jurídico". *Revista de Direito Constitucional e Internacional* 8-30/120-126. Janeiro-março/2000.

──────. *Política, Sistema Jurídico e Decisão Judicial*. 2ª ed. São Paulo, Max Limonad, 2002.

CAUSA OPERÁRIA ONLINE. *A CPI da PETROBRÁS instalada e o Conselho de Ética*. 19.6.2009. Disponível em *http://www.pco.org.br/conoticias/ler_ materia.php?mat=15694* (acesso em 4.11.2009).

DINES, Alberto. "No país dos bacharéis, a mídia não sabe cobrir o Judiciário". Consultor Jurídico, 29.11.2005. Disponível em *http://www.conjur.com.br/ 2005-nov-29/pais_bachareis_midia_nao_sabe_cobrir_judiciario* (acesso em 6.11.2009).

EMPRESA DE COMUNICAÇÕES: AGÊNCIA BRASIL. *Substituição de Sérgio Morais no Conselho de Ética Divide Parlamentares*. 13.5.2009. Disponível em *http://www.agenciabrasil.gov.br/noticias/2009/05/13/materia.2009-05-13.5784937693/view* (acesso em 5.11.2009).

FRANCO, Ilimar; VASCONCELOS, Adriana, e GRIP, Allan. "Renan Calheiros é absolvido em sessão secreta do Senado". *Globo Online*, 12.9.2007. Disponível em *http://oglobo.globo.com/pais/mat/2007/09/12/297692051.asp* (acesso em 1.11.2009).

JORNAL UOL. *Conselho de Ética da Câmara Absolve 59% dos Deputados Desde a sua Criação*. 19.8.2009. Disponível em *http://contasabertas.uol. com.br/noticias/detalhes_noticias.asp?auto=2785* (acesso em 7.11.2009).

MENDES, Conrado Hübner. *Texto:* "Lendo uma decisão: 'obiter dictum' e 'ratio decidendi'. Racionalidade e retórica na decisão". Disponível em *http://www. sbdp.org.br/arquivos/material/19_Estudo%20dirigido%20-%20Ratio%20 decidendi%20e%20obter%20dictum%20-%20Conrado%20Hubner%20 Mendes.pdf* (acesso em 11.11.2009).

NORTE ONLINE. *Oposição Acusa Jobim de Julgar Dirceu com Olho na Eleição*. 26.11.2005. Disponível em *http://www.db.com.br/noticia/56138.html* (acesso em 6.11.2009).

PEREIRA JR., Ademir A. *Comissões Parlamentares de Inquérito*. Estudo dirigido elaborado para a Escola de Formação da *sbdp*. Disponível em *http://www. sbdp.org.br/arquivos/material/221_Estudo%20Dirigido%20-%20CPI%20 -%20Ademir%20Pereira%20Jr.pdf* (acesso em 11.11.2009).

REVISTA VEJA. *A "Sorte" de Dirceu*. 30.11.2005. Disponível em *http://veja. abril.com.br/301105/p_048.html* (acesso em 5.11.2009).

SOUZA, Josias de. "STF não sabe somar". *Folha de S. Paulo* de 30.11.2005. Disponível em *http://josiasdesouza.folha.blog.uol.com.br/arch2005-11 -01_2005-11-30.html* (acesso em 6.11.2009).

ZERO HORA. *Conselho de Ética Nomeará Novo Relator para o "Caso Edmar Moreira"*. 11.5.2009. Disponível em *http://zerohora.clicrbs.com.br/zerohora/jsp/default.jsp?uf=1&local=1&section=Pol%EDtica&newsID=a250653 5.htm* (acesso em 5.11.2009).

Acórdãos citados: MS 24.082, 24.086, 24.458, 25.579, 25.647, 26.900, 27.170, 28.010 e 28.213.

COMUNIDADES QUILOMBOLAS NO JUDICIÁRIO BRASILEIRO[*,1]

LUÍZA ANDRADE CORRÊA

1. Introdução. 2. Resultados da pesquisa. 3. Conclusão.

1. Introdução

A exploração colonial do Brasil por Portugal utilizava mão de obra escrava. Todavia, alguns escravos conseguiam escapar do jugo ou eram libertados, e formavam pequenas comunidades livres, denominadas como *quilombos*. O movimento abolicionista fez com que, no ano de 1888, a Princesa Isabel assinasse a *Lei Áurea*, que determinou o fim do regime escravagista no Brasil. Todavia, a mera promulgação da lei não foi suficiente para dirimir a exclusão socioeconômica sofrida pelos escravos.

Em uma tentativa de reparar os danos causados aos negros na sociedade brasileira, o movimento negro reivindicou perante o poder

---

* *Resumo*: A pesquisa realiza um diálogo entre a argumentação utilizada pelo Judiciário brasileiro em decisões dos tribunais estaduais e federais e do STJ sobre o direito à terra das comunidades quilombolas e aquela apresentada, até o momento, ao STF no âmbito da ADI 3.239. Como resultado, foram apontadas as tendências do Judiciário quanto à aplicação do art. 68 do ADCT, bem como produzidos elementos informativos sobre o direito à terra das comunidades quilombolas úteis ao debate público e à solução de demandas que venham a ser apreciadas pelo Judiciário, inclusive a própria ADI 3.239.

Palavras-chave: ADI 3.239; Decreto 4.887/2003; Quilombo; Quilombola.

1. O presente artigo foi desenvolvido a partir de monografia apresentada à *sbdp* como trabalho de conclusão do curso da Escola de Formação do ano de 2009, sob a orientação de Henrique Motta Pinto. A versão original encontra-se disponível no endereço http://www.sbdp.org.br/ver_monografia.php?idMono=153.

constituinte originário de 1988 a inclusão de um dispositivo para a defesa e a preservação das comunidades remanescentes dos quilombos, qual seja, o art. 68 do Ato das Disposições Constitucionais Transitórias/ADCT, que tem a seguinte redação: "Aos remanescentes das comunidades dos quilombos que estejam ocupando suas terras é reconhecida a propriedade definitiva, devendo o Estado emitir-lhes os títulos respectivos".

No dia 20.11.2003 foi promulgado pelo Presidente da República o Decreto 4.887/2003, que trata do procedimento de demarcação, reconhecimento, delimitação e titulação das terras quilombolas. Já no início de sua vigência, o Partido da Frente Liberal/PFL, atualmente denominado Democratas, impetrou uma ação direta de inconstitucionalidade para que fosse declarada sua inconstitucionalidade. Contudo, esta ação ainda não foi decidida pelo STF.

A petição inicial apresentada na ADI 3.239 inclui quatro questões principais. A primeira diz respeito à inconstitucionalidade formal do Decreto 4.887/2003, por ser um regulamento autônomo. A segunda refere-se à impossibilidade de alargar o conteúdo do art. 68 do ADCT, criando critérios de autoatribuição para as comunidades quilombolas. A terceira trata da impossibilidade de previsão de um novo tipo de desapropriação por meio de decreto. Além disso, aduz que o art. 68 do ADCT já transferiu a propriedade dos imóveis, sendo o título apenas instrumento declaratório e a posse um requisito obrigatório para o Direito, e, assim, entende que não haveria possibilidade de desapropriação. Por fim, alega que o critério da territorialidade é inconstitucional, por conferir mais terras às comunidades do que lhes é de direito segundo a letra do art. 68 do ADCT.

Em 29.6.2004 o Ministro-Relator, Cézar Peluso, emitiu despacho indicando que o pedido comporta apreciação no processo definido no art. 12 da Lei 9.868/1999, partindo, assim, para o julgamento definitivo da ação, sem a análise prévia da medida cautelar. Todavia, ainda não ocorreu o julgamento de mérito da mencionada ação direta de inconstitucionalidade.

Tendo em vista a relevância do tema, a presente pesquisa aborda todas as decisões sobre o direito à terra reservado aos quilombolas pelo art. 68 do ADCT presentes nos *sites* da Internet dos tribunais estaduais e federais do País, bem como do STJ, no período entre 25.7 e 5.9.2009.

O objetivo da pesquisa é realizar uma análise comparativa da jurisprudência que envolve o direito à terra concedido aos quilombolas pelo art. 68 do ADCT, mediante o estudo dos argumentos utilizados nos tribunais, em contraste com argumentos apresentados perante o STF na ADI 3.239. Desta forma, a pesquisa irá dialogar com os argumentos trazidos perante o STF, para demonstrar de que maneira se relacionam com aqueles apresentados nas situações de fato perante os demais tribunais.

A pesquisa é importante, vez que a jurisprudência revela as diversas interpretações que são dadas ao texto normativo, bem como a visão dos atores envolvidos. O resultado mostrará a manifestação do direito dos quilombolas na prática, nos casos em que há uma pretensão resistida. A estratégia utilizada na pesquisa foi verificar o conteúdo normativo atribuído pelo Poder Judiciário brasileiro ao art. 68 do ADCT e, portanto, qual a consequência prática dessa interpretação.

Os casos levados ao Poder Judiciário relacionados à questão do direito à terra das comunidades quilombolas são dotados de maior pessoalidade que a análise em abstrato da norma, em controle concentrado de constitucionalidade. Diante disto, a pesquisa traz elementos que podem ser informativos para a Corte, que apreciará a ADI 3.239. Além disso, produz elementos informativos tanto para os interessados quanto para posteriores demandas que possam surgir no próprio Judiciário.

Neste sentido, o problema de pesquisa a que se buscou responder é: *Qual conteúdo jurídico o Judiciário brasileiro vem extraindo do art. 68 do ADCT?* – mediante a confirmação de uma das seguintes hipóteses: (i) o Judiciário brasileiro aplica o art. 68 do ADCT; (ii) o Judiciário brasileiro não aplica o art. 68 do ADCT, por falta de regulamentação.

2. Resultados da pesquisa

Durante a pesquisa pude perceber que alguns argumentos outorgam maior eficácia ao art. 68 do ADCT, permitindo que mais comunidades quilombolas recebam o título de domínio de suas terras, enquanto outros argumentos praticamente inviabilizam a aplicação do direito, já que estabelecem requisitos que apenas uma ínfima minoria de comunidades seria capaz de cumprir.

Os atores que impetram os recursos estudados em ações possessórias são principalmente particulares que pretendem defender suas terras (11), sendo que apenas 5 dessas ações foram impetradas por quilombolas ou associações quilombolas e outras 5 foram impetradas por entes do Estado em defesa dos quilombolas. Isto demonstra que, em geral, trata-se de conflito entre particulares, que pretendem impedir ou postergar a aplicação do art. 68 do ADCT, contra o Estado, atuando em defesa do direito dos quilombolas.

O resultado final da busca por jurisprudência referente ao direito à terra das comunidades quilombolas, outorgado pelo art. 68 do ADCT, gerou um montante de 80 decisões. Todavia, para fins de análise da aplicação do Decreto 4.887/2003, é importante retirar os acórdãos que tomaram por base a legislação estadual em suas decisões (10 casos), já que nestes não caberia a aplicação do mencionado decreto. Além disso, retirei as 8 decisões anteriores à promulgação do Decreto 4.887/2003. Posteriormente retirei 1 caso relacionado à condenação criminal por loteamento irregular, já que neste caso não caberia a aplicação do Decreto 4.887/2003, uma vez que o caso trata de fraude à condição de quilombola, e não do direito à terra de que trata o decreto.

Finalmente, em um total de 61 decisões, apenas 17 aplicaram o Decreto 4.887/2003 diretamente. Há também duas decisões que citam uma instrução normativa do Instituto Nacional de Colonização e Reforma Agrária/INCRA acerca do tema, sem tratar expressamente do decreto. Todavia, há outras 12 decisões que tratam do Decreto 4.887/2003 para afirmar sua constitucionalidade ou para apresentar argumentos que o imputem inconstitucional. As demais decisões não mencionaram o Decreto 4.887/2003 nem qualquer instrução normativa do INCRA, tratando diretamente do direito à terra das comunidades quilombolas com base somente no art. 68 do ADCT.

Primeiramente, cabe explicar que por "aplicação direta" do Decreto 4.887/2003 considerei as decisões que citaram o decreto expressamente, sem que houvesse alegação pelas partes ou pelo desembargador de se tratar de norma (in)constitucional. Por outro lado, decisões em que há controle difuso de constitucionalidade considerei como as decisões em que houve menção expressa à constitucionalidade ou inconstitucionalidade da norma.

O primeiro argumento utilizado nas decisões para determinar a inconstitucionalidade do Decreto 4.887/2003 é que o art. 68 do ADCT é norma constitucional de eficácia limitada ou contida, e, portanto, para sua aplicação seria necessário que houvesse lei em sentido estrito que o regulamentasse.

O argumento contrário a este, utilizado pelo Judiciário, é que, de fato, o art. 68 do ADCT seria norma de eficácia limitada que teria sido, contudo, regulamentada pelas Leis 7.688/1988 e 9.649/1998, tendo esta última sido alterada pela Medida Provisória 1.911/1999 bem como pela Convenção 169 da OIT e pelo Pacto de San José da Costa Rica.

No tocante à competência do Presidente da República, quem alega a inconstitucionalidade indica que o art. 84, IV, da CF de 1988 veda a existência de decreto autônomo em nosso ordenamento. A tese contrária, utilizada em algumas decisões, seria que a alínea "a" do inciso VI do art. 84 da CF menciona que é de competência do Presidente dispor mediante decreto sobre a organização da Administração, desde que disto não decorra aumento nas despesas, e que a execução das políticas públicas em favor da titulação de terras quilombolas não importa despesas.

O Judiciário brasileiro trouxe o Decreto 4.887/2003 como argumento para suas decisões em cerca de metade dos casos analisados (31, de 61). Na grande maioria das vezes em que houve controle difuso de constitucionalidade o Judiciário declarou constitucional o Decreto 4.887/2003 para conceder os direitos dos quilombolas (9, de 12 casos). Portanto, o Judiciário brasileiro, no quadro geral, trata diretamente do art. 68 do ADCT em cerca de metade dos casos (29, de 61), e quando analisa o Decreto 4.887/2003 tende a considerá-lo constitucional, expressa ou tacitamente (28, de 31 casos).

Muitos documentos apresentados em defesa da constitucionalidade do Decreto 4.887/2003 na ADI 3.239 seguiram a tese de que o art. 68 do ADCT tem aplicação imediata e, portanto, prescinde de lei. Esta teoria indica que o art. 68 do ADCT é um direito fundamental, e, consequentemente, deve ser aplicada a disposição do art. 5º, § 1º, da CF, que determina sua aplicabilidade imediata. Além disso, defendem que o art. 68 do ADCT possui densidade normativa suficiente para que seja aplicado.

Ficou claro que a tendência geral do Poder Judiciário brasileiro é a aplicação do art. 68 do ADCT, com a intermediação do Decreto 4.887/2003 (e das instruções normativas do INCRA que dele são decorrências) em cerca de metade dos casos, e diretamente na outra metade. Importante notar também que nos casos em que há controle difuso de constitucionalidade do Decreto 4.887/2003 o Judiciário apresenta manifesta tendência a declará-lo constitucional (foi assim em 9 dos casos, em um total de 12). Ademais, a análise da jurisprudência deixou claro que a declaração de inconstitucionalidade ocorre nos casos em que o resultado é a não aplicação do direito à terra concedido pelo art. 68 do ADCT aos quilombolas.

Os defensores da inconstitucionalidade do Decreto 4.887/2003 utilizaram como técnica argumentativa a preferência por argumentos formais. Já, os que defendem a constitucionalidade do decreto afastaram as premissas formais e trouxeram um apelo jurídico, político e social, reportando-se aos princípios do ordenamento jurídico, à defesa da cultura e ao contexto de grande estudo que originou a norma impugnada.

Diante disto, constatei que os proprietários de terras e pessoas interessadas na não aplicação do art. 68 do ADCT o consideram norma de eficácia limitada ou contida, que não poderia ser aplicada sem regulamentação, e, além disso, que a regulamentação atual não poderia ser aplicada, porque seria inconstitucional.

Os argumentos para a alegação de constitucionalidade ou inconstitucionalidade do Decreto 4.887/2003 foram muito semelhantes na esfera jurisdicional comum e na constitucional. Adquiriu grande relevo na discussão a "eficácia" do art. 68 do ADCT.

As ações do Judiciário brasileiro demonstram que o art. 68 do ADCT vem sendo aplicado independentemente da menção ao Decreto 4.887/2003. Isso não reporta à sua aplicabilidade imediata, mas apenas denota que os aplicadores do Direito entendem que deva ser garantido o direito constitucional.

A alegação de que o art. 68 do ADCT tem eficácia plena poderia gerar o entendimento de que a declaração de inconstitucionalidade do Decreto 4.887/2003 pelo STF não teria consequências práticas em relação à defesa do direito à terra dos quilombolas, já que o art. 68 do ADCT seria aplicado diretamente. Todavia, o art. 68 do ADCT remete a uma ação positiva do Estado para a concessão de títulos de domínio às comunidades remanescentes de quilombos, e, portanto, a existência do decreto que estabelece o procedimento e a competência para tal titulação é importante para que tal prestação estatal não seja discricionária.

Isso não significa que o direito à titulação das terras não poderia ser prestado caso fosse pleiteado perante o Poder Judiciário ou por iniciativa da Administração. Todavia, um imperativo constitucional não pode depender somente da prestação jurisdicional ou da discricionariedade do administrador – o que torna importante a delimitação de contornos normativos mais específicos para a aplicação do direito assegurado constitucionalmente.

Mesmo que se entenda que estejam presentes todas as facetas necessárias para o gozo do direito à propriedade das terras pelos quilombolas no art. 68 do ADCT, sua efetividade contra terceiros depende de emissão de títulos de propriedade e, portanto, demanda uma ação positiva do Estado.

Outro ponto abordado pela pesquisa foi o da redação do art. 68 do ADCT, que traz como titulares do direito de propriedade de suas terras os "remanescentes das comunidades dos quilombos". Diante disto, os conceitos de "quilombo" e "quilombola" são trazidos em alguns dos casos pelas partes e/ou pelo relator de maneira central. Isso porque, dependendo da abrangência que se dá ao conceito, retiram-se ou agregam-se sujeitos passivos; ou seja, um maior ou menor número de pessoas poderá ser considerado quilombola e, portanto, passível de titulação de suas terras.

O Decreto 4.887/2003 traz em seu art. 2º que "consideram-se remanescentes das comunidades dos quilombos, para os fins deste Decreto, os grupos étnico-raciais, segundo critérios de autoatribuição, com trajetória histórica própria, dotados de relações territoriais específicas, com presunção de ancestralidade negra relacionada com a resistência à opressão histórica sofrida". As Instruções Normativas 49/2008 e 57/2009 do INCRA determinam o mesmo conceito.

Portanto, essa definição traz os critérios de autoatribuição (art. 2º, *caput* e § 1º, do Decreto 4.887/2003), trajetória histórica de territorialidade (art. 2º, *caput* e §§ 2º e 3º, do Decreto 4.887/2003) e convergência da ancestralidade negra relacionada com a resistência à opressão histórica (art. 2º, *caput*, do Decreto 4.887/2003).

Este conceito é semelhante ao apresentado pela Antropologia, e compreende o valor que a própria Constituição de 1988 pretende preservar com a identificação do art. 68 do ADCT com a cultura e o patrimônio histórico do País, e, portanto, leva em consideração principalmente os aspectos culturais para caracterização como quilombola.

O conceito mais genérico é aquele que trata como quilombo o lugar onde no passado foram formadas comunidades por negros escravos ou ex-escravos, em busca de sua dignidade, liberdade e identidade. Ainda nesta linha, a constituição dos quilombos pode ter se dado por escravos fugidos ou por herança, doações e até compra de terras, durante a vigência do sistema escravista no País ou logo após. Na maioria dos casos o Judiciário optou pela utilização deste conceito mais abrangente.

Deste modo, segundo a maioria das decisões judiciais, podem ser considerados quilombolas todos aqueles descendentes de habitantes de quilombos, sejam eles negros ou mestiços. A cor da pele não foi considerada, na maioria dos casos, como um critério de determinação. Isto porque não se poderia esperar que os quilombolas, hoje em dia, se mantivessem completamente dissociados e isolados da sociedade e, portanto, não houvesse miscigenação de seu povo. Ainda, algumas decisões abordaram a importância de se atender ao critério da autoatribuição.

Já no âmbito do STF, a petição inicial da ADI 3.239 traz o argumento de que o conceito de quilombola não pode ser determinado pela Antropologia, mas deve se remeter ao conceito histórico. Indica que o art. 68 do ADCT se reporta à rara característica de remanescente das comunidades quilombolas e que, portanto, seria necessário comprovar sua remanescência, e não descendência. Relata que quilombolas são "habitantes das comunidades formadas por escravos fugidos ao tempo da escravidão no País". Diante disto, alega que o critério de autodefinição é inconstitucional e abusivo, por estender o direito a pessoas não remanescentes de quilombos.

Por outro lado, os documentos da ADI 3.239 que defendem a constitucionalidade do Decreto 4.887/2003 indicam que o critério de autoidentificação das comunidades é o critério utilizado pela Convenção 169 da OIT, que é norma supralegal, além de ser o mais aconselhado pela Antropologia, por abandonar uma visão etnocêntrica para ouvir os sujeitos envolvidos.[2] Além disso, aduzem que o autor da ação direta de inconstitucionalidade não demonstrou qual foi o dispositivo constitucional violado pelo art. 2º do Decreto 4.887/2003, que determina o critério de autodeterminação.

Explicam também que interpretar o conceito do art. 68 do ADCT segundo o conceito de quilombo do período imperial seria desconsiderar todas as mudanças que ocorreram ao longo do tempo e esvaziar o conteúdo do artigo para inibir completamente sua aplicação. A regra do período escravista é baseada na privação de liberdade e não poderia ser aplicada a uma regra emancipadora, como é a do art. 68 do ADCT.

Ainda outro ponto frequentemente discutido nas decisões foi a adequação do Decreto 4.887/2003 aos princípios do contraditório e da ampla defesa. A CF de 1988, em seu art. 5º, LV, assegura o devido processo legal também aos processos administrativos, garantindo aos litigantes o contraditório e a ampla defesa. Além disso, institui que ninguém será privado de seus bens sem o devido processo legal (art. 5º, LIV, da CF de 1988). Portanto, mesmo o processo administrativo deve obedecer a uma série de atos encadeados da maneira preestabelecida, devendo ser dada publicidade aos atos e oportunidade de contraditório e ampla defesa.

A Lei 9.784/1999 institui as normas acerca do processo administrativo na esfera federal. O art. 9º, II, prevê como legitimados a atuar como interessados no processo administrativo "aqueles que, sem terem iniciado o processo, têm direitos ou interesses que possam ser afetados pela decisão a ser adotada". Os interessados serão intimados dos atos (art. 26), e, caso sejam desconhecidos, a intimação ocorrerá por meio de publicação oficial (art. 26, § 4º). Além disso, a lei prevê que deverá ser assegurado o direito de ampla defesa ao interessado, em seu art. 27, parágrafo único.

O Decreto 4.887/2003 fixa um procedimento administrativo, no âmbito da União, para o reconhecimento do direito à terra das comu-

2. "Parecer da AGU", "Parecer da Procuradoria-Geral da República", "Parecer de Daniel Sarmento Solicitado pela Procuradoria-Geral da República" e "Parecer de Flávia Piovesan Solicitado pela Procuradoria-Geral da República", "*Amicus Curiae* COHRE", "*Amicus Curiae* AQUBPI", "*Amicus Curiae* CAJPMC", "*Amicus Curiae* INCRA", "*Amicus Curiae* FETAGRI – Pará", "*Amicus Curiae* Pará", "*Amicus Curiae* Paraná" e "*Amicus Curiae* Instituto *Pro Bono*".

nidades quilombolas, informado pelas normas da Lei de Processo Administrativo Federal. Portanto, deve conceder aos interessados a oportunidade de participação, nos moldes da lei, para que atenda aos princípios do contraditório e da ampla defesa. Vale ressaltar que qualquer disposição do Decreto 4.887/2003 que apresente contradição com a Lei 9.784/1999 poderá ser considerada ilegal, e, neste caso, deverão ser utilizadas as disposições legais.

Seguindo as diretrizes da Constituição Federal de 1988 e da Lei do Processo Administrativo Federal, o Decreto 4.887/2003 prevê, em seu art. 6º, a publicação de edital por duas vezes e também sua afixação na sede da Prefeitura onde se localiza o imóvel. Além disso, institui que o INCRA deverá notificar os ocupantes das áreas em questão. Posteriormente, em seu art. 9º, prevê a possibilidade de participação de quaisquer interessados para contestar o relatório de demarcação das terras, apresentando as provas pertinentes, no prazo de 90 dias, contados da mencionada notificação.

Ademais, a Instrução Normativa 49/2008, publicada pelo INCRA em 1.10.2008, vem regulamentar o Decreto 4.887/2003, estabelecendo regras acerca do procedimento para identificação, reconhecimento, delimitação, demarcação, desintrusão, titulação e registro das terras quilombolas. Para a demarcação das terras é realizado um Relatório Técnico de Identificação e Delimitação/RTID, com conteúdo mínimo especificado pela referida Instrução Normativa 49/2008. Todavia, a própria Instrução Normativa 49/2008 prevê, em seu art. 10, § 1º, a notificação com antecedência mínima de três dias úteis do início dos trabalhos de campo. Além disso, o RTID será publicado em edital, por duas vezes consecutivas, no *Diário Oficial da União* e no *Diário Oficial* da unidade federativa onde se localiza a área sob estudo.

Após o término da elaboração e publicação do RTID, a Instrução Normativa 49/2008 do INCRA prevê que sejam notificados "os ocupantes e confinantes, detentores de domínio ou não, identificados na terra pleiteada, informando-os do prazo para apresentação de contestações" (art. 11, § 2º), bem como a comunidade quilombola interessada e a Fundação Cultual Palmares-FCP. Assim como o Decreto 4.887/2003, a Instrução Normativa 49/2008 prevê o prazo de 90 dias, contados da publicação do RTID e de sua notificação, para que os interessados contestem seu conteúdo, juntando as provas pertinentes.

Vale lembrar que a Instrução Normativa 49/2008 concedeu efeito devolutivo e suspensivo à contestação, o que significa que não serão tomadas providências com relação à titulação das terras até que seja decidida a questão suscitada. Além disso, caso a contestação gere alteração nos resultados do relatório, deverão ser realizadas nova publicação e notificação dos interessados e, caso não haja alteração, apenas os interessados que ofereceram contestação serão notificados. Por fim, caberá recurso, com efeito devolutivo apenas, no prazo de 30 dias, a contar da notificação, da decisão acerca da contestação, sendo o resultado notificado ao recorrente.

A Instrução Normativa 57/2009 do INCRA, publicada em 20.10.2009, revoga expressamente a Instrução Normativa 20, de 19.9.2005, sem mencionar a Instrução Normativa 49/2008. Todavia, a nova instrução normativa apresenta idênticas previsões acerca do período de contestação do RTID, publicação e notificação dos interessados. A novidade trazida pela Instrução Normativa 57/2009 do INCRA é a regulamentação da titulação das terras.

Em diversos dos processos judiciais estudados por esta pesquisa bem como em alguns documentos da ADI 3.239/2004 foi cogitada a questão da violação dos princípios do contraditório e da ampla defesa pelo Decreto 4.887/2003.

Resultado relevante é que nenhuma decisão judicial considerou que o Decreto 4.887/2003 assim como as instruções normativas do INCRA que o regulamentam desrespeitam os princípios do contraditório e da ampla defesa. Algumas vezes o argumento não foi enfrentado pela decisão; todavia, em todas as vezes em que ele foi discutido a conclusão foi pelo perfeito atendimento aos citados princípios.

Ademais, algumas vezes as áreas delimitadas pelo INCRA como remanescentes de quilombos já estão registradas em nome de particulares (proprietários). Nos casos em que se trata de terra devoluta da União ou dos Estados o Poder Público ordena a transferência do registro. Todavia, quando se trata de conflito das terras quilombolas com terras particulares a solução é mais complexa, uma vez que não poderia haver sobreposição de matrículas sem o devido processo legal. Deste modo, um argumento muito utilizado pelas partes nos processos judiciais envolvendo terras onde existam comunidades remanescentes de quilombos diz respeito ao seu direito constitucional de propriedade.

Outro argumento trazido à tona para defender os diferentes pontos de vista nas decisões diz respeito à posse da área. Neste ponto, importante notar que o Decreto 3.912, de 10.9.2001, revogado pelo Decreto 4.887/2003, trazia a necessidade de que os quilombolas se encontrassem na posse das mesmas terras que possuíam no período imperial a fim de que lhes fossem concedidos os respectivos títulos.

Todavia, este conceito foi alterado pelo Decreto 4.887/2003 para conceder maior eficácia ao art. 68 do ADCT. O novo conceito trazido pelo decreto é o de territorialidade, ou seja, a ligação dos remanescentes das comunidades quilombolas com a terra em que se encontram.

Logo, não se retirou a necessidade de uma posse longa, capaz de gerar tal vínculo, porém tornou-se prescindível a comprovação de posse da exata área na data da promulgação da Constituição de 1988. Além disso, os quilombolas têm um histórico de resistência e sofreram diversos esbulhos ao longo dos tempos, sendo obrigados a alterar a localização original de suas comunidades.

Nos casos em que há coincidência entre a terra demarcada como de propriedade de comunidade remanescente de quilombo e propriedades de particulares que tiverem título de domínio válido, há a possibilidade de desapropriação, conforme previsto no art. 216, § 1º, da CF de 1988. Diante disto, esta hipótese foi cogitada em diversos contextos nas decisões estudadas.

Neste ponto, vale lembrar que não se pode confundir a questão da reforma agrária com o direito à terra outorgado aos quilombolas pelo art. 68 do ADCT. Isto porque este último tem endereço certo, ou seja, seus destinatários têm vínculo cultural com a terra a ser desapropriada em seu favor, não bastando que lhes seja concedida propriedade sobre qualquer terra.

O critério da territorialidade e a possibilidade de desapropriação foram muito debatidos na ADI 3.239. O ponto em comum na assertiva dos documentos apresentados na ADI 3.239 que defendem a procedência da ação é a necessidade de a desapropriação ser estipulada em lei em sentido formal. Neste ponto, alegam que a desapropriação prevista no art. 13 do Decreto 4.887/2003 não se encaixa em nenhuma das previsões legais, e, portanto, caracteriza uma violação inconstitucional ao direito de propriedade.

Outro ponto comum é a alegação da necessidade de comprovação de que a terra estava ocupada pelos remanescentes das comunidades dos quilombos na data da promulgação da Constituição de 1988. Além disso, entendem que o art. 68 do ADCT exige a comprovação de que essa terra equivale exatamente à terra onde havia o quilombo em 1888.

A principal linha argumentativa para a defesa da constitucionalidade da previsão de desapropriação pelo Decreto 4.887/2003, na ADI 3.239, é a de que ao longo da História os quilombolas foram esbulhados de suas terras. Além disso, o sistema de registro no Brasil sempre foi muito precário, de modo que muitas terras foram registradas sobre áreas onde havia comunidades quilombolas ou indígenas sem que houvesse a devida verificação. Nos casos em que as terras quilombolas incidirem em áreas de domínio particular não invalidado por nulidade, prescrição ou comisso a solução mais correta seria preservar o direito à titulação de suas terras, concedido aos quilombolas constitucionalmente, e, concomitantemente, preservar o direito dos proprietários, convertendo a propriedade em indenização.

Argumentam também que a função do art. 68 do ADCT é a preservação cultural da sociedade, que poderá ser feita mediante desapropriação, conforme consta no art. 216, § 1º, da CF de 1988. Diante deste objetivo, o título assegurado aos quilombolas deve levar em consideração seus aspectos culturais, principalmente a autodeterminação do território e a coletividade.

Ademais, indicam que o critério da territorialidade está alinhado com as pretensões da Convenção 169 da OIT, que não restringiu o direito à terra das comunidades tribais à moradia, mas à área necessária para abertura de roça, caça, pesca, extrativismo e aquelas destinadas às manifestações culturais, ritos religiosos, à reverência aos mortos – enfim, a todas as atividades que estão incluídas em sua cultura e são essenciais para sua reprodução física, social, econômica e cultural.

Além disso, indicam que seria um absurdo exigir dos quilombolas cumprimento mais gravoso que o estabelecido para todas as pessoas na lei civil, cujo tempo máximo é de 15 anos. Muitos ressaltaram que não se pode presumir que o título concedido às comunidades quilombolas seja meramente declarativo, tendo a própria Constituição transferido a propriedade, já que esta premissa é válida somente para o indigenato, porque sua ocupação é anterior à existência do Estado Nacional. A Constituição não poderia equiparar as situações, já que elas têm origem histórica e características diferentes.

3. Conclusão

Primeiramente, a pesquisa demonstrou que o Poder Judiciário brasileiro em cerca da metade dos casos que envolveram o direito à terra das comunidades quilombolas aplicou diretamente o art. 68 do ADCT, sem fazer alusão a qualquer regulamentação (29, de 61). Além disso, na ampla maioria dos casos em que há menção, direta ou indireta, ao Decreto 4.887/2003 houve sua aplicação e, portanto, a expressão tácita dos magistrados acerca de sua constitucionalidade (28, de 31). Importante notar também que na significativa maioria dos casos em que houve controle difuso de constitucionalidade o Judiciário considerou constitucional o Decreto 4.887/2003 (9, de 12).

Ficou claro, a partir da análise da jurisprudência, que o Decreto 4.887/2003 apenas foi declarado inconstitucional nos casos em que não se pretende conceder o direito garantido pelo art. 68 do ADCT aos quilombolas.

Tanto nos documentos apresentados na ADI 3.239 perante o STF quanto nas lides fora da jurisdição desse Tribunal houve clara demonstração da convergência entre os parâmetros adotados internacionalmente para a proteção da terra das comunidades tribais com os critérios formulados pelo decreto. O principal aspecto de alinhamento entre estes critérios é a valorização do ponto de vista da própria comunidade acerca de sua identidade.

Deste modo, constatei que os proprietários de terras e pessoas interessadas na não aplicação do art. 68 do ADCT o consideram norma de eficácia limitada ou contida, que, portanto, dependeria de lei em sentido estrito para sua aplicação. Logo, isto indicaria um formalismo exacerbado, que prefere, após 21 anos da promulgação da Constituição Federal de 1988, a declaração de inconstitucionalidade do Decreto 4.887/2003 à efetiva aplicação do art. 68 do ADCT.

A interpretação do art. 68 do ADCT depende da definição do conceito atual de quilombo. Sobre este aspecto, constatei uma tendência do Judiciário brasileiro em optar pelo conceito mais abrangente.

Portanto, são considerados, principalmente, os aspectos socioculturais envolvidos. O estudo dos casos demonstrou claramente que o conceito é manipulado para reduzir ou ampliar a eficácia do art. 68 do ADCT.

No julgamento da ADI 3.239 o STF poderá realizar uma interpretação do conceito de quilombola, vinculante para todo o Judiciário. Neste ponto, conforme demonstrado, é aconselhável que seja adotado o conceito mais abrangente, para que o art. 68 do ADCT tenha incidência adequada.

Existe na doutrina brasileira grande divergência acerca da utilização do decreto autônomo, que a Emenda Constitucional 32 implantou no nosso ordenamento jurídico. Deste modo, a ADI 3.239/2004 será um momento oportuno para que o STF indique como o art. 84, VI, "a", da CF deve ser interpretado.

Importante constatação trata do devido processo legal administrativo, trazido pelo Decreto 4.887/2003. Em todos os casos estudados houve a afirmação de que as normas vigentes acerca da demarcação e titulação das terras pertencentes aos remanescentes de quilombos, conforme demanda o art. 68 do ADCT, obedecem aos princípios constitucionais do contraditório e da ampla defesa. Isto mostra que o Poder Judiciário não se convenceu, nem uma só vez, de que o Decreto 4.887/2003 seria inconstitucional por desobedecer aos mencionados princípios, o que fragiliza significativamente a alegação assim feita nos autos da ADI 3.239/2004.

Constatei que os argumentos utilizados para a não aplicação do art. 68 do ADCT nos casos concretos são os mesmos alegados pelos autores que defendem a inconstitucionalidade do Decreto 4.887/2003 na ADI 3.239/2004. Isso comprova seu interesse de não aplicação do próprio art. 68 do ADCT. Tal conclusão fica ainda mais latente quando se analisa sua argumentação pautada em seu direito de propriedade e no direito de produzir naquelas terras.

Logo, a responsabilidade de confirmação da política pública em defesa do direito à terra das comunidades remanescentes de quilombos estará nas mãos do STF ao decidir a ADI 3.239. Isso porque a decisão em controle concentrado de constitucionalidade tem consequências em todo o ordenamento jurídico, com efeito vinculante, *erga omnes* (contra todos), e, a princípio, *ex tunc* (retroage à promulgação da norma). Portanto, caso seja declarada a inconstitucionalidade do

Decreto 4.887/2003, será gerada grande dificuldade para a aplicação do direito trazido pelo art. 68 do ADCT, o que representaria imenso retrocesso da política pública de defesa da cultura quilombola.

Acórdãos citados: Ações analisadas no artigo – STF: ADI 3.239. *Ações analisadas na monografia* – TJMT: AI 467.46/2003; TJMG: 1.0024.07.751572-4/001(1); 1.0024.07.751572-4/002(1); 1.0418.08.011350-3/001(1); TJPA: 20043004682-4; 199530039416; 20053002125-9; TJRJ: 2007.002.23584; 2006.001.01448; TJSP: ED 1.221.842-3; ACi 1.221.842-3/01; 120.841-0/3-00; 377.002-4/0-00; 316.521-5/5-00; 313.293-5/1-00; 407.993-4/2-00; 1.043.354-8; ACr 849210.3/0-0000-000; AgR 326.341-5/3-01; AI 326.341-5/1-00; Ag 464.541.5/1-00; ED 273.615-5/6-02; ACi 130.248-5/3-00; ACi 273.615-5/2-00; AR 7.279.687-5; TRF-1: 2007.34.00.006418-8-DF; 2007.01.00.027476-6-DF; ACi 2006.35.01.000324-8-GO; ACi 2001.34.00.026829-5-DF; CComp 2000.01.00. 00.066040-9-BA; AI 2003.01.00.026643-5-MT; AI 2007.01.00.008228-9-BA; AI 2005.01.00.065662-0-PA; AI 2005.01.00.073780-7-MA; ACi 2003.01.00. 022666-8-MA; AI 2006.01.00.035542-9-MA; AI 2007.01.00.006432-1-BA; AI 2006.01.00.040526-2-MA; MS/AgR 2008.01.00.055003-8-MG; TRF-2: 2009.02. 01.007054-0; 2008.02.01.016296-9; 2006.50.01.007784-2; 2008.02.01.009384-4; ED 2007.02.01.009858-8; 2007.02.01.011155-6; Pet 2007.02.01.009858-8; 2007.02.01.007770-6; 1998.51.01.009932-4; 1998.51.01.006137-0; 2007.02.01. 010559-3; 2005.02.01.004577-0; 2006.02.01.001631-2; ApMS 2006.50.01. 007784-2; 2007.02.01.010044-3/ES; 2007.02.01.009679-8; TRF-3: 2004.03.99. 037453-4; TRF-4: 2007.04.00.005736-3-RS; 2006.04.00.019858-6-RS; 2005.04. 01. 020852-3-RS; 2007.04.00.037406-0-RS; 2008.04.00.006088-3-RS; 2006.04. 00.031131-7-RS; AI 2006.04.00.031131-7-RS; 2004.71.00.039630-6-RS; 2008.04.00.034037-5-SC; 2008.04.00.010160-5-PR; 2007.04.00.041399-4-SC; AI 2007.04.00.032502-3-RS; TRF-5: 2008.05.00.100809-3; AI 2006.05.99. 000002-7; STJ: REsp/AgR 901.536-RS (2006/0248412-6).

O PAPEL CONTRAMAJORITÁRIO DO STF: A MUDANÇA RECENTE EM MATÉRIA DE DIREITO ELEITORAL*-1

MARIANA FERREIRA CARDOSO DA SILVA

1. Introdução. 2. Regra da maioria vs. direitos da minoria. 3. A evolução do posicionamento do STF como instituição contramajoritária. 4. Conclusão.

1. Introdução

No Brasil a ingerência do Poder Judiciário em questões políticas foi historicamente contida por disposições constitucionais expressas.² A Constituição de 1988, no entanto, não apenas se omitiu quanto a esse ponto, como também deu ampla legitimidade ativa para a propositura de ações de controle abstrato de constitucionalidade a diferentes atores sociais, dentre os quais os partidos políticos.

* *Resumo*: O artigo discute a revisão judicial de questões de direito eleitoral, quando o STF é chamado a protagonizar o cenário político. É feita uma breve discussão sobre o debate a respeito da reversão da regra da maioria pela revisão judicial, que se contrapõe à necessidade de atuação das Cortes em defesa dos direitos das minorias. Em seguida são analisados casos recentes da jurisprudência do STF com o intuito de identificar como o Tribunal tem reagido ao fenômeno da judicialização da Política.

Palavras-chave: Direito Eleitoral; Papel Contramajoritário de Cortes Constitucionais; Regra da Maioria e Direitos da Minoria; Revisão Judicial; Teoria da Democracia.

1. O presente artigo foi desenvolvido a partir de monografia apresentada à *sbdp* como trabalho de conclusão do curso da Escola de Formação do ano de 2007, sob a orientação de Carolina Mota. A versão original encontra-se em http://www.sbdp.org.br/ver_monografia.php?idMono=101.

2. Nesse sentido, dispunha a Constituição de 1934, em seu art. 68: "É vedado ao Poder Judiciário conhecer de questões exclusivamente políticas".

A inclusão dos partidos na comunidade de intérpretes da Constituição possibilitou que o STF se tornasse permeável à ação de grupos minoritários originalmente excluídos do processo político tradicional, assumindo, assim, o papel de um *tertius* na solução de conflitos políticos entre os partidos.

Permitiu-se, com isso, a introdução na agenda política de questões que de outro modo nela não ingressariam, por incapacidade dos respectivos grupos de interesse de atuar efetivamente no espaço político representativo formal. E, dessa forma, o controle de constitucionalidade passa a ser o veículo pelo qual interesses sub-representados no Congresso viabilizam sua participação no processo deliberativo.

Os partidos políticos, especialmente aqueles com menor representação congressual, passaram a ser os grandes indutores à politização do Judiciário. Resultando, com isso, na incorporação às decisões judiciais de elementos de análise política, e a arena jurídica, como fórum de debate político, multiplicaria as oportunidades de participação na construção do Direito. Essa nova atuação do Poder Judiciário seria consequência do fenômeno da judicialização da Política.

A judicialização da política é definida como o processo pelo qual os juízes, principalmente nas Cortes constitucionais, passam a interferir e, mesmo, a dominar o espaço decisório de competência dos Poderes Executivo e Legislativo.[3] Tal acepção é frequentemente adotada nas discussões sobre direitos sociais e políticas públicas. Todavia, o que se pretende neste artigo é a verificação deste mesmo processo na esfera dos conflitos político-partidários.

Tenho como premissa desta pesquisa a existência de um circuito institucional que se iniciaria como uma decisão legislativa legitimada pela aplicação da regra da maioria mas em desconformidade com os interesses de minorias parlamentares. O meio que tais grupos sub-representados teriam para influenciar o processo decisório nas instituições majoritárias seria a revisão judicial. Os pequenos partidos acionariam, então, o Poder Judiciário alegando a inconstitucionalidade da lei aprovada em descompasso com seus interesses.[4]

---

3. Neal C. Tate e Torbjörn Vallinder, *The Global Expansion of Judicial Power*, Nova York, New York University Press, 1995.
4. V., nesse sentido, Antônio Moreira Maués e Alexandre Pinho Fadel, "Circuitos interrompidos: as ações diretas de inconstitucionalidade dos partidos políticos no

Em última análise, tal circuito seria o motivo pelo qual o Tribunal se tornaria o árbitro final dos conflitos políticos, estando em suas mãos a possibilidade de reforma da lei para assegurar a defesa dos direitos das minorias – fundamentada juridicamente na defesa da própria Constituição – ou a afirmação da regra da maioria como princípio de tomada de decisões no Estado Democrático de Direito.

Todavia, ao invalidar uma decisão do Congresso tomada com base na aplicação da regra da maioria de representantes democraticamente eleitos pela população, geram-se graves *déficits* democráticos. Isso porque nas democracias o processo de tomada de decisão é baseado no debate livre e público entre iguais e na aplicação do princípio da maioria. Com a intromissão de juízes em questões de Política tem-se a substituição de decisões majoritárias pelas preferências de juízes politizados e não responsáveis eleitoralmente.

Assim, pergunta-se: *Em que circunstâncias a ação do STF seria legítima para invalidar uma decisão da maioria democraticamente eleita? E em que medida seria necessária para promover a diversidade de ideias, possibilitando a representatividade de grupos menos expressivos em termos políticos?*.

Dar ao STF a última palavra sobre a validade e aplicabilidade de regras eleitorais torna-se ainda mais problemático do ponto de vista da teoria democrática, por ser na dinâmica do processo eleitoral que se determina a forma como se darão o exercício da soberania popular e a escolha daqueles a quem será atribuído o poder decisório. Decisões políticas têm em seu lastro procedimental sua fonte de legitimação, e, nesse caso, é o processo eleitoral que legitima o sistema democrático representativo e justifica a legitimidade da regra da maioria no processo legislativo. No entanto, a regra da maioria pode ser um mecanismo legitimador da opressão das minorias, residindo aqui a importância da atuação do Judiciário em determinadas situações, para a preservação do pluralismo e do regime democrático.

Neste artigo, por meio da discussão de casos, será analisada a recente mudança na postura do STF quando chamado a protagonizar

---

STF (1999, 2004)", *XV Congresso Nacional do CONPEDI*, 2007 (disponível em *www.conpedi.org/manaus/arquivos/anais/manaus/direito_e_politica_antonio_m_ maues_e_alexandre_fadel.pdf*).

o processo político e atuar de forma contramajoritária em questões de direito eleitoral. Antes da análise dos casos será feita breve contextualização da discussão teórica sobre o papel contramajoritário de uma Corte constitucional.

2. Regra da maioria vs. direitos da minoria

O debate sobre regra da maioria e a preservação dos direitos das minorias torna-se relevante para o estudo de decisões em sede de controle abstrato de constitucionalidade, pois ao proferir uma decisão declarando a inconstitucionalidade de uma lei tem-se clara interferência da Corte constitucional no processo político. O ato normativo impugnado é, em regra, fruto de um processo de deliberação do Legislativo, pautado pela aplicação da regra da maioria, e, ao reverter a decisão do legislador, o Judiciário constrange a atuação da maioria legislativa democraticamente eleita.

A princípio, um sistema democrático tem como pressupostos a igualdade de poder político e a resolução dos conflitos entre as distintas perspectivas sobre o bem comum pelo princípio da maioria. Se as decisões políticas são tiradas do Poder Legislativo e atribuídas ao Judiciário, então, o poder político individual dos cidadãos é afetado, na medida em que elegem legisladores, e não juízes.

Todavia, se passarmos a considerar o fato de que o poder político dos cidadãos em uma sociedade democrática acaba sendo distorcido por uma série de fatores – como poder econômico, influência e controle da mídia, organização de grupos e instituições sociais, entre outros –, torna-se, então, pouco factível que haja equivalência de poder dos indivíduos no que concerne ao processo político. Dessa forma, a transferência do poder decisório do Legislativo para o Judiciário não acarretaria grandes perdas de poder político individual, sendo até positiva sob a perspectiva de certos interesses minoritários, que podem ser introduzidos na agenda política e que de outra forma não ingressariam, por incapacidade de determinados grupos de atuar efetivamente na esfera político-representativa.

Com efeito, o acesso aos tribunais pode ser algo mais factível que uma vitória no processo político. Além disso, não haverá igualdade de poder político a menos que as decisões legislativas respeitem certos direitos fundamentais – e isso deve, inevitavelmente, afetar o cálculo de quando um processo político oferece igualdade genuína de poder político.

Nesse sentido, o limite à atuação das maiorias em uma democracia constitucional deve se materializar em uma Constituição rígida que delineie o processo legislativo, tanto do ponto de vista formal quanto do ponto de vista material. O Judiciário exerce, nesse sentido, uma função contramajoritária, ao impedir que as maiorias ultrapassem os limites constitucionais e assegurar o respeito e a aplicação da Constituição.

Essa função contramajoritária torna-se necessária pelo fato de que as alterações das leis resultam de votações com a aprovação da maioria. Dessa forma, os líderes dos grandes partidos precisam apenas convencer os membros de sua própria bancada para operar mudanças restritivas dos direitos das minorias.

Enquanto os partidos da maioria tendem a tirar vantagem de seu tamanho superior, os partidos minoritários resistem, aproveitando-se das possibilidades de obstrução da agenda da maioria e das regras protetoras dos seus direitos, sempre que preciso fazendo uso do Judiciário, principalmente por meio do controle de constitucionalidade.

Diferentemente do que ocorre no processo legislativo, na arena judicial as minorias podem vir a se tornar vitoriosas, ocorrendo, então, uma mitigação da regra da maioria e, como consequência direta, a perda de sua influência sobre a produção legislativa. Com isso, o controle de constitucionalidade torna-se o principal meio de atuação das minorias para a reversão dos resultados do processo legislativo. E o STF, como instituição responsável por esse controle, fica com a palavra final nessa disputa entre maiorias e minorias parlamentares.

Por isso, os críticos da revisão judicial argumentam que o controle de constitucionalidade, ao invalidar uma escolha legislativa, subverteria a regra da maioria, fundamental no processo decisório de um sistema democrático. Ademais, por não serem eleitos, os juízes não teriam legitimidade democrática para dar decisões substanciais sobre a validade de determinada lei aprovada pelo Legislativo, pois suas decisões devem se basear estritamente em regras preexistentes, e não em juízos sobre as melhores soluções legais para os problemas do sistema. Enquanto o Legislativo pode trabalhar com a lógica da melhor decisão possível em face das condições fáticas, o Judiciário deve buscar a única decisão juridicamente correta, podendo, em sede de controle de constitucionalidade, apenas invalidar a decisão legislativa, mas não criar uma nova solução a ser aplicada.

Já, para os defensores da revisão judicial o controle de constitucionalidade seria uma forma de balanceamento entre a regra da maioria e os direitos da minoria, na medida em que os embates políticos passam a ser arbitrados por um tribunal independente, neutro e apolítico. Além disso, a revisão judicial obriga a inclusão no debate político de considerações de princípios e direitos individuais, mesmo antes de a questão ser levada ao Judiciário. Dessa forma, questões polêmicas são discutidas não apenas como questões políticas, mas também como questões de direito.[5]

Finalmente, existem aqueles que, numa posição intermediária, defendem como missão do Judiciário não a participação no jogo político, mas a garantia de suas regras de funcionamento, sendo seu papel a salvaguarda do regime democrático.[6]

Não obstante os vários pontos de vista sobre o assunto, a interferência do Judiciário no sistema político é elemento integrante das democracias contemporâneas. Os tribunais são chamados a se manifestar sobre questões nas quais o Legislativo ou o Executivo foram falhos, insuficientes ou insatisfatórios. Nessas condições, ocorre uma aproximação cada vez maior entre Direito e Política, tornando cada vez mais difícil a distinção entre um "direito" e um "interesse político".

Passemos, então, a discutir os casos em que o STF foi efetivamente chamado a protagonizar o processo político para a proteção dos direitos da minoria.

---

5. Essa é a posição de Henry Steele Commager (*Majority Rule and Minority Rights*, Oxford, Oxford University Press, 1944) e Ronald Dworkin (*A Matter of Principle*, Cambridge, Harvard University Press, 1985).
6. Essa é conclusão de John Hart Ely em sua obra *Democracy and Distrust* (Cambridge, Harvard University Press, 1980) e também do ex-Ministro do STF Sepúlveda Pertence, que chegou a declarar, sobre o papel do STF, que, "no processo democrático, nossa missão não é participar do jogo político, mas assegurar as suas regras" (ADI 1.063, p. 192).

3. A evolução do posicionamento do STF como instituição contramajoritária

Em 1993 foi interposto pela Coligação MDB o RE 140.460, por ocasião da eleição ocorrida em 1992 no Estado do Mato Grosso, na qual a totalidade dos mandatos parlamentares havia sido destinada a uma só coligação. A coligação vencedora havia obtido apenas 33% dos votos válidos, mas, em decorrência da determinação do quociente eleitoral com a inclusão dos votos em branco, acabou por ocupar integralmente os cargos eletivos disponíveis.

A Coligação MDB alegava que esse resultado seria incompatível com o sistema proporcional, em razão da grave distorção na proporcionalidade da atribuição de cadeiras, que acabou resultando em sua total exclusão do processo político e alijando a representatividade de seus eleitores. Por isso, requereu ao Tribunal a declaração de inconstitucionalidade *incidenter tantum* do art. 106 do Código Eleitoral, que determinava a inclusão dos votos em branco no cálculo dos quocientes eleitorais.[7]

Na ocasião, o STF declarou ter sido recepcionado pela Constituição de 1988 o dispositivo questionado do Código Eleitoral. Segundo os ministros que formaram a maioria, o modelo eleitoral delineado pela legislação vigente, apesar de defeituoso, teria sido legitimamente estabelecido pelo legislador, não sendo possível ao STF nele introduzir modificações.[8] Ratificou-se, assim, a decisão majoritária do legislador, inviabilizando a representação parlamentar das minorias.

Outro caso em que o STF demonstrou uma tendência restritiva quanto à recepção das demandas partidárias foi o julgamento realizado por ocasião da promulgação da Emenda Constitucional 16. Os partidos políticos PT, PDT, PC do B e PL questionaram a constitucionalidade da autorização à reeleição dos chefes do Poder Executivo sem necessidade de prévio afastamento dos candidatos que intencio-

---

7. Alegava-se a violação dos arts. 77, § 2º, 27, § 1º, 32, § 3º, e 45, *caput*, da CF e do art. 5º do ADCT.
8. V. os votos do Ministro-Relator, Ilmar Galvão, p. 758, e do Min. Sidney Sanches, p. 811, e até mesmo o parecer da Procuradoria-Geral da República, p. 757, para considerações sobre a impossibilidade de atuação do STF mesmo tendo em conta a problemática decisão legislativa. Em sentido contrário votaram apenas os Mins. Sepúlveda Pertence e Marco Aurélio.

nassem concorrer a novo mandato, com fundamento jurídico na tutela do processo eleitoral idôneo e isonômico e na moralidade e probidade da coisa pública.

Foram impugnados não apenas os dispositivos da Emenda, como também resoluções do Tribunal Superior Eleitoral/TSE que interpretavam a nova redação constitucional e dois artigos da Lei dos Partidos Políticos.[9] Mais uma vez, no entanto, o STF decidiu manter a decisão do legislador e do constituinte reformador, por julgar ausente a violação a qualquer cláusula pétrea. A Corte fez isso apesar da incoerência do novo quadro normativo constitucional, que simultaneamente determinava o afastamento de ocupantes de cargos de chefia do Executivo que intencionassem concorrer a outro cargo (art. 14, § 6º, redação originária) e permitia a permanência daqueles que desejassem concorrer à reeleição (art. 14, § 5º, modificado pela Emenda Constitucional 16). Argumentou-se, nesse caso, que a incongruência jurídica, em realidade, seria fruto de uma incongruência política de interesses, em razão dos fundamentos históricos da definição dos espaços políticos de cada grupo, que deveriam ser respeitados pelo STF, em que pese à sua inconsistência sob o ponto de vista lógico-jurídico.[10] Isso porque a atuação do Tribunal deveria se restringir ao papel de legislador negativo, não podendo criar regra nova em contradição com a decisão política que havia sido tomada pelo Congresso Nacional.

Uma guinada no posicionamento do STF ocorre com o julgamento da questão atinente à verticalização das coligações partidárias, apontando uma tendência mais ativista do STF em casos de competição política. Nesse caso não houve, em realidade, um confronto entre minorias e maiorias, mas um confronto direto entre Judiciário e Legislativo. A discussão surge pela primeira vez no STF em 2002 (ADI 2.626 e 2.628), com a edição de resoluções pelo TSE que restringiram a livre formação de coligações para as eleições que ocorreriam naquele ano.[11] O STF recusou-se a invalidar a decisão do Tribunal Eleitoral,

9. Art. 14, §§ 5º e 6º, da Constituição, arts. 75 e 76 da Lei 9.504/1997 e Resoluções 19.952, 19.954 e 19.955 do TSE.
10. V. o conteúdo das manifestações do Min. Nelson Jobim, pp. 2.380 e ss., e do Ministro-Relator, Néri da Silveira, p. 2.368.
11. As resoluções do TSE são respostas a consultas formuladas por partidos, em tese sem qualquer força vinculativa. No entanto, no caso da verticalização, como a questão não havia sido disciplinada nem na Constituição e nem na legislação eleito-

pela impossibilidade de se submeter resoluções do TSE ao controle de constitucionalidade, em razão de sua natureza meramente interpretativa, mantendo, dessa forma, a verticalização das coligações.

Para reverter a situação de restrição à autonomia partidária, foi elaborada uma proposta de emenda constitucional estabelecendo a plena liberdade dos partidos na formação de coligações, sem obrigatoriedade de vinculação entre as candidaturas de âmbito nacional, estadual, distrital ou municipal.[12] Em razão da demora nos trâmites congressuais, a emenda somente foi aprovada após o término daquelas eleições e já às vésperas das seguintes, quando o tema voltaria à tona no STF.

A emenda havia consagrado constitucionalmente a autonomia partidária para a escolha do regime das coligações, restringindo a atuação normativa do TSE quanto ao tema e inviabilizando a exigência de verticalização feita por meio das resoluções do Tribunal Eleitoral. No entanto, a validade dessa nova regra constitucional foi questionada na ADI 3.158, proposta pelo Conselho Federal da OAB.

Muito embora não tenha sido possível a invalidação da emenda, em razão da ausência de cláusula pétrea em confronto com seu dispositivo, o STF determinou a inaplicabilidade da regra às eleições iminentes. Uma peculiaridade desse caso foi a rapidez com que o STF o julgou, apenas em 14 dias da distribuição da ação e 15 dias após a promulgação da Emenda Constitucional 52/2006.

Ainda no mesmo ano foram colocadas em pauta as ADI 1.351 e 1.354, que questionavam a constitucionalidade da cláusula de barreiras. O julgamento é considerado um *leading case* na história do Tribunal, pelo fato de ter sido uma decisão unânime de declaração de inconstitucionalidade, em que o STF, interpretando as normas constitucionais, alterou sensivelmente as regras do jogo competitivo, com fundamento na defesa da ordem democrática e na proteção das minorias.

---

ral, a decisão final ficava a cargo do TSE. Dessa forma, as respostas às consultas serviam para a orientação dos partidos na formação de suas coligações sobre o entendimento do Tribunal e eventuais possibilidades de invalidação posterior de suas alianças, caso questionadas por seus adversários políticos.
12. A Emenda Constitucional 52/2006 alterou a redação do art. 17, § 1º, no qual passou a constar a liberdade dos partidos "para adotar os critérios de escolha e o regime de suas coligações eleitorais, sem obrigatoriedade de vinculação entre as candidaturas em âmbito nacional, estadual, distrital ou municipal".

A cláusula de barreiras foi instituída em 1995, com a Lei Orgânica dos Partidos. A Lei 9.096 restringiu, em seu art. 13, o funcionamento parlamentar dos partidos que não obtivessem na "eleição para a Câmara dos Deputados (...) o apoio de, no mínimo, 5% (cinco por cento) dos votos apurados, não computados os brancos e os nulos, distribuídos em, pelo menos, 1/3 (um terço) dos Estados, com um mínimo de 2% (dois por cento) do total de cada um deles". Todavia, o referido diploma criou, em seu art. 57, um período de transição para que os partidos políticos se adaptassem às novas regras, em especial os menores, que teriam maiores chances de serem excluídos do sistema partidário nacional.

Dessa forma, apenas a partir de 2007 o acesso aos recursos do Fundo Partidário e o direito ao tempo da propaganda política gratuita ficariam condicionados à superação do patamar mínimo de votos nas eleições para a Câmara dos Deputados, estabelecido em lei. Além dos recursos políticos e econômicos, os cargos nas Mesas Diretoras e nas Comissões Parlamentares estariam vedados aos partidos que não atingissem os critérios de desempenho mínimo.

No julgamento das medidas liminares requeridas nas referidas ações o Supremo sinalizou que a lei era válida em face da Constituição e que trazia importante mecanismo para a correção do sistema partidário, que, na visão dos ministros, se encontrava extremamente fragmentado, prejudicando a obtenção de maiorias estáveis no Parlamento.

A decisão de mérito das duas ações diretas de inconstitucionalidade somente foi proferida no final de 2006, na iminência do termo final do período de transição estabelecido na Lei 9.096/1995 e após a divulgação dos resultados eleitorais do pleito que acabava de ser realizado. Diversamente do que havia entendido no julgamento liminar, o STF declarou, em decisão unânime, a inconstitucionalidade do instituto, com base no princípio constitucional do multipartidarismo, na defesa da ordem democrática e na proteção das minorias. Entendeu o Supremo que a aplicação da cláusula de barreiras resultaria na eliminação de importantes partidos políticos em nosso sistema, cujas raízes ideológicas eram muito mais profundas que as daqueles que se manteriam em face da exigência de desempenho mínimo. Importante que se destaque que, tendo sido proferida após a divulgação dos resultados finais das eleições de 2006, já era do conhecimento dos ministros que partidos seriam atingidos pela aplicação da cláusula de desempenho, demonstrando claramente que a decisão se pautava muito mais nos efeitos políticos da medida que em sua compatibilidade com as molduras constitucionais.

Com efeito, é possível verificar na grande maioria dos votos análises consequencialistas e questionamentos sobre a conveniência da legislação impugnada. Já, no tocante à sua inconstitucionalidade, parecia estar assente entre os ministros a ausência de violação direta a qualquer dispositivo constitucional. Com efeito, o Min. Carlos Britto chega a afirmar: "Se optamos de um jeito, prestigiamos a Constituição; se optamos de outro, prestigiamos igualmente a Constituição. E fica uma estranha opção interpretativa entre o certo e o certo, já que todas as opções têm lastro constitucional".[13]

Outro ponto interessante desta decisão foi que o principal precedente citado no voto do Relator foi o MS 24.831, referente à crise do "Mensalão", o que parece sinalizar a preocupação do STF na preservação dos direitos da minoria, especialmente quando a maioria não se mostra capaz de estabilizar a competição político-partidária.[14] A temática da proteção dos direitos da minoria em face da regra da maioria é recorrente na maior parte dos votos proferidos, como se pode verificar nas seguintes passagens do voto do Ministro-Relator, Marco Aurélio: "Está-se a ver que o disposto no art. 13 da Lei 9.096 veio a mitigar o que garantido aos partidos políticos pela Constituição Federal, asfixiando-os sobremaneira, a ponto de alijá-los do campo político, com isso ferindo de morte, sob o ângulo político-ideológico, certos segmentos, certa parcela de brasileiros. E tudo ocorreu a partir da óptica da sempre ilustrada maioria. (...). No Estado Democrático de Direito, a nenhuma maioria, organizada em torno de qualquer ideário ou finalidade – por mais louvável que se mostre –, é dado tirar ou restringir os direitos e liberdades fundamentais dos grupos minoritários, dentre

---

13. Voto do Min. Carlos Britto, pp. 103 e ss. No mesmo sentido, v. o voto do Min. Cézar Peluso, p. 109.
14. Para uma análise detalhada sobre o tema, v. Vítor Marchetti Ferraz Jr., *O Poder Judiciário e a Competição Política no Brasil*: uma Análise das Decisões do TSE e do STF sobre as Regras Eleitorais, tese de Doutorado em Ciências Sociais, São Paulo, PUC/SP, 2008.

os quais estão a liberdade de se expressar, de se organizar, de denunciar, de discordar e de se fazer representar nas decisões que influem nos destinos da sociedade como um todo; enfim, de participar plenamente da vida pública, inclusive fiscalizando os atos determinados pela maioria".[15]

Logo após esse julgamento, o TSE editou uma resolução com novas regras para a distribuição do Fundo Partidário, modificando integralmente as regras eleitorais que haviam sido estabelecidas pelo Legislativo na Lei 9.096/1995. A atuação dos dois Tribunais em conjunto, nesse caso, pareceu apontar para uma tentativa de conter o poder das maiores legendas partidárias, impedindo que o rateio dos repasses do Fundo Partidário ficasse restrito aos grandes partidos, e com isso preservando o papel das minorias como competidoras no cenário político representativo.

Por fim, foi também em conjunto com o TSE que o STF criou os parâmetros normativos da fidelidade partidária. Ao julgar os MS 26.602, 26.603 e 26.604, em 2007, o STF estabeleceu no País a regra segundo a qual é vedado ao parlamentar, durante uma legislatura, abandonar o partido político pelo qual se elegeu, uma vez que o mandato seria detido pelo partido, e não pelo parlamentar.

O fundamento legal para a impetração dos mandados de segurança foi a interpretação da Constituição dada pelo TSE em resposta à Consulta 1.398,[16] que consagrava a fidelidade partidária como uma decorrência necessária da Constituição. Os mandados de segurança foram impetrados para questionar ato do então Presidente da Câmara dos Deputados, deputado Arlindo Chinaglia, que se negou a seguir o entendimento do TSE e declarar a vacância dos mandatos de parlamentares que haviam migrado dos partidos impetrantes. A segurança foi denegada nos dois primeiros casos, por terem ocorrido as desfiliações antes da resolução do TSE. Apenas no MS 26.604, impetrado

---

15. ADI 1.357, pp. 54 e ss.
16. A consulta foi proposta pelo PFL, que formulou a seguinte pergunta: "Os partidos e coligações têm o direito de preservar a vaga obtida pelo sistema eleitoral proporcional quando houver o pedido de cancelamento de filiação ou de transferência de candidato eleito por um partido para outra legenda?". O TSE, na resolução que editou em resposta, determinou que o mandato pertenceria ao partido, e, por isso, a desfiliação geraria a perda do mandato pelo parlamentar, se ocorrida após a diplomação.

pelo partido Democratas, foi dada parcial procedência, para que o TSE decidisse quanto à titularidade do mandato de uma parlamentar cuja desfiliação do partido havia ocorrido já após a publicação da resolução editada pelo TSE.

As constantes trocas de legenda partidária eram a expressão de uma lógica intrínseca ao sistema político-partidário brasileiro. Os parlamentares trocavam de legenda em busca de maior acesso a recursos políticos, garantias de cargos ou candidaturas. Para os partidos o recebimento de novos parlamentares representaria um aumento no seu poder de barganha no Congresso e no processo eleitoral, além de garantir maior parcela de recursos financeiros do Fundo Partidário e aumentar seu tempo de exposição na propaganda eleitoral gratuita.

O STF, em julgamentos anteriores sobre o mesmo tema,[17] já havia decidido que, na ausência de previsão legal, o parlamentar não poderia ser punido com a perda do mandato político ao se desfiliar do partido em que havia se elegido. Todavia, após o TSE decidir que, por conta do sistema proporcional e pela obrigatoriedade constitucional de filiação, o mandato pertenceria ao partido, e não ao eleito, o STF, provocado pelos partidos que haviam sofrido perdas de cadeiras em razão da desfiliação de seus membros, resolveu dar guarida à resolução do TSE.

Segundo o STF, o Tribunal Eleitoral considerou que a eleição dos candidatos a cargos proporcionais é resultado do quociente eleitoral apurado entre os diversos partidos e coligações, uma vez que o cálculo das médias decorre do resultado dos votos válidos atribuídos às respectivas legendas. Além disso, julgou que a filiação partidária é condição de elegibilidade, servindo para indicar ao eleitor o vínculo entre o candidato a um programa partidário e a uma determinada ideologia.

Com o respaldo dado pelo STF nestes mandados de segurança, o TSE baixou nova resolução, estabelecendo procedimentos para "disciplinar o processo de perda de cargo eletivo" e as hipóteses em que seria possível ao parlamentar que migrasse de partido sem a consequente perda do mandato, criando, assim, os parâmetros normativos da fidelidade partidária.

17. V., por exemplo, MS 20.927 e MS 23.405.

Cumpre destacar que, nesses casos, o STF não decidiu expressamente que o parlamentar deveria perder o mandato conquistado, tendo determinado apenas que os mandatos daqueles que haviam se desfiliado antes da resposta à consulta não seriam penalizados, sinalizando, no entanto, que ratificaria a posição do TSE quanto àqueles que se desfiliassem após a manifestação normativa do Tribunal Eleitoral,[18] e que, portanto, recepcionaria eventuais demandas dos partidos que chegassem até ele.

Nestas decisões, o STF, mais que julgar um mandado de segurança, "abstrativizou" o processo, tornando vinculante uma regra formulada pelo TSE em uma consulta, em tese sem qualquer força normativa. Além disso, foi aplicada a ideia de modulação de efeitos em sede de mandado de segurança, prevista em lei apenas para o controle concentrado, com intuito de estabelecer como marco temporal da vigência da fidelidade partidária a resposta à consulta formulada ao TSE.

4. Conclusão

Por meio da análise crítica da jurisprudência do STF sobre direito eleitoral e partidário foi possível identificar uma tendência recente de maior ativismo da Corte quando chamada a protagonizar o debate político. A mudança no posicionamento do Tribunal pode ser verificada especialmente nos casos da verticalização das coligações, da cláusula de barreiras e da fidelidade partidária.

Nesses casos o STF considerou necessária sua intervenção na competição política, superando a decisão previamente tomada pelo Congresso Nacional ou a ausência de decisão. Dessa forma, recepcionou as demandas partidárias que não haviam obtido êxito na esfera política, em prol da lisura do processo eleitoral ou da garantia à participação e permanência das minorias, privilegiando, com isso, o ideal de pluralismo, essência de um regime democrático.

A discussão é sobremaneira importante em face das recentes discussões sobre a Lei da Ficha Limpa (Lei Complementar 135/2010) e

---

18. Foi, inclusive, o que fez com relação à deputada Jusmari Oliveira, cuja migração partidária do DEM havia ocorrido após a resposta da consulta, determinando, quanto a ela, que fosse reenviado o caso ao TSE, para que fosse, então, decidido se haveria, ou não, a perda do mandato da deputada para o seu partido (MS 26.604).

da propaganda eleitoral humorística (Lei 9.504/1997), por ocasião das eleições de 2010. Tanto a modificação na composição do STF no período quanto o atual contexto político-partidário podem ter sido fatores determinantes nessa guinada ativista.

O interesse da análise do posicionamento do Tribunal no decorrer do tempo reside especialmente no fato de que tais decisões judiciais exercem forte poder de influência nas decisões políticas futuras, levando a uma atuação dos demais Poderes pautada nos precedentes judiciais criados no controle de constitucionalidade. Nessas decisões os ministros do STF acabam debatendo um conjunto amplo de assuntos e evidenciam suas concepções políticas no desenvolver de seus votos; o que é inevitável, na medida em que isto faz parte da interpretação geral da cultura jurídica e política em que se insere nosso ordenamento.

Além disso, a análise de como o STF tem reagido à judicialização da Política acaba servindo de orientação aos atores políticos que têm provocado a atuação da Corte para a modificação de regras da competição política. Como a discussão é pública, televisionada e publicada, torna-se bastante factível que sua argumentação possa ser considerada como sinalizadora de quais demandas, ao ingressarem na esfera do Direito, transpondo a arena política, terão maiores chances de recepção.

Bibliografia

COMMAGER, Henry Steele. *Majority Rule and Minority Rights*. Oxford, Oxford University Press, 1944.

DWORKIN, Ronald. *A Matter of Principle*. Cambridge, Harvard University Press, 1985.

ELY, John Hart. *Democracy and Distrust: a Theory of Judicial Review*. Cambridge, Harvard University Press, 2002.

FERRAZ JR., Vítor Marchetti. *O Poder Judiciário e a Competição Política no Brasil: uma Análise das Decisões do TSE e do STF sobre as Regras Eleitorais*. Tese de Doutorado em Ciências Sociais. São Paulo, PUC/SP, 2008.

MAUÉS, Antônio Moreira, e FADEL, Alexandre Pinho. "Circuitos interrompidos: as ações diretas de inconstitucionalidade dos partidos políticos no STF (1999, 2004)". *XV Congresso Nacional do CONPEDI*. 2007 (disponível em www.conpedi.org/manaus/arquivos/anais/manaus/direito_e_politica_ antonio_m_maues_e_alexandre_fadel.pdf).

TATE, C. Neal, e VALLINDER, Torbjörn. *The Global Expansion of Judicial Power*. Nova York, New York University Press, 1995.

Acórdãos citados: ADI 1.351-7, 1.805-2, 2.626, 2.628 e 3.685-8; MS 26.602, 26.603 e 26.604; RE 140.460.

IMUNIDADE DE JURISDIÇÃO DE ESTADOS ESTRANGEIROS NO STF[*,1]

PAULO MASSI DALLARI

1. Introdução. 2. Jurisprudência: 2.1 1969-1989 – 2.2 ACi 9.696/1989, o "Caso Genny de Oliveira" – 2.3 O STF após 1989 e os tribunais superiores. 3. Conclusão.

1. Introdução

O princípio da imunidade de jurisdição dos Estados evoluiu do aforismo *par in parem non habet judicium* – o que, em uma tradução livre, significa que "entre pares não há juiz". Em termos práticos, é a impossibilidade de um Estado ser submetido à Justiça de outro. Trata-se de costume internacional[2] que passou a ser incorporado em trata-

---

* *Resumo*: A imunidade de jurisdição de Estados estrangeiros é tratada pelo STF desde o início do século XX. O presente trabalho analisa a abordagem do tema pelo Tribunal, destacando os fundamentos que o levaram a defender a imunidade absoluta e, em 1989, a abandoná-la em prol da imunidade relativa de jurisdição. Vislumbra-se, ainda, o atraso na evolução dos entendimentos da Corte em face dos demais Países e do próprio Direito Internacional, em parte decorrente da reiterada e quase automática aplicação dos precedentes da Corte sobre a matéria. Por fim, identificou-se a recente transferência da problemática ao STJ e, em especial, ao TST.
Palavras-chave: Ato de Gestão; Ato de Império; Estado Estrangeiro; Imunidade de Execução; Imunidade de Jurisdição; Supremo Tribunal Federal.

1. O presente artigo foi desenvolvido a partir de monografia apresentada à *sbdp* como trabalho de conclusão do curso da Escola de Formação do ano de 2005, sob a orientação do professor Guilherme Figueiredo Leite Gonçalves. A versão original encontra-se disponível no endereço *http://www.sbdp.org.br/ver_monografia.php?idMono=63*.
2. Um erro comum no tocante à matéria e encontrado, inclusive, em acórdãos do STF é a referência às Convenções de Viena de 1961 e 1963, respectivamente sobre

dos, como a Convenção Europeia sobre Imunidade dos Estados,³ e em legislações nacionais.

No ordenamento jurídico brasileiro, no entanto, não há norma que fixe este princípio de forma ampla. A imunidade é prevista em alguns documentos dos quais o Brasil é signatário, como na Carta da Organização dos Estados Americanos/OEA,⁴ porém sempre de forma casuística, não se podendo atribuir a um ou outro texto sua aplicabilidade a todos os Estados. Também não há sinais de mudança deste cenário em um futuro próximo, uma vez que o tema não se encontra em pauta no Congresso Nacional.⁵

as relações diplomáticas e consulares, como embasamento legal para o princípio da imunidade de jurisdição. Tais Convenções tratam da imunidade do pessoal diplomático, mas não se referem a Estados nem a seus bens localizados em outros Países, como imóveis e veículos.

"As normas sobre as representações permanentes dos Estados no Exterior, sejam as diplomáticas, sejam as consulares, foram elaboradas e solidificadas mediante um longo processo costumeiro, que desembocaria, no século XX, com a subscrição de duas convenções regionais no sistema da então denominada União Pan-Americana, para culminar na adoção de duas importantes convenções internacionais multilaterais de caráter universal, em Viena, fruto da obra de codificação e desenvolvimento progressivo do Direito Internacional, empreendida pela Comissão de Direito Internacional da ONU. Trata-se da Convenção de Viena sobre Relações Diplomáticas, assinada em 18.4.1961, no Brasil promulgada pelo Decreto 56.435, de 8.6.1965, e da Convenção de Viena sobre Relações Consulares, assinada em 25.4.1963, em vigor internacional a partir de 10.3.1967, no Brasil promulgada pelo Decreto 61.078, de 16.6.1967.

"(...). O que deve ser evitado, nesse campo, é o erro de transportar-se as regras das citadas Convenções de Viena de 1961 e de 1963 para situações em que o próprio Estado se encontra em litígio com particulares, diante de tribunais de outros Estados" (Guido F. S. Soares, *Curso de Direito Internacional Público*, São Paulo, Atlas, 2002, pp. 263 e 276).

3. *European Convention on State Immunity*, assinada na Basileia, em 16.5.1972, e em vigor desde 11.6.1976. Para íntegra oficial, v. o sítio virtual de seu depositário, o *Council of Europe* (*http://conventions.coe.int/treaty/Commun/QueVoulezVous. asp?NT=074&CM=0&CL=ENG*), que também mantém um "Explanatory Report" sobre a imunidade de jurisdição.

4. Carta da OEA: "Art. 133. A Organização dos Estados Americanos gozará no território de cada um de seus membros da capacidade jurídica, dos privilégios e das imunidades que forem necessários para o exercício das suas funções e a realização dos seus propósitos" (promulgada pelo Decreto 30.544, de 14.2.1952).

5. Em busca nas proposições cuja tramitação permanece ativa na Câmara dos Deputados ou no Senado Federal foi localizado apenas o Projeto de Lei 4.287/2004, de autoria do deputado Celso Russomanno, que visa a excluir a aplicação da imu-

Nesse contexto, as decisões judiciais acabam por representar o principal arcabouço jurídico disponível sobre o princípio da imunidade de jurisdição. O STF, por sua vez, é o responsável por definir as linhas mestras de sua aplicação no Brasil, com o estudo de sua jurisprudência representando forma fidedigna de avaliar sua evolução e identificar aspectos que permanecem polêmicos.

Longe de se tratar de problemática específica, aplicável apenas a grandes debates no âmbito do Direito Internacional, a imunidade de jurisdição afeta diretamente o cidadão comum em questões corriqueiras, como acidentes de automóvel, cobranças de aluguéis, honorários advocatícios e, em especial, direitos trabalhistas.[6] Num momento de ampliação da atuação internacional do Brasil, cresce também o potencial de conflitos envolvendo representações estrangeiras ou organismos internacionais e cidadãos brasileiros. Com isso, a temática da imunidade de jurisdição passa a merecer maior atenção da comunidade jurídica nacional.

2. Jurisprudência

A pesquisa jurisprudencial que embasa a presente análise foi originalmente conduzida em 2005. A partir de busca no *site*[7] do STF com a expressão "Imunidade de Jurisdição" foram encontrados, à época, 31 acórdãos. Atualizada até setembro/2010, foram adicionados 3 acórdãos, mas que não trazem grandes inovações ao estudo da matéria.

A ausência de novas decisões no âmbito da Corte conduziu à busca de julgados posteriores a 2005 no Superior Tribunal de Justiça/STJ e no Tribunal Superior do Trabalho/TST,[8] que demonstraram intensa atuação em litígios relacionados ao tema.

---

nidade de execução de Estados estrangeiros e organismos internacionais para créditos trabalhistas. Trata-se de proposta voltada a um aspecto bastante específico da imunidade de jurisdição, não se podendo considerá-lo como um marco para a matéria.
  6. Segundo o Min. Francisco Rezek, quando da análise da ACi 9.696/1989 (p. 26): "Essas demandas, quando não têm índole trabalhista – o que ocorre em mais de dois terços dos casos –, têm índole indenizatória e concernem à responsabilidade civil".
  7. *www.stf.jus.br*.
  8. *www.stj.jus.br* e *www.tst.jus.br*, respectivamente.

A análise qualitativa das decisões do STF permite uma divisão temporal, com a adoção da tese da imunidade absoluta de jurisdição até 1989. Nesse ano foi julgada a ACi 9.696, na qual prevaleceu a relativização da imunidade com base na diferenciação entre os atos de gestão e de império.[9] Já, na última década vê-se gradual migração dos debates do STF para o STJ e para o TST, que passam a lidar com questões diversas, como a aplicação da imunidade aos processos de execução e aos organismos internacionais e com a delimitação prática dos conceitos de "ato de gestão" e "ato de império".

2.1 1969-1989

Entre a primeira decisão localizada no repertório eletrônico de jurisprudência do STF, datada de 1969, e o "Caso Genny de Oliveira", de 1989, a tese largamente adotada pelo Tribunal é a da imunidade absoluta de jurisdição. Como a própria denominação sugere, por este entendimento não se abrem exceções à imunidade, salvo na hipótese de expressa aceitação da jurisdição pelos Estados envolvidos.

De acordo com textos da época, a justificativa para sua adoção se resume na impossibilidade de se executar eventual sentença condenatória e no potencial conflito bélico decorrente de uma tentativa. Esta visão fica claramente demonstrada em trecho de Clóvis Beviláqua, que exerceu a função de Consultor Jurídico do Ministério das Relações Exteriores entre 1906 e 1934: "Ainda quando age, como pessoa jurídica, no terreno do direito privado, o Estado não despoja, em fase de outro Estado, das suas prerrogativas de soberania, e porque a execução da sentença contrária a um País estrangeiro poderia encontrar dificuldades insuperáveis, e, talvez, uma insignificante questão de

---

9. Georgenor de Sousa Franco Filho ("Da distinção entre atos de império e de gestão e seus reflexos sobre os contratos de trabalho celebrados com entes de direito internacional público", *Revista do TRT* 25(47)/25, Belém, julho-dezembro/1991) enfrenta a questão com a seguinte definição: "Dois são esses atos: *jure imperii* e *jure gestionis*. Praticam-nos os entes internacionais públicos em situações distintas. O Estado, principal deles, os realiza, respectivamente, com seu poder de império, soberanamente, insuscetível, *prima facie*, de apreciação por Judiciário alheio, isto é, por órgão investido de jurisdição de outro Estado; ou assemelhando-se a um ente privado, igualando-se, nessa prática, à atividade negocial do particular, passível, então, de exame pela Justiça de outro País".

direito privado viesse a terminar por um conflito violento, em que as duas Nações medissem as suas forças, e sacrificassem interesses de valia incomparavelmente superior".[10]

Em 1973, no AgPet 56.466, o então Procurador da República, Francisco Rezek, resgata a essência do trecho acima, para proferir em seu parecer duas frases que solidificaram a questão de tal forma, que por 16 anos os ministros do STF reiteradamente as citaram: "Nenhum Estado ignora a impossibilidade de submeter outra Nação, contra sua vontade, à condição de parte perante o Judiciário local. Nem poderia fazê-lo, a menos que disposto – apto – a garantir pela força bélica a execução da eventual e esdrúxula sentença condenatória, o que repugna substancialmente ao moderno Direito Internacional, que nossa República ajudou a construir e consolidar".[11]

Não deixa de ser curioso que em 1973 o STF ainda argumentasse da mesma forma que Beviláqua em 1939, apesar do rápido desenvolvimento do Direito Internacional ao final da I Guerra Mundial.[12] Também é de se estranhar a indiferença do Tribunal quanto às discussões internacionais acerca do tema à época.[13] Já vigorava a Convenção da Basileia[14] e estavam por ser editados o *Foreign Sovereignty Immunities Act*, nos Estados Unidos da América, e o *State Immunity Act*, no Reino Unido, ambos de 1978.

10. Clóvis Beviláqua, *Direito Público Internacional*, ed. 1939, p. 80. Este trecho também pode ser encontrado na p. 6 do inteiro teor do acórdão do RE 67.544/1969.
11. Pet 56.466/1973, p. 153.
12. Podem ser mencionados como exemplos do movimento que se iniciou com o final da I Guerra Mundial o Pacto da Sociedade das Nações, de 1919, substituído pela Organização das Nações Unidas/ONU em 1945, e o Pacto Briand-Kellog, denominado Tratado de Renúncia à Guerra, de 1928. O Brasil ratificou e promulgou ambos pelos Decretos 13.990/1920 e 24.577/1934, respectivamente.
13. Na ACO 298 (p. 22), julgada em 1982, a autora, a República Árabe da Síria, cita precedentes ainda mais antigos sobre esse debate: "Se, porém, entender a Corte que a parte ré é o Estado, ou seja, a República Árabe do Egito, importa demonstrar que, ainda aí, não goza o Estado de imunidade jurisdição para a presente demanda, já que desde 1891 o Instituto de Direito Internacional, pela Resolução de Hamburgo, confirmada em 1934, pela Resolução d'Aix em Provence, admite seis hipóteses em que o Estado não goza de imunidade de jurisdição, sendo a primeira dela, a mais clássica, aquela em que a ação versar sobre direitos reais relativos a bens situados no território em que é demandado o Estado estrangeiro".
14. Ob. cit., n. 2.

Nove anos após, em 1982, foi julgada a ACO 298, cuja singularidade é ter como partes opostas dois Estados estrangeiros. Tratava-se de disputa entre a República Árabe da Síria e a República Árabe do Egito pela propriedade de um imóvel, em vista do fim da República Árabe Unida/RAU, que uniu os dois Países entre 1958 e 1961. Não obstante o contexto curiosíssimo, a relevância deste acórdão para o estudo da imunidade de jurisdição está nos debates sobre sua aplicação em face do direito constitucional da tutela jurisdicional, que viria a ser o principal embasamento legal utilizado pelos defensores da imunidade relativa em julgamentos posteriores.

Vencidos, os Mins. Soares Muñoz, Néri da Silveira, Firmino Paz e Rafael Mayer, citando a Lei de Introdução ao Código Civil [atual *Lei de Introdução às Normas de Direito Brasileiro*] e o Código de Processo Civil, defenderam que competiria à autoridade judiciária brasileira, com exclusão de qualquer outra, conhecer das ações relativas a imóveis situados no Brasil. Nesse sentido, aceitar a aplicação da imunidade corresponderia a "denegação da justiça", sendo irrelevantes as eventuais dificuldades no âmbito da execução da sentença.

Defendida pelos Mins. Clóvis Ramalhete, Décio Miranda, Moreira Alves, Xavier Albuquerque, Djaci Falcão e Cordeiro Guerra, a tese vencedora seguia a linha de que o litígio se referia à questão da sucessão entre Estados, e não de mera propriedade, aplicando-se a imunidade de jurisdição ao caso independentemente de questões como a exequibilidade da decisão.

Já, em 1984, a ACi 9.687 é levada à apreciação do STF. O caso refere-se à cobrança de honorários advocatícios contra o Governo da França, este declarado revel em primeira instância e desde então representado pelo Ministério Público. A decisão do STF limita-se a um simples "aplique-se o precedente", porém o relatório confrontou diferentes opiniões, trazendo, em especial, transcrição quase integral da sentença de primeiro grau do Juiz federal Jacy Garcia Vieira.

Tal Magistrado faz uma defesa extremamente consistente da relativização da imunidade de jurisdição, a começar por criticar, de forma incisiva, a atuação do Ministério Público, que assumia a defesa dos Estados quando a estes era imputada revelia, em detrimento dos interesses dos cidadãos brasileiros. Com o auxílio de diversos doutrinadores, Vieira aponta o desgaste da tese da imunidade absoluta de jurisdição citando fatos históricos, como a Revolução Russa, a II Guerra Mundial e a crescente estatização das economias, que levavam os Estados a agir em áreas antes restritas aos particulares: "O Mundo Ocidental inteiro rejeitou a teoria da imunidade absoluta e passou a adotar a imunidade relativa ou restrita. Uns, fazendo distinção entre atos praticados *jure gestiones* e *jure imperii*, para só reconhecerem a imunidade aos últimos, e outros preferindo enumerar os atos que não gozam de imunidades ou os que estão cobertos por elas. Mas num ponto todos estão de acordo. A imunidade não alcança os atos praticados pelo Estado estrangeiro quando este age como um particular ou pratica atos de comércio. No Brasil e em todo o Ocidente, é hoje tranquilamente adotada a teoria da imunidade relativa".[15]

Ainda que o STF não tenha se mostrado sensível aos argumentos trazidos na decisão de primeira instância, este julgado revela que o próprio Poder Judiciário já ensaiava uma mudança de rumo no entendimento da imunidade de jurisdição. Ele também demonstra, e certamente de forma mais contundente que os anteriores, que todos os elementos necessários à revisão do entendimento já estavam presentes, apesar da inércia do STF.

2.2 ACi 9.696/1989, o "Caso Genny de Oliveira"

O caso mais emblemático na jurisprudência brasileira sobre a aplicação do princípio da imunidade de jurisdição dos Estados estrangeiros é a ação trabalhista movida por Genny de Oliveira, viúva de um empregado da Representação Comercial da República Democrática Alemã, contra esta última. O pleito tem por objeto a anotação na Carteira de Trabalho do falecido marido das alterações realizadas em seu contrato de trabalho enquanto ainda vivo.

Nessa ação, o Min. Francisco Rezek, que durante muitos anos defendeu a aplicação da imunidade absoluta de jurisdição, a desconstrói em prol da aplicação da imunidade relativa. Baseando-se na distinção entre atos de gestão e atos de império, o Tribunal entendeu que no primeiro caso a imunidade de jurisdição poderia ser limitada sem

---

15. ACi 9.687-4/1984, p. 13. A mencionada aceitação da imunidade restrita no Brasil toma por base a doutrina, citando-se, em especial, o professor Haroldo Valladão.

prejuízo à soberania do Estado estrangeiro, uma vez que este age como mero particular.

Em sua sustentação o Ministro explica que outras Nações mudaram sua abordagem em relação a este tema em razão da atuação de Países estrangeiros em atividades não mais consulares ou diplomáticas, mas empresariais e comerciais, ainda que esta diferenciação não fosse sempre de fácil identificação.[16] O Brasil, no entanto, teria se mantido fora dessa transformação, por não apresentar a mesma realidade: "O quadro interno não mudou. O que mudou foi o quadro internacional. O que ruiu foi o nosso único suporte para a afirmação da imunidade numa causa trabalhista contra Estado estrangeiro, em razão da insubsistência da regra costumeira que se dizia sólida – quando ela o era – e que assegurava a imunidade em termos absolutos".

2.3 O STF após 1989 e os tribunais superiores

De 1989 em diante alguns tópicos se destacam na jurisprudência do STF e dos tribunais superiores. O primeiro é a definição mais precisa da caracterização dos atos de gestão e dos atos de império. Em 1998, por exemplo, a apresentadora de televisão mexicana Glória Ruiz apresentou ao STF a Pet 2.537, pela qual solicitava a exibição de documentos expedidos pelo Procurador-Geral da República dos Estados Unidos Mexicanos por seu embaixador em Brasília. Concluiu-se que a emissão ou exibição de documentos oficiais de um Estado, sigilosos ou não, compõe suas atribuições como ente público, e em nada se comparam a um ato típico de um particular.

O STJ, por sua vez, já apreciou processos relacionados à recusa em aceitar tradução juramentada,[17] ao impedimento de ingresso de turista em País estrangeiro,[18] a pedido de exibição de documentos[19] e, até mesmo, a pedido de indenização pela suposta participação em

---

16. No próprio caso em análise há divergências nas alegações da autora e do Ministério Público Federal sobre o *status* jurídico da Representação Comercial da República Democrática Alemã e sua atuação no Brasil.
17. RO 78-SC.
18. RO 85-RS e RO 69-RS.
19. RO 100-RS.

tentativa de deposição de Presidente da República.[20] Em todos estes casos os atos também foram considerados de império, resultando na aplicação da imunidade de jurisdição.

No âmbito do processo do trabalho o quadro é inverso, uma vez que o TST fixou entendimento no sentido de que as causas trabalhistas não estão abarcadas pela imunidade por decorrerem, via de regra, de atos de gestão.[21]

Outro aspecto relevante que vem sendo tratado pela jurisprudência refere-se à imunidade de execução. O STF, quando da apreciação do RE/AgR 222.368, em 2002, retomou a discussão da efetividade das decisões judiciais em vista da impossibilidade de se executar eventual sentença. Esta questão já havia sido tratada em ações anteriores, como a ACO 298, em 1982, porém permaneceu sem uma conclusão clara. No decorrer de sua argumentação nos autos do recurso extraordinário o Estado Japonês enfatizou que "jurisdição sem efetividade é o mesmo que ausência de jurisdição!".

Naquela oportunidade o Min. Celso de Mello confirma a impossibilidade de se executar um Estado estrangeiro, porém aponta que "a dificuldade adicional de realização prática do título judicial condenatório, representada pela prerrogativa da imunidade de execução, não se revela suficiente para obstar, só por si, à instauração, perante tribunais brasileiros, de processos de conhecimento contra Estados estrangeiros, notadamente quando se tratar – como no caso – de litígio de natureza trabalhista".[22] E é justamente na seara trabalhista que a própria imunidade de execução está sendo colocada à prova, como mostra o julgado a seguir: "Ação cautelar – Imunidade relativa no processo de execução de Estado estrangeiro – Ação cautelar que se julga improcedente porque não configurados o *periculum in mora* e o *fumus boni iuris*, na medida em que o processo de execução recai sobre bens não afetos à representação diplomática, não violando a imunidade da autora, a qual não é absoluta, conforme o disposto no art. 3º da Convenção Viena e na jurisprudência pacífica do STF e desta Corte".[23]

---

20. RO 57-RJ.
21. AIRR 117240-51.2006.5.10.0016, AIRR 83140-02.2003.5.10.0008, AIRR 101040-25.2000.5.01.0017 e RR 172400-96.2005.5.02.0023.
22. RE/AgR 222.368/2002, p. 369.
23. ACi 2111206-48.2009.5.00.0000 e ROAg 70300-46.2008.5.05.0000.

A possibilidade de separação entre os bens ou valores "afetos à representação diplomática" e aqueles suscetíveis de execução permanece não é pacífica na jurisprudência do TST.[24] Também é de se notar que a jurisprudência do STF não abordou essas teses, de modo que todos os antecedentes daquela Corte citados nas decisões do TST se referem exclusivamente à imunidade de jurisdição, e não à possibilidade de execução.

Os precedentes mais recentes do STF em matéria de imunidade de execução, ressalvado o já mencionado RE/AgR 222.368, de 2002, referem-se a seis ações movidas pela Secretaria da Receita Federal contra Estados estrangeiros por questões aduaneiras,[25] julgadas entre 1998 e 2007. Nenhuma prosperou.

Um último aspecto das imunidades de jurisdição ainda pendente de definição pelo STF refere-se à sua aplicação a organismos internacionais. Não obstante, o TST tem adotado como precedente em grande volume de processos decisão de 3.9.2009 que estabelece como referência à aplicação, ou não, da imunidade a previsão expressa em tratado específico, afastando o costume internacional sobre a matéria: "2. Os organismos internacionais, ao contrário dos Estados, são associações disciplinadas, em suas relações, por normas escritas, consubstanciadas nos denominados tratados e/ou acordos de sede. Não têm, portanto, a sua imunidade de jurisdição pautada pela regra costumeira internacional, tradicionalmente aplicável aos Estados estrangeiros. Em relação a eles, segue-se a regra de que a imunidade de jurisdição rege-se pelo que se encontra efetivamente avençado nos referidos tratados de sede".[26]

3. Conclusão

A evolução do tratamento da imunidade de jurisdição de Estados estrangeiros pelo STF revela muito da importância que o assunto tem

---

24. Em sentido contrário aos julgados anteriores, v.: ROMS 32100-68.2004.5.10.0000 e ROMS 23900-38.2005.5.10.0000.
25. ACO/AgR 633; ACO/AgR 645; ACO/AgR 543; ACO/AgR 524; ACO/AgR 634; e ACO/AgR 522.
26. RR 90000-49.2004.5.10.0019.

para o País ao longo dos anos. Conforme o Brasil foi se internacionalizando, maior o número de conflitos e mais vezes o Poder Judiciário foi instado a se manifestar.

Se durante a maior parte do século XX o STF pôde se dar ao luxo de aplicar precedentes quase que de forma automática, o surgimento de questões mais complexas é visível a partir da década de 1980. O engajamento de instâncias inferiores do Judiciário também foi responsável por levar à análise do Supremo argumentos e informações históricas importantes, responsáveis por revelar o arcaísmo de determinados posicionamentos históricos daquela Corte.

Já na primeira década do século XXI novas questões foram colocadas ao Poder Judiciário. No entanto, ressalvados os casos de imunidades tributárias, o STF permaneceu ausente dos debates, cuja riqueza tem se concentrado no STJ e no TST. Questões relacionadas à imunidade de execução dos Estados estrangeiros e à delimitação dos atos de gestão e dos atos de império estão sendo revistas aos poucos, enquanto a imunidade de organismos internacionais caminha para a pacificação no âmbito do TST sem qualquer intervenção do STF.

O que revela a evolução da jurisprudência do STF no tocante à imunidade de jurisdição é que a Corte sempre esteve atrás da História, nunca em posição de vanguarda. Até o "Caso Genny" o STF aplicava em 1989 um entendimento que em Países mais internacionalizados já era antigo. Hoje, está distante das grandes inovações e discussões que despontam em tribunais superiores.

Bibliografia

ACCIOLY, Hildebrando, e NASCIMENTO E SILVA, G. E. do. *Manual de Direto Internacional Público*. São Paulo, Saraiva, 2002.

FRANCO FILHO, Georgenor de Sousa. "Da distinção entre atos de império e de gestão e seus reflexos sobre os contratos de trabalho celebrados com entes de direito internacional público". *Revista do TRT* 25(47). Belém, julho-dezembro/1991.

—————. "O princípio da dupla imunidade e a execução do julgado contrário a ente de direito internacional público". *Revista Trabalho & Doutrina* março/1996. São Paulo, Saraiva.

LEWANDOWSKI, Enrique Ricardo. *Globalização, Regionalização e Soberania*. São Paulo, ed. Juarez de Oliveira, 2004.

MAGALHÃES, José Carlos. *O Supremo Tribunal Federal e o Direito Internacional*. Porto Alegre, Livraria do Advogado, 2000.

MELLO, Celso D. de Albuquerque. *Curso de Direito Internacional Público*. 14ª ed., vol. I. Rio de Janeiro, Renovar, 2002.

──────────. "O direito internacional público no Direito Brasileiro". In: CASELLA, Paulo Borba (org.). *Dimensão Internacional do Direito*. São Paulo, LTr, 2000.

NASSER, Salem Hikmat. *Desenvolvimento, Costume Internacional e "Soft Law"*. Disponível em *http://www.direitogv.com.br/interna.aspx?PagId=JOJCRNO P&ID=108&IDCategory* (acesso em 29.11.2010).

PEREIRA, Luís Cézar Ramos. *Costume Internacional, Gênese do Direito Internacional*. Rio de Janeiro, Renovar, 2002.

REZEK, José Francisco. *Direito Internacional Público*. 10ª ed. São Paulo, Saraiva, 2005.

SOARES, Guido Fernando Silva. "As imunidades de jurisdição na Justiça Trabalhista". *Revista da Faculdade de Direito da USP* 88. Número comemorativo dos 100 anos da *Revista*. São Paulo, janeiro-dezembro/1993.

──────────. *Curso de Direito Internacional Público*. São Paulo, Atlas, 2002.

──────────. *Das Imunidades de Jurisdição e Execução*. Rio de Janeiro, Forense, 1984.

──────────. *Órgãos dos Estados nas Relações Internacionais: Formas da Diplomacia e as Imunidades*. Rio de Janeiro, Forense, 2001.

THEODORO JR., Humberto. *Curso de Direito Processual Civil*. Rio de Janeiro, Forense, 2004.

CÂMARA DOS DEPUTADOS – *www.camara.gov.br* (acesso em 29.11.2010)
COUNCIL OF EUROPE – *www.coe.int* (acesso em 29.11.2010)
PRESIDÊNCIA DA REPÚBLICA – *www.planalto.gov.br* (acesso em 29.11.2010)
SENADO FEDERAL – *www.senado.gov.br* (acesso em 29.11.2010)
SUPERIOR TRIBUNAL DE JUSTIÇA – *www.stj.jus.br* (acesso em 29.11.2010)

SUPREMO TRIBUNAL FEDERAL – www.stf.jus.br (acesso em 29.11.2010)
TRIBUNAL SUPERIOR DO TRABALHO – www.tst.jus.br (acesso em 29.11.2010).

Acórdãos citados: STF: ACi 9.684, 9.686, 9.687, 9.690, 9.696, 9.697, 9.701, 9.702, 9.703, 9.704, 9.705 e 9.707; ACO 160 e 298; ACO/AgR 522, 524, 543, 633, 634 e 645; AR 909; AR/Embs 909; CJ 6.182; AI/AgR 139.671 e 468.498; HC 55.014; Pet/QO 2.537; RE 67.544, 94.084 e 104.262; RE/AgR 222.368; RHC 49.183 e 55.014. STJ: RO 57-RS, 69-RS, 78-SC, 85-RS e 100-RS. TST: ACi 2111206-48.2009.5.00.0000; AIRR 117240-51.2006.5.10.0016, 83140-02.2003.5.10.0008 e 101040-25.2000.5.01.0017; ROAg 70300-46.2008.5.05.0000; ROMS 23900-38.2005.5.10.0000 e 32100-68.2004.5.10.0000; RR 172400-96.2005.5.02.0023 e 90000-49.2004.5.10.0019.

00581

GRÁFICA PAYM
Tel. (011) 4392-3344
paym@terra.com.br